1

In unserem Tropenparadies [lacht]

Menschengeschichten von innen und unten aus dem so genannten „Traumland" Brasilien

Hu teh Xãm Tyxteh

© 2017 Hu teh Xãm Tyxteh

Autor, Umschlaggestaltung, Illustration: Hu teh Xãm Tyxteh
Übersetzungen, Lektorat, Korrektorat und
auf andere Weise Mitwirkende: Freundeskreis Eine Welt

Herausgeber: Ing. Alfred Rauch
ISBN: 978-3-200-05687-9 (Paperback)

Printed in Austria by Zimmer Druckproduktion Gesellschaft mbH,
1160 Wien, Neulerchenfelder Straße 61

2007: Brasilien und weitere 142 Unterzeichnerstaaten der **Erklärung der Vereinten Nationen über die Rechte der indigenen Völker** „anerkennen die dringende Notwendigkeit, die angestammten Rechte der indigenen Völker, die sich aus ihren politischen, wirtschaftlichen und sozialen Strukturen und ihrer Kultur, ihren spirituellen Traditionen, ihrer Geschichte und ihren Denkweisen herleiten, insbesondere ihre Rechte auf ihr Land, ihre Gebiete und ihre Ressourcen, zu achten und zu fördern".

Artikel 3
Indigene Völker haben das Recht auf Selbstbestimmung. Kraft dieses Rechts entscheiden sie frei über ihren politischen Status und gestalten in Freiheit ihre wirtschaftliche, soziale und kulturelle Entwicklung.

Internationales Übereinkommen zur Beseitigung jeder Form von Rassendiskriminierung aus 1966:

Artikel 1
(1) In diesem Übereinkommen bezeichnet der Ausdruck "Rassendiskriminierung" jede auf der Rasse, der Hautfarbe, der Abstammung, dem nationalen Ursprung oder dem Volkstum beruhende Unterscheidung, Ausschließung, Beschränkung oder Bevorzugung, die zum Ziel oder zur Folge hat, dass dadurch ein gleichberechtigtes Anerkennen, Genießen oder Ausüben von Menschenrechten und Grundfreiheiten im politischen, wirtschaftlichen, sozialen, kulturellen oder jedem sonstigen Bereich des öffentlichen Lebens vereitelt oder beeinträchtigt wird.

Artikel 3 der Erklärung der UNO-Generalversammlung über die Beseitigung der Gewalt gegen Frauen. — Resolution 48/104 aus 1993:

Frauen haben gleichberechtigten Anspruch auf den Genuss und den Schutz aller politischen wirtschaftlichen sozialen, kulturellen, bürgerlichen und sonstigen Menschenrechte und Grundfreiheiten. Dazu gehören unter anderem die folgenden Rechte:

a) das Recht auf Leben;
b) das Recht auf Gleichberechtigung;
c) das Recht auf Freiheit und persönliche Sicherheit;
d) das Recht auf gleichen Schutz durch das Gesetz;
e) das Recht auf Freiheit von jeder Form von Diskriminierung;
f) das Recht auf das erreichbare Höchstmass an körperlicher und geistiger Gesundheit;
g) das Recht auf gerechte und befriedigende Arbeitsbedingungen;
h) das Recht, nicht der Folter oder anderer grausamer, unmenschlicher oder erniedrigender Behandlung oder Strafe unterworfen zu werden.

Den letzten beißen die Hunde

Samstag, 11. Februar 2017

Als wären die Bilder des jüngeren Bruegel Fleisch geworden. *Live.*

Überall wird geplündert und geschossen. Menschen schlagen sich auf der Straße mit Steinen die Schädel ein. Brennende Barrikaden aus Sperrmüll und Autoreifen. Brennende Autos und Busse.

Einbrecher, die aus geplünderten Geschäften ihre Beute tragen, werden draußen auf der Straße von anderen, effizienter bewaffneten und motorisierten, Räubern ihrer Beute wieder erleichtert. Die Bilder werden von den Überwachungskameras im Zentrum der Stadt geliefert. Und per Fernsehstationen frei Haus übertragen. Ein besonders waghalsiges Reporterteam ist im Auto durch eines der ärmeren Viertel Vitórias unterwegs und filmt mit Handys. Vermummte und Unvermummte, die tragen was sie können. Aus dem Supermarkt. Aus dem Möbelgeschäft. Zweibeinige Kühlschränke und vierbeinige Sofas laufen herum.

Ich sehe diese Bürgerkriegsreportagen im Spital Santa Paula, Vitória, Hauptstadt von Espírito Santo, Brasilien. Dorthin bin ich einer Einladung meines Freundes und ehemaligen Kommilitonen an der Uni Freiburg, dem brasilianischen Arzt Antônio Carlos gefolgt. Ich war schon Mitte Jänner nach Brasilien geflogen, nach São Paulo, um dort und anschließend auch in Rio de Janeiro von Frauen geführte emanzipatorische Projekte an der sozialen Peripherie, in den sogenannten Favelas, kennen zu lernen. Und Interviews zu machen. (Die ich, wenn wieder zu Hause, in Artikel für Frauenzeitschriften einflechten will.) Antônio Carlos hat mich in Rio angerufen und mir dringend angeraten meine Rückkehr nach Tirol um ein paar Tage zu verschieben und ihn in Vitória zu besuchen. Er hätte da zwei Patientinnen im Spital, die ich „unbedingt" kennen lernen müsse. Zwei „superinteressante" und „die gesamte brasilianische Gesellschaftstragödie widerspiegelnde" Frauen.

Wir haben uns lange nicht mehr gesehen. Außer mittels Skype. Aber von seinem Enthusiasmus aus Studentenjahren scheint er nichts eingebüßt zu haben. Ich wäre seinem Ruf auch ohne den Zusatzbonus der beiden „superinteressanten Frauen" gefolgt. Immerhin ist es mein erster Besuch in Brasilien, und je mehr ich sehen kann, umso besser.

Nun bin ich seit fast 48 Stunden im Spital. Allerdings ungewollt. Dem in seiner Brutalität und Breite erschreckenden Chaos auf den Straßen Rechnung tragend.

Seit etwa einer Woche streikt die Militärpolizei im Bundesstaat Espírito Santo. Diese, ein der Armee angehöriges Relikt aus der Diktatur, ist es, die die uniformierte Polizei Brasiliens stellt. Und, wie ich eben von vielen Seiten in São Paulo und Rio gehört, und auch bei Amnesty International nachgelesen habe, für den organisierten Massenmord an jungen schwarzen Männern mit- wenn nicht hauptverantwortlich ist.

Ihr Streik hat die größeren Städte des Bundesstaates blitzartig in Kriegsschauplätze verwandelt. Zwar wurde der Streik von der Justiz umgehend als illegal erklärt, aber die Streikenden kümmern sich nicht weiter darum. Und haben postwendend ihre Frauen und Verwandten eingespannt. Die nun vor den Kasernen in Zeltlagern kampieren. Um die Polizisten an der Aus- und Einfahrt „zu hindern". Aus „Solidarität" mit deren „gerechten Forderungen", wie sie den wenigen Reporterteams, die sich noch arbeiten trauen, sagen. „Eine ausgewachsene Chuzpe, eine Schmierenkomödie", wie Antônio Carlos es nennt.

Fazit: Rien ne va plus. Zumindest das, was ich als Europäerin mit (Rechts-) Staat und zivilisierter urbaner Gesellschaft verbinde.

Ohne Antônio Carlos, der mich abholte und direkt ins nahe gelegene Spital fuhr, wäre ich vielleicht gar nicht vom Flughafen weg gekommen. Denn Taxifahrer traut sich zur Zeit kaum einer auf die Straße. Der öffentliche Verkehr existiert nicht mehr. Die letzten öffentlichen Busse, die noch Dienst verrichteten, wurden überfallen und/oder angezündet. Und, wie Antônio Carlos meint, es sei nur brasilienüblich, dass die streikenden Militärpolizisten bei dieser entfesselten Gewaltorgie mit von der Partie seien. Nicht in Uniform zwar, dafür in eigener Sache. Um ihre Forderungen nach Lohnerhöhungen und bessere Arbeitsbedingungen rasch durchzukriegen. *Kriegen*, buchstäblich.

Hier im Spital wurde auch schon gelegenheitsgeplündert. Kurz vor meiner Ankunft. Gerade mal einen Computer und die Handys einiger auf Behandlung Wartender haben ein paar mit Messern drohende Teens erbeutet. Viel gibt es in öffentlichen Spitälern Brasiliens ohnehin nicht zu erbeuten. Elementares Gerät wie Mammographen oder Ultraschallgeräte, einfachstes Operationsmaterial wie Fäden, selbst Medikamente, Verbandsmaterial, Spritzen sind permanent rar oder aus. Oder, im Fall der Apparate, kaputt. Weil es an Geld für Reparaturen fehlt. Oder überhaupt nie in Betrieb gegangen. Weil es an Fachkräften, die sie bedienen könnten, fehlt. Jahrein, jahraus. Antônio Carlos meint, dass das öffentliche Gesundheitswesen im Land, dank Pantagruel'scher Korruption und traditioneller struktureller Gegen-die-Armen-Politik, zur reinen Transitstation auf dem Weg zum Friedhof geworden ist. Dass die Politiker, egal von welchem „Mafiaflügel" (das ist in seinem Jargon das Wort für die politischen Parteien im Land), in Wahrheit Massenmörder seien. Und Brasiliens Friedhöfe voll mit deren Opfern. Weil sie so viel stehlen, dass nicht einmal Steuergeld für den Kauf von Heftpflastern für öffentliche Spitäler und Gesundheitsposten übrig bliebe. Rettungswägen ohne Benzin dastünden. Es an Pritschen fehle und Schwerverletzte huckepack angeschleppt würden. Und das, diese Nullleistung an öffentlichem Gesundheitswesen, angesichts der Tatsache, dass ein Arbeiter in Brasilien durchschnittlich fünf Monate pro Jahr arbeitet, bloß um seine Steuern zu bezahlen. „Weltrekord!", nennt es Antônio Carlos, „im Ausnehmen der Armen sind wir noch viel besser als im Fussball."

Und jetzt haben die wenigen Wackeren, die hier im Spital Santa Paula noch Dienst versehen, eine weitere akute Sorge: In Kürze werden auch die Lebensmittel zur Neige gehen. Und fast alle Geschäfte sind geschlossen, verbarrikadiert, leergeplündert. Die institutionelle Infrastruktur ist völlig zum Erliegen gekommen. Es gibt auch kaum Verkehr. Weder den bereits erwähnten öffentlichen noch den privaten. Von eben gestohlenen Fahrzeugen und jenen der Räuberbanden auf Tour abgesehen. Obendrein ist das Spital überfüllt. Alle *öffentlichen* Spitäler sind überfüllt. Und nicht „nur" hier, im Bundesstaat der streikenden Militärpolizei.

Schon zuvor, in São Paulo und Rio, habe ich mich alles andere als sicher, oder unbekümmert, gefühlt. In die Favelas zu den Interviews durfte ich nur mit lokaler Begleitung und nach Erlaubnis der Drogenfraktion bzw. „Miliz" – das sind kriminelle, Warlords unterstehende Banden, zusammengesetzt aus aktiven, pensionierten und suspendierten Polizisten und Militärs – die das jeweilige Viertel unter Kontrolle hat. Wie mir dort versichert wurde, geschieht es immer wieder, dass ahnungslose Menschen, die unerlaubt in eine Favela kommen mit einem Kugelhagel empfangen werden. 60.000 Mordopfer plus 70.000 Verkehrstote Jahr für Jahr machen Brasilien generell zu einem Land, in dem es sich leichter und schneller vorzeitig stirbt als selbst in „offiziellen Kriegsgebieten" wie Syrien oder im Irak. Dazu braucht die brasilianische Gesellschaft gar keinen Krieg. Und das, was hier jetzt abgeht... Der Ausdruck Muffensausen ist zu schwach für das, was ich seit meiner Ankunft in der Hauptstadt des Bundesstaates Espírito Santo empfinde. Selbst hier drin, im relativ sicheren Spital. So viel zur aktuellen Situation.

Jedenfalls habe ich noch vorgestern, Donnerstag, den 9. Februar, die beiden – „die gesamte brasilianische Gesellschaftstragödie widerspiegelnden" – Frauen kennenlernen dürfen. Ihnen von mir und meiner Arbeit erzählt. Und mir ein bisschen aus ihrem Leben erzählen lassen. Ein „bisschen", das ich seither wie einen unverdaubaren Brocken in meinem Magen herumtrage. Der mir manchmal bis zum Schlund wieder hochkommt. Schon klar, es ist sinnlos, Gewalt oder Unrecht gegeneinander aufzurechnen. Aber in noch keinem Frauenhaus Österreichs, der Schweiz oder Deutschlands, in keinem Frauengefängnis Italiens, Spaniens oder Portugals, habe ich bis dato Vergleichbares gehört. In seiner brutalen, nahtlosen, menschenzerstörenden Dichte. Ein „ganz normales Frauenschicksal". Oder *zwei* – der *brasilianischen* Art.

Mit Eliane hab ich für heute, Samstag eine Aufnahmesession abgemacht. Antônio Carlos hat uns dafür ein grösseres Zimmer aufgesperrt, in welchem neuestes medizinisches Gerät unausgepackt vor sich hin verrottet. Weil, ich erwähnte es schon, nicht daran gedacht worden war, dass es zu dessen Bedienung Spezialisten braucht. „Ganz normal" für Brasilien, wie Antônio Carlos versichert. Hier haben wir Ruhe. Woanders hätten wir sie nicht. Denn selbst in den Gängen, am Fußboden auf Pappe oder von Verwandten mitgebrachten Decken, liegen (unbehandelte, teils blutende und stöhnende) Patienten herum. Weil es an Not- und Unfallärzten und Betten fehlt. Nicht „nur" jetzt, in den Tagen der totalen Gewaltorgie in Espírito Santo, sondern chronisch in öffentlichen Spitälern und Gesundheitsposten. Im ganzen Riesenland, so groß wie Europa abzüglich der Hälfte des europäischen Territoriums Russlands. Die Arbeitsbedingungen sind miserabel, unvorstellbar für Europäer (O-Ton Antônio Carlos) und die Bezahlung, so sie denn überhaupt erfolgt, beträgt einen Bruchteil dessen, was medizinisches Personal in Privatklinken, exklusiv für betuchte Patienten, bekommt. Antônio Carlos ist in vielerlei Hinsicht ein untypischer Brasilianer. Aus wohlhabender Pernambukaner Familie, konnte er im Ausland, erst in Havanna Allgemeinmedizin, dann in Freiburg Infektiologie, studieren. Und ist dadurch der brasilianischen Ausbildung *entkommen*, „die Jahr für Jahr massenhaft Ärzte auf den Arbeitsmarkt bringt, die den Blinddarm im Arsch suchen" (wieder O-Ton Antônio Carlos). Das Außergewöhnlichste freilich an ihm ist, dass er in jeder Privatklinik unterkommen könnte, es aber partout lieber mit dem Pyramidensockel der brasilianischen Gesellschaft hält. Er hat in Havanna nicht nur beste Fachausbildung bekommen, sondern, laut eigener Aussage, auch „die solidarische Ethik in Sachen kostenlose medizinische Behandlung bester Qualität für alle" [außer Regimegegnern vielleicht?] verinnerlicht.

Boa sorte, aproveitem! – Viel Glück, macht was Gutes draus!, ruft uns Antônio Carlos noch von der Tür aus zu, bevor er sie schließt. Und zurückläuft zu seinen Patienten. Und nebenbei die Jagd wieder aufnimmt. Nach Lebensmitteln, draußen im unerklärten Bürgerkrieg.

Eliane und ich sitzen einander direkt gegenüber, auf zwei weißen Plastikstühlen. Das Aufnahmegerät liegt links von mir in Griffweite auf der verstaubten Plastikverpackung eines, wie ich aufgeklebten Zollpapieren entnehme, 2011 aus Japan importierten, und offenbar nie in Betrieb gegangenen, Röntgenbildwandlers.

Pronto? Bereit?, frage ich, und Eliane lächelt und antwortet lautlos mit dem nach oben zeigenden rechten Daumen: *Positivo!*, Jawoll!

Dann schieß mal los Eliane, erzähl bitte deine Geschichte ganz von Anfang an.

Also, als meine Mutter sich entschied, von den katholischen Missionsschwestern der Hijas de María Auxiliadora abzuhauen, und mit dem Ramschverkäufer über den Fluss in die brasilianische Stadt Porto Murtinho ging, war ich etwa zwei Jahre alt. Ich weiß noch einige Sachen von drüben, in Paraguay. Von früher, von unsrem Leben in Freiheit. Und dann von den zirka anderthalb Jahren in der Missionsstation in Puerto María Auxiliadora, am Westufer des Rio Paraguay, direkt gegenüber von Porto Murtinho. Wohin wir vor den Revolvermännern der Großgrundbesitzer geflohen waren. Aber das sind alles keine eigenen Erinnerungen. Das ist, was meine Mutter mir später erzählt hat. Als wir bereits bei den Guarani-Kaiowá lebten. Erst in deren *Tekoha* beim Rio Apa. Tekoha, so nennen die Guarani-Kaiowá ihren Lebensplatz. Die Gesamtheit aus Erde, Wald, Feldern, Wasser und allen dort heimischen Pflanzen und Tieren wo sie das *Teko*, ihre Art des Daseins, leben. Und nach der Vertreibung, diesmal durch *brasilianische* Revolvermänner im Dienst *brasilianischer* Viehzüchter, am Rand der Bundesstraße 267. Unter aus Zweigen improvisierten Unterschlüpfen, abgedeckt mit aus Müll geholten löchrigen Plastikplanen. Oder Pappe- und Eternitbruchstücken. Das war wirkliches Elend. Kaum je was zu essen. Wasser nur während und nach Regen. Ständig Angriffe. Die einen kamen zum Drohen, Quälen, Schießen, Scheinhinrichten. Die anderen zu Gruppenvergewaltigungen. Meistens Jugendliche aus den Dörfern und den Fazendas rundherum. Kamen in Mopedgangs zum Gratisgewaltsex. Ohne irgendwelche Probleme mit Polizei oder Justiz. Indianer, indigene *Frauen* umso mehr, sind Freiwild. In der brasilianischen Gesellschaft. Zu dieser Zeit, am Rand der Bundesstraße 267, war ich schon zehn, elf Jahre alt. Ich kann mich gut erinnern. Es war kurz nach meinem Übergang vom Kind zur jungen Frau, der ersten Menstruation. Mutter versteckte mich nachts stets im Gebüsch. Ein Stück hinter dem Stacheldrahtzaun, der alle Straßen Brasiliens in wenigen Metern Abstand säumt. Also auf Viehzüchterland. Dort war es weniger gefährlich für mich. Der sich wiederholenden Vergewaltigungs„partys" wegen. Und Mutter ist ja dann kurz darauf umgebracht worden. Die brasilianischen

14

Mordkommandos haben das erledigt, was ihre paraguayischen Kollegen Jahre zuvor mehrmals verabsäumt hatten.

Eliane, einen Moment bitte. Kannst du erzählen, was deine Mutter dir von drüben erzählt hat? Der Reihe nach? Wie sie dir das Leben in Freiheit, wie du sagst, geschildert hat, und wie es kam, dass ihr flüchten musstet? Und wie ihr zu dieser Missionsstation der katholischen Schwestern kamt?

Also ... wir hatten *unser Land*. Das Gebiet unsres Ayoreo-Clans irgendwo im nördlichen Chaco, wie ihn die Paraguayer nennen. Wir wussten, dass es unser Land war und die anderen wussten es auch. Ohne Stacheldraht. Ohne Mauern. Ohne Militär. Mit manchen der benachbarten Gruppen hatten wir freundschaftliche, manchmal sogar familiäre Bande. Mit anderen gab's Zoff, wenn wir aufeinandertrafen. Zum Beispiel mit den Guaraní, die uns *Yanaígua* nannten, Barbaren ... Und ausgerechnet bei denen sollten wir dann gut aufgenommen werden, meine Mutter und ich! Jahre später in Brasilien. Unter ganz anderen Umständen, zum gemeinsamen Versuch, nicht ausgelöscht zu werden. Seitens der *brasilianischen* Landräuber und Rassisten. Mutter sagte, es war ein ständiges Herumziehen. Heute ein Lager hier und ein paar Tage, oder auch Wochen, wenn es denn reichlich Wild gab, später schon wieder mehrere Tage unterwegs zum nächsten Lager. Wir waren noch echte Nomaden. *Totobiegosode*, „Die aus dem Großen Busch". Was wir brauchten, fanden wir, oder stellten wir auf dem Weg her. Taschen jeder Größe, mit Stirnband zum Tragen. Zum Sammeln und Mitnehmen. Tragnetze für die Babys und Kleinkinder. Sitzbänder ... [Eliane erkennt die Bedeutung meines kurzen Stirnrunzelns, lacht.] Also Sitzbänder, das ist unsere Art von Sesseln. Du sitzt aufrecht am Boden, ziehst die Beine an den Körper, und stülpst das Sitzband von oben über dich, bis es um die Hüften und die Schienbeine fasst. So kannst du bequem für Stunden sitzen. Ohne Rücken- oder Beinbeschwerden. Als Material verwendeten wir zumeist die *Caraguatá*, eine schmal- und langblättrige, dornige Bromelienart. Weit verbreitet. Sowohl drüben im Chaco Paraguays wie auch in großen, den regenwaldlosen, Gebieten Zentralbrasiliens. Unter den Caraguatás verstecken sich der Dornen wegen gerne kleine Alligatoren, Gürteltiere, Echsen, Ameisenbären. Also auch ideale

Plätze für uns zum Picknick machen! [Eliane lacht.] Außerdem wird sie als Heilmittel verwendet. Ich glaube, bei Husten, Problemen mit den Atemwegen überhaupt. Blätter und Frucht sind sehr faserreich. So wie Sisal, wenn du den kennst. Die Caraguatá-Frucht essen wir. Auch den Wurzelstock und die Blüten. Roh oder gebraten. Selten gekocht, Wasser ist rar, zu wertvoll, im Chaco. Und wegen ihres Faserreichtums ist die Caraguatá unser bevorzugtes Material, um Fäden zu zwirbeln. Dazu schmieren sich die Frauen ihre Beine mit Holzasche ein und rollen die Fasern darüber, bis sie einen Faden bilden. Hast du verstanden? Wie's geht? Bei manchen Taschen, wenn Zeit dazu vorhanden war, in einem mehrwöchigen Lager zum Beispiel, wurde darauf geachtet, dass unser Clanmuster, unsere spezifischen Symbole, aufschienen. Dazu wurden fertige Fäden mit Naturstoffen gefärbt. Rot und schwarz. Das ergab dann dreifärbige Muster. Zu rot und schwarz das Beige der ungefärbten Fasern. Meine Mutter hat es mir, so wie alle Ayoreas das tun, auch beigebracht. Damals, als wir schon bei den Guaraní-Kaiowá am Rio Apa lebten. Aber ich glaube nicht, dass ich es heute noch könnte. Eine gute Caraguatá-Tasche herstellen. Mutter erzählte auch immer, wie viel wir freie Totobiegosode-Ayoreas beim Zwirbeln, eigentlich allen gemeinsam unternommenen Arbeiten, gelacht haben. Gelacht und geschrien. Ein heiteres, fröhliches, kraftstrotzendes Schreien. Das uns unserer selbst versicherte. Und oft auch notwendig war, um uns über größere Distanzen miteinander zu verständigen. Dass wir viele Witze, vor allem über Männer und ihre sexuellen Wünsche oder ihr sexuelles Verhalten, machten. Und dass wir, draußen im Busch, keinen Mann brauchten. Dass die Mädchen ab ihrer Menstruation, also dem Abschied von der Kindheit zwischen acht und zwölf, sogenannte „Laufgangs" bildeten. Gruppen bester Freundinnen, die den ganzen Tag draußen im Busch herumliefen und -tollten. Völlig unbeaufsichtigt. Den Buben um nichts nachstanden. In Mut und Abenteuerlust. Und Unabhängigkeit. Das war auch die Zeit, um die ersten spielerischen sexuellen Erlebnisse zu sammeln. Nachts. Wir hatten auch dazu völlige Freiheit, seitens der Erwachsenen. Gegenseitiges Betasten. Erregung. Gekicher. Das Ende der Kindheit, die Adoleszenz, das Junge-Frau-Sein, das war ein Lebensabschnitt fast ohne irgendwelche Verpflichtungen für uns Ayoreas. Leider hab ich das nicht mehr erleben dürfen. In der Welt der „Zivilisierten". Bzw.

16

der genauso untergehenden ..., nein, eigentlich zur Ausmerzung vogelfrei gegebenen, Welt der Guarani-Kaiowá.

Trink- und Aufbewahrungsschalen aus kürbisartigen Früchten haben wir auch, unterwegs oder in einem Lager, hergestellt. Die Männer machten ihre Speere. Bogen und Pfeile. Hin und wieder Fischfallen. Unser Gebiet umfasste fast ausschließlich sehr trockene Gegenden. Nur wenige ständige Wasserläufe. Oder kleine Seen. Salzseen meist. Aber es ging uns gut. Alles, was wir zum Leben brauchten, war vorhanden. Und: Ich sagte es schon, wir hatten enorm viel zu lachen. Vor allem wir Frauen. Das Fehlen von echter, spontaner Freude und die dem Mann generell untergeordnete Rolle der Frau ist, was Mutter später bei den katholischen Missionsschwestern überhaupt nicht ausgehalten hat. Dieses ständige Beschneiden, diese Knebelung ihrer Freiheit. Als Mensch und besonders als Frau. Gott gefällt dies und jenes nicht. Und für eine Frau schickt sich dies und jenes nicht. Und um x Uhr musst du dies und das machen. Und so weiter. Jeden Tag wurde versucht, sie zu biegen. Sie zu einer gefügigen Sklavin der „zivilisierten Art" zu machen. Und nicht nur meiner Mutter hat das enorme Schwierigkeiten, Gewissens- und Bewusstseinskonflikte beschert. Sie lernte damals langanhaltendes Unglücklichsein kennen. Depression, wie es heute heißt. Und richtig weit verbreitet ist, unter den Frauen. Zumindest in dieser zivilisierten brasilianischen Unglücksgesellschaft. Vielen, wenn nicht allen Ayoreas ging es wie meiner Mutter. Jedenfalls all jenen, die noch als freie Nomadinnen erwachsen geworden waren.

Aber ja ..., du sagtest *der Reihe nach*. Zurück also zu der Zeit, als Mutter noch frei war. Als sie dabei war, die Kindheit zu verlassen, eine junge Frau zu werden, vielleicht mit zehn oder so, gab's die ersten Angriffe seitens der Paraguayer.

Soldaten oder Polizei, Mutter konnte bis zum Schluss keinen Unterschied zwischen Uniformierten erkennen. Die sollten uns einfangen, abführen. Um uns *zu zivilisieren*. Ähnliches passierte mit den Ayoreos jener Clans, die südlich von uns lebten. Allerdings waren es dort evangelikale Missionare. Aus Nordamerika. Und Mennoniten. In Wirklichkeit gings wohl eher darum, uns aus unsrem Land zu holen, damit dieses problemfrei verkauft oder an Freunde des Diktators Stroessner verschenkt werden könne. Wer gefangen wurde, kam nie zurück. Aber die Uniformierten erlitten Verluste. Trotz ihrer

Schusswaffen. Sie waren die harte Natur nicht gewohnt. Kannten das Gebiet nicht. Konnten keine Spuren lesen. Und unsere Bogenschützen taten das ihre zur Verteidigung. Die Uniformierten zogen wieder ab. Doch wenige Jahre danach kamen die nächsten Feindeswellen: *Pistoleiros,* Revolvermänner, und die Einzäuner. Die versuchten, wenn überhaupt, lediglich die jungen Mädchen einzufangen. Um sie nachher, nach getaner Vergewaltigung, umzubringen, oder als Sexsklavinnen zu halten. Männer, Babys und ältere Frauen wurden sofort beschossen. Und dann kamen die ersten Flugzeuge. Von knapp über dem Boden fliegend wurden wir, panisch in alle Richtungen davonrennend angesichts solch unbekannter röhrender Ungetüme aus der Luft, beschossen – abgeknallt. Zu begeistertem Jubelgeschrei von oben. Das war die Zeit, als sich die Überlebenden unseres Clans entschlossen, gen Südosten, Richtung Rio Paraguay, zu ziehen. Raus aus unsrem Stammgebiet und rein in dichtere Vegetation. Besser gesagt *vermeintlich* dichtere Vegetation. Denn dort, wo noch vor Kurzem Quebrachowälder gestanden hatten, war nun Wüste. Der Fortschritt der alles zerstörenden „Zivilisation" war im Chaco angekommen. Wie die Heuschrecken. Alles wurde gerodet, des Tannins im blutroten und steinharten Quebrachoholz wegen. Und nichts aufgeforstet. Holzverarbeitende Boomstädtchen wie Puerto Guaraní erlebten eine kurze Hochphase. Dann wurden sie schnell zu Fast-Geisterdörfern. Und wir waren in der Richtung dieses Ortes Puerto Guaraní unterwegs. Weil wir uns dichteren Busch, besseren Schutz vor den Flugzeugen erhofften. Und nicht nach Süden ausweichen wollten, der Mennoniten, die unsere Vettern von anderen Clans als Halbsklaven ausbeuteten, und der vom Hörensagen wie die Pest gefürchteten nordamerikanischen evangelikalen Missionare, wegen. Das war die Zeit als ich zur Welt kam.

Das war welches Jahr?

Also jetzt haben wir 2017, nicht wahr, und laut meiner Geburtsurkunde bin ich 35. Aber die ist ja erst in Brasilien gemacht worden. Als ich bereits dreizehn oder vierzehn war. Und nach dem Tod von Mutter und dem Niederbrennen des Lagers am Rand der Straße und der Versprengung der überlebenden Guarani-Kaiowá und den darauf folgenden zwei Jahren in der Großstadt Dourados zu der

Frau in Marília kam. Deren Hausmädchen wurde. Und die dachte ...,
oder eher *wollte*, wegen etwaiger Schwierigkeiten mit dem Gesetz,
dass ich zumindest achtzehn, also volljährig, sei. Und nicht eine erst
Dreizehn- oder Vierzehnjährige ohne Dokumente. Und kaufte eine
Geburtsurkunde und einen Personalausweis, laut welchen ich in Nova
Andradina, Mato Grosso do Sul, am 17.November 1982 zur Welt
gekommen sei. Ob die Namen „meiner Eltern" erfunden sind oder ob
die wirklich einmal gelebt haben oder gar noch immer am Leben sind,
weiß ich nicht. Aber egal. So wurde ich zu Eliane Romero dos Santos,
waschechte Brasilianerin. Obschon waschechte Ayorea aus dem
nördlichen Chaco Paraguays. Nichts besonderes, hier bei uns. Mit
Schmiergeld geht alles. Damals und auch heute noch. Vor allem im
Hinterland. Aber jetzt bin ich ganz schön abgeschweift. Die Frage war
ja, in welchem Jahr ich wirklich zur Welt kam ...
Das war, als meine Mutter und ein paar andere Ayoreos versuchten,
an den Paraguay-Fluss zu gelangen. Das heißt, zu ein paar kleinen
Seen in der Nähe, wie Mutter erzählte. Das muss also 1987 oder 1988
gewesen sein. In einem dieser beiden Jahre bin ich zur Welt
gekommen. Und heute bin ich folglich etwa 30. Außer auf meiner
Geburtsurkunde und in meinem Personalausweis. [Eliane lacht
wieder.]

Und wie ging das? Eine Geburt mitten im Busch, auf der Flucht?

Ah, das war kein Problem für Mutter. Als zwar verfolgte, aber noch
immer freie Totobiegosode. Alles ging seinen natürlichen
beziehungsweise kulturellen Lauf. Als die Wehen einsetzten, zog sie
sich mit anderen Cékes zurück. Abseits vom Rest der Gruppe. Die
Cékes graben ein Loch in die Erde, legen es mit Blättern aus, und die
Gebärende hockt sich darüber. Dann flutscht das Neugeborene rein.
Sofort wird es von den Cékes auf seine Gesundheit untersucht, und
die Mutter schneidet die Nabelschnur ab und setzt das Neugeborene
zum ersten Mal an die Brust. Das ist der Moment, beim ersten
Säugen, wenn die Mutter dem Kind seine Seele, sein Leben und sein
Menschsein übergibt. Fertig. Am nächsten Tag können Mutter und
Baby bereits wieder unterwegs sein.

Und dann seid ihr zu diesen Seen gelangt?

Ich kann mich nicht genau erinnern, ob wir es zu diesem Ziel geschafft haben oder schon vorher erneut angegriffen worden sind. Es war ja damals in der Nähe des Paraguay-Flusses nicht mehr möglich, sich auf „freiem Land", oder wenigstens stacheldrahtlosem Land, zu bewegen. Alles war nun gerodet, mit Vieh drauf und eingermaßen von patrouillierenden Reitern bewacht, in Großgrundbesitz eben. Von jenen Landbaronen mit Besitzurkunden in der Hand. Auf die ebenso viel Verlass ist wie auf meine Geburtsurkunde. Aber wenn du den Indianern das Land wegnehmen willst und es dir nicht gelingt, sie gänzlich auszurotten, dann kommen eben Urkunden daher. Und meist *vor* diesen bereits der Stacheldraht und die Pistoleiros. Also ich weiß nicht, ob unsere Gruppe es zu diesen Seen geschafft hatte, als wir wieder von Revolvermännern angegriffen wurden. Alles rannte los. In verschiedene Richtungen, um die Verfolgung und Tötung zu erschweren. Ab dann waren Mutter und ich in einem Minigrüppchen. Bloß noch drei Frauen, ein Mann und wenige – ich glaube, fünf waren es – Kinder und ich, das einzige Baby. Wir haben uns dann nur mehr nachts weiterbewegt, gejagt, gesammelt. Tagsüber in Büschen versteckt gehalten. Etwaiger Flugzeuge und der berittenen Pistoleiros wegen.

Ein paar Wochen später haben wir es nach Puerto Guaraní geschafft. Einem im Schlamm versunkenen Ort am Westufer des Rio Paraguay mit gerade mal noch ein paar Hundert Einwohnern. Von dem die Erwachsenen gehört hatten, von anderen Índios, die wir unterwegs getroffen haben, vor allem von assimilierten Ayoreos und Nivaclé und Guaraní, die als Tagelöhner für eine Handvoll Maniok und ein Stück Rindfleisch für die Großgrundbesitzer malochten. Oder von katechisierten Índios die ausgesandt wurden, um zu versuchen "Wilde wie uns" und andere noch frei lebende Clans zum „Eintritt in die Zivilisation und den wahren Glauben" zu überreden. Was nicht selten zu vielen Todesopfern in den freien Clans führte. Da die Assimilierten nicht nur Bibelsprüche, sondern auch die Krankheiten der *Kognone*, der „Weißen", mitbrachten, auf die wir nicht vorbereitet waren. Betreten hatte den Ort Puerto Guaraní aber noch nie zuvor einer von uns. Im Gegenteil, wir mieden ja stets alle nichtindianischen Orte, von denen wir gehört hatten, wie wir alles von dieser todbringenden Zivilisation mieden. Jetzt aber schien er meiner Mutter und den anderen drei Erwachsenen die letzte Chance auf Überleben. Vor allem der Kinder.

Der erste Kontakt mit „Stadt" war kein ruhiger. *Wilde!* Noch dazu *dunkle und halbnackte!* Die Frauen trugen damals, wenn überhaupt etwas, nur Caraguatá-Röcke. Die Männer meist nichts. Und keiner von uns hatte ein Wort Kastilisch drauf. Gerade mal ein sehr holpriges Guaraní. Mutter sprach von Gejohle. Von Zielspucken. Einige warfen Sachen, wie Steine oder Flaschen, nach uns. Andere gaben uns alte Kleider. Zerrissene Hosen, löchrige T-Shirts. Wieder andere gaben uns Maniok. Einige wollten Sex von meiner Mutter und den „älteren" Mädchen. Im Tausch für Plastikplunder. Wir kauerten uns hin. Am Flussrand. Warteten zusammengedrängt. Die Erwachsenen immer auf der Hut, die Kinder und mich schützend. Hoffend auf eine Lösung. Und irgendjemand muss den Schwestern wohl Bescheid gegeben haben. Denn ein paar Tage später kamen sie und eine assimilierte Ayorea an. Mit Decken, Tüchern, Proviant. Wickelten uns ein, gaben uns zu essen und führten uns fort. Stromabwärts, in zwei Außenbordmotorbooten. So kamen wir zur Mission der *Hijas de María Auxiliadora*.

Was meinst du mit „*dunkle* Wilde"?

Na ja, schau mich an. Meine Haut ist doch viel dunkler als die der Guaraní. Das ist für die Paraguayer, und auch für die Mennoniten die heute einen großen Teil unseres traditionellen Gebiets besetzt – „kolonisiert" – haben, immer schon das Unterscheidungsmerkmal zwischen weniger und ganz wilden Índios gewesen. Zwischen adretten erzieh- und dann brauchbaren und hässlichen, völlig untauglichen. Wir waren die „dunklen Waldleute". Die hässlichen „Heidenbarbaren". Ganz unten auf der Werteskala Paraguays. Und sind es noch immer. Und auch hier, in Brasilien, sinkt dein Wert mit dem Grad der Dunkelheit deiner Haut. Verinha wird dir da einiges erzählen können. Hier, in Brasilien, falle ich, zumindest farblich, nicht mehr auf, beziehungsweise bin „aufgestiegen". Weil es eben viele ganz Schwarze, so wie Verinha, und überhaupt eine große Vermischung gibt. Vor allem in den Favelas. Oder in Bahia und Maranhão, wo Verinha auf die Welt gekommen ist.

Eliane, willst du eine Pause machen? Oder machen wir weiter?

Kein Problem, machen wir weiter ... So kamen wir also in der Mission an. Und ich war da etwa zwei oder drei Monate alt. Mutter muss damals so um die zwanzig gewesen sein. Ich hatte übrigens auch einen älteren Bruder. Aber von dem haben wir nie wieder etwas gehört. Auch nicht von meinem Vater. Oder den anderen der Gruppe. Nach dem letzten Flugzeugangriff und der Versprengung unsres Clans.

War das normal, der Standard, bei euch, Mütter mit zwei Kindern? Wie war das mit Mutterschaft überhaupt? Hat dir deine Mutter darüber erzählt?

Ja, klar. Das ist ja auch die eigentliche, die essenzielle Aufgabe der Ayoreafrauen. Dass sie den Kindern die Kultur weitergeben. Ich sage *Frauen* und nicht Mütter, denn bei uns sind alle Cékes ...

Wart mal, Eliane, entschuldige. Hab ich das, vorher schon, richtig interpretiert, dass Cékes eine Art weiser oder älterer Frauen sind? Als du von der Geburt gesprochen hast?

Ach so! Pardon, hab ich ganz vergessen zu erklären. Also *Cékes* sind alle Frauen, die einen fixen Partner haben, verheiratet sind und zumindest ein Kind haben. Bei uns sind alle Cékes zusammen „die" Mutter jedes Kindes. Da gibt es nicht diese Unterscheidung von leiblich und nicht leiblich. Jedes Kind hat genauso viele Mütter, wie Cékes in der Gruppe vorhanden sind. Und alle nehmen die Mutteraufgaben für jedes Kind jederzeit wahr.

Verheiratet? Hattet Ihr da ein Ritual?

Nein, nein. Nichts, wie du dir das wahrscheinlich vorstellst. Wir Mädchen probieren spielerisch herum. Werden irgendwann, wenn es *uns* gefällt, sexuell aktiv. Und wenn uns ein Partner sehr zusagt, und wir ihm, dann können wir einfach zusammengehen. In eine Art Test-Partnerschaft. Und wenn die eine gute Zeit lang klappt, können wir sie „offiziell" machen. Das ist unsre Eheschließung. Die jederzeit von

22

beiden Seiten wieder gelöst werden kann. Es genügt zu sagen, ich will nicht mehr. Oder: Das war's. Und fertig.

Als ich groß genug war, als wir mit den Guarani-Kaiowá am Rio Apa, das liegt etwa auf halbem Weg von Porto Murtinho nach Dourados, zusammenlebten, hat mir meine Mutter all das weiter gegeben. Überhaupt was Frausein und Schwangerschaft bedeuten. Es ist kein „Ziel" der Ayoreafrau, Mutter zu werden, schwanger zu werden. Eher das Gegenteil. Erzählungen zu Schwangerschaft seitens der Cékes sind oft mit „schlimmen Sachen" verbunden. Gespickt mit Schmerzen und Krankheiten die manchmal mit dem Tod der schwangeren Frauen enden. Vor allem, wenn es sich um jüngere Mädchen handelt. Also eher abschreckend sind. Aber Mutterschaft ist dennoch eine „unentrinnbare" Notwendigkeit. Eine Art notwendiges Übel. Auf dass die Gruppe, unsere Kultur, fortbestehe. Es war durchaus normal, zwei Kinder „beizutragen". Mehr als drei fast nie. Und keines, das war auch sehr selten. Das hatte sicherlich auch mit unserem Lebensstil zu tun. Fast immer unterwegs. Und Nomadin sein im Trockenbusch, jeden, oder fast jeden Tag kilometerweit zu laufen, und alle täglich notwendigen Arbeiten verrichten als Schwangere, war bestimmt sehr hart. Ein langes Leiden für die Frau. Und eine Beschwernis für die ganze Gruppe. Ganz anders als hier, in der brasilianischen Gesellschaft, gab es bei uns fast keine *ungewollten* Schwangerschaften.

Zum einen, weil Sexualität bei den Ayoreos ganz anders ausgelebt wird als bei den sogenannten Zivilisierten. Bei uns gibt's keine Normen oder Moralvorschriften, dafür gibt's auch keine aufgestauten und reprimierten Dränge. Alles geht seinen langsamen natürlichen Lauf. Du kommst in die Adoleszenz. Dann kommt die Zeit des Liebeswerbens, der ersten erotischen Spiele, alles behutsam, ohne Eile, von beiden Seiten, und nie auf irgendein Eindringen fixiert, von seiten des jungen Mannes. Später, wenn all das für beide Seiten erfreulich gewesen ist, kann es schließlich ein Zusammengehen geben, als Paar, und wieder später die Möglichkeit auf Schwangerschaft. Schwangerschaften junger Mädchen sind kulturell verpönt. Wenn sie noch nicht das Zeug zur Céke haben. Bei den sogenannten Zivilisierten, egal ob Paraguayer oder Brasilianer, zählt einzig und allein, die sofortige, rücksichts- und voraussichtslose Penetration. Das Eindringen, das rohe Erobern, die Unterwerfung der Frau. Das In-Besitz-Nehmen. Und ab dann die Kontrolle über *das Eigentum*. Und wehe, die Frau hätte *eigene* Ideen, Pläne. Bei Fragen oder Praktiken der Sexualität. Oder überhaupt. Bei allem. Gütiger Gott, da kommt's gleich auch zu tätlicher Gewalt. Zumindest habe ich nie ein anderes Mannseinmodell, *Individuen* schon, aber kein *Modell*, außerhalb der indigenen Gruppen, kennengelernt. So ist das. Zumindest hier bei uns. Wie es sonstwo ist, in deiner Weltecke zum Beispiel, weiß ich nicht.

Was wollte ich noch sagen? Ah ja, die *ungewollten Schwangerschaften*! Die gab's bei den freien Ayoreas auch deshalb nicht, oder kaum, weil wir unsere Verhütungstechniken hatten. Wir hatten absolute Kontrolle über unser Leben und unseren Körper, und kein Mann hatte irgendwas zu sagen dabei.

Was waren das für Verhütungstechniken, Eliane? Kräuterpflanzen?

Nein, Mutter sagte immer, Kräuter wären der Weg der Guaraní. Wir Ayoreas hätten andere. Das geht von ganz normalen Praktiken wie dem Herausziehen des Penis vor dem Samenerguss oder der Verweigerung der Frau, vaginalen Sex zu haben, bis zu Massagen unmittelbar nach dem vaginalen Sex, die das Vordringen des Spermas verhindern sollen. Es gibt auch die schamanischen „Tricks". Männer, oder seltener Frauen, die das *Dajnai* erreicht haben, spirituelle Kraft und Weisheit, können Wasser „weihen", das die Frau unfruchtbar macht. Bis ebenjene Frau bittet, diese Weihung wieder rückgängig zu machen.

Und Abtreibung?

Die gab's früher nicht. War ja auch nicht nötig. Es kam fast nie zu ungewollten Schwangerschaften. Abtreibung war ganz schlecht angesehen, weil die Älteren um deren Gefahr für die Frau Bescheid wussten. Das wurde an die Mädchen ab dem Eintritt in die Pubertät auch eindringlich weitergegeben. Auf dass sie nachhaltige Angst vor Abtreibungsversuchen hätten. Erst mit unserer Assimilierung durch die „Zivilisation" kam auch Abtreibung in unsre Realität. Mutter hat mir davon erzählt, dass sie in der Missionsstation assimilierte Ayoreas und andere Índias kennengelernt hat, die abtrieben. Vor allem aus Angst vor den Schwestern. Vor ihren Vorwürfen, eventuellen Strafen wie der Gefahr, von der Mission verwiesen zu werden. Und wieder ohne Schutz und ohne materielle Vorteile wie gesichertes Essen draußen in der paraguayischen oder brasilianischen Welt zu stehen. Die brutal und rassistisch ist. Und für Menschen ohne Geld keinen Platz zum Überleben lässt.

Eliane! Einen Moment bitte. Du machst das hervorragend. Wie eine sehr erfahrene, routinierte Interviewpartnerin. Und ich lerne so unglaublich viel dazu. [Wie schon mehrmals zuvor, während ihrer Erzählungen, bricht Eliane in herzliches Gelächter aus, intuitives Ayorealachen?] Aber jetzt brauch *ich* erst mal eine Pause. Und eine Toilette! [Jetzt lachen wir beide zusammen.]

Ich schalte das Aufnahmegerät aus, stehe auf. Es klopft an der Tür und Antônio Carlos kommt rein. Hinter ihm eine Gruppe von Krankenschwestern.

Hey, verzeiht mir, aber ich muss euch stören, unterbrechen. Draußen vor dem Spital geht es gerade wild zu. Zwei Plündergangs sind aneinandergeraten. Besser, unsere wenigen Dienst machenden Krankenschwestern verstecken sich hier, im „letzten Winkel" des Spitals. Sicher ist sicher. Und Kaffee in der Thermosflasche haben sie auch mitgebracht. Schlecht?

Und schiebt sieben verängstigt dreinschauende und doch lächelnde Frauen zur Tür hinein.

Sperrt von innen ab!

Ich habe plötzlich Schamgefühl, vor allen zu sagen, dass ich auf die Toilette muss. Und sage nichts. Es folgt eine sehr lange halbe Stunde, bis Antônio Carlos zurückkommt und Entwarnung gibt. Denn obwohl wir alle miteinander plaudern, denke ich doch nur daran, wie lange ich es noch aushalten kann. Und weise alle Einladungen auf einen Kaffee im Plastikbecher strategisch zurück.

Und, wie läufts?, fragt mich Antônio Carlos auf dem Weg zur nächstgelegenen Toilette.

Wunderbar. Eine beeindruckende, natürliche Frau, die Eliane. Und ihre Geschichte! Und dass sie nach allem immer noch so spontan, frei und herzlich lachen kann ... Bin echt froh, dass du mich hergerufen hast. Trotz dem Irrsinn hier draußen.

Antônio Carlos verdreht die Augen mit hochgezogenen Brauen, kehrt seine Handflächen nach oben und außen, und grinst ein Ich-hab's-dir-ja-gesagt-Grinsen.
„Der Irrsinn" wird, denk ich, sehr schnell wieder zum *gewöhnlichen* Irrsinn werden. Jetzt schicken sie Militär und Nationalgarde. Zumindest an die für sie neuralgischen weil von den Medien fokussierten Punkte, wie Bundesstraßen, Busbahnhöfe, den Flughafen, Regierungsgebäude, das Zentrum mit seinen Geschäftsstraßen, Shopping Centern und – wer weiß – Spitälern. Dem setzt er wieder eine schelmische Grimasse nach. Die Art *Ver-para-crer*. Ich glaubs erst, wenn ich's seh.

Eiligen, der sachlichen Unmittelbarkeit wegen jedoch sehr konzentrierten Schrittes erreiche ich die Toilette, deren Spülklosetts sich in einem bahnhofslikörstubenartigen Zustand präsentieren der mich in anderer, entspannterer Situation, zur Suche eines alternativen Ortes animiert hätte. Nun aber ist die imperative Sofortimprovisation, den Druck per isometrischer Übung, in der Abfahrtshocke und ohne irgendetwas zu berühren, loszuwerden. Ob es sich bei der Toilette um einen „Normalzustand" handelt oder die Konsequenz des Chaos und nicht zur Arbeit gelangender Spitalsangestellter, kann ich nicht sagen. Aber ich weiß mittlerweile aus erster Profihand und Freundesmund, dass es sich in Brasiliens öffentlichen Spitälern allzu leicht Infektionskrankheiten holen lässt. Und gar nicht selten *tödliche*.

Zurück am Gang, wollte ich Antônio Carlos noch fragen, wie es Verinha, meiner anderen Interviewpartnerin, gehe. Ob sie morgen wirklich schon „fit" sei für eine Aufnahmesession. Aber als ich aus der Toilette wieder rauskomme, ist er schon weg.

Und, alles ok?, fragt mich Eliane.

Bei mir klar! Aber ich hab ja auch kein Gelbfieber. Wie gehts *dir*?

Hatte. Und nicht habe. Da braucht's schon stärkeren Tobak, um eine Totobiegosode umzuhaun. [Und lacht!] Außerdem hatte ich doppeltes Glück. Zum einen, weil ich in die Hände Antônio Carlos' geriet. Die „Ärzte", die ich in Aracruz aufsuchte, an öffentlichen Gesundheitsposten, überboten sich ja alle in abstrusen Fehldiagnosen. Was typisch für unser öffentliches „Gesundheits"wesen ist. Ihre Rateurteile reichten von Lebensmittelvergiftung über starke Grippe bis Denguefieber. Und das, obwohl im benachbarten [Bundesstaat] Minas Gerais bereits mehrere Fälle von Gelbfieber per Medien bekannt waren. Sogar von Epedemie gesprochen und geschrieben wurde! Dank einer hartnäckigen Freundin, einer Anthropologin vom Instituto Socioambiental, die auch gerade mit den Tupiniquim und Guarani in Aracruz arbeitet, wurde ich nach Vitória gebracht. Zu Antônio Carlos. Und das zweite Glück war, dass ich nicht in die toxische Phase geriet. Es waren ein paar schüttelfrostige Tage mit hohem Fieber und „ordentlichen" Muskelschmerzen im ganzen Köper, Brechreiz hin und wieder. Und das war's dann auch schon. Keine Sorge, mir geht's prima *Irini*.

Mein Name, Irene, der einen slawischen Touch bekommt, aus brasilianischen Mündern. *Irina*. Oder, noch häufiger, *Irini*.

Ich setze mich wieder Eliane gegenüber, schalte das Aufnahmegerät ein, nicke Eliane aufmunternd zu und zeige mit meinem linken Daumen nach oben. Sie tut es mit dem rechten, als wären wir beide der seltsamen Polizei in Wolf Gremms „Kamikaze 1989" entsprungen, und nimmt den Faden wieder auf.

Also gut. Da sind wir nun in den beiden Motorbooten auf dem Paraguay-Fluss. Fahren flussabwärts. Nach Süden. Und kommen in der Salesianer-Mission María Auxiliadora an. Um die Trennung von den Kindern zu vermeiden, geben sich Mutter und die anderen beiden Cékes als „leibliche Mütter" aller Kinder, von denen wahrscheinlich noch keines die Pubertät erreicht hatte, unsrer Minigruppe aus. Der Mann wird allerdings getrennt von uns untergebracht. Die assimilierte Garaigosode-Ayorea, die mit den katholischen Schwestern nach Puerto Guaraní uns abholen gekommen war, hat uns während der Fahrt bereits darauf vorbereitet, dass in der Mission Frauen und kleinere Kinder getrennt von Männern und Buben untergebracht sind. Mutter meinte, dass diese sonderbare Trennung aber erst mal niemanden störte. Dass alle im Grunde erleichtert waren. Zu Leuten gekommen zu sein, die sie weder töten noch vergewaltigen noch quälen noch versklaven oder sonst wie schlecht behandeln wollten. Sondern sichere Schlafplätze und regelmässige Mahlzeiten zur Verfügung stellten. Ohne irgendwelche Gegenleistungen zu fordern. Ich glaube nicht, dass auch nur einer von uns die erste Zeit in eine der Hängematten oder in eines der Stockbetten mit Matratze schlafen ging. Der Boden und die Decken waren uns lieber. Auch wenn das den ersten Tadel provozierte. Seitens der Schwestern, die angetreten waren, uns das Heidentum und die *wilden Bräuche* auszutreiben.

Da du gerade Heidentum gesagt hast, wie war das mit eurem, dem Ayoreo-Glauben?

Also da muss ich passen. Mutter war ja noch sehr jung, als die Versprengung geschah, die lange Flucht losging. Wie gesagt, als wir in der Mission ankamen, war sie vielleicht zwanzig. Und in diesem Alter kannst du zwar eine Céke sein, bist aber noch sehr, sehr weit davon entfernt, ein oder eine Dajnai werden *zu können*. Also ein Weiser oder eine Weise, ein spiritueller Führer. Und nur diese haben das Wissen von unseren mythisch-religiösen Angelegenheiten. Bezüglich der Schöpfung und wie die Ayoreos einst zu menschlichen Wesen wurden. Das ist streng gehütetes Wissen unter den Ältesten. Und Weisesten. Die dieses Wissen auch *verdienen*. Die Jungen interessieren sich dafür erst mal gar nicht. Und sie würden von den Dajnai auch nichts rauskriegen. Zumindest hab ich das so verstanden, als ich Mutter danach fragte. Zur Zeit am Rio Apa, im Tehoke der Guarani-Kaiowá. Aber an *eine* mythische Figur kann ich mich erinnern. Denn die war im Bewusstsein der Cékes präsent: *Asojá*. Eine Art Urvogel, Ahne der Ayoreos, mit übernatürlicher Kraft. Den das Weinen von Kindern wütend macht. Weswegen es bei uns, wie Mutter immer wieder betonte, kaum je vorkam, dass Kinder weinten. Und wenn sich eines anschickte, waren sofort die nächsten Cékes da, um das Kind – und Asojá – zu beruhigen. Oder ruhig *zu halten*.

So. Zurück zur Mission. Ich war also erst ein paar Monate alt. Und dass Mutter und die anderen in Freiheit groß gewordenen Ayoreos und vor allem Ayoreas dort ziemlich unter der Fuchtel der strengen Ordnung, der Vorschriften und starren Regeln der katholischen Schwestern litten. Aber du sollst dir das nicht wie ein Gefängnis oder so was Ähnliches vorstellen. Rund um die Mission hatte sich ja längst ein kleines Dorf gebildet. Guidaió, glaube ich, hieß es. Und das war mehrheitlich von katechisierten Ayoreos und anderen Índios bewohnt. Dort konnten wir mehr oder weniger tun und lassen was wir wollten. Außer unserem nomadischen Lebensstil nachgehn. Das war nun vorbei. Und hat Mutter auch arg zu schaffen gemacht. Wie auch immer, fast alle Frauen in Guidaió – wenn es denn so hieß – verdienten etwas mit der Herstellung ihrer traditionellen dreifärbigen Taschen. Die wurden an die von Porto Murtinho herrüberkommenden Brasilianer gegen Kochgeschirr, Messer, Plastikbecher, Babyflaschen, Milchpulver und so weiter eingetauscht. Fast jeden Tag kam zumindest einer rüber. Apropos Milchpulver: Da kann ich mich auch noch gut erinnern an das, was Mutter mir in Bezug auf Babynahrung weitergab. Bei den Guarani-Kaiowá. Nach meiner ersten Menstruation. Sie meinte, sie hätte mich, und zuvor auch meinen älteren Bruder, auf Jahre ausschließlich mit ihrer Milch ernährt. Trotz der Schmerzen die wir ihr, mein Bruder vor allem, so ab dem sechsten Monat immer wieder verursacht hätten. Als wir unsere eben zum Vorschein gekommenen Zähne in ihre Brustwarzen schlugen, wann immer etwas nicht passte, die Milch nur stockend kam oder wir nervös waren. Und dass sie sicher war, dass diese lange Phase der Ernährung ausschließlich mit Muttermilch zu unsrer tadellosen Gesundheit beigetragen hat. Denn in Guidaió kursierten Geschichten, dass Frauen wegen der Bisse der Babys in ihre Brustwarzen gestorben seien. Und dass Kognone-Ärzte gesagt hätten, dass ab dem fünften oder sechsten Monat besser auf Milchpulver umgestellt werden sollte. Ob das wahr war oder nicht, kann ich nicht sagen, auch Mutter konnte es nicht. Aber die Geschichten dienten jedenfalls dazu, dass sich viele assimilierte oder sich assimilierende Ayoreas vor den Schmerzen drückten und lieber Taschen gegen Milchpulver tauschten, und dass die mit ihren kleinen Booten herüberkommenden fliegenden Händler jede Menge Milchpulver absetzten.

Klar, dass die Ayoreas von diesen hinten und vorn übers Ohr gehauen wurden. Und es infolge des überhöhten Preises nie zu einer regulären Mischung, zum richtigen Verhältnis von Milchpulver und Wasser reichte. Da kam immer viel zu wenig Milchpulver rein und viel zu viel Flusswasser. Und viele der Kinder entwickelten Mangelkrankheiten und Infektionen, die bei uns, noch in Freiheit, unbekannt gewesen waren, wie Mutter bestätigte. Sie hat nie, wie sie stolz versicherte und mich lehrte, auch nur eine einzige Tasche für Milchpulver oder Babyflaschen getauscht. Und deshalb sei ich gesund gewesen. Mutter fürchtete keine Schmerzen und traute den Kognone, egal ob Ärzte oder Scharlatane oder Händler, generell nicht. Bis sie dann zu jenem Vertrauen fand, der sie anderthalb Jahre nach unsrer Ankunft in der Mission mit über den Fluss nehmen sollte. Und mein Stiefvater wurde. Für weitere anderthalb Jahre. Und mein erster „Lehrer" für das Verstehen der Welt der „Zivilisierten". Aber dazu später, nicht wahr? Ich weiß ja, wie du es willst: immer schön der Reihe nach. [Und ihr Lachen steckt mich an.]

Jetzt aber noch was, das mir wichtig erscheint. Was ich nicht unerwähnt lassen will. Ich bin ja einer der ganz wenigen Menschen in diesem Land – ich red jetzt von Brasilien! –, die nicht nur keiner Konfession angehören, sondern tatsächlich keine Religion haben, kein Glaubensgebilde in sich herumtragen. Weil mir so was nie übergestülpt wurde. *Gott* sei Dank. [Und lacht schallend über dieses scheinbare Paradoxon. Das aber keines ist. Lediglich eine der häufigsten brasilianischen Redewendungen.]

Mutter meinte, die Ayoreomänner in und um die Mission wo sie Zuflucht gefunden hatten, hätten ihr versichert, dass die Salesianer, zu deren Orden die Mission gehört, *wirkliche Freunde* der Ayoreos wären. *Die einzigen* unter den Kognone. Dass sie ehrliches Interesse am Überleben der Ayoreos hätten. Dass sie es sich sogar mit den grossen Landräubern angelegt hätten. Für die Landrechte der Ayoreos eintreten. Und dass einer sogar mit dem gefürchteten Diktator Stroessner stritt. Sich gegen Militärexpeditionen und Vertreibung der Ayoreos durch bezahlte Pistoleiros im Chaco eingesetzt hätte ... Falls das stimmt, wundere ich mich, ob dieser Salesianer noch länger überlebt hat. Jedenfalls will ich das gesagt haben. *Auch* gesagt haben.

Für mich persönlich war die Zeit in und um die Mission bestimmt keine schlechte. Spielen, Herumkrabbeln, dann -laufen, mit anderen Índiokleinkindern. Den ganzen Tag. Plus: nie Milchpulver! [Lacht und klatscht in die Hände.]
Mutter war mit anderen Frauen entweder im Busch, auf der Suche nach Caraguatá. Oder beim Entwerfen und Flechten von Taschen und anderem, was verkauft werden könnte. Zur Messe und zum Hygiene- und Religionsunterricht der Schwestern ging sie so wenig wie möglich. Hatte meist Ausreden parat. Was Mutter bei den Schwestern nicht gerade zur beliebtesten Katecheseschülerin werden ließ. [Und wieder dieses großartige Lachen. *Ayorea*lachen?] Ein paar Mal kam auch ein Arzt rauf, ich glaube aus der Hauptstadt Asunción. Und alle standen Schlange, um untersucht zu werden. Außer Mutter und mir, die sich da stets zeitgerecht mit mir auf dem Rücken in den Busch verdrückte. Wie sie mir, auch lachend übrigens, später bei den Guarani-Kaiowá, versicherte. Diese Erinnerung freute sie „diebisch". Den Kognone und ihrem Kontrollsystem immer eins ausgewischt zu haben.
Irini, jetzt bin ich an der Reihe. Ich muss mal.

Ich schalte das Aufnahmegerät aus. Und will Eliane den Weg erklären. Aber sie kennt ihn. Ich bleibe allein mit den unausgepackten Hi-Tech-Geräten zurück. Und staune. Über das Gehörte. Und Elianes Lachkraft. Und muss plötzlich selbst lachen. Ein schönes Angestecktwordensein. Passend noch dazu – in einem Spital. In sonst so düsteren Umständen, im Spital drinnen, so wie draußen. Ich stehe auf, gehe ans einzige Fenster, will sehen, was draußen abgeht. Aber der Blick reicht auf keine der Straßen. Nur auf einen Teil des Spitalgebäudes selbst. Der Luftzug tut gut. Die Hitze im Raum ist dabei, unerträglich zu werden. Dicke einlullende Schwüle. Und es ist noch nicht mal zehn. Aber das kenne ich bereits aus Rio. Auch so eine Urbansauna.

Eliane kommt zurück; *Pronto!* Das Pronto kann sich auf das erledigte Geschäft auf der Toilette beziehen. Oder ein Hinweis zum Weitermachen sein. Wahrscheinlich ist es beides. Und schon sitzt sie lächelnd wieder im weißen Plastiksessel. Das Aufnahmegerät rechts vor sich. Ich schalte ein.

Der Ramschverkäufer, der für kurze Zeit mein Stiefvater werden sollte, hieß Ramires. Er kam ein, zwei Mal pro Woche rüber. In seinem tuckernden Einmann-Kutter. Zum Verkaufen und Tauschen. Mutter meinte, er wäre ein ruhiger Kerl gewesen. Schon ziemlich alt. Vielleicht sechzig oder so. Aber ruhiger, nicht so aufdringlich oder obszön wie die anderen Brasilianer die rüberkamen, um Geschäfte mit den Índios zu machen. Und stets auch versuchten, Sex mit einer Índia zu bekommen. Was allzu oft geschah. Erstens wegen unsrer Unerfahrenheit mit dem Sexualverhalten oder -modell der „Zivilisierten", das Frau oder Mädchen erst benützt und hernach zur *Puta*, Hure, runter macht und abstempelt, und zweitens, weil es immer an Sachen fehlte oder am Geld, um die Sachen kaufen zu können. Plastiksandalen, zum Beispiel. Unterwäsche. Binden. Schnuller. Kochlöffel. Angelhaken. T-Shirts. Shorts. Und so weiter und so fort.

Mutter hatte zu dieser Zeit mit niemandem Sex. Sie war ja noch immer, obschon Ihrer Nomadenflügel beschnitten, eine traditionelle Ayorea. Und das bedeutete, kein Sex während der zweieinhalb- bis dreijährigen Stillperiode. In unserem Verständnis ist die Beziehung Kind-Mutter während der Stillzeit wichtiger als die Beziehung Mann-Frau. Und beide Seiten repektieren das. Was aber auch bei uns nicht hieß, dass der Mann nicht *anderswo* „Fische fangen ging". Diese Abstinenz war ein *Pujak*. Eines der wenigen Gebote oder Verbote, die wir haben. Und wer diesen Pujak bricht, beschwört schlimme Konsequenzen für das Kind und die Mutter herauf. Das kann bis zum Tod der beiden gehen.

Ramires behandelte seine Índiokunden wie Menschen. Und machte auch niemals Anstalten, Sex zu fordern. Oder zu wollen. Mutter begann ihm zu vertrauen. Tauschte ausschließlich bei ihm. Man kann sagen, es entwickelte sich so etwas wie Freundschaft zwischen den beiden in den anderthalb Jahren in der Mission beziehungsweise im Dorf Guidaió.

Etwa nach einem Jahr begleitete Mutter Ramires zum ersten Mal auf die andere, brasilianische Seit des Paraguay-Flusses. In die Stadt Porto Murtinho.

Und du bist bei deinen kleinen Spielkameradinnen und den Cékes geblieben?

Nein. Ich war mit von der Partie. Stillzeit! Mutter kam ja erst wieder bei der nächsten Überfahrt von Ramires, Tage später, zurück. Und wie gesagt: Eine echte Ayorea setzt ihr Kind nie vor der Zeit ab. Auch nicht für ein paar Tage. Ramires hatte ein kleines Holzhäuschen, nicht weit vom Ufer. Etwas südlich vom Stadtzentrum, bevor der Fluss sich zweiteilt. Dort schliefen wir. Er in seinem Bett. Wir auf dem Fußboden, auf Decken in einem anderen Zimmer. Tagsüber ging Ramires seinen Geschäften nach und wir waren die meiste Zeit draußen. Noch nie hatten wir so eine „Riesenstadt" gesehen. So viele Häuser, Gebäude, Läden, Straßen, Mopeds, Autos, Lastwägen, Lautsprecher, Geschrei. Als wären wir in einer anderen Welt gelandet. Mit Ameisenmenschen. Ich weiß nicht wieviel Einwohner Porto Murtinho damals, 1988, hatte. Aber ich schätze mal so um die zehntausend. Mutter kam aus dem Staunen nicht heraus. Meinte aber auch, dass sie keine Angst empfunden hätte. Denn es gab sehr viele Índios unter den Ameisenmenschen. Guarani vor allem. Die entweder schon in der Stadt lebten, oder dort waren, um ihr buntes Handwerk zu verkaufen, die *Frauen*. Oder sich zu betrinken, die Männer. Oder sagen wir: *einige* der Männer. Die betrunkenen Índios lagen teils im Dreck herum. Bewusstlos. Und waren dem Spott und den Misshandlungen seitens „zivilisierter Vorbeikommender" ausgesetzt. Nicht, dass Alkohol, eben durch die brasilianischen Händler, nicht auch drüben, in Guidaió, präsent gewesen wäre. Aber das Ausmaß hier war ein gänzlich anderes. Mutter beeindruckte das sehr. Nachhaltig. Sie freundete sich mit der einen und anderen Guarani an. Ließ sich von der Macht des Alkohols über die Männer erzählen. Und entwickelte sofort eine radikale Ablehnung gegenüber alkoholischen Getränken. Sah, dass da eine Macht im Einsatz war, die buchstäblich den stärksten Índio außer Gefecht setzte. Sämtliche kulturellen Werte ausschaltete. Eine Macht, die viele Familien ohne Männer dastehen ließ. Eine Macht, die Männer, die noch mehr trinken wollten, aber kein Geld mehr hatten, ihre nicht mal noch pubertierenden Töchter an den Nächst„besten" zum Sex ausleihen ließ. Oder gleich *verkaufen*. Für ein weiteres Glas Schnaps! Mutter war es sofort klar, dass Bier und, oft gepanschte, *Cachaça* den Índiofeinden allerbeste Dienste erwiesen. Später, Jahre später, als ich zur jungen Frau geworden war, warnte sie auch mich eindringlich vor der Kombination Mann & Alkohol.

33

Jedenfalls schloss sie bei diesem ersten Ausflug mit Ramires auch ihre ersten Freundschaften mit Guarani-Frauen. Etwas, was vorher, als freie Ayorea, kaum denkbar gewesen wäre. Das verbindende Frausein war nun stärker als das trennende Element aus der Geschichte unserer Kulturen.

Wir sollten dann noch zweimal mit Ramires über den Fluss nach Porto Murtinho fahren und dort ein paar Tage verbringen. Mutter begann nun auch zu verstehen, dass sie durch den Direktverkauf ihrer Taschen in den Straßen der Stadt viel mehr verdiente als bei Ramires. Praktische Einführung in kapitalistische Mathematik. [Schallendes Gelächter von Eliane und ich muss mit einfallen. Es geht gar nicht anders. Bin definitiv angesteckt. Vom Ayorealachenvirus. Gut so!] Wahrscheinlich hat Mutter es damals verinnerlicht, dass sie in Porto Murtinho mehr Freiheit und Möglichkeiten hatte als in der „stillstehenden" Mission der Salesianer. Die zwar gut waren, aber außer Fürsorge, Vorschriften und Religionsunterricht nicht viel zu bieten hatten. Wo ein Tag dem anderen folgte, ohne irgendwelche Abwechslung. Der Rückweg, zurück in unser Stammland, zurück in die Freiheit, existierte nicht mehr. Also entschied sie sich wohl für Weg drei, für „drüben". Und ging mit Ramires und mir für immer fort von Paraguay. Von *ihren* Leuten. Und *ihrem* Land, im nördlichen Chaco. Das nun besetzt war von ohnehin zuvor schon reich gewesenen Paraguayern, mit amtlichen Urkunden in der Hand, obwohl die Ayoreo es nie verkauft haben. Und dieses Landraub-Muster gilt für alle Indigenen. Egal welches Volk, egal in welchem Land. Paraguay, Brasilien, Argentinien, Chile, Peru, ...

Zurück zu uns. Ich meine nicht uns beide. [Eliane zeigt auf sich selbst und mich. Lächelt.] Ich meine Mutter und mich. Das muss also 1989 oder 1990 gewesen sein. Denk ich. Dass wir Paraguay hinter uns ließen. In Ramires' Ramschkutter. Ich war damals so um die zwei Jahre alt.

Und ich hab auch an diesen Umzug keine eigene Erinnerung. Nur die Erzählungen von Mutter. Mutter führte Ramires das Haus. Wandte an, was sie als Ayorea schon wusste. Kochen zum Beispiel. Und was ihr die Schwestern eingetrichtert hatten. Haus, Zimmer, Küche, Bad putzen. Sauber halten. Seife, Desinfektionsmittel, Waschseife, ... Während Ramires' häufiger Abwesenheit, als er entweder mit seinem Kutter, oder seinem Pick-up auf Verkaufstour war, machte sie

Taschen. Erlernte über ihre Guaranifreundinnen, mit neuen Dingen, wie Wolle und Bindfaden und Anilinfarben, zu arbeiten. Erfand neue Kreationen. Mixturen aus Ayorea- und Guaranimustern und ihrer eigenen Fantasie. Das brachte ihr finanzielle Unabhängigkeit. Und Ramires kümmerte es scheinbar nicht, dass Mutter nun nicht mehr an ihn lieferte. Er hatte ja weiterhin andere Ayoreas, drüben bei der Mission, wo er an die Taschen kam, so er sie brauchte.

Als Mutter ein paar Monate später begann mich von der Brust abzusetzen, es war die traditionell richtige Zeit, ich war zwischen zweieinhalb und drei Jahre alt, änderte sich auch Ramires' Verhalten. Er wusste wohl um die Ayoreotradition gut Bescheid. Nach so vielen Jahren ständigen Kontaktes. Und wollte nun von Mutter *auch* eine sexuelle Beziehung. Also schlief Mutter fortan hin und wieder bei Ramires im Bett. Und ich in diesen Fällen alleine, draußen im anderen Zimmer. Auch da ging alles noch recht gut. Dann aber ...

Halt Eliane, wart mal bitte. Ich halt's nicht mehr aus, zergehe. Schau mich an. [Ich war völlig in Schweiß gebadet. Die Perlen liefen mir übers Gesicht. In die Augen. Und unter der Bluse den Rücken und zwischen den Brüsten runter. Um die Hüfte, wo sich der Schweiß staute, war ich komplett durchnässt. Die Bluse klebte dort am Körper.]

Eliane lacht [natürlich!]. Du bist zum Wasserfall geworden!

Ich schalte das Aufnahmegerät ab. Komm, gehen wir eine Runde. Irgendwohin, wo ein Wind weht. Und Wasser organisieren. Und zu meinem Zeug, ich brauch ein Handtuch!

Mein Zeug, das lag im Rucksack im Ärztezimmer. Und dorthin machten wir uns auf den Weg. Bald wieder über ächzende Patienten, Verletzte, Blutende ohne Verband steigend. Bruegel ist auch *im* Spital. Im Fernseher im Ärztezimmer läuft ein Bericht über das Maracanã-Fußballstadion in Rio. Schon seit Wochen ohne Wasser nun auch ohne Strom. Weil die Rechnungen in Millionen-Euro-Höhe nicht bezahlt wurden. Das Stadion ist bestenfalls als Ruine zu bezeichnen. Zu nichts mehr tauglich. Selbst der Rasen ist weg. Und gerade erst vor einem halben Jahr wurde es um viele Millionen Euro „olympiatauglich" gemacht. Für die große Eröffnungsshow. Andere extra für die Olympischen Spiele aus dem Boden gestampfte Anlagen, die nach den Spielen „dem Volk zur Verfügung" stehen sollten, sind idem am Verfallen. Oder von der Marine in Beschlag genommen worden, als Privatparkplatz für die Offiziere. Ein Arzt, der einzige im Zimmer, blickt von seinem Handy auf und kommentiert lapidar in unsre Richtung: Und du kannst drauf wetten, dass weitere Steuergeldmillionen verwendet wurden, um die Spiele überhaupt zu kaufen.

Ich krame das Handtuch aus dem Rucksack. Und ein Leibchen ohne Ärmel. Schnappe mein Täschchen mit den Hygieneartikeln und Eliane und ich gehen zur Ärztedusche. Die frei ist. Ich bitte Eliane, Wasser kaufen zu gehen, in der Spitalskantine. Gebe ihr einen Zehn-Real-Schein. Zwei große Flaschen bitte. Eine für dich, eine für mich.

O.k. [lacht]. Und wo treffen wir uns? Im Ärztezimmer?

Ich glaub es ist besser gleich dort, im „Interviewraum". Was meinst du?

Für mich ist alles gut. Also dort im Maschinenmuseum. Laut lachend geht sie davon.

Ich bin zuerst zurück. Fühle mich sehr viel besser. In dem Arme und Schultern frei lassenden Leibchen und frisch geduscht und eingecremt. Unglaublich, dass ich Eliane in keinem Moment schwitzen sah. Sachen gibt's … Na ja, dafür würde ich sie gerne mal bei mir in Landeck im Winter sehen. Da wären die Klimaverträglichkeitskarten neu gemischt. Und der Schwarze Peter wohl bei ihr. Ich lächle zum Fenster hinaus und sehe im Pulverschnee eine in Pullovern und Anoraks und Moonboots eingemummte Eliane mit roter Nase, zitternd auf einer Rodel am Venet.

Die *echte* Eliane reißt mich aus dieser Vorstellung. Ohne Mineralwasserflaschen. Tut mir leid, alles aus. Und auf die Straße hab ich mich nicht getraut.

Um Gottes Willen! Na klar nicht!

Wir schnappen uns zwei der vom Krankenschwesternbesuch zurückgebliebenen Plastikbecher und gehen zur nahen Toilette. Spülen die Kaffeereste aus und füllen sie mit Leitungswasser. Wünsch mir Glück Eliane!

Warum? Das Leitungswasser ist hier gar nicht schlecht. Wir trinken es jeden Tag. Egal ob's ruhig zugeht draußen oder sich die ganze Stadt den Schädel einschlägt.

Ja, aber dein System ist bestimmt widerstandsfähiger als meins.

Na, dann ist's an der Zeit, dass wir deines auch härter im Nehmen machen. *Saúde!* Gesundheit! [Lacht laut!]

Wir sitzen uns wieder gegenüber, das Aufnahmegerät ist eingeschaltet.

Weißt du noch, wo wir unterbrochen haben?

Klar!

Gut, dann leg mal bitte *weiter* los.

Mutter hörte also auf, mich zu stillen. Weil die richtige Zeit gekommen war. Und hatte fortan auch eine sexuelle Beziehung mit Ramires. Und alles ging eigentlich ganz gut, wie Mutter mir später, als ich solche Geschichten bereits „verdiente", nach meinem Abschied von der Kindheit durch meine erste Menstruation versicherte. Eines Tages, davon hatte sie ein fotografisches Gedächtnis, ging sie wieder einmal runter zum Fluss. Fische ausnehmen. Schwarzen Pacú, Dourado und ein paar Piranhas, die Ramires entweder selbst gefangen oder gekauft hatte. Auf dem Rückweg entschied sie sich für einen Abschneider durch den Hinterhof der Nachbarn. Weil die nicht zu Hause waren und also nicht zetern konnten, und weil der Plastikkübel mit den Fischen, selbst nach dem Ausnehmen noch, fast halb so schwer wie Mutter selbst war. Sie kam also „von hinten". Durch die offene Hintertür direkt in die Küche, ohne gehört zu werden. Und sah mich von dort im Wohnzimmer vor dem laufenden Fernseher auf Ramires' Schoß sitzend. Aber es war kein „normales" Auf-dem-Schoß-von-Papa-Sitzen. Ramires hatte eine Hand zwischen meinen Beinen, die andere über meinem Mund. Mutter stellte den Kübel mit den ausgenommenen Fischen und dem Messer ab. Ging rüber ins Wohnzimmer, zog mich vom Schoß Ramires', schnappte ihre Tragtasche mit dem Handwerkszeug und draußen waren wir bei der Tür. Ohne ein Wort. Auch Ramires blieb erst sprachlos.

Murmelte bloss einen Fluch gegen meine Mutter, als wir schon auf der schlammigen roterdigen Straße waren. Mutter ging geradewegs zu ihren Guaranifreundinnen. Die im Zentrum, am Ende der Hauptstraße vor dem Rathaus, wie jeden Tag ihre Handwerksarbeiten zum Verkauf an Passanten anboten.

Später hat Mutter das mit *einem* Wort kommentiert. Später, als ich schon eine junge Frau geworden war: *Krank*. Die Kognone sind alle krank. Krank im Kopf. Krank im Herz. Krank in der Seele. Krank. Selbst wenn sie schon alles haben, sie wollen immer noch mehr. Krank! Halt dich fern, wenn du dich nicht anstecken willst! Mutter hat nie wieder die Nähe eines „Zivilisierten" gesucht. Sie hatte genug über sie und von ihnen gelernt. In ihren vielleicht 23 Jahren. Und etwa 13 Jahren Kontaktes mit dieser „Zivilisation".

Wir schliefen dann für ein paar Nächte in einer mit Guarani vollgestopften Hütte am östlichen Stadtrand von Porto Murtinho, die von einer assimilierten Guarani-Kaiowá geführt wurde. Ohne Strom, ohne Wasser, aber mit einem festgestampften Lehmfußboden und einem mehr oder weniger schützenden Dach aus Eternit- und Hartfaserplattenstücken. Einer für Índiofavelas typischen *Choza*. Mutter sagte, dass es sich fast ausschließlich um Guarani-Kaiowá handelte. Die in der Hütte übernachteten. Kaiowáfrauen, die aus nahegelegenen Tekohas in die umliegenden Städte zum Handwerksverkauf fuhren. Oder zu Fuß kamen. Dass aber auch ein paar Ñandeva- und sogar Mbya-Familien dort ihr Lager aufgeschlagen hatten. Dieses ständige Herumreisen der Guarani, sei es um zu Verkaufen, Besuche zu machen, Hochzeiten Verwandter oder wichtigen Ritualen beizuwohnen, sie nennen es *Oguata*, ist eines ihrer typischen Merkmale. Obwohl sie sich nicht als Nomaden verstehen. Ihr Tekoha haben. Mit dem sie sich sehr innig identifizieren. Auch seelisch. Mit tiefen Wurzeln in einer mythischen Vergangenheit, dem *Ymaguare*. Sich also eins fühlen mit ihrem Tekoha. Mutter glaubte, und ich tu das heute auch, dass das Oguata, ein Überbleibsel eines einst auch nomadisch gewesenen Lebens ist. Was Mutter als Nomadin-von-kleinauf wiederum zu den Guaranifrauen hinzog. Mehr jedenfalls als zu den katholischen Schwestern mit ihren unbeweglichen Dogmen und festgesetzten Abläufen.

Bei der ersten Gelegenheit, irgendjemand von der Bürgermeisterei Porto Murtinhos stellte einen Lkw zur Verfügung, wohl weniger aus Nächstenliebe als wegen der Chance sich „eines Haufens der Wilden" zumindest für einige Zeit wieder zu entledigen oder ihre Wahlstimmen zu sichern, fuhren Mutter und ich mit den Guarani-Kaiowá-Familien aus dem Tekoha am Apa-Fluss, östlich des Grenzortes Bela Vista, mit nach Hause. Kurz nach der Brücke über den Apa-Fluss sprangen wir ab. Und marschierten für einige Stunden Richtung flussaufwärts. Hin zu den Maracaju-Bergen. An deren Fuß das Tekoha von Mutters Guarani-Kaiowá-Freundinnen liegt. *Lag*, aus heutiger Sicht.

Einmal angekommen, wurden wir in der Hütte der Familie einer dieser Freundinnen Mutters untergebracht. Gänzlich ohne Zeremoniell. Oder Erklärungsbedarf. Die gehören nun zu uns. Fertig. Schon wird Platz arrangiert. Eine Hängematte zur Verfügung gestellt. Und es sollten die sieben, *ungefähr* sieben, das ist alles ein bisschen geschätzt, besten Jahre meines Lebens beginnen. Bis die brasilianische Art von „Recht & Gesetz" und „urkundlichem Besitz" uns wieder einholen sollte.

Das Einzige, was mich in der Folge von meinen Kaiowá-Spielkameraden unterschied, war meine Hautfarbe. Denn die Sprache beherrschte ich im Nu besser als ich je unsere Zamucosprache, die der Ayoreos, beherrschen würde. Und Portugiesisch, das überall im Tekoha, vor allem von den Jugendlichen angewandt wurde, die mehr den brasilianischen Fernsehtrends, als den eigenen Traditionen folgten, gleich mit ...

Es klopft an der Tür. Antônio Carlos und Verinha kommen herein. Ich schalte das Aufnahmegerät aus.

Ei Neguinha, hey kleine Schwarze, schreit Eliane, springt auf und umarmt [lachend natürlich!] Verinha und drückt ihr einen Willkommenskuss auf die rechte Wange.

Hey meine wilde Índia erwidert mit sonorer tiefer Stimme die so stürmisch Begrüßte mit einem breiten, große schöne weiße Zähne freilegenden Grinsen. Und setzt ein Na, wie läufts *Irini?* nach.

Hier läuft's bestens sage ich, stehe auf und umarme Verinha auch. Ein bisschen weniger stürmisch. Auf Paznauner Art. Wie geht's dir?

Bin am Leben und immer besser. Was will ich mehr? Der Doc baut keinen Mist. Und zeigt mit dem Daumen nach hinten, zur Tür, wo Antônio Carlos lehnt. Und sich offenbar genüsslich das seltene Schauspiel eines Frauenregenbogens reinzieht.

Setz dich doch, fordere ich Verinha auf.

Nö, lass mal, ich bin nur auf einen Sprung vorbeigekommen, um zu sehen, dass ihr auch nichts Unanständiges anstellt. Hier auf Stunden verbunkert, so ganz allein. Und lacht mit Eliane im Alt-Kontraalt-Duett.

Antônio Carlos hat es geschafft – *Beziehungen*, wie er es lapidar „erklärt" – zwei große Pizzas, Mineralwasser, brasilianische Cola und Bier (für sich selbst) aufzutreiben. Trotz Chaos und rien ne va plus. Zu diesen kulinarischen Wohltaten, die auf uns im Ärztezimmer warten, gehen wir jetzt. Eliane und Verinha Witze reißend und lachend voran. Antônio Carlos und ich hinterher. Ich fühle mich sehr gut. Freue mich auf das Essen. Was sich jedoch schlagartig ändert, als wir wieder über die leidenden in den Gängen Liegenden steigen müssen. Ich werde meine Pizzastücke mit einigen von ihnen teilen! Es zumindest anbieten. Nehme ich mir instant-trotzig vor. Um mein Gewissen zu erleichtern?

Im Ärztezimmer sitzen bereits einige Krankenschwestern, darunter erkenne ich drei wieder, die sich heute schon im Interviewzimmer, in Elianes „Maschinenmuseum", mit uns eingesperrt hatten. Der Arzt von vorher ist auch noch da. Oder schon wieder. Und noch immer/wieder ganz in sein Handy vertieft. Wir setzen uns. Aber bevor wir uns über die Pizzas hermachen, sage ich Stop! Dort draußen gibt es sicherlich auch Leute mit Riesenhunger, und lade vier Stücke auf Servietten. Antônio Carlos und Verinha halten mich am Arm fest. Warte, das kann man besser arrangieren. Sie nehmen alle restlichen Stücke aus dem einen Karton, dann die Hälfte aus dem anderen und füllen ihn wieder mit der Hälfte aus dem ersten, entleerten. Sizilianaschnitten und Vierkäseschnitten, halbe-halbe. Dann dürfen Eliane und ich die gute Tat als Team am nächstgelegenen „Patienten-Gang" ausführen. Ein Tropfen auf einem heißen Stein.

Sonntag, 12. Februar 2017

Nach dem Regenbogenfrauen-only-Pizzaschmaus gestern – des auf eine Pizza reduzierten Menüs wegen hat Antônio Carlos gentlemanlike auf seinen Anteil verzichtet und lieber mit den anderen Spitalsangestellten schwarze Bohnen mit Wurststücken und Reis aus der Spitalsküche gegessen – musste Verinha zurück in ihr Krankenzimmer, zur Visite. Vorgenommen von Antônio Carlos. Sie hat sich gut erholt. Körperlich und psychisch. Von Raubüberfall, Kopfwunde und Vergewaltigung. Und heute, gegen zehn, wollen wir uns zum Interview treffen. Im *Maschinenmuseum*. Eine Namensgebung Elianes, die greift.

Die Lage draußen ist unverändert kritisch. Kriegsähnlich. Obwohl viele Medien, die portugiesischsprachige Ausgabe der Deutschen Welle inklusive, von einer Einigung der meuternden Militärpolizisten und der Landesregierung und dem Ende des Streiks schreiben. Papier, auch das Internet, ist geduldig. Und eine Stadt, ein Bundesstaat bleibt weiter in Angst. Die als Notnagel vor ein paar Tagen gesandten Militärs und Nationalgardisten wurden von allen Fernsehstationen groß rausgebracht. Und als Schluss des Chaos gefeiert. Massensedativa? Auf dem Boden der Realität zeigen deren punktuelle Patrouillen keine Wirkung auf das Geschehen. Im Gegenteil. Noch gestern, Samstag, sind über den illegalen Streik – der ja laut Medien eigentlich bereits zu Ende war – und die Konsequenzen dieser Meuterei empörte Bürger vor dem Hauptquartier der Militärpolizei in Vitória auf die den Eingang versperrenden Verwandten der Militärpolizisten losgegangen. Soldaten setzten Pfefferspray ein. Die Militärpolizisten selbst schauten von drinnen zu. Ohne einen Finger zu rühren. Der Streik ist *nicht* zu Ende und geht heute seinen zehnten Tag. Und in den Straßen geht das Wüten und Morden unvermindert weiter. Das erfährt man aber nur über Augenzeugen, Facebook oder Print- bzw. Onlinemedien. Im Fernsehen wird der Eindruck vermittelt, dass die Lage sich langsam wieder normalisiere.

Ich muss an die Noam-Chomsky-Dokumentation „Manufactoring Consent" denken. Antônio Carlos und andere Gesprächspartner zuvor, in São Paulo und Rio, unterstreichen, dass die Medienkonzentration in Brasilien Weltspitze sei. Eine Situation, von der Rupert Murdoch nur träumen könne. Etwa 70 bis 80 Prozent der brasilianischen

Gesellschaft werden vom Mediengiganten Globo gefüttert. Der zweite in der Reihe, Record, gehört zur obskuren *Igreja Universal* (Universalkirche) des in den USA lebenden „Bischofs" Macedo. Es werde nicht informiert, sondern manipuliert und gehirnhiberniert. (O-Ton Antônio Carlos.) „Gratisopium für alle!", wie eine Aktivistin in der Favela Rocinha in Rio es ausdrückte. Das Globo-Imperium der Familie Marinho ist übrigens während der Diktatur entstanden und zum Riesen aufgepäppelt worden. Das Folterregime dankte so für der Familie „wertvolle Verdienste". Interessant in diesem medialen Bezug, im Internet zu sehen, dass der seit Tagen hier tobende Bürgerkrieg mit seinen offiziell bislang 137 Toten keinen Widerhall in der deutschsprachigen Presse findet, allerhöchstens eine von – ungenau bis falsch „informierenden" – Nachrichtenagenturen übernommene Randnotiz ist. Wie zum Beispiel im Standard gestern: *„Einwöchiger Polizeistreik in Brasilien beendet"*. Nonsens, wie gesagt. Was andererseits zuhauf im „amerikanischen Bereich" der internationalen Presse zu finden ist, sind die Trump'schen Rülpser und Drohungen und Unsinnigkeiten. Dieser Unglücksmensch überstrahlt alle Redaktionen. Brasilien und anderes existiert nicht mehr. Erneut kommt mir Chomskys „Manufactoring Consent" in den Sinn. Und was die von hiesigen Medien, wie Globo, verbreitete bisherige Opferzahl betrifft, ist anzunehmen, dass sie höher liegt. Denn die Institutionen, in Brasilien, laut vielen Gesprächspartnern ohnehin permanent Potemkin'sche, funktionieren zurzeit ja überhaupt nicht mehr in Espírito Santo. Selbst die Fassaden bröckeln.

Ich habe es noch gestern Nachmittag den Krankenschwestern und situationsbedingten Gefangenschaftsgenossinnen nachgemacht und Wäsche im Handwaschbecken mit gewöhnlicher Handseife gewaschen. Anschliessend über Plastiksessel und Bettgestell gehängt. Und einen Tischventilator davorgestellt, dessen Rotorblätter im Halbkreis 180° erreichen. In jenem Schwesternzimmer, wo ich die Nacht verbracht, aber kaum geschlafen habe. Trotz mehrerer laufender Ventilatoren in Schweiß gebadet. Klimaanlagen funktionieren, mit etwas Glück, in OPs. Sonst nirgendwo. Es fehlt an Geld. Weil dieses in Luxemburg, der Schweiz oder Liechtenstein, der Inner City of London, den Kanal- und Caymaninseln, den Bahamas und ähnlichen Plätzen versteckt ist, wie von vielen Seiten, auch medialen, versichert wird. Oder in die illegale Rodung, den Landraub und unüberschaubare staatlich-private Mega-(Geldwasch-)Projekte im Amazonasgebiet und in anderen „geschützten" Gebieten investiert wird.

Antônio Carlos holt mich gegen elf, begleitet von Eliane und Verinha, aus dem Ärztezimmer, wo ich die gestrige Aufnahmesession abhöre. Zuerst gehen wir alle gemeinsam zum Maschinenmuseum. Kurze Zeit darauf sind Verinha und ich allein. Wir sitzen uns gegenüber.

Na, wer sagt's denn, jetzt werd ich auf meine alten Tage noch ein Medienstar. Eliane hat mir schon erzählt, wie's läuft. „Alles immer der Reihe nach!" [Verinha mimt mich nach, in Gestik und Aussprache, lacht dazu und ich mit.] Also ganz von Anfang an. Nicht wahr?

Exakt Verinha. Ich seh, du bist bestens eingeschult. Wollen wir?

Verinha nickt, legt ihre Hände und Unterarme auf die Oberschenkel, beugt sich leicht nach vor, hin zum Aufnahmegerät, das ich einschalte.

Als Name muss dir Verinha genügen [Sie sieht mir ernst in die Augen]. Ich will nicht, dass mein voller Name in alle Welt getragen wird. Das vorweg.
Ich bin 33 Jahre alt. Gebürtige Maranhense. Quilombola. Weißt du, was das ist? Ein Quilombo ist ein Dorf, das früher einmal von entlaufenen schwarzen Sklaven gegründet wurde und heute von deren Nachfahren bewohnt ist. Es gibt Quilombos überall in Brasilien. An den entlegendsten Stellen. Logisch, entlaufene Sklaven wollen ja möglichst nicht wiedergefunden werden. Und an den Pelourinho, den Auspeitschpfahl, kommen. Oder vor zwangsversammelter Sklavenkollegenschaft umgebracht werden. Zur Warnung an andere mit Fluchtgedanken. Fast zweitausend Quilombos sind heute offiziell anerkannt, mit diversen legalen Auflagen und Privilegien. Viele andere sind es aber nicht. Weil eine Regierung, egal ob Bundes- oder Landesregierung, oder einflussreiche Großgrundbesitzer, oder Agro-Firmen, die aufs Land scharf sind, es absichtlich verzögern. Mit Erfolg verhindern. Oder weil die Quilombolas, so heißen die Bewohner, untereinander zerstritten, oder „gekauft", sind. Denn zur offiziellen Anerkennung, müssen die Quilombolas zuallererst einen einstimmigen

Antrag stellen. Dann – xx Jahre später – kommt, oder käme, eine Expertenkommission aus Anthropologen ..., und so weiter in unsrer Schnecken-Bürokratie. Ist ein Quilombo anerkannt, ist das Land unveräußerliches Gemeingut. Und so mancher Quilombola ist heute längst mit dem Virus des Egoismus infiziert. Will nicht zum *offiziellen* Quilombola „erhoben" werden. Will Privateigentum. Auch des – nein *seines* – Stücks Land, auf dem er lebt. Um verkaufen oder zukaufen zu können, wie es beliebt. Geld und Gier: das Ende der traditionellen afrikanischen Art. Das Ende oft seit Jahrhunderten bestehender Quilombo*gemeinschaften*.

Mein Quilombo, den Namen will ich nicht sagen, meine Familie nicht belasten, wir sind ja alle dort irgendwie miteinander verwandt, liegt im *Município,* im Bezirk, Mirinzal.

Meine Kindheit dort war prima. Es mangelte höchstens an Kleidung. Nie an Essen. Wir produzierten alles selbst. Hatten auch Ruhe von den Großgrundbesitzern. Im Gegensatz zu anderen Quilombola- und Índiogemeinden im Hinterland der Reentrâncias Maranhenses. Zu meinem Dorf führte damals ja keine einzige Straße. Nur ein paar versandete Trippelpfade. Über die es selbst die fliegenden Händler auf ihren mit allem Kram beladenen Mopeds kaum je riskierten. Transportmittel waren die eigenen Füße. Und die Bessergestellten unter uns hatten ein Maultier. Oder einen Esel. Die Straße ist immer der Anfang vom Ende. Für Quilombolas, für Índios, für die Natur, für alle die vom offiziellen Brasilien abgeschieden und also noch in Frieden und Gleichheit leben. Mit der Straße kommt der Krebs. Alles wird in Windeseile zerfressen. Geht zugrunde. Mit der Straße kommen *Ordnung und Fortschritt*, sagt die Propaganda. [Verinha spielt da auf das Motto in der Nationalflagge an: *Ordem e Progresso*.] Für uns Underdogs kommt aber das Ende. Und für die Natur, die unser „Genossenschaftsladen" ist, sowieso.

Ich war elf, als Ich und andere Kinder zu einer Geburtsurkunde kamen. Am Magistratsamt in Mirinzal. 1995. Stunden Marschierens dorthin. Stunden Wartens am Amt. Stunden zurück. Trotz des langen Marsches und der Stunden am Amt war ich fasziniert von der „Stadt". Es war mein erstes Mal. Laute elektrische Musik, bunt, viel los, Menschen in „schönen Kleidern". Im Gegensatz zu unsren mit Löchern und unauswaschbaren Flecken übersäten Fetzen. Leute mit roten, grünen, blauen oder gelben Flipflops. Manche sogar in Ledersandalen.

Wir breit- und zumeist barfüßig. Überall Kinder mit Süßigkeiten in den Händen und im Mund. Mädchen mit Plastikschmuck an Arm- und Fußgelenken, um den Hals und in den Ohrläppchen. Wow! Ich zappelte sofort am Angelhaken.

Kurze Zeit später durfte ich schon nicht mehr aus dem Haus, wenn Fremde im Dorf waren. Meine Brüste waren entwickelt, und ich hatte kein Leibchen, um sie gänzlich zu verstecken. Meine Eltern wollten mich schützen. Es ist ja bekannt – *uns Opfern* seit Jahrhunderten – , was *brasilianische Herren* gern so nebenbei mit schwarzen Mädchen zu treiben pflegen. Ich aber fühlte mich eingesperrt. Bestraft, ohne irgendwas ausgefressen zu haben. Und der Erstkontakt mit dem „Schlaraffenland Stadt" rumorte in mir. In Tag- und Nachträumen.

Verinha, entschuldige, bevor's weitergeht, du sagtest ein wenig früher: „Ende der traditionellen afrikanischen Art". Wie meinst du das? Habt ihr im Quilombo nach einem afrikanischen Kulturmuster gelebt? Zum Beispiel eine afrikanische Sprache gesprochen?

Kulturmuster ... Wow, das klingt gut. Merk ich mir. [Lächelt und zwinkert mir schelmisch zu.] Also, afrikanische Sprache hat damals keiner mehr gesprochen. Mein Vater und meine Großmutter, die Mutter meines Vaters, haben häufig erwähnt, dass „früher" die Alten noch ein paar Wörter und Lieder draufgehabt haben, die sie beide nicht mehr verstanden. Die *aus Afrika waren.* Vater hat überhaupt gern von unseren afrikanischen Wurzeln gesprochen. Dass unsere Vorfahren dort angesehene und freie und sogar wohlhabende Leute gewesen seien. Die sich später nie mit der Gefangenschaft abfanden. Immer wieder versuchten, der Sklaverei zu entkommen. Wir saßen da oft abends, nach Eintreten der Finsternis im Sternenlicht, oder um ein Feuer vor dem Haus, und hörten den Geschichten meines Vaters oder anderer Älterer aus dem Dorf zu. Das war auch so ein *Afromuster* an Wissensweitergabe. Als ich klein war, gab's nur wenige Transistorradios im Dorf, die aber eh nichts, oder kaum was, empfingen. Bloß knackten. Oder eine Stimme einfingen, um sie gleich darauf wieder zu verlieren. Und *einen* mit Autobatterie betriebenen Schwarz-Weiß-Fernseher gab's im Dorf. Im Haus des Dorfchefs. Das ist jener, der mit Leuten *von draußen* verhandelt. So es etwas zu verhandeln gibt. Zum Beispiel vor Wahlen. Wo der Chef das

Stimmenbündel der erwachsenen Quilombolas an den Bestbietenden verkauft. Für einen Dieselmotor zur Stromerzeugung oder den Bau eines Brunnens oder einen Gesundheitsposten, zum Beispiel. Wenn er ein anständiger Chef ist. Wenn er schon von draußen korrumpiert ist, dann steckt *er* einen Job in der Bürgermeisterei ein.

Den er zwar nie ausführen, für den er aber monatlich kassieren wird. Verstehst du, wie's läuft? So ist das bei uns. Im weiten Hinterland Brasiliens. Wie auch immer. Der Chef hat ein Vertrauensmandat seitens der Qilombolas. Und ist, logisch, das *erste* Ziel der Ellenbogenmenschen, vor allem der Politiker, beim Versuch, den Korruptionshebel anzusetzen. Der Chef hat ja großen Einfluss auf die Dorfgemeinde. Es geht auch darum, Zwietracht in die Quilombogemeinschaft zu bringen. Was leider oft gelingt. Mit Geschenken. Schmeicheleien, Gefälligkeiten an den Chef und seine Freunde, während andere, die sich querlegen zum Beispiel, stets leer ausgehen ...

Zu dieser Zeit, als ich noch ein kleiner Bengel war, gab's oft Tänze und Gesang. Von uns, für uns. Zu unserer Unterhaltung. Zur Weiterführung und Stärkung unserer Identität. *Unseres Kulturmusters* [lacht]. Und die Tänze und Lieder waren von Quilombo zu Quilombo verschieden. Wirklich! Die Frauen und Mädchen in bunten Kleidern, mit Kopftuch. Drehten sich, tanzten stark, dass die Röcke und der Schweiß nur so flogen! Die Männer mit Strohhüten und bunten Hemden mit Kragen herausgeputzt. Aber alle barfuß im Sand. Da ging was ab. Große Trommeln dazu. Das war bestimmt auch eines unserer afrikanischen *Kulturmuster*. Die Wurzel jedenfalls. Das ging dann immer die ganze Nacht lang. Wer durchhalten konnte, blieb. Das galt auch für uns Kinder. Kein *marsch, marsch, ab in die Matte!* Auch die Arbeiten waren noch mehrheitlich gemeinschaftlich. Beim Jagen. Beim Fischen. Beim Ernten. Beim Kokosnüsseknacken und Speiseölherstellen. Und in der *Casa de Farinha*, im Mehlhaus. Da wurde das Maniokmehl, unser wichtigstes Grundnahrungsmittel, von allen für alle zubereitet. Die Männer am Schwungrad, das über einen Riemen, mit der Maniokwalze verbunden ist. Die Riemen waren früher aus Pflanzen selbst gefertigt, dann wurden in der Stadt welche aus Gummi gekauft. Eine aus einem Baumstammstück hergestellte Walze, mit einer großen, hundertfach aufgestochenen Konservendose – die dreieckigen Einstiche wurden nach außen aufgebogen – rundherum aufgenagelt. Die muskelbepackten Männer, nur die stärksten halten das Stunden über durch, drehen über zwei kleine Hebel in der Mitte des Schwungrads, einer rechts, einer links, und der Riemen lässt die Walze einige Meter weiter rotieren. Dort wechseln sich erfahrene Frauen ab. Sitzend schieben sie die geschälten Maniokwurzeln rein. Das anfallende Maniokmus wird in einem großen Korb darunter aufgefangen. Danach ausgepresst. Mit über eine oberschenkeldicke Holzschraube verstellbaren Holzpressen. Das überschüssige Wasser muss raus. Zuletzt kommt es auf heiße Steinplatten, die von unten befeuert werden. Und die erfahrendsten Frauen schieben die noch immer feuchte *Farinha*, das Maniokmehl, mit ihren Holzrechen hin und her. Drehen es ständig um. Das ist die heikelste Phase. Denn einmal nicht aufgepasst, ist die Farinha angebrannt. Oder wenn du es um ein paar Augenblicke zu früh runternimmst, hat es noch Restfeuchtigkeit und wird beim Lagern zu faulen beginnen. Jede Familie hatte ihre paar Hundertpfund eingelagert. Unser tägliches Brot, amen. Wasser, Maniok und Bananen. Und schon ist dein Überleben erst mal sichergestellt. Heute allerdings ist das am Aussterben. Die gemeinschaftlichen Mehlhäuser verfallen.

Viele bekommen ja monatliche Familien- und Kinderbeihilfen und verwenden diese dazu, keine eigenen gesunden Lebensmittel mehr herzustellen, sondern sich mit industriell hergestellten Nahrungsmitteln aus der Stadt einzudecken. Und sich dort zu verschulden. Und die Gesundheit zu ruinieren. Teigwaren, Reis, Sardinendosen und Sojaöl. Alles voller Gift. Wusstest du, dass Brasilien den höchsten Pro-Kopf-Verbrauch und –konsum an Agrogiftstoffen in der ganzen Welt hat? Und wer es schafft, im Ellenbogensystem der Kapitalisten etwas zu gewinnen, korrumpierte Chefs und deren Vertrauensleute zum Beispiel, hat seine eigene kleine Maniok- oder Açaímarkproduktion. Mit Diesel- oder Elektromotoren. Viele haben allerdings nichts mehr. Denn der Kapitalismus ist wie das Lotto. Für jeden, der gewinnt, gibt's hundert andere, die verlieren. Die dürfen dann ihre Arbeitskraft verkaufen, in der Stadt, auf den Groß-Fazendas, und hoffen, ihre Farinha mit dem Sold kaufen zu können. Oder schuften Jahre, um ihre Kreditschuld bei den Haien und nicht selten betrügerischen Ladenbesitzern in der Stadt abzuarbeiten. Ich spreche jetzt nicht nur von zu Hause. Das alles hab ich ja auch an anderen Orten gesehen. Auf meinem langen Weg runter vom

Nordosten. Immer weiter gegen Süden. Eines Tages ist es vorbei mit den Tänzen und Gesängen. Mit dem gemeinschaftlichen Tun. Keine essentielle Einheit mehr, Wurzeln abgeschnitten. Genauso wie von denen draußen, die aufs Land lauern, in uns Schwarzen unverändert den auszunehmenden Sklaven sehen, geplant. Der solidarische Quilombogeist löst sich auf. Wird planmäßig zersetzt. Eine Frage der Zeit. Die Macht will die Armen nicht unabhängig organisiert. Kulturell stark. Gemeinschaftlich und autonom lebensfähig. Ohne Kapitalismus und Marktwirtschaft. Ein lebendiges Gegenmodell ist eine Gefahr für die, die das brasilianische System kontrollieren. Verstehst du? [Verinha denkt kurz nach, den Kopf nach hinten gelegt.] Noch was dazu? Zu afrikanischen Wurzeln? Beziehungsweise der Zerstörung?

Ich zucke mit den Schultern, ja weißt du noch was dazu?

Jetzt grad nicht. Vielleicht fällt mir ja später noch was ein … vor deiner Zwischenfrage hab ich …

Verinha hält im Halbsatz inne, runzelt die Stirne, legt ihren rechten Zeigefinger an den rechten Nasenflügel, kramt im Kurzzeitgedächtnis, und ist sehr schnell fündig.

Genau. Die Geburtsurkunden, meine darunter, waren wir in der Stadt machen. Und ich war hypnotisiert. *Das* war das Leben, das ich wollte! Kleine-Hinterland-Gören-Fantasien. Den Kopf sofort von allem Glitzerplunder eines Provinzkaffs verdreht.
Nun, es war kein *Fremder*. Der mich aus der Hinterlandprovinz „befreite". Als ich noch immer elf war. Es war ein Onkel. Nennen wir ihn X. Der Jahre zuvor nach Santa Inês gezogen war. Dort mit seiner Familie lebte. Mit seiner Frau einen kleinen Laden schmiss. Und eine Kantine. Direkt an der Bundesstraße 316, der wichtigsten Fernverkehrsstraße der Region. Kam zu Besuch, wie jedes Jahr, und nahm mich mit, nachdem er meinen Eltern weisgemacht hatte, ich könnte bei seiner Familie wohnen, im Laden aushelfen und in Santa Inês, das war ja nun wirklich eine Stadt, wer weiß, vielleicht 50.000 Einwohner, oder mehr sogar, auch auf eine „anständige" Schule gehen. Ich war noch nie in einer Schule gewesen. Meinen Eltern, vor allem meinem Vater, der bis dahin eine Art Privatlehrer für mich war –

49

obwohl er weder lesen noch schreiben konnte –, gefiel die Idee. Seine älteste Tochter würde es zu etwas bringen. Noch dazu *in Sicherheit*, bei Verwandten. Und ich erst ... Ich war begeistert! Jetzt würde es alles geben für mich. Schicke Kleidung, schicke Schuluniform, Lippenstift und Schminke, Süßes und Salziges, Limo und Fruchteis im Überfluss und mit Sicherheit auch den ersten Freund.
Selbstverständlich ein Märchenprinz, wie die Schnulzensänger im Fernsehen. Oder auf den Piraten-CDs, die sie dir an jeder Ecke in Mirinzal andrehen wollen.
Nun, mein erster Freund ließ nicht auf sich warten. Mein Onkel X. Der mich schon auf dem Weg nach Santa Inês mehrmals nahm, bis mir alles dort unten wehtat. Und ich völlig verwirrt war. War das jetzt etwas Gutes oder etwas Böses, das da geschah? Zwischen meinem Onkel und mir. Und mehr schmerzte als irgendwas. Allerdings wusste ich ja vom heimlichen nächtlichen Schauen daheim, in unserer aus Zweigen und Lehm gebauten Hütte, wo's keine Türen gab, dass *so was* dazugehörte. Zwischen Mann und Frau. Und als solche fühlte ich mich. In meinem Kindskopf. Wir waren mit dem Bus von Mirinzal Richtung Santa Inês unterwegs. Und in Viana musste mein Onkel „was erledigen". Wir unterbrachen also die Reise dort und quartierten uns in irgendeiner armseligen Hütte, ganz ähnlich jener meiner Eltern im Quilombo, bei Leuten, die er kannte, ein. Er stellte mich als *seine Freundin* vor. Ich fühlte mich richtig groß, erwachsen, in diesem Augenblick. Und wäre sicher rot geworden. Wenn das bei meiner schwarzen Haut denn ginge ... [lacht kurz auf.] Wir blieben zwei Tage und drei Nächte. In denen ich erst schlafen durfte, wenn mein schnapsbeschwingter Onkel fertig war. Am ersten Morgen gab's noch jede Menge Vorwürfe, wegen *meiner Unvorsichtigkeit*. Und während er weg war, musste ich das Leintuch waschen. Befleckt, wegen *meiner Unvorsichtigkeit*. Und der Frau in der Küche helfen. Um mich nützlich zu machen. Und *nicht nur allen zur Last* zu fallen.

In unsrer letzten Nacht in Viana erklärte mir Onkel, dass ich auch weiterhin *seine Freundin* sein könne. Ich aber seine Ehefrau respektieren müsse. Und die dürfe unter keinen Umständen von uns beiden wissen. Wenn die rauskriegt, dass ich dich liebhab, dann ist der Ofen aus. Deiner. Und du musst auf der Stelle verschwinden. Aus dem Haus. Und Geld für deine Rückfahrt hab ich keins. Das wächst ja schließlich nicht auf Bäumen. Und muss erst hart erschuftet werden. Also, unbedingt Klappe halten. Was uns zwei betrifft muss ein Geheimnis bleiben. Klar? Sonst stehst du mutterseelenallein auf der Straße. Klar? Und wenn du dich geschickt anstellst und keine Zicken machst, dann wird's immer mal ein Geschenk für dich geben. Klar? Hast du schon einen Lippenstift? Und so weiter...

Am nächsten Tag kamen wir spät, am späten Nachmittag, in Santa Inês an. Denn in Vitória do Mearim bekamen wir erst nach Stunden zwei Plätze in einem der mit Passagieren stets randvollen *Vans*. Kennst du nicht? Sind die illegalen Öffitransporte. Toyotas und Kias, damals auch noch VW-Busse, die mit menschlicher Fracht so vollgestopft werden, bis sie platzen. Die Kleinbusse *und* die Menschen. Und ohne die die Menschen, die armen halt, überhaupt nie vom Fleck kämen. Denn Busverbindungen ... im Hinterland Maranhãos ... vergiss es!

In meinem neuen Zuhause, beim Offiziell-Onkel und Geheim-Freund – den Märchenprinz konnte ich mir erst mal abschminken, dafür besaß ich jetzt den ersten knallroten Lippenstift in meinem Leben – wurde ich herzlich von Onkels Frau und deren siebenjähriger Tochter aufgenommen. Bei der im Zimmer wurde eine Schaumstoffmatratze mit einem Leintuch drauf ausgelegt. Und darüber wurde flugs noch ein Brett aus dem Laden zu einem Regal angenagelt. Schon hatte ich meine Kleider-, Lippenstift-, Haar- und Zahnbürstenablage. Ein Handtuch bekam ich auch.

Es gab da noch ein Sofa im Wohnzimmer, wo der Sohn, mein Cousin, schlief. *Wenn* er denn zu Hause schlief. Ich hab's nie mit Sicherheit herausgekriegt, was der so trieb. Aber ich glaube er war ein *Avião*. Weißt du, was das ist? Abgesehen von der *anderen* Bedeutung, Flugzeug?

Also in São Paulo und Rio heißen so die Buben, die kleine Mengen an Drogen zustellen. Stets Minderjährige, da die von der Polizei nicht lange festgehalten werden dürfen. Oder?

Na ja ..., stimmt so. Nur das mit dem Nicht-Festhalten ... das ist fromme Wunschträumerei. Die werden schon auch gern mal abserviert. Von den Bullen. Mir nix, dir nix. Vor allem, wenn sie schwarz sind. Aus mittellosen Familien kommen. Wer kann sich denn da einen Anwalt leisten? So sich jemand überhaupt traute, gegen diese Killer in Uniform aufzumucken. Egal. Ich glaube, er war ein Avião. Und als ich ankam in Santa Inês, am ersten Tag, wusste ich ja noch nicht einmal, was ein *wirkliches* Flugzeug, die dort oben [deutet mit beiden Zeigefingern zur Zimmerdecke bzw. darüber hinaus], war. Aber ich hatte nun bereits einen Schnelleinführungskurs in Sache *wie Männer so sind* hinter mir. Und trotz der anhaltenden Schmerzen dort unten fühlte ich mich sehr als Frau. Mit meinen elf Kindskopfjahren. Und meinen nun knallrot bemalten Lippen in meinem schwarzen Gesicht.

Onkel X arbeitete in der Kantine, neben dem Reifenschuster, der wiederum dicht an eine Tankstelle drangebaut war. Tante ... Y [Verinha zeigt mit beiden Daumen nach oben, fragt per Grimasse, ob ich verstanden hätte], war entweder am Nähen zu Hause, ein Zuverdienst, nähte Kindershorts und -leibchen, die sie dann Sonntagnachmittag, von Tür zu Tür wandernd, oder in ihrer Kirche, einer der evangelikalen, wo sie mehrmals pro Woche abends hinging, anbot. Oder sie war am Kochen, oder im Laden, wenn denn ein Kunde auftauchte. Der Laden war ein ans Haus angebautes Zimmer. Voller Eisenregalgestelle und an die Wände genagelter Holzbretter. Darauf Kekse, Chips, allerlei süßes Zeug, Hand- und Waschseifen, Reis, Zahnbürsten und Zahnpastatuben, Milchpulver, Binden, Präservative, Salz, Margarine, Kaffeepulver, Zucker, Kämme, Bürsten, Maniokmehl, Schnaps, Streichhölzer, Kerzen, einzelne Zigaretten ... Das typische Zeug aller Miniläden eben. Und ein mit Ziegenleder überzogener Hocker stand darin. Falls Tante Y gerade nichts zu nähen hatte. Beziehungsweise bald für mich. Denn die Zahlen und das Identifizieren von Münzen und Geldscheinen hatte mir bereits mein Vater beigebracht. Und das richtige Zählen und Zusammenzählen folgte bald. Sowohl Tante Y als auch meine kleine Cousine und mein Onkel X kümmerten sich da drum. Fortan kochte, wusch und schrubbte ich dann weniger. Und als ich fast 13 war, begann ich den Laden zu führen. Onkel X war weiterhin mein Geheimfreund. Vor allem Sonntagnachmittags. Wenn die Tante und die Cousine gemeinsam in der Kirche waren. Manchmal verwendete Onkel X, seit wir in Santa Inês angekommen waren, vor anderthalb Jahren, Präservative. Aber nur bei jener Praktik, aus der eine Schwangerschaft resultieren konnte. Man soll sein Unglück nicht herausfordern, wie er meinte. Und man könne ja auf vielen Wegen *uneingeschränkten* Spaß haben. Ein Wortspiel, das ihn vor Freude über seinen Esprit in die Hände klatschen liess. Und mich erstaunte ... ich weiß nicht, ob ich's damals schon ganz verstanden habe, was er da von sich gab.

Ich ging auch bereits seit einem Jahr zur Schule. Trat mit zwölf ein. Eine Öffi-Schule in Besitz und Verwaltung der Stadt. Ohne Fensterglas, fehlende Dachziegel, herausgerissene Toiletten, kein Fließwasser, die Tafeln bröckelige Reliefs und Kreide fehlte auch fast immer. Dennoch! Wir hatten eine tolle Lehrerin. Eine schon sehr betagte. Aber blitzhell im Kopf. Streng, aber herzensgut. Die hatte uns Meute bald in der Hand. Und wir das Alphabet bald im Kopf. Im krassen Gegensatz zu vielen anderen Klassen. Vor allem jener Schicht, die nachts gefahren wird. Ich ging nachmittags. Meine Cousine morgens. Und mein Cousin erst nachts und dann auf Nimmerwiedersehen. Er war seit Monaten nicht mehr, zu Hause zumindest, gesehen worden. Verschwand komplett von der Bildfläche. Er sei nach São Paulo, auf einen Bau gegangen. Geld verdienen. Das war die offizielle Version im Haus. Gut möglich, dass er damals schon irgendwo verscharrt oder im Gulli war. Wie auch immer, alles lief, aus meiner noch immer sehr bescheidenen und kindlichen Sicht, ziemlich gut. Onkel und Tante waren sehr zufrieden mit mir, hatten mich gern. Onkel auf vielschichtige Art. Und meine kleine Cousine war richtig in mich vernarrt. Da sie bereits im vierten Schuljahr stand, gab sie mir zu Hause oder im Laden, wenn er, wie meistens, ohne Kunden war, Extraunterricht. Portugiesisch lesen und schreiben und Mathematik, *das Monster der Division*, vor allem. Ob ich denn noch keinen Freund hätte, platzte es da einmal aus ihr raus. Und ich war in plötzlichem Reaktionsnotstand. Sage ich ja, dann will sie wissen, wer es sei. Und warum er denn nie käme. Sage ich nein, belüge ich meine beste Freundin gleich frontal. Nicht als – entschuldbare – Not-Lüge. Ich hab doch keine Zeit für ein Verhältnis, war was ich rausbekam. In dieser Not-Lage. Sie gab sich aber nicht zufrieden. Bohrte nach. Du bist doch schon 13, oder fast, und du bist doch schon richtig hübsch, mit allem Drum und Dran. Das gibt's doch nicht, dass dich noch keiner angemacht hat. Mit 13 haben doch alle schon gebumst. *Ich nicht!*, schnitt ich ihr das Wort ab. Jetzt war der Moment der Not-Lüge gekommen. Denn auf der Straße landen wollte ich mit Sicherheit nicht. Und überhaupt, du bist ganz schön keck für

deine neun Jahre. Ich werd mir überlegen, ob ich's Tante Y erzähle, was du da eben gesagt hast. Ich hatte das Spiel umgedreht mit dem letzten Satz, einer leichten Drohung. Und Cousinchen bekam Bedenken: Bitte nicht, das war doch gar nicht bös gemeint. Echt. Ich schwör's. Du brauchst das Mutti wirklich nicht zu erzählen. Und nach einigen Sekunden, die ich *sie* in Unsicherheit schmoren ließ, erlöste ich uns *beide*: Na gut, Schwamm drüber. Aber nerv mich nicht mehr in dieser Angelegenheit, hörst du?
Sichtlich erleichtert sprang Cousinchen mit Eifer zurück zu Block und Bleistift. Also...: Neun dividiert durch drei. Ergibt wie viel? [Verinha schmunzelt still.] Komisch, ich kann mich an diese Szene haargenau erinnern. Selbst an den Blick meiner Cousine.

Wir, Verinha und ich, lächeln uns zu. Zum ersten Mal bemerke ich, was mich selbst betrifft, dass es kein pures „Höflichkeitslächeln" mehr ist. Eher das Lächeln sich auf unsichtbare Weise Zueinanderziehender, sich Verbündender. Selbstverständlich verstehe ich meine Aufgabe als die einer Faktensammlerin. Und genauso selbstverständlich will ich möglichst genau arbeiten. Also auch notwendige „kühle" Distanz bewahren. Um nicht vielleicht eine beeinflussende/beeinflusste denn rational freilegende Kraft zu sein. So vergewissere ich mich, justiere den Inneren Kompass neu und schalte das Aufnahmegerät aus.

Ob du's glaubst oder nicht, meine Liebe: Obwohl du die Arbeit tust und ich nur zuhöre, brauch ich eine Verschnaufpause. Nach deinem imposanten Lauf von null auf dreizehn. Wo bereits so viel drinsteckt. Mehr als in so manchem Erwachsenenleben. Ich versteh immer besser, warum Antônio Carlos so beeindruckt von euch beiden ist, von dir und Eliane. Ihr seid buchstäblich außergewöhnlich. (Ich dachte auch darüber nach, wie es wohl sein muss für Verinha, vor etwas mehr als einer Woche nach einem brutalen Raubüberfall auch noch in halb bewusstlosem Zustand vergewaltigt, nun von der sexuellen Ausbeutung als Kind durch Onkel X zu sprechen. Ob unser Interview alte Narben wieder schmerzen lässt? Ob sie das alles verarbeitet hat? Überwunden? Konstruktiv dominiert? Wenn das denn geht ... Ich beschließe, sie nicht danach zu fragen.)

Und? Wie stell ich mich an? Drück ich mich halbwegs verständlich aus, für dich, oder für deine Leser, falls das mal rauskommen sollte?

Verinha, das passt alles sehr gut. Wie du erzählst. Und was du erzählst. Ich kann mir vorstellen, dass eure Geschichten, deine und Elianes, so manchen in Europa fassungslos machen könnten. Oder wenigstens an diesem Klischee rütteln, das wir in Bezug auf Brasilien eingepflanzt tragen. Samba, Fußball und ewiges Happysein. Gelb-grün-rosarot. Aber nicht „nur" eure Schilderungen. Auch das, was ich vorher, in São Paulo und Rio, schon sah, hörte, lernte.
Weißt du wie die BBC, der größte öffentliche Sender Englands, Brasilien in einer Serie in den 1990ern betitelte? *The Gentle Giant*, Sanfter Riese. [Verinha schüttelt den Kopf, verzieht den Mund und lächelt gequält.] Unfassbar, oder! Je mehr ich höre, sehe und nachlese über diesen Sanften Riesen der BBC-Imaginärwelt, kristalliert er sich als brutaler und perfider Moloch heraus.

Unsre Normalität, *Irini. Seja bem vinda*, sei willkommen!

Im nächsten Moment klopft es an der Tür. *Entra,* komm rein, ruft Verinha. Es ist eine der Krankenschwestern. Sie holt uns zum Mittagessen ins Ärztezimmer. Der Doktor Antônio Carlos hätte sie geschickt.

Nach dem Mittagessen – Bohnen, Reis und Wurststücke, laut Antônio Carlos, noch vorhanden für fünf bis sechs weitere Streiktage – und der Visite treffen Verinha und ich uns zur Fortsetzung des am Vormittag begonnenen Interviews.

Also, wir haben aufgehört, wo du deine Cousine „ausgetrickst" hast. Als sie dich nach einem Freund fragte, nachbohrte, nicht wahr?

Genau. Übrigens hatte sie ja richtig vermutet. An Angeboten, Anträgen fehlte es nicht. In der Schule waren einige Kollegen interessiert an mir. Ein Lehrer auch. Hin und wieder gab's auch eindeutige oder zweideutige Angebote von Männern, die in den Laden kamen. Aber ich war meinem Onkelfreund treu. Ergeben. Hatte auch Angst, wie er reagieren würde. Hätte ich plötzlich einen anderen, oder *weiteren*, Liebhaber. Die beste Möglichkeit, die Werber abzuwimmeln, war zu sagen, dass man *crente*, Evangelikale, sei. Da zogen die meisten zurück. Ich ging auch tatsächlich ein paar Mal mit Tante Y in ihre Kirche mit. Aber das war mir unangenehm. Der brüllende Mann vorne, der Pastor. Hysterisch. Immer drohend. Herumfuchtelnd. Unheil verkündend. Für jene, die nicht so spurten wie er, beziehungsweise Gott, das wollte. Nein, schrecklich war das. Und bald begleitete ich meine Tante nicht mehr. Redete lieber mit Jesus *privat*, und führte lieber den Laden, putzte das Haus, wusch Wäsche. Oder war Onkel X zwischendurch, auf die Schnelle, zu Diensten ...

Dann hatte ich meinen vierzehnten Geburtstag. Konnte bereits sehr gut rechnen, sogar die schwierigsten Divisionen hatte ich gemeistert [lacht kurz auf], im Gegensatz zu den meisten meiner Schulkameraden, auch jenen, die schon viel länger als ich zur Schule gingen. Es ist ja kein Geheimnis, dass Absolventen unsrer Öffischulen zuhauf Analphabeten sind, von nichts eine Ahnung haben. Nicht nur in Maranhão. Überall im Land. Aber ich konnte auch recht gut lesen und schreiben. Meine Eltern, im Quilombo, waren stolz auf mich. Einmal pro Monat, wenn sie nach Mirinzal gingen, um die Familienbeihilfe der Regierung auf der Post oder in einer der Banken abzuheben und einzukaufen, telefonierten wir miteinander. Sie an einem öffentlichen Fernsprecher, so sie einen fanden der funktionierte, was nie einfach war, und ich mit dem Handy von Onkel X. Ich hatte in der Zwischenzeit ein neues Brüderlein bekommen. Jetzt waren wir sieben Geschwister. Ich die älteste.

Vater und Onkel X überlegten, meine Schwester, die zweitälteste, nach mir Geborene, die nun zwölf war, nachkommen zu lassen. Aber Onkel X wollte sich erst „finanziell festigen". Und dem Haus ein Zimmer hinzubauen. Und die Kantine vergrößern. Nicht mehr nur kleine Imbisse, am aus einer Felge improvisierten Grill zubereitete Würstchen und Fleischspieße, anbieten. Sondern richtige Menüs. An potentiellen Kunden, hungrigen Lastwagenfahrern, mangelte es nie an der Fernverkehrsstraße 316. Überhaupt bei der unmittelbaren Nähe zu Tankstelle und Reifenschuster. Reifenflicken ist ja ein sicheres Geschäft bei uns, bestehen die Straßen doch aus mehr Löchern denn Belag. Laut Plan sollte Tante Y nach getanen Zubauten die Küche führen und das Nähen und den mühsamen Tür-zu-Tür-Verkauf sein lassen. Und meine Schwester in der Küche und beim Servieren helfen.

Ich würde den Laden und gemeinsam mit meiner Cousine den Haushalt weiterführen. Das war Onkel Xs *Plan*. Aber ... es kam anders.

Tante Y begann über Müdigkeit und Schmerzen zu klagen. Begann noch öfter in ihr Gotteshaus zu gehen und sich mit schmerzstillenden Pulvern, die wir auch im Laden führten, vollzustopfen. Und als die keine Wirkung mehr zeigten, holte sie sich rezeptpflichtige, die mit dem schwarzen Streifen, in der Apotheke. Dazu brauchst du aber in Wirklichkeit kein Rezept. Bloß Bargeld.

Nach ein paar Monaten, während derer die Schmerzen schlimmer wurden, ging sie zum ersten Mal auf einen Gesundheitsposten. Aber dort war kein Arzt. Sie sollte nächste Woche wieder kommen. Was sie tat. Doch Arzt gab es noch immer keinen.

[Verinha sieht meine Reaktion.] Völlig normal. Bis heute. Im Hinterland zumindest. Und vor allem in den ärmsten Regionen Brasiliens. Im Norden und Nordosten.

Sie versuchte es dann bei einem anderen, weiter entfernten Gesundheitsposten. Und bekam nach einem halben Tag in der Warteschlange*einen Termin.* Einen Zettel ausgehändigt mit einem Datum drauf. Für vier Monate später!

Wenige Wochen darauf wurden meine Cousine und ich nachts durch Schreie geweckt. Das war nichts Außergewöhnliches. Betrunkene fehlen nie an der Bundesstraße. Und *auf* ihr! Aber diesmal war es die Stimme meines Onkelfreundes. Dann hörten wir ihn fluchen. Anschließend weinen. Immer wieder den Namen meiner Tante wiederholen. Meine Cousine und ich wussten, dass sie gestorben war. Und sie rannte heulend rüber ins Zimmer ihrer Eltern. Ich ging langsam nach.

Wir haben nie erfahren, woran sie gestorben ist. *Coisas do Brasil.* Typisches Brasilien. Das der Armen jedenfalls.

Für die Beerdigung, den Sarg und die Friedhofskosten hatte Onkel X Kredit aufnehmen müssen. Der sichere Weg in den Abgrund. Brasilien hat, selbst die *regulären* Banken, den mit Abstand höchsten Zinssatz der Welt. Mit Abstand! Und jetzt stell dir vor, wie hoch der erst bei den illegalen aber überall ungestört tätigen Kredithaien ist. Das Zubauprojekt war zu einem *geplatzten* Traum geworden. Und die Einkünfte der Näharbeit waren auch weg. Aber Onkel X hatte flugs einen neuen Plan. Meine Schwester – keinen Namen, o.k.? – kam.

Übernahm meine Aufgaben, im Laden zum Beispiel. Nicht die im Bett mit Onkel. *Noch* nicht. Und ich musste von der Schule und war fortan in der Kantine eingespannt. Und dort ging alles rasch seinen *normalen brasilianischen Lauf*. Die Lastwagenfahrer, an Kinderbumsen gewöhnt, wird ja überall an Brasiliens Fernstraßen angeboten, machten mich entweder direkt an. Oder fragten bei meinem Onkel nach. Der mir eines Abends erklärte, dass es an der Zeit sei, ihm wenigstens einen Teil dessen zurückzuerstatten, was er selbstlos die letzten drei Jahre über in mich investiert hätte. Dass es an der Zeit wäre, nun *ihm* zu helfen. Damit er die Schuld abzahlen könne. Und nur mit Würstchenbraten und Bierflaschenaufmachen ginge das eben nicht. In Maranhão ist die private Kinderprostitution, ganz besonders entlang der Straßen, die Regel. Und wahrscheinlich nicht nur dort. Ich wusste das auch. Von einigen Schulkolleginnen. Dass sie so das Familieneinkommen aufbesserten. Und sich was leisten konnten. Von ihren eigenen Müttern vermittelt wurden. Und dann oft wegen Schwangerschaft die Schule verließen. Entweder um selbst noch ein Kind Mutter eines solchen – Vater unbekannt – zu werden, oder um abzutreiben. Bei irgendeiner Engelmacherin. Oder einem Pseudo-„Arzt". Typen, die nie studiert haben. Aber ein Diplom in Händen haben. Entweder selbst gemacht oder gekauft. Denn Abtreibung ist ja verboten bei uns. Die Ladys aus der Schickeria fliegen nach Miami. Wir, also Mädchen und Frauen der armgehaltenen Schichten, müssen in ein verdrecktes Hinterzimmer. Und hoffen, dass wir dort lebend wieder rauskommen.
O.k., zurück zu Onkel X und mir. Unser Verhältnis wurde schlagartig ein anderes. Die „Liebe" war vorbei. Er nahm mich nun nicht mehr, sondern übergab mich dem Kartell. Auf ein Jahr Arbeit, wie er sagte. Und nahm meine jüngere Schwester wohl zu seiner neuen „Frau", kaum als ich weg war. Und sie hat das wahrscheinlich genauso kindskopftoll gefunden wie ich ein paar Jahre zuvor. Und war wahrscheinlich genauso froh. Über *ihren* ersten Lippenstift. Vom guten Onkel X. Dann ...

Halt! Entschuldige Verinha, aber wart mal. Was für ein Kartell? Ein Jahr Arbeit...?

Na ja, ich erwähnte doch die *private* Kinderprostitution. Mütter oder Tanten, oder Omas, die ihre Töchter, Nichten, Enkelinnen anbieten. Im Hinterzimmer, daheim.

Aber es gibt auch landesweit organisierte Kinderprostitution, ich sage nicht *gab*, weil das heute mit Sicherheit genauso weiterläuft. Trotz der im Fernsehen immer groß rausgebrachten „Kampagnen gegen die Kinderprostitution", die maximal eine kleine und schnell vorübergehende Betriebsstörung für diesen Wirtschaftszweig bedeuten. Und Imageglanz für die jeweilige Regierung. Also es *gibt* auch das Kartell. Das ist ein Profiring, der in ganz Maranhão tätig ist. Da stecken Restaurant- und Barbesitzer drin. Tankstellenpächter oder -besitzer. Und Chefs oder Geschäftsführer von Motels und Hotels. Und mit absoluter Sicherheit auch Bullen. Die die Tipps, vor etwaigen Razzien, geben. Wer weiß, vielleicht auch Richter und Staatsanwälte. Lokalpolitiker sowieso.

Für mich, mein Jahr Arbeit, gab's, so nehm ich mal an, das Geld auf die Hand, welches Onkel X dem Kredithai schuldete. Vielleicht sogar mehr. Da half mein Weinen und Bitten nicht. Das Geschäft war abgeschlossen. Und ich musste meine Sachen in einen Plastikrucksack von Cousinchen stopfen, unter Onkel Xs Aufsicht, und mich von meiner Schwester und meiner Cousine verabschieden. Verabschiedet euch, Verinha geht nun in die Großstadt, um dort Geld zu verdienen. Es war ein Dreierweinen. Draußen warteten ein Mann und eine Frau im Auto. Onkel X sperrte seine Tochter und meine Schwester im Haus ein, bloß kein Aufsehen, zog mich am Arm zum Auto. Übergab seinen Part des Deals. Ich war vierzehneinhalb.

Die Fahrt nach Imperatriz dauerte mehrere Stunden. Der Mann lenkte, rauchte und sprach kaum ein Wort. Die Frau saß hinten bei mir und versuchte mich zu trösten. Dass doch alles gar nicht so schlimm sei. Im Gegenteil, dass ich nun was von der Welt sehen würde. Mit interessanten Menschen zusammenkäme. Viel dazulernen würde. Zwar, das erste Jahr über, nichts verdienen, aber bestimmt Geschenke bekommen würde. Von zufriedenen Kunden. Und dass der Kunde immer König sei. Dass es meine Aufgabe sei, ihm alle Wünsche zu erfüllen. Ohne Wenn und Aber. Und dass sie, als sie jünger war, dasselbe gemacht habe. Und dass ich nach meinem Schuldjahr durchaus gut verdienen könne. Mir alle Sachen, die ich wolle, fortan leisten können würde.

Mir war nur schlecht. Die ganze Fahrt über. Ich fühlte den Schmerz der ganzen Welt in meinem Bauch. Unterdrückte die Tränen so gut es ging. Zitterte. Als wäre es eiskalt. Und nicht sauheiß. Dachte, ich würde sterben. Und wollte das auch.

Ich kam in ein Motel in der Nähe der Straße, die nach João Lisboa und Amarante do Maranhão führt. Wurde dort übergeben. An die lokale „Betreuerin" oder „Einschulerin" Neuangekommener. In einem hinteren, separaten Teil des Motels. Zusammengelegt in ein Zimmer mit einer anderen Neuangekommenen. Einer Guajajara-Índia aus der Gegend um Barra do Corda. Noch ein Jahr jünger als ich. Dreizehn. Und seit gestern da. Dort wurden wir nachts eingesperrt. Tagsüber gab's Unterricht. In Sexualtechniken. Und Putzarbeit. Am vierten Tag mussten wir beide ran, zur selben Zeit im selben Zimmer, zum ersten praktischen Test. Der Motelmanager und ein zweiter Mann machten sich über uns her. Korrigierten uns mit Schlägen. Schlugen uns auch, wenn wir alles taten, was verlangt wurde. Streng dich mehr an! Was glaubst du wer du bist! Ich war in der Hölle angelangt. Und hatte eine Leidensschwester dort. Was heißt *eine* ... Aber die anderen Mädchen sollten wir erst nach der „Einschulung" kennenlernen dürfen. Als wir als *gezähmt und gefügig* eingestuft wurden.

Dieses „Praktikum" dauerte eine ganze Woche. Mehrmals täglich fielen verschiedene Männer entweder über eine von uns oder beide her. Wir bekamen nie Bescheid, es konnte zu jedweder Tages- oder Nachtzeit passieren. Unser Wille wurde ausgelöscht. Unsere Persönlichkeit ausradiert. Hoffnung gestrichen. Wir akzeptierten unser „Schicksal". Zumindest nach außen. Um uns keine zusätzlichen Brutalitäten, neben den sexuellen, einzuhandeln.

Na ja, *Irini*, was dann folgte, wollen wir uns in allen Einzelheiten besser ersparen. In einer Leidensgemeinschft mit ungefähr – die Zahl änderte sich ja stetig, manche Mädchen wurden vom Kartell an andere Orte gebracht, manche schieden vorrübergehend wegen Schwangerschaft oder Krankheit oder kundengemachter Verletzungen aus – also mit ungefähr fünfzehn Kolleginnen zwischen zwölf und zwanzig, verging mein Leihjahr. Und als dieses zu Ende war, ... ging alles wie gehabt weiter. Den ganz normalen Lauf der Hölle. Hatte mein Onkel vergessen? Oder mittlerweile ein zusätzliches Geschäft *mit meinem Leben* abgeschlossen? Was hatte er meinen Eltern vorgelogen? Dass ich nach São Paulo abgehauen wäre? Ich wusste es nicht. Und fragen, die Einschulerin, den Manager...? Windelweich wäre ich geprügelt worden. Bis ich von Kopf bis Fuß blau gewesen wäre. Also: Fragen war nicht.

Ich war fünfzehneinhalb und seit einem Jahr in der Hölle. Und hatte den Besuch von etwa sieben Teufeln, wie ich Männer nun zu nennen pflegte, pro Schicht. Weniger als die anderen. Wegen meiner schwarzen Haut. Verkauft sich weniger gut. Abzüglich 60 Tagespausen, der Regel wegen, bleiben 305 Arbeitstage. Zweitausendeinhundertfünfunddreißig Teufel. Ich bin nach wie vor gut im Rechnen!

Und hätte mit meinen fünfzehneinhalb Jahren an jeder Uni als Analytikerin der männlichen Psyche promovieren können. Zumindest der brasilianischen. Denn die Teufel waren überall zuhause. Von Amapá bis Rio Grande do Sul. Wo sie irgendwo alle ihr Häuschen und ihre schmucken Familien hatten. Und bestimmt ihre Töchter beschützten. Vor einem Schicksal wie dem derer, die sie nun weidlich und ohne Gewissensprobleme benützten. Unempfindlich für deren Elend.

Die meisten Mädchen pumpten sich mit Alkohol voll. Den die Kunden bezahlten. Oder mit anderen Drogen. Es half, über den Tag und die Nacht zu kommen. Das Hirn auszuschalten. Aber es gab auch welche, die Spaß an der Arbeit hatten. Es zumindest behaupteten. Ich war anders. Hasste die Arbeit mit Teufeln. Wollte mich auch nicht zumachen. Trank nur, wenn der Teufel darauf bestand. Und wenn dieser einmal nicht aufpasste, goss ich das Zeug weg. Ich begann über Flucht nachzudenken. Erinnerte mich an die Erzählungen meines Vaters über unsre Vorfahren. Abhauen wurde zu einem Wort, das ich in meine innere Mitte setzte. Ein Anhaltspunkt, an dem ich mich aufrichten ..., orientieren wollte. Und dachte. Und dachte. Und sprach mit niemandem darüber. *Wohin* ich flüchten wollte, wusste ich nicht. Der Weg zurück zu Onkel X war keine Option. Der Weg nach Hause, in den Quilombo, auch nicht. Die Schande. Die Konsequenzen innerhalb der Familie. Mord und Totschlag. Aber egal. Es ging um Schritt eins: Raus! Gelänge dieser, würde ich mich schon irgendwie durchschlagen. In der Folge.

Aber raus aus dem Motel kam, so weit mir damals bekannt war, ein Mädchen nur über den Tod, Verlegung in ein anderes Hotel oder

Motel, oder eine schwere Verletzung oder Krankheit. In eine dem Kartell verbundene „Klinik".

Das Kartell hat ja auch *seine* Ärzte. Und einer von denen kam alle zwei Monate ins Hotel. Um uns durchzuchecken. Vor allem auf Geschlechtskrankheiten. Tripper wurde sofort behandelt. Injektionen. Aber selbst wenn der HIV-Virus festgestellt war, musste weitergearbeitet werden. Doch wurde vorsorglich schon mal nach einem neuen Mädchen gesucht. Als baldigem Ersatz. Das Kartell ruht nie. Und kinderproduzierende Habenichtse in der brasilianischen Gesellschaft auch nicht. Es gab nie einen Engpass an neuen Mädchen. Nicht mal an noch jungfräulichen ...

Ein weiteres Halbjahr war vergangen. Ich sechzehn geworden. Und wurde in das Schlafzimmer der „Routiniers" verlegt. Alle über sechzehn. Zwischen sechzehn und zwanzig. Das bedeutete auch, dass ich nun das Privileg eines Lohns hatte. Der von der Zahl *zufriedener* Teufel abhing. Bei *unzufriedenen* gab's Abzug. Ich kam im Monat auf zwei-, dreihundert Reais im Schnitt. Das Kartell machte fünfstellige Summen mit jeder von uns. Jeden Monat.

Unseren Sold konnten wir entweder sparen. Oder im Motel ausgeben. Das Kartell hat auch Krimskramsverkäufer seines Vertrauens. Die mit Kleidungsstücken, Schmuckwaren, Schminkzeug und so weiter ankamen. Hier, unter den „Seniorinnen", erfuhr ich zum ersten Mal, dass das Kartell uns nur bis achtzehn, höchstens zwanzig, wenn du jünger ausschaust, hält. Und dass wir ab dann rausmüssten. Für frischere Ware Platz machen. Ob wir wollten oder nicht. Und einige fürchteten sich davor. Vor dem Tag der „Entlassung". Was sollten sie draußen anfangen? Außer dem noch furchtbareren Straßenstrich. Auf den Parkplätzen, hinter oder neben den Tankstellen. Von Lkw zu Lkw. Und schon „alt" ... Und wer, einmal draußen, das Schweigen brach, riskierte nicht nur sein Leben, sondern auch das aller Familienmitglieder. Das Kartell wollte keine Geschäftsstörung.

Nun, ich erwähnte es bereits: Ich war anders. Ich hatte keine Lust auf noch zwei Jahre. Auf noch viertausendzweihundertsiebzig Teufelsbekanntschaften.

Ich wollte *jetzt* raus. Auch wenn die meine Geburtsurkunde von Onkel X einkassiert haben. Wovon ich ausging. Und ich, einmal abgehauen, draußen, ohne jedwedes Dokument, nicht mal in einen Fernbus steigen könnte.

62

Zwei Monate nach meiner Übersiedlung ins „Seniorinnenzimmer", an einem Samstagmorgen, so gegen drei Uhr Früh, ging im vorderen Teil des Motels, dem offiziellen, nicht der Kartellprostitution dienenden, eine Schießerei los. Ich war gerade mit einem Teufel auf ein Zimmer gegangen. Der bereits an mir herumzufummeln begonnen hatte. Einzelne Pistolenschüsse erst. Schreie, Kommandos. Und dann auch das Rattern einer Maschinenpistole. Dachte ich zumindest. Der Teufel ließ von mir ab, schnappte seine Jacke, riss die Tür auf und rannte los. Alles rannte in unserem Prostituiertenteil des Motels panisch hin und her. Geschrei. Teufel, die protestierten, sofort rausgelassen werden wollten. Mädchen in Angst. Chaos. Und plötzlich auch kein Strom mehr. Alles dunkel. Bis auf ein paar Notlichter in den Gängen. Unsere Aufpasser versuchten nach vorne zu gelangen. In den offiziellen Teil des Motels. Wie ich ihrem Gebrülle entnahm, waren dort Banditen eingedrungen, hatten die Angestellten der Rezeption überwältigt und begonnen, die Kunden auszunehmen. Nun versuchten unsere Aufpasser, dort im vorderen Teil das Ruder wieder herumzureißen. Und die Banditen zu erledigen. Die Türen blieben offen. Konnten den flüchtenden Kunden wegen nicht versperrt bleiben. Und Verinha flüchtete mit [grinst breit]. Raus in der vorderen Teil. Hinter zwei Teufeln her. Weitere Schüsse. Ich sah Mündungsfeuer aus der Dunkelheit. Kugeln pfiffen. Schreie. Flüche. Scheiß drauf!, dachte ich. Jetzt oder nie. Rannte da geduckt durch das Kreuzfeuer und war in Sekunden auf der Straße. Zum ersten Mal nach fast zwei Jahren in der Hölle war ich auf einer Straße. Ich kannte nichts und niemanden in Imperatriz. Aber ich wusste, in welcher Richtung das Zentrum lag. Und schlug diese ein. Die ersten Meter laufend. In Jeansshorts, einer Bluse und Flipflops. Und sonst nichts. Da durchzuckte ein Blitz meinen Kopf: Das Geld! Mein Geld! Ich blieb wie angewurzelt stehen. Aber nur für eine oder zwei Sekunden. Scheiß drauf! Scheiß auf das Geld, Verinha! Du bist frei. Der erste Schritt! Geglückt! Jetzt heißt's nichts wie weg von hier. So schnell und so weit wie möglich.
Der erste Wagen, der von hinten kommend an mir vorbeifuhr, verlangsamte sein Tempo. Mir blieb das Herz stehen. Die Aufpasser vom Motel? Das Seitenfenster ging runter, drinnen, am Steuer, ein Mann. Na Schätzchen, was ist mit dir? Hast du Lust? Ein Teufel! Aber diesmal vielleicht ein nützlicher. Kommt drauf an. Was willst du denn ausgeben? Und nach kurzem Hin und Her saß ich neben ihm im

Wagen. Und wir fuhren zur Rodoviária, zum Busbahnhof. Dort, nicht direkt davor, der Taxifahrer und ankommenden und abfahrenden Passagiere wegen, an einer dunkleren und menschenleeren Stelle, bekam der Teufel was er wollte. Und ich eine von ihm gekaufte Fahrkarte nach Santa Inês. Warum *doch* Santa Inês? Na, ich kannte ja nichts anderes. Außer Mirinzal. Und dorthin, in dieses Provinzkaff der Reentrâncias gab's, damals zumindest, mit Sicherheit keinen direkten Bus von Imperatriz.

Der Bus ging erst um halb sieben. Jetzt war es nicht mal noch vier. Angst überkam mich. Die Typen, wenn sie entdecken, dass ich abgehauen bin, werden sicher auch den Busbahnhof checken. Mit *absoluter* Sicherheit.

Hey, hast du Lust auf ein Extraprogramm? Warum nicht, ist es eine Gratisdraufgabe? Gratis ist nicht einmal der Tod, selbst der kostet das Leben. Nö. Aber für einen kleinen Gefallen noch. Und der wäre? Wie heißt denn die nächste Stadt in Richtung Santa Inês? Açailândia. Und wie weit ist das? Na, so sechzig Kilometer. O.k. Also wir machen's nochmal, wenn du mich dorthin fährst. Und ich nehme den Bus dann an der dortigen Rodoviária. Was hast du denn ausgefressen, dass du so dringend hier rausmusst? Mein Alter hat mich verhauen, war wieder besoffen, und da hat's mir einfach gereicht. Hab ihm eine Flasche über den Kopf gehauen und bin weg. Will nach Hause. Sofort. Zu meinen Eltern. Nach Santa Inês. Ah, verstehe, sagte er, verstand nichts und fuhr los. Rechnen und notlügen. *In beidem* war ich nun sehr gut.

Der Bus kam gegen halb acht in die Rodoviária von Açailândia und ich stieg problemlos ein, obwohl auf dem Ticket der Name des nützlichen Teufels stand. Der Busfahrer las nicht mal. Wer liest schon *irgendwas* … in diesem Land?

Im Bus schlief ich erst mal ein. Döste. Schreckte immer wieder hoch, denn die Flucht war noch nicht gänzlich erfolgreich und vorbei. Das Kartell hat überall seine Augen. Vor allem entlang der Bundesstraßen. Wie der 222, auf der ich nun unterwegs war. Bis Santa Inês. An jeder Rodoviária, wenn Passagiere zustiegen, pochten mir die Schläfen. Schlug mein Herz zum Hals hinaus. An jeder Raststelle, wo der Bus hielt, und Passagiere sich einem Imbiss holten, dasselbe.

Als wir Santa Luzia, den letzten Halt vor Santa Inês, verließen, ein jäher Schock. Verdammt, die werden bestimmt auch an der Rodoviária von Santa Inês nach mir Ausschau halten. Die wissen ja, dass ich dort Familie habe. Die haben mich dort ja übernommen. Scheiße. Am westlichen Stadtrand, einige Kilometer von der Kreuzung mit der Bundesstrasse 316, bat ich den Chauffeur mich rauszulassen. Was dieser, obwohl verboten, anstandslos tat. Mir noch „Viel Glück!" hinterherwünschte. Samstag, 15.30 Uhr. Keine zwei Jahre später, war ich zurück. Ich wollte meine Schwester sehen. Auch Cousinchen. Aber das verbat ich mir gleich. Auch nur den Gedanken daran. Denn wenn ich auch Onkel X austricksen könnte, die Typen vom Kartell bestimmt nicht.

Da stand ich nun am westlichen Stadtrand von Santa Inês. Durstig, hungrig, *teufelig schmutzig*. [Verinha sieht mich mit einem Verstehst-du?-Blick an. Verstehe, nicke ich zurück.]

Was nun? Es musste wieder ein nützlicher Teufel her. Und das war eine Aufgabe weniger Minuten. Eine Bar, dröhnender *Sertanejo*, unsre Art von Westernmusik, eine Gruppe Männer beim Biersaufen, dutzende leere Flaschen unter dem Tisch, das sind ihre Trophäen, zeigen aller vorbeikommenden Welt *ihre Männlichkeit* ..., und ich komme heran. Sofort Gepfeife, Gegröle, Anmache. Ich spiele auf zickig, abwehrend. Einige der Typen werden daraufhin ausfällig. Die sind abgehakt. Andere ändern ihre Rumkriegtaktik. Na komm, war doch alles nur ein Scherz. Jetzt hab dich nicht so, komm setzt dich und trink was mit mir. Ich sehe einem dieser auf galant machenden Teufel kurz, aber tief in die Augen, ein Sekundenlächeln, eine hochgezogene Augenbraue, und dann gehe ich weiter, an der Meute vorbei. Und biege in die nächste Seitenstraße links ab. Es vergeht keine Minute, kommt der Galantteufel hinter mir her. In seinem Wagen. Hey, was ist meine Hübsche? Willst du ein Stück mitfahren? Kommt drauf an, wohin. Na, wir können auf ein Bier gehen, nur wir zwei. Wo du willst. Oder wir können auch zu einem Freund von mir fahren. Es uns dort gemütlich machen. Hey, was glaubst du, was ich bin? Eine Nutte?! Verpiss dich, ich dachte du wärst anders als deine Saufkumpane dort, diese Vollidioten. Wie erwartet ändert er sofort wieder die Taktik. Aber nein, du hast mich ganz falsch verstanden, Süße, ich bin einfach nur geblendet von deiner tollen Figur. Ich will dich einfach nur kennenlernen. Echt. Und was ist schon dabei, wenn wir irgendwo ein Bier zusammen trinken? Uns unterhalten? Er muss nun weg von der linken Fahrspur, rüber auf die rechte, denn es kommt ein Mopedfahrer entgegen, fährt zwischen uns vorbei. Sofort steuert er den Wagen wieder auf die linke Seite, dicht an mich ran. Na, meine afrikanische Königin, *ein* Bier? Du suchst aus, wo! Ich bleibe stehen. Schaue ihm in die Augen. Hör zu, ich glaub das geht nicht. Ich bin nicht von hier. Ich bin aus den Reentrâncias und unterwegs zur Rodoviária, um den nächsten Bus nach Hause zu nehmen. Meine Leute erwarten mich zu Hause. Aus den Reentrâncias? Also schau, wenn du willst, fahr ich dich bis nach Vitória do Mearim und wir trinken dort unser Bier. Da hast du viel mehr Möglichkeiten, weiterzukommen, nach Hause, als von hier. Und Zeit gewinnst du auch. Ich gebe die Nachdenkliche. Hmm, stimmt. Also gut.

Als wir in Vitória do Mearim ankamen, war es bereits dunkel. Und ich war müde vom Abwehren seiner rechten Hand. Die zumeist auf meinen Schenkeln nach noch mehr suchte und kaum am Lenkrad war. Die Bundesstrasse 222 ist auf diesem Abschnitt eine Mondkraterlandschaft. Mehr als 20 km/h kaum drin.

Und wenn ich jetzt doch keinen Bus oder keinen Van mehr kriege? Mach dir keine Sorgen, wir finden schon eine Lösung. *Ich* kannte sie bereits, die Lösung. *Er* noch nicht.

Er trank also seine sechs oder sieben Biere und ich tat so, als tränke ich mit. In der nächsten Bar stellte er auf Schnaps um, ich trank Cola und wir aßen Spießchen mit Hühnerfleisch und Maniokmehl dazu. Dann ging's an einen der vielen Stände mit billiger Kleidung, wo er mir ein Höschen, einen BH und ein T-Shirt kaufte und darauf ab in ein Hotel. Außerhalb des Zentrums, bereits auf der Straße Richtung Viana. Und nach Haus. Dort, am Hotelzimmer, konnte ich mich endlich waschen. Und dann bekam der nützliche Teufel seinen Teil des Deals. Sonntagmorgen war ich frisch gewaschen, hatte – bis auf die Jeansshorts – neue Sachen an, war weder hungrig noch durstig und hatte 80 Reais in der Tasche. Die ich dem nützlichen Teufel gemopst hatte. Gestern noch, als er endlich nach der Nummer ziemlich blau eingeschlafen war. Leider ist Sonntag der schlechteste Tag, um mit Öffis weiterzukommen. Ich fragte die Küchenfrauen im Frühstückssaal des Hotels. Kein Van heute. Und der erste Bus nach Viana und São Bento und Pinheiro erst zu Mittag. Einer der frühstückenden Gäste bot mir eine Mitfahrgelegenheit an. Er führe nach Porto Rico zum Fischekaufen. Porto Rico do Maranhão! Ein Nachbarstädtchen von Mirinzal! Und ein weiterer nützlicher Teufel.

Keine fünfzehn Minuten später saßen wir in seinem Kleintransporter. Während der nützliche Teufel von Santa Inês wahrscheinlich noch immer tief schlief. Um zwölf Uhr waren wir in Mirinzal. Und der Kerl wollte nichts von mir. Weder Geld noch meinen Körper. Hat einfach normal mit mir geplaudert. Die Fahrt über. Kein nützlicher Teufel. Ein nützlicher *Mann*. Kannte ich gar nicht, *diese* Spezies.

Mirinzal, Sonntagmittag. Das ist die total tote Hose. Kein Mensch auf der Straße. Hitze. Aber wenigstens kein Regen. 80 Reais in der Tasche. Und einen halben Tag und eine ganze Nacht totzuschlagen. Du hast dich ja sicher schon gefragt, warum ich, entgegen meinen eigenen Entschlüssen, *doch* nach Mirinzal zurück bin. Nun, die Entscheidung, meinen Quilombo nie wieder zu betreten, meinen Eltern, der ganzen Familie, Schande und Gewalt zu ersparen, stand. Aber um mir ein neues Leben aufzubauen, brauchte ich zuallererst ... *ein Dokument*. Eine zweite Ausgabe meiner Geburtsurkunde. Und diese Aufgabe konnte ich nur dort, in Mirinzal erledigen. In keiner anderen Stadt Brasiliens. Aber erst am Montag, wenn das Magistratsamt öffnete. Die ersten Menschen die ich traf, fragte ich nach Familien aus meinem Quilombo, die hier in der Stadt lebten. Und bald konnte mir eine alte Frau weiterhelfen. Führte mich sogar hin. Ich kannte die Leute. Logisch. Im Quilombo sind alle miteinander bekannt und verwandt. Na so was! So eine Überraschung, komm rein! Setz dich, möchtest du ein Glas Wasser? Du kommst ja gerade recht zum Mittagessen. Komm, setz dich, nimm dir einen Teller. Wir haben gehört, du seist nach Santa Inês zu Onkel X, und dann nach São Paulo gegangen ...

Das tat gut. Wieder unter Menschen zu sein. Nach so langer Zeit. Ich fing den Ball, das mit São Paulo, auf. War bestimmt Onkel Xs Lüge. Ich bestätigte also, dort die letzten zwei Jahre über „als Hausmädchen bei reichen Leuten" gearbeitet zu haben. Glücklich zu sein. Nein, ohne Verlobten noch. Freund? Nichts ernstes.

Und was bringt dich her? Sehnsucht nach deinen Leuten? Klar. Aber auch ein kleines Problem. Ich habe meine Geburtsurkunde verloren. Und ohne Dokument geht ja heute fast gar nichts mehr. Selbst hierher zu kommen war schwierig. Ich möchte morgen am Magistrat eine zweite Ausgabe kaufen. Kommt ihr mit und bestätigt die Angaben zu meiner Person? Wir sind ja schließlich Verwandte! Aber klar, kannst dich auf uns verlassen. Gleich in der Früh gehen wir hin. Wenn die aufmachen. Aber jetzt iss doch noch was. Du bist ja so mager. Wissen deine Leute denn schon, dass du da bist, dass du kommst? Nein, es soll eine Überraschung sein. Aaah, sehr gut. Das ist gut. Die werden vor Freude in Ohnmacht fallen.

Den Rest des Tages verbrachte ich im Hinterhof, in der Hängematte baumelnd, frisch gepressten Maracujasaft trinkend. Und das Fußballspiel im Globokanal schauend. Zwischen 16 und 18 Uhr.

Am nächsten Tag waren wir, ich und drei erwachsene Verwandte, unter den Ersten am Magistrat. Erklärten unserem Kontaktmann worum's ging.

Kontaktmann?, entfuhr es mir.

Na ja, das ist ein Typ, der am Magistrat arbeitet, und zu unsrem Quilombo ein Verhältnis hat. In seinem Falle: Er war mit einer Frau aus unserem Dorf verheiratet. Wer keinen Kontaktmann hat, kann davon ausgehen, dass nichts weitergeht. Ohne ordentlich Schmiergeld. So ist das bei uns.

Dank unsrem Kontaktmann also hatte ich noch vor Mittag die neue Geburtsurkunde in der Hand. Es gab mich also wieder. Und ich durfte mich wieder legal fortbewegen. Ohne den Kontaktmann hätte ich, wie gesagt, noch heute kein neues Dokument. Denn du wirst so lange ignoriert, bis du schmierst.

Meine Verwandten wollten, dass ich noch bliebe, wenigstens einen oder zwei Tage, aber ich fühlte mich in Mirinzal nicht sicher. Wenn Onkel X den Typen vom Kartell gesteckt hatte, dass ich von dort war ... Und es stand ja auch in der Geburtsurkunde! Nö, ich musste sofort wieder weg.

Unter dem Vorwand etwas einkaufen zu wollen, verließ ich das Haus meiner Verwandten, in einem frischen Kleid, das sie mir noch am Vortag geschenkt hatten, und mit meinen anderen spärlichen Sachen in einer Plastiktasche und nahm den ersten Van nach Pinheiro. Und dort den ersten nach Alcântara. Ich wusste ja von unsren Leuten, die in der Hauptstadt arbeiteten, dass von Alcântara stündlich Fähren rüber nach São Luís gingen. Ich erwischte die letzte und war nun in der Hauptstadt. Mit 38 Reais in der Tasche. Das reichte für eine Nacht in einem der Billighotels. 25 Reais mit Frühstück. Dienstag. 13 Reias in der Tasche. Und ein Plan. Ja. Ich gehe nach Rio de Janeiro. Dort kriegt jeder, der will, eine Arbeit. Und mit meiner Rechenkunst krieg ich allemal einen Job. In einem Laden. Wer weiß, vielleicht sogar einem der großen Supermärkte. An der Kasse. Das Kartell ist endgültig hinter mir, wenn ich erstmal aus Maranhão draußen bin. Aber mit 13 Reais komm ich nicht mal bis nach Piauí über die Grenze. Also ging ich das tun, was einem Mädchen in meiner Situation übrig bleibt in diesem Machoparadies: anschaffen. Nach weiteren drei Tagen in der Hauptstadt und einigen Teufeln hatte sich meine Habenseite auf 280 Reais verbessert. Die Busfahrkarte nach Rio kostete knapp 300. Und zu essen brauchte ich ja auch was unterwegs. Also kaufte ich ein Ticket nach Maceió. Ich glaube für 130. Hauptsache, so schnell wie möglich raus und so weit *wie möglich* weg von hier. Weg von den langen Fühlern des Kartells. Und wenigstens um einiges näher an Rio, wie ich auf der Landkarte in der Rodoviária sehen konnte.

Als wir über den Parnaíba-Fluss fuhren, der die Grenze zwischen Maranhão und Piauí bildet, und in die Rodoviária von Teresina einfuhren, fühlte ich mich leicht. Wohlig erleichtert. Und frei. Als der Bus wieder aus der Rodoviária Teresinas rausfuhr, schlief ich bereits fest.

Anderthalb Tage nach Abfahrt aus São Luís in Maranhão kamen wir in Maceió, der Hauptstadt von Alagoas, an. Ich hatte noch etwas mehr als hundert Reais. Es war sieben Uhr morgens. Ein Samstag. Ich lief los. Aufs Geratewohl. Klapperte alle Geschäfte, Bars und Restaurants ab, an denen ich vorbeikam. Fragte nach Arbeit. Angebote gab's nur von der *teuflischen* Sorte. Zu Mittag, in einer Kantine, fragte ich wieder. Aber die Frau meinte, sie hätte schon eine Küchenhilfe. Sie war freundlich, ich bestellte einen Tagesteller. Reis, Bohnen, Maniokmehl, gebratene Cavalinha, Kürbis mit Okraschoten. Und grüner Salat dazu. Das Essen schmeckte wie zu Hause, im Quilombo. Erinnerungen lebten auf bei jedem Biss. Ich erzählte der Frau, dass ich heute in der Früh angekommen war und dringend Arbeit brauchte. Niemanden hier kannte. Dass ich aus dem Norden Maranhãos sei. Und nach Rio wollte. Aber erst noch Geld verdienen musste. Sie meinte, es würden immer Leute zum Zuckerrohrschneiden gesucht. Ob ich denn so was schon gemacht hätte. Ich verneinte, wies aber darauf hin, dass ich Vater und Mutter öfters beim Anbauen, Ernten und Jagen begleitet hatte.

Sie lud mich ein zu sich nach Hause. Versprach, mich mit den richtigen Leuten in Verbindung zu bringen. Ich war glücklich. Dankte Jesus. An den ich mich schon in der Hölle immer wieder innerlich geklammert hatte. Gegen drei war nichts mehr los in der Kantine und sie nahm mich mit zu ihrem nahe gelegenen Haus. Alleinstehende Mutter von drei Bengels. Die nun eine Besuchstante bekommen hatten. Die Vorstellung war kurz und bündig. Ich könnte mich auf dem Sofa ausruhen und die Toilette mit Dusche wäre hinten links, vor dem Hinterausgang in die Waschecke.

Die Frau ging zurück zur Kantine, wo sie ihre Küchengehilfin alleine gelassen hatte. Sie käme erst spät, gegen Mitternacht zurück. Heute ist Samstag, die stärkste Abendschicht, da machen wir spät dicht. Ihre drei Söhne waren zwischen fünfzehn und elf. Der Vater war lange weg. Abgehauen. Mit einer anderen. Ganz normales Brasilien. Wir vetrieben uns die Zeit mit Fernsehen. Dann löcherten sie mich mit Fragen, waren aber nette Burschen. Und der älteste, ein Jahr jünger als ich, hatte ein Auge auf mich geworfen. Aber ich glaube, ein mehr romantisches denn *teuflisches*.

Als meine Gastgeberin nach Hause kam, schliefen wir alle vier. Ich hatte noch bis kurz nach Mitternacht durchgehalten. Fernsehend. Und war dann ohne das Gerät abzuschalten eingenickt. Am nächsten Tag erklärte sie mir, dass sie gestern Nacht in ihrer Kantine mit ein paar Leuten gesprochen hätte. Und dass jetzt keine Zuckerrohrerntesaison sei. Erst im September wieder. Und wir waren im Mai...

Und irgendetwas anderes?, fragte ich. Ich kann kochen, waschen, putzen, sehr gut rechnen, lesen und schreiben...

Jetzt mach dir mal keine Sorgen. Wir finden schon was für dich. Einstweilen kannst du mir hier zu Hause helfen, mit diesen Lümmeln, sie zeigte auf ihre drei Söhne, die sich vor Lachen bogen, auch in der Kantine. Freitags und samstags. Ersterer Vorschlag gefiel mir gut. Zweiterer weniger. Gebranntes Kind ... Trotzdem war ich dieser so guten Frau sehr dankbar. Und zeigte dies auch. Ich blieb volle vier Monate, tat alles im Haus – und wehrte des ältesten Sohn zunehmende Avancen hartnäckig, aber freundlich ab – und tat, widerwillig zwar, an manchen Freitag- und Samstagabenden Schicht in der Kantine. Aber nur in der Küche. Zu den besoffenen Teufeln raus wollte ich absolut nicht. Die Frau und ihre Gehilfin haben das akzeptiert. Nie gefragt, warum, was hinter meiner Aversion stecke. Gute Freundinnen sind wir geworden. Diese beiden Mittdreißigerinnen und ich, noch immer sechzehn.

Eines Tages gegen Ende August schickte die Frau ihre Gehilfin zu sich nach Hause. Um mich zu holen. Ein *gato* sei hier. Dabei handelt es sich nicht um einen Kater, *gato*. Sondern um einen Typ, der in armen Vierteln Zuckerrohrschneider anwirbt. Und einen Teil des Monatslohns für sich abzweigen wird. Alle wissen das. Aber was tun?

Ich hatte zugenommen, fühlte mich nach den letzten Wäschewaschmonaten, Maschinen gab's ja keine, wieder stark. Stark genug, um auch das Zuckerrohrschneiden auszuhalten. Und nahm an. In der zweiten Septemberwoche würde er mich und andere Angeworbene abholen. Ich solle mich bereithalten.

Als er dann ankam, zeitig in der Früh, in einem Laster, schon gut zwanzig andere auf der Ladefläche, darunter auch ein paar Frauen, war es ein kurzer, aber herzlicher Abschied. Gewürzt mit ein bisschen Traurigkeit. Wir würden uns in Bälde wiedersehen! Aber klar! Vergiss uns nicht! Ich vergaß sie nie. Aber das Leben und der Wille, „es zu etwas zu bringen", trieben mich in die entgegengesetzte Richtung. Ich sah sie nie wieder. Kam nie wieder …

Es klopft an der Tür, sie geht auf. Pardon, dürfen wir euch stören?

… kam nie wieder zurück nach Maceió, beendet Verinha ihren unterbrochenen Satz. Und ich schalte das Aufnahmegerät aus.

Eliane und Antônio Carlos kommen herein. Und dank der ansteckenden Eliane haben wir alle ein Lächeln aufgesetzt. Ein spontanes, ehrliches.

Gente, Leute, beginnt Antônio Carlos, ich möchte euch einen Vorschlag machen. Obwohl die Deppen vom Streik*ende* plappern, ist keines in Sicht. Aber dort, an den wenigen Stellen, wo die Soldaten und die Nationalgardisten patroullieren, ist es mittlerweile wieder sicher, nein: *normal*, geworden. Für uns halt, setzt er, zu mir gewandt, hinzu. Bei euch – ich denke, er meint Deutschland, Österreich, Mitteleuropa (?) – wäre das noch immer Bürgerkrieg, oder Chicago in den 1930ern². Egal. Was ich sagen will, ist, dass der Streik weitergeht, die Regierung weiter nicht auf die Forderungen eingeht, die Geschäfte nur dort öffnen, wo die Soldaten permanent Wache schieben, und wir, wenn die Lage sich nicht radikal zum Besseren ändert, ab Donnerstag nicht nur ohne Personal, ohne medzinische Versorgung, sondern auch noch ohne Reis dastehen. Mittlerweile sind ja ein paar Dutzend Behandlungssuchender und ihre Begleitpersonen wieder abgezogen, resigniert, aber was sollen wir tun? Und weniger kommen nach, das hilft, aber trotzdem. So wie es jetzt aussieht, haben wir nur mehr Lebensmittel bis Donnerstag. Vorschlag: Eliane ist eh schon wieder kerngesund [Sie lachen einander zu, Eliane streckt die Fäuste hoch, wie eine Volleyballspielerin nach einem gelungenem Block] und Verinha braucht auch keine Spitalspflege mehr.

Nur ein ordentliches Land, fügt sie hinzu.

Stimmt, das brauchen wir alle. Aber da ist es weniger unvernünftig, auf einen Lottosechser zu hoffen als auf ein Brasilien, das seine Reichtümer nicht vernichtet für den Profit einer Handvoll Globalverbrecher und das seine Menschen nicht bestiehlt, bis sie verrecken. Noch dazu *jetzt*. Nachdem sie die Mafia der Arbeiterpartei rausgetrickst und einen noch ärgeren Mafiaflügel, unter Führung des nunmehrigen Obermafioso Temer, an der Macht installiert haben. Also, der Vorschlag ist, ihr macht mit euren Interviews bei mir zu Hause weiter. Die Wohnung liegt auf der anderen Seite von Vitória, an der Praia da Costa, in Vila Velha. In der Rua Mato Grosso, zwei Blocks hinter dem Strand. Dort habt ihr Ruhe. Drinnen und wahrscheinlich auch draußen. Ist ja ein „besseres" Viertel und somit patroullieren dort sicher auch Soldaten. Die Reichen werden geschützt, die Armen erschossen … Jedenfalls könnt ihr es euch dort bequem machen. Oder am Strand. Und euch in Kühlschrank und Gefriertruhe nach Herzens- und Gaumenlust bedienen. Es gibt auch bestimmt genug Lebensmittel für drei Wochen. Für euch alle. Und das Spital und die, die nirgenwo hin können, schwer Verletzte zum Beispiel, würden durch eure Abwesenheit entlastet. Ich würde euch hinfahren und komm dann wieder hierher zurück. Bleibe hier im Dienst, solang's geht. Nun?

Wir waren alle dafür.

Also abgemacht. Ich muss jetzt nochmals zu Patienten. Macht euch bereit, in ein bis zwei Stunden fahren wir los. Ich muss ja vor Dunkelheit wieder zurück sein. Lebensmüde bin ich nicht. *Noch* nicht.

Alle lachen. Galgenhumor? Oder kontemporär-brasilianischer Nutzhumor?

Wir treffen uns dann im Ärztezimmer, ich muss los – und weg war Antônio Carlos.

Ich räuspere mich, Verinha, ich würde dich noch gerne – „gerne" – etwas fragen im Zusammenhang mit dem von dir Erzählten. Aber ich weiß nicht recht, ob das in Ordnung ist. Ob es nicht zu intim ist.

Verinha sieht mir ausdruckslos in die Augen.

Ich lass euch dann mal allein, sagt eine lächelnde Eliane, auf dass es ein Geheimnis bleibe und nicht zum Spitalstratsch werde [lacht]. Aber vergesst nicht: In einer Stunde kann's schon losgehen. In die „Luxusvilla vom Herrn Doktor" [lacht, klopft Verinha auf den Rücken und verlässt uns].

Ich schalte das Aufnahmegerät wieder ein. Verinha, ich entschuldige mich gleich vorweg für meine Frage. Und wenn du nicht antworten willst ist das komplett o.k. In Ordnung?

Alles klar.

Ich nehme mal an, dass während deiner Gefangenschaft im Motel nicht immer *sexo seguro*, sicherer Sex, mit *den Teufeln* stattgefunden hat. Also, dass es Sex ohne Präservativ gab. Wenn der Teufel das wollte. Richtig?

Richtig.

Und bei den Zahlen, die du genannt hast ... also, ist da niemals eine Schwangerschaft passiert?

Verinha atmet tief ein. Dreht sich um, schaut zum Fenster hinaus. Und wenige Sekunden später mir wieder tief und ernst in die Augen. Sonst regungslos.

Einmal. Einmal wurde ich schwanger. Dann kamen zwei Ärzte. Zwei von jenen, die (auch) fürs Kartell arbeiten. Gut dazuverdienen. Und schweigen. Die lösten „das Problem". Im „Untersuchungszimmer" in unsrem Teil des Motels. Und lösten zukünftige Probleme dieser Art gleich mit. Ich kann keine Kinder mehr kriegen.

Wie bitte?

Verinha atmet wieder tief ein, hebt die Schultern. Sieht mir ohne Blinzeln tief in die Augen.

Ganz normal. Ein kleiner operativer Eingriff. Und keine Schwangerschaft mehr. Keine Geschäftsstörung.
Am meisten trifft das ja die Índias. Meine Índia-Leidensgenossinnen, damals in Imperatriz, kamen meist schon so „vorbereitet" an. Nie wurde eine schwanger. Zumindest kann ich mich nicht erinnern. Das geschieht dort routinemäßig, ohne dass die Índias das wissen, dass in den Spitälern jener Städte, die den Índiodörfern am nächsten sind, im großen Stil sterilisiert wird. Auf Wunsch der lokalen Großgrundbesitzer, Viehzüchter und der Holzmafia. Die den mitmachenden Ärzten auch schon mal eine Fazenda spendieren. Als Dankeschön. Die das Land índiofrei kriegen wollen. Aber heutzutage, wegen der globalen Medienvernetzung, nicht mehr en gros bezahlte Auslöschkommandos mit Schusswaffen in die Indianerdörfer reinschicken wollen. Lieber die Reservate bei Trockenheit anzünden, Jahr für Jahr ein paar Índios gleich mitverbrennen, das läuft dann unter „Naturkatastrophe", wenn überhaupt in den Medien, oder eben die Frauen sterilisieren. Wenn die wegen einer Grippe oder einem Schlangenbiss oder Kopfschmerzen in die Stadt ins Öffispital gehen. So wird deren Bevölkerung dezimiert. Und niemand juckt's. Keine Behörde. Keine Presse.

Ideal auch fürs Kartell. Die jungen Índias kommen schon sterilisiert. Und bezahlt haben's alle Armen Brasiliens. Die proportional die höchsten Steuern zahlen bei uns. Denn statt dem tatsächlichen *Sterilisierungs*eingriff verrechnet das Spital dem Land irgendetwas anderes. Was weiss ich, Blinddarm. Oder Abszessentfernung ...
Wie gesagt: ganz normal. Bei uns. *Zumindest* in Maranhão. Bestimmt auch heute noch. Drauf wett ich meine rechte Hand.

Montag, 13. Februar 2017

Wir fuhren gestern doch nicht wie vorgesehen nach Vila Velha. Antônio Carlos hatte herumtelefoniert, unter anderem mit Mitbewohnern seines Apartmenthauses, und wir hielten es folglich für weiser, noch eine Nacht hier im Spital zu verbringen. Verinha in ihrem Pflegebett, Eliane und ich in Nachtschwesterbetten die frei standen, weil viele der Schwestern es noch immer nicht in den Dienst schaffen, Antônio Carlos in seinem Zimmer, manchmal bei Patienten.

Die Lage an der Praia da Costa ist zwar ruhiger geworden, seit Soldaten dort patrouillieren, aber bis gestern ist nur einer der Hauswarte, jene die per Kamerasystem und Knopfdruck entscheiden wer reindarf und wer nicht, zur Arbeit erschienen. Nur Schlüsselbesitzer können ungehindert rein und raus. Und da auch die Schlüsselmacher im allgemeinen Chaos ihre Werkstätten nicht aufsperren, zumindest dies bis gestern nicht taten – heute soll es ja, laut Medien anders werden, und „viele Geschäfte" sollen wieder aufsperren –, konnten für uns drei keine Schlüssel angefertigt werden. Es bliebe also nur ein Schlüsselset, das von Antônio Carlos, für uns drei.

In den Morgennachrichten sahen wir Berichte, die den Eindruck erweckten, dass sich die Lage entspannt. *Normalização*, Normalisierung, war das meistgebrauchte Wort. In der Tat sahen wir, zum ersten Mal, einige öffentliche Busse in Betrieb und Leute, die an den Haltstellen warteten, um zur Arbeit zu gelangen. Einige wurden interviewt. Sie hätten zwar Angst, aber das Leben muss weiter gehen, und vom Nichtstun gibt's keinen Lohn, so der allgemeine Tenor. Auch wurden immer wieder Soldaten und Nationalgardisten im Einsatz gezeigt. Und die weiter streikenden Militärpolizisten gehörig durch den Kakao gezogen.

Keine Bilder allerdings und kein Wort über die Peripherie. Also dort, wo sich die ärmeren Schichten konzentrieren. Und mit Sicherheit keine Soldaten patrouillieren. Dort zum Beispiel, wo Verinha ihr Miethäuschen hat. Auch in Vila Velha, bei der 2. Brücke, weiter westlich von der schicken Praia da Costa, am Fuß der Favela Argolas. Dort, wo die zirka fünf Kilometer entfernte Praia da Costa mit all ihrem Luxus und dem lebendigen Tourismus einen sozialen Gegensatz darstellt, der anderswo nicht einmal kontinental zu finden ist. Dort, wo auch der Supermarkt ist, in der Avendia Leopoldina, in dem sie als Supervisorin der Kassafrauen arbeitet. Dort, wo sie am zweiten Streiktag, notgedrungen zu Fuß auf dem Weg zur Arbeit, überfallen, auf den Kopf geschlagen, ausgeraubt, vergewaltigt und liegen gelassen wurde. Dort, wo es keinem von uns empfehlenswert scheint, hinzufahren oder hinzugehen, bevor die „Normalisierung" nicht bloß eine sedativ-mediale, sondern eine tatsächliche, bestätigte ist. Denn das Gewaltniveau in brasilianischen Städten, vor allem an den Peripherien, ist auch im Normalzustand ein permanent kriegsgleiches.

Haltet euch bereit, ermahnt uns Antônio Carlos bei einem Blitzbesuch im Ärztezimmer, wo wir fernsehen und schwarzen, stark gezuckerten Kaffee trinken. Gegen zehn Uhr bereue ich bereits, nicht mit einer meiner beiden Interviewpartnerinnen an die Weiterarbeit gegangen zu sein. Zwei verlorene Stunden schon, hadert es in meinem Kopf. Um halb zwölf kommt Antônio Carlos zurück.

Pronto! Hier drei Schlüssel für jede von euch. Es fehlt der für das Tor zur Straße, den konnten sie nicht nachmachen. Egal, ich stell Euch dem Hauswart vor. Und der wird es für euch öffnen. Dieser hier, er zeigt uns den goldfarbigen, ist für die Eingangstür zum Apartmenthaus, und die beiden silbernen hier für mein Apartment. Alles klar? Und los geht's, kommt, beeilt euch.

Antônio Carlos hatte wieder herumtelefoniert, von irgendwo gehört, dass es einen Schlüsseldienst geben sollte der geöffnet war, und sich diese Information von Rettungsfahrern bestätigen lassen. Sein Viertel, Praia da Costa, liegt etwa 12 Kilometer vom Spital entfernt. Wir konnten die Skyline von der 3. Brücke aus, über die wir fuhren, schon von Weitem gut sehen. Ansichtskartenaussicht. Ein schöner schmaler gelblicher Sandstrand und dahinter mehrreihig hohe Apartmenthäuser. Der Quadratmeterpreis ist einer der höchsten in Brasilien. Was ich sah erinnerte mich sofort an Ipanema und Copacabana in Rio.

Bei unserer Ankunft am Apartmenthaus war ein Hauswart an der Arbeit. Er versicherte Antônio Carlos, dass ab heute auch die Kollegen der anderen beiden Schichten wiederkommen würden, und Antônio

Carlos stellte uns als seine besuchenden Arztkolleginnen vor. Er bat auch den Hauswart, dass dieser die Nachricht von den drei Besucherinnen, die einige Tage hier verbringen würden, an die anderen Hauswarte weitergebe. Auf dass es keine Probleme gebe, wie er mit leicht forderndem Unterton, hinzufügte. Geht klar, Herr Doktor, sagte der Hauswart, und Seid willkommen! zu uns.

Ich hab euch zu Ärztinnen gemacht. Das sollte vor allem Verinha behilflich sein. Denn Menschen dunkler Hautfarbe werden schon mal gerne mit Fragen duchlöchert, auch den unverschämtesten, oder grundsätzlich nicht rein gelassen in solche Reichenbunker.

Hab ich unlängst in Rio kennengelernt, füge ich hinzu. Und wir Europäer haben dieses Klischee im Kopf verwurzelt, dass es in Brasilien nicht rassistisch zuginge. Weit weniger jedenfalls als in den USA. Unglaublich!

Verinha lächelt bloß gequält. Und Eliane lacht. Über die naiven Europäer. Es ist aber kein *Aus*lachen. Eher ehrliches, verwundertes Amüsement.

Der einzige Ort an dem ich bis jetzt gewesen bin und an welchem ich Rassismus nicht täglich angetroffen habe, eigentlich überhaupt nicht, ist Kuba. *Só*. Einzig und allein. Das kann Fidel, *Ché hab ihn selig*, keiner nehmen.

Die Wohnung ist im dritten Stock. Viel zu weit unten, um einen Blick aufs Meer zu erhaschen. Zu sehen gibt es die Apartmenthäuser auf der anderen Straßenseite der Rua Mato Grosso. Noch immer ist sehr wenig los auf dieser Straße. Und den anderen, über die wir hergefahren waren. Aber es wird besser. Wie auch Antônio Carlos bestätigte.
Dieser gab uns einen Schnellstkurs zur Bedienung der Geräte in der Wohnung, empfahl uns, fürs Erste lieber nicht an den Strand zu gehen beziehungsweise die Leute rundum zu beobachten. Die wären das ideale Thermometer, um zu sehen, was wieder geht und was noch nicht. Dann war er wieder weg. Er hat auch Bargeld zurückgelassen.

Für alle Fälle, wie er sagte. Und wir seien ja bestimmt bikinilos ... Und Restaurants gebe es ausgezeichnete. Gleich in der Nähe. Vor allem das japanische. Aber erst riskieren, wenn die anderen es tun, hört ihr!

Ich glaube, diese Verhaltenstipps galten eher nur mir. Denn Verinha und Eliane sind ja nun wirklich hartgesottene Profis in Sachen Überleben in Brasilien. Auch auf diesem gänzlich ungewohnten Sozialterrain. Selbst Verinha ist erst zum zweiten Mal in der Praia da Costa. In dieser ganz anderen, lediglich fünf Kilometer östlich von ihrer gelegenen, Welt.

Wir losten, wer als Erste unter die Dusche dürfe. Eliane gewann. Und ich telefonierte mit meinen Eltern in Kappl. Nachdem wir alle geduscht waren und in frischen Kleidern steckten, entschieden wir uns für eine *feijoada*, den typisch brasilianischen Bohneneintopf. Von dem ich schon gehört, aber noch nie das Vergnügen, ihn zu probieren, hatte. Eine kräftige Hausmannskost. Antônio Carlos hatte die Feijoada eingefroren. Im Nu war sie dank Mikrowelle essfertig und wir drei machten uns über sie her. Für den Abend haben wir, dank der eingeforenen Riesenmenge, noch einmal die selbe Gaumenfreude. Leider konnten wir keine Farinha in der Küche finden. Die gehört laut meinen beiden Mitbewohnerinnen nämlich *unbedingt* dazu. Aber, wie sie gleich hinzufügten, ist Farinha das Arme-Leute-Brot. Und wohl nirgendwo, in keinem Apartment in Praia da Costa, zu finden. Vielleicht fragen wir mal den Portier unten, schlug Eliane – im Scherz? – vor. Nach dem Schmaus und dem Abwasch baten sie mich um mein Handy. Eliane, um bei ihren Guarani-Kolleginnen und Freundinnen in Aracruz, etwas weiter nördlich von Vitória, anzurufen, Verinha, um bei Nachbarn nachzufragen, ob ihr Miethäuschen noch stünde, beziehungsweise ob sich noch irgendetwas darin befinde.
Nichts geklaut worden, bestätigte sie uns anschließend, kein Einbruch, nichts. Glück gehabt. Die ersten Tage und Nächte seien extrem schlimm gewesen, da seien offene Rechnungen *im Stundentakt* beglichen, einige Leute in der Nähe umgebracht worden. Was aber auch „in Friedenszeiten" dort immer wieder vorkomme. Vor allem unter rivalisierenden Drogengangs. Aber auch mordlustige Militärpolizisten kämen immer mal gern in die Favela. Um „aufzuräumen". Und in der Regel völlig Unschuldige zu töten, wie

Verinha versicherte. Etwas, das ich zuvor schon in São Paulo und Rio immer wieder gehört hatte. Aber geplündert, fügt Verinha hinzu, wurde kaum. Nur draußen, außerhalb des Viertels. Da kamen dann viele mit Haushaltsartikeln, Lebensmitteln und anderem Zeug an. Die Favela rauf. Wie die Ameisen [lächelt]. Meinen Supermarkt haben sie auch um einiges erleichtert. Die Besitzerin und der Filialleiter überlegen sich aber, noch diese Woche wieder aufzusperren. Ich hab denen deine Nummer gegeben, o.k.?

Und wie geht's deinen Guarani in Aracruz?, frage ich Eliane. Danke, schlecht wie immer [lacht]. Dort, im Município Aracruz, hat sich durch den Streik kaum etwas verändert. Es ginge ja auch kaum ..., deren Situation noch zusätzlich verschlechtern. Und die angeblich streikenden Militärpolizisten sind durchaus aktiv dort oben. Zumindest wenn's darum geht, Indianer ohne irgendwelchen Anlass zu verdreschen. Und zu beschießen. Und dann auch noch festzunehmen und abzuführen. Ich hab's zwar nicht selbst gesehen. Aber die Wunden der Opfer sehr wohl. Jener, die nicht abgeführt worden sind. Und das tote Pferd. Vorvorigen Samstag war's. Auf der Landstraße ES 110. In der Nähe einer der Tupiniquim-*Aldeias.* Ein paar jugendliche Tupiniquim waren, wie es ihre Art ist, zu Pferde auf der Landstraße unterwegs und einigen zufällig vorbeikommenden Polizisten gefiel das offenbar nicht. Sie begannen die Índios wüst zu beschimpfen. Riefen Verstärkung. Die Índios, die in keiner Weise reagierten, wurden eingekesselt. Beschossen, von den Pferden runter gezerrt. Getreten und geschlagen. Aus Spaß? Aus Hass? Aus rassistischen Motiven? Wer weiß schon, was in den Köpfen von solchen Menschen vorgeht, die zu einer Institution wie unserer Militärpolizei gehen? Freiwillig. Samstag, der 4. Februar war's. Am Nachmittag. Da ging's mir schon ziemlich mies, Erbrechen inklusive, wegen des Gelbfiebers. Und zwei Tage darauf sollte ich ja nach Vitória, in die Obhut von Antônio Carlos, zur intensivmedizinischen Behandlung überstellt werden. Aber lassen wir das. Wichtig ist, dass die vier völlig ungesetzlich festgehaltenen jugendlichen Índios mittlerweile wieder zu Hause, in ihren Aldeias, ihren Dörfern, sind. Ramponiert zwar, aber am Leben.
Und bei deinen Eltern, alles klar? Alles bestens. Heute zwar kein Schneefall, aber minus 5 Grad Celsius, da braucht's keine Gefriertruhe für die Feijoada.

Eine Vorstellung, die Eliane mit den Augen rollen ließ und selbstnatürlich zum Lachen brachte. In welches ich positiv angesteckt einfiel.

Verinha legte sich im Gästezimmer hin.

Nach einer erlittenen Vergewaltigung wird einer etwaigen Schwangerschaft, im Falle Verinhas überflüssig, sofort mit der *pílula do dia seguinte*, der Folgetagpille, entgegengewirkt. Und zwar mit 99%iger Erfolgsquote, wenn die Pille innerhalb von zwölf Stunden nach der Gewalttat eingenommen wird. Die Abwehr der Möglichkeit einer Infektion mit Hepatitis B wird per erster Impfung durchgeführt. Ihr folgen zwei weitere im Abstand von einem und sechs Monaten. Und auch die Gefahren von Tripper, der in Brasilien wieder rapid zunehmenden Syphilis, Weichem Schanker, Chlamydien und Trichomoniasis werden mit einer einzigen Injektion vorgebeugt. Komplizierter und vor allem unangenehmer wird es bei der Bekämpfung einer etwaigen HIV-Infektion. Damit die antiretroviralen Medikamente wirklich ihre Wirkung entfalten, ist es notwendig, dass Verinha sie während 28 Tagen in Folge einnimmt. Drei nach dem Frühstück und weitere drei nach dem Abendessen. Häufige Nebenwirkungen sind Übelkeit, Bauchschmerzen und Erbrechen. Nichts von alldem aber macht Verinha zu schaffen. Es sind die „ganz normalen" Diclofenac-Tabletten, die sie schläfrig machen. Also bat ich Eliane um die Fortführung unsres Interviews.

Wir sitzen nun in Antônio Carlos' Arbeitszimmer, Eliane im drehbaren „Doktorsessel" aus Leder und ich auf einem aus der Küche hinzugeholten Bambusstuhl mit orangem Sitzpolster. Ich schalte das Aufnahmegerät ein.

Geht's?, fragt mich Eliane lächelnd.

Ich antworte mit dem linken, nach oben gestreckten Daumen. Elaine rückbestätigt mit beiden Daumen.

Also, als wir im Tekoha der Guarani-Kaiowá, beziehungsweise in der Aldeia, im Dorf, ankamen, wurden Mutter und ich in der Hütte einer ihrer neuen Guarani-Freundinnen aufgenommen. Wir bekamen unseren Platz, unsere Hängematte. Ich war damals so um die drei, dreieinhalb, denke ich.

Es war ein wunderbares Tekoha. Dort, am südwestlichen Auslauf der *Serra de Maracaju*, dem Maracaju-Gebirge, mit dem Oberlauf des Rio Apa als südlicher Grenze. Es gab gutes Wasser, viele kleine Bergquellen, gute Erde für den Anbau und einen großen, relativ unberührten, *Ka'aguy*, Wald. Der Wald ist unser sich selbst reproduzierendes Lager für Jagdwild, Fische, Rohmaterialien für unsere Hütten und Geräte, Früchte und Medizinpflanzen. Aber er ... *der ganze Tekoha* ist mehr als „nur" Lager. Er ist auch Teil von uns. Und wir Teil von ihm. Der Ka'aguy ist auch ein ganz wichtiger Teil unsrer ... *Irini,* wenn ich jetzt *uns* und *unser* und *unsere* sage, dann beziehe ich mich auf mein *Guarani-Sein*, nicht mehr auf das vorherige, das Ayorea-Sein, ja? Also, der Ka'aguy ist ein ganz wichtiger Teil unserer Weltanschauung, unserer Mythen, unserer Entstehungsgeschichte. Der Ka'aguy ist Schauplatz mythologischer Erzählungen und Wohnort unzähliger Geister. Und weil wir gerade beim Mythischen sind, sollst du auch wissen, dass, obschon wir gerne herumziehen, unsre Aldeia eine lebenswichtige Bedeutung für uns hat. Dass wir nicht einfach so definitiv umziehen können. Unsere Aldeia verlassen. Denn in ihr, oder gleich nebenan, sind unsere Toten. Die nun, auf andere Art, dort weiter zu Hause sind. Die können nicht einfach so zurückgelassen werden. Wie auch die Geister des Ka'aguy nicht. Das würde alles, buchstäblich alles, aus dem Gleichgewicht bringen. In unserer Weltsicht. In der Aldeia gibt es übrigens nicht nur die Wohnhütten, sondern auch die gemeinschaftlichen Hütten für unsere spirituellen Aktivitäten. Eine Art Kirche, wenn du so willst. Oder Ritualhaus.

Und alles ist untrennbar miteinander verwoben. Auch das Gegenständliche mit dem Unanfassbaren. Alles zusammen, die Gesamtheit, ist der Tekoha. Unser Platz. Unser Gebiet.

Viel später, als ich bereits in meinen Zwanzigern und in São Paulo war und begonnen hatte, auf eigene Faust nachzuforschen, mich weiterzubilden, habe ich herausgefunden, dass das heute so enorm wichtige Konzept des Tekoha in Wirklichkeit ein sehr junges unter den Guarani ist. Dass es eine Reaktion auf die rasante Einengung unseres Lebensraumes durch die „Zivilisation", die uns immer mehr zusammenpferchenden Weißen, ist. Denn früher hatten wir keinen Begriff der ein begrenztes Gebiet beschrieb. Es gab keine Grenzen. Nicht einmal als Wort. Und Territorialstreitigkeiten unter Índios waren selten. Es gab ja viel mehr freies Land als Menschen, die es für sich gebraucht hätten. Mit dem unaufhörlichen Vorrücken der „Zivilisation" aber wurde die in früheren Zeiten vielleicht seminomadische Lebensweise – vielleicht die Wurzel des *Oguata*, erinnerst du dich? – der Guarani rasch zu einer zwangsläufig sesshaften. Und um nicht auch noch das letzte eingeengte Stück Land, das letzte Rückzugsgebiet, wo wir das *Teko*, unsre Art des Daseins, führen, zu verlieren. An Revolvermänner, deren Auftraggeber, Traktoren, Viehherden, Monokulturen wie Zuckerrohr oder Soya, betrügerische Grundstücksspekulanten, vor allem wenn Städte Richtung Tekoha wachsen, oder auch an zwangsassimilierende Regierungen. Es mussten ein neues Verständnis und ein Begriff her, die eben nicht nur spirituell und politisch sind, sondern auch *territorial*: der Tekoha. Diese neue Definition unter den Guarani tauchte erst in den 1970er-Jahren auf. Zuerst in Paraguay. Und wurde dann flugs auch von den Guarani in Brasilien, Argentinien und Bolivien übernommen. Ist also nichts aus „grauen präkolumbianischen Urzeiten". Sondern eine verhältnismäßig junge *Abwehrreaktion* einer lebendigen, ums Überleben ringenden Kultur.

In unserem Tekoha am Rio Apa lebten sechs Großfamilien. Vier, darunter meine, bildeten die Aldeia. Die anderen beiden wohnten etwas abseits. Es gab und gibt unter den Guarani kein Monomodell der sozial-räumlichen Anordnung. Wie viele Leute wir im Tekoha genau waren, alle zusammen, ist unmöglich zu sagen. Es war ein ständiges Kommen und Gehen. Immer. Das Oguata eben. Aber es waren bestimmt nicht mehr als einhundertzwanzig. Und auch bestimmt nicht weniger als achtzig.

Warte bitte einmal, Eliane. Du sagtest unter anderem „zwangsassimilierende Regierungen". Im Zusammenhang mit Interessen, die dazu führen, dass den Índios die letzten Rückzugsräume, die letzten Tekohas genommen werden. Also, dass Großgrundbesitzer und das Agrobusiness das tun, das ist mir „verständlich". Aber was haben die Regierungen damit zu tun? Außer dass sie eventuell nichts tun, wegschauen. Wieso sind diese auch *aktiv* bei der Zerstörung der Tekohas und der Vertreibung der Índios? Und wie?

Eliane atmet tief aus, lässt die Schultern fallen, und lacht kurz auf.

Also..., wie soll ich *das* – so was Vielschichtiges – am besten erklären ...? Schau, *Irini,* erstens einmal *sind* das Agrobusiness und der Großgrundbesitz die Regierung. In jenen Bundesstaaten wie Mato Grosso do Sul oder Mato Grosso oder Tocantins, wo fast alles gewinnbringend gerodet wurde. Und gewinnbringend in grüne Wüsten „umgewandelt". *Grüne Wüsten,* so nennen wir die endlosen, von Horizont zu Horizont reichenden Soyaplantagen oder Zuckerrohr oder Eukalyptus – sogar im Bundesstaat Amazonas wird Regenwald für Eukalyptusplantagen vernichtet!, wusstest du das? – oder Mais oder Sorgha oder Futtergras für die Viehherden ... und so weiter. Brasilien überlebt als Staat trotz seiner totalen Korruption, von der fast alle öffentlichen Gelder – Steuern – geschluckt werden, ausschließlich wegen der exportierten landwirtschaftlichen Produkte des Agrobusiness. Um seine – für Außenlebende *nicht* fassbare – Korruption weiter finanzieren zu können, muss das Agrobusiness immer weiter wachsen. Und – logisch – zerstören. Neue Räume, neue Anbauflächen „eröffnen", mehr Gift verwenden. Obwohl wir beim Gift ohnehin seit langem Weltspitze sind ... Der Posten des Bundeslandwirtschaftsministers ist folglich bei uns eines der mächtigsten Ämter im Staat. Und wer ist unser derzeitiger Minister? Blairo Maggi. Der größte individuelle Soyabaron und Waldzerstörer der Welt. Im Internet findest du sicher was über ihn. Auf Portugiesisch auf jeden Fall. Aber bestimmt auch auf Englisch.
Und wer war Bundeslandwirtschaftsminister der gestürzten Regierung Dilma, der Vorgängerregierung? Kátia Abreu. Eine Großgrundbesitzerin aus Tocantins. Ihr Bruder war vor Gericht wegen Sklavenarbeit, sie wegen Landraub und etcetera [Eliane sieht meinen verwunderten Ausdruck im Gesicht und reagiert] ... Ja, *Sklavenarbeit*. Weit verbreitet auf brasilianischem Großgrundbesitz. Auch heute im Jahre 2017, 129 Jahre nachdem bei uns, als letztem in den Transatlantischen Sklavenhandel verwickelten Land, die Sklaverei – *auf Papier!* – abgeschafft wurde.

Es ist völlig egal, welche Parteien die Regierungskoalition stellen. „Links", „rechts", alles nur Etiketten-Schnickschnack bei uns. Wer bestimmt, ist das Agrobusiness. Und *eure* kräftig profitierenden Firmengiganten mit. Bayer, Monsanto, Cargill, Bunge, Syngenta, Dow ... Aber auch Stihl und Husqvarna Motorsägen, die mit jedem Tag den noch halbwegs „sicheren" indigenen Gemeinschaften in den letzten Winkeln des Amazonas näherrücken. Oder John Deer Landwirtschaftsmaschinen ... und so weiter.

Das zum einen. Dass die Regierungen, auf Landes- wie Bundesebene, ein starkes Interesse haben, dass die Indianer, mit ihren gut funktionierenden Gegenmodellen „verschwinden". Gegenmodelle sage ich, weil ohne Wachstumswahn *mit* der Natur gelebt wird beziehungsweise wurde, an die Generationen von morgen gedacht wurde, anstatt der Natur, dem Weiterleben generell, den Garaus zu machen, für den Profit von heute, für einige wenige.

Und dann – jetzt komme ich zum Praktischen in Mato Grosso do Sul und Südamerika generell: Was zwangsassimilierende Regierungen betrifft, gibt es die Überzeugung, dass die Indigenen *integriert* werden *müssen*. Dass ihnen ihre „Rückständigkeit" genommen werden muss. Eine weit verbreitete, kolonialistische bis rassistische Überzeugung *noch heute.* In brasilianischen Köpfen. Wieder *generell*. Damit will ich sagen: nicht nur *Regierungs*köpfen. Die brasilianischen Menschen haben in der Regel keine Ahnung von den indigenen Menschen, deren Schicksal sie uneingeladen bevormundend – und seit 1988 verfassungswidrig! – in die Hand nehmen. Dafür haben sie Überlegenheitsgefühle, Vorurteile und messianischen Eifer.

Also entschieden Regierungsbeamte in Mato Grosso do Sul, ich spreche jetzt von einer Zeit, die Jahrzehnte zurückliegt, dass Reservate gemacht werden müssen, wo man die Índios *konzentrieren* könne, aus den vielen vielen Tekohas zusammenziehen. Um sie vor der „unaufhaltbaren" – in Wirklichkeit *geförderten* – Expansion der Privatisierung des Landes zu „schützen". Und diese Reservate so nah wie möglich an Städten, oder damals eher noch Dörfern, der Zivilisierten zu errichten. Und somit gleich auch an einer Hauptstraße dran. Du reißt die Menschen aus dem Tekoha, dass heißt, du brichst die Kontinuität ihrer Kultur und ihrer Psyche, denn der Guarani-Kaiowá ist mit seinem Tekoha nicht nur physisch verbunden, und steckst sie irgendwo anders hin, auf allerkleinsten Raum. Und kontrolliert von

Nichtindigenen. Mit allen logischen Folgen. Wie extrem hoher Selbstmordrate unter den so Konzentrierten, unter den so Entmenschten, unter den so zu extremster Armut, Krankheit und Depression Verurteilten.

Was die Fazendeiros, Zucker- und Sojabarone und ihre Revolvermänner tun und früher unter der Militärdiktatur geschah, verstehen wir als Genozid. Was solche Regierungs„hilfs"programme tun, ist – zumindest – Ethnozid. Wenn nicht *Genozid light.* Und wenn ich sage „früher unter der Militärdiktatur" ist das auch nur die halbe Wahrheit. Denn es gibt Leute, die damals in der Machtspitze dabei waren und es heute noch sind. Wie Romero Jucá als Chef der Indianer„schutz"behörde während der Diktatur, der direkt dafür verantwortlich ist, dass hunderte Indianer massakriert worden sind, der heute nicht in einem brasilianischen Gefängnis sitzt, oder in einem internationalen, wegen Verbrechen gegen die Menschlichkeit, sondern im Senat. Wo er übrigens mit Sicherheit in den nächsten Tagen offiziell zum Führer der Regierungsfraktion ernannt werden wird. Und er war *in allen „demokratisch gewählten" Regierungen* nach der Diktatur dabei. Auch in „den etikettlinken" von Lula und Dilma. Letztere war überhaupt für uns Indigene die schlimmste. Nach den Militärs. So ist das. Bei uns. Auch noch im 21. Jahrhundert. [Eliane sieht mich mit hochgezogenen Augenbrauen an. *Ohne* Lachen. Ohne Schmunzeln.]

Aber zu dieser Thematik, den Zwangsreservaten, wo sie uns zusammenpferchen auf engstem Raum und in unmittelbarer Stadtnähe, kommen wir in Kürze. Wenn ich weitermachen darf – immer schön der Reihe nach, nicht wahr [lacht nun wieder] – mit meiner Geschichte.

Entschuldige bitte, Eliane, aber ich glaube, das war wichtig, diese Erläuterung zur Rolle der Regierung. Oder besser: Regierungen, Plural, *der brasilianischen Art.*

Tudo bem, mulher, alles gut, Frau. War doch ein Späßchen. [Wir lachen beide.]

Also zurück zu *unserem* Tekoha. Konkret am Rio Apa. So wie die große Mehrheit aller Tekohas war auch unserer kein *demarkierter*, also offiziell per Regierungsdekret anerkannter. Im Bundesstaat Mato Grosso do Sul, wo die große Mehrheit der Guarani Brasiliens lebt, gibt es lediglich acht offiziell anerkannte Indianerreservate. Die wurden vor achtzig, neunzig Jahren demarkiert und platzen aus allen Nähten. Sie sind entweder umgeben oder begrenzt von Städten, richtigen Millionärsvierteln bisweilen, wie der Ecoville Dourados Residence & Resort in Dourados zum Beispiel. Dort war, als ich im Reservat Bororó e Jaguapiru ankam, im März 2000, noch eine Fazenda. Und die Stadt Dourados wenige Kilometer weiter südlich. Heute müssen die Índios, mehrheitlich Guarani-Kaiowá aber auch einige Terena, an den drei Meter hohen Mauern mit Elektrozäunen und Kameras oben drauf entlanglaufen, um in die Stadt zu gelangen, um dort Maniok oder Mais zu verkaufen. Oder von der Stadt nachhause zu gelangen. *Hinein* dürfen Índios ins Ecoville Resort sowieso nicht. Aber das ist nichts besonderes. Das gilt für viele Orte in Dourados. Und ganz Brasilien. Ein Haus in der Ecoville kriegst du nicht unter anderthalb Millionen Reais. Índios und andere Habenichtse müssen draußen bleiben. Also entweder umgeben und bedrängt durch wuchernde Städte, oder von steinreichen Viehzüchtern mit ihrem Exportfleisch auf Beinen, sind in diesen Reservaten Kinder mit Hungerbäuchen keine Seltenheit. Und dass sie hoffnungslos überbevölkert sind, mit keinem Quadratmeter mehr übrig für den Anbau, keinem Stück Wald zum Jagen, ist nicht, wie du vielleicht glaubst, die Folge mangelnder Geburtenkontrolle, also ein „Fehler" der Índios [lacht]. Oh nein, *Irini,* das ist die Konsequenz der rücksichtslosen Vertreibung, meist noch *gewalttätigen* Vertreibung, aller Guarani, die in einem nicht staatlicherseits anerkannten Tekoha leben. Die versuchen dann zwar meist so nah wie möglich, aus spirituellen Gründen, ich hab's eh schon erwähnt, an ihrem Tekoha, aus dem sie vertrieben wurden, dranzubleiben, auf dass sie selbst und der Kosmos nicht aus dem Gleichgewicht geraten, aber das provoziert die „rechtmäßigen" Landbesitzer, Viehzüchter, Zucker- oder Soyabarone nur noch mehr. Da wird dann gleich auf die „invadierenden Vagabunden" losgeballert.

Und der Staat tut nichts dagegen? Nicht mal in solchen Situationen, wo auf bereits vertriebene Indianer geschossen wird?

Ah, der Staat ... Wie es mit den Regierungen ist, haben wir ja gerade angeschnitten. [Eliane lacht. Herzlich. Und ich wundere mich, woher sie diese Kraft nimmt.] Und der Staat existiert entweder für die Índios nicht, dann nämlich, wenn es um ihre Verfassungsrechte, oder internationale Menschenrechte überhaupt, geht. Oder es wird vom Staat noch zusätzlich gedroht, geschunden, überfahren. *Das* ist der Staat. Was glaubst du, auf wessen Seite die Polizisten stehen? Auf jener der nichtsnutzigen Wilden? Die nichts Produktives beitragen? Auch noch Sonderrechte haben und Extrawürste wollen? Oder auf Seiten der Großgrundbesitzer, die auch schon mal einen nagelneuen Streifenwagen spendieren ... Und auf jeden Staatsanwalt oder Richter, der, wenn auch kein Índio*freund,* aber wenigstens objektiv seine Arbeit tut, kommen zehn andere, die, nicht selten auch selbst *Fazendeiros*, den Índio zur Hölle fahren lassen wollen. Oder ins Museum stellen. Oder in die nächste Favela schicken. Zu *seinesgleichen*, sozial gesehen. Von *dort oben*. Und wenn uns die Pistoleiros angreifen, was immer wieder passiert, Jahr für Jahr, was glaubst du? Dass die Polizisten kommen und die Angreifer unschädlich machen? Festnehmen? Die reichen Auftraggeber festnehmen? Überhaupt Ermittlungen anstellen? Ha! Eher [lacht] gesellen sie sich zu den Pistoleiros und schießen mit. Oh *Irini ...* hier, und vor allem für uns Indigene, gehen die Uhren anders. Seit 517 Jahren. [Eliane spielt da auf die „Entdeckung" Brasiliens durch Pedro Cabral im Jahr 1500 an.]

Aber ... oh je [lacht herzhaft], jetzt bin ich *schon wieder* völlig vom eigentlichen Ort und Zeitpunkt abgekommen. In meiner Erzählung. Also zurück.

Ich war wahrscheinlich noch keine vier. Und begann nun *auch* eine Guarani-Kaiowá zu werden. Die Großfamilie, bei der wir lebten hatte unter anderen zwei Buben ungefähr in meinem Alter. In den anderen drei Großfamilien der Aldeia gab's noch zwei Mädchen im gleichen Alter. Das war fortan das Zentrum meines Universums. Wir fünf. Nahe daran kreiste meine Mutter herum. Ein Stück weiter entfernt meine neue Großfamilie. Dann die anderen Kinder und Familien. Spielen, spielen, spielen. Von Sonnenaufgang bis Sonnenuntergang. Und viel Zeit am oder im Wasser. Das gab's ja hier, im Gegensatz zum Gebiet der Ayoreos, im paraguayischen Chaco, in Hülle und Fülle.

Im Fluss? In *tiefem* Wasser? Unter wessen Aufsicht?

[Elianes Antwort beginnt mit schallendem Lachen.] Aufsicht? Wenn du mal von der Brust weg bist, also sagen wir ab drei Jahren, bist du frei. Da gibt's keine Aufsichtsperson. Keinen Aufpasser. Du hast längst gelernt, wo es für dich zum Spielen taugt und wo nicht. Wo es gefährlich sein kann. Niemand überwacht die Kinder. Wer gerade zufallig vorbeikommt, schaut dass alles passt. Ansonsten schwimmen oder rennen oder klettern wir wohin wir wollen. Und es kommt sehr sehr selten vor, dass sich ein Indianerkind auch nur verletzt. Ich kann mich an überhaupt keinen Unfall eines Kindes erinnern. So ist unser Teko.
Als ich etwa acht oder neun war, kamen zum Spielen und zum Durchstreifen und Kennenlernen des Tekohas auch erste Verpflichtungen dazu. Ich begann bei den Frauenarbeiten mitzuhelfen. Entweder half ich einer einzelnen, Mutter zum Beispiel beim Taschenherstellen, oder einer älteren Schwester beim Brennholzsuchen. Oder ich wurde in Gemeinschaftsarbeiten wie das Bestellen der Maniokpflanzungen eingebunden. Oder beim Kochen. Es war die Zeit des Übergangs. Eine schrittweise Verminderung des Spielens, ein Abschiednehmen vom Kindsein, mit gleichzeitiger Erweiterung des Gemeinschaftsbeitrages, Richtung Frauwerden. Irgendwann, in meinem wahrscheinlich elften Lebensjahr, also so mit zehn, wurde ich, in *unserem* Verständnis von Natur und Kultur, zur jungen *Frau*. Die erste Menstruation. Fortan verbrachte ich die meiste Zeit in der Obhut von Mutter oder älteren Frauen. Die mir „Spezialunterricht" gaben. In „Frauendingen". Es war eine aufregende, spannende Periode. Und ich mochte diese „Einschulung". Und war stolz, zur jungen Frau geworden zu sein.
Nun, vieles, das Wichtigste halt, was mir Mutter an Tipps so mitgab fürs Frausein, habe ich schon zuvor, bei der ersten Aufnahme erzählt. Nicht wahr? Von der unheilvollen Kombination Mann plus Alkohol. Dass ich mich von den Kognone fernhalten solle. Muttermilch. Sexabstinenz während der Stillphase. Und so weiter.
Ich war äußerlich eine Ayorea und lebte das Teko wie eine Guarani-Kaiowá. Trug aber, dank Mutter, auch Ayoreakulturzüge in mir. Ich war zur jungen Frau geworden. In relativer Freiheit. Und hatte die glücklichsten Jahre meines Lebens verbracht. Doch die Vertreibung

aus dem Paradies hatte begonnen sich anzukündigen. Öfter kam der *Capitão,* ein Guarani-Chef, der für die Verhandlungen mit den Brasilianern, egal ob Besucher, Eindringlinge oder amtliche Autoritäten, zuständig war. Und beriet sich mit den Erwachsenen unserer Großfamilie. Es gäbe „Anzeichen", dass der „rechtmäßige" Käufer und Urkundenbesitzer über *unser* Tekoha uns vertreiben lassen wolle. Um zu roden. Um seine Viehherden zu vergrößern. Seinen Profit. Dem stand der Wald im Wege. Und wir. „Illegale". „Eindringlinge" auf Privatbesitz. Der Capitão sprach mit dem Vormann des Viehzüchters. Ergebnislos. Sprach, nachdem man ihn tagelang hatte warten lassen, mit Leuten in der Bürgermeisterei von Bela Vista. Diese meinten, sie seien in dieser Angelegenheit nicht zuständig. Sondern die Bürgermeisterei des Nachbarbezirks Antônio João. Dort wurde ihm beschieden, dass es doch in den Zuständigkeitsbereich von Bela Vista falle. Worauf die dortigen Beamten das energisch zurückwiesen und nun meinten, dass es sich um eine *Bundes*-Angelegenheit handle. Und somit bei den Bundesbehörden in Campo Grande vorgesprochen werden müsse. Der Capitão verbrachte Monate auf der Suche nach jemandem vom Staat, bei dem er seiner Sorge um seine Leute und deren Land Ausdruck geben könnte. Und um Schutz bitten. Und Respekt vor *unserem Recht*. Aber seiner Suche war nie Erfolg beschieden. Dieses Schicksal unsres Capitão ist bis heute in unserem Land ein alltägliches. Tausendfach sich wiederholendes. Brasilien hat – auf Papier!, denn nichts davon übersetzt sich für die Índios und generell alle Armgehaltenen in die Realität – eine moderne und schöne *Constituição,* ein modernes Grundgesetz. Und wir haben die teuerste und aufgeblasenste Bürokratie der Welt. Aber das Einzige, wozu diese taugt, ist, die Steuergelder zu verschlingen und dennoch ohne Schmiergeld keinen Finger zu rühren. Egal in welcher Sache. Und ob eine solche rechtens sei oder nicht. Selbst verfassungswidrig. Alles nur eine Frage der Macht der Interessen, beziehungsweise der Höhe der Schmiergeldzahlung. Aber woher hätte unser Capitão, in seiner einzigen langen Hose, einer fleckigen beigen Baumwollhose die er immer überstreifte und mit einem Strick um die Hüfte fest band, wenn er zu den Kognone musste, woher hätte er denn die Millionen nehmen sollen? Um zu Recht zu gelangen, gegen einen in der Tat millionenschweren Viehbaron? Bei der Polizei und am Magistratsamt haben sie ihn gar nicht erst zur Tür reingelassen. Weil

er nur Flipflops besaß. Und man in diese ehrwürdigen Häuser nur mit Halbschuhen dürfe. Und er hat es zwar meines Wissens nie erwähnt, aber ich kann mir gut vorstellen, dass er auch Prügel bekam. Auf seiner langen, fruchtlosen Suche nach dem Recht. In einer nie endenden Irre. Die sich Rechtsstaat *nennt*. Ich hege keinen Zweifel, dass er zumindest beschimpft, wenn nicht anders misshandelt worden ist. Von so manchen *ganz normalen Mitbürgern* in Bela Vista. In Antônio João. In Campo Grande. Wie das eben so ist. Für Índios, die sich zu den Zivilisierten begeben. Den Nachfahren jener zum Himmel stinkenden, von Schorf übersäten und von Skorbut befallenen Jammergestalten, denen die Indigenen vor hunderten von Jahren erst das Überleben ermöglichten. Durch selbstlose solidarische Hilfe. Denn die Neuankommenden hatten von nichts eine Ahnung. Auf diesem Kontinent. Den sie alsbald – als Dank sozusagen – zu plündern und zu unterwerfen begannen. [Zum ersten Mal hatte ich bei diesen Sätzen das Gefühl, dass sich Eliane von ihrem sonst unmittelbar unter ihrer emotionalen Oberfläche angesiedelten Ayorea-Lachen weit entfernt hatte. In eine dunkle Tiefe, die ihr Alter und ihre empirische Erfahrung noch um ein Vielfaches übertraf.]
Die Stimmung unter unseren sechs Großfamilien wurde zunehmend bedrückt. Es lag etwas in der Luft. Wir wussten es. Spürten es. Und wussten, wie *es* ablaufen würde. *Es* war ja nichts Unbekanntes. Sondern ein in Mato Grosso do Sul weit verbreitetes Muster. Sich der Índios zu entledigen. Das Land zu säubern. Mit Gewalt. Mit *allen* Mitteln. Angst schlich sich in unsre Seelen. Fraß an ihnen. Kontaminierten unser Teko.
Ausgerechnet in diesen düsteren Wochen begann ich mit einem Guaranibuben aus einer der Großfamilien, die abseits der Aldeia lebten, nachts unsere Körper neu zu entdecken. Mich, nun junge Frau, neu zu orten und definieren. Neue Gefühle und Sinnesempfindungen er- und auszuleben. Es ging so vor sich, wie mir Mutter es bereits von den Ayoreos erzählt hatte. *Langsam*. Berühren. Gegenseitige Zärtlichkeit. Respekt. Ohne Drängen. Und ohne irgendein Einmischen oder gar eine Repression seitens der Erwachsenen. Wenn wir uns verabredet hatten, gingen wir nach Einbruch der Dunkelheit in den Wald. Trafen uns dort an der vereinbarten Stelle. Und blieben so lange wie es uns gefiel. Das waren die Stunden, in denen wir nicht mehr an das drohende Unheil der Vertreibung dachten. In denen

unsere Seelen durchatmen konnten durch die Freude unsrer Körper auf Entdeckungsfahrt. Zärtlicher und doch *starker* Tobak. [Eliane lächelt wieder.]

Dann, eines Morgens, kurz nach der Dämmerung, kamen sie an. Beritten und bewaffnet. Mit Revolvern und Gewehren. Revolver entweder in der Hand oder im Gürtel. Gewehre entweder in der Hand oder per Trageriemen auf dem Rücken. Zwanzig, vielleicht mehr Pistoleiros. Und der Vormann des Viehzüchters mit der *Urkunde*. Über *unser* Tekoha. Packt euer Zeug zusammen! Es geht los, ihr müsst weg. Runter vom Land meines Bosses. Macht schnell, sonst gibts Zunder! Wer sich widersetzt ... dabei drehte er sich auf seinem Pferd sitzend um und zeigte auf die Pistoleiros. Wir begleiten euch rauf bis zur Straße nach Bela Vista und Boqueirão. Ab dort könnt ihr machen, was ihr wollt. Verrecken meinetwegen, oder die Straße entlang laufen. Und wer fortan auf dem Gebiet meines Bosses angetroffen wird, mit dem machen wir kurzen Prozess. An Ort und Stelle. Und jetzt sputet euch. Ich will, das der ganze Mist noch vor Mittag zu Ende ist.

Wir waren auf diesen Moment vorbereitet. Einige der jüngeren Männer setzten ursprünglich auf Widerstand, wenn der Moment denn kommen sollte. Aber dem Capitão und anderen älteren Erwachsenen gelang es, die Jungen von der Sinnlosigkeit zu überzeugen. Pfeile und Bogen und zwei uralte Büchsen sind kein Hindernis für eine Bande gut bewaffneter Pistoleiros. Noch dazu alle mit guten Pferden. Und im Übrigen wären die Pistoleiros keine Índios. Würden sich also zuallererst an den Frauen und Kindern rächen. Es war schlicht und einfach aussichtslos.

Alle trugen was sie konnten. Utensilien, kleine Kinder, Babys, Lebensmittel, Wasserkalebassen, Feuerholz.

Auf die wenigen Pferde und Esel wurden die Ältesten und eine Hochschwangere gesetzt. In weniger als einer Stunde waren wir unterwegs. Zuerst, um die anderen beiden Großfamilien aufzusammeln, dann zur Bundesstraße 060. Wo wir erst am Nachmittag ankamen. Kein Wunder, es waren bestimmt 30 Kilometer bei brütender Hitze gewesen. Dort, ein paar Meter abseits des Straßenrandes, waren brasilianische Habenichtse und assimilierte Índios dabei, einen neuen fünfreihigen Stacheldrahtzaun aufzustellen. Der Vormann wiederholte sich: Wer ab jetzt auf unsrem Land angetroffen wird, wird als Dieb behandelt. Und erschossen. Sucht euch einen anderen Ort. Hier gibt es nichts mehr für euch. Außer Kugeln. Dann schoss er mehrmals in die Luft. Und einige der Revolvermänner taten es ihm johlend und uns beschimpfend und provozierend gleich. Die brasilianischen Habenichtse ließen vom Zaunbau ab und grinsten. Die assimilierten Índios blickten stumm nach unten. Oder in eine andere Richtung. Ich glaube ihre Seelen schämten sich.

Und wir waren erleichtert, dass alles ohne Blutvergießen und ohne Vergewaltigungen abgelaufen war.

Unser Capitão übernahm nun die Führung. Und wir liefen entlang der Bundesstraße 060 Richtung Norden. Um den Flecken Boqueirão, ein Dorf mit einem Dutzend Häusern, machten wir nach Einbruch der Dunkelheit einen Sicherheitsbogen. Gingen in wenigen Kilometern Entfernung, wieder „illegal" auf Viehzüchtergebiet eingedrungen, den Stacheldraht überwindend, teilweise zerstörend, sodass die Pferde und Esel durch konnten, daran vorbei. Die besten Begegnungen mit den Kognone sind jene, die du vermeiden kannst, war einer der gängigen Lehrsätze Mutters.

Unsere Hütten im Tekoha waren zu diesem Zeitpunkt bestimmt schon niedergebrannt worden. Unsere Zeichen und Spuren ausgelöscht. Und vielleicht waren auch schon die ersten Ka'aguy-Geister den Rodungstraktoren und Motorsägen zum Opfer gefallen. Für das Wachstum des Rindfleischexports. Den *Fortschritt* Brasiliens. Und für den zusätzlichen Profit ohnehin schon Steinreicher.

Als der Morgen zu dämmern begann, wir mussten da schon etwa 70 bis 80 Kilometer gelaufen sein, erreichten wir das linke Ufer des Miranda-Flusses. Und Mutter gelang es, alle samt dem Capitão davon zu überzeugen, dass es besser sei, hier, in einem bewaldetem Stück, den Tag zu verbringen. Auszuruhen. Kräfte zu sammeln. Und sich erst wieder nachts auf den Weiterweg zu machen. Mutter war ja erfahren in dieser Sache. Und auch die Guarani-Kaiowá wussten nur allzu gut, was es bedeuten konnte, wenn eine Gruppe Weißer unvermittelt auf eine Gruppe „vagabundierender" Indianer stieß. Noch dazu auf *Privatbesitz*. Es galt also, die Möglichkeit solcher Treffen unter allen Umständen zu reduzieren.

Noch bevor es hell geworden war, waren wir alle in diesem Waldrest versteckt. Ein paar der jüngeren Männer gingen zum Speerfischen ans Ufer des Rio Miranda. Frauen holten Wasser. Wir aßen die Fische roh.

Des Rauches wegen durften keine Feuer gemacht werden. Und wir aßen gesammelte Waldfrüchte und aus dem Tekoha mitgebrachte Bananen dazu.

Ich war eine zehn Jahre junge *Frau*, eine Ayorea-Guarani-Kaiowá ohne Papiere, gerade auf der ersten Entdeckungsfahrt durch die Mysterien des Energieflusses zwischen Frau und Mann, und zum zweiten Mal in meinem kurzen Leben auf der Flucht vor den Kognone. Um *das Leben zu retten*. Mutter hatte Recht. Was die Kognone betraf [Lächelt und nickt dazu].

Der Tag verlief ruhig. Ohne unerwünschte Zwischenfälle. Wir sahen zwar, unten am Fluss, ein paar Rinder. Aber keine *vaqueiros,* Cowboys. Nach Sonnenuntergang setzten wir unseren Marsch fort. Immer in der Nähe des Miranda-Flusses. Also gegen Nordwesten. Und zurück zur Bundesstraße 060. Das war unvermeidlich, denn unser Capitão wollte uns zur Bundesstraße 267 bringen, jener, die Porto Murtinho mit der Großstadt Dourados auf der anderen, der Ostseite der Maracaju-Berge verbindet. Und die einzige Brücke über den Miranda-Fluss war jene der Bundesstraße 060. Wir passierten die Brücke nach Mitternacht. Hatten wieder Glück. Kein Mensch außer uns. Kein Auto. Kein Lkw. Gleich nach der Brücke schlugen wir uns erneut auf Viehzüchterland. Diesmal auf der Nordseite des Rio Miranda, Richtung Osten, überquerten bereits nach wenigen Kilometern eine Nebenstraße, auch diese ohne gesehen zu werden, und kamen noch vor Tagesanbruch an den Zaun, der uns von der Bundesstraße 267, unserem vorläufigem Ziel, trennte. Wir wollten hier, wieder zurück in den Maracaju-Bergen, vielleicht 70 Kilometer Luftlinie nördlich unserer abgefackelten Aldeia, unser Lager am Straßenrand aufschlagen. Und auf zwei Dinge hoffen. Erstens, nicht zu weit weg von unserem Tekoha zu sein, um das kosmische Gleichgewicht nicht in Unordnung zu bringen. Zweitens, dass irgendwer, irgendeine Autorität, auf uns und unsere Situation aufmerksam würde. Und uns zur Seite stünde. Das Unrecht wieder zu Recht machen würde. Und dazu diente unserer Vorstellung nach die stark befahrene Bundesstraße 267 am besten in der Region.

Wir suchten nach einer Möglichkeit, an den Streifen „Niemandsland" zwischen Stacheldrahtzaun und Straße zu gelangen, ohne den Zaun beschädigen zu müssen. Aber wir fanden keine. Und unsere Tiere mochten wir nicht auch noch opfern. Irgendeinem Viehzüchter als

Gratisgabe überlassen. Also zerstörten wir den Zaun an einer Stelle. Aus Sorge vor Rache entschlossen wir uns, den ganzen Tag weiterzuziehen. Am Straßenrand, Richtung Osten. Die Sonne war bereits untergegangen als wir an eine Straßengabelung kamen. Hier ging's, Richtung Süden, nach Vista Alegre und Ponta Porã, an der paraguayischen Grenze, aber auch nach Dourados. Und geradeaus weiter, nach Osten, nach Maracaju und Rio Brilhante. Oder weiter nach Dourados oder in die Hauptstadt Campo Grande. Der Capitão hielt diesen Platz für den besten Kompromiss. Wir begannen mit unseren Buschmessern auf den die Straße säumenden Streifen „Niemandslandes" junge Bäume und größere Sträucher umzuhauen. Wegen der Zweige und Äste, die das Gerüst für einfachste Hütten bilden. Am nächsten Morgen ritt eine kleine Gruppe Männer zu den offenen Müllhalden, die *alle* brasilianischen Städte umgeben. Auch heute noch. Obwohl seit 2014 landesweit „gesetzlich verboten" ... [Eliane lacht.] Mit Stücken von Plastikplanen, Eternit- und Spanfaserplatten und Pappe kamen sie zurück. Das reichte aufs Erste, um zwei Hütten zu verkleiden. In den darauf folgenden Tagen wurde genug herangeschafft, dass wir bald alle ein Dach über dem Kopf und notdürftigste Seitenwände hatten. Der Fussboden war die gestampfte Erde. Jede Hütte bestand aus nur einem Raum. Für bis zu zehn Personen. Kochstelle waren zwei Steine, oder Ziegelsteine, die ein Gitter hielten, eines Kühlschrankfachs zum Beispiel. Ziegel und Gitter sowie für die Zivilisation unbrauchbar gewordene Kochtöpfe, mit dicker schwarzer Russschicht bedeckt, holten wir Frauen von den Müllhalden. Und manchmal holten wir und die Kinder dort auch unser „Essen". Übrigens bis *heute* ein „normales" Bild in Brasilien. Kinder auf Müllhalden, die nach Verkaufbarem und Essbarem suchen. Im vielleicht reichsten Land der Welt. Wenn man Brasilien von seinen natürlichen Ressourcen her betrachtet.

Die Frauen mussten weit laufen, um an Wasser zu gelangen. Und da dieses nicht auf Bundesstraßen fliesst, außer bei Regen, musste es aus Bächen oder Tümpeln auf Viehzüchterland geholt werden. Hinter Stacheldraht. Und das blieb nicht lange unentdeckt. Denn unsere Ankunft hatte sich längst in allen umliegenden Fazendas, Dörfern und Städten herumgesprochen. Allerdings nicht mit der erhofften *positiven* Wirkung. Im Gegenteil. Polizei kam. Aus Maracaju. Wollte uns zum Weiterziehen „anregen". Drohte mit Einsperren. Fuhr dann aber

95

wieder ab. Und kam nie wieder. Wer begann zu kommen, waren Jugendliche aus der Umgebung. Gruppen junger Männer auf Kleinmotorrädern. Erst schauten sie nur. Aber bald schon kamen sie betrunken. Brüllten Obszönitäten, zeigten Ihre Genitalien. Erheiterten sich daran. Forderten Sex. Wir Mädchen und junge Frauen durften kaum noch aus den Hütten. Nur zur Verrichtung der Nordurft und nachts zum Waschen. Wenn denn Wasser da war. Cowboys und Vormänner kamen. Die einerseits drohten – mit Erschießen, sollten wir nochmals *ihr* Wasser auf *ihrem* Grund antasten. Aber andererseits sich durchaus auch an uns jungen Frauen bedienen wollten. Eine fünfhundertjährige brasilianische Tradition. Índias sind *Freiwild*. Zum Schlagen, zur sexuellen Ausbeutung, zum Versklaven. Zum Umbringen.

Bald geschahen die ersten Vergewaltigungen. Immer in Gruppen. Meistens Betrunkener. Mutter brachte mich zu dieser Zeit nachts weg. Versteckte mich *hinter* dem Stacheldraht. Auf Viehzüchterland. Dort war es weniger gefährlich. Es kam zu Handgreiflichkeiten, Schlägereien zwischen unseren Männern, die ihre Frauen und Töchter verteidigten, und den Kognone. Bald fielen die ersten Schüsse. Erst noch in die Luft. Nachts. Zur Einschüchterung. Aber bald wurde auch schon auf die Hütten geschossen. Und wieder meist von grölenden Betrunkenen, aus vorbeifahrenden Autos. *Mann + Alkohol = Problem*, auch da hatte Mutter recht. Bald war es nicht mehr nur ich, die draußen, und nicht in einer manchmal als Zielscheibe missbrauchten Hütte, die Nächte verbrachte. Und was das während des Winters bedeutete, Mai, Juni, Juli vor allem, wenn die Temperaturen auch schon mal bei fünf Grad Celsius liegen ... Reicht zwar nicht, um eine Feijoada einzufrieren [lacht], aber um Kindern Lungenentzündungen zu bescheren ... Selbst in den Hütten, wenn man auf dem gestampften Erdboden schlief, „geschützt" durch Plastikfetzen, war es kaum wärmer. Und nach jedem Sturm, oder nach jedem stärkeren Regen, waren die Hütten ohnehin kaputt. Und mussten anderntags wieder neu gebaut werden. Es war ein tiefer Fall. Nach den Jahren im Paradies im Tekoha. Ein Fall ins Gegenteil.

Ich will aber auch nicht unerwähnt lassen, dass hin und wieder, aber selten, Kognone ihr Auto anhielten und sich interessierten. Für unser Schicksal. Das waren aber keine Leute aus der Gegend. Touristen aus São Paulo, Brasília, Minas Gerais ..., die in den Pantanal zum Urlauben wollten. Oder von dort kamen, zurück nach Hause fuhren. Da geschah es schon ein paar Mal, dass die, nachdem sie unsere Geschichte gehört hatten, nach Maracaju fuhren und mit einem Kofferraum voller Kleidung, Spielzeug und Nahrungsmittel zurückkamen. Ein junges Paar aus Bahia hat uns einmal spontan seine beiden Gitarren geschenkt. Ein anderer, ich kann mich nicht erinnern, wo er herkam, hat sogar einen riesigen Wasserbehälter aus Plastik, ich glaube für eintausend Liter, aus der Stadt heran geschafft. Damit wir Regenwasser auffangen könnten. Zwei oder drei Nächte später wurde sein Geschenk per Kugelhagel durchlöchert ...

Wie auch immer, es zeigte sich, dass es auch hier *andere* Kognone gab. Von der Art der Salesianer, drüben in Paraguay.

Aber die erhoffte Autorität, die unser Recht auf unseren Tekoha bestätigte und uns zurückführte, die kam nie.

Der Vertreibung aus dem Paradies folgte also das für mich bis dahin schlimmste Jahr meines Lebens. Ein Jahr ständiger Angst. Und zunehmender Orientierungslosigkeit. Ein Jahr mit zwei ermordeten Männern, drei natürlich – wenn es unter solchen Umständen überhaupt ein „natürlich" gibt – verstorbenen Alten unserer Gruppe. Sechs Neugeborenen, von denen das erste wenige Tage nach der Geburt starb. Und ein Jahr, in dem unsere Gruppe ständig schmolz. Einige machten sich auf den Weg nach Westen, zu Verwandten in Porto Murtinho. Andere versuchten zum nächsten Reservat bei Dourados im Südosten oder zu den weiter im Süden liegenden Reservaten bei Ponta Porã und Tacuru zu gelangen. Oder nach Campo Grande, der im Nordosten gelegenen Hauptstadt des Bundesstaates. Und wieder andere, die in eine der umliegenden Städte gegangen waren, um Lebensmittel oder anderes Weggeworfene aufzutreiben, kamen einfach nie wieder. Ohne dass wir je erfuhren was mit ihnen geschehen war.

Nur mehr zwei der Großfamilien waren nach einem Jahr übrig. Meine und die des Capitão. Und auch diese beiden hatten Verluste erlitten. Wir waren noch siebzehn. Oder achtzehn? Ich weiß es nicht mehr genau. Jedenfalls keine zwanzig Leute mehr. Nach etwa einem Jahr am Straßenrand. Und in einem sehr schlechten Zustand. Unterernährt. Verschmutzt. Geschwächt. Kränkelnd. Immer wiederkehrende Diarrhöe. Am besten standen noch Mutter und ich da. Als Mensch, der als freie Nomadin im Busch erwachsen geworden war, kam Mutter an

Essbares, wo andere glatt verhungert wären. Und wir wussten auch die Eiweiße von Insekten zu schätzen. Die Mutter zeitlebens lieber als alle Dosen und alle Körner der Kognone blieben.

Der letzte Akt im Drama unsres Lagers geschah in einer Nacht im März 1999. Ich schlief in einem der von Mutter ausgesuchten Verstecke. *Hinter* dem Zaun. Auch zwei andere junge und also besonders gefährdete Guarani-Kaiowá-Frauen, ein, zwei Jahre älter als ich, schliefen sicherheitshalber nicht in oder hinter den Hütten, sondern in abgelegenen Verstecken unter freiem Himmel. Unter Laub versteckt. Oder im Geäst eines Busches. Ich hörte die Autos bremsen. Es quietschte. Türen wurden zugeknallt. Ich war sofort wach. Lief in der Dunkelheit hin zum Zaun. Um sehen zu können, was ein paar Meter entfernt auf der anderen Seite, im Lager, geschah. Der Scheinwerfer wegen gelang das auch gut. Einige Männer entleerten Benzinkanister an den Hütten. Andere standen dahinter, bei den Autos mit Gewehren und Revolvern im Anschlag. Guarani-Kaiowá-Männer kamen aus den Hütten. Die Benzinkanister wurden auf sie geschmissen. Dann rannten die, die das Benzin ausgegossen hatten zurück zu den Autos. Und während Frauen, viele mit Kindern an der Hand, herausgestürzt kamen, wurde geschossen. Nicht auf die Frauen, sondern um das Benzin zu entzünden. Was aber nicht gelang. Dann wurde eingeschlagen. Auf alle. Männer, Frauen, Kinder. Getreten. Mit der Waffe bedroht. Schert euch fort ihr Drecksgesindel! Und Ähnliches gebrüllt. Wenn wir morgen noch einen von euch antreffen, knallen wir ihn ab. Das gilt für alle! Dann zündeten sie die Hütten mit Streichhölzern und Zigarettenstummeln an. Einige unsrer Leute hatten sich noch immer drinnen versteckt gehalten und kamen nun herausgerannt, gemeinsam mit jenen, die hinter den Hütten geschlafen und sich verborgen gehalten hatten, aber nun des Feuers wegen auch hervor mussten. Da entdeckte ich Mutter darunter. Sie wurde auch von zwei angreifenden Kognone entdeckt. Die sich nun einen Zusatzspaß versprachen, sie zu zweit an den Haaren packten, zu Boden schleuderten. Vor Vorfreude grölten. Jetzt kriegst du was Feines *puta,* Hure, rief einer der beiden zu der neben ihm zu Boden Geschleuderten und begann an seiner Hose zu nesteln. Mir pochte das Herz im Hals. Ich muss was tun, ich muss was tun!

Mutter war es aber, die etwas tat. Schneller, als ich denken konnte. Sie hatte damals vielleicht fünfzig Kilo, weniger als ich heute, war bei weitem kein Schwergewicht. Aber es lagen bestimmt alle ihre fünfzig tatsächlichen Kilo und weitere 150 eines Jaguars in ihren Beinen und Armen, als sie in einer einzigen Schnellbewegung vom Boden hochfuhr und den Kognone frontal ansprang. Ich hörte den Knacklaut von Knochen gegen Knochen. Ihre Schädeldecke hatte das Kinn des Kognone getroffen. Dem sackten die Beine weg und Mutter, bereits fest in ihn gekrallt, fiel auf ihn. Der andere Kognone der Mutter gerade auch noch an den Haaren zu Boden gerissen hatte, rannte davon. Mutter klammerte ihre Hände um den Hals des unter ihr Liegenden, würgte, und biss in sein Gesicht. Sie biss ihm das Fleisch aus dem Gesicht, würgte seinen Hals, schüttelte seinen Kopf und biss erneut in das blutende Gesicht. Der Kognone kam zu sich, schrie wie ein Verrückter. Und schaffte es nicht, sie von sich zu schlagen und stoßen. Oder ihre Hände um seinen Hals zu lockern. Er röchelte. Es waren nur Sekunden vergangen, seit sie vom Boden hochgeschnellt war wie eine im Dickicht auf Lauer gelegene Jaguarin. Ich glaube in diese wenigen Sekunden bündelte Mutter all das, was ihr Leben mit den Kognone verbunden hatte. Es war eine Rechnung, die da spontan beglichen werden sollte. Einer der anderen Kognone, von jener Gruppe, die bei den Autos gewartet hatte, war in einem Bogen von hinten an die beiden herangekommen und schoss ihr seitlich durch den Kopf. Mutter war sofort still, sackte auf den Kognone unter ihr herab, blieb regungslos liegen. Ihr Opfer, befreit von den Krallen um seinen Hals, brüllte wieder wie am Spieß. Stieß den toten Körper von sich. Die Hütten und was darin war brannten. Von den anderen Guarani-Kaiowá sah ich niemanden mehr. Sie waren wohl irgendwo, an vielen Stellen, unter dem Stacheldraht durch und liefen in alle Richtungen um ihr Leben. Der Brüllende mit dem blutüberströmten Gesicht, jener, der mit einer echten und frei geborenen Ayorea Kontakt gemacht hatte, wurde von seinen Kumpanen zu einem der Wagen getragen und dort auf die Ladefläche gelegt. Dann fuhren sie ab.

Kaum dass die letzten Rücklichter verschwunden waren, kroch ich unter dem Zaun durch und lief zu Mutter. Zu ihrem Körper. Die Erde um ihren Kopf war blutgetränkt. So wie ihr Haar. Das Blut quoll noch immer aus diesem. Ich berührte Mutter, schüttelte sie, wie um uns beide aus einem Alptraum zurück in die Wirklichkeit zu holen. Tränen liefen mir über die Wangen, tropften auf Mutters Körper. Ich war nun eine elfjährige junge Índia und Waise. Ohne Papiere. Ohne Tekoha. Ohne irgendjemanden. Ohne Plan. Ohne Schutz. Ich wollte sterben. Allein, ich war die Tochter *dieser* Mutter. Einer wunderbaren Mutter. Und großen, freien Ayorea. Und mein Überlebenswille also ein nicht so einfach abzuschaltender.

Ich fuhr herum, suchte mit den Augen die Dunkelheit hinter den brennenden Hüttenresten ab, in der Richtung, aus der ich das Rascheln vernommen hatte. War bereit es Mutter gleichzutun. Komme was wolle. Da kam einer! Aber sogleich entspannte ich mich wieder. Es kam nicht einer. Sondern eines. Eines der Guarani-Kaiowá-Mädchen, das auch irgendwo hinter dem Zaun versteckt geschlafen hatte. Sie war aus der Großfamilie des Capitão. Etwa 13. Ich sah, dass auch sie geweint hatte. Still, ohne Laut. Wie ich. Sie kam heran, hockte sich neben mich und Mutters Körper. Sie zitterte, presste ihre Hände und Unterarme gegeneinander und legte diese ans Innere ihrer Oberschenkel. So, als wäre es Winter. Und nicht heiß vom Spätsommerklima im Pantanal und dem Feuer. Wir müssen abhauen, sagte sie. Das Feuer wird andere anlocken. Andere *Weiße*. Und wenn die uns beide alleine finden...

Sie hatte recht. Vom anderen Mädchen das auch die Nacht irgendwo hinter dem Zaun versteckt verbringen sollte, war nichts zu sehen. Wo gehen wir hin?, fragte ich mehr mich selbst als meine letzte Gefährtin. Ich umarmte den Körper meiner Mutter, bedankte mich noch einmal für alles, was sie für mich getan hatte. Dann suchten wir nach noch brauchbaren Sachen in den teils glimmenden, teils noch lodernden Hütten. Wir fanden nichts. Aber wir fanden etwas abseits, am Zaun dran, den Körper des Capitão. Auch er war tot. Ich hatte zwar Schüsse gehört. Diese aber nur den Versuchen, das Benzin zu entzünden, zugeordnet. Das war falsch. Er hatte ein Loch in der Stirn. Sie haben ihn hingerichtet. Das, was Führungsleuten der Guarani-Kaiowá, die sich nicht kaufen lassen, *normalerweise* passiert. Im brasilianischen Bundesstaat Mato Grosso do Sul. Und auch in allen anderen Bundesstaaten dieses Landes. Jahrein, jahraus. Ohne dass irgenwer davon berichtet, Notiz nimmt. Einen Índio zu töten ist wie wenn irgendjemand irgendwo in dieser weiten Welt einen tollwütigen Hund erschießt. Fast nie der Rede oder der Medienaufmerksamkeit wert.

Wir sahen einen Lichtkegel aufblitzen. Näher kommen. Ein Fahrzeug, aus dem Westen. Also flohen wir weg von der Straße, rein ins Viehzüchterland, gegen Südosten laufend.

Eliane ..., ich atmete tief aus, bitte entschuldige, das ist alles so ..., wie soll ich sagen ..., tief, deine ganze Geschichte, ich kann das alles noch gar nicht fassen ... Aber ich möchte dich etwas fragen. Bevor ich's vergesse. Wenn du aber nicht antworten willst, ist das völlig in Ordnung, o.k.?

Eliane lächelt [!], nickt.

Wie ist das, oder *war* das bei Euch mit Tod und Toten? Ich meine, ihr beide, in dieser Situation, konntet ja gar nicht anders, aber war das schwer, oder falsch, die Toten dort liegen zu lassen? Ein Vergehen, ein Art *Pujok?*

Hmm. Weisst du, das hab ich mich selbst viele Jahre hindurch immer wieder gefragt. Aber ich glaube nicht, dass es ein Pujok war. Du hast es ja selbst eben gesagt: Es ging gar nicht anders.
Der Tod war für freie Ayoreos immer allgegenwärtig. Im Busch. Und besonders seit dem Auftauchen der Kognone. Er war also stets am Horizont eines jeden präsent. Und kein Weltuntergang, wenn er denn eintraf. Mutter hat mir erzählt, dass, als sie noch ein Kind war, sich die Alten, zum Beispiel, wenn sie bemerkten, dass sie die Gruppe verlangsamten, weil sie nicht mehr stark genug waren, sich selbst umgebracht haben. Allein, im Busch. Ohne Tam-tam. Essenziell bedeutet der Tod, *nicht mehr weiterkämpfen zu können*. Denn im *Totobiegosode*-Verständnis *ist Leben gleich Kampf*. Und Mutter hat das bis zum letzten Augenblick wie eine exemplarische *Totobiegosode*-Ayorea getan. Sie ist mit Mut, mit Ehre, in Einklang mit ihrer Kultur gegangen. Das ist, was zählt. Und die Sache mit dem Eingraben ...
Es kommt mir vor, als wären auf die ohnehin mehr die Angehörigen von Eingott-Religionen fixiert. Oder großstädtische Gesellschaften. Andererseits wiederum haben auch die Guaraní-Kaiowá sehr wohl die Körper ihrer Verstorbenen begraben. Für meine Kollegin muss es also

weit traumatischer gewesen sein als für mich. Dank Mutter und den Ayoreakulturzügen, die sie mir eingepflanzt hatte.

Ich nicke, denke an Totenriten, von denen ich irgendwann einmal gelesen habe. Bei den Hindus. Bei den Inuit ...

Geht's weiter, *Irini*?

Oh, ja bitte, Eliane!

Eine elfjährige und eine dreizehnjährige Índia. Auf schlimmsten Feindesland. Kein Wasser. Nichts zu essen. Keine Papiere. Kein Geld. Keine Flipflops. Keine Freunde oder Unterstützer weit und breit. Keine guten Chancen auf Erfolg. Durchzukommen. Wir liefen, gingen, liefen, gingen ... dennoch die ganze Nacht durch. Kamen noch vor der Dämmerung an den Oberlauf des Santa-Maria-Flusses. Der leicht zu durchschwimmen war. Gingen weiter. Immer Richtung Südosten. Als es hell wurde, überquerten wir eine Straße. Liefen weiter, ein Stück weg von der Straße, und versteckten uns dann in einem hügeligen Abschnitt, bewachsen mit dichtem Busch. Keine Rinder, keine Cowboys. Ein guter Platz. Den Durst hatten wir am Fluss gestillt. Auch ein paar grüne Mangos am Ufer von einem Baum geholt. Trotzdem nagte der Hunger. Wir schliefen abwechselnd. Zumindest versuchten wir das [lächelt], denn nach dieser Nacht war es nicht leicht, die Augen offen zu halten. Noch dazu wenn neben dir die einzige übriggebliebene Gefährtin schläft.
Kurz bevor es ganz dunkel geworden war, im Westen noch ein hellerer Himmelsstreifen dem Schwarz trotzte, nahmen wir den Weg wieder auf. Wir wollten versuchen, nach Dourados zu gelangen, zum Reservat, von dem wir oft gehört hatten. Unser Schluss war – wir kannten beide Porto Murtinho –, dass es bei einer großen Stadt auch eine grosse Anzahl von Indigenen geben müsse. Die uns bestimmt weiterhelfen würden. In dieser Nacht überquerten wir wieder zwei kleine Erdstraßen und kamen in flaches Land. Rinder überall. Wir sorgten uns zunehmend. Wenn wir hier von der Morgendämmerung überrascht würden, hätte man uns sicher bald entdeckt. Auf Viehzüchterland ... Wir begannen zu laufen.

Müde, mit wunden Füßen, halb verhungert. Der Überlebenswille! Und wir erreichten noch in der Nacht, Stunden vor Sonnenaufgang einen Stacheldraht, hinter dem eine große asphaltierte Straße lag. Wir waren von Westen kommend auf sie gestoßen. Und entschieden, ihr auf Viehzüchterlandseite, solange es noch dunkel war, zu folgen. Nach Norden, oder Süden? Wir wussten es nicht, in welcher Richtung von hier aus Dourados lag, entschieden uns aber für den Norden. Es dämmerte. Und wir sahen die schwache Lichtkuppel, die die Nähe eines Kognone-Ortes verrät. Dourados! Wir hatten es fast geschafft. Nun musste auf die andere Seite des Zaunes gewechselt werden, auf den Streifen Niemandsland neben dem Asphaltband. Wo tagsüber die Gefahr für uns geringer war. Der Verkehr begann zuzunehmen. Einige hupten, als sie uns sahen. Es war noch zeitig in der Früh, als wir am Rand von Dourados ankamen. Völlig zerlumpt. Jetzt mussten wir nur noch ein paar Chozas finden, wo Índiofamilien lebten. Und die finden sich, so hatten wir das in Porto Murtinho, unsrer bislang einzigen urbanen Erfahrung, gelernt, immer an der Peripherie. Da hielt ein Wagen, der aus der Stadt gekommen war, neben uns. Eine Frau war am Steuer. Na sagt mal, wo kommt ihr denn her? Habt ihr euch verirrt? Wo wollt ihr denn hin? Zu unsren Leuten. Weißt du, wo die wohnen? Ja, wer sind denn *eure Leute*? Wie heissen die denn? Wir verstummten, sahen uns gegenseitig an, meine Guarani-Kaiowá-Gefährtin und ich. Zuckten mit den Schultern. Na, Índios halt, sagte meine Weggefährtin. Índios? Hier, in Itaporã? Also, ich weiss nicht, ob's hier Índios gibt. Kann sein. Sicherlich Leute, die mal eine Índia als Vorfahrin hatten. Aber *richtige* Índios ...

Itaporã! Wir waren also *nicht* in Dourados angekommen. Ein hundertprozentiger Guarani-Name *Itaporã*, Schöner Fels, aber keine Índios... Ich dachte, so ein Pech gibt es doch gar nicht. [Lacht.] Wir wollen nach Dourados. Nach Dourados? Ja aber da kommt ihr doch her! Oder woher kommt ihr denn? Es hupt hinter der Frau. Ein fluchender Mann überholt auf der linken Fahrspur. Verpiss dich! Ist doch kein Parkplatz! Frau am Steuer ...

Kinder kommt, steigt ein. Ich fahr gerade nach Dourados. Nach Hause. Das ist meine Stadt. Ich nehm euch mit. Und dort sind ja nun *wirklich* Índios. Tausende!

Wir wussten nicht, wie man die Türen eines Wagen öffnet, außer auf Lkw-Ladeflächen waren wir beide noch nie motorisiert unterwegs gewesen. Die Frau musste rüberrutschen, um die Beifahrertür zu öffnen. Wir stiegen *beide* dort ein. Der Frau gefiel das zwar offenbar nicht, wahrscheinlich wegen möglicher Polizeikontrollen, aber sie ließ uns dennoch gewähren. Nun musste sie sich über uns legen, um die Türe wieder zu schließen. Was Autos anbelangte wussten wir von nichts.

Ihr wollt also ins Reservat Dourados. Oder?

Wir nickten.

Und seid ihr von dort? Oder woher kommt ihr? Wenn ich mir eure Füße ansehe, dann müsst ihr ja seit einigem unterwegs gewesen sein ...

Wir wollen zu unseren Verwandten.

Und die leben im Reservat Dourados? In der Aldeia Bororó? Oder in der Aldeia Jaguapiru?

Wir wussten nicht, was wir antworten sollten. Blieben stumm. Sahen rechts das Viehzuchtland, auf dem wir kurze Zeit zuvor gelaufen waren. Und links von der Straße Zuckerrohrplantagen.

Na kommt schon, Kinder, ermahnte die Frau, seid ihr von hier? Oder kommt ihr von woanders?

Woanders, antwortete meine Fluchtgefährtin. Von unserem Tekoha am Rio Apa.

Und ist das weit von hier?

Bastante, ziemlich.

Und was habt ihr vor, hier in Dourados?

Wir zuckten mit den Schultern. Wir wussten es ja wirklich nicht einmal selbst.

Also hört mal zu. Ich mach euch einen Vorschlag. Das Reservat Dourados, die beiden Aldeias, sind in einem schlimmen Zustand. Fast alle leben unter Plastikplanen, ohne genug zu essen. Viel Alkoholismus. Auch Drogen. Wie in einer Favela. Das ist nicht so, wie ihr euch das vielleicht vorstellt. Ausgehend von eurer Aldeia am Rio Apa. Es gibt auch viel Gewalt. Und über zehntausend Índios drängen sich auf engstem Raum. Ohne sanitäre Einrichtungen, ohne ...
Sie sprach und ich verstand nur die Hälfte. Wenn überhaupt. Sanitäre Einrichtungen? Drogen? Aber *leben unter Plastikplanen* und *Alkohol*, da läuteten bei mir die Alarmglocken.
Ich sprach auf Guarani zu meiner Gefährtin: Das hört sich nicht gut an. Eher schlimmer als unser Lager zuletzt. Was meinst du?
Wer sagt dir, dass diese Frau die Wahrheit sagt?
Und wer sagt dir, dass sie es nicht tut? Immerhin hat sie angehalten. Uns Hilfe angeboten.

Na, seid ihr fertig? Ich hab kein Wort verstanden. Aber ich weiß, dass ihr auf Guarani gesprochen habt. Ein, zwei Wörter hab ich auch drauf. Wir sind übrigens gleich da. Am Reservat. Sind ja bloß 17 Kilometer von Itaporã. Aber was ich euch vorschlagen wollte, ist Folgendes. Wenn ihr wollt, nehme ich euch erst mal mit zu mir nach Hause, in den *bairro,* ins Stadtviertel, Vila Popular. Gleich am Antenor-Martins-Park. Dort machen wir uns was zu essen, ihr könnt euch baden, dann behandeln wir die wunden Füße und ein paar frische Sachen zum Anziehen besorgen wir auch. Danach könnt ihr immer noch entscheiden, ob ihr ins Reservat wollt. Und wenn ja, dann fahre ich euch hin. Na, was meint ihr?

Ich glaube für uns beide war *das* Stichwort *comer*, essen. Und wir entschieden uns, das Angebot der Frau anzunehmen. Sie schien in der Tat ein guter Mensch zu sein.
Wir fuhren durch einen Teil des Reservates und sahen einige Guarani-Kaiowá und Terena. In ähnlichem Zustand wie wir selbst. Ein sonderbares Zwittergefühl stieg in mir auf: Freude vermischt mit Resignation. Freude, weil da endlich wieder Menschen wie ich waren. Resignation, weil ich, ob es irgendwo gut sei oder nicht, noch immer am Paradies maß, wo ich sieben Jahre verbracht hatte und zur jungen

Frau geworden war. Und hier war nichts von unsrem Paradies nördlich des Rio-Apa-Oberlaufes zu entdecken. Aber vieles, das der bitteren Realität und Erfahrung des letzten Jahres entsprach. In wenigen Minuten waren wir durch das Reservat und erreichten kurz darauf den nördlichen Stadtrand der Großstadt Dourados. Das Mächtigste, Einschüchterndste, was ich bis dato gesehn hatte. Wahrscheinlich hatte die Stadt, damals, im März 1999, schon fast 200.000 Einwohner. Und zwischen unzählbaren Kognone, oft beeindruckend mit ihren Modefrisuren, Sonnenbrillen und Halb- bzw. Stöckelschuhen, sogar welche in Anzügen und Krawatte und mit einem Handy in der Hand – absolute Rarität damals noch im Hinterland von Mato Grosso do Sul –, immer wieder die eine oder andere Índiogruppe. Familien in Lumpen. Auch Kinder. Schmutzstarrend meist.

Die Frau, sie hatte sich uns als Joseane Ferreira vorgestellt, pensionierte Professorin, lebte mit ihrem ebenfalls pensionierten Mann in einem schönen einstöckigen Haus im südlichen Teil der Stadt. In der Alan Kardec Straße. Angckommen, stellte sie uns ihrem Mann vor, der uns die Hand reichte, die wir uns aber nicht zu ergreifen trauten. Kurz erklärte Joseane ihrem Mann, was vorgefallen war. Und dann zeigte sie uns eine Waschküche im hinteren Teil des Hauses, wo auch eine Dusche installiert war. Sie erklärte uns, wie *das Ding* funktioniere, mit welcher Kraft es auf- und abzudrehen wäre, wie die Temperatur gesteuert werden könne, wo die Seife liege, welches Handtuch wir benützen könnten und ließ uns allein mit dem Hinweis, saubere Sachen für uns zum Anziehen zu holen.

Ich war die Erste, die sich unter *das Ding* traute. Und hätte mich beinahe verbrannt unter dem viel zu heißen Wasserstrahl. Sehr zum Amüsement meiner Fluchtgefährtin [lacht]. Als Joseane nach einigen Minuten wiederkam, hatten wir geduscht und unsere Slips gewaschen. Und steckten in diesen, noch nassen, aber auch wieder in unsren verdreckten und zerschlissenen Klamotten. Während das frische Handtuch am Boden lag. Wir kannten keine Kognone-Ordnung. Und bei uns gab's immer nur den Boden, oder gespannte Schnüre als Ablage. Hier waren keine Schnüre zu entdecken gewesen.

Mein Güte, Kinder, Kinder ... Joseane hob das Handtuch prüfend auf, schüttelte den Kopf, öffnete die Tür zum Garten hinter dem Haus, wo Wäscheleinen gespannt waren, und hängte das Handtuch darüber. So

macht man das, sagte sie, mit Unpensionierter-Lehrer-Miene zu uns gewandt. Und warum badet ihr euch, wenn ihr danach wieder in diese dreckigen Sachen schlüpft, hmm? Also los, raus aus denen. Ich hab euch hier was mitgebracht. Von meiner Tochter, als sie noch jung war und hier mit uns gelebt hat. Und nach dem Essen gehen wir was kaufen. Heilige Mutter Gottes! Habt ihr vielleicht einen See hier angelegt. Sie legte die mitgebrachten Sachen ihrer Tochter über einen dicken weißen Kasten, der uns bei späterer Gelegenheit als Waschmaschine vorgestellt werden sollte. Schaut mal: dafür gibts dieses Gerät hier. Es heißt *Rodo*. Sie holte einen Schieber in T-Form aus der Duschecke. Ein *Ding*, das uns gerade zuvor noch beim Duschen dummer- und nichtsnutziger Weise im Weg gestanden hatte. An einem Stielende war ein etwa zwei Handbreit langes Querholz festgemacht. In dessen Nut an der Unterseite wiederum ein doppelter Gummieinsatz steckte. Joseane schwang nun, ganz Professorin, das Ding in Theatermanier, und schob unseren See Richtung Plastikrechen über dem Abfluss. Seht ihr, sagte sie keuchend, schon ist das überschüssige Wasser weg. Dann bückte sie sich ächzend und schob mit einer Hand Haare und darin verfangen gewesenes Gestrüpp vom Rechen, ergriff es und zeigte es uns. Das muss auch weggenommen werden, hört ihr. Sonst verstopft es uns die Abflussrohre und dann wird's teuer, gell. Sie trug unsere gefallenen Haare mit dem organischen Material von der Flucht zu einem mit einer Plastiktasche ausgelegten Kübel und warf sie dort hinein. So wird's gemacht. Ihr werdet das schon noch lernen. Immer schön Ordnung halten. [Jäh lacht Eliane wieder herzhaft auf.] Nicht unähnlich dir, *Irini,* immer schön ordentlich, eins nach dem anderen ... [Lacht weiter. Und ich mit.]
Meine Guarani-Kaiowá-Gefährtin und ich staunten. So was Fremdartiges hatten wir bis dato noch nicht erlebt. Sich waschen im Fluss ist eindeutig weniger stressig [lacht].
Kommt schon, raus aus dem schmutzigen Zeug. Hier, sie nahm die beiden Kleider wieder von der Waschmaschine und drückte je eins in unsere Hände, zieht euch das an. Ich geh mal los, in die Küche. Erinnert ihr euch, wo sie ist? Hier raus, dann den Gang entlang und ganz vorne rechts. Kommt dann, wenn ihr fertig seid. Also gut Kinder, und los ging sie.

Nicht, dass wir nicht schon öfters, in Porto Murtinho zum Beispiel, Frauen in Kleidern gesehen hätten. Aber selbst hatten wir noch nie eines in der Hand, geschweige denn angehabt. Wir lebten in Shorts und Leibchen. Als junge Frauen. Und zuvor nackt, als Kinder. Wir hatten also ein Problem ... [lacht]. Na ja, Gott sei Dank, gibt's ja nicht allzu viele Möglichkeiten. Und die Versuche die Köpfe bei den Ärmeln durchzukriegen, hat uns zwar Tränen lachen lassen, aber keinen Erfolg beschieden. Mit gegenseitiger Hilfe und Hinweisen zu notwendigen Bewegungsabläufen [lacht Tränen und klatscht in die Hände], wenn die eine „blind" in dem *Ding* gefangen war, haben wir's schließlich geschafft. Erleichtert und auch ein bisschen stolz kamen wir in die Küche. Joseane musterte uns. Und zippte uns hinten zu. Das muss schon zu sein, meine Damen. Sonst ist es ja unordentlich.
Ich hab Reis aufgestellt. Und wir haben Hühnchen auf Bauernart dazu. Noch von gestern. Sie holte eine Pfanne aus einem so großen Kühlschrank wie ich es nie zuvor gesehen hatte. Größer als ein Hüne. Der bei Ramires war ein Zwerg dagegen gewesen. Vor uns hob sie den Deckel von der Pfanne, ließ uns sehen und riechen. Ich wurde fast ohnmächtig vor Verlangen. Und um ein Haar hätte ich gebeten das Aufwärmen doch sein zu lassen. Um sofort, kalt – egal – zu essen. Aber ich traute mich nicht. Wir warteten also noch eine halbe Stunde bis alles fertig – *ordnungsgemäß* fertig – war. Wie lange, wie viele Tage und Nächte hatten wir nichts mehr zu essen gehabt außer ein paar Früchten? Ich konnte und wollte mich nicht mehr erinnern.
Wir mussten uns an den Küchentisch setzen. Dort erwarteten uns Teller und Messer und Gabeln. Die uns, wie der unerklärliche Rodo zuvor in der Dusche, unnütz im Wege waren. Denn kaum waren Reis und Hühnchen auf unseren Tellern, waren zwanzig Finger damit beschäftigt dieses Geschenk des Himmels so schnell wie möglich zum Mund zu führen. [Lacht schallend. Ich mit.]
Joseane quollen die Augen raus. Aber, das muss man ihr lassen, sie sagte nichts. Kein Wort. Kein Ordnungsruf. Sie legte sogar nach. Und wir verschlangen auch die zweite Portion im Stil der ersten. Na ja, und was glaubst du, wie unsere frischen Kleider nach diesem Mahl aussahen ...? Wo wir unsre fettigen Hände abwischten? [Wir lachen.] Na ja. Ich glaube, in diesem Moment fragte sich Joseane, ob es *wirklich* eine gute Idee gewesen war, uns zu sich nach Hause mitzunehmen. Oder sie verstand, dass da eine *außerordentliche*

Aufgabe vor ihr stand. In ihrer eigentlich schon beendeten Professorinnenlaufbahn.

Sie hieß uns Hände und Gesicht waschen, gleich dort in der Küche, über der Abwasch, prüfte das Ausmaß der Hühnerbrühe-gelblichen Verfettfleckung der frischen Kleider, und meinte bloß – resigniert? – na denn mal los. Organisieren wir ein paar Sachen für euch. Nur mit zwei Kleidern ist's ja auch nicht getan.

Sie fuhr uns zu einer Art Markt, wo an vielen Ständen allerlei Zeug, unter anderem Textilien, angeboten wurde. Mit jeweils sechs Slips, zwei BHs, zwei Shorts, vier Leibchen, einer Jeanshose, einer Flanellbluse, einer gefütterten Polyesterjacke und zwei Paar Flipflops sowie einer Haarbürste, einer Zahnbürste und Zahnpaste und Shampoo zogen wir wieder ab. So viel hatte ich in meinem ganzen Leben zuvor nicht besessen. Und meine Gefährtin bestimmt auch nicht. Wir strahlten vor Glück. Während der ganzen Fahrt zurück zu Joseanes Haus.

Dort bekamen wir das Zimmer, das früher Joseanes Tochter gedient hatte. Und jede Menge Unterricht, wie es in Ordnung zu halten sei, und was unter keinen Umständen geschehen dürfe [lacht] und so weiter.

Ich glaube, Joseane hatte große humanitäre und zivilisatorische Pläne mit uns beiden.

Sie wollte uns nicht nur häusliche Ordnung ihrer Art lehren, sondern auch, dass wir zur Schule und zur Kirche gingen, also Erfolgsmodelle wie ihre Tochter und ihr Sohn würden. Die in Campo Grande bzw. Brasília *Karriere machten.* Es war mir nie klar, wie ihr Mann zu diesem Projekt stand. Er hat sich immer zurückgehalten. Die ganze Zeit über. Keine Moralpredigten gehalten – *er* ging auch nie zur Kirche – und auch sonst nie irgendetwas kritisiert. Oder gelobt. Zumindest in unserem Beisein. Er widmete sich lieber still dem Fernsehen, dem Radiohören, dem Pflegen des Gartens vor und hinter dem Haus. Oder ging aus. „Auf ein Bier", wie er sagte.

Im Grunde ging es uns beiden dort besser als 99 Prozent der Índios in und um Dourados. In Brasilien! Wir waren in einen goldenen Käfig geflogen. Oder geflohen. Sogar den Zahnarzt bezahlte uns Joseane. Und dank ihrer Pedanterie bin ich heute eine der wenigen erwachsenen Índias mit noch allen, und einigermaßen gut und weiß dastehenden, Zähnen. Denn der großen Mehrheit verfaulen die Zähne bereits als Kind. Dank der industrialisierten und völlig in Zucker ertränkten Nahrungsmittel der Kognone. Und für Zahnhygiene gibt es in den allermeisten Índiofamilien weder Stimulanz – wir brauchten sie ja früher nicht, denn wir lebten gänzlich ohne Zucker – noch finanzielle Mittel. Es ging uns also wirklich gut. Dennoch begannen wir nachts öfters davon zu sprechen, dass wir wieder Kontakt *zu unseren Leuten* haben wollten. Wir waren bereits vier Monate bei Joseane. Hatten auch begonnen, uns nützlich zu machen. Vor allem in der Küche und der Waschküche. Selbst die Wasch*maschine* bedienten wir bereits. In die Kirche gingen wir mit. Aber ohne große Begeisterung [lacht]. Das waren ja unglaublich langweilende Stunden. Außer vielleicht beim ersten Mal. Wo du vom Gebäude und vom Weihrauch beeindruckt bist. Es war Mitte Juli, ein kalter Winter. Joseane hatte versucht, uns in einer der nahegelegenen öffentlichen Schulen zu matrikulieren, wo sie die Direktorin kannte, aber ohne Geburtsurkunden gehe das nicht, meinte diese. Auch unter Freundinnen. Leider. Joseane ließ sich in ihrem zivilisatorischen Eifer aber nicht bremsen. Wir werden sehen, wie wir zu Geburtsurkunden für euch kommen. Aber bis dahin beginnen wir mit dem Unterricht hier zu Hause. Bin ja nicht umsonst mehr als vierzig Jahre in Klassenzimmern gestanden! Und anderntags ging's los mit unsrer Alphabetisierung.

Als wir bereits einigermaßen lesen und schreiben konnten, vielleicht im September oder so, entschlossen wir uns definitiv, unsere Leute zu besuchen. Aus Scham oder Angst vor der Reaktion unserer „fürsorglichen Tante" aber verschoben wir es immer wieder zu fragen, ob wir denn dürften. Ob sie uns denn hinbrächte. Jeden Abend, zusammen auf unserem Zimmer, in dem mittlerweile zwei Betten statt einem standen, nahmen wir uns vor, am nächsten Morgen beim Frühstück das Thema anzuschneiden. Und taten es dann doch nicht. Joseane hatte begonnen, häufiger und mehr Freundinnen einzuladen. Unter anderem, um uns zu präsentieren. Als Erfolg ihrer christlichen Initiative. Und wir mussten, bestens herausgeputzt, Rede und Antwort stehen. Menschen, die wir nie zuvor gesehen hatten. Und die immer, fast aufs Haar genau, dasselbe fragten. Da war's selbst in der Kirche noch besser. Dort wurde man wenigstens in Ruhe gelassen. Nicht ausgefragt.

Aus 1999 wurde 2000 und Joseane atmete erleichtert auf, als die Welt so weiterging wie zuvor. Hatte man doch von großen Zusammenbrüchen gemunkelt. Zumindest in der brasilianischen Provinz. Ich war nun eher schon zwölf als elf, und meine Gefährtin vierzehn. Wir standen beide in voller natürlicher Blüte.

Da es uns einfach nicht gelang, Joseane unsren Wunsch zu offenbaren, „ins Elend", „in den Schmutz", „ins soziale Desaster", also ins Reservat nördlich von Dourados, zu gehen, die Aldeias Bororó und Jaguapiru kennenzulernen, mit unseren Leuten zu plaudern und lachen, hauten wir eines Tages einfach ab. Wir würden es schon finden. Nach dem was wir schon alles erfolgreich überstanden hatten, ist der Besuch von Menschen in derselben Stadt doch ein Kinderspiel. Joseane war nach Campo Grande zu ihrer Tochter gefahren, ihr Mann im Garten hinter dem Haus und wir, flugs, auf der Straße. Richtung Norden. An diesem frühen und dennoch schon schwülen, alsbald bedeckten Hochsommermorgen irgendwann Ende Februar 2000. Wenige Tage vor dem Karneval.

Wir liefen Stunden herum. Ich fürchte zumeist in Kreisen. Oder der falschen Richtung. Die Orientierung im Busch ist eines. Die im Großstadtdschungel was anderes. Das waren wir dabei zu lernen. Auch ohne Professorin [lächelt kurz]. Wir fragten mehrere Personen, auf die wir trafen. Die einen meinten, sie wären von woanders, wüssten es nicht, die anderen zeigten in die verschiedensten Richtungen, ein Taxifahrer ratterte zig Straßennamen, links abbiegen, rechts abbiegen, 200 Meter gerade, dann bei der Tankstelle schräg rechts (...) runter und am Schluss seiner Ausführungen erinnerten wir uns weder an den Anfang noch an den Mittelteil, und wieder andere sahen uns lediglich verächtlich an und sagten entweder nichts oder Unhöfliches. Dann trafen wir auf einen Índio. Endlich! Steuerten auf ihn zu. Jetzt würde endlich alles passen. Der Índio, ein Guarani-Kaiowá, war betrunken. Was wir allerdings erst bemerkten, *nachdem* wir ihm die Situation geschildert und um Orientierung gebeten hatten. Ich war alarmiert. Mutters Lehrsatz hallte deutlich in Kopf und Herz. *Mann + Alkohol = Problem*. Ich zog meine Gefährtin am Arm, wollte weg. Jetzt lass doch. Lass ihn doch antworten. Ja genau, junge Frau, wieso die plötzliche Eile? Ich dachte ihr wollt zur Aldeia? Von wo seid Ihr denn? Aus der Hauptstadt? Ich glaube, diese Frage kam in ihm auf wegen unsrer für „herkömmliche Índios" viel zu guten und sauberen

Aufmachung. Ich sagte nichts. Aber meine Gefährtin erzählte dafür alles. Oho, tolle Geschichte! Da habt ihr doch sicher einen oder zwei Reais für mich übrig. Ich habe Mordsdurst. Brauch unbedingt noch ein Schlückchen. Oder zwei. Und danach führe ich selbst euch ins Reservat. Nach Jaguapiru oder Bororó. Ganz wie ihr wollt. Kenn ich alles und alle. Bin ja von dort, grinste. Meine Gefährtin gab ihm einen Fünf-Reais-Schein. Du gefällst mir. Du bist eine richtige Índia. Nicht so wie die da, und deutete mit seinem Kinn auf mich. Die scheint bereits zur Weißen geworden zu sein. Hart und geizig. Kommt. Ich führe euch jetzt ins Reservat. Unterwegs trinke ich ein Gläschen, den Staub aus der Kehle spülen.

Wir gingen in eine total heruntergekommene Spelunke. Mit Gästen, sowohl Índios als auch Brasilianer, die offenbar mehrheitlich schon so betrunken waren, dass sie kaum noch stehen konnten. Noch irgendetwas sehen. Ich fühlte mich wie ein gejagtes, in die Enge getriebenes Tier. Auch meiner Gefährtin wurde es nun mulmig. Unser Führer spürte das. Oder erkannte es. Keine Sorge. Keiner tut euch hier etwas. Ich beschütze euch. Und ging zur Theke. Einen Schnaps trinken, dann noch einen, dann noch einen. Den vierten und den fünften. Bis der Fünf-Reais-Schein in die Schublade hinter dem Tresen gewandert war. Wir beide, die einzigen beiden weiblichen Wesen in dieser Kneipe, standen mit dem Rücken zur Wand links neben der Tür. Hin und wieder kam einer angetorkelt und versuchte uns zu begrabschen. Was wir mit Handflächenschlägen auf dessen Hand oder Arm quittierten. Dann kam unser Führer zurück. Nun bereits deutlich sichtbar angeschlagen, von der Cachaça. Hey, gib mir doch noch einen Real. Nur einen, Mädchen. Hab dich nicht so. Jetzt reicht's, platzte es aus mir in Guarani. Siehst du denn nicht, dass dieser Índio im Inneren keiner mehr ist? Dass das Gift der Weißen ihn in der Hand hat? Was erwartest du denn von *so* einem? Los, wir gehen. Ich packte meine Guarani-Kaiowá-Schwester fest am Oberarm und zog sie zur Tür raus. Aber der Mann war mit hinausgekommen. Ist ja gut, ist ja gut. War mein Fehler. Ich bring euch jetzt in die Aldeia. Kommt, ist gleich dort vorne. Ich mach jetzt meinen Part. Glaubt mir. Er torkelte los. Scheinbar zielstrebig. Winkte uns nach ohne sich umzudrehen. Wir kannten niemand hier, wussten nicht wo wir waren, noch wie es zurück zu Joseane ging. Und aus der Kneipe begannen andere Índios und Kognone zu kommen. Mit unzweideutigen Anträgen und Zurufen.

Unser Führer erschien uns das kleinere Übel. Wir folgten ihm. Es hellte kurz auf. Wir konnten die Sonne sehen. Wir waren nach Norden unterwegs. Wenigstens die Richtung stimmte. Wenige Minuten später wurde es ganz plötzlich stockdunkel. Obschon es noch nicht einmal Mittag war. Und kurz danach prasselte ein Tropenregen runter, der uns in weniger als einer Minute völlig durchnässt hatte.

So ein Mist, lallte unser Führer, der immer unsicherer auf den Beinen war. Kommt, wir gehen bei einer Freundin reinschauen. Uns abtrocknen. Das Ende dieser Wassermassen abwarten. Noch eine Kneipe?, fragte ich. Nein, nein. Eine Freundin. Gute Frau. Im Bairro Vila Norte. Mag die Índios. Ist immer gut zu uns.

Vor einem unscheinbaren kleinen Häuschen mit rohen Ziegelwänden ohne Verputz, so wie viele hier in der Gegend, ging er durchs geöffnete Vorgartentor, klatschte in die Hände und rief Dona Sú!, Dona Sú!, *abra aí,* mach auf. *Quem é?* Wer ist's? Fragte eine Frauenstimme von drinnen zurück. *Toinho, da Jaguapiru.* Der Toni, aus der Aldeia Jaguapiru. Die Tür wurde entriegelt, ging auf. Er ging rein, deutet uns, das Gleiche zu tun. Draußen war es finster, aber hier drinnen schwarz. Es dauerte einen Moment, bis wir die Frau erkennen konnten. Dona Sú. Na, was hast du mir da für hübsche junge Damen mitgebracht, Toinho? Sind das deine Töchter? Nein, Freundinnen. Nicht von hier. Hab ich unterwegs kennengelernt. Freundinnen, ja? Wie schön. Na kommt rein, sie zündete eine Kerze an. Entschuldigt, aber Ihr wisst schon. Kaum fällt ein Tropfen Regen, ist der Strom weg. Setzt euch doch. Ich bring euch Handtücher. Eines schmiss sie Toinho an die Brust, der es in seinem betrunken Zustand erst aufzufangen versuchte, als es bereits am Boden lag. Das andere übergab sie uns persönlich. Wenn ihr wollt, sie deutete zu einem anderen Raum, der, von dem, in welchem wir uns befanden, durch einen Vorhang getrennt war, könnt ihr euch dort drinnen ordentlich abtrocknen. Und eure Sachen auswringen. Unter dem Bett steht eine Schüssel. Danke. Und schon waren wir durch den Vorhang.

Dona Sú stellte Kaffee auf. Toinho bat um Schnaps. Und bekam ihn. Und noch einen. Dann schlief er unter dem Tisch. Mit Dona Sú's Handtuch über den Kopf gezogen.

Draußen schüttete es weiter. Donnerte jetzt auch. Und blitzte. Manchmal hörte es sich an, als hagelte es. Und Dona Sú ging besorgt nachschauen. Denn Hagel zerbricht schon mal die billigen Dachziegel der ärmlicheren Behausungen. Aber es waren nur sehr fette Regentropfen. Gott sei Dank!, sagte sie. Und wir antworteten mit der selben Floskel.

Wir tranken extrasüßen Kaffee, unterhielten uns. Erzählten unsere Geschichte. *Teile* davon. Und wie wir auf Toinho gestoßen waren, dass wir nach fast genau einem Jahr hier unsere Leute sehen wollten. Das ist kein Problem. Ihr seid schon nahe dran. Aber jetzt, bei diesem Wetter, riskiert ihr euer Leben. Also lieber erst mal abwarten und Kaffee trinken. Wir lachten. Dona Sú schien eine nette Tante. Behandelte uns wie ihresgleichen. Und ich wurde, entgegen dessen, was man von Kaffee so erwartet, müde.

Als ich wieder aufwachte, schmerzte mein Kopf. So wie ich es noch nie zuvor erlebt hatte. Pochend, hämmernd. Bei jeder Bewegung sich noch verschlimmernd. Es tat weh, die Augen zu öffnen. Ich war in einem Bett. In einem Zimmer mit kalkgetünchten Wänden und Plafond. Ich lag unter einer grauen Filzdecke mit roten und gelben Streifen. Ich war nackt darunter. Das Gehirn war alarmiert, versuchte zu arbeiten. Was die Kopfschmerzen nur noch verschlimmerte. Wo bin ich? Was war geschehen? Was war das letzte, an das ich mich erinnern konnte? Ich drehte mich zur Seite, um neben und unter das Bett blicken zu können. Da war eine Schüssel. Sonst nichts. Ich musste mal. Vor allem beim Anblick der Schüssel. Quälte mich aus dem Bett, zog die Schüssel hervor und hockte mich darüber. Der Kopf pochte, als drohe er zu zerbersten. Ich sah meinen Körper an. Untersuchte ihn. Keine Spur von einer Verletzung. Neben der geschlossenen Tür sah ich ein Glas und eine Kanne mit Wasser. Ich ging darauf zu. Im letzten Moment aber wechselte die Priorität. Ich versuchte die Tür zu öffnen, in die Decke gewickelt. Sie war versperrt. Ich spähte durchs Schlüsselloch. Konnte nichts erkennen. Wahrscheinlich steckte der Schlüssel auf der anderen Seite. Ich legte ein Ohr an die Tür. Kein Laut dort, auf der anderen Seite. Nun trank ich Wasser.

Stunden mussten vergangen sein, während derer ich abwechselnd schlief oder nachdachte. Wenigstens die Kopfschmerzen begannen nachzulassen. Dann wurde die Tür aufgesperrt. Dona Sú kam herein. Um Gottes Willen, Kind, bist du endlich aufgewacht? Wir haben uns solche Sorgen gemacht! Heilige Jungfrau, Mutter Gottes, *solche* Sorgen!

114

Ja wieso ..., was ist denn passiert? Ich kann mich nur noch an die Küche erinnern. Und da war ich aber angezogen. Und wo ist meine Gefährtin?

Langsam, junge Frau, langsam. Sie setzte sich zu mir an die Bettkante. Nun, wir sind beisammen gesessen und plötzlich habt ihr beide krampfartige Zuckungen bekommen. Beide! Seid von den Stühlen gefallen. Wie Epilektikerinnen. Ich bin zu Nachbarn gerannt. Hilfe holen. War keine zwei Minuten draußen und als ich mit Edimar zurückkkam, warst nur mehr du da. Toinho und deine Kameradin waren verschwunden. Du warst auch wieder ruhig. Keine Zuckungen mehr. Aber bewusstlos am Boden. Edimar hat uns dann zu meiner Schwester Rose gefahren. Die ist Heilerin. Hat einen Kräutertee gemacht. Ihn dir eingeträufelt. Und bei der sind wir jetzt. In ihrem Haus. Du hast dich dann erbrochen. Deine Sachen alle beschmutzt. Und wir haben dich gewaschen, deine Sachen auch – sie sind am Trocknen – und dich ins Bett gelegt.

Ich war sprachlos. Das konnte doch nicht gewesen sein. Sprach Dona Sú wirklich *von mir*? Handelte es sich da nicht um jemand anderen? Und wo war meine Fluchtgefährtin und Guarani-Kaiowá-Schwester? Wieso waren sie und der betrunkene Índio plötzlich verschwunden? Mein Kopf begann erneut zu pochen. Ich setzte mich auf. Zog die Decke fester um mich zusammen. Das kann doch alles nicht sein, oder? Für all das gibts doch keine vernünftige Erklärung.
Ich war dabei, nur wusste ich es in diesem Moment noch nicht, eine neue Lektion der Kognone-Kultur erteilt zu bekommen. Eine neue Facette, die die Kognone von uns unterschied. Diametral.
Ich muss Joseane anrufen. Unsere Tante, bei der wir wohnen. Dass sie mich abholt. Doch Dona Sú meinte, es gäbe kein Telefon im Haus und das Gewitter hätte die Fernsprechleitungen sowieso außer Gefecht gesetzt. Hab ein bisschen Geduld, das dauert bestimmt nicht länger als einen Tag, bis es wieder funktioniert.
Dann fragte sie mich, ob ich vorhätte, im Reservat, *bei meinen Leuten*, zu bleiben. Und ich konnte diese Frage nicht beantworten. Wir wollten dorthin, um mit unseren Leuten in Kontakt zu treten. Aber

ob einer dort bleiben will oder nicht, dazu muss er es ja erstmal kennenlernen. Oder?

Irgendwann kamen wir dann auf das Thema Geldverdienen. Wie schwer es heutzutage wäre. Und wie wichtig, um im Leben bestehen zu können. Solche Mahnsprüche waren mir vertraut. Auch Joseane hatte oft versucht, uns dies einzutrichtern. Mit dem Zusatz allerdings, dass nur die Bildung, *studieren, studieren, studieren*, dorthin führe. Dona Sú hatte einen anderen Weg im Sinn ...

Mulheres, Frauen, wie schaut's aus, alles o.k. bei euch? Verinha war in Antônio Carlos' Arbeitszimmer gekommen. Nur eine kurze Störung. Aber wenn wir mal rauswollen, auf die Straße, auf den Strand, was weiß ich, einfach mal *raus,* dann sollten wir das jetzt tun. In zwei Stunden wirds dämmrig ...

Oba minha Neguinha, hallo meine kleine Schwarze, bist du wieder auferstanden? Bereit fürs letzte Abendmahl? [Lacht.] Und der Kopf?

Hart wie Eisen. [Beide lachen. Ich schmunzle mit. Wie immer erstaunt über dieses Maß an Galgenhumor.] Nö, der Kopf ist völlig o.k. Höchstens die Nähte jucken mal. Antônio Carlos soll mir die schnellstens rausholen. Bevor meine Afrolockenpracht wieder alles überwuchert. [Beide lachen wieder.]

Also was ist jetzt? Gehn wir raus? Oder wollt ihr euch weiter verbunkern?

Wir schauen zum Fenster raus, sehen keine Straße. Wir müssen aus dem Wohnzimmer oder den Küchenfenstern schauen. Es sind einige Fußgänger zu sehen. Auch der Verkehr hat zugenommen.

Von mir aus, sage ich. Doch im Grunde mit einem eher unbehaglichen Gefühl.

Und du, meine wilde Índia?

Auf gehts!

Ich gehe zurück ins Arbeitszimmer und schalte das Aufnahmegerät ab. Unten, in seinem Glaskasten, sitzt ein neuer Hauswart. Wir sind die Kolleginnen von Doktor Antônio Carlos, Apartment 316. Einen schönen Nachmittag die Damen! Ja, mein Kollege hat mich bereits informiert. Und der Doktor hat auch angerufen. Wenn ich irgendwas für Sie tun kann, lassen Sie es mich bitte wissen. Dann drückt er auf den Knopf, um das Tor zur Straße zu öffnen. Jetzt sind wir drin, im flauer werdenden Bürgerkrieg, blitzt es mir durch den Kopf. Ein Gedanke, für den ich mich erstens sofort schäme und der zweitens, angesichts dessen, was mir meine beiden neuen Freundinnen so aus ihrer Lebensschule erzählen, nun wie eine unbotmässige Übertreibung erscheint.

Wir gehen die zwei Blocks nach vor zum Strand. Brechen ausgelassen in Jubel aus beim Anblick des Meeres. Und erschrecken oder indignieren Passanten. Aus der hiesigen besseren Gesellschaft? Ich glaube nicht, dass ich je Ähnliches tun würde, zu Hause, in Tirol, in Europa. Und jäh fühle ich mich priviligiert und dankbar, dass mich diese beiden so unglaublich starken Frauen als ihre Freundin angenommen und verinnerlicht haben. Schon im Sand, schlüpfen wir aus unseren Flipflops und Sandalen, und streben dem Fußkontakt mit der See entgegen. Sie ist warm. Vitalisierend. Unendlich.

Verinha schlägt vor, zum *Farol de Santa Luzia*, zum Leuchtturm Santa Luzia, zu schlendern. Ein Muss, wenn wir schon mal hier sind, wie sie drauflegt. Der Strand von Praia da Costa, an „normaleren" Tagen immer voll wie die Copacabana in Rio, ist heute zwar nicht menschenleer, aber locker besetzt. Beziehungsweise begangen. Wieder kommen mir bei Verinhas Vorschlag Bedenken aus der Gegend zwischen Besorgnis und Angst. Wie weit ist denn das?, frage ich. Keine Ahnung, antwortet Verinha, wir werden's schon merken. Und falls uns, oder einer von uns, damit meinte sie sich selbst und Eliane, die Luft ausgehen sollte, wir sind ja immerhin Genesende, dann trägst *du* uns halt nach Hause. Oder was?

Eliane biegt sich vor Lachen, Verinha grinst, ich versuche die gute Miene zum gewagten Spiel. Evident differenzierte Kulturnuancen? Eine Welt!

Dienstag, 14. Februar 2017 (Vormittag)

Antônio Carlos hat angerufen, sich nach unserem Ergehen erkundigt. Ob wir etwas bräuchten. Ich versicherte dem samaritanischen Freund dankend, dass wir sehr gut zurechtkämen. Dass aber Verinha gerne mal zu ihrem Miethäuschen wollte. Auf keinen Fall! Die soll sich noch ein wenig gedulden. Zumindest ein, zwei Tage. Der Streik geht weiter. Das Chaos auch. Die Gewaltspirale dreht sich nun zwar langsam zurück, nicht mehr in die Richtung Eskalation, und es werden auch Militärpolizisten aus anderen Bundesstaaten herangekarrt, aber dennoch. Verinhas Gegend ist alles andere als „normalisiert". Ich hab ja meine „Kamekaze-Rettungsfahrer". Und deren Infos traue ich allemal eher als jenen, übergeordneten Interessen dienenden, der Medien. Red ihr das bitte aus. In meinem Namen. Auf den „Doc" vertraut sie.
Und wie ist es im Spital?
Wird besser. Ich glaube, morgen schon gibt's wieder Lebensmittellieferungen. Zumindest für unser Spital. Es kommen auch wieder ein paar Ärzte, Schwestern, Bedienstete zur Arbeit, die das bis jetzt nicht konnten. Oder ihre eigene Sicherheit vorzogen.
Was du ihnen übelnimmst?
Nein, nein, versteh mich nicht falsch. Aber ein bisschen mehr Berufsethos, vor allem von seiten meiner Arztkollegen, erwarte ich mir immer. Als unverbesserlicher Nonkonformist. Aber da bin ich in unserem surrealen Land sowieso chronisch auf dem Holzweg. Egal. Ich muss wieder los, Irene. Braucht ihr wirklich nichts? Keine Probleme mit den Hauswarten, Mitbewohnern? Nein?
Und Verinha, nimmt sie brav ihre Medikamente ein? Ja? Gut. Ich meld mich später wieder. *Tchau.*

Es ist kurz nach sechs. Eliane und ich machen Frühstück. Rühreier. Toast. Pfefferminztee. Verinha schläft noch. Eliane sagt, sie hätte die halbe Nacht lang den Fernseher an gehabt. Das Kabel-TV-Angebot von über hundert Kanälen in einer Reichenwohnung, von Tier-Dokus bis zur NBA, weidlich ausgenützt [lacht]. Und wäre jetzt dementspechend nachholbedürftig, was den Schlaf betrifft.
Und ihre Tabletten, die sie nach dem Frühstück einnehmen muss? Hat's da keine fixe Uhrzeit?

Keine Ahnung. Aber im Spital gibt's Frühstück ja auch erst gegen acht. Und eine oder zwei Stunden rauf oder runter ..., ich glaube nicht, dass das einen entscheidenden Unterschied macht.

Wir schalten den Fernseher in der Küche ein. Sehen das Morgenjournal der *Rede Bandeirantes*. Unser Bürgerkrieg hier in Espírito Santo ist zwar noch drin im Menü, aber längst nicht mehr an so prominenter Stelle. Leute, die geplündert hätten, vor wenigen Tagen noch, brächten nun ihre Beute *reumütig* zu Kommissariaten der *Polícia Civil*, der Kriminalpolizei. Wer's glaubt, wird selig, kommentiert Eliane, das sind wohl eher subtile Aufrufe.
Ein *Delegado,* ein Kommissar versichert, dass niemand festgenommen werden würde, wer während des Streiks Gestohlenes zurückbrächte. Wir schalten wieder ab.

War prima, unser kleiner Spaziergang gestern zum Leuchtturm, oder? Ich bestätige auf Brasilianisch: Mit dem Daumen, meist dem linken in meinem Fall, nach oben. Wir beschließen Verinha schlafen zu lassen, sie aber spätestens um neun zu wecken. So sie bis dann noch nicht von selbst aufgewacht ist.
Noch vor halb sieben sind Eliane und ich wieder im Arbeitszimmer. Das Aufnahmegerät läuft.

Also, ich sagte gestern noch, dass ich dabei war eine neue „Kognone-Lektion" erteilt zu bekommen. Es aber noch nicht wusste. Dort, eingehüllt in eine Decke im Haus von Rose, Dona Sús Schwester, die ich noch nicht einmal gesehen hatte. Und Dona Sú, die von der Wichtigkeit des Geldverdienens sprach. Dass heutzutage überhaupt nichts mehr ginge ohne Geld. Zumindest in der Stadt. Und dass wer kein Geld habe, unter die Räder komme. Und dass Chancen, gutes Geld ehrlich, also ohne zu stehlen, zu verdienen, nicht jeden Tag um die Ecke kämen. Dass man sie nützen müsse, zupacken. Um sich ein besseres Leben aufzubauen. Um sich was leisten zu können. Dass man nicht wählerisch sein dürfe, Hauptsache, es ist was Ehrliches. Und so weiter in diesem Ton. Irgendwann während dieses Sermons erschien ihre Schwester Rose. So sie denn ihre Schwester war ... Begrüsste mich freundlich, na Kindchen, geht's dir besser?, ich bin Rose, Susanas Schwester. Du hast uns gestern ja ganz schöne Sorgen gemacht. Aber mein Kräutertee hat anscheinend gut gewirkt. Gott sei Dank. Gott sei Dank, stimmte Dona Sú den Refrain an [lacht].

Rose gab mir Sachen zum Anziehen. Aber es waren nicht meine. Lila Slip und BH mit schwarzen Rüschensäumen. [lacht]. Eine weisse Bluse mit tiefem Dekolleté und einen schwarzen Rock aus einer Art Gummi, glaub ich zumindest, es war irgendein sehr elastisches Material, mit langen seitlichen Schlitzen fast bis zum Slip hinauf. Kleidung, wie ich sie nie zuvor gesehen hatte.

Deine Sachen sind noch immer völlig durchnässt, mein Kind, und der Regen ist auch nicht gerade hilfreich. Also hab ich dir was Trockenes besorgt, ermunterte mich Rose, das von ihr Mitgebrachte anzuziehen. Du wirst besonders hüsch sein in diesen schicken Modesachen. Was glaubst du?, fragte sie, an Dona Sú gewandt. Jetzt lass sie sich mal anziehen, dann sehen wir. Dona Sú nahm Rose an der Hand, führte sie hinaus. Wenn du fertig bist, komm raus in die Küche. Es gibt Brötchen mit Butter und heißen Kaffee.

Als ich in der Küche erschien, gab's Applaus und Begeisterungsrufe. Eine Schönheit! Eine elegante junge Dame! Unwiderstehlich! Ich gebe zu, dass ich diese Komplimente gerne hörte. Nie zuvor hatte ich Ähnliches, zumindest an mich gerichtet, gehört. Ich war empfänglich für diese Schmeicheleien. Beim Frühstück legten sie Schminkzeug vor mich auf den Tisch. Schminkst du dich nicht?

Ich hatte mich in der Tat noch nie zuvor geschminkt. In meinem indigenen Leben gab's so was nicht, denn unsre Körperbemalungen sind zwar auch etwas Ästhetisches, Verschönendes, aber haben einen inhaltlichen Bezug. Zum Clan zum Beispiel. Zu einem festlichen oder spirituellen Anlass. Und bei Joseane war Schminken kein Thema gewesen. Aber selbstverständlich hatten wir, meine verschollene Guarani-Kaiowá-Schwester und ich, schon oft geschminkte Mädchen und Frauen gesehen. Und uns auch gewünscht, es an uns selbst auszuprobieren. Ich schüttelte den Kopf. Nein. Ich hab mich noch nie geschminkt.

Warum denn nicht? Willst du's nicht probieren? Rose öffnete einen lilafarbigen Lippenstift, hielt ihn mir hin, na, keine Lust *noch* entzückender zu werden? Ich helf dir, komm. Und dann wurde ich von den beiden mit Lidschatten, Wimperndusche, Lippenstift und Gesichtspuder bearbeitet. Was sie mit beglückten Ausrufen und Komplimenten an mich kommentierten. Nach getanem Werk brachten sie aus dem Bad einen Handspiegel, hielten ihn mir vor's Gesicht. Hoppla! Ich erkannte die junge Dame dort im Spiegelbild kaum wieder. Aber ich fühlte mich *sehr* gut. Lachte. Und wir drei klatschten vor Freude in die Hände.

Dann wurde ich von Rose fotografiert. Dutzende Male. Von allen Seiten. In Modell-Posen. Es machte Spaß.

Die beiden wussten längst, seit meiner wahrscheinlich durch den *Cinderella-Trick* provozierten Bewusslosigkeit am Vortag, dass ich das war, was in der „zivilisierten Terminologie" *Jungfrau* genannt wird.

Der Aschenputtel-Trick ist ein in Brasilien gängiger Weg, um Leute *in Ruhe* ausrauben oder sexuell missbrauchen zu können. Viele Profis, Männer und Frauen, wenden ihn gerne in Bars, Restaurants, Nachtklubs an. Mischen Medikamente in den Drink ihres Opfers. Und wenn dieses am nächsten Tag, oft in irgendeinem unbekannten Hotelzimmer, aufwacht, ist alles längst vorüber, und der oder die Profis über alle Berge. Damals allerdings wusste ich nichts von dieser Verbrechenssparte. Noch vom Aschenputtel [lacht].

Und jetzt kommen wir zu dem, was ich meinte, als ich sagte, es stünde mir eine *neue* Lektion in Sache Kognonekultur bevor. *Jungfräulichkeit* ist nicht nur ein Konzept, dass es weder bei den Ayoreos noch den Guarani gibt, sondern wir haben nicht einmal ein Wort dafür. Es hat null Bedeutung, ob der Hymen da ist, oder nicht. Traditionell anders bei den Trophäen fetischisierenden, macht- und unterwerfungsbesessenen und hierarchiehörigen Weißen. *Das Recht der ersten Nacht*, ich denke, darüber brauch ich dir nichts zu erzählen. Kommt ja aus Europa. Oder der kirchliche Zweijahrtausendbeitrag zur Wertsteigerung von *Jungfräulichkeit*. Weißt du alles besser als ich, *Irini*. Ich war also dabei, von den beiden „Tanten" hergerichtet zu werden, um aus dem natürlichen Schatz, den ich ohne Kenntnis trug, größtmöglichen Profit zu machen. Für die beiden, in erster Linie. Und ein Trinkgeld für mich. Versteht sich. In der kapitalistischen Ethik. Das Privileg, einen Hymen zu durchbrechen, noch dazu bei einer Zwölfjährigen, dafür lassen viele brasilianische Herren aus *besten und betuchten Familien* schon mal was springen. Bürgermeister, Stadträte, Unternehmer, Anwälte, Geschäftsmänner, ... Es mangelt nie an kaufkräftigen Interessierten in diesem Wirtschaftszweig. In Brasilien. Und Dona Sú und Rose gehörten zur kleinen Zuliefererindustrie.

Die Fotos, die sie von mir geschossen hatten, auch jene, auf denen ich nackt war und von denen ich gar nichts wusste, da hab ich keine Zweifel, kursierten bereits im Kundenkreis der beiden Privatunternehmerinnen.

Ich aber war dabei, es mir im Haus von Rose gut gehen zu lassen, bekam zu essen und trinken was *ich* wollte, schwamm wohlig in den Komplimenten der beiden und war immer stärker interessiert. An dieser *einmaligen Möglichkeit mit einem Schlag einhundert Reais zu verdienen*. Eine Summe, die ich noch nie zuvor besessen hatte. Die mir astronomisch erschien. Und für die ich im Grunde nichts zu tun bräuchte, wie es hieß. Denn die Arbeit würde *ein anderer* machen. Die beiden netten Tanten und eiskalten Profis, wahrscheinlich seit Jahrzehnten im Geschäft, mit dem Índio Toinho als schnapsbezahltem Gelegenheitszutreiber von *indigener* Frischware, hatten ganze Arbeit an mir geleistet: Ich *wollte*. Ja, ich *wollte*! [Schüttelt den Kopf, sieht mir in die Augen, und lächelt. Wahrscheinlich ob ihrer damaligen Naivität aus heutiger, abgeklärter Sicht.]

Wenige Tage später, mittlerweile hatte ich auch „Verhaltensunterricht" für die anstehende Arbeit bekommen, wurde ich herausgeputzt, soll heißen überschminkt, und in den von Rose gekauften *sexy Sachen* von Dona Sú abgeholt. In einem Luxuswagen, ich kann dir nicht sagen, was für eine Marke, ich kannte mich damals – und auch heute noch [lacht] – bei Autos überhaupt nicht aus, aber es war ein völlig anderes Kaliber, als zum Beispiel das Auto von Joseane. Die ich zu diesem Zeitpunkt fast schon wieder vergessen hatte. Wir fuhren aus der Stadt raus und noch einige Zeit weiter übers Land, bis wir an einer Fazendastraßeneinfahrt den Asphalt verließen und abbogen. Ich weiß nicht, um welche Straße es sich handelte, hinaus aus Dourados. Aber ich *glaube,* dass es die Bundesstraße 163 Richtung Süden war. Und dass wir irgendwo nach Juti abgebogen sind. Mitglieder der High Society von Dourados haben ihre Landsitze und Fazendas in der Umgebung. Für Wochenendausflüge. Und andere Aktivitäten ...

Das Haus, das bald in Sicht kam, war ein richtiges *Herrenhaus.* Mehr, imposanter, als „bloß" eine Villa. Mit schnee- bzw. gipsweißen Säulen. Athen-Hollywood-Mato Grosso do Sul [lacht]. Mehrere andere Luxuswägen, ähnlich jenem, in dem ich zur Arbeit gefahren wurde, parkten davor.

Ein Mann in Anzug und mit dunklen Sonnenbrillen winkte unseren Chauffeur zu einer Nebenseite des Herrenhauses, weg von den geparkten Luxusschlitten. Dona Sú und ich stiegen aus und folgtem dem Mann durch einen Seiteneingang in das Herrenhaus. Über eine schmale Hintertreppe gelangten wir in den ersten Stock, wo wir in ein kleines Zimmer gebeten wurden. Bitte warten Sie hier. Dann war der Mann wieder draußen bei der Tür. Das kleine Zimmer war das schönste, was ich bis zu diesem Moment je gesehen hatte. Die Möbel, die Bücherschränke – obschon sie keine oder kaum Bücher, dafür umso mehr Alkoholika aus aller Welt beherbergten –, der weinrote langfaserige Teppichboden, die Bilder an den Wänden, die Lampen in Schlangenformen ... Ich war in einer anderen Welt angekommen. Und wurde, glaube ich, nur nicht nervös, weil ich mit dem Staunen nicht nachkam. Eine junge Frau in Dienstmädchenuniform brachte uns Getränke. Coca-Cola und Whisky. Und Salzsnacks in kleinen kristallenen Schüsselchen. Greif zu, ermunterte mich Dona Sú, tätschelte meine Hand, und goss mir ein bisschen Whisky in meine Cola. Keine Angst, das tut nichts Schlechtes. Im Gegenteil, wird dir die Arbeit noch verschönern. Du wirst sehen. Nach einigem Warten kam der Mann im Anzug zurück, um mich abzuholen. Zum Job zu führen. Dona Sú sprayte mir einen Atemerfrischer in den Mund, zwinkerte mir aufmunternd zu, ich warte hier auf dich, mein Schatz. Dann folgte ich dem Mann in den zweiten Stock. Über einen Gang ging's nach vorne, bis zu einer enormen Doppelholztür mit goldenen Schnallen und Verzierungen.

Der Mann klopfte und mir, hinter ihm stehend, klopfte das Herz. *Entrem,* kommt rein. Der Mann öffnete die Tür und schob mich sacht an ihm vorbei und hinein in das Zimmer, bevor er die Tür wieder schloss. Zimmer? Ich war allein in einem *Saal!* In welchem das größte Bett im Mittelpunkt stand, das ich bis *heute* gesehen habe. Mit Dach! Und Seitenvorhängen. Alles weiß-gold-weinrot. Ich war überwältigt. Wie angewurzelt. Baff. Und dennoch nicht verkrampft. Die beiden „Schwestern" hatten mich gut vorbereitet. Und die paar Tropfen Whisky, der erste Alkoholkonsum meines Lebens, taten das ihrige. Da ist also mein Geburtstagsgeschenk! Die Stimme kam aus einem Nebenraum, rechts vom Herrenhausbett, von mir aus gesehen. Und aus diesem Nebenraum, das Bad, wie ich später herausfinden sollte, kam ein älterer Mann mit Glatze und grauem Schnurrbart in einem

Kimono hervor. Oho! Was richtig Appetitanregendes! Na komm her, Kätzchen, komm zum Papa und zeig dich mal.

Der Mann war irgendein hoher Beamter in der Bundesjustiz. Arbeitete in der *Capital,* der Hauptstadt. So viel merkte ich mir. Wusste aber nicht ob es sich bei Capital um Campo Grande, die Hauptstadt von Mato Grosso do Sul, oder die Bundeshauptstadt Brasília handelte. Er war wohlgelaunt, beschwipst, fast so klein wie ich, aber dreimal so dick und *sehr gesprächig.* Genoss seine Geburtstagsparty bei einfluss- und auch sonst sehr reichen Freunden in vollen Zügen. Und während er eines seiner Geschenke, wohl ein Dankeschön für *geleistete Dienste,* entgegennahm, auspackte und benützte, und dazu Champagner trank, wurde das Ende meines Hymens zum ersten Einkommen in meinem zwölfjährigen Leben: Einhundert Reais. Die nie im Leben auch nur für eine der vielen französischen Champagnerflaschen „meines" Kunden gereicht hätten. Die sozio-ökonomische Ordnung Brasiliens war auch in diesem Moment intakt. Als es draußen bereits dunkel geworden war, drückte der Herr aus dem brasilianischen Justizapparat eine Klingel und verschwand im Bad. Verschloss die Tür hinter sich. Die Zimmertür ging auf und der Mann im Anzug, diesmal ohne Sonnenbrille, stand da. Zieh dich an. Ihr werdet wieder zurückgefahren. Jetzt! Dann ging er wieder hinaus. Wartete vor der Tür.

Wir fuhren zu Rose. Dort angekommen, konnte ich mich waschen. Und bekam nun endlich meine, inzwischen wohl seit Tagen trockenen, Sachen zurück. Frisch gebügelt und duftend.

Es gab gekochte Maniokwurzeln mit Butter zum Draufstreichen und geröstete Mortadellastücke. Dazu *Tereré.* Mit kaltem Wasser aufgegossene zerriebene Mateblätter. Ein erfrischendes und aromatisches Getränk. Wie es die Guarani vor hunderten von Jahren erfunden hatten. Und wie ich es schätzte, seit meinen Jahren im Paradies bei und mit ihnen. Im damals noch nicht zerstörten Tekoha.

Rose und Dona Sú boten mir an, fortan für sie zu arbeiten. Klar, hundert Reais wird's nicht mehr geben. Die gibt's eben nur *das eine* Mal. Aber so zehn können wir schon rausholen für dich. Pro Programm, das du machst. Und wenn du zehn Freier hast, pro Tag oder Nacht, kommst du auch auf deine hundert. Überleg doch mal,

wieviel da in einer Woche, in einem Monat zusammenkommt. *Reich*
kannst du werden Kind!
Nun, für zehn Reais bekamst du damals in Dourados etwa zwei
Cheeseburger und zwei Colas an einem Imbissstand. So viel zum
Reichwerden. Reich würden die beiden Tanten. Und deshalb waren sie
ja interessiert an einer „Zusammenarbeit" mit mir. Aber das hatte ich
damals noch nicht kapiert. Und war überhaupt ein bisschen verwirrt.
Nach diesem Nachmittag. Ich wollte erst mal ausruhen, schlafen. Und
das tat ich dann auch. In jenem Bett, in welchem ich vor wenigen
Tagen nackt aufgewacht war. Mit rasenden Kopfschmerzen. Wohl von
dem Cinderella-Mittel, das mir Dona Sú zuvor, bei sich zu Hause, in
den süßen Kaffee gemischt hatte.

Ich war wirklich müde. Ausgelaugt, gelähmt. Mehr psychisch denn
physisch. Aber der Schlaf wollte sich nicht einstellen. Draußen hörte
ich die beiden Tanten fernsehen. Laut, vielleicht, um ihre Gespräche
zu überdecken. Und in meinem Kopf drehten sich die Gedanken. Um
das, was da heute im Prunksaal mit dem Prunkbett geschehen war.
Und wie es mit mir weitergehen solle. Ich dachte an meine
verschollene Guarani-Kaiowá-Gefährtin. Ich dachte an Joseane. Ich
dachte an Mutter. Und fühlte mich sofort miserabel. Halt dich von den
Kognone fern. Halt dich vom Alkohol fern. Ich hatte Mutter verraten.
Was nun?
Eine Idee begann an Kraft zu gewinnen. Ja, ich wollte zurück zu
meinen Leuten. Weg von den Kognone. Auch so guten, wie Joseane
und ihrem Mann. Ich wollte wieder wo sein, wo das Paradies
wenigstens möglich schien. Ich würde mich noch morgen auf den
Weg ins Reservat machen. Mit immerhin 100 Reais in der Tasche.
Was mir – damals, in diesem noch sehr naiven Zustand – ein großer
Reichtum erschien. Der etwaige Probleme würde lösen können.

Es war Anfang März geworden. Und ich war zu Fuß unterwegs zu den
Aldeias Bororó und Jaguapiru. Dieses Mal alleine. Schon fast am
Stadtrand von Dourados angekommen, traf ich auf eine Guarani-
Familie auf dem Weg nachhause. In die Aldeia Bororó, wie mir die
Frau sagte. Ob ich mich anschließen dürfe? Komm nur. Es wurde
kaum gesprochen. Der Mann war betrunken. Die Frau schien sich leise
in dieses „Schicksal" zu fügen. Und selbst die drei schmuddeligen

Kinder, vielleicht zwischen fünf und zehn, gingen auch entweder stumm, oder tuschelnd des Weges. Alle vier trugen irgendwelche Waren. Speiseöldosen, Reis, Zucker, Salz, Waschseife, große Stücke Rinderfett, Hühnerfüße und –köpfe, alte Pappe, Brennmaterial zum Kochen wohl. Nur der Mann trug nichts. Er hatte Mühe, sich selber voranzutragen. Schimpfte und fluchte von Zeit zu Zeit wie ein *richtiger Zivilisierter*. Das eine oder andere Mal drohte er seiner Frau mit Prügel. *Auf dass sie ihn respektiere.*

Als wir in der Aldeia angekommen waren, bedankte ich mich bei der Frau, verabschiedete mich von den Kindern, die mich aus großen Augen anstarrten, kurz lächelten, ihre verfaulenden Zähne zeigten. Bevor sie wieder gesenkten Hauptes wie kleine Lastentiere der Mutter und dem torkelnden Vater folgten.

Bororó hatte nichts mit meinem Paradies am Rio Apa zu tun. Bororó war ein Abziehbild einer *brasilianischen Favela*. Nur die Gesichter waren die von indigenen, aus dem Paradies vertriebenen, Menschen. Aber die indigene Kultur und die indigenen Seelen hatten die Kognone bereits zersetzt. Nicht bei allen, aber bei vielen. Ich suchte nach Leuten vom Tekoha am Rio Apa. Wurde von hier nach dort und dort nach hier geschickt. Aber ich fand niemanden den ich kannte. Was nun? Ich brauchte zuallererst ein Dach über dem Kopf. Es dämmerte bereits. Einige junge Männer benahmen sich mit der gleichen Obszönität mir gegenüber wie jene Kognone, die uns am Rand der Bundesstrasse 267 öfters mit ihren Mopeds heimgesucht hatten. Erfolgreich vollzogene Zivilisierung. Der wirklichen Wilden über die als Wilde Vorverurteilten. *Ordem & Progresso*, Ordnung & Fortschritt – der brasilianischen Art.

Viele lebten unter Plastikplanen. Genauso wie ich, bis vor etwas mehr als einem Jahr. Andere hatten einfache Hütten aus Holzbrettern. Und wieder andere ein gemauertes Häuschen. In so einem beobachtete ich eine Weile durch die offene Tür und das offene Fenster das Geschehen. Und gewann den Eindruck, dass diese Familie noch einigermaßen traditionell geordnet war. Mir bekannte Kulturwerte aufrecht hielt. Die beiden Männer, wahrscheinlich Vater und Sohn, waren ruhig und nicht betrunken. Die Frauen machten einen zufriedenen Eindruck, waren am Kochen an einem improvisierten Holzherd. Und die Kinder spielten fröhlich und unbekümmert durchs ganze Häuschen. Ich fasste Mut. Ging hin und fragte eine der Frauen, ob ich für eine Nacht bleiben dürfe. Erzählte meine Geschichte. Nicht alles! Um Gottes willen! Die Sache mit Dona Sú und Rose zum Beispiel ließ ich aus ...

Sie konnten mir keine Hängematte zur Verfügung stellen, da sie selbst nicht genug hatten. Also schlief ich auf dem Fußboden aus festgestampfter roter Erde. In eine Decke gehüllt, die ich mit zwei kleinen Mädchen teilte. Trotz der alkoholgetriebenen Streitereien, die immer wieder von draußen akkustisch in die Hütte gelangten, schlief ich gut. Nach langer Zeit wieder einmal in direktem Kontakt mit Mutter Erde. Unter meinesgleichen.

Am nächsten Morgen ging ich zum Laden, den ich noch gestern bei meiner Ankunft gesehen hatte. Ich hatte ja Geld. Einhundert Reais. In zwei Fünfzigerscheinen. Ich kaufte Brot um zehn Reais, Margarine, Mortadella und Mate für den Tereré. Alles zusammen nicht ganz 25 Reais. Ein Viertel meines Reichtums war dahin. Jedenfalls freute sich meine Gastgeberfamilie über den Beitrag zum Frühstück. Sie lebte seit über zwanzig Jahren hier, ursprünglich hatte sie ihr Tekoha weiter im Süden. Bis sie vetrieben wurde. Der junge Mann damals noch ein Kind, wie seine Frau, und der heute Alte, sein Vater, ein Mann in seinen besten Jahren.

Die Kinder strahlten, konnten nicht genug von der Mortadella bekommen. Nach dem Frühstück ging der jüngere Mann fort. Arbeit suchen in der Stadt. Gelegenheitsjobs am Bau. Oder beim Lkw-Abladen. Seine Frau und eine jüngere Schwester gingen kurz darauf ebenfalls in die Stadt. Maniok und Mais verkaufen. *Versuchen* zu verkaufen. Oder einzutauschen. Gegen Streichhölzer und ... Milchpulver [zieht die Augenbrauen hoch, lächelt kurz] und Kinderbekleidung. Die drei Jüngsten hatten nichts am Leib. Und Tabak für den Alten. Ich übernahm die Aufgabe, auf die Jüngsten zu achten, ihnen und dem Alten Mittagessen zu bereiten. Maniok und Tereré. Das Haus sauber zu halten.

Zwischendurch kaufte ich den Kindern mehr Mortadella, eine Packung Schokowaffeln und eine Zweiliterflasche Limo. 50 Prozent des erworbenen Reichtums für die Hymentrophäe waren dahin. Ich war zwar damals kein Mathematikgenie wie Verinha – noch bin ich's heute [lacht] – aber es war doch offenbar: Ich brauchte ein neues Einkommen. Sonst würde ich dieser Familie in Kürze zur Last fallen.

Am Nachmittag, als die beiden Schwestern aus der Stadt zurückkamen, lief ich noch einmal zum Laden. Fragte, ob sie jemanden bräuchten. Aber diese geschäftstüchtige Guarani-Kaiowá-Familie hatte selbst mehr Familienangehörige als anfallende Arbeit im Laden. Ob sie etwas wüssten, *irgendwas*, fragte ich den Mann, den Besitzer, der gerade die Kunden bediente.

Manche Mädchen und junge Frauen haben einen Job in der Stadt. Als Hausmädchen. Putzen, Einkaufen, Kochen, auf Kinder aufpassen und so. Aber, da musst du schon eine von denen fragen, antwortete er. Und du kannst ja immer noch an irgendeiner Kreuzung versuchen, ein paar Münzen als Windschutzscheibenwäscherin zu verdienen. Da gibt's mehrere, die das tun.

Zurück im Haus fragte ich die beiden Schwestern, ob sie jemand kannten, der als Hausmädchen Arbeit hätte. Sie kannten. Es war eine befreundete Familie, die zwei Töchter hatte, die als Hausmädchen in der Stadt arbeiteten. Aber die blieben fix dort. Kämen höchstens einmal pro Monat nach Hause. Auf ein paar Stunden. Um Geld zu bringen und Lebensmittel. Vor allem solche, deren Haltbarkeitsdatum überschritten war, *milde Gaben* aus den aussortierten Kühltruhen ihrer *Senhoras*. Und niemand konnte sagen, wann eines dieser beiden Hausmädchen wieder nach Hause käme, sodass ich sie ersuchen konnte, mich im Bekanntenkreis ihrer Senhoras „anzubieten".

Im Grunde aber, trotz der klaren Einsicht, dass ich ein Einkommen brauchte, war ich nicht unglücklich, dass die schnelle Aussicht auf einen Hausmädchenjob unrealistisch war. Ich war eben wieder bei *meinen Leuten* angekommen und wollte nicht schon wieder fort, um in einen Kognonekasten und in Kognoneregeln gepfercht zu werden. Es musste doch auch andere Wege geben!

Nun ... die zweite Hälfte meines Reichtums war genauso schnell weg wie die erste. Und ich hatte fortan meinen Gastgebern bloß noch meine Hände zu bieten. Bei den diversen Hausarbeiten.

Etwa zwei, drei Wochen darauf hatte ich mich bereits mit einigen Guarani-Kaiowá-Schwestern der Aldeia Bororó, alle etwa in meiner Junge-Frauen-Altersgruppe, so zwischen zehn und siebzehn, angefreundet.

Zwei darunter hatten Einkommen. Sie waren aus Familien, die unter Plastikplanen schliefen. Im Schlamm, in Eiseskälte, wenn es regnete oder Winter war. Ziemlich genau in jenen Verhältnissen, die ich noch von der Bundesstraße 267 frisch und warnend in Erinnerung trug. Durchaus auch *traumatischer* Erinnerung. Das Ende vor allem, Mutter ...

Die beiden waren die jeweils einzigen in ihren Familien, die Geld beschaffen konnten. Mit zehn Menschen die eine, und ich glaube, dreizehn waren es, in der anderen. Dass diese Familien nicht hungers starben, verdankten sie ausschließlich den beiden. Sie arbeiteten in der Stadt. Jeden Tag. Von Sonntag bis Sonntag. In der Rua Joaquim Teixeira Alves. Gar nicht weit von der Rua Alan Kardec, wo Joseane und ihr Mann lebten. Und mangels irgendeiner anderen Alternative, auch nur an einem fernen Horizont, in diesem völlig überfüllten und sich selbst überlassenen, langsam in Drogen und Gewalt sich akkulturierenden Konzentrationsreservat, ging ich eines Tages mit. Mit den beiden Freundinnen. Zur Arbeit in der Rua Joaquim Teixeira Alves. Etwa sieben Kilometer hin – und sieben zurück. Zu Fuß selbstverständlich. Denn in den öffentlichen Nahverkehr waren wir zusammengepferchte Ausschussmenschen nicht eingebunden. Und hätten uns die Fahrtkosten sowieso nicht leisten können.

Dort, nicht weit vom Parque Anulpho Fioravante, standen wir herum, scheinbar gelangweilt oder entspannt am Plaudern, aber in Wirklichkeit angespannt, permanent auf der Hut. Hin und wieder, so hatten mir die beiden es vorab erklärt, gab's *blitz,* das sind unangekündigte Razzien seitens der Polizei. Und während diese die Personalien der volljährigen Prostituierten und Transvestiten aufnahm oder sie unter fadenscheinigen Gründen mitnahm, wurden Minderjährige sofort in die Polizeiwägen verfrachtet und bei den Eltern abgeliefert. Eine völlig sinnlose Maßnahme, denn zumeist waren es die Eltern, die die Mädchen dorthin schickten. Aber es geht ja lediglich darum, medienwirksam zu sein. Und Statistiken aufzufüllen. Für die Polizei und die jeweilige Gruppe an der Macht. Den Bürgermeistersessel innehabend zum fröhlichen Vierjahresstehlen. So lange dauert es bei uns von einer „Wahl" zur nächsten. Bis der nächste Chefdieb kommt. *Wahl* also ausschließlich unter Anführungszeichen. In unsrem Land. Denn der nächste kann zwar einen anderen Namen tragen, einer anderen „Partei" angehören, ist aber die selbe Essenz. Und wir Índias liefen noch zusätzliche Gefahr, von der einen oder anderen Streifenwagenbesatzung sexuell missbraucht zu werden. In unserem Fall kommt ja nicht selten der aggressive Rassismus seitens der „Gesetzeshüter", Machtteil der brasilianischen Gesellschaft, hinzu. Plus die Tatsache, dass wir die wenigsten Möglichkeiten, eigentlich null Möglichkeit, hatten und *haben*, uns zu wehren. Irgendeinen Anwalt, irgendeine Menschenrechtsorganisation ins Spiel zu bringen. Wir kriegen unser Fett unsichtbar, ungesehen von der brasilianischen Öffentlichkeit und der Welt ab. Seit über einem halben Jahrtausend. Und mit „wir" meine ich nicht „nur" die Guarani-Kaiowá, oder die Indigenen Völker auf jenem Teil des Kontinents, der heute Brasilien genannt wird. Ich meine *alle indigenen Gesellschaften*. Jene in den Ländern des Kondors, und jene in den Ländern des Adlers. Von Feuerland bis zur Baffin-Insel. Und wahrscheinlich sogar *weltweit*. Allerdings kann ich mich auch heute, nach Jahren des Aktivismus, noch nicht als Wissende bezüglich Afrikas oder Asiens verstehen. Also beschränke ich mich mit pauschalen Urteilen lieber auf unseren Doppelkontinent. Genährt von empirischen Einsichten und direkten Kontakten mit Índigenen von Chile bis Kanada.

Eliane, Du erwähntest Menschenrechtsorganisationen. Und wir in Europa haben ja durchaus einige Nichtregierungsorganisationen, die sich für die Belange der Indigenen und/oder bedrohte Völker generell einsetzen. Viele Menschen, ich selbst auch, steuern da immer mal was bei. Finanziell. Hast du Erfahrung, habt ihr schon mal Hilfe, Unterstützung ... bekommen? Seitens dieser Organisationen?

Eliane lächelt, atmet tief durch, wie vor dem Anpfiff oder dem Startschuss zu einem sportlichen Wettkampf.
Es mag schon sein, dass es da viele Menschen bei euch gibt, die helfen wollen. Nein, *bestimmt* gibt es die. Aber was glaubst du ... nein, lass es mich andersrum fragen. Direkter. Stell dir vor, du fliegst heute zurück in dein Land Tirol. Würdest du dich als Expertin fühlen, was die Realität und das „Schicksal" der Indigenen unter brasiliansicher Herrschaft betrifft? Als jemand, der sich hinstellen und den anderen erklären kann, „was Sache ist"?
Eliane sieht mich mit weit aufgerissen Augen und gerunzelter Stirne, erwartungsvoll lächelnd, an.

Nein, natürlich nicht.

Gut. Aber *diese* Leute, die da bisweilen rüberkommen, aus Europa, *die glauben das*! Nach ein paar Tagen Anguck- und Schnappschusstour hier! Wenn sie uns nicht schon *bei der Ankunft* erzählen wollen, was Sache ist. *Unsere* Sache! Bestimmt gute, aber ... verzeih mir, *törichte* Menschen bisweilen. So aufgeblasen von ihrem Ego und ihrem papierenen Input oder ihrer universitären Programmierung, dass sie keine gesunde Selbsteinschätzung noch freie Sicht mehr haben. Noch viel weniger die Sicht auf eine Realität, von der sie vielleicht in irgendwelchen Hörsälen und Artikeln – von *wem* geschriebene Artikel?! – und auf Reisen vernommen, aber empirisch nun wirklich keine Ahnung haben. Und oft sind sie einem Sektenbunkerdenken verhaftet. Alles, was von ihnen selbst, ihrer Gruppe, ihrer Organisation stammt, ist korrekt und gut. Und alles andere zumindest verdächtig. Wenn nicht gleich verlogen und falsch. Da steckt oft so viel Eitelkeit, und darunter wahrscheinlich noch persönliche Frustration, darin, dass es manchmal scheint, *sie* bräuchten *unsere* Hilfe. Und nicht umgekehrt.
Ich hab *schon* Leute kennengelernt, die uns, unserer Sache *wirklich* halfen und helfen. Aber dabei handelte es sich vor allem um Leute, die *da* waren und noch heute da sind. Zum Teil. Die an vorderster Front ihren Kopf hinhalten – der Dom Erwin Kräutler ist zum Beispiel einer, und Dorothy Stang war eine darunter und einige andere, nicht so bekannte. Leute die hier leben, sich integriert und gelernt haben, Hand anlegen, ihr Leben in den Dienst der Mitmenschlichkeit und Emanzipation der Verfolgten stellen. Zum Teil seit vielen Jahren. Es gibt sogar einige ganz wenige, die von einem Clan eines indigenen Volkes adoptiert worden sind. Aufgenommen, integriert, weil so wertgeschätzt für ihre *tatsächlichen Bemühungen vor Ort*. Darin waren wir Indigene ja immer schon Weltmeister. Im Intergrieren. Und ihr Europäer, scheint's, rutscht da gerade in die dritte Division ab. Aber nicht nur ihr. Die USA mit diesem neuen Präsidenten genauso. Aber egal, zurück zu jenen, die wirklich Seite an Seite mit uns kämpfen. Die uns wirklich verstehen. Weil sie eins geworden sind mit uns. Diese werden wiederum von so manchen Leuten der Organisationen aus Europa, oder meintwegen den USA, et cetera, nicht gehört. Richtiggehend boykottiert. Oder gleich runtergemacht,

abqualifiziert. *Hocheitles und kontraproduktives Sektenbunkerdenken*, wenn überhaupt *Denken*, bringen die oft mit, ich sagte es gerade. Also verzeih mir, *Irini*, aber wenn ich heute in irgendeiner Aldeia oder auf irgendeinem indigenen Großtreffen, oder einem Weltsozialforum bin, und da wird mir so ein Besucher einer dieser uns angeblich so unterstützenden Organisationen vorgestellt, bin ich sofort einmal eines: *sehr skeptisch*. Und was die dann so alles publizieren, einmal zurück, bei sich zu Hause und in ihrer jeweiligen Sprache ... als „unantastbare Wahrheiten" ... Ich weiß nicht, ob ich's wirklich wissen *will*.

Unsere Situation heute ist ja außerdem so vielschichtig, und so vielschichtig *verfahren*, dass du selbst als akademisches Genie nach einer Woche „Aldeiahüpfen" keine Ahnung hast, was da – in allen Schichten – vor sich geht. Es ist doch längst nicht mehr dieses Schwarz-Weiß-Schema. Die Guten hie, und die Bösen da. Was glaubst du, wie viele korrupte *caciques*, Chefs („Häuptlinge"), es heute gibt unter uns! Nach über 500 Jahren Kontakt mit einer durchkorrumpierten Eroberkultur. Was glaubst du, wie viele korrupte und mit den schlimmsten Feinden zusammenarbeitende *lideranças,* Führungskräfte, es heute unter uns gibt ...? Denen ein Vierradantriebauto oder eine Wohnung mit Klimaanlage in der Stadt, oder ein Pro-Forma- und Marginalpöstchen im Justiz- oder Kulturministerium mehr bedeutet als das Überleben ihres Volkes! Wo immer der Feind schlau, und effizient organisiert vorgeht, tauchen schnell so Figuren wie Dick Wilson und die Goons(1) auf. Die die Drecksarbeit der Demoralisierung und Unterdrückung verrichten. Bei uns nur deshalb noch nicht, weil effiziente Organisation und Brasilien schlicht und einfach ein Kultur-Antonym darstellen. Wir haben heute viele Índios, die so akkulturiert sind, dass du den Índio in ihnen schon kulturchirurgisch suchen musst!

Die sich in der Großstadt, vor allem bei medial besuchten Veranstaltungen, Farbe ins Gesicht schmieren, Federschmuck auf den Kopf setzen und die *Maracá*, eine Rassel, ein bei vielen Índiovölkern präsentes, spirituelles Rhythmusinstrument, schwingen. Während sie zu Hause, wenn sie dort, in ihrer Aldeia, überhaupt noch auftauchen, noch nie in traditioneller Aufmachung gesehen wurden ...

(1) https://indiancountrymedianetwork.com/news/honor-the-goons-never/

Und wie viele Vorurteile es auch in *unserer* Hemispäre gibt! Viele Índios des Nordens, des Amazonasgebietes, zum Beispiel, wider die Índios des Nordostens. Die nach 517 Jahren genozidärer Attacken und Vergewaltigungen einerseits und Zweckbündnissen mit entlaufenen afrikanischen Sklaven andererseits, auch schon mal blauäugig, blond, schwarz oder kraushaarig sind, eben nicht eine Morphologie, eine Physiognomie, aufweisen, die den Índios des Nordens, relativ unbeschadet geblieben im Schutzmantel des Regenwaldes und großer sie umgebender Wassermengen, entspricht. Den sogenannten „typischen" oder „authentischen" Índios. Surreale Streitereien, die von außen angefacht und gefördert werden. Und tausende Sachen mehr. Interne wie externe. Und wir reden von über 200 verschiedenen Gruppen, Völkern! Allein innerhalb der brasilianischen Staatsgrenzen! Um die Realität, die kontemporäre Situation der indigenen Völker zu verstehen, auch nur annähernd, bedarf es *in ihnen* und *mit ihnen* zu leben. Über einen langen Zeitraum. Und weitgehendst befreit von kulturellem Ballast eurozentrischer, oder auch romantisch-idealisierender Eingaben. Und keines einwöchigen Besuchens! Oder eines ans Internet angeschlossenen Laptops in irgendeinem europäischen Großstadtzimmer.
Nur ethnozentrisch gepolte Menschen, an Kulturenüberlegenheit und -unterlegenheit glaubende Menschen, können mit so einer Illusion leben. Denke ich zumindest. In erster Linie müssen – müssten – wir uns selber helfen. Und unsere Sympathisanten von außen, aus anderen Weltgegenden, *unsere* Initiativen unterstützen. [Eliane sieht mir tief in die Augen und lächelt fragend.]

Ich nicke zögernd. Das eben gehörte Plädoyer durchflutet mich noch wild umhertanzend, reibt sich teils kräftig an meiner eigenen „universitären Konditionierung" und folglichen Überzeugungen, schmeckt auch ein wenig nach Akademikerbashing ... Aber ich möchte meine Interviewpartnerin nicht aus der Fahrt bringen: Wahrscheinlich hast du recht, Eliane.

So. Nach diesem neuerlichen Abschweifen einer offenbar nicht korrigierbaren Ayorea [lacht herzlich und klopft sich mit den flachen Händen auf ihre Oberschenkel] zurück zu meinem ersten Tag in der Rua Joaquim Teixeira Alves. Von meinen beiden Freundinnen-zu-

Kolleginnen „wusste" ich wie die Arbeit funktionierte. Das Programm ging meistens in einem Auto, dem Wagen des Kunden, über die Bühne. Manches Mal open-air. Auf irgendeinem brachliegenden Grundstück an der Peripherie der Stadt. Vor Blicken Unbeteiligter geschützt durch meterhohes Dickicht aus Unkraut und Büschen. Jeder neue Freier war als potenzielle Gefahr anzusehen. Gefahr der Gewaltanwendung. Gefahr des Konsumierens, ohne zu bezahlen. Das Beste, das dir passieren konnte, war, den einen oder anderen Stammkunden zu angeln. Mit solchen fielen die beiden Hauptgefahren, was die Kunden betrifft, aus. Und niemals in ein Auto steigen, in dem mehrere Männer sind! Das geht nie gut aus, so die Warnung meiner Schwestern, die um nichts älter waren als ich, aber erfahrener.

In der Rua Joaquim Teixeira Alves arbeiteten einige in unserem Alter. Durchaus auch Brasilianerinnen. Deren „Motivationselend" aber zumeist ein anderes war. Nicht die Frage, ob die Familie etwas zu essen haben würde oder nicht, sondern die nicht minder drängende Frage, ob die Cracksucht heute befriedigt werden könnte. Oder weil die Eltern, oder Stiefeltern, sie dorthin schickten. Um zum Familienhaushalt beizutragen. Und denen übergab die Polizei nach Razzien die Kinder wieder. Die sie unverzüglich zurück, an die Arbeit, schickten. Und alle wussten und wissen es. Brasilien!

Wohin sie, die Polizisten, die minderjährigen Crackabhängigen schafften, weiß ich nicht. Denn die hatten mehrheitlich längst kein Zuhause mehr. Die Rua Joaquim Teixeira Alves *war* ihr Zuhause. In Wahrheit kümmerte sich kein Mensch um uns. Es bestand überhaupt kein Interesse an unseren Schicksalen. Keine Sozialprogramme, nichts. Prostitutionsterror – Polizeiterror – Prostitutionsterror. In starrem, offenbar von oben so geduldetem, wenn nicht gewünschtem, Kreislauf. Es ist ja, für uns zumindest, kein Geheimnis, dass das HIV-Virus gezielt zur Dezimierung von Indigenen eingesetzt wird. Dass Índias, im Norden, im Amazonasgebiet zum Beispiel, die als Kinder in Bordelle kamen, wenn sie einmal infiziert sind, zurück nach Hause geschickt werden. Denn dort werden sie einen Mann finden, Kinder bekommen ... und alles geht seinen für am Índioland interessierten Kognone *richtigen* Lauf.

Aber zurück zu uns. In die Rua Joaquim Teixeira Alves. Am schlimmsten ging es vielleicht gar nicht uns, Índigenen, sondern den Transvestiten. Vor allem von Kundenseite. Kein Tag, an dem nicht eine/r brutal misshandelt wurde. Grün und blau oder blutig rot geschlagen. Und vergewaltigt. Hin und wieder „verschwand" auch eine/r. In diesem Metier sind wir, soll heissen Brasilien, ja auch Weltmeister. Nicht nur im Ermorden von Mitmenschen, sondern auch im Verschwindenlassen. Einerseits ein Euphemismus für Ermorden, andererseits ein Indiz für die Nichtigkeit unserer Polizei, wenn es um wirkliche polizeiliche Aufgaben geht. Ermittlungen anstellen, zum Beispiel. Nicht mal fünf Prozent der Mordfälle werden aufgeklärt. Umbringen ist ein Mordsgeschäft in unsrem Land. Kaum Konsequenzen zu befürchten. Das erklärt *auch* die Vielzahl an professionellen Pistoleiros die wir flächendeckend haben.

Eliane macht eine Pause. Schaut zum Fenster raus, sucht in ihrem Inneren.

Nach ein paar Monaten, ich war wahrscheinlich bereits 13 – aber wie soll ich's *wissen?* [lacht] – ersuchten mich mein Gastgeber und seine Frau ein anderes Haus zum Leben und Übernachten zu finden. Ich hatte stets meinen Lohn zum Haushalt beigetragen. Daran lag es nicht. Aber sie waren eine der ganz wenigen gut strukturierten und kulturell einigermaßen intakten Familien. Wir hatten nie darüber gesprochen, woher mein Geld kam. Aber es war offensichtlich. Schon durch meine Freundschaften. Ich glaube, sie wollten *solches* Geld, *solche* Hilfe nicht. Vielleicht waren sie auch einfach um den Einfluss besorgt, den ich auf ihre Kinder, vor allem die Mädchen, ausüben würde.
Es war September 2000. Der Winter war vorüber. Und ich musste wieder einmal eine Existenzfrage lösen. Zu einer meiner Schwester-Kolleginnen zu gehen war ausgeschlossen. Unter Plastikplanen, wo ohnehin schon alle wie in der Sardinendose schlafen mussten. Ich erinnerte mich an Joseane und ihren Mann. In der Rua Alan Kardec. Mein Gott!, das schien Jahrzehnte her. Nein, dort konnte ich mich nicht mehr blicken lassen. Nach unserem Abhauen. Und ohne dass wir uns – ich zumindest – jemals wieder gemeldet hätten. Die hatten sich so für uns eingesetzt. Und wir sie verraten. Ausgeschlossen. Und die

beiden „Tanten"? Nein, wollte ich auch definitiv nicht. Eine *andere* Lösung musste her. Und zwar schnell. Ich durfte die Geduld der Familie, die mich raushaben wollte, nicht allzu sehr strapazieren.

Es gab hin und wieder Ausnahmeerscheinungen unter uns Sexarbeiterinnen in der Rua Joaquim Teixeira Alves. Eine davon war Lorena. Sie war aus der Gegend um Ponta Porã. Und war nach Dourados gekommen um *Educação Física*, Leibesübungen, zu studieren. Mit Hilfe ihrer Mutter und ihrer Großeltern konnte sie ein Zimmer in der Rua Arthur Frantz mieten, nur ein paar Hundert Meter vom *Centro Universitário da Grande Dourados*. Aber obwohl unsere Constituição, unser Grundgesetz, uns unter vielen anderen in der Praxis chronisch unerfüllten Dingen, auch das soziale Anrecht auf unentgeltliche Bildung garantiert, werden selbst an öffentlichen Schulen und Fakultäten kaum versteckt illegal Gebühren eingehoben, Unterrichtsmaterial verrechnet, und einiges mehr. Dazu kommen die extrem hohen Fahrtkosten für die Benützung öffentlicher Verkehrsmittel, was die Situation jener Studenten, die aus ärmeren Schichten kommen, zu einer permanenten Risikosituation werden lässt. Das Risiko des Aufgebenmüssens. Weil es sich einfach nicht mehr ausgeht, den Traum vom Studienabschluss weiter finanzieren zu können. Weiters der Fakt, dass die, die *tatsächlich* die vorgeschriebenen Bedingungen für Studienbeihilfe erfüllen, sie fast nie bekommen, während Kinder aus wohlhabenden Familien sie sehr wohl bekommen – Brasilien abseits der schönen Gesetzespapiere *pur* – und dann noch die sich wiederholenden monatelangen Professorenstreiks ... Tausende, und brasiliensystemisch immer die sozial Schwächsten, müssen in der Tat, Jahr für Jahr, kapitulieren. Einige aber, so wie Lorena, gehen bei finanziellem Notstand auf den Strich. Bis es wieder ohne weitergeht. Bis zur *nächsten urgenten Situation*.

Eliane warte mal, entschuldige die Unterbrechung, aber mir fiel gerade wieder ein, wie Antônio Carlos das brasilianische Grundgesetzbuch, *a Constituição*, nennt. Weißt du, wie?

Eliane schüttelt den Kopf, lächelnd und mit hochgezogenen Augenbrauen.

Das epochalste Werk schöngeistiger brasilianischer Literatur. Ähnlich den Werken der deutschen Gebrüder Grimm, oder des Dänen Hans Christian Andersen. Wunderschöne Märchen, nichts davon jemals Realität im Leben der Armgehaltenen.

Eliane platzt vor Lachen. Sehr gut!, ruft sie ihre Zustimmung zu Antônio Carlos' Urteil aus. Dann knüpft sie wieder an.

Also, wir Índias verstanden uns gut mit Lorena. Sie war ein bisschen wie eine ältere, „coole" Schwester. Hatte nichts Rassistisches an sich. Und sie versicherte uns immer, das Anschaffen sei eine Arbeit wie jede andere. Und für sie ein Mittel zum Zweck. Ohne das sie das Studium, den Studienabschluss und das Diplom abschreiben könnte. Sie versuchte uns auch einzuschärfen, dass wir „hart sein" müssten gegenüber den Kunden. Es niemals ohne *camisinha*, Hemdchen, wie wir Präservative in Brasilien gemeinhin nennen, geschehen lassen sollten. Die unsere einzig effektive Krankenversicherung sei. In diesem Geschäft. Allein, Lorena, eine Weiße und Universitätsstudentin, hatte Kunden eines anderen Profils als wir. Sogar Stammkunden darunter, meist verheiratete Männer aus der Mittelklasse. Und es ging immer in ein schickes Motel. Sie verdiente 70 Reais, die halbe Stunde. Wir adoleszente Índias mussten schon vier bis fünf Programme machen, ohne Zeitlimit, um auf diese Summe zu kommen. In Kleinwägen. Oder an einer Mauer eines leerstehenden Hauses, umgeben von Gestrüpp und Müll. Und mit *unseren* Kunden war in der Regel auch nichts zu machen in Bezug auf die Verwendung von Kondomen. Auch am Strich ist Brasilien sich selbst treu. Ein arg rassistisches und die Ärmsten verachtendes und verbrauchendes Land.
Als ich Lorena das nächste Mal traf, auf Arbeit in der Rua Joaquim Teixeira Alves, fragte ich sie, ob ich für einige Tage bei ihr wohnen könne. Erzählte ihr, was geschehen war. Von ihrer Reaktion ausgehend glaube ich, sie war alles andere als begeistert von meinem Ansinnen. Nach kurzem Schweigen – Überlegen? – zählte sie erstmal Argumente *dagegen* auf. Dass ihr „Zimmer", in Wirklichkeit ein kleines Häuschen am Rande einer großen noch unverbauten Fläche, viel zu klein sei, sie Ruhe zum Studieren brauche und gerne ungestört sei, wenn mal ihr Freund käme ... Ich aber ließ nicht locker, war mir

137

sicher, dass diese Wohngemeinschaft zum Guten für uns beide wäre. Und überzeugte sie in der Folge, dass ich sie in den von ihr vorgebrachten Situationen nicht nur nicht behindern, sondern ihr auch alle Hausarbeit abnehmen könnte. Was ihr mehr Zeit zum Lesen und Vorbereiten auf Prüfungen einbrächte.

Und ab wann wäre das?, fragte sie schließlich. Von mir aus ab heute, antwortete ich. Und lachte [lacht] und riss Lorena mit mit meinem Gelächter. Der Pakt war besiegelt. Aus ein paar Tagen wurde der Rest des Jahres 2000. Und auch das erste Halbjahr 2001 verbrachte ich weiter in diesem Häuschen in der Rua Arthur Frantz meine Nächte. Wenn Lorenas Freund zu Besuch kam, ging ich aus. Trieb mich auf der Straße oder in einem Shopping Center herum. Und wenn er die Nacht über blieb, zog ich mich, wenn es nicht gerade schüttete und Nordwind hatte, auf die Veranda zurück. Und verbrachte die Nacht in der Hängematte Lorenas.

An manchen Abenden, wenn Lorena mal nicht nach Büffeln zumute und kein Besuch angesagt war, unterhielten wir uns lange. Das heißt, eigentlich unterhielt sie mich. Und ich hörte meiner „älteren Schwester" aufmerksam zu. Unter anderem versuchte sie mir einzuschärfen, dass die Prostitution nur eine Übergangslösung sei. Aber keine Lösung an sich. Dass Pläne geschmiedet werden müssten. Um sich ein „besseres Leben" aufbauen zu können. Und dass man Chancen nicht teilnahmslos *erwarten* dürfe, sondern kreieren muss. Aus eigenem Antrieb. Sie fragte mich nach meinen Plänen. Und ich konnte nicht antworten. Ich hatte keine. Keine, die über morgen hinausgingen. Für mich war zum Beispiel jetzt einfach gut, ein Dach über dem Kopf zu haben. Genug Einkommen zu haben, um für mich selbst sorgen zu können. Von Tag zu Tag. Und Lorena meinte, das genüge nicht. Ich müsste sparen für größere Projekte als bloß das tägliche Überleben. Ich müsste mir einen Plan, wie's weiter geht ausdenken, zurechtlegen. Mich organisieren.

Wie siehst du dich heute in zehn Jahren? Diese Frage schien mir so abstrakt, fast schon verrückt ... Wer weiß schon, was in zehn Jahren ist? Vor allem, wenn man selber gerade erst 13 ist. Aber Lorenas Nachstochern, steter Tropfen höhlt den Stein, zeigte natürlich Wirkung. Ich *begann* über Abstraktes und Verrücktes [lacht] nachzudenken. Und setzte mir in den Kopf, studieren zu wollen. Wie Lorena.

138

In diesen Monaten mit Lorena ging ich immer seltener in die Rua Joaquim Teixeira Alves. Ich verinnerlichte die Philosophie Lorenas. Nur wenn es galt, eine finanzielle Notsituation zu lösen, wenn ich also ein Paar neue Flipflops brauchte, weil die alten nicht mal mehr mit Nägeln zusammengehalten wurden, oder keine Lebensmittel mehr im Küchenschrank waren oder die Kochgaskartusche leer war, ging in auf Arbeit. Und auch das Einkommen ging zurück. Erstens, weil ich – Lorenas „Unterricht"! – nun auf das Verwenden einer Camisinha zu bestehen begann, was viele Kunden veranlasste den Preis runterzuhandeln, oder in Wut versetzte und eine andere, *Willigere*, suchen ließ. Und zweitens, weil immer jüngere Índias auf den Markt nachstießen. Weil das Elend im Reservat wegen der laufend Neuankommenden, aus ihren Tekohas Vertriebenen ständig zunahm. Kognone, die Dreizehnjährige zum Sex mieten, bevorzugen, so im Angebot, Elf-, Zehnjährige. Mutter hatte auch hier akkurat geurteilt. Damals, als wir Hals über Kopf Ramires verließen. In Porto Murtinho. *Krank*, die Kognone, vor allem die Männer sind *krank*. Anders als Mutter dachte ich aber, dass es *nicht alle* seien. Aber doch die meisten.

Über Lorenas Drängen ging ich eines Tages mit ihr zu einem Gesundheitsposten im Ostteil der Stadt – wo uns niemand kannte, oder die Chance auf jemand Bekannten zu treffen, geringer war – um uns dort auf Krankheiten checken zu lassen. Und herauszufinden, warum ich an Schmerzen im Unterleib litt. Ich, als Índia, selbst wenn ich in Besitz eines Dokuments gewesen wäre, wäre wohl nie bis zu einem Arzt vorgedrungen. Mit den Routinelügen, heute ist kein Arzt da, oder da musst du dieses und jenes Dokument haben, oder die Untersuchung kostet 200 Reais, abgewimmelt worden. Noch am Empfangstisch. Aber die gar nicht mundfaule Lorena „boxte mich durch" zu meinem Recht. Das im *schönsten Märchenbuch Brasiliens*, wie Antônio Carlos es nennt, festgeschrieben ist [wir lachen beide]. Ich war zwar nicht krank, aber hatte eine Entzündung. Einen Gebärmutterkatarrh. Und konnte in der Folge die Arbeit nicht nur nicht ruhen lassen, sondern musste wieder ein paar Tage lang hintereinander anschaffen gehen, um mir die Medikamente zur Behandlung der Entzündung überhaupt leisten zu können. Wie steht's in unsrem *epochalsten Märchenbuch*, geschrieben auf dem geduldigsten Papier der Welt? Alle haben wir Anrecht auf beste und unentgeltliche medizinische Versorgung [lacht]. Ein Witz, ein perfider. Das *ganze* Gesetzeswerk.

Schon im Jahr 2001, begleitete ich Lorena zum ersten und einzigen Mal an die Uni. So dezent gekleidet wie möglich, in langen Jeans und Sandalen und ungeschminkt. Ganz im Gegensatz zum spärlichsten Arbeitsgewand und zum dick bemalten Gesicht, wenn's zur Rua Joaquim Teixeira Alves ging. Sie schummelte mich ohne Probleme am Portier vorbei, für selbstsichere *Weiße* gibt es kaum Schranken in unserem Land, und führte mich zur Institutsbibliothek. Dort bat sie um eine Buchliste zum Thema Physiotherapie. Die es nicht gab. Aber wenigstens wurde ihr beschieden, wo, in welchem Gang, solche Literatur *vielleicht* zu finden sei. Und klassische brasilianische Literatur? Welche Autoren? Rachel de Queiroz. Die Bedienstete suchte in ihren Listen, ah hier. Im Gang soundso. Es ist dort alles alphabetisch geordnet. Dorthin gingen wir zuerst und sie zog aus den mich beeindruckenden immensen Regalsystemen ein kleines dünnes Büchlein mit dem Titel „O Quinze". Es war der erste Roman, veröffentlicht im Jahr 1930, dieser bahnbrechenden Frau der brasilianischen Literatur. Und es war das erste Buch in meinem Leben. Setz dich hier hin. Und lass dich nicht ablenken. Durch nichts. Stell dir vor, du bist dabei, mittendrin in der Geschichte. Und wenn du mal das eine oder andre Wort, oder eine Redewendung nicht verstehst, überspring sie einfach. Es ist nicht so wichtig, jedes Wort, jeden Satz zu verstehen. Was zählt ist der Zusammenhang, die Geschichte im Großen, o.k.? Gut. Ich setzte mich und öffnete, irgendwo zwischen ängstlich und feierlich, mein erstes, fast einhundert Seiten dickes (?), dünnes (?), Buch. In zwei bis drei Stunden hol ich dich ab, und weg war Lorena.
Außer mir war niemand in der Universitätsbibliothek. Ich begann in ein anderes, neues Universum einzutauchen. Das dennoch Parallelen zu meinem bisherigen Leben zeigte. Es war der Moment, an dem ich begann, meinen Plan zu studieren, eine lange und ungewisse Reise, in die Praxis umzusetzen.
Und, ganz nebenbei, *Irini,* ich empfehle dir dieses Buch. Von ganzem Hirn und Herzen [lacht]. Es ist zwar vor fast neunzig Jahren geschrieben worden, aber es trifft die Essenz Brasiliens, vor allem der Nordostregion, noch heute. Und mit deinem Portugiesisch wäre es ein

Leichtes für dich. Auf jeden Fall leichter als für mich, *damals*, als zwar motivierte, aber dennoch *totale Anfängerin* im Universum der Literatur. Die Sprache, die Rachel verwendete, ist die volkstümliche der Region, im Hinterland Cearás. Keine überschnörkelten Sachen. Keine „Gelehrtensprache".

Ich hatte das Buch vor mir, vor meiner Nase, buchstäblich, das Kinn auf meine über dem Buch liegenden verschränkten Hände gestützt, und war versunken in der Szene, die ich las. Chico Bento war gerade dabei, die der anhaltenden Dürre wegen zu Haut und Knochen abgemagerten Kühe von Dona Maroca frei- und in den sicheren Hungertod zu entlassen. Es schnürte einem des Herz zu. Und du spürtest die unbarmherzige trockene Hitze. Keine Ahnung, wie viele Stunden vergangen waren, als mir Lorena plötzlich die Hand auf die Schulter legte und ich zusammenzuckte. Nach dieser Schrecksekunde lachten wir aber beide [lacht]. Na, wie läuft's? Konntest du dich in die Geschichte reinversetzen? Oh ja! Ich war richtig begeistert. Hatte zwei ganze Kapitel geschafft und war ins dritte eingetaucht. Und bei der eben beschriebenen Szene angelangt. Ich weiß es nicht mehr genau, aber das waren bestimmt keine zwanzig Seiten. Aber für mich war's eine *gigantische* Leistung [lacht herzlich und zwinkert mir zu].

Das Buch lieh Lorena in ihrem Namen aus, und ich las es in den kommenden Tagen in der Rua Arthur Frantz zu Ende.

Diesem Klassiker unter brasilianischen Romanen folgten weitere in meiner Einführung in den – autodidaktischen – Bildungsweg. Gefördert von meiner Kollegin und Kognone-Schwester Lorena. „Os Corumbas" von Amando Fontes. Das war auch das Lieblingsbuch von Lorenas Vater. Einem völlig ungewöhnlichen, weil lesebegeistertem Brasilianer. Der als Drucker in Pedro Juan Caballero, dem paraguayischen Gegenüber von Ponta Porã, gearbeitet hatte, bis er an – wahrscheinlich berufsbedingtem – Mund - und Rachenkrebs zu Hause unter furchtbaren Schmerzen zugrunde ging. Mit der Diagnose in der Tasche, aber ohne Geld für die Fahrten zur Behandlung in Campo Grande. Vor zehn Jahren war das, als Lorena zwölf war. Dann „Seara Vermelha" von Jorge Amado. „Vidas Secas" von Graciliano Ramos. „Vila Real" von João Ubaldo Ribeiro. Eines spannender als das andere. Und ich in der Metamorphose zu einer geübten und aufmerksamen Leseratte. Die mehr über „ihr Land" Brasilien lernte als alle in Klassenzimmern unserer öffentlichen

Schulen eingesperrten Kinder. Schlachthöfe der Fantasie. Wo die wichtigste Lektion ist, nie aufzufallen, keine Fragen zu stellen. Damit du keine Probleme hast. Damit du in die nächste Schulstufe kommst. Auf dem Weg zum Ziel: ein gestempeltes Blatt Papier. Aber auf keinen Fall auf dem Weg zu kritischem Wissen. Oder wenigstens Reflexion. Und dann brachte mir Lorena *das Buch*: „Minha Vida de Menina" von Helena Morley, Pseudonym für Alice Dayrell Caldeira Brant, einer *Mineira*, Einheimische aus dem Bundesstaat Minas Gerais, die im 19. und 20. Jahrhundert lebte. Ich liebte dieses Buch. Es war bezaubernd. Und ver-zaubernd. Mein Gott, es erinnerte mich an meine Kindheitsjahre im Paradies. Am Rio Apa. Die beim Lesen wieder auflebten. Sich mit den Bildern, die das Buch provozierte, vermischten. Obschon ganz woanders, in der Welt der Kognone von Minas Gerais, angesiedelt.

Schon beim Lesen dieses wunderschönen Werkes reifte in mir der Entschluss, zu Joseane und ihrem Mann zu gehen. Ihnen einen Besuch abzustatten, ihnen zu erklären, was passiert war, warum wir damals verschwunden waren. Und auch in der vagen Hoffnung, Informationen über den Verbleib meiner damaligen Guarani-Kaiowá-Schwester zu bekommen. Vielleicht war sie ja, nach der Episode in Dona Sús Haus, zu Joseane zurückgelaufen?

Ich war mittlerweile wahrscheinlich schon 14, oder knapp davor, als ich mich an einem eiskalten Julitag auf den Weg zur Rua Alan Kardec machte. Mit den Richtungen und Straßennamen, die mir Lorena besorgt hatte, im Kopf. Für das Geld für meine letzten Programme hatte ich in einem nahen Shopping Center einen beigen Wollschal mit dünnen schwarzen Streifen und Fransen an den Enden erstanden. „Hecho en Argentina". Hergestellt in Argentinien. Mein Geschenk, meine „Entschuldigungsgabe"?, für Joseane.

An ihrem Vorgarten angekommen, klatschte ich in die Hände. Die brasilianische Art höflichen Rufens. Klatschte mehrmals. Bis endlich die Tür aufging und Joseanes Mann erschien. Ja? Ich brachte kein Wort hervor, konnte ihm nicht einmal in die Augen sehen. Na so was! *Du* bist das! Er hatte mich erkannt, kam zum Vorgartentor, öffnete es, komm doch rein. Ich war nervös. Blieb wie angewurzelt stehen. Ist Joseane nicht zu Hause? Sie ist zum Friseur mit ihren Freundinnen. Er schaute auf seine Armbanduhr. Aber es ist ja gleich Mittag, und da kommt sie bestimmt zurück. Komm rein, na los, ist ja eiskalt in diesem Polarwind hier draußen. *Com licença,* mit Ihrer Erlaubnis, bat ich. *Toda,* aber klar. Komm schon. Dann saß ich ein paar Minuten in der Küche. Joseanes Mann machte Wasser heiß, um mit mir Mate zu trinken. Wir sprachen kaum, außer wenigen Floskeln – Wie geht's?, Alles gut?, und ähnlichem. Als er dabei war das heiße Wasser in eine Thermosflasche umzufüllen, hörten wir Joseanes Auto. Warte, wir wollen sie überraschen. Und ging zur Haustür. Hallo, stell dir vor, wir haben Besuch bekommen. Besuch? Ja doch. Wer? Na komm in die Küche und sieh selbst. Du wirst es nicht glauben.

Nossa Senhora! Mutter Gottes!, ja gibt's denn so was?! Ich stand auf. Sie kam an den Tisch. Umarmte mich. Kind, Kind, Kind ..., geht's dir gut? So eine schöne Überraschung! Was ist denn mit dir geschehen? Damals? Und wo bist du denn jetzt? Bei deinen Leuten im Reservat? Ah, du musst mir alles erzählen. Aber wie schön, dass du uns nicht vergessen hast! Hast du Hunger? Was ist denn mit deiner Kollegin passiert? Kommt sie nicht? Das ersparte mir das Fragen. Joseane wusste also auch nicht was mit ihr geschehen war. Sie war wirklich von einem Moment zum anderen aus unserem Leben – und hoffentlich wirklich nur aus unserem – verschwunden. Schade.

Ihr Mann half ihr aus dem Mantel, ging ihn aufhängen und ließ uns allein. Er war noch immer der selbe zurückhaltende schweigsame und einfühlsam gute Mensch.

Wir aßen Fischsuppe, *Surubi*. Schön heiß und stark. Ein ideales Essen für kalte Wintertage. Und ich erzählte Joseane einiges, das dem tatsächlich Vorgefallenem entsprach, und ersetzte einiges, die gesamte Rua Joaquim Teixeira Alves zum Beispiel, und meine vorangegangene Einweihung in das Sexgeschäft, durch meine per Bücherlesen geschliffene Fantasie. Dieser Part, dass ich nun Bücher verschlänge, dank meiner studierenden Freundin, der ich den Haushalt führte, gefiel Joseane am besten. Auch meinen Plan einmal selbst studieren zu wollen, kommentierte sie anspornend. Und bot Hilfe an. Hast du denn schon ein Dokument, Geburtsurkunde? Nein? Nun, das müssen wir als Erstes angehen. Das ist der allererste Schritt Richtung Studium. Der dringendste. Lass mich nur machen, das kriegen wir schon irgendwie hin.

Es dämmerte bereits und ich wollte mich auf den Rückweg machen.

Eliane, stop bitte! Schau mal, es ist schon zehn nach Neun. Wir sollten Verinha wecken. Die Medikamente!

Wirklich ..., klar, lass *mich* machen! Und draußen war Eliane bei der Tür. Ich schaltete das Aufnahmegerät aus. Ging in die Küche, aus dem Fenster sehen, *die Lage checken,* und stellte Kaffee auf. Eliane kam lächelnd aus dem Gästezimmer zurück. Wir haben uns ohne Grund Sorgen gemacht. Verinha ist längst wach, hat gefrühstückt, ohne dass wir's bemerkt hätten, ihre Medikamente eingenommen und glotzt jetzt eine Sendung über ... *Vulkanismus* [lacht]. Was gibt's da zu lachen, kleine Wilde?, vernehmen wir Verinhas sonore Stimme aus dem Gästezimmer. Was bei Eliane postwendend *noch lauteres Lachen* auslöst.
Ich rufe Verinha von der Küche aus zu, dass *der Doc* angerufen hätte und dringend abriete, schon heute zu versuchen, in ihrem Miethäuschen nach dem Rechten zu sehen. Dass es noch immer zu gefährlich sei. Hast du gehört, Verinha? Ja, ja, schon gut. Gefährlich *für ihn,* murmelt Verinha noch halblaut nach.

Magst du auch einen Espresso, Eliane? Nein danke, ich bin schon wach genug [lacht]. Ein paar Minuten später sitzen wir uns wieder im Arbeitszimmer Antônio Carlos' gegenüber. Und das Aufnahmegerät läuft.

Also, es wurde schon dunkel und ich wollte mich auf den Rückweg machen. Aber Joseane bestand daruf, mich mit ihrem Auto hinzufahren. Sie fragte ihren Mann nach der besten Route und los ging's. In wenigen Minuten waren wir an der Universität vorbei und in der Rua Arthur Frantz. Lorena war nicht zu Hause. Schade, ich hätte deine neue Mentorin, zumindest was die Literatur betrifft, gerne kennengelernt. Na, ich weiß ja jetzt, wo ihr wohnt, wir sehen uns bestimmt. Und du, komm doch öfters vorbei bei mir zu Hause. Wann du willst, hörst du. Oder ruf mich an, ah ja, ihr habt ja kein Telefon hier. Aber das macht nichts. Ich werde mich auf jeden Fall um eine Lösung wegen deines Dokuments kümmern. Der Geburtsurkunde. Und deinen Wunsch zu studieren. *Passo por passo,* Schritt für Schritt, so kommt man immer ans Ziel. Und vielen Dank nochmal für den wunderschönen Schal. Sie zupfte daran, hatte ihn gleich um den Hals gelegt, im Spiegel betrachtet, nachdem ich ihn ihr, unsicher bezüglich ihrer Reaktion, kurz vor unserem Aufbruch überreichte hatte. Dann stieg sie wieder in ihr Auto, ließ den Motor an, winkte und fuhr zurück. Ich war zufrieden. Über den Besuch. Dass ich mich dazu entschlossen hatte. Und wie er verlaufen war. Ich fühlte Erleichterung, dass sich Joseane verständnisvoll zeigte. In keiner Weise mir böse schien. Aber ich fühlte auch Enttäuschung, nichts bezüglich meiner ehemaligen Fluchtgefährtin aus der Familie des ermordeten Capitão herausgefunden zu haben.

Ich ging daran, für Lorena ein Abendessen vorzubereiten. Schon sieben Uhr. Sie würde in Kürze von der Universität kommen. Doch die Polenta aß ich alleine. Lorena kam spät nach Hause und war todmüde. Als sie bereits schlief, las ich Helena Morleys „Minha Vida de Menina" zu Ende. [Lächelt gedankenverloren, macht eine kurze Sprechpause.]

Ich war eine junge, ziemlich sicher bereits 14-jährige Ayorea-Guarani-Kaiowá-Frau ohne Dokumente, noch Angehörige, hatte zwei Rennen ums Überleben, das erste noch festgezurrt an Mutters Rücken, hinter mir und zum ersten Mal den Gedanken einer Zukunft *vor* mir. Nicht zuletzt wegen der beiden Mentorinnen Joseane und Lorena. Zwei *Kognonefrauen*. Die mir ein stabiles Gegengewicht zur Abwärtsspirale der Hungerprostitution, *vorgesehene Dienstleistung* und *vorgesehenes Verbrauchtwerden* in der brasilianischen „Obergesellschaft" für von ihr an den Rand gedrängte und dort ausgeschlossen gehaltene Gruppen, mit auf den Weg gaben. Und ich gehörte, obschon mir damals freilich nicht bewusst, zu einer „Bildungselite" im nationalen Ignoranzkontext. Denn bis heute liest der durchschnittliche Brasilianer eineinhalb Bücher in seinem Leben. Mit „Minha Vida de Menina" hatte ich bereits sechs, und ein Vielfaches an Ideen, in mein Inneres getragen. [Wieder schaut Eliane in eine unergründliche Weite, an mir vorbei, pausiert mit dem Sprechen für einige Sekunden.]

Ab diesem Zeitpunkt, dem Wiederbesuch bei Joseane und ihrem Mann, ging ich nur noch zwei Mal zum Geldbeschaffen in die Rua Joaquim Teixeira Alves. Und beide Jobs erschienen mir grässlich. Ekelhafter als zuvor. Trotz des eingebrannten Merksatzes Lorenas, dass es eine Arbeit *wie alle anderen auch* sei. Diese innerliche Ablehnung hatte, glaube ich *heute*, einerseits mit den Konsequenzen des Ideentransfers durch das Lesen zu tun, vor allem „Seara

Vermelha", wo die sexuelle Ausbeutung der wirtschaftlichen Not durch gutbetuchte Absahner ja auch Thema ist. Ein Thema, das nichts, aber *gar nichts*, von seiner chronischen Gültigkeit in der brasilianischen Gesellschaft verloren hat – obwohl dieser Roman Jorge Amados auch schon ein „Literaturopa" ist. Und andererseits – es geht ja in Romanen, zumindest denen, die ich bis zu diesem Zeitpunkt gelesen hatte, immer *auch* um Liebe – erwachte in diesen Wintertagen des Jahres 2001 wieder meine Sexualität. In Gedanken und Gefühlen. Eine geahnte, *andere* Sexualität. Eine, die seit den Tagen des zarten Beginnens mit meinem ersten Mannfreund, dem Guarani-Kaiowá-Buben vom Tekoha am Rio Apa, unter dem Schmutz und Schutt durch Patriarchat und Kapitalismus nachhaltig pervertierter Sexualität der Kognone begraben lag. Oder, salopper ausgedrückt: Ich hatte Sehnsucht nach *Echtem*.

Elaine atmete tief aus, schwieg, sah mir in die Augen, lächelte. Ich fühlte mich „verloren". Wusste nicht, was sagen. Ob es überhaupt für mich etwas zu sagen gab in dieser Situation. Nach einigen Sekunden ohne gesprochene Worte, nahm Elaine den Faden wieder auf.

Ich wusste, dass ich Lorena nicht zur finanziellen Bürde werden dürfte. Und bald schlief ich wieder öfters im Haus von Joseane und ihrem Mann. Im selben Zimmer, wo einst deren Tochter groß geworden war. Und meine Guarani-Kaiowá-Fluchtschwester und ich Zuflucht und fürsorglichen Schutz gefunden hatten. Lorena versicherte mir zwar, dass ich nichts beizutragen hätte, mit Geld, da ich ohnehin den Haushalt alleine führte, aber ich dachte, sie hätte schon genug für mich getan. Ab Anfang August blieb ich in der Rua Alan Kardec. Und ging nun Lorena ab und zu in der Rua Arthur Frantz besuchen. Ich sorgte fast im Alleingang für den Haushalt der beiden Pensionisten und Joseane föderte mich so gut es ging weiter. Sie unterrichtete mich täglich in Portugiesisch, Mathematik, Geschichte und Geographie und nahm mich auch ein Mal in eine Buchhandlung in Campo Grande mit, wo ich mir weitere drei Bücher aussuchen durfte.
Im September, schon gegen Ende des Monats, der kalte Winter war vorbei, kam eine Freundin Joseanes zu Besuch. Eine Schulfreundin aus „uralten Tagen in Campo Grande" wie Joseane „präzisierte" [lacht]. Maria Aparecida hieß sie auf Papier. Aber bekannt war sie

unter dem Kürzel Cida. Sie lebte, seit gut vierzig Jahren schon, im Bundesstaat São Paulo. In der Großstadt Marília, etwa 600 Kilometer östlich von Campo Grande. Der Besuch war allerdings kein zufälliger, sondern ein „eingefädelter". Von Joseane. Cida hatte nach ihrem Pädagogikstudium in Campo Grande an mehreren Schulen, zuerst in Assis, danach in Marília, unterrichtet. Und war dort schließlich zur Direktorin einer Privatschule aufgestiegen. Bevor sie 1996 in Pension gegangen war. Ihr Mann war im Vorjahr verstorben und ihre „Kinder", die selbst schon Kinder hatten, lebten in São Paulo und Santos. Sie war allein. Fühlte sich allein. Und Joseane hatte einen Plan. Zuerst wollte sie aber sehen, wie es denn zwischen uns, Cida und mir, „funktioniere". Ob *die Chemie stimme*.

Cida blieb eine Woche in der Rua Alan Kardec und wir verstanden uns gut. Sie war Joseane sehr ähnlich. Allerdings fehlten bei ihr die *religiösen Anwandlungen.* Und Ermahnungen. Ich glaube, sie war eine, für den brasilianischen Standard, sehr emanzipierte, selbstbewusste Frau. Es gefiel mir, wie sie mich zu eigenen Gedanken provozierte. Mit mir über Gelesenes oder Erlebtes sprach. Sich austauschte, als sei ich eine Ebenbürtige. Ganz ohne Arroganz. Und auch ohne den „Oberlehrerton", der allzuoft bei Joseane mitschwang. Gegen Ende der Besuchswoche saßen wir, auch Joseanes Mann, beim Frühstück am Küchentisch, und Cida fragte mich rundheraus: Hättest du Lust, mit mir nach Marília zu kommen? Mir dort im Haushalt, beim Einkaufen zu helfen? Selbstverständlich für ein kleines Salär. Und außerdem würde ich dir Dokumente beschaffen – ich hab ja noch Familie und viele Freunde hier in Mato Grosso do Sul – damit du endlich aus dieser Limbussituation rauskommst, zur Schule gehen kannst, studieren kannst, was auch immer.

Zum ersten Mal ergriff in diesem Moment Joseans Mann das Wort, meinte, ich sollte mir das *in Ruhe* überlegen. Sorgfältig abwägen. Mit meinen Ideen und Wünschen. Und dass es von ihrer, seiner und Joseanes, Seite keinerlei Grund gäbe, sich von mir trennen zu wollen. Dass sie aber andererseits mir auch nichts in den Weg legen wollten. Denn „die Möglichkeiten" in Marília und bei Cida wären vielfältiger. Als hier, „in der Provinz von Mato Grosso do Sul". Joseane schien nervös, nickte immerzu zu dem von ihrem Mann gesprochenen, hatte feuchte Augen. Sie spürte, wusste, dass ich bereits mit den Flügeln schlug.

147

Am nächsten Tag, dem letzten Septembersonntag, fuhren Joseane, Cida und ich nach Marília. Cida hatte keinen Führerschein, besaß kein Auto, aber wegen meiner Dokumentenlosigkeit konnten wir nicht im Bus fahren. Also chauffierte uns Joseane. In Nova Andrina, noch auf der sulmatogrossensischen Seite des großen Paraná-Flusses hielten wir. Cida hatte Familienangehörige dort. Unter anderem solche, die am Magistrat gearbeitet hatten. Und noch immer *gute Beziehungen* zu den Nachfolgerbeamten pflegten. Es wurde meine Geburtsurkunde, mein Personalausweis, meine ganze neue Identität ausgehandelt. Vorbereitet. Meine Brasilianerinwerdung ... [lacht laut]. Allerdings wusste ich in diesem Moment noch nichts davon. Joseane und ich saßen auf dicken hellbraunen Polstermöbeln in einem für solch wuchtige Möbel viel zu kleinem Wohnzimmer, vor laufendem Fernseher und umrundet und beäugt von aufgeregten Enkeln und schweigsamen Urgroßeltern, und taten uns gütlich an Milchkaffee und Kuchen.

Schon auf der anderen Seite des Paraná-Flusses, im Bundesstaat São Paulo, übernachteten wir in einer *Pousada*, einer Pension, in der Stadt Presidente Epitácio. Joseane war müde geworden und wollte nicht in der Dunkelheit weiterfahren. Als die beiden Frauen bereits schliefen, las ich bis weit nach Mitternacht, unter einer mit einem Kopfpolster zu den beiden Schlafenden hin abgedeckten Schreibtischlampe, in José de Alencars „O Guarani". Eine Ausgabe aus 1984 dieses Klassikers aus der Mitte des 19.Jahrhunderts. Mit einem indigenen Protagonisten. Aus Kognonefeder. Und einem wunderschönen Bild auf dem Buchumschlag. Mit dem Índio Peri und einem Jaguarkopf im Vordergrund. Das Abschiedsgeschenk von Joseanes Mann. Ich hab es heute noch, *Irini*. [Lächelt sanft.]

Dienstag, 14. Februar 2017 (Nachmittag)

Verinha hatte, als Eliane und ich noch zusammen im Arbeitszimmer saßen, begonnen, Mittagessen zuzubereiten. *Galinha Caipira,* Hühnchen auf Bauernart.
Es war vorzüglich. „Gourmandtauglich". Laut Eliane.
Bestimmt wäre es auch für meinen Gaumen so gewesen. Wäre da nicht diese problematische Beziehung zu Koriander. Der „falschen Petersilie", wie ich sie nenne. Wegen ihrer Ähnlichkeit in der Form. Aber der ganz und gar anderen, mir nicht leicht verträglichen, Geschmacklichkeit. Ich hielt mich mehr an den Reis, glücklicherweise *ohne* Koriander zubereitet, und den gekochten Kürbis.
Selbstverständlich trug meine Korianderaversion einiges zur Fröhlichkeit am Mittagstisch bei. Wann immer ich dabei war ein Hühnchenstück von den grünen Korianderblättern zu befreien, provozierte ich bei Verinha trockenhumorige, leicht ins Süffisante reichende, Bemerkungen und Eliane lachte Tränen. Als ihr bei einem Lachanfall, der Mund war gerade voll, ein Teil der Hühnerbrühe aus der Nase lief war es um uns alle drei geschehen. Und wie kleine Mädchen auf Schullandwochen, endlich weg aus einem elterlichen Argusradius, schüttelten wir uns vor Lachen.
Ich bewundere die scheinbare Grenzenlosigkeit emotionaler Er- und Auslebensfähigkeit meiner beiden neuen Freundinnen. Wie sie das Furchtbarste nehmen können – als wär's ein Fatum? –, und *genauso natürlich*, am anderen Extrem des emotionalen Bogens, erheiternde Szenen in der Art von Stan Laurel und Oliver Hardy.

Eliane wollte auch wissen, ob Verinha ihren Aufenthalt in Antônio Carlos' Apartement dazu nütze, „den Doktor in Zoologie oder Vulkanologie angehen" zu wollen, oder mit ihren knapp 1 Meter 70 vorhabe, eine Basketballkarriere anzustreben. Spaß überlagerte bald meinen Kleinkrieg mit dem Koriander. Und Verinha meinte, man musse wissen, die Gunst bestimmter Stunden zu nützen, und bei sich zu Hause hätte sie solch ein Fernsehangebot nicht. Warum also sollte ich jene Programme ansehen, die ich ohnehin zu Hause täglich konsumiere? Gute Öffisender, wie TV Brasil, TV Cultura oder TV Educativa. Die, exakt weil sie gut und bildend sind, kein Mensch in Brasilien schaut. Oder gar Globo-Band-SBT-Record-Einheitsscheiß glotzen? Da lob ich mir doch Sachen, die ich normal nicht serviert bekomme, ich also noch nicht kenne. Und das Match zwischen den Utah Jazz und den L.A. Clippers sei „allemal interessanter" gewesen, als „der derzeitige Schlafwagenfussball unsrer saturierten Millionäre".

Eliane übernahm das Geschirrspülen. Händisch, per Schwamm. Mit diesen Maschinen kenn ich mich nicht aus. Selbst nach Antônio Carlos' Schnelleinführungskurs. Ich möchte, gute Güte!, keine Tür aufmachen und einen Scherbenhaufen vorfinden. Meinen Händen vertraue ich mehr. Lachte, hieß uns ins Interviewzimmer verschwinden und wünschte uns Gute Arbeit!

In der zweiten Septemberwoche 2000 fuhr der Laster mit mir und den anderen vom Gato angeheuerten Zuckerrohrschneidern aus Maceió ab, sammelte noch einige weitere Leute in São Miguel dos Campos und Teotônio Vilela ein, und brachte uns, 30, ich glaube *32* waren wir, darunter sechs Frauen, zu „unserem" *canavial*, Zuckerrohrfeld. Es lag einige Kilometer südlich von Teotônio Vilela.
Was dann folgte, waren die zwei körperlich härtesten Monate meines bisherigen Lebens. Zwei Monate, während derer ich erneut für den himmlischen Profit von Teufeln rackerte. Um das Projekt Weiterleben und meinen Traum – Rio – weiterverfolgen zu dürfen.
Die Böden des Plateaus des alagoanischen *Agreste,* das Land zwischen dem *Sertão,* der Halbwüste des Hinterlandes, die westlich von Arapiraca beginnt, und dem schmalen Küstenstreifen, sind nicht so fruchtbar wie z.B. jene der Canaviais [= Plural von Canavial] von São Paulo. Dennoch wird hier seit den 1950er-Jahren Zuckerrohrmonokultur betrieben. Die vielen *usinas*, Fabriken, verwandeln den Schnitt in Zucker bzw. Kraftstoff. Dass es sich wirtschaftlich rechne, wird den Schneidern per Superausbeutung aufgebürdet. Das läuft so ab:
Jeder bekommt „sein Rechteck". Durchzogen von jeweils sieben *eitos*, Trassen, wo das geschnittene Zuckerrohr gelagert und auf die Lkw-Züge aufgeladen wird. Pro Schnitt-Tonne bekamen wir 4,20 Reais bezahlt. Da war die „Kommission" des Gato bereits abgezogen. Das Plansoll lag bei 12 Schnitt-Tonnen pro Tag und Schnitter. Selbst wer dies schaffte – die wenigsten! – kam also gerade mal auf 50,40 Reais Tageslohn. Wer kein eigenes Werkzeug mitgebracht hatte, arbeitete

noch dazu die ersten Tage ohne jedes Einkommen. „Die Schuld" für den *podão*, eine Art Buschmesser mit 40 – 50 cm Klingenlänge und einem etwa 15 cm langen Griff, und – wer sich solchen „Luxus" leisten wollte – Gummistiefel. Ich war eine von denen die die ersten drei Tage nichts verdiente. Selbstverständlich wurde uns der Podão zum doppelten Preis, den er in der Stadt kostet, verrechnet. Auf Gummistiefel verzichtete ich. Blieb in meinen Flipflops. Und hatte fortan mit kleinen Wunden übersäte, oft eitrige Füsse. Das Betrügen seitens der Arbeitgeber beschränkte sich aber nicht „nur" auf die Kommission des Gato und die Preise für das Werkzeug. Auch bei der Abwaage wurde – und wird, bis heute! – selbstverständlich manipuliert. Was auf der Waage eine Tonne ist, ist in Wirklichkeit um einiges mehr. Alle wussten wir es. Aber was tun?

Verinha atmet tief durch, blickt kurz zu Boden und fährt, angestrengt nachdenkend, mit dem linken Zeigefinger über ihren Nasenrücken auf und ab.

Hmm ..., ich weiß nicht recht, wie ich dir etwas erklären kann ... Zwei Monate, eine übermenschliche Anstrengung, wofür Wörter nicht weit genug noch tief genug gehen. Keine Vorstellung vom ganzen Ausmaß geben. Außer für Leute, die selbst schon in der Situation, selbst schon Schnitter gewesen sind. Wie soll ich dir, oder deinen Lesern, erklären, was es heißt für zwei Monate lang Zuckerrohr zu schneiden ...? O.k. Stell dir vor, es ist sauheiß. Vierzig Grad Celsius im Schatten. Und um einiges mehr in der stechenden Sonne. Stell dir vor, du atmest mehr Ruß als Luft. Denn kaum ist ein Teil des – von Horizont zu Horizont reichenden – Feldes abgeerntet, wird dieser Teil, der zurückgebliebenen Stümpfe wegen und zur Vorbereitung des nächsten Zyklus, abgefackelt. Während du in der Nähe weiter schneidest. Vom Hellwerden bis zur Abenddämmerung. Mit einer Stunde Mittagspause. Wo du bisweilen zum Essen – Reis, Maniokmehl und Fleischstücke irgendwo zwischen madig und modrig – und Sitzen zu fertig bist. Einfach nur auf der Erde, so es nicht schüttet, regungslos daliegst. Hin und wieder schmutziges Wasser, das sie dir in verdreckten Regentonnen, teils aus rostigem Eisen, teils aus Plastik, zur Verfügung stellen, trinkst. Ich glaube, täglich an die zehn Liter getrunken zu haben. Um wenigstens einen Teil des enormen

Flüssigkeitsverlustes auszugleichen. Ich kam *nie* auf das vorgegebene Plansoll. Im Schnitt auf knapp über sieben Tonnen – laut *deren* Waage! – pro Tag. Vielleicht warens also neun, oder zehn.

Pro Tag bin ich sicher mehr als fünf Kilometer gelaufen, bepackt mit dem Schnitt, um ihn in einem der Eitos abzusetzen und wieder zurück an die jeweilige Schnitt-Stelle. Als ich ankam, wog ich geschätzte 70 kg. Zwei Monate später, wieder geschätzt, kaum 60. Der Herzschlag war so stark, dass du meintest es, das Herz, würde dir zum Mund raus springen. Jeden Tag, den ganzen Tag. Auch noch Stunden nach Schichtende. Tausende Male täglich bückst du dich, greifst das Zuckerrohr so knapp wie möglich über dem Boden mit einer Hand und schlägst es durch mit dem Podão in der anderen. Dann richtest du dich tausende Male täglich auf und bringst den 10-15 Kilo schweren Schnitt in den Eito zur Verladung. Die Stärksten und Geübtesten schaffen zwei Schnitte alle zehn Sekunden. Unter diesen gibt es auch jene, die das Plansoll von 12 Tonnen je Tag an mehreren Tagen erreichen und überbieten. Als Anreiz dazu winkt nicht nur ein höherer Tageslohn, sondern auch Prämien. Wie ein Fahrrad oder Feuerwerkskörper oder Grundnahrungsmittelkörbe.

All das hat logischerweise seinen Preis. Ich meine nicht den Tageslohn. Ich meine den physischen, den Gesundheits- und Lebenspreis.

Von den etwa dreißig, die mit der Arbeit begonnen hatten, waren bei Ernteschluss nicht mal zwanzig im Team. Der Rest war, einer nach dem anderen, ausgeschieden. Und durch andere, Neuhinzukommende, ersetzt worden. Von den Frauen waren nur mehr ich, eine weitere Quilombola aus der Gegend von União dos Palmares und eine Kariri-Xocó-Indianerin aus Porto Real do Colégio übrig. Aber auch wir Marathonfrauen hatten unsere Ausfälle zu verzeichnen. Tage an denen wir nichts verdienten. Weil wir zum Beispiel dem Känguru-Syndrom zum Opfer fielen. Weit verbreitet unter Zuckerrohrschneidern. „Normal". Das ist der Totalverlust der Kontrolle über deine Bewegungen. Plötzlich sind deine Beine blockiert, deine Arme, dein Bauch verkrampft, und selbst die Zunge gehorcht dir bisweilen nicht mehr. Du bist wie gelähmt. Liegst da, regungslos, mit den abgewinkelten Armen seitlich an deinen Körper gepresst. Deswegen, wegen dieser typischen Position, der Spitzname Känguru-Syndrom. Ärztliche Behandlung gibt es nicht. Kollegen tragen dich in den Eito, legen dich in den Schatten des dort geparkten Lkw-Zuges und du siehst zu, dass du nicht krepierst. Dass du in den nächsten Stunden wieder Kontrolle über deinen Körper erlangst.

„Normale" *Krämpfe,* blasenübersäte, blutige Hände, gehören zum Täglichen. Zur Tagesroutine.

Nicht wenige beginnen mit dem Zuckerrohrschneiden in Alagoas mit 15, 14, 13 Jahren. Verboten, klar. Auf Papier. Landläufige Praxis, auf unserem Boden der Realität. *Auch* die Sklavenschinderei wurde in Brasilien lediglich auf schönem Papier abgeschafft. In diesem Zuckergeschäft stecken viele der mächtigsten Politiker drin. Die feinste Gesellschaft unseres Landes. Gouverneure, Senatoren, Bürgermeister...

Und wir, die Verbrauchsmenschen, geben unser Leben. Für deren Reichtum. Und das geschmierte Funktionieren einer Sklavenwirtschaft. Damit wir, und die Familienangehörigen, für ein paar Tage mehr Reis und Bohnen haben.

Viele der Schnitter die noch als Kinder begonnen haben, sind mit 30, 40 Invaliden. Die durchschnittliche Lebenserwartung liegt bei knapp über 50. Wir sprechen von Zigtausenden, übers Land verteilt. Und unsere *momentane* Banditenregierung – wir haben *nur* solche! – ist gerade dabei, eine Pensionsreform mit ihren Verbündeten in Kongress und Senat durchzudrücken. *Notwendig* wie sie sagen, um das Land vor dem Bankrott zu retten. Eine Bankrottgefahr die *sie* verursacht haben. Weil sie alle öffentlichen Mittel stehlen. Völlig egal, ob der Staat gerade eine Diktatur ist, oder sich mit einem Demokratieetikett schmückt. Es sind *immer dieselben* an der Macht. Wie die Zuckerbarone und Menschenverbraucher von Alagoas. Das Pensionsalter soll auf 65 oder gar 70 angehoben werden. Für alle. Das bedeutet, dass die, die am härtesten für ihr miserables „Leben" arbeiten, wie – eh „nur" *ein Beispiel* unter vielen – die Zuckerrohrschneider, mit Sicherheit nie in den Genuss einer Altersvorsorge kommen werden. Weil sie mit Sicherheit zuvor schon abkratzen, keine 65 oder 70 werden. Aber bis zu ihrem Verbrauchtwordensein sehr wohl für die Luxusrenten jener beitragen, die sie von ihren Air-Condition-Büros aus zum Verbrauch vogelfrei geben, *bevor* sie das Pensionsalter erreichen. Denn unser Steuersystem ernährt sich ja primär nicht über Einkommenssteuern, sondern über in Konsumartikel wie Lebensmittel und Dienstleistungen wie den Öffiverkehr reingebutterte astronomische Steuersätze. Und selbst der Ärmste muss sich seinen Sack Reis, seinen Sack Bohnen, und seine Shorts und Flipflops, für ein Stück Weiterleben-Dürfen, kaufen. Und dafür bis zu 50 Prozent Steuern blechen. Wer also grad mal 100 Reais zum Überleben pro Monat hat, zahlt 50 Prozent seines „Reichtums" an den Raubstaat. Und hungert gegen Monatsende, weil nichts mehr übrig ist. Wer, andererseits, einhunderttausend Reais pro Monat zur Verfügung hat, wie zum Beispiel unsere Massenraubmörder, von den Medien „Politiker" genannt, zahlt, obschon er drei- oder viermal so viele Kalorien zu sich nimmt, nicht einmal ein Prozent seines Habens an Steuern.

Brasilien ist ein systemisch kannibalistischstes Land. Die Reichen fressen die von ihnen Armgehaltenen.

Hmmm, jetzt bin ich in einen Diskurs übergegangen. Aber scheiß drauf, *Irini*, das muss *auch* gesagt werden. Dir. Und deinen Leuten dort drüben. In Europa, die bestimmt keine Ahnung haben, was hier *tatsächlich* läuft. Außer den Kitschauslagen von Strand, Fußball und Samba oder Axé Music tanzen.

Verinha lächelt, als wäre sie ... verlegen? Ich will sie in ihrer Erzählfahrt bestärken, danke ihr explizit für ihren „Diskurs" in Grundsätzlichem. Zu diesem in der Tat bei uns in Mitteleuropa völlig un- bzw. diametral missverstandenen Land. Verinha, du bist dabei, Augen zu öffnen. Mogelwände niederzureißen. Das ist richtig und wichtig! *Du* bist die Fachfrau. Die empirische. Verinha lächelt nun breiter. Sie sieht mir in die Augen. *Durch* die Augen in Tieferes, „Verschwestertes". Und nickt kurz dazu.

Also gut ... zurück aufs durch schwarze Rauchschwaden und fliegenden Ruß verdunkelte und doppelt überhitzte, Feld. Wir, eingemummt mit alten über den Kopf und vor Mund und Nase geschlungenen Tüchern, alten T-Shirts, Hemdfetzen, einige mit Strohhut oder Baseballkappe darüber. An der Sklavenarbeit. Uns selbst, unser Leben verbrauchend, für den Reichtum der Reichsten und für ein paar Tage Bohnen und Reis mehr für uns selbst. Tag für Tag. Woche für Woche. Es ist wie ein Trainingslager für die Hölle. Wir drei Frauen, die wir Ende Oktober noch immer dabei waren, hatten alle bereits das Känguru-Syndrom gehabt. An einem oder mehreren Tagen. Nur den stärksten unter den jüngeren Männern war es erspart geblieben. Und ich war ja das Greenhorn. Nicht *die jüngste*, zwei der Burschen waren, glaube ich, noch keine 16 Jahre alt. Aber die totale Newcomerin in diesem jahrhundertealten brasilianischen Mordsgeschäft mit Zuckerrohr.

Als ich zum ersten Mal zum Känguru wurde, hatte ich mächtig Schiss. Plötzlich geht nichts mehr. Kein einziger Bewegungsablauf gelingt dir. Nicht mal Sprechen. Ein fremdartiges Stück Etwas in deinem Mund, eine ungehörige Zunge, verstellt dir den Sprachweg. Es ist gruselig. Eine schreckliche Angst überkommt dich. Du versuchst dir zu sagen: „Es ist das Känguru-Syndrom". „Normal." „Vergeht wieder." Aber das tut deinem Schrecken keine Abhilfe. Du willst „Helft mir!" schreien, mit deinen Händen um Aufmerksamkeit fuchteln ..., aber nichts geht. Ausser röcheln. Dann liegst du da. Gelähmt. Denkst dich als Todgeweihte. Panik, die es nicht nach außen schafft. Minuten, die sich wie endlose Stunden hinziehen. Bis einer der dir am nächsten Arbeitenden bemerkt, dass etwas nicht stimmt. Dass aus deiner Richtung keine Hacklaute mehr kommen, kein Zuckerrohr mehr fällt. Und dann kommt einer, findet dich. Zieht oder trägt dich auf den nächsten Eito. Legt dich dort ab, im Schatten des Lkw-Zuges, zu dessen Ladung du heute nichts mehr beitragen wirst können. Und dann bist du wieder allein. Und ringst um die Wiedererlangung deiner Bewegungshoheit über deinen Körper. Sprichst mit Jesus und allen Heiligen die dir einfallen. Bittest. Versprichst. Und mit ein bisschen „Glück" – wie in meinem Falle – regenerierst du dich bis zum nächsten Morgen. Um weiter machen zu können. Nicht noch einen Tag Lohnausfall zu erleiden. Oder gar – wegen Nichteignung – vom „Produktionsleiter", einer Art Überwacher, ausgesondert, rausgeschmissen und durch jemand anderen ersetzt zu werden, der in der nächsten Stadt auf seine Chance wartet. Dabei, das sollte vielleicht auch gesagt werden, war unsere Überwachung durch den „Produktionsleiter" eine der harmlosen Art. Da ging's wie gesagt lediglich darum, ob du, weil zu lahm oder zu k.o., durch jemand anderen aus der nächsten Stadt ersetzt werden solltest oder nicht. Meine Quilomboschwester aus dem Norden von Alagoas hatte da schon ganz andere Erfahrungen. In Mato Grosso. Zusammen mit ihrem Vater und zwei Brüdern auf frisch gerodetem Land, umgeben von Urwald und vom nächsten Dorf, Porto Alegre do Norte, viele

Schlammstraßenstunden entfernt. *Illegal gerodet*, klar. Aber das muss ohnehin nur dazugesagt werden, wenn man mit einer Unerfahrenen wie dir spricht. [Lacht herzlich und sonor, und entschärft ihre barsch klingende, aber durchaus richtige Einschätzung mit:] *Não é não, Irini*, neste *caso?*, ist es etwa nicht so, Irene, in *diesem* Fall?

Absolut!

Ich hab das wirklich nicht abwertend gemeint, Schwester, o.k.? Also, diese Kollegin hatte auch schon in Mato Grosso – und sonstwo – geschnitten. Und dort, im Urwald, haben die Gatos die Schnitter mit dem Gewehr im Anschlag bewacht. Tag und Nacht. Wer versuchte abzuhauen, wurde umgelegt. Wer zu langsam war, verdroschen oder ausgepeitscht. Um „die Moral" der anderen zu steigern. Es gab ja keine Ersatzbank weit und breit. Und die Gatos wollten auf keinen Fall um ihre Provisionen vonseiten „des Besitzers" umfallen. Die umso höher ausfielen, je schneller die Sache vollbracht war. Der Besitzer dieses illegalen Anbaus, so hat sie mir's erzählt, war auch dort ein großes Tier in der Politik. Der hin und wieder mit dem Privatflugzeug und Leibwächtern ankam. Nach „dem Rechten" sah. Schnaps und Bargeld und Antibiotika mitbrachte. Für die Gatos, klar. Siehst du, in den brasilianischen Vorbereitungslagern für die Hölle gibt's noch Abstufungen!
Aber jetzt zurück zu Verinha im Canavial bei Teotônio Vilela. Wir verbrachten die Nächte ebendort. Draußen im Feld. Unter Stoffplanen. Auf Pappe und üblen, stinkenden und vor Dreck starrenden Filzdecken. Ohne Küche, ohne sanitäre Anlagen. Seife nur vom Überwacher zu beziehen. Zum doppelten bis dreifachen Preis. Logisch. *Kapitalistisch* logisch. Zum Frühstück abgelaufene Kekse und schwarzen Kaffee mit *Rapadura*, energie-kickendem Rohzucker. Und dann zurück in dein Rechteck. Wieder tausende Male bücken, hacken, aufrichten, den Schnitt in den Eito ziehen … elf, zwölf Stunden lang. Jeden Tag. Und irgendwo sitzen in ihren prächtigen Stadtvillen millionenscheffelnde Fabriksbesitzer, *Teufel!*, die Treibstoff aus Zuckerrohr herstellen. Und beim Tafelsilber zetern. Über sinkende Marktpreise und faule Arbeiter. *Die es einem immer schwerer machten, überhaupt noch zu produzieren!* Und holen sich bei den diversen Banditenregierungen ihre Steuererleichterungen. Die durch

das Anheben der Steuersätze auf Grundnahrungsmittel und das Anheben des Pensionsalters für die Verbrauchsmenschen kompensiert werden. *Viva Brasil!* Unverändert in seiner Essenz, seit einem halben Jahrtausend.

Wir drei Frauen, die ab dem zweiten Monat im Feld noch übrig waren, wurden zu lapidaren Schwestern. Tagsüber war Kommunikation unmöglich. Es hätte Schreiens bedurft, auch nur mit den Nächsten in Kontakt zu treten, und zum Schreien hatten wir keinerlei Kraftreserven übrig. Auch hätten wir unsere Schnittmege vermindert, oder uns die Finger oder die ganze Hand abgehackt. Nein, das Schneiden erfordert äußerste Konzentration, wenn du den Tag überleben willst.

Bei Sonnenuntergang schließlich, unter den Stoffplanen, beim Kochen von Reis oder Maniok und faulem Fleisch auf improvisierten Feuerstellen, konnten wir ein paar Worte wechseln. Bevor uns die Müdigkeit mit solcher Wucht überkam, dass Fertigsprechen, Sichausziehen, Waschen, Wiederankleiden, Zähneputzen … zumeist stumpfes Wunschdenken beziehungsweise nachtschwarze Theorie blieb. [An dieser Stelle ihrer Erzählung hält Verinha inne, lehnt sich zurück, sieht zum Fenster hinaus, denkt nach.]

Irini, lass mich nochmal zurückkommen auf meine Quilombolaschwester, die, die es geschafft auch die Sklaverei von Mato Grosso zu überleben. Sie ist ja ein „gutes" Beispiel für das vorgezeichnete Leben der Schwarzen in unserem Land. Und der schwarzen *Frauen* ganz besonders. Sie war, ich hab das schon erwähnt, aus dem Bezirk União dos Palmares. Und das ist eine enorm wichtige Gegend für uns Afrobrasilianer … Kennst du die Geschichte von Zumbi?(1)

(1) Zwei nicht-portugiesische Texte zum Thema, der erste auf Deutsch, den Antônio Carlos mit Vorbehalten – „arg simplifiziert" – empfiehlt, der zweite auf Englisch, und „hervorragend" in seiner Taxonomie:
http://www.br.de/radio/bayern2/sendungen/kalenderblatt/2011-zumbi-palmares-nationalheld-brasilien-sklaven-100.html
https://blackwomenofbrazil.co/2014/11/20/dandara-the-wife-of-zumbi-brazils-greatest-black-leader-was-a-revolutionary-warrior-in-her-own-right/

Kennen wäre wohl zu stark aufgetragen. Aber ich habe davon gehört. In den Favelas von São Paulo und Rio. Von Aktivisten aus diversen emanzipatorischen Projekten ...

O.k., du weißt jedenfalls worum's geht. Also, diese Frau und Schwester war aus einem nicht offiziell anerkannten Quilombo. So wie ich. War damals, als wir uns kennenlernten, so alt wie ich heute. Irgendwo Mitte dreißig, denke ich. Und hatte sieben Kinder. Der Mann tot, abgehaun, was weiß ich. Eine der unzähligen alleinerziehenden Mütter in den armgehaltenen Schichten Brasiliens. Kam jedes Jahr zum Schneiden, ihre einzige Chance auf „anständigen Gelderwerb, auf Essensvorsorge für ihre *tribo*, ihren Stamm, wie sie die Familie zu nennen pflegte. Tribo, ein Wort, das ich nicht im Beisein von Eliane verwenden dürfte. Da legte sie gleich los [lacht]. Verbittet sich dieses „Unwort". Und sie hat ja Recht. Wenn's um Europäer geht, um die *Herrenrasse,* spricht alle Welt und alle sogenannten Lehrbücher von *Völkern*. Kaum geht's freilich nach Afrika, oder zu den Indigenen Völkern hier auf unserem Doppelkontinent, ist nur mehr die Verniedlichung von *Stämmen* zu hören. Oder lesen. Aber egal. Zumindest in *diesem* Zusammenhang: Meine Schwester im Zuckkerrohrfeld nannte ihre Familie *Tribo*. Und sie war eine Löwin. Alleine, dass sie die Sklaverei in Mato Grosso überlebt und es zurück nach Hause geschafft hat, gut zweitausend Kilometer! Denn Lohn gab's ja am Ende keinen, außer dem buchstäblich nackten Leben, ausgesetzt mit den anderen irgendwo in der Pampa an einer Straße. Aber nicht „nur" deshalb war sie eine Löwin. Sondern wie so viele unserer schwarzen Schwestern gezwungenermaßen *auch* wegen unserer schwarzen *Brüder*. Die es zwar als schick und rechtens und normal empfinden, uns alle aufs Kreuz zu legen und zu schwängern, sich aber anderntags gern auf Nimmerwiedersehn aus dem Staub machen. Auch so ein nachhaltiges *Kulturmuster* – ha! – aus der offiziellen Sklavenhalterzeit. Als Familiengründung für uns systematisch verunmöglicht war. Als wir, die Frauen, zu Sexsklavinnen der *Herrenrasseteufel* und Gebärmaschinen per schwarzen Zuchthengsten degradiert und unsere Kinder gewinnbringend weiterverkauft wurden. Was in den Männern-zu-Zuchthengsten über ständiges Wiederholen ein „Kulturgen" auslöste, oder ihnen einimpfte, das offenbar bis heute weiterwirkt. Familienbande waren über

Jahrhunderte ausgelöscht. Das wirkt weiter. Nachhaltig. Vor allem wenn nicht aufgearbeitet wird. Aufarbeitung ... etwas, das in der brasilianischen Gesellschaft so häufig vorkommt wie Bananenstauden in deinen Tiroler Eisbergen [lacht].

Jetzt gerade, wo ich mich so lebendig an sie, meine Quilombo-Schnitterkollegin, erinnere, frage ich mich, ob sie heute, über sechzehn Jahre später, wohl noch am Leben ist. Oder längst verbraucht wurde. In einen frühen Tod getrieben. Zerrieben. Für den Reichtum, das Wohlergehen einer Handvoll *anderer*. Soll heißen, *nicht* ihrer Kinder. Sondern jener Menschenverbraucher, die das System und die Schicksale von Millionen kontrollieren. Ich frag mich auch was wohl aus ihren sieben Kindern geworden ist. Schneiden da auch ein paar davon Zuckerrohr? Oder schneiden sie anderen im Drogenhandelskrieg die Köpfe ab? Oder hat der eine oder andere es zum Fußballprofi oder Schnulzensänger gebracht? Na, und das war's dann auch schon, im Großen und Ganzen, was die Möglichkeiten von Afrobrasilianern in unserem Land der ungebrochenen Sklavenhaltermentalität und des *gepflegten Rassismus* angeht.

Oder die andere Frau, die bis zu Ernteschluss durchhielt. Auch sie schon Jahre dabei. Eine Kariri-Xocó-Indianerin. Im Alter irgendwo zwischen mir und der „Stammesmutterlöwin". Die Kariri-Xocó hatten – und haben – ein demarkiertes Reservat. Am Westrand der Stadt Porto Real do Colégio. Aber noch bevor es demarkiert war, haben korrumpierte Índios – *Führer!* – den fruchtbarsten Teil mit ausgedehnten Wildreisfeldern für ein paar Schnapsflaschen an die Kaptitalteufel aus der Stadt verschachert. Und als das Restgebiet schlussendlich per Regierungsdekret zum Offiziellen Indianerreservat erhoben wurde, hat die Regierung „vergessen", die im Reservat befindlichen Índiojäger und –vertreiber und Landbesetzer zu entschädigen. Wie es das großverbrecherfreundliche Gesetz vorsieht. Und diese weigern sich bis heute – heute 2017!, frag Eliane – das Kariri-Xocó-Land zu räumen. Halten – halt dich fest! – über 80 Prozent des Papierreservats besetzt. Verteidigen mit Revolvermännern und halten effektiv besetzt, was nicht ihres ist. Und alle Anstrengungen seitens der Índios, nach Jahrzehnten endlich zu ihrem Papierland auch in der Realität zu kommen, scheitern. Bei Regierungen, die sie hinhalten, ignorieren, korrumpieren. Vor der Justiz, die den kapitalstärkeren Landbesetzern „Recht" gibt. Quer durch alle

Instanzen. Fazit: die Kariri-Xocó drängen sich auf unter 20 Prozent ihres – „ihres" – Reservates, die allesamt verbaut sind. Brauchen ja Häuser, ein Dach überm Kopf, um zu leben. Und kein Quadratmeter ist übrig für den Anbau. Oder die Vieh- oder Fischzucht, oder Wiederaufforstung und Wiedereingliederung von Wild für die Jagd. Hunger! Das ist das „Unterstützungsprogramm" unsrer Mächtigen. Für jene Índios, die es nach einem halben Jahrtausend Ausrottungsbemühens seitens der Mächtigen noch immer nicht lassen, weiterleben zu wollen. Und wenn sich mal was rührt unter den hungrigen Índios, sie endlich ihr Land auch innehaben, nützen wollen, zur Rückbesetzung trommeln ..., dann kommen zuallererst die völlig korrupten Führer, ihre eigenen Leute!, an, um sie zurückzupfeifen. Was diesen, diesen umgedrehten *Teufelsführern* wieder fette Geschenke seitens der absahnenden Usurpatoren einbringt. Eine Klimaanlage zum Beispiel. Oder einen Kleinwagen. Oder Jobs für die Söhne und Töchter – fiktive Jobs – in einer Schule, in einem Amt, der Bürgermeisterei ... Bezahlt mit den gigantischen Steuern in Lebensmitteln. Bezahlt von den Ärmsten. *Teufel produzieren Teufelskreisläufe.* Ja, auch diese Frau war dabei, sich im Zuckerrohrfeld zugrunde zu richten, um Lebensmittel anschaffen zu können. Weil ihr Land de facto besetzt ist. Von mörderischen, reichen Viehzüchtern. Weil sie also nichts selber anbauen, erwirtschaften kann. Und such diese Infos mal in irgendeinem Regierungspapier! *Irgendeiner* Regierung! Die Wahrheit Brasiliens steht auf keinem Papier. Sie steht in den Seelen zum Verbrauch freigegebener Menschen. Und auf unsren Armenfriedhöfen. Wo keiner hingeht. Um nachzulesen ...
Aber ja! Ja, ich weiß schon: Immer schön der Reihe nach. Nicht in der Zeit herumhüpfen, ich weiß, *Irini*. Aber *so* durcheinander ist das alles gar nicht. Eins geht ins andre über, ist untrennbar verwoben. Und als ich nach zwei Monaten von der Hölle des Zuckerrohrs, für die ich gerade mal sechshundert Reais auf die Hand bekam, Abschied nahm – für immer!, wie ich mir bereits damals geschworen hatte –, brauchte ich eine Ausruhzeit. Eine Pause. Möglichst unter Freunden. Oder wenigstens verständnisvollen Menschen. Mein Ziel war noch immer *Traumstadt Rio*. Im Süden. Die Quilomboschwester lebte oben im Norden von Alagoas. Also in der „falschen" Richtung. Die Kariri-Xocó-Índia an der Grenze von Alagoas und dem Bundesstaat Sergipe,

am San-Franzisko-Fluss. Also Richtung Süden. Inklusive an der Bundesstraße 101, die nach Rio geht.
Mit einem Van fuhren meine Índiaschwester und ich von Teotônio Vilela nach Porto Real do Colégio. Es war Mitte November.

Ich blieb zwei Wochen. Lernte weiter dazu. Wie dieser Staat en gros mit seinen Verbrauchsmenschen verfährt. Im speziellen Falle jenen, denen eigentlich alles, nicht nur die gnädig überlassenen, briefmarkengroßen Papierreservate gehört. Denn so weit mir und auch Eliane bekannt, hat niemals irgendein Stamm ..., hoppla, *Volk!*, Land an die Eindringlinge vertraglich verkauft. *Alles* wurde gestohlen, usurpiert. Und entbehrt also folglich bis heute jeder rechtlichen Grundlage. Aber das ist eben der Teufel Spiel. Aus Unrecht machen sie Recht. Mit ihren diabolischen Schriftwerken. Wo aus richtig falsch, und aus falsch richtig hingebogen wird.
Na, und auf Afrika umgelegt, dort ist es ja nicht anders abgelaufen. Mit dieser *teuflischen Herrenrasse*. Die, so wie sie sich aufführt, alles von den Schimpansen und nichts von den Bonobos vererbt bekommen hat. Zu ihrem und unserem nachhaltigen Nachteil.
Ich wurde gut aufgenommen in der Aldeia der Kariri-Xocó. Sowohl in der Familie meiner neuen Schwester wie in den anderen. Es gab – und gibt – dort auch viele Índios mit afrikanischen „Zutaten". Fast so dunkle wie ich. Nachfahren von Índias, die mit geflohenen afrikanischen Sklaven Kinder hatten. Eine für beide Seiten gute Lösung im Versuch wider das Ausgelöschtwerden. Denn die Jahrhunderte des „Kontaktes", ein Euphemismus für Vernichtungskrieg, mit den Europären erst, und Brasilianern danach, hatten die Índiovölker drastisch reduziert. Vor allem die Männer. Verstärkung war also notwendig und willkommen. Und der Feind war ein gemeinsamer. Ich fiel also nicht so auf, wie du dir das vielleicht vorstellst. Im kleinen gemauerten Haus der Familie meiner neuen Kariri-Xocó-Schwester, gleich am zweiten Einfahrtstor zur Aldeia dran, schlief ich auf einer Bastmatte in der Küche. Ein Holiday Inn, verglichen mit dem Canavial der beiden Vormonate. Tagsüber half ich in der Küche. Oder beim Einkaufen. Was wir, der besseren Preise wegen, meistens am anderen Ufer des Rio São Francisco, in Propriá, erledigten. An anderen Tagen ging ich einfach nur durch die Aldeia, setzte mich, beobachtete. Die Nichtindigenen aus der Stadt, keinen

Kilometer „entfernt", gingen aus und ein, wie sie wollten. Was einen Gesetzesbruch darstellt. Aber wen, welche staatliche Autorität, kümmert's?

Die Folge waren immer mehr Índiomädchen, die sich von den Lockangeboten weißer Männer rumkriegen ließen. Die uralte, sich ständig wiederholende Teufelsgeschichte. Auf dem Humus großer sozialer und wirtschaftlicher Ungleichheit. Und viele Minderjährige in der Rolle alleinerziehender Mütter. Einige Índios wollten die beiden Einfahrtstore, zumindest nachts, verschlossen halten. Ihre *Führungsleute* blockten ab. Es war, es ist zum Schreien. Aber ich sagte nichts. Hielt mich zurück.

Einer der Índios – nennen wir ihn „A" – mit denen ich mich auf Anhieb gut verstand, ein ganz ruhiger, zentrierter Kerl, der versuchte Traditionen zu erhalten und *retten* und unter den Jungen wiederzubeleben, erzählte mir unter anderem von seinen Reisen in die Chapada Diamantina. Eine gebirgige Gegend, im Herzen des Bundesstaates Bahia. Wo er, in einem Tal, das Capão genannt wird, Freunde hatte und dort gelegentlich an Touristen, die bei seinem Freund in dessen Pousada Urlaub machten, indigenes Wissen weitergab und Kunsthandwerk, das er selbst herstellte, verkaufen konnte. Sein einziges Einkommen. Das seiner gesamten fünfköpfigen Familie. Er beschrieb die Chapada Diamantina, als wäre sie ein Paradies. Etwas *außerhalb* des gesamtbrasilianischen Kontextes. Mit *gente boa só,* nur guten Menschen. Sowohl Einheimischen wie später Dazugekommenen und Besuchern. Und da in Kürze die Sommerferien beginnen würden, würde er sich wieder auf den Weg dorthin machen. Mit zwei enormen Nylonsäcken voller, von ihm selbst, in seinem schmalen Hinterhof unter Hühnern und Enten, hergestellten Kunsthandwerks. Pfeile und Bogen, Federnkopfschmuck, Ketten und Ohrringe bestückt mit Samenkernen, bunten Federn und Steinen, Tabakpfeifen mit Indianer- oder Tierköpfen und vieles mehr. Er würde zusammen mit drei Kollegen fahren. Auf dass sie dort auch tanzen können. Ritualistische, heilende Tänze. Zur Purifikation des Ortes und der Welt. Er zeigte mir auch das eine und andere Foto.

Von mächtigen Gebirgen. Und Tafelbergen. Und Wasserfällen. Bahia liegt weiter südlich. Also ein Stück näher dran an Rio. Und bald fragte ich A ob ich mitkommen könnte. Klar. Du musst dir nur deine Busfahrkarte besorgen. Ich kann dir leider die Fahrt nicht bezahlen.

Bin ziemlich blank im Moment. Und meine, und die der anderen drei Índios, werden von meinem Freund, dem Pousadabesitzer dort, bezahlt. Kein Problem, ich hatte ja noch Geld aus der Zuckerrohrhölle. Ob es dort, im Capão-Tal, der Chapada Diamantina, Arbeitsmöglichkeiten gäbe? Bestimmt. Ist ja alles voller Touristen. Wir fuhren am 2. Dezember 2000 mit der kleinen Personen-Fähre über den Fluss nach Propriá und nahmen dort einen Van nach Aracajú. Die Hauptstadt Sergipes. In der Rodoviária mussten wir fünf, vier Kariri-Xocó-Männer und ich, mehrere Stunden auf den Bus nach Feira de Santana, schon im Bundesstaat Bahia warten. Es waren Stunden des Angestarrt- und Dumm-Angequatschtwerdens. Ob wir *echte Wilde* wären. Ob wir *wie Menschen reden* könnten. Und ich musste mir jedes Mal verkneifen, nicht mit „Die echten Wilden seid ihr, oder wisst ihr überhaupt nichts von eurer Geschichte?" zu reagieren. Die Índios blieben stoisch. Und A machte sich jedes Mal die Mühe, Antwort zu geben, geduldig aufzuklären.

In der Rodoviária von Feira de Santana, der zweitgrößten Stadt des Bundesstaates Bahia, hieß es nochmals eine ganze Nacht lang warten. Wenigstens *ich* fiel dort nicht mehr auf. Die Afrobrasilianer sind dort, wenn nicht Mehrheit, sehr starke Minderheit. Am frühen Nachmittag des 3. Dezember kamen wir in einem verschlafenen Ort namens Palmeiras an. Und wurden vom Freund und Pousadabesitzer, der die Índios eingeladen hatte, empfangen. Wer *ich* war? A stellte mich als „Schwester" einer anderen Kariri-Xocó-Familie, jener meiner ehemaligen Schnitterkollegin, vor. Die gerne auch mal die Chapada kennenlernen würde und Arbeit suche. Jetzt war ich doch glatt eine Índia, eine Kariri-Xocó, geworden [lacht].

Wir luden unser Zeug auf die Ladefläche des Pick-up-Trucks des Pousadabesitzers, A und ich stiegen vorne neben ihm in die Kabine ein, und die anderen drei, jüngeren, Índios standen hinten auf der Ladefläche. Festgekrallt an das Schutzgitter zum Rückfenster der Fahrerkabine. Über holprige Sand- und Steinstraßen und eine abenteuerliche Brücke, von der mehr Holzbretter fehlten als noch vor Ort und nicht morsch oder lose waren, ging's weiter Richtung Capão-Tal. Die Pousada befand sich noch ein gutes Stück vor dem Tal, in der Nähe eines Gebirgsbaches. Es dauerte etwa eine Dreiviertelstunde von Palmeiras dorthin. Die drei Índios auf der Ladefläche waren kaum wiederzuerkennen. Von Kopf bis Fuß in Sand und Staub eingehüllt.

Wir bekamen einen der Bungalows für uns. In einigen anderen waren bereits Touristen einquartiert. Die meisten aus Salvador, Belo Horizonte, São Paulo. Studenten aus gutbetuchtem Hause, jüngere Freiberufler. Leute, die eine Auszeit von ihren urbanen Verpflichtungen und Verquickungen nötig hatten. Und hier, zwischen zwei imposanten Bergketten und am Ufer eines Gebirgsbaches das Gegengewicht zur Wiedererlangung ihres Gleichgewichtes finden wollten. Die kleine Kariri-Xocó-Gruppe sollte dieses Vorhaben „kulturell schmieren". Bis Weihnachten würden alle Bungalows und die Zimmer des Hauptgebäudes, der eigentlichen Pousada, voll werden.

Am Tag nach unserer Ankunft gingen die Índios daran, ihr Kunsthandwerk seitlich der Rezeption der Pousada auszustellen und anzubieten. Und bereiteten sich auf ihr Willkommens- oder Ankunftsritual vor. Purifizierten und heilten das Ambiente mit Tabakrauch aus ihren *Xanducas*, selbstgefertigten Pfeifen aus hartem Angicoholz. Bemalten sich gegenseitig mir *Urucum*, dem Pulver aus den Samen des Annattostrauches, und Kohle. Rot-schwarz. Zelebrierten das Einssein mit dem neu betretenen Ambiente. Und seiner Geisterwelt.

Ich wollte wissen, ob es Arbeit für mich gäbe. Aber der Pousadabesitzer hatte seine Mannschaft beisammen. Versuch's im Ort, ich kann dich hinfahren. Oder, vielleicht noch besser, wenn du nicht hier bleiben willst bei deinen Leuten, in Lençóis. Das ist ein Städtchen etwas weiter im Osten. Mit dem Auto anderthalb Stunden. Zu Fuß, durch den Nationalpark, eine Tagestour. Es gibt immer wieder Guides, die Touristen vom Capão-Tal nach Lençóis führen. Ich könnte dich da einfach dazuschwindeln. Es ist eine sehr schöne Wanderung. Und viel zu tragen hast du ja nicht, wie ich gesehn habe. Bloß eine Tasche. Und ich kann dir einen Rucksack geben. Die Touris vergessen ja massenhaft ihr Zeug bei uns. Wir haben ein richtiges Lager an Rucksäcken!

Aber um welche Art von Arbeit würde es sich handeln? Na ja, alles was mit Touristen zu tun hat. Servieren in einem Restaurant, einer Pizzaria, einer Bar, zum Beispiel. Oder Zimmeraufräumen in einer Pousada oder einem der großen Hotels, die es in Lençóis gibt. So was in dieser Art eben. Sprichst du Englisch? Nein. Schade, denn das wäre dir sehr hilfreich auf deiner Jobsuche. Mehr als die Hälfte der Touris dort sind *Gringos*.

Verinha unterbricht sich, sieht mich fragend an.

Ich hoffe du fühlst dich nicht beleidigt *Irini*. Aber ich erzähl das, alles, so, wie's abgelaufen ist. Mir in Erinnerung geblieben ist. Und wenn wir hier, Globo-Fernsehen und auch die anderen Mistkanäle inklusive, nichtbrasilianische Menschen abwertend und immerfort, außer bei ganz großen Persönlichkeiten wie dem Papst oder irgendeinem ausländischen Regierungschef, oder einem Bill Gates meinetwegen, als Gringos bezeichen, zeigt das ja nur unseren Bildungsmangel und unseren tagtäglich über Medien und System aufgepumpten Chauvinismus. Wusstest du, dass viele Kinder der ärmsten Familien, vor allem im riesigen Hinterland, nicht zur Öffischule rein dürfen, weil sie keine Schuhe besitzen, nur Flipflops tragen? Und dass in den selben Schulen, bevor noch irgendein Unterricht losgeht, zuerst die Nationalhymne von allen, Schülern und Lehrpersonal, gesungen werden *muss*? Und Direktoren von Schulen, wo das nicht geschieht, Gefängnisstrafen drohen?
Also, vergib uns. Unsere Ungehörigkeit. Wir werden dazu erzogen, zum Chauvinismus. Zum Patriotenkult. Nichtbrasilianer einerseits zu beneiden, andererseits rhetorisch runterzumachen. Ohne uns dessen auch nur bewusst zu sein. In den meisten Fällen. Beim Pousadabesitzer allerdings glaube ich nicht, dass es ihm an Wissen und Bewusstsein gemangelt hätte. Er hat, denke ich, sehr wohl gewusst, dass Gringo ein abschätziges Wort ist. Aber als *guter Brasilianer* – gut *abgerichteter*? – läuft er mit „der Mode" mit.

Zurück zum Gespräch zwischen mir und dem Pousadabesitzer. Die Aussicht in einer Bar unter anwesenden zahlungskräftigen Gästen zu arbeiten, darunter unweigerlich *auch Teufel,* erschien mir gar nicht attraktiv. Und Zimmermädchen in einem Hotel ... war mir auch suspekt. Da ist man doch *noch* leichter angreifbar. Zumindest damals, in meiner Vorstellung. Ob es nicht *etwas anderes* gäbe? Wo man im Freien arbeiten könne? Oder bei einer Familie? Oder in einer Küche? *Geben* ja. Aber die reicheren Familien in Lençóis haben alle ihre Haus- und Kindermädchen. Aus dem großen Angebot vor Ort. Die meisten Menschen sind arm, haben kein Einkommen in Lençóis. Der Geldfluss aus dem Tourigeschäft ist in wenigen Händen konzentriert. In einer

Küche, das wäre eine Möglichkeit. Musst du herumfragen gehn. Und im Freien ... na ja, als Guide. Aber dazu müsstest du erst mal die Gegend kennen. Und zwar sehr gut kennen. Alle Pfade. Verhaltensregeln im Busch und so weiter. Das dauerte Jahre. Aber warte mal, bei Ernten suchen sie immer mal Helfer. Erntehelfer! Weiter oben in der Chapada, in der Gegend von Irecê. Das ist in den letzten Jahren so ein Agro-Pol geworden ... Aber jetzt mal was anderes, bist du wirklich eine gebürtige Kariri-Xocó? Du hast ja einen ganz anderen *sotaque*, Akzent. Ich bin erst später zu den Kariri-Xocó gestoßen. Dort aufgenommen worden. Ursprünglich komme ich aus einem Quilombo maranhense. Wirklich?! Das ist ja eine interessante Geschichte. Und jetzt lebst du also in der Kariri-Xocó-Aldeia? Für eine Zeit. Aber ich bin weiter am Suchen, nach *meinem Platz*. Ich wollte ihm nicht alles auf die Nase binden – dass mein Ziel Rio de Janeiro hieß.

Hör mal, nächste Woche muss ich nach Irecê fahren, ein paar zusätzliche Kühlschränke für die Pousada einkaufen, bevor wir hier bummvoll sind – und der Handel von Irecê hat die besten Preise der Region, billiger sogar als in Feira de Santana oder Salvador! – und wenn du willst kannst du mitfahren. Ich weiß auch, dass es dort oben einige Quilombola-Gemeinden gibt. Wenn dich das interessiert. Und da kannst du auch gleich mal schauen, ob Erntehelfer gebraucht werden. Überleg's dir halt.

Die nächsten Tage lernte ich ein bisschen von und über die Kariri-Xocó-Kultur, deren Geschichte, deren Kosmovision ... und: *Pfeife rauchen,* in die Umgebung zu qualmen [lacht sonor und herzlich]. Ich war die einzige Frau in unserem Bungalow. Unter vier Männern. Keiner hat versucht „die Situation" für sich gewinnbringend auszunützen. Es war eine ganz neue Erfahrung für mich. Eine angenehme. Es gab – und gibt – definitiv nicht *nur* Teufel und Schimpansen unter Männern. [Hält inne in ihrer Erzählung. Konzentriert sich ein paar Sekunden. Und fährt betont langsam fort.] *Meine tiefsitzende Aversion Männern gegenüber ... begann leichte Risse... eine empirische Relativierung zu bekommen.* Wow, was für ein klug geschissener Satz, ha! Könnte glatt von unsrer kleinen bücherverschlingenden Wilden sein, oder? [Lacht.] Aber Dona Vera hat das, *gepflegte, gehobene Ausdrucksweise*, auch drauf, oh ja!

Bloss verstellen ihr häufig Zorn und dort stürmisch spriessende Schimpfwörter den Weg. [Lacht sonor. Und ich mit.]

Nachts saß ich oft draußen, eingehüllt in einer Decke. Denn obschon es Hochsommer war, werden die Nächte auf fast eintausend Metern Seehöhe dort, für mich Maranhense zumindest, arschkalt. Ich sah die selben Sterne und Milchstraßen, wie ich sie aus meiner Kindheit, vom Quilombo bei Mirinzal, gewohnt war. Mein erstes „Fernseh-Programm". Tat meiner Seele gut. Manchmal, wenn es nicht regnete, saßen wir auch draußen zusammen. Um ein Lagerfeuer. Kariri-Xocó und einige der Touristen. Letztere mehr am Cannabis- denn Tabakrauchen. Aber niemand tadelte noch wurde getadelt. Es war eine Art des toleranten Zusammenseins, die die Nähe „so vieler" Menschen nicht nur erträglich, sondern erfreulich machte.

Etwas mehr als eine Woche war ich bereits dort. Badete ausschliesslich in der Natur, lebte ein bisschen Kindheit nach. Lernte dazu. Dann fuhren wir, der Pousadabesitzer, seine Frau, ein Mitarbeiter (hinten auf der Ladefläche) und ich nach Irecê. Im Morgengrauen. Kein Verkehr. Und als wir, nach etwa drei Stunden Fahrt, ankamen, waren die Geschäfte noch geschlossen. Irecê war eine größere Provinzstadt. Vielleicht in der Größe von Santa Inês. So um die 50.000 Einwohner. Und ab neun wimmelte es in den Straßen. Wo sich ein Geschäft an das nächste – endlos – reihte. Ein richtiges Handelszentrum. Das Pousadabesitzerehepaar hatte bald den besten Preis ausgehandelt, drei in Pappe und Styropor verpackte Kühlschränke auf der Ladefläche festgezurrt, und dann ging's Richtung Ibititá und Ibipeba. Nachbarbezirke. Auf der Suche nach einem der Quilombos hier.

Zunehmende landschaftliche Öde. Links und rechts der Straßen. Die Trostlosigkeit blank daliegender, total gerodeter Böden, mit einigen wenigen, traurigen Riesenkakteen aus der Wüste, eigentlich *Verwüstung*, ragend. Ziegelfabriken. Alle illegal. Aber rauchend, die restliche *Caatinga*, Trocken- und Dornenbusch, die typische Sertão-Vegetation, umweltverbrecherisch zu Ziegeln verfeuernd. Hin und wieder wurde die menschengemachte Wüste aber von saftig grünen Bananenplantagen unterbrochen. Von Großgrundbesitzern, die es sich leisten können, Grundwasser noch aus Tiefen von über 100 Metern rauszupumpen. Gegen Mittag kamen wir nach einigem Herumfragen, Sackgassen, und über schlimme Erd„straßen" – der arme Mitarbeiter, hinten auf der Ladefläche, er lief wohl Staublungengefahr ... – in einem Quilombo namens Serra Grande an.

Wir fragten wieder herum und schon war unsere Ankunft dem alten Dorfchef, *Seu Pedro*, Herr Pedro, gemeldet worden. Der uns zu sich rufen ließ.

Eine Enkelin war beim Kochen des Mittagessens, und wir wurden eingeladen. Logen allerdings, dass wir bereits unterwegs, in Ibipeba, gegessen hätten. Wollten den Leuten nicht zur Last fallen. Es ist eben doch ein Unterschied ob zwei, oder sechs Leute bewirtet werden sollen.

Ich wurde vom Pousadabesitzer als eine Quilombola maranhense vorgestellt, die nun bei Indianern lebt, aber auf der Suche nach Arbeit sei. Und warum nicht gleich mal bei, zumindest kulturell, Verwandten mit der Suche beginnen?

Seu Pedro war beeindruckt. Ich kann locker dein Großvater sein, aber so viel herumgekommen wie du bin ich mein Lebtag nicht. Wurde hier geboren, hab hier mein Leben gelebt und werde hier begraben werden. Was er mit einem herzlichen Lachen bekräftigte.

Er hieß uns alle willkommen, beschied seiner Enkelin, Kaffee aufzusetzen und eine Schüssel mit Bananen zu bringen. Dann führte er uns aus dem Haus, hinter die nebenan gelegene Kapelle, wo ein großer Flamboyantbaum reichlich Schatten spendete. Andere Kinder brachten Holzschemel und rissige Plastiksessel für uns heran. Wir saßen im Halbkreis um Seu Pedro. Und vielleicht ein Dutzend Kinder gesellten sich schüchtern flüsternd zu uns.

Der alte Dorfchef erinnerte mich an meinen Vater. Keine äußere Ähnlichkeit. Selbst farblich. Mein Vater war *retinto*, rabenschwarz. Seu Pedro milchkaffeebraun. Aber die gleiche bukolische und doch „vornehme" höfliche Art.

Ihr seht ja – er sprach im Plural, aber mit seinen Augen fast ausschließlich an mich gewandt – dass wir hier nur die Alten, auf dem Weg ins Grab, und Kinder haben. Die mittleren Generationen sind weg. In Irecê oder São Paulo. Oder Salvador. Oder Rio. Seit Jahren bemühen wir uns, als Quilombo anerkannt zu werden. Und es sieht gut aus. Ich glaube, wer weiß, so Gott will – er zog kurz seinen Lederhut –, dass wir nächstes Jahr schon unsere Urkunde bekommen. Immer dachte ich, wenn dies passierte, könnte ich in Ruhe sterben. Vors jüngste Gericht treten. Mit ruhigem Gewissen. Der

Pflicht erfüllt. Unseren Kindern und Enkeln etwas Konkretes, Gutes hinterlassend. Das Land. Per Gesetz und Regierung gesichert. Das Land, das ihnen dann niemand mehr streitig machen kann.

Aber leider ist es nicht so einfach. Leider ist uns wieder ein Knüppel zwischen die Beine gekommen. Denn bis vor wenigen Jahren noch konnten wir alle, alle Generationen, gut hier leben. Alles, was wir brauchten hatten wir. Lebensmittel, die wir selbst anbauten, einen kleinen Stausee, den Damm selbst – mit diesen Händen!, zeigte uns seine Handflächen – aus Steinen errichtet, für die Monate ohne Regen, Baumaterial und Medizin aus der Caatinga, Fasern zur Herstellung von Kleidung, Leder zur Herstellung von Sandalen und Schutzkleidung vor den Dornen ... Alles, alles, alles hat uns Gott hier mitgegeben.

Nun aber versiegt das Wasser. Rund um unser Dorf, selbst auf unserem traditionellen Gebiet, haben die Leute aus der Stadt begonnen, Brunnen zu graben, aus denen sie das Grundwasser pumpen. Für ihre Viehzucht, für ihre Plantagen. Und unsere Wasserläufe trockneten aus. Sogar der Stausee wurde eine Sandkiste. Unsere Tiere verendeten. Und ein paar Kilometer weiter lief das Grundwasser Tag und Nacht in Tränken und künstliche Seen der Leute aus der Stadt. Oder durch die Bananenplantagen.

Wir haben eine immens große dieser Plantagen eben durchquert, auf dem Weg hierher, etwa fünf Kilometer weiter südwestlich, unterbrach der Pousadabesitzer den Alten.

Ja, ja, die gehört dem Sohn des Bürgermeisters. Die größte hier im Umkreis.

Nun, was ich sagen wollte ist: Die einen holen alles Wasser raus, und die anderen die das nicht können, weil es an Geld fehlt, sitzen in Kürze auf dem Trockenen. Unsere Tiere verendeten qualvoll. Es macht einen traurig, auch jetzt noch, daran zu denken. Die Augen, die Blicke der guten Tiere zu erinnern ... Und unser Anbau vetrocknete. Nicht einmal das Anspruchsloseste, wie Maxixe oder Kürbisse, gedeihen mehr. Wir überleben hier, weil unsre Söhne und Töchter in den großen Städten im ganzen Land arbeiten und uns Geld schicken. Sonst wären wir bereits alle tot.

Wer weiß, wie lange wir uns unserer Quilombourkunde noch erfreuen werden können. So sie, so Gott will, im nächsten Jahr kommt. Wie sollst du in einer Wüste dein Land bearbeiten? Und es wird immer schlimmer. In unserem Bezirk haben sie 99 Prozent der Caatinga bereits abgeholzt. Für Monokulturen. Und die Ziegelfabriken, die viel Holz zum Befeuern der Öfen brauchen. Das Land verödet. Wind und Regen nehmen die fruchtbaren Erdschichten mit. Und die Brunnen, vor ein paar Jahren noch reichte es, zehn, fünfzehn Meter händisch graben, sind mittlerweile tiefer als 100 Meter. Nur mit ausgeklügelten teuren Maschinen kommt man da heran. Um überhaupt noch an Wasser zu gelangen. Es wird alles kaputt gemacht. Das Werk Gottes. Von denen, die nur Geld verstehen. Geld als Lebenszweck sehen. Und sich nebenbei unserer Leute, die den Monoplantagen im Weg sind, entledigen. Ich und die paar anderen Alten hier, wir gehen sicher nicht mehr weg, aber die Kinder – er zeigte mit einer ausladenden Armbewegung auf die zwischen unseren Stühlen und Schemel kichernden Kinder –, die *müssen* weg. So sie in eine Schule wollen. Eine Arbeit finden wollen. Überleben wollen. Alles nur noch eine Frage der Zeit. Meine Urgroßeltern sind vor der Sklaverei, den ganz schlimmen Zeiten, geflohen. Haben hier etwas aufgebaut. Und nun nehmen es uns die Nachfahren der Sklavenhalter wieder weg. Zerstören uns aufs neue. Allein Gott, Gott allein, kann uns noch helfen.

Wenn du also auf der Suche nach Arbeit bist, Mädchen, können wir hier dir am wenigsten helfen. So leid es mir tut, das sagen zu müssen. So sehr es eine Schande ist, seinesgleichen nicht zu helfen. Aber hier ist die einzige Arbeit, die wir noch haben, die Alten einzuscharren, wenn Gott sie zu sich gerufen hat. Und Verdienst bringt das auch keinen. Nicht mal Maniok oder Bohnen. Schon gar nicht Bananen. Denn unsere Maniokfelder und Bohnensträucher und Bananenstauden für den Eigenbedarf sind längst verdorrt. Gestorben. Du könntest vielleicht auf den Plantagen Arbeit finden. Dazu musst du in die Stadt. Wo die Besitzer leben. Und überleg dir das aber gut. Nach ein, zwei Jahren bist du voller Gift. Das sie überall in ihren Plantagen anwenden. Wir haben ein paar junge Männer an das Gift der Plantagenbetreiber verloren. Da hinten – er deutete in die Richtung des Friedhofs – sind sie in der Erde. Die letzten Jüngeren, die hier bleiben wollten. Sich *hier* verdingen wollten. Hier bleibt nur mehr, wer

auf den Tod wartet, Mädchen. Wer zu schwach geworden ist, um
fortzugehen und nochmal von vorne zu beginnen. Oder zu sehr an
dieses Land unsrer Vorfahren gebunden ist. Im Herzen.
Der Kaffee, obschon mehr Zucker als Kaffee, schmeckte bitter.
Gewürzt von Seu Pedros Worten. Und die Bananen – woher kamen
sie?, von den Raub- und Giftplantagen? – wollten auch nicht so
schmecken. Obschon wir hungrig waren.
Der Alte entschuldigte sich dann, er sei müde, wolle sich ausruhen,
verabschiedete sich und gab seiner Enkelin und einem der größeren
Buben den Auftrag, uns den Friedhof, die ausgedorrten Felder, die zur
Ruine zerfallende Casa de Farinha und den ehemaligen Stausee zu
zeigen.
Nein, ich hatte absolut keine Lust, für einen Plantagenbesitzerteufel
zu arbeiten, der meine Leute, ihr Dorf und Land und sie selbst,
vernichtete und seine Arbeitssklaven vergiftete. Diese Option war
nach dem Unterricht durch den Dorfchef gestorben.
Es dämmerte bereits, als wir zurück auf der befestigten Straße, etwas
südlich von Irecê, bei Lapão, waren. Lapão, wo die irrsinnige
Ausbeutung des Grundwassers bereits nächste Stadien erreicht hatte,
wir mir die Frau des Pousadabesitzers, die aus Irecê stammt, erklärte.
Agrofirmen, *Heuschreckenfirmen*, wie sie es nannte, hatten sich
angesiedelt. Hatten Grundstücke verarmter Bauernfamilien
zusammengekauft, mit Unterstützung beziehungsweise durch Druck
auf Verkaufsunwillige seitens der Lokal„politiker", die
selbstverständlich ordentlich und illegal für ihre „Hilfe" einsteckten. Mit
dem Land großflächig in ihren Händen gingen die Firmen sofort daran,
Monokulturen hochzuziehen. Karotten, Zwiebeln, Kartoffeln,
Ähnliches. Mitten in der Halbwüste des Sertão sprudelte nun gutes
Trinkwasser aus zig Meter tiefen Brunnen, 24 Stunden am Tag, um
zum Beispiel frisch geerntete Karotten industriell zu putzen. Sie
„attraktiver", „markttauglich", zu einem höheren Preis absetzbar zu
machen. Bis zu drei Ernten pro Jahr. Unter Einsatz von Megatonnen
von Chemikalien. Enorme Gewinne für die Heuschreckenfirmen. Und
heute, kaum zehn Jahre danach, sind sie fast alle wieder weg. Weiter
gezogen. An einen anderen für sie *tauglichen* Ort. Mit guten Böden,
skrupellosen Lokal„politikern" – die es, im Gegensatz zur
Bodenqualität, *überall* in Brasilien*, wenn nicht ausschließlich* gibt –
und einer wehrlosen Verbrauchsmenschenbevölkerung, recht- und

informationslose Klein- und Kleinstbauern. Denen man goldene Berge verspricht, und das Recht auf Weiterleben, vor Ort zumindest, nimmt. Was zurückbleibt sind Vollwüsten. Auf Generationen vergiftete Böden. Von Erosion abgetragene, verwehte fruchtbare Bodenschichten. Die Frau bat ihren Mann an einer Erdstraße gegen Osten abzubiegen. Und bald sahen wir, schemenhaft, denn die Dunkelheit fällt rasch ein bei uns, nicht weit vom Äquator, die Industrieruinen, die die Heuschreckenfirmen, zurückgelassen haben. Und keinen Baum, keinen Strauch, nicht einmal Kakteen, so weit die Sicht reichte. Gegen den vorsichtigen Einspruch ihres Mannes – es ist schon spät, wozu denn, jetzt sieht man doch nichts mehr, mein Schatz – dirigierte sie ihn noch einmal zurück, hinein in die Stadt Lapão, und ließ ihn im Zentrum halten. Kommt, schaut euch das an, und führte uns in der Folge zu drei großen alten Kolonialhäusern, die mit schwarz-gelben Plastikbändern „abgesichert", oder sagen wir: gekennzeichnet, waren. Soll bedeuten: Zurückbleiben, nicht näher kommen! Die Häuser waren am Zusammenbrechen, völlig windschief, mit enormen Rissen in den Wänden und teilweise bereits eingestürztem Dachholz. Euch brauch ich es ja nicht zu erklären, sagte sie an ihren Mann und den lustlos mitlatschenden Mitarbeiter gerichtet. Aber du? Weißt du, was das hier bedeutet? Lebensgefahr, antwortete ich. Einstürzende Häuser. Genau! Und deren gibt es Dutzende hier in Lapão. Die versinken. Das ganze Grundwasser, anfangs auch die Schichten knapp unter der Erdoberfläche, haben sie rausgeholt. Das Druck auch nach oben ausübte. Die dünne Erdoberschicht stützte. Jetzt sind die ehemaligen unterirdischen Seen leere Höhlen. Und stürzen ein. Und die Stadt versinkt mit, ein Haus nach dem anderen. Davon liest du allerdings nichts in den Jubelpublikationen der Regierungen. Die sich ihrer Weisheit und ihrer „Arbeit fürs Volk" brüsteten. Vor ein paar Jahren, als sie den Heuschrecken den roten Teppich ausrollten. Und kräftig einstecken, Kommission, fürs Familienvertreiben und die vielen folgenden Gifternten. Sich damit schicke Apartments in der Hauptstadt kauften. Für sich und ihre Kinder und Enkel. Fürs *Danach*. Und auch in den Medien: nichts. Aber immer: Viva Agrobusiness! Die sakrossankte Kuh in unserer alles zerstörenden, unersättlichen Raubkultur. Und größte Mediensponsorin im Land ...
Fertig, mein Schatz?, fragte ihr Mann. Fertig! Und zu mir gewandt, auf dem Rückweg zum Wagen: Weißt du, mit meiner Familie, ein Stück

weiter oben, in Irecê, war es nicht anders. Wie hier. Wie in Serra Grande, im Quilombo. Meine Eltern wurden so lange gedrängt und schließlich bedroht, bis sie verkauften. Ein kleines Stück Land, das seit vier Generationen in Familienbesitz war. Das ich und meine beiden Brüder weiterführen hätten sollen. Und wer weiß, vielleicht auch unsere Kinder und Enkel. Mit dem Geld gingen meine Eltern und Brüder nach Feira de Santana. In die Großstadt. Kauften ein Häuschen am Stadtrand. In einer schlimmen Favela. Drifteten ins Elend ab. Meine Eltern starben beide kurz danach. Nicht mal ein Jahr später. Ich glaube aus Trauer. Aus Resignation. Und nachdem einer meiner Brüder einen Raubüberfall und die Schusswunde mit Glück überlebt hatte und wieder genesen war, verkauften sie das Häuschen wieder. Heute leben sie beide in São Paulo. Und überleben mehr schlecht als recht. Als Mechanikergehilfe der eine, als autonomer Fischverkäufer der andere. Ich war die Einzige, die blieb. Zuerst bei einer Schwester von meiner Mutter, meiner Tante, hier in Lapão. Und dann in Iraquara, bei einem Vetter zweiten Grades, wo ich die Kassa seines Baustoffhandels führte. Bis ich *ihn* kennen gelernt habe – sie deutete mit dem Daumen hinter uns, wo ihr Mann und der Mitarbeiter uns folgten. Ich verstehe in Fleisch und Blut, was uns seu Pedro heute erzählt hat. Er, seine Leute dort, sind schwarz. Ich, meine Leute weiß. Aber die Erfahrungen, die wir gemacht haben mit dem Staat, oder jenen, die ihn in ihre Hände gebracht haben, sind gleiche.
Ich dachte: Na ja, vielleicht die zuletzt gemachten. Aber deine Leute sind bestimmt nicht in Ketten angekommen. Und hatte plötzlich, dass es mein Herz zusammendrückte, das Bild meines Vaters vor Augen. Seine Geschichten unter sternenübersätem Nachthimmel.
In Iraquara hielten wir an einer Pousada und aßen. Mittag- und Abendessen in einem. Das Pousadabesitzerehepaar besprach Geschäftliches, der Mitarbeiter schaufelte schweigend in sich hinein. Und ich halte mich entschlossen. Ich würde es doch in Lençóis versuchen. Im „Touristenmekka" der Region. Wieder einmal „umsatteln". Mit Fokus auf Küchenarbeit. Möglichst teufelabseits. Bezüglich des Dorthinkommens, hätte ich gerne den Pfad durch den Busch, durch den Nationalpark, genommen. Aber die Aussicht, mit einem mir unbekannten Guide und mir unbekannten Touristen einen ganzen Tag lang zusammen zu sein, brachte mich von diesem Wunsch wieder ab.

Als mir der Pousadabesitzer an einem nächtlichen Lagerfeuer mitteilte, dass am nächsten Samstag einige seiner Gäste nach Palmeiras fahren würden, weil dort Markttag sei, und ich *ohne weiteres* mitfahren könne, war die Sache geritzt. Er gab mir auch noch ein paar Namen und Adressen mit. Bekannte, Freunde, die in Lençóis wohnten und mir weiterhelfen könnten. Meine vier Kariri-Xocó-Reisegenossen hatten bereits vor Weihnachten fast ihr gesamtes Kunsthandwerk an den Tourimann gebracht und kamen kaum mit ihren Zeremonien und Ritualen nach. Stark besucht und bestaunt von den Urbanmenschen auf der Suche nach Aus-Zeit. Vor allem A würde mir fehlen. Ein guter Mann. Ein Anti-Teufel.

Besagten Samstag fuhr ich im Wagen eines Gästepaares aus Salvador mit und verbrachte solo einige Stunden am schönen bunten Wochenmarkt von Palmeiras. Ich genoss das Treiben. Die Gerüche. Das Gewimmel einfacher Menschen aus den umliegenden Dörfern. Die teils zu Pferd oder Esel ankamen. Es war ein bisschen wie zu Hause. In meiner Kindheit. Beim ersten Besuch in Mirinzal. Nur dass ich nun keiner Geburtsurkunde mehr hinterher war. Sondern einem Bus nach Lençóis. Und der Lärm und der angebotene Plunder keine Wunschfantasien mehr in mir provozierte. Sechs Jahre und den Erfahrungen ganzer Menschenleben *danach*.

Der Bus ging um 13.30 Uhr. Und eine Stunde später hielt er in Lençóis. Ich schnappte den Rucksack, ein Abschiedsgeschenk des Pousadabesitzerehepaares aus dessen „Vergessenschaftsfundus", stieg aus. Keiner der sich rempelnden Tourihaie, Leute, die eine Prämie bekommen, wenn es ihnen gelingt, aussteigende Touris zu einem bestimmten Hotel abzuschleppen, kümmerte sich um mich. Ich bin schwarz. Touris sind weiß.

Die erste Adresse auf dem Zettel fand ich nicht. Und niemand, den ich fragte, konnte mir sagen, wer oder wo das sei. Also die zweite der Liste. Eine Frau „O", am *Alto da Estrela,* Sternenhügel. Schöner Name. Allein, es ging steil bergauf und rein in eine Favela. Ich fand das Haus von O. Das gleichzeitig eine Herberge war. Sie war nicht da, ein Haus- oder Küchenmädchen bat mich, Platz zu nehmen und zu warten. O würde „in Kürze" kommen. Sie brachte mir ein Glas Wasser und bot Kaffee an. Ich solle mich wie zu Hause fühlen, und wenn ich was bräuchte, sie in der Küche suchen. Ich brauche *schon jetzt* was! Eine Toilette. Das sympathische Mädchen lachte. Ich mit. Und sie führte mich zur nächstgelegenen. Dann wartete ich auf O. Hin und wieder kamen oder gingen Herbergsgäste. Keine Brasilianer darunter. Sie sagten etwas zu mir. Ich verstand kein Wort.

O kam Stunden später. Es war bereits dunkel. Sie sagte, sie hätte mich erwartet. Ihre Freunde, das Pousadabesitzerehepaar aus dem Capão-Tal, hätten sie angerufen. Und von mir erzählt. Im Moment kann ich wirklich eine zusätzliche Hilfe brauchen. Es sind nur mehr fünf Tage bis Weihnachten, die Hauptsaison geht los und wir haben dann volles Haus. Sinngemäß sagte sie das jedenfalls. Denn ihr Portugiesisch hatte so einen starken Akzent, dass ich große Mühe hatte zu verstehen. Sie bräuchte jemanden, der in der Küche mithalf, optimal!, und der beim Putzen und Gästezimmeraufräumen Hand anlegte. Sie könnte mir Gratisunterkunft, ebenhier in der Herberge inklusive Essen & Trinken anbieten, und 70 Reais. Im Monat. Ich glaube, da fiel mir die Kinnlade ein schönes Stück runter. Ich meine ..., na, du weißt ja ... rechnen kann ich! 70 Reais *im Monat*. Das habe ich bei den Zuckerrohrteufeln an zwei Tagen verdient. Und außerdem war das klar unter dem gesetzlichen Mindestlohn. Den aber *bis heute* ohnehin niemand bezahlt. Schon gar nicht an eine *schwarze Frau*. Im Hinterland unseres Sklavenhalterstaates.

O, eine Ausländerin aus Europa, hatte unser System offenbar bestens verinnerlicht. Mach dich reich, in kürzester Zeit, über totale Ausbeutung der Verbrauchsmenschenmasse. Und keine Sorge wegen Gesetzen. Verbrauchsmenschen haben in Brasilien keine Rechte. Abseits vom Lügenpapier. Nur Pflichten. Punkt.

O muss also meine runterfallende Kinnlade verstanden haben, denn sofort fügte sie hinzu, dass sie *leider* nicht mehr bezahlen könne. Dass die anderen beiden Mädchen auch zum selben Lohn arbeiteten. Dass das Geschäft nur jetzt, in der kurzen Hauptsaison einigermaßen gut gehe. Und sie hart sparen müsse, um überhaupt übers Jahr zu kommen. Und so weiter in der Pinocchio-Litanei.

Damals wusste ich es noch nicht. Dass es einen Pinocchio-Litanei war. Ich hatte „nur" so ein Gefühl. Aber bald schon sollte ich es *wissen*. Nun, es war bereits abends, nach acht, und ich sagte *okay*. Und dachte mir „fürs Erste". Bis ich was Besseres, weit Besseres finde. Denn mit diesem Hungerlohn wird's schier unmöglich, nach Rio zu gelangen. Bevor ich alt wurde.

175

Wir drei Mädchen, die anderen beiden, es waren Schwestern, waren jünger als ich, 13 und 15, arbeiteten täglich. Manchmal bis zu 14 Stunden am Stück. Auch zu Weihnachten. Auch am Silvestersonntag. Die Herberge war voll. Ich musste in der Küche, unter Kakerlaken- und Ameisenheeren, auf einer am Boden ausgelegten Matratze schlafen. Die beiden Kolleginnen schliefen bei sich zuhause, ein paar Hütten weiter.

Irgendwie hatte ich es wieder geschafft, in einer Art Hölle zu landen. Und begann ernsthaft darüber nachzudenken, ob es nicht *meine eigene Schuld* wäre. Der Form-Unterschied diesmal: Hier führte eine Teufel*in* Regie.

Die Routine begann ab fünf – übrigens auch am Neujahrsmontag, nach nicht einmal einer Stunde Schlaf, da ich bis vier besoffenen und bekifften Gästen zur Verfügung beziehungsweise zur Bedienung stehen musste. Ab fünf also waren wir zu zweit in der Küche am Frühstückzubereiten, und die dritte am Putzen der Gemeinschaftsräume, wie Rezeption und Fernseh- und Billardzimmer, sowie der Gänge zu den Zimmern und Schlafsälen. Nach dem Frühstücksende, ab neun, hieß es für eine, das Geschirrgebirge zu waschen, zu trocknen und einzuordnen. Die beiden anderen begannen mit dem Zimmeraufräumen. Ab Mittag Bettwäsche und Handtücher waschen. Oft auch noch das Zeug der Touris. „Dazwischen" mussten wir auch alle Rezeptionspflichten erfüllen. O war kaum zugegen. Tagsüber. Aber immer abends, mit ihrem brasilianischen Gefährten. Kasse machen. Und bei einem *baseado*, einem Spliff, über „den geringen Umsatz" jammern. Während sie tagsüber unablässig Ländereien in der Umgebung, vor allem von ahnungslosen, in wirtschaftlicher Not befindlichen Armen für ein Butterbrot zusammenkaufte. Sie einzäunte, ein schmuckes Häuschen drauf bauen ließ. Um das ganze um ein Viel-Viel-Vielfaches an paradiessuchende – und vielleicht nicht weniger ahnungslose oder naive – Landsleute von ihr zu verkaufen. Und Verbrauchsmädchen schwarzer Hautfarbe, wir drei zu diesem Zeitpunkt Anfang 2001, schmissen ihr den ganzen Laden. Ermöglichten und finanzierten ihr, mit unserem Schweiß und unserer Armhaltung, den rasanten Aufstieg von einer Schmalspurbudgettramperin zur anerkannten und bewunderten Unternehmerin. Die sich noch feiern ließ, von ihren Gästen und in diversen Reiseführern, *sich selbst*, aber unter

Verwendung von Pseudonymen, als eine Art „Engel der Armen"
anpries, die Mädchen aus ärmsten Schichten *in den Arbeitsmarkt
integriere*, ihnen *selbstlos eine bessere Zukunft ermögliche* ... Das
lesen dann sprichwörtlich blauäugige Europäer und entscheiden sich
für Os Herberge. Um *zum Guten beizutragen*. Ähm ... sei mir nicht
bös, *Irini,* aber Dummheit kennt wirklich keine Grenzen. *Auch* keine
europäischen...

Wir sehen uns in die Augen, ich hebe meine Hände, kehre die
Handflächen nach oben, nicke. Wie wahr! Traurig ..., aber wie wahr.

Die Herberge blieb ziemlich voll, trotz ständigen Kommens und
Gehens ausländischer Touris und trotz der angeblich ach-so-kurzen
Hauptsaison, bis Mitte März. Dann begann es abzuflauen. Und nur
noch vereinzelte Gäste fanden sich ein.
O meinte, dass sie mich ab Monatsende nicht mehr weiter „halten"
könne. Der Kosten wegen. Dass sie vielleicht sogar auch eine der
beiden Schwestern außer Dienst, *Verdienst*, stellen müsse. Was sie
dann tatsächlich tun sollte. Und was die andere Schwester in trotziger,
spontaner Solidarität, ebenfalls aussteigen ließ. Für O allerdings nur
eine kurze Unannehmlichkeit. Denn in Kleinstadthinterlandfavelas
gehen willige Kinderarbeitskräfte, vor allem schwarze, die sich für ein
paar Münzen abrackern und Garantie für null Schwierigkeiten mit dem
Gesetz sind – Sklavenhalterstaat in Händen von Leuten mit
Sklavenhaltermentalität – nie zur Neige. Reproduzieren sich
sozusagen selbst. Unser Land *ist* ein Traumland. Für alle gutbetuchten
Skrupellosen der Welt.
Meine Kolleginnen, die beiden Schwestern, und ich waren in den
knapp drei Monaten dicke Freundinnen geworden. Es verband uns
einiges. Herkunft, Gegenwart. Als der Tourifluss im März dünner
wurde, ging die eine oder andere der Schwestern nachmittags *zum
Training in den Klub*, wie sie es nannten. Handball. Eine
Schulmannschaft? Nein, nein. Die gibt es zwar auch, aber dort
machen wir nicht mit. Ist ja in den Händen des Turnlehrers. Und dass
du dort, egal wie gut du spielen kannst oder nicht, randarfst, ins
Training, ins Spiel, in den Dress, musst du erst dem Turnlehrer zu
Diensten sein. Ohne Beinebreitmachen geht da gar nichts. Nun, ich
kannte Ähnliches. Nicht aus Eigenerfahrung. Aber von einigen

Schulkolleginnen in Santa Inês. Die ihre zum Aufstieg in die nächste Klasse reichenden Noten auch nur per Sex auf diversen Lehrerschößen bekamen. Auch so ein brasilienendemisches Phänomen. Und keinen juckt's. Solange die Lehrer- und Direktorenteufel es nur mit armen, eben meist schwarzen, oder indigenen Mädchen treiben. Das ist als „normal" angesehen. Na, was für ein Handballklub ist das dann? Der Klub eben. *Clube Maria Bonita*. Super wäre es. Dreimal pro Woche „Training". Zwei Stunden Spiel, Spaß und Lernen. Lernen? Ja, wir reden da über alles. Vor allem über jene Sachen, über die sonstwo, zu Hause, in der Schule, nicht geredet wird. Über Rassismus, Ausbeutung, Hygiene, Ernährung, Schwangerschaftsverhütung, Emanzipation, ... Reisen machen wir auch hin und wieder. Ich verstand gar nichts mehr.
Komm doch einfach mit. Ja, aber wie? Ich kann überhaupt nicht Handball spielen. Habe keine Sportschuhe, nichts. Und überhaupt, kann man da einfach so auftauchen und rein? Ja! Und Sportschuhe hat niemand. Wir spielen alle barfüßig!
Also ging ich mit. Irgendwann Mitte März, zum ersten Mal. Eine der beiden Schwestern nahm mich mit. Die andere hielt die Herbergsstellung. Es war nicht weit von der Herberge. Am anderen Ende des Alto da Estrela. Dort, wo die Stadt endet und der Busch beginnt. Mitten im Grünen, am Waldrand. Ein größeres ebenerdiges, grau verputztes Haus. Von außen. Ein Spielplatz von innen. Bunt. Alles in Blau und Gelb. Mit kleinen an gegenüberliegende Wände aufgemalten Toren. Und mehreren schwarzen Linien auf dem gelben Fussboden. Zwei dicke Säulen, die das Dach trugen. Das war die ganze Ausstattung. Rund ums Haus einige Mädchen, die Mangos pflückten und aussaugten. Von kleinen, vielleicht sechsjährigen, bis zu solchen in meinem Alter. Und darin, im Spielhaus, eine junge schwarze Frau, ein paar Jahre älter als ich, und ein weißer Mann. Beide am Fegen. Trockenes Laub und Staub und tote Insekten rausschaffend. Als die beiden fertig waren, streiften alle Mädchen ihre Flipflops draußen ab, gingen ins Haus und setzten sich, einen großen Kreis beschreibend. Ich mit ihnen. Ein wenig unsicher, nervös. Die junge schwarze Frau begrüßte uns, der weiße Mann auch. Sie sprach mit dem Akzent von hier, Lençóis. Er mit einem mir unbekannten, aber gut verständlichem. Ich dachte, er wäre aus dem Süden. Der Südregion Brasiliens. Später hörte ich dann manche sagen, er sei aus

Paraguay. Andere sagten aus Europa. Und wieder andere aus Kanada. Er sprach nicht davon. Nie. Und wenn ihn jemand fragte, darunter ich bei einem späteren Mal, erwiderte er lächelnd, er komme von *Mutter Erde ... und du?*

Die junge Frau fragte, wer eine Geschichte erzählen wolle. Und mehrere Mädchen meldeten sich. Erzählten Wahres, Erfundenes, Witze. Und die ganze Runde hatte zu hören und zu lachen. Dann sprach die junge schwarze Frau über das Zähneputzen. Warum es wichtig sei, wie es am besten gemacht würde. Wie es zu Karies und Zahnfäule komme. Was die langfristigen Konsequenzen der Vernachlässigung der Zahnhygiene seien. Und diese Konsequenzen der Vernachlässigung waren bei einigen der anwesenden Mädchen bereits klar zu sehen. Und ihr wisst ja, wo's an Geld mangelt, zum Kauf von Zahnbürste und Zahnpasta, übernehmen wir das, der Klub. Dann sprach der Mutter-Erde-Mann. Fragte, ob Wäschewaschen am Fluss Arbeit von Männern oder Frauen sei. Frauuueeeen, brüllte es aus etwa zwanzig Mädchenkehlen. Fragte, ob Kochen Arbeit von Männern oder Frauen sei. Frauuueeeen! Fragte, ob Hausbauen Arbeit von Männern oder Frauen sei. Määäneeer! Fragte, ob Lkw-Fahren Arbeit von Männern oder Frauen sei. Määäneeer!

Die junge schwarze Frau – sie war vor Jahren selbst als Kind zu diesem von dem weißen Mann gegründeten Clube Maria Bonita gestoßen und arbeitete heute als eine Leiterin mit – hob die Hand. Also, *ich* glaube, dass alle die von dir genannten Arbeiten sowohl von Männern als auch Frauen gemacht werden können.

Wieder wartete er einige Sekunden ab. Schaute allen in die Augen. Auch mir. Aha! Um Wäsche unten am Fluss zu schrubben, was braucht es dazu, außer Wasser und Seife? Einen Sonnenhut!, schrie eines der Mädchen. Großes Gelächter. Ein anderes Mädchen hob die Hand. Der Mann nickte ihr zu. Kraft! Aha! Und womit wendest du die Kraft beim Schrubben an?, und bewegte zu seiner Frage die Arme. Mehrere Mädchen zeigten auf. Die Arme! Die Hände!

Aha. Und wer hat Arme und Hände, die Frau oder der Mann? BEEEIIIDEEEE!

Der Mann und seine Kollegin lächelten zufrieden in die Runde. Und beim Kochen? Womit rührst du um? Mit dem Kochlöffel! Großes Gelächter. Aha. Und womit bewegst du diesen? Mit Aaaarmeeen! Und Hääändeeen! Aha. Und wer hat die, Mann oder Frau? BEEEIIIDEEEE!

Es war ohrenbetäubend. Aber die Mädls waren begeistert bei der Sache. Und ich war amüsiert. Über dieses ungewöhnliche Lernspiel. Traute mich aber noch nicht laut mitzulachen. Verbiss es mir. Na, und beim Hausbau, oder beim Lenken eines Fahrzeugs brauchen wir die selben Hände und Arme. Die wir alle haben. Egal, ob Frau oder Mann. Im Grunde gibt es keine Frauen- oder Männerarbeit. Es gibt Arbeit. Basta. Alle können alles tun. So sie wollen. Und nur eine einzige Ausnahme besteht. Das ist eine der schwierigsten, anstrengendsten Arbeiten, die es überhaupt gibt. Zumindest hier auf der Erde. Und weil sie so anstrengend ist, kann sie nicht von Mann und Frau ausgeübt werden. Sondern nur vom starken Geschlecht. Und das ist...? Der Maaaannn!

So? Ich glaub, ihr unterschätzt euch sehr. Und das ist schade, denn die wirklich Starken seid ihr. Nur ihr könnt Kinder zur Welt bringen. Oder kann dies auch der Mann? NEEEIIIINNN!

Und denkt mal an eure Mütter. Die euch entweder allein aufziehen, tagsüber irgendwo einen Putzjob machen und abends sich um euch kümmern, das Essen, die Wäsche, und so weiter. Nichts dafür bezahlt bekommen. Während eure Väter, so sie da sind, auf den Bau gehen, bezahlt bekommen, und danach im Haus was machen? Kein Geschrei. Keine Hauruckantwort. Erst mal Ratlosigkeit. Dann eine Stimme: Essen! Vom wem zubereitet? Eine andere Stimme: Fernsehen! Während eure Mutter und ihr selbst was tun müsst? Die dritte Stimme: Schnaps trinken! Großes Lachen. Der *was* zum Wohlergehen von euch und eurer Mütter beiträgt? Jetzt plapperte es wild durcheinander. Beispiele, Lachen befeuernde zumeist, von zu Hause nachliefernd. Erkennend. Bestätigend.

Dann übertönte die junge Frau das vielschichtige Gemurmel. Also, was haben wir heute gelernt? Eines der älteren Mädchen hob die Hand. Dass es Arbeit gibt. Aber keine Frauen- oder Männerarbeit. Außer Kinder kriegen, ruft eine der kleineren dazwischen und erntet viele Lacher. Und was noch?, fragte der Mann. Und fuhr sich dabei mit dem Zeigefinger über seine Zähne. Zääähneee putzeeen! Dass süße Sachen, Zucker, die Zähne angreifen. Dass verfaulte zweite Zähne nicht wieder nachwachsen. Dass es besser ist, vorzubeugen als den Schaden zu haben. Vor allem in solchen Familien, wo kein Geld für Zahnärzte übrig ist ... Sehr gut. Und jetzt hab ich noch *eine* Frage, bevor's an's Spielen geht.

Wenn ihr mal heiratet, oder einen Freund haben wollt, wer wäre euch lieber. Der, der Kochen und Wäschewaschen stets den Frauen überlässt? Oder der, der euch dabei hilft, weil er weiß, dass auch seine Hände und Arme es können? Einige Nervosität unter den Kindern im Kreis. Kinnkratzen, Kopfkratzen. Tuscheln. Ich, andererseits, bin plötzlich nicht mehr nervös, hebe die Hand. Ja, dann sag mal, ermuntert mich die junge schwarze Frau: Ich wollte nur einen, der mithilft. Nicht alles auf uns abwälzt. Sich bedienen lässt. Totenstille. Bis jetzt war ich gar nicht richtig wahrgenommen worden. Aber mit dieser Wortmeldung ... Die Mädchen starrten nun gebannt auf die junge schwarze Frau und den weißen Mutter-Erde-Mann. Wie heißt du?, fragte er mich, Vera, *Verinha*. Kichern der kleinen Mädchen. Gut so Verinha, bravo. Vergiss es bloss nicht, wenn es denn so weit ist. Und lass die Verliebtheit dich nicht mit Blindheit schlagen.
Wer hat Verinha mitgebracht?, fragte die Frau. Meine Kollegin von der Herberge zeigte auf. Sehr gut, danke. Und vergesst nicht, Ihr alle könnt mitbringen, wen ihr wollt. Willst du dich vorstellen, was von dir erzählen, Verinha? Nein, ich schüttelte den Kopf. Okay, sagte sie lächelnd, dann geht's ans Spielen. Mit Riesengeschrei, Freudengeheul sprangen zwanzig Energiebündel auf, und es wurde Stretching betrieben. Zehn Übungen, jede von einem anderen Mädchen geführt. Und von den beiden Leitern bei Bedarf korrigiert. Danach wurden Bälle verteilt, und es wurde herumgedribbelt. Dem folgten rekreative Gruppenspiele. Mit oder ohne Ball. Dann handballähnliche Mannschaftsspiele. Und *Futsal,* Hallenfußball. Es war wieder mal viel Schweiß. Diesmal allerdings *Freudenschweiß.* Kein Höllenschweiß. Und die Mädchen, einige zumindest, die schon länger dabei waren, spielten hart und gekonnt. Die beiden Leiter mit.
Nach etwa zwei Stunden saßen wir wieder, erschöpft und frohgemut, im Kreis. Und mussten das Training beurteilen. Eine nach der anderen äußerte ihre Kritik. Ihren Eindruck. Ihr Empfinden. Selbstvertrauensschule. Ausdrucksschule. Dann wurden wir jede einzeln von beiden umarmt und entlassen.
Das war anders als Schule. Oder ein Mix aus Schule-wie-sie-sein-*könnte* und Quilombo-*Kulturmuster.* [Lacht.] Zumindest was Organisation und Wissensweitergabe und Zwischenmenschlichkeit und Horizontalität anging. Ich sollte in den folgenden Wochen noch öfters wiederkommen. Zum *Clube.* Kurzfristig Stammgast werden...

181

Eliane klopft an die offen stehende Tür, steckt den Kopf herein, werte Fachsimplerfrauen, unterbrecht bitte mal, im Globo-News-Kanal veröffentlichen sie jetzt die letzten Statistiken zu unserem Chaos hier, kommt. Schauen wir uns an, was wir glauben sollen [lacht].

Ich schalte das Aufnahmegrät aus und Verinha und ich folgen Eliane in die Küche. Die Landesregierung spricht von bisher 143 Mordopfern allein im Großraum Vitória, seit Streikbeginn der Militärpolizei am 4. Februar. *Sindipol*, die Gewerkschaft der Kriminalpolizei, von 145. Der Sindipolsprecher fügt hinzu, dass die Zahl der Todesopfer noch höher liege. Denn es gäbe keine Zahlen aus den Spitälern, wohin viele Schwerverletzte nach Mordanschlägen eingeliefert worden waren und dort inzwischen verstorben seien.

Weiters wird mitgeteilt, dass die Parade der Sambaschulen Espírito Santos, der Karneval steht an, Polizeischutz bekommen würde.

The show must go on!, blitzt es mir durch den Kopf. Oder: Von wegen Brot & Spiele. *Kugeln* & Spiele!

Davon, dass das hilfreich einspringende Militär auch schon Favelaburschen erschossen hat, also die Arbeit ihrer streikenden Kollegen in gewohnter Manier weiterführt, davon sagen sie nichts. Das hör ich nur, wenn ich mit den Leuten meiner Straße telefoniere, ergänzt Verinha die Globo News.

Der Nachrichtenkanal vermeldet weiter, dass ab heute *einige Militärpolizisten*, ihre Zahl wird in der Folge mit rund 1.700 angegeben, ihre Arbeit wieder aufgenommen hätten und dass öffentliche Ämter, Schulen, Gesundheitsposten und Verkehrsmittel, Letztere bis 22 Uhr, wieder in Betrieb gehen würden.

Hier, im Nobelviertel von Vila Velha, sollte es am sichersten sein. Auf die kaum Steuern zahlenden Reichen achtet der Staat. Mit Leistungen. Umgekehrt dort, wo Verinha und Eliane zuhause sind. Aber jetzt, schon einmal hier, wollen und sollen wir es ausnützen. Und entscheiden, die Interviews erst morgen fortzuführen. Und heute an den Strand zu gehn. Und zwar gleich. Es ist schon fast 16 Uhr.

Ich habe fast vierhundert Reais Bargeld bei mir, die fünfhundert uns von Antônio Carlos zur Verfügung gestellten lassen wir unangetastet, und los geht's. Im Meer baden wird auch heute noch nicht gehen. Dazu fehlen uns noch immer die Bikinis. Aber an der *Orla*, der Strandstraße, gibt es jede Menge kleiner Händler, die alles, was du am Strand brauchst (oder auch nicht) anbieten. Selbstverständlich auch Bademoden. Bei einem, jenem der uns am sympathischsten erschien, deckten wir uns ein. Und bekamen einen Sonderpreis. Noch immer doppelt so teuer wie bei uns im Supermarkt, wie Verinha ätzend kommentierte.

Dann setzten wir uns an den Strand, genossen Brise und Meeresduft. Und ich wurde von den beiden Freundinnen aufgefordert *endlich mal* was von mir, meinem Leben, meiner Arbeit und „meinem Land", *zu erzählen.*

Ich begann bei meiner Arbeit. Dort fühle ich mich, nicht nur beim Offenbaren, am sattelfestesten. Was „mein Land" betrifft, begann ich bei den ersten mir erinnerbaren Kinderspielen am Ufer der Trisanna, unter anderen mit meiner ersten „großen Vorschulliebe", einem jenischen Buben – was mir mütterliche Schelten einbrachte, *weil es ein Jenischer war –*, und endete bei jener Partei, die immer stärkeren Zuspruch bekommt, weil sie sich auch dafür stark macht, dass Menschen wie Verinha und Eliane nie bei uns rein, und Jenische möglichst nicht mehr vorkommen. Aber auch „unseren" Berti Stenico stellte ich den beiden vor. Einen jener wenigen redlichen und couragierten Politiker, die es schliesslich auch noch gibt, *gab* – in Bertis Fall. Beschrieb ihnen, wie dieser sich jahrein, jahraus weigerte auf die geschürte Fremdenfeindlichkeitsmasche aufzuspringen, im Gegenteil!, gegen den Strom dafür arbeitete stets mehr Flüchtlinge in Landeck, wo er Bürgermeister war, aufzunehmen und zu integrieren und dafür auch in der eigenen, so genannten sozialistischen Partei sein Fett abbekam. Aber dennoch Wahlen gewann. Im erzkonservativen Tirol. Und dennoch nie für die stetig schrumpfende Bundespartei in Frage kam. Wahrscheinlich, eben weil er Sozialist war. Ein ruhiger, bescheidener, „von unten". Und in ganzer Tat und mit allen per du. Ob er denn nicht Gefahr liefe *kalt gestellt* zu werden, fragte Verinha. Ich glaube nicht, dass wir schon wieder *so* weit sind, in unserem Land, antwortete ich. Und dass „im Übrigen" leider bereits

„das Schicksal" zugeschlagen hat. Berti im November 2012 tödlich vom Berg abgestürzt ist.

Exotisch, war das Urteil Elianes. *Traurig, aber nicht wirklich überraschend, die Guten erwischt's immer zuerst und zu früh*, das Verinhas.

Dann musste ich auch noch detailreich erzählen, wie Antônio Carlos und ich uns kennengelernt haben. Und sie glaubten mir nicht, dass wir nie „etwas miteinander gehabt" hätten. Außer Freundschaft.

Die beiden sollten in Folge noch öfter nachfragen. Bezüglich Tirol. Österreich. Europa. Und der Situation der Frauen dort. Interviews dürfen nicht einseitig sein, sollen sie was bringen, brachte es Verinha auf ihren Punkt.

Zum Kochen hatte keine von uns dreien Lust. Und so beschlossen wir diesen Dienstag an einem der Strandkioske. Bei Meeresfrüchte-Appetithappen und Mineralwasser, Eliane und ich. Und Verinha bei zwei Flaschen Bier und einer *Caipirinha.* Oooh jaaa, stöhnte sie wohlig. Schmeckt um Längen besser als die Scheißmedikamente. Und passt auch einfach besser zum Sandstrand-Tourispielen.

Allseitiges Lachen.

Mittwoch, 15. Februar 2017 (Vormittag)

Verinhas Arbeitgeber vom Supermarkt haben gestern Abend angerufen. Sie wollten wissen, wie es ihr gehe, ob sie an die Arbeit zurückkehren könne. Der Supermarkt soll Freitag wieder öffnen. Bis dahin werden alle durch die Plünderungen entstandenen Schäden behoben und das Sortiment der Waren, die bereits seit gestern, Dienstag, wieder angeliefert werden, vollständig aufgestockt sein. Verinha hat ihre Rückkehr für Freitag Morgen zugesagt.
Sonst ist die Arbeit futsch, und Verinha wieder zurück *im Strudel jener Jahre, von denen ich dir erzähle*, wie sie es ausdrückte.

Okay, *Irini*, wir sind also im März 2001. In Lençóis, in der Chapada Diamantina. Und ich hab dir von meinem „ersten Auftritt" im Frauen- und Mädchenprojekt Clube Maria Bonita erzählt ...

Richtig, Verinha, und da möchte ich gleich den Moment nützen, um nachzufragen, warum der Klub *Maria Bonita*, Schöne Maria, genannt wurde.

Okay. Also, Maria Bonita ist eine *Baiana*, bahianische Frau, die wirklich gelebt hat. Eine historische Persönlichkeit in Geschichte und Folklore des brasilianischen Nordostens. Sie war die Gefährtin von Virgulino Ferreira alias „Lampião", dem berühmtesten *Cangaceiro*. *Cangaceiros*, das waren Banditen, die in Banden und mit Hit-and-run-Taktik während der ersten drei Jahrzehnte des 20.Jahrhunderts das Landesinnere des Nordostens dominierten. Maria Bonita wurde, fast noch ein Kind, von ihrem Vater der Mitgift wegen zur Heirat mit einem viel älteren Mann gezwungen. Der sie fortan lieblos, wenn nicht schlecht, und als Gratisarbeitskraft behandelte. So wie es halt Machotradition ist. Anders als die meisten ihrer Leidengenossinnen fügte sie sich ihrem „Schicksal" aber nicht. Bis dass der Tod sie scheide. Beziehungsweise erlöse. Und flüchtete mit Lampião und einer seiner Banden, als diese durch ihr Dorf kamen. Sie wurde zur ersten Frau im Cangaço. Und in der Folge eine Art romantisches Sinnbild für Frauen, die frauenfeindliche Fesseln sprengen, ihren Weg selbst in die Hand nehmen. Deshalb hatte der Mutter-Erde-Mann – nennen wir ihn „G", okay?, das ist nicht so lang – den Namen Maria Bonita gewählt.

Lampião und sie wurden übrigens irgendwann in den 1930ern von einem ehemaligen Mitstreiter verraten und in ihrem Versteck in der *Caatinga*, dem Trockenbusch, von Polizeieinheiten umzingelt, angeschossen und per Buschmesser geköpft. Maria Bonita lebte noch, als ihr der Kopf abgetrennt wurde. Den Kopf von Lampião, das war damals durchaus so üblich, haben sie dann in einer Tournee durch die ganze Region geführt, ihn öffentlich ausgestellt. So lang er hielt ... Und die einzige Tochter der beiden, die kurz nach ihrer Geburt zu Pflegeeltern gekommen war, die lebt heute noch. In Aracaju, der Hauptstadt des Bundesstaates Sergipe. Expedita Ferreira, heißt sie. Eine alte Dame jetzt schon. Über 80.

Also, zu dieser Zeit hatte ich einen Freund, nennen wir ihn „L". Er war Touristenguide. Zumindest dachte ich das, weil er es mir gesagt hatte. Es war meine erste gewollte Beziehung mit einem Mann. Und da ich von der ach-so-menschlichen und aufopferungsvollen Arbeitgeberin O die Nase mehr als voll hatte, und sie mich ohnehin per Ende des Monats auf die Straße setzen würde, beschloss ich zu L zu ziehen. Der ebenfalls in der Favela Alto da Estrela ein Häuschen besaß. Na ja, was soll ich sagen ... Vom Regen in die Traufe? L hatte tatsächlich hin und wieder mal einen Touri, den er an verschiedene Plätze rund um Lençóis führte. Für ein Trinkgeld. Aber sein eigentliches Einkommen kam von der selben Beschäftigung, der die meisten jungen Männer in der Favela nachgingen: Drogenhandel bzw. –zustellung. Koks, Crack und *Maconha*, Gras. Sowohl für Touris als auch für Einheimische. Sein Vater saß im Knast, Totschlag. Seine Mutter war ein Wrack. Körperlich von den Drogen und psychisch ich weiß nicht wovon. Und seine um ein Jahr ältere Schwester, keine zwanzig noch, hatte vier kleine Kinder. Wie die Orgelpfeifen. Und einen Mann, der tolle Reden schwang, vor allem, wenn er high oder besoffen war, es aber nie zu Arbeit brachte. Über kleine Diebstähle und betrügerische Geschäfte das Essen seiner Familie besorgte.

Warte mal bitte, Verinha, du sagst *keine zwanzig*, aber schon vier Kinder. War oder ist das repräsentativ? „Normal"? Oder doch eine Ausnahmeerscheinung?

Na ja, ich will mich nicht als Soziologin aufspielen ... Aber wenn ich davon ausgehe, was ich dort gesehen habe, auch noch aus meinen

Tagen in Maranhão weiss, und auch die Freundschaften die ich hatte berücksichtige, kann man schon sagen, dass das gewöhnlich war.

Schau, ein armes Mädchen aus der Peripherie – ich red jetzt generell vom Hinterland der Nordostregion – aus einer der „typischen Familien" dort, wird ausschließlich von der Mutter erzogen. Die Männer, Väter, so sie überhaupt noch da sind – selten! –, tragen da überhaupt nichts bei. Außer Gewaltmethoden gelegentlich. Wenn ihnen was nicht passt. Oder sie besoffen sind. Und die erziehenden Mütter können nur das weitergeben, was sie selbst haben. Logisch? Und was haben sie? Das, was deren Mütter ihnen einst mit auf den Lebensweg einer Frau gegeben haben: 1) Lerne zu kochen, ohne etwas anbrennen zu lassen; 2) Lerne Wäsche auf Steinen zu schrubben, ohne Löcher in den Stoff zu machen; 3) Widersprich keinem Mann – egal ob Vater, Stiefvater, Bruder oder sonst einem. *Pronto*, fertig ist die Erziehung. Das ist das totale Patriarchat. Auch fest mit dem politischen System dort verbunden, dem *Coronelismo*, der Oberbefehlshaber, der „starke Mann" der Region, der Stadt, der *alles* kontrolliert und alle Macht konzentriert. Selbst die Entscheidung, wer leben darf und wer sterben muss.

Frau ist da buchstäblich eine Nebenerscheinung. Und wird als solche von klein auf, von den eigenen Müttern und Tanten, konditioniert. Ein Jahrhundertekreislauf. Kein Ausstieg vorgesehen. So. Und da kommt dann, wenn so ein *beschnittenes* – ich meine das im geistigen und emotionalen Sinn – Mädchen Brüste entwickelt, also reif „zum Pflücken" ist, und, aus der Sicht der Mutter reif für die „Weitergabe", – ein Mund weniger zu stopfen im Haus –, irgendein Macker an und sagt *komm!* Oder *mach die Beine breit!* Und das Mädchen folgt Regel 3. Widersprich keinem Mann. Da hat sie dann mit 13, 14, 15 ihren ersten Bengel. Und meistens keinen Mann. Weil der schon längst wieder über alle Berge ist und auf einer anderen liegt. Alles klar? Und so weiter und so fort. Und dass dann Zwanzigjährige drei oder vier Kinder, oft noch von verschiedenen Machern, haben … Ist die Logik des Systems.

So. Können wir zurück zu meiner Umsiedlung in die Hütte von L? Okay. Also, ich hielt es zwei Wochen aus. Bei und mit ihm. Es war eine neue Tür, und doch eine weitere Einkehr in die Hölle. Zu jeder Tages- und Nachtzeit konnte L mit „Kollegen" ankommen, wenn ein Geschäft gut gelaufen war, und dann wurde in einem durch der

Gewinn zu plärrender Musik, die im Umkreis von hundert Metern niemanden schlafen ließ, versoffen, verraucht und geschnupft. Das konnte die ganze Nacht und noch den Tag darauf so gehen. In den bloß zwei Wochen dort gab es Raufereien, und einmal sogar eine – *versuchte* – Messerstecherei. Niemand wurde ernsthaft verletzt. L verschwand nur deshalb nicht in einem Knast der Region wie sein Vater, weil er noch minderjährig war. Wenn ihn die Bullen aufs Revier mitnahmen, wurde er verprügelt, und das war's. Von Seiten des Staats. Klar, Drogen, falls welche zu Hause waren, wurden konfisziert. Und dann von den Bullen entweder selbst genommen oder weiterverkauft. Normal. Wenn das Häuschen voll war, mit Ls Kollegen, hatte ich meine liebe Not, mich zu wehren. L war ein Greenhorn im Milieu und meist der erste der k.o. ging, wenn Drogen im Überfluss konsumiert wurden. Was seine „Freunde" sofort zu nützen versuchten, um auf mich zu steigen. Es waren Tage und Nächte, belagert – und auch schon mal geschlagen, wegen meiner „Widerspenstigkeit" – von Teufeln, *Plural*. Und dann das Häuschen ... Was glaubst du, wie das aussah, nach solchen „Festlichkeiten"? Und wer musste trachten das Schlachtfeld, Blutspritzer inklusive, wieder in ein Häuschen zu verwandeln? Diesmal allerdings Putzen für nichts. Nicht einmal 70 Reais Hungerlohn wie bei O!

Es wird dich also bestimmt nicht wundern, dass ich so oft wie möglich *nicht* zu Hause war. Schon mal den ganzen Tag an einem der Bäche im Wald verbrachte. Und kein Training und kein Treffen im *diametralen* Clube Maria Bonita ausließ. Die Mädchen dort kamen aus ähnlichen Verhältnissen wie den beschriebenen. Nicht alle, aber doch die meisten. Desolate Familien. Von Rassismus und Patriarchat, *vorgesehener* Armut und Alkohol und anderen Drogen gebeutelt. Mit zweien in meinem Alter, so wie mit den beiden Schwestern zuvor schon, in der Herberge von O, freundete ich mich an. Und wir erzählten einander von unserem Leid. Zumindest Teile davon. Alles bestimmt nicht. Das trägt man „lieber" still in sich. Gut verschlossen. Wenn zum Beispiel der eigene Vater, oder Stiefvater, oder Bruder dich hernimmt. Jedes Mal, wenn er besoffen nach Hause kommt. Was vor allem dann geschieht, wenn mit Gelegenheitsarbeit ein paar Münzen ergattert wurden. Ein Mädchen in unsrer Gesellschaft zu sein, dreifach diskriminiert, weil Frau, weil schwarz, weil arm, und dann als Draufgabe noch von den eigenen Leuten, *den Familienteufeln*, brutalisiert zu werden ... Kein Honiglecken, *Irini*. Und viele Touris, die weiß Gott von wo daherkommen, mit ihren Geldbündeln oder Kreditkarten in der Tasche, finden es wunderbar. Alles so schön billig und willig hier, *selbst die Mädls ...*

Meine Freundinnen vom Projekt meinten, ich sollte G fragen, ob ich bei ihm wohnen könne. Er hätte ein großes Haus und zuvor schon mal bedrohte Frauen dort vorübergehend untergebracht. Seinen Arsch riskiert. Wie er ihn überhaupt riskiere, mit diesem emanzipatorischen Projekt mitten in einer archaischen Macho-Hochburg. Nun, diese Idee schien mir zuerst abwegig. Ich wehrte ab. *Das* kam nicht in Frage. Als ich aber in einer weiteren Festnacht im Häuschen von L von drei seiner Kollegen, einer nach dem anderen, während die anderen beiden mich fixierten und schlugen, auf dem Küchentisch unter Gejohle und Anfeuerungsrufen weiterer Gäste, und passivem Glotzen von L, vergewaltigt wurde, war die Idee nicht mehr abwegig. Am nächsten Tag gingen wir, die beiden Schwestern, die anderen beiden Mädchen mit denen ich mich angefreundet hatte, und ich zu G. Zu dessen Haus. Die Geschichte von der Vornacht erzählte ich nicht. Aber mein geschwollenes Auge und die geplatzten Lippen sprachen ohnehin für sich. Ich bat „um Asyl". Eigentlich waren es die Freundinnen, die sprachen, nicht ich.

Er hörte still zu. Sah uns an. Ich fühlte mich beschissen. Schlecht. Physisch, emotional, psychisch. Musste sogar mit Tränen kämpfen. Wäre am liebsten wieder fortgerannt.

Kein Problem, Verinha. Du kannst hier bleiben, solange du willst. Hast du irgendwelche Sachen? Eines der Mädchen hob meinen Rucksack hoch. Das ist alles? Ich nickte. Dann führte er uns ein großes Zimmer im ersten Stock, in welchem ein Doppelbett mit Moskitonetz stand. Sonst nichts. Viel Komfort gibt es nicht bei mir. Arbeiten ohne Einkommen erlaubt das nicht. Aber Bett und Matratze sind nagelneu, und hier nebenan hast du eine eigene Dusche und ein eigenes WC. Hier geht's, er entriegelte eine Türe, auf die Veranda. Schöner Ausblick nach Osten. Tolle Sonnen- und Mondaufgänge. Aber Achtung! Es gibt kein Geländer, also pass auf, wenn du hier draußen bist, ja? Komm mal her, Verinha. Wir alle gingen raus auf die Veranda. Ich selber wohne nicht in diesem Haus, sondern in dem hier, und deutete auf ein weiteres, kleineres einstöckiges Haus, das direkt an das hiesige anstieß. Dort ist auch ein Gasherd und Geschirr, die kannst du verwenden, wenn du willst. Und hier, er zeigte auf einen Pfad hinunter, kannst du ein- und ausgehen. Nicht durch die Vordertür, durch die ihr gekommen seid. Für die hab ich nur einen Schlüssel. Aber für die Hintertür zum Pfad durch den Hinterhof und zur Gasse, hab ich zwei. Einen geb ich dir gleich. Dann ging er den Schlüssel holen. Wir sahen ihn von der Veranda aus unten aus der Hintertür kommen und ins andere Haus reingehen. In seinem Hinterhof gab es Bananenstauden, *Pitangas,* Guyanakirschen, *Fruta-de-conde,* Zimtapfel, Papayas, Zitronen, Pfefferschoten, Kürbisse, Maniok, Kräuter und einen riesigen – den größten, den ich je gesehen habe, bestimmt zehn Meter hohen – Mandacaru-Kaktus. Ein wunderschöner, stark und ebenmässig verzweigter, blaugrüner Gigant. In der Ferne, am Horizont im Osten, eine bewaldete Hügelkette, dazwischen die Dächer von Lençóis.

G kam wieder zur Tür des kleinen Hauses, in dem er wohnte, raus und rief uns zu sich runter. Er hatte in der kleinen Küche Wasser aufgesetzt. Gleich gibt's Brötchen und Kaffee. Und hier ist dein Schlüssel. Sei so gut, und verlier ihn nicht. Setzt euch doch. Dort draußen, auf den Stufen. Für sechs Personen ist ja hier drinnen kein Platz. Eine der beiden Schwestern fragte rundheraus. Und was machst du, wenn Verinhas Freund kommt? Nichts. Ich lass ihn nicht rein. Und irgendwann zieht er schon wieder ab.

Nach dem improvisierten Frühstück, das, in meinem Fall, mehr schmerzte als schmeckte, verabschiedeten sich die vier Mädchen. Sie versprachen, mich am Nachmittag, vor dem Training, wieder zu besuchen. Ich wollte die Kaffeegläser waschen, aber G ließ mich nicht. Ich hab auch zwei Hände, und du möchtest dich vielleicht ausruhen? Dann gab er mir noch ein Stück Seife und eine Wundsalbe für die Lippen. Wenn du Wäsche zum Waschen hast, kannst du sie mir geben. Wenn ich hier fertig bin, werfe ich die Maschine an. Ich hatte in meinem Rucksack mehr schmutzige denn saubere Wäsche, aber ich verneinte. Ein *Mann,* der *meine* Wäsche waschen ..., *anfassen* würde? Noch dazu einer, den ich im Grunde gar nicht kannte?! Auf *keinen* Fall [lächelt.] So einfach ist das nicht, deine kulturelle Konditionierung abzuschütteln. Wenn sich plötzlich eine Möglichkeit dazu ergibt ... Ich wusch meine Wäsche dann „heimlich", als G aus dem Haus und ich alleine war, im Handwaschbecken im Bad meines Zimmers und legte sie zum Trocken auf den Rohzementboden der Veranda.

L kam nicht, an diesem ersten Tag „im Asyl". Und auch den anderen, folgenden, nicht. Ich war erleichtert. G wohl auch. Wir gingen an diesem Tag und den Tagen der nächsten Woche gemeinsam zum Training. Und selbstverständlich plapperte bereits das ganze Viertel von unserer „Beziehung". In allen Varianten. Und bestimmt wurden meine sichtbaren Verletzungen von einem oder anderen auch ihm in die Schuhe geschoben. Tratsch, auch böswilliger, ist ein sehr lebendiges Kulturmerkmal. Nicht nur in Lençóis. Aber in allen bildungsabgeschnittenen Vierteln brasilianischer Städte. Ein Gerücht streuen, kann Leben kosten. In Windeseile. Im Falle von G hätte es zuallererst seine Beziehung, seine Freundin, kosten können. Aber diese – sie kam spätabends, blieb für ein, zwei Stunden, und musste wieder zurück zur Arbeit, eine reiche alte invalide Frau rund um die Uhr betreuen, für Kost & Unterkunft und ein Trinkgeld – war Tratsch-resistent. Ein ungewöhnliches Mädchen.
Selbstbewusst. Eigenwillig, dem *eigenen* Kopf folgend. Wie G nicht aus Lençóis, aber eine Baiana, aus dem Sertão, bei Santo Estevão. Passte gut zu ihm.
Die Asyltage im Haus von G waren Tage des Erholens, von der letzten, *bislang* letzten, Höllenfahrt. Und Tage des stimulierten Erwachens. Das, was G im Projekt mit der Gruppe veranstaltete, machte er – Intensivkurs – nun auch mit mir. Vormittags, wenn wir zusammensaßen. Oder er am Kochen war und ich zuschaute oder das Haus fegte. Zum ersten Mal begann ich größere Zusammenhänge zu betrachten. Zu verstehen, dass mein Leben, so wie es bisher verlaufen war, kein Einzelschicksal, keinen Unfall darstellt. Dass vielmehr System dahintersteckt. Dass die brasilianische Gesellschaft eine zutiefst rassistische und frauenfeindliche ist. Und dass diese Phänomene seit Jahrhunderten gepflegt wurden und zu nicht hinterfragten und ständig neu produzierten „Selbstverständlichkeiten" gewuchert waren. Dass Frauen ihre Rolle als Untertan von kleinauf verinnerlicht wird. Von der gesamten sozialen Umwelt. Dass Wissen, oder *Bewusstsein,* und Befreiung, Hand in Hand gehen. Dass Beziehungen, wenn Frau einkommenslos ist, in solch kultureller Umwelt fast immer zu nachhaltiger Unterwerfung und Unterdrückung der Frau führen. Dass nur starke und bewusste Frauen, die zusammenarbeiten, diesem mächtigen System entgegentreten können. Es aushebeln, oder wenigstens schwächen, können. Und dass

191

damit im eigenen, privaten Bereich begonnen werden muss. Bei sich selbst zuallererst. Und dann bei der Erziehung der Kinder. Dass das „Schlimme" – G wusste nicht einmal die Hälfte davon –, was mir bis zu diesem Zeitpukt passiert war, trotz allem zu einer nützlichen Erfahrung werden könne, wenn ich es zum Anlass nähme, daraus die Lehren zu ziehen. In Zukunft, zum Beispiel, meine Partner vorsichtiger und klüger auszuwählen. Dass nichts unmöglich sei, außer dem, was ich unmöglich *mache*, weil ich es für unmöglich *halte*. Und so weiter und so fort. Die kurze Zeit bei und mit G waren gespickt mit cleveren Fragespielen – Denkprovokationen – und Ideenaustäuschen. Mit Ratschlägen und Stimulanz. Auch mit Büchern! Sein Haus war ja irgendwie *auch* ein Teil des Projektes. Denn fast jeden Tag kamen Mädchen, oder auch – seltener – deren Brüder an, um sich ein Kinderbuch auszuborgen. Oder um eine DVD anzusehen. Bei ihm, im ersten Stock. Aber Bücher lesen ... bei mir ... Da ist Hopfen und Malz verloren. Ist einfach nicht meins. Ganz im Gegenteil zu unsrer kleinen Wilden [deutet mit dem Daumen zum Nebenzimmer, wo sie Eliane vermutet, und lacht]. G meinte nur *que pena*, wie schade. Aber wer weiß, vielleicht bist du eine Spätstarterin. Und irgendwann juckt's dich dann doch mal. Jedenfalls weißt du jetzt, wo die Bücher stehn. Es war, diese Zeit im Haus von G, wie ein Ausflug in eine *andere* Welt. Aber bloß eitel Wonne ist nicht. In *Verinhas* Leben [lächelt]. Und das nächste Problem war bereits in Entstehung. Kein äußeres, diesmal. Sondern ein inneres. Die Tage des Zusammenlebens mit G vergingen, und ich begann etwas Neues – Unbekanntes – zu fühlen. Ich glaube, dass ich damals dabei war, mich zu verlieben.

G war ja nun wirklich ein außergewöhnlicher Typ. Zumindest in meiner Erfahrungskette. Er war Privatschullehrer gewesen, sogar an der Uni, irgendwo im reichen Süden, in Paraná, glaube ich, und hat von einem Tag auf den anderen seinen Job hingeschmissen, um hier im Armenhaus Brasiliens, im Nordosten, freiwillig und unbezahlt, jenen emanzipierend unter die Arme zu greifen, denen es systemisch am schlimmsten geht. Den Schwächsten. Oder *Ge-Schwächtesten*, wie er uns nannte. Denn er schärfte und ja andauernd ein, dass wir eigentlich, im Grunde, sehr stark seien. Uns nur zu Schwachen manipulieren ließen. Aber jederzeit das Heft unseres Lebens selbst in die Hand nehmen könnten. So wir nur wollten und an uns, unsere Kraft, unsere Fähigkeiten, glaubten. Dass das Prinzip, die andere

Wange hinzuhalten, hier völlig fehl am Platz sei. Und kein Gott einen Finger für uns krümme. Wie aus der Geschichte zu ersehen sei.

Kein Wunder also, dass er hier in der Stadt fast von allen abgelehnt, angefeindet wurde. Bisweilen auch verfolgt. Von den Reichen. Politikern und Geschäftsleuten, denen er – *seine* Worte –, *ihre Billigmädchen zum Ge- und Ver-Brauchen* abspenstig machte ... Du musst ja verstehen, *Irini,* dass es üblich, „normal", ist, dass die hübschesten zwölf-, dreizehnjährigen schwarzen Mädchen aus den Favelas zu den Reichen kommen. Sie werden richtig angeboten, von den eigenen Müttern! Dort machen sie alle harten und unsauberen Arbeiten. Für ein Butterbrot, und unter der Fuchtel ihren Frust ablassender Hausherrinnen. Und selbstverständlich haben sie auch dem Hausherren und dessen Söhnen *zur Verfügung* zu stehen. Bis sie, mit 15, 16, zu alt, nicht mehr knackig genug, wieder an die Peripherie zurückgegeben werden. Und die jüngere Schwester nachrückt. Nicht „nur" in Lençóis. *Überall* im Hinterland des Nordostens und Nordens. Dort, im Norden, halt eher *Indianer-* denn schwarze Mädchen.

Na mal dir aus, was passiert, wenn da so einer daherkommt und beginnt, *dagegen* zu arbeiten ... Noch dazu ein *forasteiro*, ein Fremdling!

Und selbst die Familien der Mädchen und jungen Frauen, die im Projekt dabei waren, stellten sich oft gegen ihn. Weil er den Mädchen *Flausen in den Kopf* setzte. Sie *rebellisch* machte ...

Den Drogendealern, „Parallelmächtigen", war er idem ein Dorn im Auge. Weil er auch darüber sprach. Im Projektkreis. Warnte. Vor einem Weg, „den es leichtfällt zu beschreiten, den wieder zu verlassen aber mitunter unmöglich wird."

Seine Freundin hat mir einmal erzählt, dass schon versucht worden ist, ihn zu überfahren, auszuschalten. Dass einmal, nach lang anhaltender Trockenheit und günstigem Wind, Feuer gelegt wurde, im Unterholz beim Projekthaus. Und zwar als er *und* ein paar Mädchen drinnen waren! Dass er immer die Wege, die Gassen wechselt. Keine Routine aufkommen lassen kann ...

Und dieser Mann kümmerte sich um mich. Nicht um das Objekt zum Ego-Zweck, sondern den *Menschen* Verinha. Behandelte mich, wie ich es noch nie zuvor gelebt hatte. Mit Respekt. Mit Humor. Und ich in diesem affektiven fast 17-jährigen Vakuum ... Da kam also das nächste Problem. Und das Problem war in mir. Gefühle. Und kein Mensch, mit dem ich *darüber* hätte reden können. Rat suchen. Was tun? Wie lösen? Abhauen! Das altbewährte Mittel, im Fall der kleinen Verinha. Wohin? Möglichst weiter Richtung Rio. Mit welchem Geld? [Verinha zieht eine Grimasse, schnaubt, schüttelt den Kopf.] Es fehlt ja nicht an Touristen in Brasilien, die zum Sex kommen. Oder *auch* zum Sex. Und wo sich kaufkräftige Besucher und soziale einheimische Misere treffen, ist das ein Wirtschaftszweig. Für nicht wenige Mädchen, selbst deren Familien, das einzige Einkommen. Ich war zwar erst kurze Zeit in Lençóis, aber lang genug, noch dazu bei meiner Erfahrungswelt, um zu wissen, dass viele Mädchen, Kinder inklusive, sich prostituierten. Oder prostituiert wurden. Siehe mein Kapitel in Santa Inês ... Ich wusste, dass vieles sich abends, unten im Zentrum, abspielte. Wo Mädchen „zufällig" spazieren gingen. Um von einem Touri aufgegabelt zu werden. Und ich hatte vor, genau das zu machen. Um Geld für die Weiterreise zusammenzubekommen. Lernte also „zufällig" zwei deutsche Touris kennen, die auf den Stufen zur alten Markthalle saßen und Bier tranken. Die Kommunikation war ein Hund. Die kannten vielleicht 50 portugiesische Wörter und ich, auf Deutsch oder Englisch, nicht einmal eines.

Egal, wenn's um Sexarbeit geht, bedarf es ohnehin nicht vieler *Worte*. Allein ... es kam zu keinem Programm. Ich hatte die beiden falsch eingeschätzt. Die waren gar nicht auf Sex aus, einfach nur gut drauf, hatten eine mehrtägige Hikingtour hinter sich, durch den Nationalpark, feierten ihre letzte Nacht in der Chapada Diamantina, und wollten einfach nur plaudern. Mit der „zufällig" Dazugestoßenen. Morgen würden sie zurück nach Salvador fahren. Mit dem Bus? Nein, Auto. Auto? Ja, Auto nehmen, Flughafen-Salvador. Aha, ein Leihwagen. Und nur ihr zwei? Ja. Ich mitfahren? Du-wir-zusammen-Salvador-morgen? Ja. Okay, kein Problem. Wann? Uhr? Ah, klar. Acht, neun Uhr. Erst frühstücken. Dann fahren. Was Hotel? Pousada *Casa da Hélia*. Kennen? Nein, wo? Ich begleitete die beiden bis zum Eingang der Pousada, bestätigte nochmal morgen-hier-acht/neun-Salvador, okay? Ja, ja, okay. Dann umarmten wir uns – umständlich, wie ihr Europäer das tut, vor lauter Körperkontaktangst [lacht] – und Gute Nacht.

Es war bestimmt schon elf, als ich zurück zu Gs Haus kam. Ich öffnete das Holzgatter zum Hinterhof und wurde von einer unglaublichen Duftwolke empfangen. Als hätte jemand mehrere Flaschen eines schweren süßen Parfums verschüttet. G saß auf den Stufen der Stiege, die seine beiden Häuser verband, trank Mate. Was ist denn das für ein unglaublicher Duft?, fragte ich ihn. Er deutete auf den Mandacaru-Giganten. Und da sah ich es, im Mondschein. Mehrere riesige, kokosnussgroße, gelblich-weiße Blüten waren offen. Und darin und außen herum regster Flugverkehr nachtaktiver Insekten. *Kinderfaustgroße* Käfer brummten darunter. Über ein Dutzend Königinnen der Nacht verströmten ihren Lockduft. Es war betörend. Das Schauspiel, das Naturparfüm, das Mondlicht, die warme Nacht. Ich setzte mich neben G. Eine Stufe tiefer. Rang in mir um Worte. Ich muss es ihm sagen! Und also sagte ich es: Morgen fahr ich nach Salvador. Ja? Ja. Ich hab eine Mitfahrgelegenheit gefunden. Und will weiter. Wer weiß, vielleicht auch für eine Zeit arbeiten in Salvador. G nickte. Sah auf die *cuia*, das Kürbisgefäß zum Matetrinken, sah zu den Königinnen der Nacht hinüber und drehte sich dann zu mir. Alles gut überlegt, durchdacht Verinha? Jetzt nickte ich. Wir sahen uns lange in die Augen. Lächelten. Ich verlegen. Und ich glaube, er auch. Dann standen wir beide auf und er nahm mich in den Arm. Drückte mich fest und wünschte mir eine gute Reise, alles Gute für meinen Weg, und dass die *Göttinnen* mir beistünden. In diesem Moment wusste ich beides. Dass ich etwas starkes für ihn fühlte, aus ganzem Herzen, und ich deshalb gehen musste. Meine Augen begannen feucht zu werden, die erste Träne rann. *Obrigada por tudo*, danke für alles. *Não há de que*, keine Ursache. Dann ging ich auf mein Zimmer. Er setzte sich wieder auf eine der Steinstufen.

Am nächsten Morgen hatten wir noch ein gemeinsames Frühstück. Brötchen, Rühreier mit Zwiebel und Speck und Pfefferschoten – *damit du mir auf der Reise nicht verhungerst* [lächelt]. Dann noch eine letzte Umarmung, grüß alle Mädchen vom Clube und deine Freundin schön von mir. Und sag ihnen auch *danke* von mir. Dann lief ich runter ins Zentrum, schweren Herzens und doch befreit, über die Brücke und die Uferpromenade entlang bis zum kurzen Weg, der zur Pousada rauf führt. Dort angekommen konnte ich von draußen sehen, dass die beiden gerade an der Rezeption ihre Rechnung beglichen. Dann kam einer der beiden raus – Oh, guten Morgen *Veriinaa*, gleich geht's los.

Ich solle hier warten, er würde das Auto vom Parkplatz holen. Kurz nach neun waren wir auf der Bundesstraße 242. Ich saß hinten. Neben meinem Rucksack. Und zwei bunten *berimbaus,* den einsaitigen Perkussionsinstrumenten, die die *Capoeira* begleiten. Die beiden hatten vor, ein paar Tage in Salvador zu verbringen, und dann an der Küste entlang in den Süden Bahias weiterzureisen. *Auch* interessant, dachte ich. Weiter in den Süden bedeutet ja unter anderem: näher ran an Rio.

Die Gelegenheit, mich als Mitfahrerin nicht nur bis Salvador, sondern bis in den Süden Bahias „miteinzubringen", ergab sich bei Santo Estevão. Justament der Stadt im Sertão, aus der Gs Freundin war. Etwa 150 Kilometer nordwestlich von Salvador. Dort hielten wir für ein – verspätetes – Mittagessen. Ich half beim Finden einer preisgünstigen Kantine, beim Bestellen, beim Bezahlen. Zeigte meine „nützlichen Seiten" [lächelt]. Und sie fragten mich, ein Wörterbuch in der Hand, wo ich denn in Salvador bleiben würde. Das war die Chance, jetzt oder nie! Keine Ahnung, eigentlich kenne ich dort niemanden. Und wo ich *wirklich* hinwolle, wäre Rio de Janeiro. Oh! So ist das. Na, bis Rio fahren wir nicht. Aber bis Itacaré. Vielleicht sogar bis Ilhéus. Wenn du willst, kannst du gerne bis dorthin mitfahren. Geritzt!, dachte ich. Aber bevor wir weiterfahren, bleiben wir ein paar Tage in Salvador. Wir haben ein Zimmer für vier Nächte gebucht. In Itapoan. Wenn du willst, keine Eile hast, kannst du dort mit uns einziehen. Das regeln wir schon mit der Direktion. Perfekt, dachte ich. Okay, sagte ich. Danke.

Es war ein heruntergekommenes Hotel. Dafür gab's keine Probleme mit der Frau an der Rezeption, der Preis ging etwas rauf, aber das war den beiden egal. Wie sie versicherten. Das Zimmer war eigentlich eine Wohnung. Zwei Zimmer in einem, mit jeweils einem Doppelbett. Und von einem der Zimmer ging's auf einen geräumigen Balkon mit Meeresblick. Und –brise. Wunderbar. Außer du ließt die Balkontür offen, wenn es regnete ... Die beiden schlugen ihr Lager im Zimmer mit Meeresblick auf, ich in jenem mit dem weniger attraktiven Blick auf den Lichthof des Hotels. Völlig egal. Alles war perfekt gelaufen. Wir duschten, und einer der beiden wollte ausruhen. Schaltete den wackeligen Deckenventilator ein, schmiss sich aufs Bett und schlief. Der andere wollte an den Strand. Und *endlich ein Bier trinken.* Erstaunlicherweise tranken die beiden die ganze Fahrt über nicht. Soll heißen, kein *Bier*. Das ist der erste Kulturunterschied, den ich zwischen Europäern und uns bemerkt habe. Anthropologin Verinha [lacht]. Ich ging mit ihm über die Strandstraße und schon saßen wir bei einem Bier. Er. Ich trank Kokosmilch. Damals hatte ich noch meine Alkophobie [lacht].

Wir fielen kaum auf. Er war nach der mehrtägigen Hikingtour durch die Chapada nicht mehr ganz so weiß, und ich sehe ohnehin aus wie eine *typische Salvadorense*. Und im Übrigen war das, dieses Viertel, die unmittelbare Umgebung des Hotels jedenfalls, ein Gelegenheitsstrich. So was, wie gesagt, erkannte ich auf Anhieb. Es gab also noch andere Pärchen *unserer* Erscheinungsart. Und eine der Frauen stierte mich eine Zeit lang nicht gerade freundlich an. Konkurrenzwut? Oder –angst?

Nachdem er zwei Bier getrunken hatte, wollte er ins Meer. Wir gingen runter an den Strand, ich setzte mich in den Sand, passte auf sein Zeug auf, und er planschte in der großen Salzbadewanne. Genau das Richtige, nach einer Woche Bergen, jubelte er. Kommst du nicht rein? Ich schüttelte den Kopf, keine Badeklamotten. Kurz darauf begann es wieder zu schütten und wir brachten uns in einer Kantine auf der landeinwärts gewandten Seite des Hotels, Europa hieß es, glaub ich, in Sicherheit. Gleich neben dem – zu dieser Zeit, später Nachmittag – verwaisten Wochenmarkt. Ein paar besoffene Fischer waren da, die enorme Wirtin, und wir. Mehr Bier für den Deutschen und grüne Kokosnüsse gab es leider keine. Also Cola für mich. Mit den Bieren löste sich langsam, aber kontinuierlich die zurückhaltende Steifheit des Touri. Und seine Blicke, auf mich, meinen Körper, änderten sich auch. Ich wusste, was da in Bewegung geriet. Trotz Kulturunterschied handelte es sich schließlich um *Mann*, etwas, das ich ja nun wirklich ausreichend „studiert" hatte. Na prima!, dachte ich. Jetzt *das*. Er schlief in dieser Nacht und auch in der folgenden abwechselnd einen Teil bei mir im Doppelbett, den anderen bei seinem Kollegen. Der andere machte keinerlei Avancen. Und ich empfand das als okay. Sie waren nette Kerle, und jener, der auf Verinha abfuhr, offenbar sehr glücklich über die Liaison.

Am Tag nach unsrer Ankunft fuhren wir mit dem Öffibus zur Praça da Sé und gingen in den Pelô. *Pelourinho,* die famose und von Touris total überlaufene Altstadt. Die beiden wollten in alle möglichen Museen, Kirchen und sonst was rein. Nur durch kleine Bierpausen unterbrochen. Mir war das zu viel des Guten. Und nach dem ersten Museum und der zweiten Kirche, bei der zweiten Bierpause, erklärte ich, zu müde zu sein und hier auf die beiden warten zu wollen. Ist gut *Veriinaa,* und sie steckten mir noch Geld zu. Kaum waren die beiden mit ihrem Reiseführer in der Hand Richtung nächstes Museum verschwunden, kam ein Paar an. Zu mir an den Tisch, auf der Gasse. Dem Akzent nach zu schliessen beide hiesige, *Salvadorenses.* Ein schöner Mann. Rabenschwarz wie ich. Leicht ergrauende Dreadlocks, Sonnenbrille, gut, in afrikanischem Stil, angezogen. Und eine jüngere anmutige, etwas hellere Frau. Ebenfalls in afrikanischem Gewand und mit riesigen Ohrringen und Muschelketten um den Hals und die Arme. Ob sie sich setzen dürften? Klar, bitte. Dass es zwar nicht ihre Angelegenheit sei, aber sie trotzdem *mit einer Schwester sprechen* müssten. Woher ich sei? Aus Maranhão. Oh, von so weit!

Und dann: Ob ich mir nicht zu schade sei, um meinen Körper an weiße Männer, *die Ausbeuter und Versklaver und Vergewaltiger unsrer Rasse,* zu verkaufen? Ob ich mich eigentlich selbst achte? Und *unsere Rasse?*

Ich war noch nie in einem Gericht gewesen. Oder vor einem gestanden. Aber es fühlte sich an, als wäre es jetzt der Fall. Und zwei aus dem Himmel gefallene Staatsanwälte-und-Richter-zugleich verurteilten mich, ohne mich zu kennen. Überhaupt hören zu wollen. Die beiden gebrauchten kein einziges ausfälliges Wort, machten mich aber dennoch zur Sau. Überfuhren mich rhetorisch. Ich war sprachlos. Buchstäblich! Ob ich schon mal vom Movimento Negro gehört hätte? Nein? Dann sei es an der Zeit, zurückzukehren. Zu meinen Wurzeln. Zu *meiner Rasse.* Weg von den *weißen Teufeln.* Bevor es zu spät wäre. Und ich nicht mehr von dem Gift, das sie mir einträufelten, befreien könne.

Es waren bestimmt nicht mehr als zehn Minuten, die ich in diesem Trommelfeuer aus verallgemeinernden und diskriminierenden Plattitüden und Abwertungen, nicht zuletzt meiner Person, sass. Und gerne hätte ich etwas erwidert. Von den *schwarzen* Teufeln, wie meinem Onkelfreund in Santa Inês, wie den ihre schwarzen Töchter besteigenden und verprügelnden Vätern. Oder dass ich eine waschechte Quilombola sei. Und höchstwahrscheinlich mehr Erfahrung mit Menschen *aller Coleurs* hatte, als die beiden

Richterpriester zusammen ... Aber ich kriegte einfach kein Wort raus.
War baff. Und zunehmend wütend.
Já basta, porra! Genug der Scheiße! *Retirem-se, por favor. E me
deixem em paz.* Geht bitte und lasst mich in Frieden. Die beiden
erhoben sich, du bist bereits gefangen, Schwester. Gehirngewaschen.
Gehirngewaschen seid *ihr!*, dachte ich. *Und* präpotent! Eines Tages
wirst du dich an unsere Worte erinnern, Schwester. Und dann zogen
sie endlich ab. [Schüttelt den Kopf, lächelt kurz.] Und sie hatten recht.
Grad eben hab ich mich wieder an die beiden und ihr Gelaber erinnert
[grinst.] Rassismus mit Rassimus „bekämpfen". Geht's noch blöder?
Die hatten den Rassennonsens verinnerlicht. Sind den weißen
Rassisten auf den Leim gegangen. Und sehen den Wald vor lauter
Bäumen nicht. In ihrer selbstherrlichen Arroganz. Als ich das mal
Eliane erzählt habe, meinte sie, *es* sei schon verständlich. Dass Gewalt
immer Gegengewalt hervorrufe. Und diese Reaktionskette nur schwer
zu durchbrechen sei. Es außergewöhnlicher Menschen dazu bedürfe.
Wie Gandhi, oder Nelson Mandela. Oder Malcolm X, der, als er noch
jünger war, im Knast, auch so eine Art „rassistischer Gegenrassist"
wurde. Und später, aufgeklärter, gereister und älter, sich relativieren,
sein Weltbild neu definieren konnte. Selbstverständlich hat mir Eliane
bei dieser Gelegenheit auch gleich die Autobiographie von ihm,
Malcolm X, empfohlen ... Aber wie gesagt: Bücher lesen, nein danke.
Ich warte lieber, bis der Film rauskommt. Und ins Portugiesische
sychronisiert wird [lacht].
Jedenfalls war ich ab dieser Begegnung der unangenehmen Art
schutzgeimpft. Wider alle auf Rassenkonzept und –wahn aufbauenden
Organisationen. Egal welcher Hautfarbe. Das macht mich übrigens,
heute noch, zu einer Ausnahme in der brasilianischen Gesellschaft.
Wo weiter felsenfest an Rassen geglaubt, festgehalten wird. Trotz
aller gegenteiliger wissenschaftlicher Erkenntnisse. Von allen!
Schwarze, Weiße, Indianer ... Dabei, schau dich doch mal um, oder
aus dem Fenster meinetwegen, wo beginnt Schwarz?
Beziehungsweise wo endet Weiß? Oder Rot? Kann das irgendjemand
auch nur halbwegs ernsthaft festzulegen versuchen? Es gibt genauso
viele Hautfarben und Abstammungsmixe wie Menschen. Jedenfalls
hier in Brasilien. Wo bleibt da bitte *die Rasse*? Ich glaube, die
gescheiteste Art, den Rassimus zu bekämpfen und besiegen, wäre,
den Kindern von kleinauf, zu Hause, in der Schule, im Fernsehen zu

erklären, dass es Menschenrassen – Plural – nicht gibt. Sondern lediglich eine. In verschiedenen Farben, mit verschiedenförmigen Nasen und Hintern ... und unterschiedlichen kulturellen Eigenarten. Punkt. Denn wenn alle mal kapiert hätten, dass es keine Rassen gibt, wo bleibt dann der Rassimus? Außer bei unverbesserlich Blöden. Nun, leider ist bei uns, in diesem Land, das Gegenteil der Fall. Die Eltern geben ihren verinnerlichten Rassenschmarrn an ihre Kinder weiter, sogenannte Lehrer in den Schulen idem und im Fernsehen sowieso. Bekämen wir jedes mal einen Real, wenn im Fernsehen von Rassen geplappert wird, wir könnten am Abend Champagner trinken. Und also ... ist Brasilien ein durch und durch rassengläubiges *und* rassistisches Land.

Als die beiden deutschen Touris zurückkamen, war mein Zorn über den Indoktrinierbesuch der beiden Rassenrevanchisten jedenfalls wieder verraucht. Schwamm drüber, was war, war. Ein *notgedrungener* Wesenszug, ein Selbstschutzmechanismus der Verinha. Seit ich aus meinem Quilombo fort war. [Schmunzelt.] Sie hatten jeder ein handgemaltes Bild, bunte Straßenszenen des Pelô, erstanden und wollten, glücklich, müde und verschwitzt, zurück ins Hotel. Mit den Bildern in einen Öffibus war – und ist – nicht anzuraten. Sardinen mit Sperrgut ... Wir nahmen ein Taxi. Und ich handelte den Preis aus. Denn für die Gringos, pardon!, hätte es bestimmt das Dreifache gekostet. Kilometerlange Umwege – Stadtrundfahrt sozusagen – inklusive.

Am letzten Abend in Salvador stand der Besuch eines *Terreiro* an. Der Terreiro ist der Ort, wo *Candomblé* zelebriert wird. Eine in Bahia sehr starke afro-amerikanische Spiritualität. Religion, meintwegen. Ein Synkretismus.

Hauptsächlich verwurzelt in dem Gebiet, wo heute Benin und Südwestnigeria liegen. Und aus dem Orixás – Haus-„Götter", Haus-„Göttinnen" – mit den Sklaven hier rüberkamen. Und, bisweilen, mit indigenen und biblischen Zutaten vermengt wurden. Ich war sehr neugierig. Hatte davon, erst vor Kurzem zum ersten Mal, im Clube Maria Bonita in Lençóis, gehört. Wo sie übrigens eine eigene Art dieses afrikanisch verwurzelten Synkretismus haben. Den Jarê. Der aber, mangels Beteiligung der Jüngeren und des Drucks von seiten evangelikaler Intoleranzapostel, agonisiert.

Wie auch immer, die beiden Touris hatten in irgendeinem der Museen in Erfahrung gebracht, wo und wann eine Candoblé-Session abgehalten würde. Es war in der *Casa Branca*. Der Name des Terreiro. Wir fuhren vor der Dämmerung mit einem Taxi hin. Avendia Vasco da Gama ... Ausgerechnet! In einer Straße die den Namen dieses Abschlächters von Afrikanern und Indern trägt. Aber was soll's ... *Irini,* es war fan-tas-tisch! Das Tollste, das Unter-die-Haut-Gehendste, das ich bis dann – und heute! – gesehen, erlebt habe. Äußerlich und *innerlich.* Als wär ich nach langer Irrfahrt unvermittelt angekommen. In einem Zuhause. Von dem ich noch dazu gar nichts gewusst hatte. Der Abend dort war das Gegenteil der unguten Erfahrungen in der evangelikalen Schrei-und-Droh-Kirche meiner Tante. Erinnerst du noch? In Santa Inês?

Verinha, du hast mir ja schon bei unserer allerersten Begegnung im Spital, noch vor den Interviews, erzählt, dass du eine *adepta*, eine praktizierene Anhängerin des Candomblé bist, an den Zeremonien teilnimmst ...

Teilgenommen *habe,* verbessert Verinha. Denn seit meine *Casa de Candomblé,* Candoblé-Haus, hier in Vila Velha, Mitte Dezember 2014 überfallen wurde, während der Zeremonie mit rund 60 Ausübenden, ich darunter, gehe ich kaum noch hin. Wir wurden von vier mit Messern und Buschmessern Bewaffneten geschlagen, während einer halben Stunde laufend mit dem Tod bedroht und ausgeraubt. Brasilien, wie es wirklich ist, ist eben überall. Auch in spirituellen Zentren. Wo immer Menschen nicht zu große Gruppen bilden, erregt das das Interesse von Räubern. Oft gedopten, und also völlig irrationalen, unzurechnungsfähigen. Versammlungen bedeuten, dass da mehr auf einen Schlag zu holen ist, verstehst du? Und seit diesem Vorfall, lebe ich meine Spiritualität lieber innerlich. Frei, nach *meiner* Façon. Und unabhängig von der Casa. Alleine, oder in Begleitung von gleichgesinnten Freunden, am besten in einem Stück Natur. Unter Bäumen. Wie ich es ohehin authentischer, afrikanischer, finde. Zum Beispiel im *Parque Morro do Moreno,* einem grünen Hügel genau zwischen dem Reichenviertel hier und meinem. Da könnten oder sollten wir übrigens mal raufgehen. Würde dir gefallen. Von oben hast du eine 360-Grad-Rundumsicht auf Vila Velha und Vitória. Und den Atlantik, klar!

Gute Idee Verinha. Wer weiß, vielleicht heute noch, ein bisschen später? Aber was ich dich bitten wollte, egal, ob du jetzt noch regelmäßig in eine Casa gehst oder nicht, ist, dass du uns mehr zum Candomblé generell erzählst. Das ist für mich doch etwas, außer nominell, gänzlich Unbekanntes. Und ich kann mir denken das gilt für die meisten Nichtbrasilianer.

[Verinha lacht kurz auf, macht eine „Ach-was"-Handbewegung.] *Nichtbrasilianer?* Von wegen nur diese! Hier, in Brasilien, haben die meisten keine Ahnung davon. Und obschon sie keine Ahnung vom Candomblé haben, sind doch viele vollgestopft mit Vorurteilen. Aggressiv. Regelrecht aufgehetzt. Von den radikalen Evangelikalen, rassistischen Faschisten. Wie diesem Pastor Marco Feliciano, der im Bundesparlament schürt und hetzt. Und dessen Hasstiraden, dank Massenmedien, im ganzen Land verteilt werden. Nicht „nur" gegen afro-brasilianische Religionen. Gegen Schwarze überhaupt. Aber auch Frauen, Índios, Homosexuelle, ... Und: Bis vor Kurzem war der Kerl Vorsitzender der *Parlamentarischen Kommission für Menschenrechte und Minderheiten*! Wollte in dieser Funktion, unter anderem Ähnlichem, die *Cura Gay*, Zwangs-Schwulen-„Heilung", mit Foltermethoden inklusive Elektroschocks durchsetzen! Nein, *Irini*, das ist kein „Spass", sie wollen das bis heute, jetzt, durchsetzen! Der Absurdität, der perfiden, sind in unserem Land keine Bildungsgrenzen gesetzt. Deshalb wird ja, völlig egal wer gerade „regiert", unser „Bildungssystem" im globalen Keller gehalten...
So. Stop. Hab mich da gleich in Fahrt gebracht. Brauche nur an diesen Pastor Marco Feliciano und seine Fraktion denken und komme in Rage ... Aber lassen wir die beiseite. Besser so. Für meine Innenbalance. Und konzentrieren wir uns, stattdessen, lieber auf Gutes.
Na ja, ein bisschen was hab ich eh schon gesagt zum Candomblé, den Orixás, wo sie ihren Ursprung haben ...
Also gut. Der Reihe nach, ganz nach deinem Geschmack. Ursprünglich, in Afrika, hatte jedes Dorf, jede Familie, jedes Haus *ihren* Orixá. Nur jeweils einen. Oder eine. Dabei handelt es sich wahrscheinlich um, vor tausenden Jahren „vergöttlichte", Vorfahren

von denen man glaubte, dass sie die Natur beeinflussen konnten. Oder der Familie, dem Clan, bedeutendes Wissen gebracht haben. Für den Ackerbau oder die Jagd zum Beispiel. Und erst in Brasilien, mit der Ankunft und Zusammenlegung der Versklavten aus verschiedensten Dörfern und Familien, *auch* aus dem Stammgebiet der Yoruba-Nation, begann sich das zu einem vermischten-vereinten Kult zu entwickeln. In den *Senzalas* ... Im Latifundium zur *offziellen* Sklavenhalterzeit – wirklich vorbei ist sie ja bis heute nicht! – gab es jeweils die *Casa Grande*, das Große oder Herrschafts-Haus, und die *Senzala*, die Sklavenscheune, wo die von königlichen und päpstlichen Gnaden „rechtmäßig" Entmenschten und Rechtlosen, angekettet zumeist, die Nächte verbrachten. Sklaven wurden in der Regel so von einem Großgrundbesitzer zusammengekauft, dass möglichst verschiedene Ethnien zusammengewürfelt würden. Um Absprachen zu Widerstand, Sabotage und Gegengewalt oder Flucht zu erschweren. In diesen ihrer Kultur und Menschenwürde und Heimat beraubten Senzala-Nuklen war folglich der Hunger der zusammengewürfelten Leidensgefährten nach einer gemeinsamen kulturellen Identität groß. Nach Zusammenhalt. Und in dieser Situation enstand der Candomblé. Iyalorixás (Frauen) und Babalorixás (Männer), meist Yorubas, Ewes, Fon oder Bantus, wurden zu Hütern der diversen präsenten Orixás unter jenen, die bereits in Afrika Orixás kultiviert hatten, ernannt. Diese Hüter waren bisweilen versklavte Priester und Priesterinnen. Also Leute, die das Wissen hatten. Und diese an Afrika – und nicht den weißen „Herren" – orientierte Neukulturierung zog bald auch die anderen Sklaven, aus anderen Regionen und aus anderen Glaubensgebäuden, an. Vielleicht mit Ausnahme der islamisierten Haussa, die, als einzige schriftkundig, diesen Vorteil nutzten, um den größten Aufstand in Salvador zu planen und organisieren – die *Revolta dos Malês* im Jahr 1835 – und nur durch Verrat in allerletzter Minute gestoppl werden konnten, bei ihrem penibel geplanten Vorhaben vor Anker liegende Schiffe samt navigationskundiger Besatzungen zu kapern und zurück nach Afrika zu segeln.

Jedenfalls waren nun zum ersten Mal verschiedene Orixás, ursprünglich also alleinige Familien- und Dorf-„Gottheiten", unter einem Dach – jenem der Senzala – zu einem neuen Kulturgebäude zusammengeführt. Von und mit körperlich versklavten, aber widerständigen Afrikanern.

Egal ob in seiner ursprüglichen Form in Westafrika, oder der neuen in Brasilien (Kuba, Uruguay, Kolumbien, Venezuela, ...) entstandenen ..., sagen wir „pan-afrikanischen Form", das Fundament ist stets die *Seele der Natur*. Seele vulgo *anima*. Und so wird der Candomblé unter den „animistischen Religionen" geführt.

Mit erfolgreich geflohenen Sklaven kam der Candomblé raus aus den Senzalas. Und war von Anfang an Teil der Quilombos. Koloniale Dokumente aus Minas Gerais erwähnen die „afrikanischen Riten" bereits in den 20er-Jahren des 18. Jahrhunderts. Das genaue Jahr weiß ich nicht mehr auswendig, aber egal. Selbst„verständlich" wurden die *Candomblistas,* Praktizierende des Cadomblé, verfolgt und „verboten". Zuerst von seiten des katholischen Klerus. Und bald darauf auch von der weltlichen Elite. Regierungen genannt [lacht.] Es hat a la longue nichts genützt. Heute gibt es zehntausende Casas de Candomblé über ganz Brasilien verstreut und ich schätze mal zwei Prozent der Gesamtbevölkerung sind reguläre Candomblistas. Und Zig- wenn nicht Hunderttausende mehr, die gelegentlich teilnehmen. Salvador in Bahia allein hat an die 2.500 Casas! Eine brasilianische Besonderheit ist heute freilich, dass viele Religionsausübende dies in verschiedenen Gebäuden tun. Und aus der katholischen Kirche, einst beflissene Verfolgerin, ist eine Partnerin geworden. Viele Baianos gehen sowohl zur Messe als auch zum Candomblé. Und als wir in der Casa Branca ankamen, staunte ich ja – durchaus erfreut – auch nicht schlecht, als ich dort unter anderen ein großes Jesusbild antraf.

Sie sind sich – das ist *meine* Meinung, bestimmt nicht die *aller* Candomblistas, in unsrer Spritiualität herrscht Deutungsfreiheit – ja wirklich ähnlich. In beiden wird vom Eingottglauben geredet. Und doch sind sie gespickt mit Heiligen beziehungsweise Orixás, an die man sich wendet.

Der Eine Gott, das Höchste Wesen im Candomblé, ist Olorum (oder Nzambi, oder Mawu, das hängt von der ursprünglichen afrikanischen Nation und Region ab). Der Ursprung von allem. Auch dem ersten Orixá. Es hatte ja tausende, abertausende Orixás in Westafrika ... In unserem heutigen *brasilianischen* Candomblé kann man aber von zwölf „Haupt"-Orixás, den am meisten verehrten, sprechen. Diese wiederum haben alle ihre individuellen Persönlichkeiten, Fähigkeiten und Vorlieben, die in den Ritualen „bedient", oder sagen wir berücksichtigt werden. Die Orixás weisen auch zutiefst menschliche

Charakteristiken auf. Ihr Ursprung, diverse Urahnen, erinnerst du dich?, *ist* ja auch menschlich. Die sind mütterlich-zärtlich oder cholerisch-streitsüchtig, eitel, muskelstark, eifersüchtig ... und so weiter. Diese Eigenschaften werden wiederum Naturkräften zugeordnet. Wie Feuer, Wasser, Luft, Erde, Wald, Metalle ... Und während der Zelebrationen ist eine Vereinigung zwischen Praktikanten und Orixás möglich. Der fortgeschrittene – „aufgestiegene" – Praktikant, ab dem Grad des *Ebômi*, kann in Trance geraten und sein Körper empfängt den Geist des oder der Orixá. Es ist ... wie eine kurzzeitige ekstatische Verschmelzung. Während der der Orixá von seinem menschlichen Träger „nimmt", oder „borgt", und vice versa. Aber all das ist mehr „technische Information". Weniger wichtig – mir zumindest – als die Essenz:

Erstens: Unsere Seele ist unsterblich und lebt im Orum (ein Ort oder Zustand wie der „Himmel" der Christen), wandert aber öfters zwischen dem Orum und der Erde hin und her. Und wir alle haben die Fähigkeit, diese Reisen zu „kontrollieren".

Und zweitens: Der Candomblé ist unter allen mir bekannt gewordenen Religionen die toleranteste. Er beinhaltet keine „absoluten Wahrheiten". Oder Dogmen. Er ist Toleranz, Respekt, dem Leben und *also* der Natur gewidmet. Kein Verbots- oder Strafenkatalog. Eher das Gegenteil.

Genug der Basis-Einführung, Schwester? [Schmunzelt mich mit schelmisch zuckenden Augenbrauen an.]

Ja, danke – *fürs Erste*. Denn deine Ausführung macht Lust „auf mehr". Auf *genuines* Kennenlernen. Dem Kult einmal in Fleisch und Blut beiwohnen, teilnehmen.

Verinha nickt lächelnd. Verstehend.

Okay, zurück zum Lebenslauf der siebzehnjährigen Verinha. Ich hatte das große Anfängerglück, meinen ersten Candomblé im ältesten Terreiro und ersten offiziell anerkannten afro-brasilianischen Kulturerbe Brasiliens zu erleben. Der Casa Branca in Salvador. Und noch das weitere Glück dazu, im April, dem Monat des Orixá Oxóssi, dorthin zu gelangen. War doch eine der beiden Gründerinnen der Casa Branca do Engenho Velho, das ist der vollständige Name auf

Portugiesisch, eine *Filha de Oxóssi.* Also eine Tochter, „Jüngerin", von Oxóssi. Und diesem war die Zeremonie gewidmet, als wir, die beiden deutschen Touris und ich, dort am späteren Nachmittag ankamen. Das wichtigste, Massen anziehende Fest zu Ehren Oxóssi findet dort allerdings erst gegen Ende Mai, Anfang Juni statt. Aber egal. Überhaupt sind fixe Zeitpunkte – äußere Formen – normalerweise von keiner großen Wichtigkeit für die Candomblistas. Seine Spiritualität lebt man schließlich immer. Unabhängig vom Kalender. Oder?

Seja como for, wie auch immer, für Oxóssi gibt es viele Namen und Erscheinungsformen und Ursprungsgeschichten, je nachdem, von welcher Nation der Terreiro gegründet wurde und welcher Tradition gefolgt wird. Aber lassen wir diese „Verwirrungen" beiseite. Und schauen stattdessen lieber aufs Wesentliche. Oxóssi ist einer der zwölf am stärksten verehrten Orixás in Brasilien. Und das, obwohl er in Afrika selbst in Vergessenheit geraten ist. Denn seine ursprüngliche Basis – oder Kultgebiet wenn du so willst – war das Königreich Kêto. Heute ist das das Grenzgebiet von Nigeria und Benin. Im 18. Jahrhundert wurde dieses Königreich von Dahomey'schen Truppen zerstört und die Bevölkerung versklavt. Und die meisten an europäische Händler verkauften Kêtos wurden nach Brasilien, ein kleinerer Teil nach Kuba, verschifft. Und mit diesen gelangte Oxóssi in die „Neue Welt". „Diesen" ist eigentlich zu schöngefärbt. Oxóssi kam vielmehr mit jenen aneinandergeketteten Kêtos, die die Vorhölle der Transatlantischen Überfahrt *überlebten.* Zusammengepfercht, übereinandergeschichtet – Gewinnmaximierung muss ja sein - in stickigen Laderäumen. Fracht unterwegs in Richtung der Hölle einer nicht nur lebenslangen, sondern generationenübergreifenden Arbeitstiersklaverei. Denn etwaige Kinder und Enkel mussten die verhängte Schinderstrafe seitens der europäischen Herrenmenschen im ersten bekannten globalisierten Wirtschaftssystem, der *P*atrix der heutigen Globalisierung, ja weiter lebenslang abarbeiten ... Jedenfalls haben reisende Candomblistas, wie der französische Baiano Fatumbi [Pierre Verger], im Gebiet des ehemaligen Königreiches Kêto noch die Spuren der Oxóssi geweihten Kult- und Opferstätten gesehen. Das muss so in den 1950er-Jahren gewesen sein, glaub ich. Aber Praktizierende gab es bereits damals keine mehr.

Das Reich Oxóssis sind die Wälder und der Busch. „Seine" Farben sind also – wenig überraschend – ein helles Grün, aber auch ein helles

Blau und Türkis. Wir alle wussten das damals freilich nicht. Aber solange man in weißen, oder zumindest hellen, Farben angezogen in den Terreiro geht – den beiden Touris war im Museum geraten worden, „möglichst in Weiß" zum Candomblé zu erscheinen –, ist kein Fauxpas begangen. Was wir alle drei – wir hatten uns kurz bevor wir das Taxi riefen noch an einem Stand in Itapoan weiße Klamotten besorgt, außer den Schuhen und, in meinem Falle, Flipflops – befolgten. Wieso Weiß? Weil dies die Farbe von Oxalá, *o pai*, der Vater, aller Orixás ist. Oxalá ist der erste Orixá, den Olorum, das Höchste Wesen, erschaffen hat. Oxalá ist neben Exú der einzige Orixá, der in allen Menschen ist. Wir sind alle, ja, auch du, *Irini,* seine Kinder. Wir sind folglich auch alle Geschwister. Alle leben wir unter demselben, die gesamte Menschheit beschützenden Dach. Dem Alá, dem Himmel. Der die Schöpfung repräsentiert und mit der Farbe Weiß verbunden wird. Und Oxalá ist der Herr der maskulinen Schöpfungskraft. Aus ihm kommen alle Orixás. Alle unsere Urahnen. Ah ja, vielleicht noch ein wichtiger Zusatz. Für dich. Und für mich. Das einzig Nichtweiße, was Oxalá akzeptiert, zu seinen Festen im Candomblé, ist der Ìkódíde, die rote Schwanzfeder *dos papagaios do gabão*, der Graupapageien. Diese Feder symbolisiert die Macht des Femininen. Und mit dieser erlaubten Ausnahme in seinem „Weißen Reich" signalisiert der Gewalt und Streit verabscheuende Oxalá, der der Herr der maskulinen Schöpfungskraft ist, seinen Gehorsam, seine Akzeptanz der weiblichen Schöpfungskraft *als übergeordnet.* [Schmunzelt.] Das geht dann freilich mit dem biblischen Rambazambagott und seinen Ausrottungs- und Mariageschichten auf keinen grünen Analogzweig mehr. [Lacht, ich mit.]
Aber da ist noch etwas zum „*Warum Weiß?*". So wie Oxalá alle Orixás zusammen ist, als deren Vater, so ist Weiß das Ganze aller Spektralfarben. Auch aller Farben der diversen Orixás. So viel dazu, warum nichts schiefgehen kann, wenn du zu einem Fest irgendeines Orixás zwar nicht in dessen Farbe(n), aber in Weiß gehst. Denn wir könnten uns noch Stunden über Oxalá, und jeden und jede Orixá unterhalten ...
Nun zurück zu Oxóssi und seinem Fest in der Casa Branca. Oxóssi ist der Archetyp des Jägers. Er ist auch immer mit Pfeil und Bogen, *Damatá und Ofá*, abgebildet. Er repräsentiert eine zivilisatorische Urform der Menschheit. Jagd war ja die erste Überlebensform. Oder

eine der ersten. Er meistert die Gefahren der Wildnis, ist lebendiges Symbol für Ernährung. Der, der die Ernährung der Gruppe sichert. Als einer, der sein Dasein in der Wildnis verbringt, hat er auch eine ganz enge Beziehung zum Orixá Ossaim, der der „Herr der Blätter", der Pflanzen, ist. Ihre heilenden Geheimnisse kennt. Sich aber, im Gegensatz zu seinem „Schüler" Oxóssi, selten manifestiert. Oxóssis Mutter ist die *Jaqueira*, der Jackfruitbaum. Oxóssi ist Ausdruck des Lebens. Der Vitalität. Für ihn ist es egal, wie lange man lebt. Hauptsache, das Leben wird intensiv gelebt. Die *Filhos de Oxóssi*, die Kinder Oxóssis, kehren ihre Emotionen selten nach außen. Sie ziehen es vor, ihre Gefühle für sich zu behalten. Was aber nicht heißt, dass sie unsensibel sind! Ich bin eine Filha de Oxóssi [lächelt]. Manchmal erscheinen wir unserer menschlichen Umwelt als arrogant. Oder gar präpotent. Und bisweilen sind wir das [schmunzelt]. Wir sind beweglich, geschmeidig, realistisch – keine Träumer! –, nomadisch veranlagt, entdeckungsfreudig, misstrauisch, achtsam und vorsichtig. Andererseits sind wir sehr vertrauenswürdig. Verrat kennen, oder *können*, wir nicht. Wenn uns aber ein Freund betrügt, ist die Freundschaft zu Ende. Und zwar für immer. Kein zurück. Wir hören gerne die Ratschläge anderer, respektieren andere Meinungen. Tun aber letztendlich nur, was *wir* wollen. Wie Oxóssi selbst. Der eine widerspenstige, rebellische Natur ist.

Allein sein macht uns nichts aus. Dass heißt aber nicht, dass wir uns ungern sozialisieren. In einer Gruppe beobachten wir lieber genau unsre menschliche Umwelt, als uns hervorzutun. Nicht zufällig gilt Oxóssi auch als der Orixá intellektueller Künstler. Aber wir helfen anderen gerne. Und da sind wir wieder beim menschlichen Archetyp Jäger. Der das Gros seiner Zeit solo im Busch verbringt und doch das Überleben der Gruppe sichert. Ein altruistischer Individualist, könnte man sagen.

Aber von alldem – der Bedeutung von Altruismus inklusive [lacht] – wusste ich null, an jenem Nachmittag, als wir in der Casa Branca, oder *Ilê Axé Iyá Nassô Oká*, wie ihr afro-heimatverbundener Name ist, ankamen. Sie liegt heute mitten in der krebsartig wuchernden Metropole. Und war trotzdem grün geblieben. Am Fuß eines steil ansteigenden Hügels. Über den ausladende, weiß getünchte Treppen führen. Als wir oben, beim Egbê, oder – auf Portugiesisch – *Barracão*, der „Großen Hütte", wo das eigentliche Fest gegen neun Uhr beginnen sollte, angekommen waren, wurden wir von einem Filho de Santo, einem in der Hierachie fortgeschrittenen, in Empfang genommen. Er erklärte mir – und, so gut es eben ging [lacht] – den Touris ein bisschen von dem, was ich dir gerade erzählt habe. Und machte ihnen gleich klar, dass sie im Terreiro fotografieren durften so viel sie wollten. Die verschiedenen Gebäude, auch von innen, und die übers Terreiro verteilten sakralen Objekte und Bäume. Bei der eigentlichen Zelebration aber, im Egbê, unter keinen Umständen. Das gefiel mir. Privatsphäre, Intimstes respektieren! Kein Oberflächenkult. Kein Exhibitionismus. Ob das heute auch noch so traditionell gehandhabt wird in der Casa Branca, keine Ahnung. In anderen Terreiros kannst du jedenfalls alles fotografieren. Mittlerweile.

Im „Haupthaus der Menschen", also wo Candomblistas, meistens die ranghöchsten, leben, waren viele mit Kochen beschäftigt. Ich sage das bewusst so: „Haupthaus der *Menschen"*. Denn das *wichtigste* Gebäude ist der Barracão. Weil dort Menschen und Orixás aufeinandertreffen. Wir wurden zum Essen eingeladen. Afrobaianische Kulinarien. Wunderbar, *Irine!* Und alle Menschen höflich bis herzlich, und doch zurückhaltend. Das war meins! [Lacht.]

Die Arbeiten für das Fest zu Ehren Oxóssis waren ja bereits seit Morgengrauen im Gange, wie uns unser Führer erklärte. Er sagte uns nicht welches Tier für Oxóssi geopfert wurde, übrigens immer und ausschliesslich von einem Axogun, der „Messerhand", einem ausgebildeten Spezialisten durchgeführt. Wahrscheinlich war es ein Jacu. Oder ein schwarzes Huhn.

Jacu? Was ist das, Verinha? Entschuldige.

Jacu ist ein wild lebender Vogel. Ähnlich dem Huhn oder dem Fasan. Aber eben wild. Ein anderer Name für ihn ist Penélope.

Und gleich nach dieser Aufwartung, durchgeführt vom Axogun, machen sich die Filhas do Santo, die Frauen, an die viele Stunden in Anspruch nehmende Zubereitung der anderen kulinarischen Bereitstellungen für Oxóssi sowie die Verpflegung für die Praktikanten und Besucher. Das geht den ganzen Tag lang. Ich weiß es aus – späterer – Eigenerfahrung.

Für Oxóssi werden in der Regel *Axoxô, Quibebe* und *Pamonha de Milho Verde* aufgetragen. Künstlerischst! Nebst verschiedenen

Früchten und Blumen. Und zwar mächtig. In enormen Mengen. [Verinha malt dabei mit ihren Armen große Halbkreise in den Luftraum zwischen uns, sieht die Tafel wieder, innerlich, lächelt.] Axoxô ist gekochter roter Mais. Der mit Kokosstücken verziert wird. Sowohl Menschen als auch Orixás essen ja auch mit den Augen. Deshalb großes Augenmerk auch auf die ästhetische Qualität der Gaben.

Dann Quibebe ... Okay. Dabei handelt es sich im Grunde um Kürbisstücke, die in Butter mit Zwiebeln angeschmort werden. Tomaten kommen auch dazu und selbstverständlich *Malagueta*, Guineapfeffer.

Und Pamonha de Milho Verde. Eine sättigende Spezialität, die entweder mit Salz oder mit Zucker zubereitet wird. Hauptbestandteil ist grüner Mais. Aber geraspelte Kokosnuss und die Kokosmilch spielen auch eine wichtige Rolle. Ich will das jetzt nicht alles erklären, wie's genau gemacht wird. Das findest du eh alles beschrieben im Internet. Okay?

Mein linker Daumen zeigt nach oben. Verstärkt durch Nicken.

Nachdem wir von unseren Gastgebern verpflegt worden waren und unser geduldiger Führer höflich alle Fragen beantwortet und uns begleitend die Bedeutung der Objekte im weitläufigen Terreiro erklärt hatte, meinte er, es sei Zeit für den Egbê. Zeit für Exú. Immer der erste unter den Orixás, da nur er die Kommunikation zwischen den Menschen und Orixás und dem Einen Gott Olorum, auch Olodumaré genannt, erst herstellen kann – er ist eine Art Botschafter, oder Kommunikator, baut oder zerstört Brücken, stellt Verbindungen her oder trennt sie, macht Begegnungen möglich, bringt zusammen oder reißt auseinander, ist der Herr der Veränderung. Er begleitet uns im Alltag und ist der menschenähnlichste Orixá. Weder ganz schlecht noch ganz gut – in afrikanischen Glaubensgebäuden gibt es, wie bei den Índios ursprünglich auch, keinen radikalen Dualismus. Keine absolut Bösen oder Guten. Als sich ausschließende „Gegenteile". Oder Gegenspieler.

Und Exú ist, ganz wie die Menschen, fähig zu lieben und zu hassen. Zu einen und zu trennen – eines der mit ihm in Verbindung gebrachten Symbole ist die Wegkreuzung –, Krieg zu erklären oder Frieden zu stiften.

Und weil er auch Herr über Magie und Sexualität ist, und deshalb fast immer mit einem erigierten, überdimensionierten Phallus dargestellt wird, in manchen Abbildungen auch noch mit Hörnern ..., kannst du dir vorstellen, wie erst die katholische Kirche und heute vor allem die evangelikalen *burros fanáticos*, fanatischen Esel, Exú, und mit ihm *alle* Schwarzen und ihre Glaubensgebäude, ins Eck des „Teufels" stellten und stellen. Und ihre Intoleranz und ihren Rassimus pflegen und die anderer anfachen.

Wir wurden also von unserem Führer in den Barracão gebracht. Frauen auf eine Seite, Männer auf die andere. Um Techtelmechtel, die vom Eigentlichen ablenken würden, zu verhindern [lächelt]. Und los ging's mit der *Xirê dos Orixás*.

Die spezifischen Gesänge, für jeden Orixá die seinen, für jede Orixá die ihren. Die jeweiligen *Batidas dos Atabaques,* Rhythmen auf einseitig lederbespannte Handtrommeln geschlagen, und die Gefolgsleute, Frauen und Männer vermischt nun, *na Roda*, im Rad. Soll heißen, im sich im Kreis bewegenden Tanz. In für den jeweiligen Orixá adäquaten Gewändern. Und mit den spezifischen Objekten, Paraphernalien.

Wir standen ... eigentlich ich, die beiden Touris hielten sich zurück, aus Respekt und vielleicht Unsicherheit, etwa dass sie störend wirken würden, weiter vorne, näher an der Roda dran – sympathische Wesenszüge im Grunde – *ich* stand also umittelbar mit anderen am Rande der sich im Kreis bewegeden Menge, vielleicht zwanzig Filhos und Filhas de Santo. Und vibrierte. Von Anfang an. Das, was da im Gange war, hallte tief und stark in mir wider. Und noch viel akzentuierter in den in der Roda befindlichen. Fiel jemand in Trance, kümmerten sich sofort die Ekedis um die verschmolzene Einheit aus Orixá und Mensch. Ekedi, sie wird auch *Mãe,* Mutter, genannt, ist eine Ehrenfunktion in der Hierarchie des Candomblé. Sie ist eine Ehrendame des jeweiligen Orixá. Anders als die anderen Gefolgsleute fällt sie nie in Trance. Und somit zählt es zu ihren Hauptaufgaben, sich um den besuchenden – inkarnierten – Orixá zu kümmern. Und deren menschliche Träger und Trägerinnen. Sie „führt" beide im Egbê. Gibt Acht auf deren Integrität ...

[Veriha stockt. Macht eine Pause, schließt die Augen für einige Sekunden. Atmet dann tief aus, sieht mich „durchdringend" an.] Nein, *Irini*. Ich kann's nicht. Oder, ehrlicher, will es gar nicht versuchen. Das, was da in mir vorging, in Worte zu verpacken. Es würde in keinem Fall reichen. Der ganzen Dimension an Gefühlen, an *Innerem Erleben*, nicht nahekommen. Ich wusste einfach, dass ich zu Hause war. Und unser Führer bemerkte dies auch. Obschon er es mit keinem Wort kommentierte. Wir wussten es beide.
Bestimmt wäre ich die ganze Nacht über geblieben. Aber die beiden Touris wollten schon bald zurück ins Hotel. Sie hatten vor, am nächsten Morgen früh loszufahren. Nach Itacaré. Ein Teil von mir verstand sie. Gab ihnen Recht. Ein anderer ... [Legt den Kopf zur Seite, zieht die Augenbrauen hoch und setzt ein „Na ja, du weißt eh"-Schauen auf.]
Wir bedankten uns bei unserem Führer, der uns noch ein Taxi rief, verabschiedeten uns und ich hatte einen zusätzlichen Programmpunkt für meinen Rio-de-Janeiro Plan: In einen Terreiro de Candomblé aufgenommen zu werden. Auch meiner Spiritualität, und nicht nur meinem Körper, einen *Iar,* ein Daheim, einen neuen Anfang zu geben. Die Abschlussnacht im Hotel in Itapoan ... Meine Innere Welt war voll mit Eindrücken und „Nacherlebnissen" aus der anderen Welt der Orixás. Egal ob wach oder schlafend.
Am nächsten Morgen packten wir unser Zeug ins Auto, frühstückten, und schon ging's los. Über Itaparica, die „Wochenendinsel" der Salvadorianer, und Nazaré das Farinhas und Valença nach Itacaré, an der Mündung des, in der Chapada Diamantina entspringenden, Rio de Contas in den Atlantik. Es regnete in Strömen. Die ganze Fahrt über. Leider auch auf der Fähre. Bleigrauer Himmel, Tropengüsse, schwül. Die beiden Deutschen waren selbst *im* regengeschützten Auto am Triefen. Treibhausnass. Die Air-Condition wollten sie nicht anmachen. Da holen wir uns nur eine Erkältung. Und Abkühlung gibt's dann in Itacaré. Mittels Bier! Wie sie frohlockten. Es waren irgendwie zwei nette, lustige Kerle. Einer studierte noch, der andere war im Vorjahr fertig geworden und jetzt in seinem „Sabbatjahr".
Sie wussten, dass ich nach Rio wollte. Und dass ich keine finanziellen Mittel dazu hatte. Steckten mir zweihundertfünfzig Reais zu, damit du in dein El Dorado kommst, und als Dank für deine Hilfe. Welche *Hilfe*? Na, die Lokalitäten finden, Preise aushandeln, und so weiter. Und

luden mich ein, mit ihnen ihre Abschlusstage auf unserer Atlantikseite, in Itacaré, zu verbringen. Ich überlegte es mir während der Fahrt. Doch meine Innere Stimme drängte zum raschen Weiterkommen. Das nächste Kapitel beginnen. Der Kompromiss war, dass wir noch den Ankunftstag, den Rest eben, und die erste Nacht zusammenblieben. „Feierten". Das gemeinsam Erlebte. Am folgenden Morgen fuhren wir nach Ilhéus. Die beiden, um dort den Tag zu verbringen, das Kakaomuseum und die Casa de Cultura Jorge Amado zu besuchen und ich, um weiter gen Süden voranzukommen. Die zu einem kleinen Museum umfunktionierte Casa de Cultura Jorge Amado, das Haus in dem Jorge Amado, Bahias Schriftstellerikone, einen großen Teil seines Lebens verbracht hatte, war geschlossen. Lange Gesichter bei den deutschen Freunden. *Scheiße*, ein viel verwendetes Wort. Oder nicht? Jedenfalls das einzige deutsche Wort ..., nein warte ... *danke* hab ich mir auch gemerkt. [Schmunzelt.] Zum Kakaomuseum wollte ich nicht mehr mit. Und so fuhren sie mich zur Rodoviária. Wir umarmten uns zum Abschied im Auto, wünschten uns gegenseitig viel Glück und ich schnappte meinen Rucksack und stieg aus. Winken. Das war der letzte Akt dieses internationalen Teams.

Einmal drin in der Rodoviária von Ilhéus, bekam ich das lange Gesicht. Kein Direktbus nach Rio. Nur über Itabuna. Und dort erst Anschluss irgendwann mitten in der Nacht. *Scheiße*. [Grinst.] Sollte ich? Oder doch nicht? Allein, mir war keine Bedenkzeit am Schalter vergönnt. Die Leute, die hinter mir anstanden, waren ungeduldig. Eine Frau sogar richtig ungehobelt. Ich verließ den Schalter, ging wieder raus aus der Rodoviária. Zum Nachdenken, Entscheidungsfinden. Setzte mich in eine Kantine, bestellte eine Cola und einen Imbiss. Es war kurz vor Mittag. Ich noch am Suchen, oder Ver-Suchen abzuwägen, was jetzt wohl am besten zu tun sei. Da kamen drei Indianer, zwei junge Burschen und eine etwa dreißig Jahre alte Frau, in die Kantine. Bestellten sich, genau wie ich, Limo und jeweils einen Imbiss. *Salgado*, ein Appetithäppchen. Wie *Coxinha*, oder *Pastel*. Was Frittiertes eben. Mit Hühnerfleisch oder Rindfleisch oder Schinken und Käse drin.

Ganz gegen meine Natur – die innere Stimme? – sprach ich sie an. Von wo sie herkämen. Aus Salvador. Wir haben dort an einem Meeting von mehreren indigenen Ethnien aus Bahia teilgenommen.

213

Und kommen nun nach Hause. Nach Hause? Ja, wir sind Tupinambá, unsere Aldeia liegt ein paar Kilometer südlich von Ilhéus ...

Na ja, was soll ich noch lange herumreden, *Irini* ... eine halbe Stunde später saßen wir in einem Van, der die Strecke Ilhéus – Canavieiras macht. Und ich fuhr mit zu den Tupinambá de Olivença.
Mitten im „Nichts" beschieden sie dem Fahrer anzuhalten. Und weiter ging's durch ein Stück intakten Regenwaldes – intakt dank der Indianer – steil bergauf auf schlammigem, rutschigem Terrain, zu deren Aldeia. Ich wurde der Cacique, einer Frau, vorgestellt und von dieser willkommen geheißen. Die Frau, mit der ich gekommen war, lud mich in ihre Hütte ein. Nennen wir sie „J".
Aber sag mal, wollen wir nicht eine kleine Pause machen? Kaum hatte ich die Salgados erwähnt, und schon war Kohldampf da. Können wir eine Imbisspause machen, Schwester? Hast du denn nie Hunger?

Doch, Ich habe. *Bisweilen*, fügte ich noch hinzu. Und also gesellten wir uns zu Eliane. Die sich eines der Bücher aus Antônio Carlos' Regal geschnappt hatte und im Gästezimmer auf dem Bett schmökerte. Hey, meine kleine Índia, bist du schon wieder am Buchwurmen?! Allseitiges Lachen. Los, auf, auf und ab in die Küche, Frau! Schnabulierpause ist angesagt.
Nachdem wir uns gestärkt hatten, mit einem gemeinsam auf die Schnelle angerichteten Gemüsereis, dank Erbsen- und Maiskörnerkonserven aus unseres Beherbergers Lebensmittellager, überredete ich Verinha, noch ein Stück weiterzumachen mit dem Interview. Ich fürchtete, dass wir dazu ab Freitag, dem Tag ihrer Rückkehr an die Arbeit, keine Gelegenheit mehr haben würden.

Okay. Noch *eine Stunde*. Maximal. Denn dann geht's aber ab ins Freie! Abgemacht? Abgemacht. Abgemacht Eliane? Abgemacht, kommt es zurück aus dem Gästezimmer, wo sie bereits wieder mit Bett & Buch vereinigt war.

Okay. Und also wurde Verinha, *wieder einmal*, zur Índia. Für den Rest des Aprils und die erste Maihälfte.
Es war eine kurze Zeit. Aber intensiv. Atem holen für die Seele. Und es war sehr ähnlich dem, was ich damals, als Zwölfjährige, „verloren"

hatte. Die Aldeia hätte genauso gut ein Quilombo sei können. Im Alltag. Die Betonung auf Gemeinschaft. Bei gleichzeitigem Respekt vor der Individualität. Die Gewaltlosigkeit. Vor allem gegenüber Kindern – und wenn ich Gewalt sage, denke ich nicht „nur" an physische! Auch das Verständnis der Beziehung Mensch und Natur. Und das tägliche Wechselwirken zwischen Mensch und Natur. Und auch was das Metaphysische betrifft. Das nicht irgendwo in einer undefinierbaren Ferne, sondern immer gegenwärtig ist, eingewobener Teil des Alltags. Und das spontane Feiern, die Freude an Festen – einen Tag nach meiner Ankunft wurde aus dem Anlass meines Kommens der Toré gesungen und getanzt. Der Toré ist ein „heiliges" Ritual, das die Freundschaft zwischen verschiedenen Ethnien feiert, und das auch dazu dient, den Gemeinschaftssinn zu stärken. Die Tupinambá sehen sich als das *Tupá*, Gott, nächste Volk. Und müssen heute doch kämpfen, um ihr nacktes Überleben zu sichern. Und einige wenige, die Hartnäckigsten, Resilientesten, wie meine Gastgeberin J, gehen noch einen Schritt weiter. Versuchen es zumindest. Nämlich aus den Scherbenhaufen ihrer Kultur und ihrer Existenz, nach einem halben Jahrtausend ihre Auslöschung anvisierender Angriffe seitens der „Entdecker"kultur, wieder etwas zusammenzukleben. Etwas, das hält. Und neu sprießen kann.

Die Nation der Tupinambá hatte ja als erste auf heutigem brasilianischen Staatsgebiet das Vergnügen „entdeckt", sprich betrogen, gejagt, versklavt, gemetzelt ... zu werden. Ab Cabral. Der in keinem Geschichts„unterricht" fehlt. Während die überlebenden Tupinambá, zum Zeitpunkt als ich ankam, 501 Jahre später, nicht einmal als Índios anerkannt waren! Täglich von gedungenen Revolvermännern im Dienst der Großgrundbesitzer angegriffen wurden. Nicht lange nach Cabral gab's die *Batalha dos Nadadores*, die Schlacht der Schwimmer. Zwischen den Soldaten des portugiesischen Gouverneurs Mem de Sá – noch so ein „Held" im brasilianischen Geschichts„unterricht" – und den ihr land, ihre Freiheit und Kultur verteidigenden Índios. Fast alle Männer auf Seiten der Índios wurden getötet. Zeitzeugen ..., Chronisten, schrieben von *neun Kilometern toter Indianer entlang des Strandes.* Dann kamen die Jesuiten. Eifrige Ethnozid-Vorantreiber. Und nichts von den Märchen, wie sie im Hollywood-Schinken „Mission" fehlgezeigt werden – *sorry, Papa Francisco*. Akribische Verbieter und Ausrotter indigener Traditionen.

Versklaver in eigener, „heiliger", Sache. Und mit der Unabhängigkeit ging alles weiter denselben Lauf. Nur die Flagge unter der der Genozid nun vorangetrieben wurde, war eine andere. Eine besondere Parallele zwischen uns *Afrodescendentes,* aus Afrika stammenden, und den Índios war ihre systematische Verwendung als Kanonenfutter im kontinentalen Machtpoker. Wie in der *Guerra do Paraguai.*(1) Beiden Bevölkerungsteilen wurde für ihre „freiwillige" Teilnahme am Gemetzel des paraguayischen Volkes, Kindersoldaten inklusive, am Ende Freiheit, volle Rechte und Landurkunden versprochen. Von der brasilianischen Machtelite. Die gegenüber den paar *leider doch Überlebenden* nichts hielt. Beide Bataillone wurden, mit obsoleten Waffen wir Schwarze, und Pfeil und Bogen (gegen Kanonen) die Índios, unaufhörlich in die ersten Frontreihen gestellt. Die, die überlebten, kamen zurück in die Sklaverei oder wurden weiter gejagt, so sie sich ihrer „Bestimmung" widersetzten. Das ist ein Grundkonsens in der brasilianischen Politik. Bis heute. Und was steht in unseren Geschichtsbüchern? Dass der brasilianische König nach dem Krieg Dekrete zur Schaffung Indigener Territorien unterschrieb ... Die Erfindung von Klopapier.
Dass es sie heute überhaupt noch gibt, die Tupinambá, ist ein Wunder.
Laut J und anderen, mit denen ich öfters zusammen war in der Aldeia, wohnen viele Índios in den angrenzenden Städten. Oder als De-facto-Sklaven auf Großgrundbesitz. Und leugnen, Índios zu sein. Dass es überhaupt noch Índios gäbe in der Region. Nicht aus Dummheit. Sondern aus dem stärksten Trieb von allen: dem Überlebenswillen. Und wen, glaubst du, suchen sich unsre Medienleute als bevorzugte Interviewpartner, wenn es um „Unruhen" – den anhaltenden Genozid – geht? Und selbstverständlich werden die einen Habenichtse und Opfer unsres Staates gegen die anderen aufgewiegelt und ausgespielt. Keine Zeitung, kein Fernsehsender berichtet vom Kampf Machtestablishment versus um ihr Landrecht kämpfende Índios. Sondern von *als Índios verleideten Kriminellen,* die armen Kleinbauern ihr Land streitig machen. Logisch eigentlich. Denn bei uns sind die mächtigsten Lokal- und Regionalpolitiker identisch mit den Großgrund-

(1) Krieg der Tripel-Allianz, siehe, zum Beispiel
https://www.nzz.ch/international/amerika/suedamerikas-grausamster-krieg-1.18530968

216

und Medienbesitzern. Seien es Kakaobarone und Viehzüchter, wie im konkreten Fall, oder andere Umwelt- und Menschenvernichterunternehmer. Und weil auch bei den Tupinambá die, ich hab dir davon bereits anlässlich meines Aufenthaltes bei den Kariri-Xocó erzählt, Vermischung groß ist, also viele Índios etwa sehr dunkel und/oder kraushaarig sind, wird da auch massiv die rassistische Keule ins Völkermordspiel gebracht. Zieht besonders gut in einem rassengläubigen und rassenfixierten Land. Wo die Ignoranz kein Unfall, sondern gewünschtes und verwaltetes Fabrikat ist. Ganz schlimm auch die Breitenwirkung des zu diesem Zweck gelieferten Alkohols in den Tupinambá-Aldeias. Früher wurden mit Cholera- und Pockenerregern infizierte Decken, oder mit Arsen vermischter Zucker gratis verteilt. Heute ist es – gepanschte – Cachaça. Die wird aber verkauft. Schliesslich soll mit dem Morden auch noch ein Gewinn eingefahren werden. Ordem & Progresso. Immer wieder „verschwinden" Índios. Deren Leichen man entweder nie oder irgendwann irgendwo findet. Polizeiliche Erhebungen? Vergiss es. So wahrscheinlich wie schwarze Eisberge. J und andere indigene Aktivisten können nie allein raus. In den Wald, zum Übernachten im Schoß ihrer Mutter Erde, zum Seelenreinigen, zum Baden im – ohenhin von der Großgrundbesitzern verseuchten und fischtoten – Fluss.

Und selbst in Gruppen laufen sie stets Gefahr, in einen Hinterhalt zu geraten. Große Teile „ihres" Gebietes sind No-go-Zonen für sie. Und willkommenes „Niemandsland" für die Holzmafia. Diese freilich unter Politiker- und Bullenschutz. Physisch überleben sie, wie wir Quilombolas, von ihren kleinen *roças,* winzige Anbauflächen von Maniok, Bananen, Mais im Wald. Die ursprünglich im ökologisch guten Rotationsbetrieb geführt, ein paar Ernten lang, und dann wieder dem Wald zur Erholung und Erfrischung des Bodens zurückgegeben wurden. Faule Nichtsnutze, die Land haben und es nicht nützen. In der „fortschrittlichen" brasilianischen Doktrin. De facto irgendwo zwischen Auslöschung, Armut und Elend und Widerstand. Und doch zeigten sie sich, wenigstens die, mit denen ich Kontakt hatte, fröhlich, tief spirituell, mit der Natur im Zentrum – wie im Candomblé – und lebensbejahend. Jene medialen „renitenten und bösen" oder

„falschen" Índios und Índias halt. Die nicht unterworfen, „kontrolliert"
waren. Deren Ich und Wir noch nicht von Alkohol und wahllosem
Fernsehmistkonsum zerfressen waren.
Während „meiner Wochen" dort besuchte ich nur ein einziges Mal eine
der anderen Tupinambá-Aldeias in der Nähe, Sapucaeira heißt sie.
Und das auch nur in einer großen Gruppe. Es war einfach zu
gefährlich. Erstens, weil Revolvermänner und Freizeitheckenschützen,
oder auch die Bullen selbst, besonders gerne entlang der Waldpfade
zwischen den Índiodörfern lauern. Um sich Abschussprämien zu
holen. Oder sich einfach mal einen Jux zu machen. Mit Folterstunden
und Gruppenvergewaltigungen zum Beispiel. Sachen, mit denen man
sich nachher, im Wirtshaus in der Stadt, noch brüsten und unter
seinesgleichen feiern lassen kann. (Am nächsten oder übernächsten
Tag hörst du dann in den Nachrichten, dass als *Índios verkleidete
Banditen* – denn es gibt ja von Machtseite her keine Índios mehr in
der Region – rechtschaffene arbeitende Bürger überfallen haben ...)
Zweitens, weil der Wald voller *dragões*, Drachen, ist. Dragão ist das
portugiesische Wort, das die Tupinambá für Motorsägen verwenden.
Die Großgrundbesitzer, die dort illegal, ungehindert und
gewinnbringend umhauen lassen, was für die Índios Leben und
Spiritualität – ihre Essenz – bedeutet. Und auf jeden
Drachenschwinger kommen, logisch, bewaffnete Aufpasser dazu ...
Stop! Bis hierher, *Irini,* und nicht weiter. Du hörst ja nur. Aber ich
erlebe das alles wieder. Emotional. Wenn ich's auch „nur" erzähle.
Und das ist kein lieblicher Mix aus Emotionen, einer den du suchen
würdest, um glücklich zu sein. Oder wenigstens um Frieden im Herzen
zu spüren. Das sind, ganz im Gegenteil, „Andenken", die sehr zornig
machen, mich halt, die dich in die „Logik" der Gewalt reinziehen. Wie
idem gewünscht, nehm ich mal an. Fantasiebilder in deinem ...,
meinem, Hirn produzieren, wo du schon mal dastehst, wie Iansã in
der Schlacht oder Königin Nanny(1) oder ein weiblicher *Coração
Valente*, Braveheart [William Wallace] meinetwegen, und die Köpfe
solcher Drecksschweine rollen läßt. Von Gouverneursschultern bis zu
denen der Aufpeitscherkomplizen in den Medien und der
verbrecherschützenden Bullen [unterbricht jäh ihre Salve, hebt die
Schultern und atmet tief und laut aus].

(1) https://jamaicanechoes.com/11-facts-about-queen-nanny/

Aber warte, eins möchte ich dir doch noch weitergeben. Lass mich mal kurz nachdenken, ob ich's noch zusammenbekomme. Und zwar möglichst in einem Fluss.
[Verinha wendet ihren Blick weg von mir, zum Fenster hin, schließt die Augen, rezitiert innerlich, ihre Lippen bewegen sich leicht zu den noch nicht ausgesprochenen Worten.]

Okay. Ich glaub, ich hab's wieder drauf. Eliane hab ich's ja auch erst vor ein paar Tagen wieder zitiert. Und sie hat sogar ein paar Wörter, trotz meiner Radebrecherei, verstanden!
Also pass auf:
Ixé asó sy Jacy
To-uri pitibó
Ixé asó xe uby Tupã
Pé iandé taba byr
Und, hast du was verstanden, Schwester aus den Eisbergen? [Lacht.]
Nun, dieses, wie soll ich sagen?, „Gebet" hat mir ein über 80 Jahre alter *Pajé*, Medizinmann, beigebracht. Ein unglaublich bescheidener und lieber Mensch. Es bedeutet:
Ich werde meine Mutter Möndin bitten
Dass sie komme uns zu helfen
Ich werde meinen Vater Sonne/Gott bitten
Dass sich unsere Aldeia erhebt

[Verinha macht eine Zweisekundenpause und fügt dann hinzu:]
Amen.
Okay Schwester, *noch* was. Nun aber *wirklich* abschließend. Für heute zumindest. [Schmunzelt.] Vielleicht verstehst du mittlerweile, dass alle diese Menschen, die eher „guten" wie die eher „schlechten", *auch meine Lehrer* waren. Dass ich viel durch sie gelernt habe. In direktem Kontakt, ihre Taten erlebend, ihren Worten zuhörend und folglichem Nachdenken. Wo andere Bücher verschlingen. Oder sich übers Fernsehen – da gehör ich allerdings auch dazu – oder heute eher im Internet, weiterbilden. Oder ver-bilden.
Das Orale, Direkte, ist halt unser Muster. *Kulturmuster* [zwinkert mir zu, lächelt]. Wie mir bereits mein Vater erzählt hatte. Von „damals, in Afrika". Menschliche, wandernde Lexika, wie Djelis und Griots, triffst du immer und überall. Wenn du *willst*. Dir die Zeit dazu nimmst. Zu

beobachten und zuzuhören. [Verinha klatscht mit den Handflächen auf ihre Oberschenkel, steht auf und spricht im Stehen weiter.] Und ich will dir auch nicht verheimlichen, warum ich dir das noch als „Draufgabe" sage. Weil ich ja weiß – aus eigener Erfahrung –, wie Leseleute – „Studierte" – das „normaler Weise" völlig ausblenden und abstreiten, dass auch solche Menschen, die mit Schrift und Schriftkultur – Büchern – nichts anfangen, sehr wohl etwas zu sagen, beizutragen haben. Wertvolles produzieren und weitergeben können. Ich wüsste jedenfalls, auf wen ich setzte, würde man einen malischen Griot gegen einen Professor der USP [Universidade de São Paulo] antreten lassen. Zum Live-Geschichts-Rap-Wettkampf. Ganz ohne Spickzettel.

Danke ... ist alles, was ich rausbringe. Nach diesem von empirischen Erfahrungen *einer damals Siebzehnjährigen (!)* durchzogenen *diss track.* Obschon klar ist, dass diese *femme magnifique véritable* und *guerreira*, Kriegerin, ihre Geschichte mit heutigen Einsichten, später gewonnener Tiefe, vermischt berichtet. Ich schalte das Aufnahmegerät aus.

Mittwoch, 15. Februar 2017 (Abend)

Verinha hat Eliane und mich am frühen Nachmittag, weil es da „am sichersten" sei, über einen kurzen, aber urban-abenteuerlichen Pfad, auf den Parque Morro do Moreno geführt. Ab dem späten Nachmittag, so unsere local guide, sei der Hügel *in der Hand von Drogenabhängigen, denen es an Kaufkraft mangelt*, was zu unerfreulichen Szenen führen könne. Und ich hatte mich bereits „auch so" mulmig gefühlt, auch ohne diese Zusatzinformation. Denn der Militärpolizei-Streik und das resultierende (gewünschte?) Chaos gehen weiter. Auch wenn die Situation nicht mehr eskaliert.

Nach rund 40 Minuten steil bergauf, durch teilweise dichtes Gestrüpp, von Stein zu Stein hüpfend, und an einer Stelle sogar über einen glatten Felsbrocken, über den man sich nur mittels dicker, darüberhängender Luftwurzeln hochziehen kann – ein bisschen „Tiroler Rapell-Gefühl", wenngleich bei ganz anderer Temperatur und Luftfeuchtigkeit – gelangt man zum *mirante*, Aussichtspunkt. Der liegt etwas unterhalb des 274-Meter-„Gipfels". Ein Gipfel, so Verinha, der sich überhaupt nicht lohne. Verbaut sei, von einem hässlichen Antennenturm gekrönt, und mit *Unmengen von Müll* verziert. Nun, an Müll hatte es, für meine Empfindung, auch auf und seitlich des Pfades nicht gefehlt. Generell beginne ich, nach São Paulo, Rio und jetzt Vitória/Vila Velha, zu glauben, dass in der hiesigen Tradition der beste Platz, um Müll wegzuschmeißen, immer jener ist, auf dem man sich gerade befindet.

Aber was die Aussicht vom Mirante betrifft: Bezaubernd. Fast 360 Grad Nah- und Fernsicht. Besonders beeindruckend der Blick auf den Convento da Penha. Dieses Kloster liegt nördlich vom und etwa 100 Meter tiefer als der Mirante und ist auf einem der vielen rundlichen Granitfelsen erbaut worden. So wie ich sie zuvor bereits in Rio gesehen habe. Eine Vogelperspektiven-Ansichtskarte *ao vivo*, live. Zurück liefen wir über eine Erdstraße, die so schlammig war – obwohl es die letzten Tage über nur wenig und wenn, dann nur leicht geregnet hatte – dass wir mehrmals unsre Flipflops aus dem Matsch wiederbefreien mussten. Und uns, angeführt von Eliane, bei diesen Bemühungen, auch jenen, kein unfreiwilliges Ganzkörperschlammbad zu nehmen, vor Lachen kaum auf den Beinen halten konnten. Danach gingen wir an den Strand. Die neuen Bikinis einweihen.

Jetzt ist es kurz vor sieben, abends, und Verinha ist kategorisch: *Entrevista, pra hoje, acabou. Já falei até demais.* Für heute ist Schluss mit Interviews. Hab mehr als genug gesprochen. Und da sie so entschieden hat, gibt's da nichts daran zu rütteln. Somit lade ich Eliane zur „Spätschicht" ein. *Sie* ist disponiert. Und nachdem wir geduscht und uns an einem von Verinha im Nu zubereiteten *cuscuz*, indigener, im Unterschied zum nordafrikanischen Couscous aus *Maisgrieß* im Wasserdampf angerichteter Leckerbissen, gestärkt haben, sitzt sie mir mit einem Handtuch über die Haare zu einem Turban gewickelt in einer Art von Sukhasana-Asana im ausladenden Chefsessel Antônio Carlos' gegenüber.

Also, *Irini*, wir sind nun im Oktober 2001. In der Großstadt Marília, im Westen des Bundesstaates São Paulo. Wahrscheinlich hatte Marília schon damals über 200.000 Einwohner. Cida wohnte in einer der Eigentumswohnungen des mehrstöckigen *Condomínio Altos* in der Avenida Maria Fernandes Cavalari. Jardim Cavalari war auch der Name des Viertels. Dorthin war Cida nach dem Ableben ihres Mannes gezogen. Raus aus dem lange gemeinsam bewohnten Häuschen im Stadtzentrum, immer mehr erdrückt, wie sie sagte, und lichtabgeschnitten, von aus dem Boden schießenden und immer näher heranrückenden Hochhäusern, in die Bequemlichkeit eines modernen, und mit fast kompletter Infrastruktur, Küche und zwei WCs mit Dusche, ausgestatteten 80-Quadratmeter-Appartements. Jardim Cavalari war eines der wachsenden *besseren* Reißbrett-Viertel, am Westrand Marílias. Hier begann nun ein weiteres Kapitel meines Lebens. Ein kontrastreiches, im Vergleich zu den vorangegangenen. Ich hatte mein eigenes Zimmer, wurde wie eine, wenn nicht Tochter, auf jeden Fall wie eine Nichte oder junge Freundin, behandelt und (*kognone-*)gefördert, sorgte für den Haushalt, was bei zwei Menschen einen geringen Arbeitsaufwand darstellt, bekam 300 Reais Monatsgehalt oder Taschengeld, nach nur zwei Wochen – wo es Beziehungen gibt und geschmiert wird, kann sogar Brasilien funktionieren [lacht] – eine Geburtsurkunde und einen Personalausweis (und mit diesen Papieren die brasilianische Staatsbürgerschaft), und war nun jemand, der auch formell existierte. Noch dazu mit einem Schlag volljährig! Was für ein außergewöhnlicher Weg. Und Stand der Dinge. In nur 14 *gelebten* Jahren.

Die nächste einschneidende und nachhaltige Veränderung in meinem Leben war ein Resultat des beständigen Ansporns, der mir durch Cida widerfuhr. Sie meinte, meine Liebe zum Lesen sei nur eine halbe Liebe. Rein passiv. Und zur *Ganzheit von Sprache und Literatur* fehle mir noch, die aktive Seite anzugehen. Also begann ich auf Cidas Anstoß hin, ein Tagebuch, fortan mein externes Gehirn [lacht], zu schreiben. Tageserlebnisse, aber auch *meine* Gedanken, *meine* Gefühle, *meine* Beobachtungen zu Papier zu bringen. Und was ich anfangs noch als schwierig und peinlich empfand, vor allem beim Wiederlesen von bereits Geschriebenem, geriet schnell zu einer freudvollen Sicherheit. Ein Halt. Wenn nicht eine Sucht [lächelt.] Das Buch, das ich zu dieser Zeit am öftesten zur Hand nahm, war Cidas Aurélio-Wörterbuch. Ich badete in Sprache. Erweiterte meinen Wortschatz. Und probte neue Wörter in den vielen Gesprächen, die Cida und ich führten. Es begann, genau richtig für mein Alter – mein *tatsächliches* Alter [lacht] – eine intellektuell fruchtbare Zeit. Denn wäre ich tatsächlich 18, fast 19 gewesen, so wie die neue Geburtsurkunde amtlich determinierte ..., vielleicht wäre kaum etwas davon nachhaltig geblieben. Synapsenwachstumsende. Unter anderem im Stirnlappen. „Organ" der Persönlichkeit. Des Selbstbewusstseins. Der situationsgerechten Handlungen ... *Die* Werkzeuge im Wirken der heutigen Eliane!

Die, die ich heute bin, *Irini*, wäre nicht möglich ohne die Jahre dieses Lebensabschnitts in Marília und mit Cida. [Sieht mich an, zieht die Augenbrauen rauf, lächelt breit.]

Cida setzte Gott und die Welt in Bewegung, ließ ihre Beziehungen in der Schulwelt spielen, und ab Jänner 2002 war ich an der öffentlichen Mittelschule *Professor Baltazar de Godoy Moreira* matrikuliert. Und zwar in der zweiten Mittelstufenklasse. Brasilien-selbstverständlich war alles außerhalb der Legalität abgelaufen. Ich war ja noch nie zuvor in einer Schule gewesen. Hatte kein einziges Zeugnis vorzuweisen. Hätte also in einer Abendschicht, als nun „Volljährige", mit dem *1º Ano* des *Ensino Fundamental*, der ersten Volksschulklasse, beginnen müssen. Wie hunderttausende andere bildungsnachholwillige Erwachsene in ganz Brasilien. Aber Cida wusste, dass mein *außerinstitutionell* erworbenes Bildungsniveau, dank meinen Mentorinnen Joseane und

Lorena, und selbstverständlich auch dank meinem bisherigen *Leben*, jenes vieler Mittelschul*abgänger* schon jetzt übertraf. Und wusste als Insiderin genauso gut, dass die Abendschichten an unseren Öffischulen ein einziges Potemkin'sches Dorf waren. Und sind. Wo aus Analphabeten ohne Zeugnisse Analphabeten mit Zeugnissen gemacht werden. Gut für Regierungsstatistiken. Gut fürs gewünschte Wahlverhalten. Und also selbstverständlich auch gut für zusätzliches Abzweigen öffentlicher Mittel und Vetternwirtschaft.
Jedenfalls hatte Cida Beziehungen. Allerbeste und in „erhabene Höhen" reichende. Und Beziehungen bedeuten in unsrem Land, dass *alles* geht. Auch, oder vor allem, das, was vom Gesetz her nicht gehen dürfte. Während Beziehungslose, in der Regel die Armgehaltenen, selbst zu dem keinen Zugang finden, was ihnen per Grundgesetzpapier „garantiert" ist. [Lächelt, nickt.] *Eu sei, eu sei*, ich weiß, ich weiß, ich wiederhole mich. [Lacht.]
Ich „war" also nun 18, in einem Monat 19, und hatte „noch" zwei Schuljahre vor mir bis zum Mittelschulabschluss. Die *2ª und 3ª Série*, die zweite und dritte Klasse. Die dritte ist die letzte der Mittelstufe. Entspricht insgesamt dem achten Schuljahr. Dann würde ich bereits auf dem Sprungbrett für Höheres stehen. Auf dem institutionellen brasilianischen Bildungsweg. Sprich Universität.

Zwei Jahre, 2002 und 2003, in der Schule *Professor Baltazar de Godoy Moreira*.
Rund fünf Kilometer vom *Condomínio Altos* Richtung Zentrum, im Viertel São Miguel. Zwei öffentliche Busse hin, zwei zurück. Manches Mal, im Sommer und wenn es nicht regnete, ging ich zu Fuß zurück. Ohne es je Cida erzählt zu haben. Sie wäre vor Angst und Sorge gestorben. Der Überfälle wegen. Aber ich musste trotz des intellektuellen Frühlings, in dem ich steckte, auch meine Ayorea-Guarani in mir ausleben. Und das ging am besten, in diesem Urwald aus Beton und Stahl und brachliegenden, der Spekulation dienenden, Grundstücken, durch Sololaufen und -gehen. Durch ausgedehnte Streifzüge, Seelendurchatmen. Auch, um nach so vielen Unterrichtsstunden in Portugiesisch, Literatur, Biologie, Physik, Chemie, Mathematik, Kunst, Geschichte, Geographie, Philosophie, Soziologie, Spanisch und Englisch die starke Kopflastigkeit runterzuschrauben …

Lass mich noch was zum Spanisch- und Englisch-„Unterricht"
hinzufügen. Du hast ja selber, schon bei unserem ersten Treffen,
bevor's noch mit der Interviewerei losging, erzählt, dass deine Arbeit
hier unmöglich gewesen wäre, hättest du kein Portugiesisch drauf.
Weil es *weit und breit* – deine Worte – niemanden gäbe, der
irgendeine Fremdsprache spricht. [Lächelt mich an, ich nicke.] Das ist
alles, nur kein Zu- oder Unfall. Denn die Sprachenlehrer sprachen in
der Regel kaum ein Wort in der Sprache, die sie unterrichten sollten.
Ja, wirklich! Der „Unterricht" beschränkte sich auf Flexions- und
Deklinationsdrill. Der „Lehrer" an der Tafel. Die Schüler über ihren
Schreibblöcken. Stumm. Und hin und wieder Videokassetten oder
CDs. Da konnten wir, im Gegensatz zu den Schülern der viel ärmeren
Nord- und Nordostregionen, wenigstens Aussprache *hören*. Trotzdem
verstanden wir nichts, die „Lehrer" wahrscheinlich auch nichts ... Ein
endemisches, ganzbrasilianisches Phänomen des „Unterrichtswesens".
Resultat: Alle Brasilianer, die zur Schule gingen, hatten zumindest drei
Jahre Fremdsprachen„unterricht". Und keiner ist auch nur fähig
irgendeinen Satz zu verstehen. Noch viel weniger, einen zu formen.
Aber, ich sagte es gerade vorhin, gut für Regierungspapier und
Abzweigmafias ...

Diese zwei Jahre bis zu meinem Schulabschluss lernte ich viel dazu.
Vor allem *zu Hause*. In Bücher vertieft, bald auch auf einem von Cida
geschenkten Computer und im Internet. Und auch in den täglichen
Gesprächen mit ihr. Sie hätte, biologisch, meine Großmutter sein
können, verhielt sich aber wie eine ältere, erfahrene Schwester. Und
mit ihren pädagogischen „Tricks" trieb sie mich zu immer höheren und
ausgedehnteren Flügen an. Was das Lesen und Suchen, aber auch
das Entwickeln und Darlegen *eigener* Ideen betraf. Ja, sie spornte
mich zum *fundierten Widerspruch* an. Wieder so eine einschneidende
Neuigkeit in meinem Leben: Der Vorteil, oder Lohn, des Zweifels.
Nicht vorgesehen im brasilianischen System! Im Gegenteil, Kinder und
Jugendliche sollen nicht nur ignorante, sondern möglichst auch
unkritische – noch „besser": *kritikunfähige* – Erwachsene werden. Und
das hat Tradition. Die uns, nur ein rasches Beispiel zum besseren
Verstehen, im südamerikanischen Kontext von unseren spanisch
invadierten heutigen Nachbarländern drastisch unterscheidet.

1538, also keine 50 Jahre nach der Erstankunft des in spanischen Diensten segelnden Völkermörders Kolumbus, wird die erste Uni in Santo Domingo gegründet. Im Mai 1551, auf Befehl des Spanierkönigs Carlos I., die Universidad Nacional Mayor de San Marcos, in Lima. Die erste Uni auf südamerikanischem Boden. 1613 jene von Córdoba. Die erste auf heutigem argentinischen Staatsgebiet. So weit so spanisch. Zweieinhalb Jahrhunderte und viele weitere Unigründungen auf spanisch besetztem Gebiet später – wir sind nun im Jahr 1808, also 308 Jahre (!) nach dem ersten Ankerwurf des Portugiesen Cabral – haben sich schließlich die Portugiesen dazu durchgerungen, den ersten Bildungstempel in ihrer Kolonie in Betrieb zu nehmen: den Colégio Médico-Cirúrgico da Bahia, in Salvador. Und das war noch immer *keine* Uni! Die erste *genuine* Uni in der portugiesischsprachigen Hälfte unsres Kontinents wurde erst 1912 gegründet!

Als Jorge Amado, Brasiliens weltweit vielleicht bekanntester Schriftsteller in den frühen 1940er-Jahren vor dem Vargas-Regime flüchten musste und die folgenden ersten beiden Jahre seines Exils in Argentinien und Uruguay verbrachte, fiel ihm, aber auch anderen geflüchteten Brasilianern, sofort der eklatante Bildungsunterschied auf. Er kommentierte das einmal genauso scharfsichtig wie süffisant: In Brasilien baut der Staat Gefängnisse, in Argentinien Schulen.

In einem Essay von einem Indianisten und Indigenen Menschenrechtsaktivisten der auch mit Völkern arbeitet, die durch Kognone-Grenzerfindungen geteilt wurden, also Brasilien-Venezuela-Guayana, oder Brasilien-Kolumbien zum Beispiel, habe ich vor ein paar Jahren unter anderem gelesen, dass *die wahre Trennungslinie zwischen Brasilien und der spanisch invadierten Hemisphäre nicht die Sprache* und auch *nicht der päpstliche Pinselstrich von Tordesillas* sei, sondern die gepflegte, die verwaltete Ignoranz. Auf unsrer Seite. Dass auch heute noch mit jedem Taxifahrer in Santiago, Asunción oder Quito Gespräche auf einem allgemeinen Informationsniveau geführt werden könnten, die inhaltlich selbst die sogenannten brasilianischen Eliten nicht verstünden. Und er spannt ein Dreieck von dieser bipolaren südamerikanischen Bildungsrealität zum Iberischen Mittelalter und zur Iberischen Jetztzeit. Den Spaniern wäre ihr Bildungsvorteil gegenüber den Portugiesen *in den Schoß gefallen*, weil Letzteren es Jahrhunderte früher gelungen war, die bildungsfreundlichen und -stimulierenden Juden, Mauren, Berber und

Araber *loszuwerden*. Ein Resultat dieser rapideren ethnisch-religiösen Säuberung sei nicht nur *der heutige Bildungsabgrund, der Brasilien von seinen Nachbarn getrennt hält*, sondern auch der Umstand, dass im Human Develpment Index der UNO Portugal das Schlusslicht Westeuropas ist. Während Spanien im Mittelfeld liegt. [Eliane sieht mich mit hochgezogenen Augenbrauen fragend an. Aber ich kann weder bestätigen noch widerrufen. Das ist nicht eines meiner intimeren Beschäftigungsfelder. Auch wenn ich Europäerin bin, wie die Spanier und Portugiesen. Und in diesen beiden Ländern schon Recherchen durchgeführt habe.]

Das klingt nach einer interessanten These. Zwar kann ich mir vorstellen, dass auch andere Faktoren, außer der sicher nicht sehr volksausbildungsamikalen Reconquista, in diesen Wissensperspektivenunterschied zwischen Portugiesen und Spaniern mit hineinspielen, die Geographie zum Beispiel, kurzfristige kolonialpolitische Absichten, oder die länger andauernde Diktatur in Portugal …, aber ich weiß einfach viel zu wenig auf diesem breiten interdisziplinären Gebiet, Eliane, um irgendeine Meinung abgeben zu können. [Eliane lächelt.]

Ich auch nicht. Und ich seh das genauso wie du: Interessante These. [Lacht, ich mit.]
So. Jetzt aber sofort zurück zu mir – meiner jüngeren Ausgabe – und dem Schulweg in Marília, Frau Kommandant [lacht herzlich].
Den fast täglichen Weg zur Schule ging, oder fuhr, ich mit gemischten Gefühlen. Erstens der Lehrer wegen. Nicht alle waren schlicht überflüssig, wie die der Fremdsprachen. Es gab durchaus welche, die den Eindruck erweckten, in ihrem Sachwissen sattelfest zu sein. Darunter wieder einige, die das sogar mit pädagogischen Fertigkeiten kombinieren konnten. Und sogar solche, die ihre Arbeit auch noch mit Liebe und Enthusiasmus versahen. Diese Ausnahme- und *richtigen Lehrer* allerdings blieben nicht lange. Entweder, weil sie von neidischen und wegen ihrer duch die Anwesenheit der richtigen Lehrer bloßgestellten Unterdurchschnittlichkeit – wenn nicht Untauglichkeit – besorgten Kollegen hinausgeekelt wurden. Oder weil sie rasch Angebote, finanziell attraktive Angebote, von Privatschulen bekamen.

Abgeworben wurden. Die besten nur für die Reichsten. Brasilienessenz, verstehst du?

Langsam, aber sicher. Nicht zuletzt dank so fähigen, *richtigen Lehrerinnen* wie Euch beiden, Verinha und dir!

Oh ..., du übertreibst aber gewaltig, [lacht herzhaft und laut], vielen Dank für die Rosen, *Irini!*
Dieses System, auch auf dem Bildungsweg, geht ja noch weiter. Darf ich mal kurz wieder ausscheren, aus dem Kontext, dem chronologischen...? [Lacht, ich zeige mit meinem linken Daumen nach oben, affirmativ!]
Also, wie wir gerade gesagt haben, die besseren und besten Schulen im Land sind die privaten. Dort, wo monatliche Schulgebühr entrichtet werden muss. Was sicherstellt, dass es keine Armen je rein schaffen. Dass die Schulen *weiß* bleiben. *Pur* und *sauber*. Synonym gebrauchte Adjektive für *alvo*, weiß, im brasilianischen Portugiesisch. Wir tarnen ihn gar nicht erst, den bereits intrinsischen Rassismus ...
Die schlechten und schlechtesten Schulen jedenfalls sind die öffentlichen. Die, die vom Bund geführt werden, gehen noch. Die die vom jeweiligen Bundesstaat, wie meine in Marília, geführt werden, sind Institute, wo du Zeit verbringst. Verlierst. Um an ein Papier zu kommen. Und die, die vom Bezirk, der Stadt verwaltet werden, sind Schlachthöfe des Denkvermögens und der Fantasie. Als Faustregel gilt das flächendeckend.
So. Jetzt ist die Mittelschule aus und die Mädchen und Buben wollen studieren. Und da ist es nun genau umgekehrt. Die besten Universitäten sind die öffentlichen, die Bundes-Universitäten. Die schlechtesten die privaten, die wie Pilze aus dem Boden schießen. Alles geht. Jeder kann eine aufmachen. Leichter als einen Imbissstand am Stadtpark – bringt ja positive Zensuren in den diversen Weltrankings. Und wer dort unterrichtet, ist allein Sache der Unternehmer. Das ist auch die Erklärung dafür, warum Antônio Carlos von *jährlich auf den Markt gespülten Jungärzten* spricht, die *den Blinddarm im Hintern suchen*. Dieses Ausbildungsniveau der abertausenden privaten „Universitäten" gilt aber nicht nur im medizinischen Bereich. Überall!
So weit der Rahmen. Nun zur – brasilianischen – Essenz.

Da dein Zeugnis ja ein völlig nichtssagendes Stück Papier ist, und da alle dies wissen, müssen wir einen Aufnahmetest machen, um an der Universität studieren zu können. Und wer wirklich dem Wissen hinterher ist, möchte logischerweise an einer der besten studieren. Also den *öffentlichen Bundes*universitäten. Wo der Andrang am größten und somit der geforderte Notenschnitt beim Aufnahmetest der höchste ist. Und wer bekommt die besten Noten und die Gratis-Plätze an den öffentlichen Universitäten? [Sieht mich mit weit aufgerissenen Augen, nach vorne gebeugt an.]
Genau! Die Kinder aus den reichsten Familien – die proportional die geringsten Steuern beitragen. Die zuvor in den besten, ist gleich teuersten, Privatschulen gefördert wurden.
Die chronisch, weil systemisch geprellten Opfer, die Kinder der armgehaltenen Familien, die durch Kinderverwahrungslager mussten, die Schule bestenfalls als Euphemismus sind, haben keine Chance. Mit ihren Aufnahmetestnoten könnten sie höchstens in die schlechtesten Privat-„Universitäten" rein. Dafür fehlt aber wiederum das Geld ... Nur die Allerhartnäckigsten aus den armgehaltenen, von allem ausgeschlossenen Schichten schaffen es, durch Arbeiten tagsüber, um das Geld zu verdienen, in irgendeiner obskuren Privatuniversität unterzukommen. Und dort abends ihre Fächer zu belegen. Um, mit viel Glück, Tränen und Schweiß, vielleicht irgendwann mal zu einem Diplom zu kommen, das dann am Arbeitsmarkt nur mit großen Vorbehalten anerkannt wird. Weil man ja weiß, dass aus den Privatunis vor allem Ignoranten mit Diplompapier rauskommen.
Die Regel ist: Wer reich ist, kommt an die von den Armen proportional am stärksten finanzierte öffentliche Universität. Und zahlt dort fortan keinen Cent dafür. Wer arm ist und den Reichen ihre „Superiorität" per Steuern finanzieren *muss*, bleibt ewig draußen vor der Tür. Brasiliens Sozialessenz pur. Filtriert, und mit der Zeit perfid verfeinert oder, seit Lula, mit papierenen und werbeträchtigen „Integrationsprogrammen" geschminkt, die am System freilich nie etwas ändern. Ein Gesellschaftspfeiler seit 517 Jahren.
So. Seitendiskurs Ende. Zurück zum Themenfaden, Frau Kommandant! [Steht auf, salutiert, lacht und steckt mich an.]

Also „mit gemischten Gefühlen" sagte ich, ging's die zwei Jahre über zur Schule. Das hatte auch, sehr viel sogar, mit den Kollegen und Kolleginnen zu tun. Den Mitschülern.
Es gab da keine vertrauten Anhaltspunkte. Anker- oder wenigstens Rastplätze, wo man Freundschaften auf Bekanntem und Geschätztem aufbauen hätte können. Für mich. Eine, die aus, in vielen Aspekten, diametraler Kultur kam. Einer jungen Frau, die bereits einige feste (Vor-)Urteile bezüglich *der anderen*, der Kognone-Kultur, gefällt und verinnerlicht hatte. Und zwar in der Regel keine sehr vorteilhaften. Und noch dazu: Ein junge Frau, die anders *aussah*.
Und *noch* etwas kam erschwerend dazu. Da mir Cida Zeugnisse organisiert hatte, die „bestätigten", dass „ich" – die Eliane Romero dos Santos – Grundschule und erstes Mittelschuljahr – mit besten Noten! [lacht] – in Campo Grande und Assis absolviert hätte, musste ich ständig aufpassen, mich in Plaudereien nicht zu verraten und damit Cida und andere in Schwierigkeiten zu bringen. Bekam also noch die Sticker *Eigenbrötlerin* und *arrogant* aufgeklebt. Vom tonangebenden und machtausübenden Mainstream der Mitschülerschaft.
Damals kannte ich das Wort *Bullying* noch nicht. *Heute* ist es fixer Bestandteil des brasilianischen Portugiesisch. [Ich nicke bestätigend, hatte es immer wieder in São Paulo und Rio gehört, wo das bis zu Mordfällen, *Hinrichtungen*, selbst *in* der Schule, geht.] Und damit musste ich umgehen. Während der beiden Jahre in dieser Schule. Im ersten Jahr hatte ich eine Beziehung zu drei Mitschülerinnen. Im zweiten Jahr nur mehr zu den zweien aus meiner Klasse. Die andere, die dritte Freundin, war eine Klasse über uns gewesen und Ende 2002 fertig geworden.
Der Umgang mit den Buben war ... *pathogen*. Sie waren lebendige Zellen des Merksatzes von Mutter: *krank*. Ich sah in jedem, sagen wir *fast* jedem, Bubengesicht meiner Mitschüler jene Burschen wieder, die damals mit ihren Mopeds ankamen. An der Bundesstrasse 267. Zu ihren selbstausgerufenen Gratisgewaltsex-Partys. Und das Schlimmste daran, an diesem krankhaften Verhalten – etwas, eine Einsicht, die ich mit Hilfe von Cida, unseren täglichen Austäuschen, mitbekam – ist, dass es die Mütter sind, die aus ihren Kindern *solche* Söhne und junge Männer machen. Die die Pervertierungen des Machotums, des Über-Patriarchats, erst einträufeln und päppeln. Bis sie, ihre Söhne, in dem

Kulturmonster, das Brasilien als frauenmörderischster Staat der Welt ist, ihren Platz mit stolzgeschwellter Machobrust eingenommen haben. Brasilianische Mütter als Erhalterinnen der Gewalt ausübenden Männerdominanz und ihrer eigenen Unterdrückung! Frauen, denen die – wenn auch nur genetische – Erinnerung an ein *anderes* Urmuster gesellschaftlicher Strukturierung – Beispiel Çatal Hüyük – , das parallel zu den als „ersten Zivilisationen" mogelbejubelten Großstädte- und Reichsbildungen am Nil, Euphrat, Hwang-Ho, Indus ..., existierte, nachhaltig ausgetrieben wurde. Und die fortan Werkzeuge ihrer eigenen Dauerdemontage sind. Frauen, die keinen Tag in einer anderen Gesellschaft verbingen konnten. Also nicht so wie ich. „Schutzgeimpft", wenigstens rudimentär, durch die Lebenserfahrung mit einer traditionellen Ayoreamutter und unter Guarani-Kaiowá zur jungen Frau geworden ... [Sieht mir tief in die Augen, lächelt, nickt leicht mit dem Kopf.]

Nun, wenn sich mal ein Schulkollege, ein männlicher, aus meiner oder einer anderen Klasse, an mich wandte ..., waren es Angebote, nein: Aufforderungen, zur Hingabe zum Geschlechtsverkehr. Nach *ihrer*, der gewalt-motivierten, penetrationsfixierten Art. Hin und wieder noch mit rassistischen Bemerkungen gewürzt, provoziert *wegen* oder *durch* mein *Anders*-Aussehen. Ich glaube, es ist nicht verwunderlich, dass ich in diesen beiden Jahren keinerlei „Liebeserlebnisse" sammelte. Überhaupt von Kognone-Machtsex-Passanten mehr als genug hatte. Verständlich, oder? [Sieht mich jäh mit hochgezogenen Augenbrauen und großen Augen an.] Und den abschätzigen Spitznamen *Virgem Dura,* etwa *eiserne Jungfrau,* verpasst bekam ... Und – die andere Seite desselben Phänomens – öfters an meinen ersten und einzigen, *auch* erotischen, Freund dachte, den ich bis dato je gehabt hatte. Den Guarani-Kaiowá-Buben. Vom Tekoha. Eine nostalgische Vierzehnjährige ... Sehnsucht nach der Zärtlichkeit eines verlorenen Paradieses.

Keine Überraschung also, dass es zwei Jahre wurden, während derer ich mich nach einem *indigenen* Freund sehnte. Illusorisch, eine Fata Morgana, auf dem realen Boden Marílias. Sowohl in São Miguel als auch im Jardim Cavalari. Das war klar. Aber ich hatte ja auch gelernt, schon von Lorena, Pläne zu schmieden. Träume zu pflegen. Auf dass sie einmal sprießen mochten. Und dieser Wunsch nach einer *indigenen Liebe* wurde in der Folge zu einem Vorhaben. Und zu einer

abschirmenden Kraft gegenüber rassistisch-sexistischen Provokationen und Vorstößen seitens meiner Schulkollegen und –kolleginnen.
So. Jetzt zu meinen drei Freundinnen ... die möchte ich dir noch gerne „vorstellen".

Warte mal, Elaine, bitte. Ich bin ein bisschen unsicher ... Hab ich das richtig verstanden? Dass du ein Pauschalurteil über deine männlichen Schulkollegen abgegeben hast? Alle waren so? Und wie alt waren die?

Gut. Vielleicht hab ich mich da nicht ausgedrückt, wie ich sollte. Mich nicht verständlich gemacht ... Ich sprach von denen, die sich an mich *wandten*. Mich „anmachten". Das waren typische Sozialprodukte der *Bandeirantes*-Tradition. Ich erklär das gleich. Selbstverständlich gab es auch Buben, wir sprechen da von einer Altersgruppe um die 15, 16, die sich nicht als Über-Macho fühlten oder aufplusterten. Die sich selbst und der Welt nicht zeigen mussten, dass mit ihnen, ihrer Virilität, alles „in Ordnung" war. Eine Art – *Unart?* – von Virilität, aufgeputscht noch zusätzlich in dieser Zeit, durch eine *Indústria da MPB*, Brasilianische Popmusik-Industrie, die Sexistisches immer stärker und expliziter in den Vordergrund rückte. Aber mit denen hatte ich *auch* keinen Kontakt. Ich meine, keinen, der über Banales hinausging. Wie: Borg mir doch bitte mal dein Lineal. Oder: Was hat die Biologielehrerin gestern durchgenommen? Solche Sachen halt.
Nun zur *Bandeirantes*-Tradition. *Das* muss ich noch erklären. Vor allem im Bundesstaat São Paulo sind die Bandeirantes eine Art sakrosankter Gründerväter-Mythos. Ein richtiger Breiten-Fetisch. *Alle* sind stolz auf sie. *Alle* möchten gerne direkte Nachfahren sein. Und *alle* großen Städte – nicht nur in São Paulo – haben Straßen, Geschäfte, Medien, ja sogar Regierungssitze die den Namen Bandeirantes tragen. Sie gelten als *die* Prototyp-Brasilianer. Und genau das sind sie auch. Jene, die die Zivilisation ins „Chaos der Wilden" – *uns* [lacht] – brachten. Die Bezwingung des und Dominanz über den Urwald, der Anfang der *kultivierten* Natur. Bandeirantes sind Symbole und Götzen des Patriarchats schlechthin. Und bis heute exaltiert und unantastbar überhöht in allen Lehrbüchern im Land. Und nochmal: Auch außerhalb São Paulos!
Was oder wer aber waren sie wirklich?

Söhne portugiesischer „Abenteurer", verbannte Verbrecher nicht selten, die bisweilen hunderte Kinder – ein jeder! – mit verschiedenen indigenen Frauen, ihre eigenen Töchter und Enkelinnen darunter, zeugten, und die daraus resultierenden männlichen Sprösse mit dem Ziel „erzogen", sie zu Privatarmeen zu amalgamieren. Mit denen dann gegen ebenjene Índios vorgegangen werden konnte, die gerade noch den Neuankömmlingen das Überleben gesichert, ihnen gelehrt hatten, sich in der neuen Umgebung zurechtzufinden, und ihnen die eine oder andere Tochter überließen. In gutem Glauben, dass sich die so Beschenkten, wie es unter fremden Indigenen der Fall war, gut intergrieren, das Volk stärken würden. Doch die Söhne Europas hatten andere, Ego-Macht-Pläne. Deren Söhne mit indigenen Frauen wurden so aufgezogen, dass sie zwar wie Indigene leben konnten, deren *Nutzwissen* intus hatten, aber genährt mit der Gier-auf-alles und dem Neid und dem Hass der europäischen Invasoren auf die unbeschwerte, fröhliche, harmonische Art der Índios. Und mit der von klein auf eingeprügelten Hierarchiehörigkeit und dem Kadavergehorsam der „zivilisierten Art". Diese erste Generation Eingeborener aus indigenen und europäischen „Komponenten" war fortan der Zivilisationspflug des zukünftigen Brasiliens. Sie verdingten sich als Sklavenjäger. Wider ihre eigene, jedoch abgelehnte, per Väter zu Hassen dressierte, Matrix. Entvölkerten riesige Landstriche, von der Küste landeinwärts. Machten nieder, was im Weg war: Indigene Gesellschaften. Später, als die Índio-Menschenware schon ausgedünnt war, verlegten sie sich zunehmend auf Gold- und Edelsteinsuche. Und militärische Dienste für jeden der genug Geld hatte. Regierungsvertreter der portugiesischen Kolonialmacht zum Beispiel. Und wurden erneut als Sklavenjäger eingesetzt. Entweder noch immer wider Indigene, nun schon in den entlegensten Winkeln, wie in den Savannenwäldern des Westens und den Urwäldern des Nordens, oder gegen Quilombos. Um die entlaufenen schwarzen Sklaven wieder einzufangen. Und deren freie Dörfer und Regionen zu zerstören. *Das* sind die Helden der Brasilianer. Bis heute! „Entdecker" und „Zivilisierer", „Helden" und „Patrioten" wird das noch immer euphemistisch ..., nein *lügnerisch* genannt. Verklärt. Gehirnwäsche von klein auf. Gefördert von Schule und Fernsehen. Und dass dann solche jungen Männer rauskommen, auch heute noch, wie jene, die Indigene als unnütze bis schädliche, *leider* noch immer nicht gänzlich verschwundene Anachronismen sehen ..., die in vertriebenen, am Straßenrand darbenden Índiamädchen Gratisgewaltsexware sehen, ein Nutztierangebot, um sich auszutoben, und keinen Menschen ..., und jene, die in *jeder* – zumindest *nicht-weißen* – Frau ein zu gebrauchendes, frei verfügbares Objekt sehen ..., und uns zum misogynsten Staat, zur misogynsten Kultur der Welt machen ..., ist wirklich kein Wunder. Oder Betriebsunfall. Es *ist* das brasilianische System. Die Gesellschaft, wie bewundert und gewünscht. Von Reich *und* Arm. Und, wie bereits gesagt, von den Müttern prolongiert. Generation auf Generation ...

Noch ein Anschauungsbeispiel dazu: Im iranischen Parlament sitzen proportional viel mehr Frauen als im brasilianischen Kongress.

In solchem Hermetismus findest du nicht leicht *einen anderen Mann*. Einen starken sanften Mann ... [sieht mich an, lächelt, mit einem Verstehst-du?-Blick]. Oder von der anderen, männlichen, Warte gesehen: In solch einer totalitären Monokultur, *Macho*kultur, hat es ein Mann, der anders ist, der anders sein will, alles andere als leicht. Sich als anders zu outen. Anders vorzugehen, zu leben. Das erfordert großen Mut. Und viel Kraft. Die von 15-, 16-Jährigen einfach nicht, oder nicht einfach, zu erwarten sind. Selbst noch wackelig, und auf Rohbau-Identität. Und unter brutalem Druck der der beschriebenen Macho-Makrokultur frönenden *Gruppe*.

Ich könnte dir noch viele andere Beispiele nennen, die eine Kultur zeigen, die extreme Brutalität und Grausamkeit verherrlicht. Pflegt. Hätschelt. Verewigt ... Du kannst es nennen wie du willst. Eines dieser *vielen anderen Beispiele* hat sogar Bezug zu deiner Heimat, Europa halt: In Barra do Garças, einer mittelgroßen Stadt im Bundesstaat Mato Grosso, ich war da vor ..., vor ein paar Jahren, gar nicht so lange her, bei Treffen mit Indigenen der A'uwe- und Boé-Völker – die Brasilianer nennen sie Xavante und Bororo ... Also, dort, in Barra do Garças, gibt es eine öffentliche Schule die nach Filinto Müller benannt ist. Die *Schule Filinto Müller*. Schule! Sinnbildlicher geht's ja gar nicht mehr ... Der Filinto Müller war während der 1930er-Jahre der nazibewundernde Polizeichef des damals genauso nazibewundernden Präsidenten Getúlio Vargas. Noch so ein verklärter Nationalheld in *unsrer Geschichtsschreibart*. Und dieser Filinto Müller wirkte zeit seines Lebens in Einklang mit seinen Überzeugungen. War später, in der schlimmsten Diktaturzeit Anfang der 1970er-Jahre, Vorsitzender

der ARENA, jener „Partei", die den Militärs den demokratischen Scheinanstrich – auch zum Foltern, davon verstand der Filinto empirisch viel, und Hinrichten – lieh.

Nun, Filinto Müllers *bekannteste* Tat, war die rechtsbrecherische Auslieferung von Olga Benário-Prestes an die Nazis. Olga, eine deutsch-jüdische Frau und Kommunistin, die den brasilianischen Ex-Guerillheiro Luíz Carlos Prestes geheiratet hatte, im sowjetischen Exil, war zu diesem Zeitpunkt schwanger. Von einem Brasilianer, in Brasilien. Und hätte nach geltendem Recht nicht ausgeliefert werden dürfen. Aber Filinto und Getúlio taten es. Auch mit anderen deutsch-jüdischen Kommunisten. Freundschaftsdienste für Hitler. Olga kam in der Gaskammer des Konzentrationslagers ..., den Namen hab ich vergessen, aber wir können ihn nachher rausgoogeln [Tötungsanstalt Bernburg, http://www.gedenkstaette-bernburg.de/] um. *Solchen* brasilianischen Vorbildmenschen werden Schulen geweiht. So wie den flächendeckend ethnisch säubernden Bandeirantes, bis zu kontemporären Massenverbrechern und Cheffolterern mit „Politiker"-oder „Militär"feigenblatt. Hunderte andere Beispiele könnte ich dir nennen ...

Habt *ihr* auch *so* eine „Helden"verehrung? *Solche* pädagogischen Signale an eure Kinder? Gibt es in deiner Stadt auch einen Hitlerplatz? Oder eine *Sturmstaffel*-Grundschule? *Heute*? [Pausiert, sieht mich wieder mit großen Augen an.]

Ja, ja, Brasilien ..., abgeschminkt seiner touristischen Werbemärchen. Auf der *anderen* Seite der unbeschwerten Capirinha- und Toleranzmogelkulisse. [Lächelt.] Unser *Realo-Land*, wie es euch dort drüben wahrscheinlich nie gezeigt wird. Uns hier übrigens auch nicht. [Lacht kurz auf, schüttelt den Kopf.]

Genug, oder? Lass uns lieber zu meinen drei besten Freundinnen in Marília zurück kehren. [Lächelt.]

Warte bitte, Eliane, ich *muss* dich das jetzt einfach fragen. Es brennt mir wirklich unter den Nägeln ... Wie hast du das geschafft, selbst abseits deines ureigensten Erfahrungs- und heutigen Arbeitsfeldes, der brasilianischen und südamerikanischen Indigenen Welt, dir so breit gefächertes Wissen anzueignen? Ich denke doch, dass zum Beispiel diese Infos die du mir gerade weitergegeben hast, zum

Vargas-Brasilien der 1930er-Jahre, nicht gerade brasilianisches Allgemeinwissen sind, oder?

[Lacht.] Nein, mit Sicherheit nicht. Solange es keinen Müller in irgendeiner *Novela*, Seifenoper oder anhängerstarken Fußballmanschaft gibt, ist das ein Mr. Unbekannt. [Lacht.] Aber jetzt im Ernst, *Irini*. Ich seh das nicht so. Dass es *verschiedene* Wissensfelder wären. Wenn ich dir, sagen wir mal, in Astrophysik zum Beispiel, was erzählen könnte, ja, *das* wäre vielleicht erstaunlich. Außergewöhnlich. Weil wirklich eine ganz andere Sache. Aber die Fakten um Olgas Abschiebung in den sicheren Tod, überhaupt penibel unter dem Teppich gehaltene Fakten zur traditionellen und gesetzesbrecherischen Intoleranz und Frauenfeindlichkeit und so weiter im Land, haben doch sehr viel mit den letzten 517 Jahren der Brasilienwerdung zu tun. Und unserer, der indigenen, Verfolgung. Unserem 517-jährigen Kampf wider diese todbringende Kognone-Machtkultur. Da ist eine Trennung zwischen einer Ära, einer Ethnie, einer Region und den anderen gar nicht möglich. Alles – zusammen – ist eins. *Das* Brasilien. Und nur wer sich da ganzheitlich informiert, nachforscht und er-lebt, kann den Wurzeln, der grausamen Wahrheit, und also dem Verstehen, näher kommen. Und dann Gegenstrategien entwickeln. Ich glaube, wer widerstehen und konstruktiv verändern will, außer vielleicht auf rein individueller Basis, der *muss* einfach so viel wie möglich intus haben.

Und wie kommst du dann an die „unter dem Teppich gehaltenen Fakten"?

So wie du! Nachgehen. Nachforschen. Zuhören. Lesen. Befragen. Plus: *heute,* also in Zeiten des noch unbeschränkt – ich sage *noch*, weil es hier bei uns starke Bestrebungen von oben gibt, das radikal zu ändern, für *die dort unten* – zugänglichen World Wide Webs ... Wer sucht, der findet! Auch, oder *gerade* außerhalb der ehrwürdigen Hörsaalwelt [Lacht. Ich lache mit. Es geht gar nicht anders.]

Trotzdem Eliane, ich finde das weiterhin unglaublich. Bemerkenswert. Ganz außergewöhnlich. Um nicht noch weiter die Superlativleiter rauf zu steigen und zu sagen: Vorbildlich. [Wir nehmen uns, sitzend, ohne aufzustehn, spontan und fest bei beiden Händen, schütteln sie leicht. Uns selbst und die andere vereint bekräftigend.]

Also gut meine stimulierende, lobende Schwester. Vielen Dank für die Komplimente. Und damit ich nicht zur Eitelkeit abhebe [lacht], lass uns jetzt zu meinen drei besten Schulfreundinnen in Marília zurück kommen. Gut?

Ich nicke. Der linke Daumen geht bereits „von selbst" nach oben.

Sie, alle drei, waren – keine Überraschung – Außenseiterinnen. So wie ich selbst. Paula, die eine Klasse weiter war, eine richtige Guerreira. Sie war körperlich groß, gut einen Kopf größer als ich, unerschrocken und stark. Physisch, rhetorisch und emotional. Blöde Anmache quittierte sie schon mal mit einem kräftigen Rempler. Und nachsetzendem Herausfordern zum Schlagabtausch. Zumindest aber mit einer Wortlawine aus sowohl klugen wie auch beleidigenden Worten, die so manchen Macho zum nassen Pudel schrumpfen ließen [lacht]. Ich selbst habe es nur einmal „live" gesehen. Am Schulsportplatz war das ... Paulas Ruf war bereits ein Schutzschild geworden. Mit Paula spielte *Mann* nicht. Das war Allgemeinwissen in der Schule Professor Baltazar de Godoy Moreira, als ich eintrat. Dann waren da Dinalva und Sônia. Beide aus meiner Klasse. Beide um ein Jahr älter als ich. Obwohl ich, offiziell, drei Jahre älter war als sie [lacht]. Ganz schön verwirrend, nicht?

Dina, so nannten wir sie, war ein stilles Wasser. Eine Leseratte. In den Schönen Künsten zu Hause. Zeigte sich im Unterricht, egal welchen Fachs, desinteressiert. Und hatte doch immer sehr gute Noten. Sie fühlte sich am wohlsten – ihre eigenen Worte – in Gesellschaft von Büchern. Derer sie immer zumindest eines bei sich hatte. *Freunde, die einen respektieren, weit fort und also weiterbringen*, so der O-Ton Dinas. Durch ihre Gesellschaft begann sich meine noch junge Lesefreude auf andere Gebiete auszudehnen. Poesie, zum Beispiel. Pablo Nerudas „Cem Sonetos de Amor". Wunderschön. Wenn einmal das Verstehen *hinter den Buchstaben* gelingt [lacht]. Aber auch Sachliteratur. Die beiden ersten Bücher, die von indigenen Themen handelten, erhielt ich von Dina. Eines, ein

237

kleines dünnes Taschenbuch, war brandneu. Verfasst vom Anthropologen Carlos Fausto: „Os Índios antes do Brasil". Auf der Rückseite des Bucheinbandes stand – wortwörtlich kann ich es nicht wiedegeben, aber sinngemäß –, dass es sich um ein Werk eines Spezialisten, geschrieben in *für alle zugänglicher Sprache* handle. Nun, wer diese „alle" seien, war mir ab der ersten Seite unklar. Aber brasilianische Menschen sicher nicht. Ich musste dieses Büchlein über *meine Welt* mit dem Aurélio-Wörterbuch in der anderen Hand lesen [lacht herzlich]. Also eine doppelt gute Übung für mich. Das andere Sachbuch, das ich von Dina erhielt, hieß „Meninas e Meninos Kaingáng – O Processo de Socialização", geschrieben von Magali Pereira und herausgegeben im Verlag der Universität Londrina.

Hattest du deiner Freundin die Wahrheit erzählt? Dass du „waschechte" Índia *bist*?

Nein! Keine Chance. Ich habe das, solange ich in Marília war und bei Cida wohnte, nie irgendjemandem verraten. Und ich hab schon erwähnt, warum. Aber andererseits ..., sieh mich an [lacht]. Dina schenkte mir diese beiden Bücher wohl, um mich an meine *evidenten Vorfahren* kognitiv heranzuführen. Sie äußerte sich auch in dieser Richtung. Wie auch die beiden anderen Freundinnen meinten, ich hätte *ganz bestimmt indigene und wahrscheinlich auch afrikanische Vorfahren*. Afrikanisch? Na ja, weil wir Ayoreos eben dünkler sind als die den Brasilianern bekannten Índiogesichter.
Sônia war eine Punkerin. Zumindest äußerlich. Auf jeden Fall hatte sie mit Macht und Hierarchie, und also der sie umgebenden Makrokultur, *auch in der Schule* ihre liebe Not. Sie eckte an. Und potenzialisierte das noch durch ihr Äußeres. Ihre Kleidung immer schwarz. Die Haare mal pink, mal grün, mal blau ... [lacht]. Sie und Paula verstanden sich prima. Hingen auch gern außerschulisch zusammen rum. In Kneipen, zu „Happenings" in Parks, oder Spritzfahrten auf's Land, oder Partys. In Studentenbuden, oder sturmfreien Häusern, wo die Eltern verreist waren. Und manches Mal war auch ich mit von der Partie.
Nach meinen Whiskytropfen, damals im *Herrenhaus,* und der darauffolgenden Reue habe ich keinen Alkohol mehr getrunken. Wieder Mutters Leitsätze in mein Inneres Zentrum gerückt. Und obwohl diese Treffen mit Paula und Sônia und deren Freunden und

Freundinnen immer geradezu in Alkohol schwammen, blieb ich abstinent. Anders war es mit *Maconha*, Gras. Da war kein mütterlicher Leitsatz vorhanden, und anders als beim Alkoholkonsum, der die Benützer oft gehörig veränderte, verzerrte, *zu anderen werden* ließ, konnte ich bei den Cannabisrauchern kaum Veränderungen feststellen. Außer den Schlitzaugen [lacht und mimt nach]. Da siegte also bald die Neugier. Und in der Wohnung bei irgendwelchen älteren Freunden von Paula, ich glaube, die waren gerade mit dem Studium fertig geworden, oder fast fertig ..., egal, probierte ich *die Bewusstseinserweiterung* an mir selbst. Nun, wäre Paula nicht gewesen, hätte meine Bewusstseinserweiterung in Gegenteiliges gemündet. Einen *Rückschritt in Altbekanntes*. Denn, gütiger Gott, ich war so was von breit... [lacht]. Schwebte irgendwo zwischen Realem und Surrealem hin und her, in Wogen einer entrückten, neu zu definierenden und dennoch undefinierbaren Zwischenwelt ... In einer Welt, wo selbst die Akustik sich verbog. Und saß da wie gelähmt. Bald so schwindlig, dass ich mich hinlegen musste, um nicht aus dem Karussell an uneinordenbaren Eindrücken zu fallen. Paula erzählte mir, Stunden später, dass mich zwei ihrer Freunde in ein Nebenzimmer ins Bett gelegt hatten, dass ich kein Wort mehr heraus bekam, mit den Augen rollte, grunzte, lächelte. Dass sie mich zudeckten und das Zimmer verließen. Und kurz darauf informiert wurden, dass sich ein Typ an mir zu schaffen mache. Jemand, von dem angeblich niemand wusste, wer ihn mitgebracht oder reingelassen hatte, war dabei, in meinen vom Geist abgekoppelten und regungslosen Körper einzudringen. Gratisgewaltsex. Bei jeder Gelegenheit. Das brasilianisch Übliche eben. Paula schlug auf den Kerl ein, einer ihrer Freunde zog ihn von mir runter. Und nach kurzem Tohuwabohu, wie es Paula mir gegenüber ausdrückte, wurde der Mainstreamkulturkonforme aus dem Haus geschmissen.
Nach diesem Erlebnis, das ich allerdings nicht erlebte, sondern berichtet bekam, ging ich weiterhin mit Paula und/oder Sônia manchmal aus. Aber Maconha war genauso abgehakt wie Alkohol. Mit Dina ging ich ein paar Mal ins Kino. Oder zu einer Amateurtheateraufführung. Oder wir trafen uns bei ihr oder mir, quatschten, „fachsimpelten" über Literatur und „Kultfilme". Letzteres auch manchmal im Beisein und unter angeregter Beteiligung von Cida. Zu zwar nicht bewusstseins-erweiternden, dafür -schonenden und *süß*

beglückenden, Espressi und *Sonhos*, einer Art gefüllter Krapfen, die Cida sich von einer Konditorei nach Hause liefern ließ.

Im Sommer 2003, vor Weihnachten, war Eliane Romero dos Santos eine sechzehn- bis einundzwanzigjährige, je nachdem [lacht], erfolgreiche Schulabgängerin. Der es, materiell, an nichts fehlte. Dank Cida. Und die sich nun in das seit etwa drei Jahren geplante Kapitel Universitätsstudium stürzen sollte. Ohne Verzug.
In Marília selbst gab es die Möglichkeit einen unentgeltlichen *Pré-vestibular*-Kurs, einen Kurs zur Vorbereitung auf die universitäre Aufnahmsprüfung, zu belegen. Und zwar in der FAMEMA, der Medizinischen Fakultät. Ein Kurs, der von freiwilligen Studenten abgehalten wird. Doch selbst wenn ich es geschafft hätte, unter Hunderten von Bewerbern, einen der zehn Plätze für Mittelschulabsolventen zu erlangen, ich wollte nicht Medizin studieren. Ich wollte etwas studieren, das *mit mir* zu tun hatte. Und hat. Mit meinen Leuten. Indigenen!
Cida hörte sich um. *Beziehungen* [lacht]. Und erfuhr von einem anderen Pré-vestibular-Kurs der zum ersten Mal in Ourinhos, einer Stadt etwa 100 Kilometer weiter südlich, an der Grenze zu Paraná, abgehalten werden sollte. An der UNESP, der Landesuniversität São Paulo, auf dem brandneuen Campus zu Ourinhos. Und dort könnte ich zum Beispiel Geografie studieren. Also eine Materie, die sich auch mit *unserem* – geraubten – *Land* beschäftigen sollte. Man müsse sich im Februar – 2004 – für den Kurs anmelden. Aber auch dort wäre die Konkurrenz sicher groß. Und ich müsste eine Unterkunft in Ourinhos finden. Wollte ich nicht täglich 100 Kilometer hin und 100 Kilometer zurück pendeln.
Ich bat um eine Nachdenkpause. Und Cida unterstützte mich bei diesem Entschluss. So wie in fast allem. Ja. Ich wollte diesen Plan, mir mehr Wissen anzueignen, weiter- und ausführen. Um es auf irgendeine Art für meine Leute anwenden zu können. Aber ich war das letzte Jahr über unsicher geworden, ob ich dieses Wissen *nur* an einer Universität fände. Oder überhaupt an einer Universität.
Ich war auch Fernseherin geworden, aber nicht wie die Mainstreambrasilianer, die Novelas und Fußball im Übermaß konsumieren, und sonst meist nichts. Nein, ich sah eher Nachrichten und edukative Programme, wie sie in der TV Cultura und der TV Brasil

zum Beispiel ganztags laufen. Verinhas Infospeisekammern [lacht].
Wirklich gute öffentliche Kanäle, die die allermeisten Brasilianer –
unsre Verinha ist auch da eine die Regel bestätigende, rare
Ausnahme! – nicht einmal kennen. Geschweige denn sehen. Und wer
Nachrichten verfolgt, in unsrem Land, der weiß auch von einer
weiteren endemischen Gewaltkulturfacette. Nämlich den sogenannten
trotes. Das sind, euphemistisch gelogen, Aufnahmerituale. Geplant
und geleitet von älteren Studenten. Und durch welche *calouros*,
„Unifrischlinge", durchmüssen. Und da wir in Brasilien sind, laufen
diese „Aufnahmerituale", selbst von Rektoraten gedeckt, so ab, wie es
unserer Makromachokultur entspricht.
Mädchen und junge Frauen – bisweilen auch Burschen, vor allem,
wen sie *nicht weiß* sind, aus ökonomisch bescheidenen Verhältnissen
kommen – werden verbal, emotional und physisch unterworfen,
gedemütigt. Bis hin zu richtigen Foltersessions und
Gruppenvergewaltigungen. Nichts wirklich Besonderes bei uns. Oder
besonders Abwegiges. Sondern eher *Standard*. Und wenn dann mal
jemand stirbt, nach so einem fröhlich-brasilianischen Aufnahmeritual,
dann geben die Massenmedien für ein paar Tage die
Betroffenheitsmasche und eine Prise Kritik mit ins Programm. Bevor
alles wieder abflaut ... und seinen gewohnten „normalen" Lauf
aufnimmt. Und nichts sich ändert. Freunde und Freundinnen von
Paula, hatten mir auch schon erzählt, durch was *sie* durchmussten.
Und dieser sozio-kulturelle Imperativ des Gequältwerdens löste in mir
ein sehr kritisches Überdenken in Bezug auf Universität aus. Ob ich
„so was" wollte. Ob ich *in* „so was" reinwollte. Teil davon werden...
Dieses in der Folge mich einnehmende Zwiegespräch mit und in mir
selbst, pro und kontra Universitätsstudium, beherrschte meine
Gedankenwelt. Bis mich Anfang Februar 2004 Cida in die Wirklichkeit
zurückholte. Wie sieht's aus Eliane? Hast du dich entschieden? Weißt
du, was du machen willst? Nicht, dass ich dich drängen wollte, ganz
im Gegenteil, wichtige Entscheidungen bedürfen gut durchdachter
Entschlüsse, aber wenn du den Kurs in Ourinhos machen willst,
müssen wir deinen Namen jetzt auf die Liste setzen. Damit überhaupt
eine Chance besteht ...
Ich war noch zu keiner Entscheidung gekommen, nützte aber Cidas
Weckruf, um sie, als erfahrene Beraterin und Föderin, in die Arena
der Pros und Kontras in meinem Inneren hinzuzuziehen. Ich öffnete

mich und legte ihr alle meine, oft gegensätzlichen, Gedanken dar. Und wie Cida dies bei besonderen Anlässen wie bedeutsamen Gesprächsthemen gerne tat, legte sie eine Klassik-CD ein. Mit Carlos Chávez, seinen Symphonien, lässt es sich geschmierter brainstormen, sagte sie und zwinkerte mir zu. Dann kamen die idem obligaten Espressi dazu. Und Cida setzte sich und hörte schweigend zu. Meinen gegenspielenden Gedanken, untermalt vom London Symphony Orchestra.

Als ich fertig war, stand sie auf, machte uns zwei neue Espressi und wechselte Carlos Chávez gegen Ernst Widmer.

Junge Dame, das war ihr Auftakt mir gegenüber, wenn's um Wichtiges ging, ich glaube ich kann mir nun, teilweise wenigstens, vorstellen, was in dir vorgeht. Welche antagonistischen Kräfte da am Werk sind. Dich auf jeweils ihre Seite zu ziehen versuchen. Seiten, die – alle beide – *auch deine* sind. Du weißt, ich habe den größten Teil meines Lebens in Bildungsinstitutionen verbracht. Erst auf der Einnahmeseite. Dann auf der Eingeberseite. Ich glaube an die Bildungsinstitution. An die positiven Wirkungen von Schule auf das Individuum und die Gesellschaft als Ganzes. Und wenn heute auch vieles schiefläuft und im Argen liegt mit und in diesen Institutionen, ist das nicht die Schuld der Institution. Sondern der Menschen, die sie schlecht gebrauchen oder gar missbrauchen. Deine Vorbehalte freilich, gegenüber der Institution, sind noch authentischer und akkurater als meine. Denn du kommst aus einer Kultur, in der die Umverteilung von Wissen auf natürliche traditionelle Weise, ohne Institution, Lehrplan, Bipolarität Professor-Schüler, Noten, ja sogar ohne Schriftübung, auskommt. Und scheinbar sogar bessere Arbeit leistet als unser Modell. Aber auch nie so komplex, so universell, so globalisiert werden konnte. Sich im kleinen Rahmen genügt. Zumindest in meiner Interpretation. Und dass ich keine Scheuklappen trage in Bezug auf Kritik, selbst radikalster, an Schule, Universität, der Bildungsinstitution an sich, will ich dir beweisen mit einem kleinen Buch. Sie erhob sich, ging zum Bücherschrank und begann zu suchen. Hm, ob ich es verborgt und nicht wiederbekommen habe? Oder es beim Umzug verloren gegangen ist? Jedenfalls kann ich es nicht finden. Aber ich werde es erneut besorgen. Auch, damit du es lesen kannst. Es ist von einem Pädagogen namens Ivan Illich. Der wiederum ein Freund unseres, brasilianischen, Parade-

242

Alternativpädagogen, Paulo Freire, war. Es heißt „Sociedade sem Escolas" und ist eigentlich eher nur eine Broschüre. Da bist du in zwei, drei Tagen durch. Jetzt überhaupt, mit deiner Interessenslage fokussiert auf die Frage: Bildungsinstitut ja oder nein? Denn ich glaube zu spüren, dass die stärkere, nachhaltigere Stimme in dir es so sieht, wie Ivan Illich. Der dazu, dekonstruktivistisch, Jahrzehnte brauchte. Du nicht, weil du es von Kindheit an empirisch in dir getragen hast. Das nicht-institutionelle Modell. Das nur überlagert, überschüttet wurde. Von Menschen wie mir. Unseren Eingaben.

Nun, Cida übergab mir das Buch einige Tage später, und ich brauchte ein paar Wochen, nicht zwei Tage, um es zu lesen. Das hatte aber ganz und gar nichts mit mangelndem Interesse zu tun. Im Gegenteil, Cida hatte *richtig* erkannt. Da schrieb einer, ein genauer und kritischer Beobachter und Denker, mit viel Herz. Nicht von der Warte kolonialisierender Selbstherrlichkeit, sondern aus einer adoptierten Perspektive *von unten*. Aber ich las zu diesem Zeitpunkt auch in anderen zwei großartigen und mich nachhaltig in meinen Zweifeln und Sehnsüchten bestärkenden Werken. Darcy Ribeiros „O Povo Brasileiro". Das beste geschriebene Fundament fürs Brasilien*verstehen*, das ich kenne. *Das* Werk, das ich ich allen Brasilien-Outsidern als erstes Grundnahrungsmittel zum darauffolgenden Verstehensaufbau bezüglich unserer Gesellschaft, oder *Gesellschaften*-Plural, anraten würde. Also auch dir, *Irini*. Hiemit getan [lacht].

Und weiters, auch das aus Cidas kolossaler Privatbibliothek, Anne Franks „Diário". Mein – literarischer – Einstieg in eine *eurer*, europahausgemachten, Horrorproduktionen.

Ich *hatte* mich entschieden. Gegen die Institution. Die Universität. Mit ihren perversen Kognone-Riten und perfiden Hindernissen für Arme ist gleich Unerwünschte. Eliteschmieden. Deren Hauptzweck die Systemfortführung war und ist. Mit wenigen geduldeten kritischen Geistern. Und zunehmend mehr Stromlinienmitschwimmern. Endstation: nützlicher konformistischer Fachmensch. Nein, ich wollte mir meine *richtigen* Lehrer *selbst* aussuchen. Seien das nun schriftstellerisch Tätige. Oder, und darauf wollte ich fortan das Hauptaugenmerk legen, Menschen in Fleisch und Blut, die das weitergeben konnten, *was sie lebten*. Ich wollte wieder Zeit unter meinen Leuten verbringen. Dort anknüpfen und weiterlernen, wo ich als Zwölfjährige, ums Überleben rennend, unterbrechen musste. Mich in meiner ureigensten Materie weiterbilden. Aber wie?

Nun, ich hatte Cida. Und die hatte ihre Beziehungen [lacht laut]. Was für ein großartiger Mensch ... Also, Cida hatte einen Sohn in São Paulo Stadt. Und hatte über ihre eigenen und dessen *Kontakte* [lacht] einiges über Indianer in São Paulo in Erfahrung gebracht. Anfang September 2004 fuhren wir per Bus zu ihrem Sohn. Quartierten uns in dessen Haus in der Rua Pinto da Luz, im Viertel Vila Ema, ein Viertel im Südosten der endlos scheinenden Stadt, ein. Ovídio war Autohändler. Hatte drei Gebrauchtwagensalons, einen davon, seinen ersten, gleich „vor der Haustür", in der Avendia Anhaia Mello. Und verdiente offenbar nicht schlecht. Sein mit übermannshoher Mauer und Elektrozaun obendrauf bewehrtes Einfamilienhaus war zwar nach außen hin unscheinbar und grau, eines unter vielen ähnlichen im Viertel, aber innen ... wow!

Er war geschieden, und nur am Wochenende, wenn er seine zwei Kinder abgeholt hatte, war das Haus einigermaßen *wie bewohnt*. Ansonsten schien es, selbst wenn wir alle drei anwesend waren, verlassen. Es gab mehr Fernsehapparate als Menschen. Mehr WCs als Bewohner! Und eine Küche, die du eher in einem feinen Restaurant vermutet hättest. Mit mehr Messeren, als alle zusammen in meiner Aldeia. Sogar einen kleinen, bunt in abwechselnden Farben beleuchteten Springbrunnen gab es. [Lächelt, schüttelt den Kopf.]

Fast jeden frühen Morgen, außer bei Regen, oder wenn was anderes geplant war, gingen Cida und ich zum etwa zwei Kilometer entfernten Vila-Prudente-Ökologie-Park. Dort setzte sich Cida auf eine Bank, sie hatte ihre „Lieblingsbank", und ich machte es anderen jungen Frauen gleich und joggte und versuchte mich an den Fitnessgeräten im oberen Teil des Parks. Mein eigener Sohn, kommentierte Cida, inspiriert durch meinen autodidaktischen Spontan-Eintritt in die Open-Air-Trainingswelt, würde nie hierher kommen. Aber dreimal pro Woche gibt er ein Heidengeld in einem dieser Fitnessstempel aus. Wie sie nun groß in Mode kommen, in allen großen Städten hervorsprießen. Wo man gesehen wird. Wo man dazugehört. Wo man *in* ist. Seine teuersten Sportschuhe, Nike und so, zur Schau pfauen kann. Unter Seinesgleichprotzern. Heilige Jungfrau ... Und fügte noch lachend hinzu: Eliane, wenn wir das nächste Mal am Sonntag hierher wollen, müssen wir meine Enkel mitnehmen. Ihnen früh den *richtigen*

Fitnessfloh ins Ohr setzen. Bevor ihr Papa sie in die eitlen Schwitzerkatakomben inseriert. Auf ein *Laufband* im *Air-Condition-Saal* stellt! Und lachte weiter, während sie ihr Gesicht wieder mit geschlossenen Augen der Sonne zuwandte.

Wir blieben über zwei Monate in São Paulo. Zwei Monate, während derer ich überhaupt keine Arbeit zu verrichten hatte. Nicht einmal Geschirr spülen. Ovídio hatte ein Hausbedienstete. Die jeden Morgen um sieben kam und bis zwölf alle Arbeiten verrichtete. So die Busfahrer nicht gerade streikten, oder es sonst irgendein Chaos gab. Brennende Straßensperren in Protest gegen Polizei, die mal wieder „aus Versehen" ein Kind erschossen hatte, in irgendeiner Favela, zum Beispiel. Trotzdem bestand Cida darauf, mir auch während dieser Zeit mein Gehalt/Taschengeld von 300 Reais weiter zu bezahlen. Du wirst es einmal brauchen, mach ein Konto auf, war ihre abwiegelnde Antwort auf mein „Aber ..."

Cida hatte auch hier ein paar Bekannte in der Schulwelt. Aus Mato Grosso do Sul noch, und aus Marília. Kollegen, die es irgendwann hierher verschlagen hatte. Du hast dich gegen eine reguläre Universitätslaufbahn entschieden, aber das soll nicht bedeuten, dass du die Vorteile der Institution nicht trotzdem nützt. Und so kam ich zu einer *Carteira Estudantil*, einem Studentenausweis der USP, der Universität von São Paulo. Der vielleicht renommiertesten im ganzen Land. Bis heute. Ich erzähle das, weil es sich so begeben hat. Nicht aus Stolz. Mit gekauften Dokumenten, zu Vorteilen gekommen zu sein. Von der Geburtsurkude an. Ich habe Cida nie danach gefragt, was sie davon hielt. Aber ich glaube, sie war einerseits genug Brasilianerin, um dem *Jeitinho Brasileiro* ganz natürlich zu frönen. Und andererseits überzeugt davon, dass ich es *verdiene*. Zu Papieren zu kommen, ohne die ich – für den Staat – nicht einmal existierte. Ohne die ich, auf mich gestellt, vielleicht irgendwie überleben, aber sicher nicht dem brasilianischen Verbrauchsmenschen„schicksal" eines täglichen Existenzkampfes und täglicher Erniedrigungen entfliehen könnte.

Jeitinho Brasileiro?

Ah jaaa [lacht laut und klatscht in die Hände], *das* muss man dir und deinen Lesern erklären. Aber *wie*? Am besten? *Artimanha,* ein Kniff,

eine List. Der Fisch stinkt vom Kopf, wir leben in einem seit jeher von oben durchkorrumpierten Land. Wo sich keiner um Gesetze schert, sondern Reichtum/Macht die *Carta Branca*, der Persilschein, ist, tun und lassen zu dürfen, was einem gefällt. Dieser Jahrhundertefakt hat selbstverständlich auf die Bevölkerung, die Massen, gewirkt. Abgefärbt. Den *ganzen* Fisch zum Mitstinken gebracht. [Lacht.] Und so versuchen heute alle, oder fast alle, ein paar Heilige gibt's immer, mit unmoralischen, illegalen oder „semilegalen" Kniffen an ihr jeweiliges Ziel zu gelangen. *Das brasilianische Kniffchen*, o Jeitinho Brasileiro.
Ein triviales Beispiel zur Veranschaulichung? Also, *zum Beispiel*: Seit wir ein Gesetz haben, das schwangeren Frauen und Frauen mit einem Kleinkind im Arm bevorzugte Behandlung zusichert, überall dort, wo in Schlangen gewartet werden muss, Spitälern, Busbahnhöfen, Banken, etc., hat sich deren Zahl in allen Schlangen vervielfacht. Trotz Geburtenrückgang [lacht]. Kleinkinder werden von der Nachbarin ausgeborgt oder gleich vor Ort richtiggehend angeboten und vermietet. Oder es werden Polster unter das Kleid gesteckt [lacht herzlich und malt sich einen dicken Bauch in die Luft]. Und wer nicht mitspielt, ehrlich bleibt, steht bis zum Sankt-Nimmerleins-Tag in der Schlange ... Eines der harmlosesten Beispiele für den Jeitinho Brasileiro. Andere weit verbreitete, wie das Abzweigen von Familienbeihilfen, kosten Leben. Das, der Jeitinho Brasileiro, ist genauso tiefe brasilianische Kultur-DNA, wie Gott Fußball. Wie die Lust am Festefeiern. Egal aus welchem Anlass. So es überhaupt einen braucht. Und? War das verständlich? Kennst du dich jetzt aus, bereit für den Jeitinho Brasileiro?

Zum *Erkennen*? Oder zum *Anwenden* ...? [Darauf lachen wir beide.]

Also *Irini*, zurück zu meinem Studentenausweis. Ich war sicher schon damals eine unter vielen. Mit diesem Ausweis, ohne je matrikuliert zu haben. Und heute sind es bestimmt viel, viel mehr. Denn heute bekommst du mit diesem, inzwischen vereinheitlichten, nun im ganzen Land gültigen Dokument, 50-prozentige Ermäßigungen bei allen möglichen Sport- und künstlerischen Veranstaltungen. Also vom Fußball über den Freizeitpark oder Zoo bis zum Theater. Und in einigen Städten auch billigeres Fahren mit öffentlichen

Verkehrsmitteln. Na, was glaubst du, wieviele Ausweise da an Nichtstudierende gehen ... *Jeitinho Brasileiro*. Und Cida hatte, mit einiger Sicherheit sag ich das, keine Gewissensbisse. Noch ich [lacht]. *Damals* zumindest.

Eliane, bitte um Entschuldigung, aber da ist *noch* was, das ich gerne erhellt bekommen würde. Du hast zuvor den Terminus Verbrauchsmenschenschicksal benutzt. Und ich erinnere mich, dass auch Antônio Carlos und Verinha immer wieder von *gente-de-gastar*, Verbrauchsmenschen, sprechen. Wenn sie, so denke ich, Marginalisierte oder Fallengelassene meinen. Wo kommt dieser Ausdruck her?

Also, dass Antônio Carlos und ich diesen Begriff verwenden, zeigt, dass wir beide Darcy Ribeiro gelesen – und verinnerlicht – haben. Erinnerst du dich? Ich habe, es ist, glaub ich, keine halbe Stunde her, Darcys Meilensteinbuch zum besseren Erfassen Brasiliens erwähnt: „O Povo Brasileiro" – das du auch lesen solltest, unbedingt! Und dieser wunderbare Mensch, Indianist, Professor, Schriftsteller ..., übermorgen ist es übrigens exakt zwanzig Jahre her, dass er von uns gegangen ist, hat diesen Terminus „erfunden". Geprägt in diesem, seinem letzten Werk. Er meint damit alle jene, die von der anderen Seite, den Menschenverbrauchern, also jenen an den Machthebeln, wie ein Sack Kohle unter unendlich vielen, sich selbst reproduzierenden, verbraucht werden, in den verfrühten Tod getrieben werden, um den eigenen Wohlstand zu garantieren. Und möglichst zu erhöhen. Und Verinha, die meinem Gerede und Gemaile seit vielen Jahren, mit nur einer größeren Pause dazwischen, ständig ausgesetzt ist, ist da wohl sprachlich mitkolonialisiert worden [lacht].

Das passt genau zu dem Bericht Verinhas über ihre Zuckerrohrschnitterinzeit. *Gente-de-gastar*, Verbrauchsmenschen. Danke Eliane, so, jetzt stör ich nicht mehr. Ich versuch's zumindest [wir lachen beide, Eliane beugt sich vor und tätschelt mit der flachen Hand meinen Oberschenkel, versichert „macht doch nichts, ich verzeih dir"]. Also bitte, Eliane, fahr fort.

Gut. Ich begann mehrmals pro Woche zur Universität, der USP, zu fahren, um mich entweder gleich dort, in der Bibliothek, in Bücher zu versenken. Oder, noch besser, sie auszuborgen. Oder kopieren zu lassen. Ebendort. Eigentlich urheberrechtlich verboten, aber du weißt ja nun: Jeitinho Brasileiro. Alles geht. Wonach mich am meisten dürstete, waren zeitgenössische Artikel und Studien zu unseren, auf brasilianischem Staatsgebiet gegängelten und unterjochten, Indigenen Völkern. Doch auch solchen, gefangen in *anderen Staaten* des kognone-so-getauften *América*. Im Internet suchte ich nach direkten Kontakten. Aber 2004 war es noch eine Illusion vernetzte Índios in Brasilien zu finden. Anders in Chile, Kolumbien, Mexiko. Kanada und USA sowieso. Aber dank unsres effizienten Fremdsprachenunterrichts ... Keine Chance auf Kommunikation mit den Verwandten im Norden. Die bewundernswert resilienten Mapuche, die sich seit Jahrhunderten in Chile gegen dieselbe Anti-Natur- und Anti-Natur*völker*-Allianz wehren wie unsere Indigenen Völker hier, wurden meine ersten Gesprächspartner außerhalb Brasiliens. Und meine ersten *genuinen Professoren – ohne* solchen Titel zu haben – in der Fremdsprache Spanisch. Die, geschrieben zumindest, unserem Portugiesisch sehr ähnelt. Und den Ein- und Umstieg erleichtert. Ich war dabei zu lernen, dass unser indigener Halbjahrtausendalptraum nicht „nur" ein brasilianischer war. Sondern zumindest ein inter-amerikanischer.
Bald las ich auch portugiesische Übersetzungen der – erzählten – Autobiographie Goyathlays. Den die Kognone Geronimo nennen. Und *das* Werk, das den nicht minder genozidären *Norden* betrifft, von Dee Brown: „Enterrem meu coração na curva do rio".
Wenn wir abends oder beim Frühstück, nachdem Ovídio außer Haus war, unseren Ideenaustausch pflegten, „fütterte" Cida mich weiter mit, scheinbar zufällig, erwähnten Namen. Die ich dann öfters kurze Zeit darauf schon las. Simone de Beauvoir – schwierige, anspruchsvolle Kost –, Ralph Waldo Emerson, Isabel Allende ... Ich machte „Universitätskarriere" auf *meine* Art. Nicht auf der Jagd nach gestempeltem Papier, Titeln, Hohlheiten. Sondern auf dem Weg der – für mich – wahren Wissensbereicherung. Alles prüfend, das Beste behaltend. Doch Bücher allein reichen auf diesem Weg nicht. Wer schwimmen lernen will, kann das nicht im Hörsaal oder der Bibliothek tun. Man muss ins Wasser. Ich musste aufs Feld.

Und São Paulo, diese Megalopolis, *ist* ein geeigneter Ort. Für Feldforschung.

[Lacht.] Ich sehe, du staunst, *Irini*. Aber es ist weit weniger überraschend, wenn man weiß, dass ein beachtlicher Teil, etwa 40 Prozent aller Indigenen Brasiliens, nicht in den Territorien wohnen. Und auch die größte Stadt Brasiliens hat ihre Aldeias.

Im November, an einem Samstagmorgen, bevor er seine Kinder abholte, fuhr uns Ovídio in den äußersten Westen São Paulos, gut 40 Kilometer von Vila Ema, an den Rand des Jaraguá-Parks. Dort befindet sich eines von drei Guarani-Reservaten innerhalb der Megalopolis. Die *Terra Indígena Jaraguá*.

Alle Reservate, außerhalb des Amazonasgebietes, sind viel zu klein, um auch nur annähernd das autonome Überleben und die Fortführung der Kultur seiner Bevölkerungen gewährleisten zu können. Das sollte ja auch nicht geschehen, sondern sozio-kulturelle *Assimilierung*. Auflösung des Autochthonen und Eingliederung in die Verbrauchsmenschenmasse. Wir sprachen schon davon. Vorgestern, glaub ich. Aber Jaraguá ist das krasseste Beispiel. Ungefähr fünfhundert Guaranis auf 1,75 Hektar. Kein Fließwasser, kein Bach mit trinkbarem Wasser. Kein Wald, nichts zu jagen. Keine Anbaufläche. Null-Infrastruktur. Und seit 2002 mit einer Stadtautobahn, dem *Rodoanel Mário Covas,* einer Art Ring-Autobahn durch die Außenviertel São Paulos, ins Territorium betoniert. Ohne dass die Índios ein Wort zu sagen gehabt hätten.

Was einerseits grundgesetzesbrecherisch, andererseits das notorische Bandeirantes-Muster ist. Verkehrslärm und Abgase nun 24 Stunden pro Tag/Nacht. Als zusätzliches Zivilisationsgeschenk. Vielleicht denkst du jetzt, die Guarani würden – logisch, aber eben nicht *Brasilien*-logisch! – Druck machen, um die Briefmarkengröße ihres Territoriums – die gesamte heutige Stadtfläche São Paulos war einst traditionelles Guaraniyebiet, bis zur Ankunft der mordenden und versklavenden Eroberer – auf ein überlebensermöglichendes Maß zu vergrößern. Nun, der Druck besteht. Allerdings in umgekehrter Richtung. Politikern aller Couleurs und Immobilenspekulanten sind die 1,75 Hektar ein Dorn im Auge. Den es zu entfernen gilt. In Geld, Gewinn umzuwandeln. Und kein Mensch sieht das Leid der Índios. Der letzten vor Ort.

Als Cida, Ovídio und ich in Jaraguá ankamen, wurden wir vom *Cacique*, Chef, begrüßt. Willkommen geheißen. Und er war baff, als ich mit ihm in Guarani zu sprechen begann. Es gibt nicht *ein Guarani*. Es ist eine Sprachengruppe. Mit teils großen Differenzen. Aber wir verstanden uns. Sehr gut sogar. In Windeseile war das halbe Dorf um uns. Eine *Guarani kambá!*, eine schwarze/dunkle Guarani! Sensationell. Ich war an diesem Vormittag jäh, zum ersten Mal in meinem noch jungen, nun wahrscheinlich bereits siebzehnjährigen Leben, eine *Tuxaua* geworden, eine Wissende/Gelehrte/Lehrerin. Wieder unter meinen Leuten. Ich erzählte meine Geschichte. Allerdings nicht in der ausführlichen Version, jene, die ich *dir* erzähle [lacht]. Erzählte von den Ayoreos, den Totobiegosode, von meiner „Guarani-Werdung" am Rio Apa, von unserer Vertreibung, dem Mord an Mutter. Cida sass auf einem ihr zur Verfügung gestellten wackeligen Stuhl, hörte zu ohne zu verstehen, beobachtete, fächelte sich Luft zu und die Moskitos weg, und schien alles andere als gelangweilt. Ovídlo war gleich nach unserer Ankunft weitergefahren. Zu seinen Kindern. Ich, die unverhoffte Neo-Tuxaua, sprach vor gut fünfzig Índios. Wenn nicht mehr. Ein, wie üblich, fluktuierendes Publikum. Mit ständigem Kommen und Gehen. Nicht die Hörsaaldisziplin, mit Klingeldressur [lacht herzlich, und ich angesteckt mit].

Schlussendlich kam ich zum eigentlichen Grund meines Besuchs. *Einer Bitte* mehr. Ich wollte gerne Zeit in der Aldeia verbringen. Um mitzuleben. Und dabei zu lernen. Probleme zu erkennen, sie verstehen zu lernen. Und vielleicht Lösungsansätze, gemeinsam mit den Bewohnern, auszuarbeiten. Fast alle waren sehr angetan von meinem „Auftritt". Und meinem Anliegen. Dem Cacique jedoch war es peinlich. Er könne mir keinen Platz anbieten. Sie selber hätten nicht genug. Würden auf dem Boden der Hütten, meist gestampfte Erde, oder Holzbretter, schlafen. Es gäbe keine sanitären Anlagen. Es würde schwierig sein, mich zu ernähren. Es fehlte an allem. Zuallererst Geld. Die Zweifel des Cacique ernteten rundum Zustimmung. Ich wusste, nicht aus Ablehnung mir gegenüber. Sondern, aus Scham. Ob ihrer desolaten Situation. Ich bat neuerlich ums Wort, nachdem der Cacique ausgesprochen, sich wieder gesetzt hatte. Und erzählte nun detailreicher von meinem Jahr am Straßenrand, meinen Wochen in der Aldeia Bororó. Wie ich dort gelebt und überlebt hatte. Ohne dass es mich geschafft hätte. Dass ich nicht nur ethnisch eine von ihnen sei, sondern eine mit gleichen Erfahrungen. Dass ich auch unter Bäumen, im Busch, schlafen könne. Ohne mir dabei schmerzhafte Muskelverspannungen zu holen oder einen Stein aus der Krone zu brechen. Dass ich – mit einem Wort – *durch und durch* eine von ihnen sei.

Aufgeregtes Gemurmel, es kristallierte breite Zustimmung. Auch die Bedenken des Cacique waren befriedet. Und er nickte. Also gut, wir werden schauen, bei wem du untergebracht werden kannst. Bleibst du heute schon hier?

Die große Menschenmenge löste sich auf und eine kleine Gruppe, der Cacique und ich machten uns an die Details. Cida wollte Ende des Montas zurück nach Marília und ich würde in die Aldeia Jaraguá übersiedeln. Wir vereinbarten mein Kommen für Anfang Dezember. Dann tranken wir Mate, Cida bekam einen dünnen schwarzen Kaffee in einer alten Konservendose serviert, den sie tapfer trank, ohne eine Miene zu verziehen, und der Cacique führte uns, begleitet von einem Schwarm fröhlicher Kinder, durch die Aldeia. Es war schon Nachmittag, als wir ein Taxi fanden, das uns den weiten Weg zurück in die Vila Ema mitnahm.

Cida hatte verstanden, was ausgemacht wurde. Es gibt keine Monate und also Monatsnamen in den Guaranisprachen. Sie hatte November-Cida-Marília und Dezember rausgehört. Und richtig interpretiert. Dann wirst du mich also allein lassen, junge Dame, im fernen Marília? Ich umarmte sie, so weit das ging, im Taxi. Nun, ich muss meinen Weg gehen. So, wie mir das eine wunderbare mütterliche Freundin die letzten Jahre über immer wieder eingetrichtert hat. Jetzt lachte Cida. Und ich – logisch [lacht] – mit. Aber ich denke, Anfang 2005 bin ich wieder zurück in Marília.

Bis zum Monatsende unternahmen wir noch einiges zusammen. Realisierten unser konspiratives Vorhaben, Cidas Enkelkinder per Ökologie-Park gegen Schickimickifitnessstudios schutzzuimpfen [lacht], machten Gorumandtouren durch die asiatischen Restaurants und Imbissstuben des „Japanerviertels" Liberdade, das einmal die Hinrichtungsstätte São Paulos gewesen war, gingen am Tag der Heiligen Cecília auf ein wunderschönes – Cida weinte vor Freude! – Konzert klassischer sakraler Musik in der Kirche Santa Cecília. An zwei Namen der Komponisten der dargebotenen Werke erinnere ich mich gut, denn Cida hatte auch CDs von ihnen, eine von Giovanni Pierluigi da Palestrina und zwei von Josquin Desprez. Und zwei Mal, an zwei Tagen hintereinander, gingen wir ins MASP, das tolle Kunst-Museum auf der Avenida Paulista.

Ich schmunzle, zeige mit einem Daumen nach oben.

Du warst auch da? Großartig, nicht?
Also, am Tag von Cidas Rückfahrt nach Marília, hatte ich bereits ein Bankkonto. Mit einem Guthaben von 500 Reais. Cida bestand darauf. Und würde mir, auch bei Abwesenheit, per Dauerauftrag monatlich 350 Reais überweisen. 50 mehr als zuvor. „Inflationsabgeltung", war die lapidare Erklärung Cidas. Fühl dich nicht gedrängt, schnell zurückzukehren. Mach, was du machen musst, oder willst. Ohne Zeitdruck. Du weißt ja, wo ich bin. Und ich hab das mit Ovídio nochmal klargestellt: *Sua casa é tua casa.* Sein Haus ist dein Haus. In São Paulo Stadt.
Drei Tage später, Sonntag, 5. Dezember 2004, fuhren Ovídio, seine beiden Kinder und ich erneut gegen den Westen der Megalopolis. Ich mit einem großen Rucksack gefüllt mit einigen wenigen Kleidungsstücken und einer Menge Grundnahrungsmitteln. Reis, Teigwaren, Öl, Maismehl, trockenen Bohnen, Salz, Zucker, Kaffee und Mate. Außerdem mit einem Handkoffer mit Rädchen. Von Ovídio „gesponsort". Dieser vollgestopft mit Büchern und Blöcken, einer Hängematte und einer Decke.
Die Aldeia Jaraguá empfing ihre neueste Mitbewohnerin. Sie wurde in der Hütte des Cacique untergebracht. Knapp über zwanzig Quadratmeter, kein Möbelstück, ein rostiger Gasherd, aber keine Gaskartusche, 14 Bewohner. Willkommen in der reichsten Stadt Brasiliens. Bei dem, was man den Ureinwohnern und rechtmäßigen Besitzern *von allem dort* übrig gelassen hat. *Noch* übrig gelassen hat.

Ich blieb über zwei Monate an dieser holistischen Graswurzel-Fakultät. Vielgleisiger Unterricht, *Pow-Wows*, ohne Klingelzeichen, ohne Anfang noch Ende. Beobachtete, hörte, erinnerte, wiedererlebte, fragte, lernte, erzählte, tauschte aus, nahm teil. War erneut Eins mit einem Kulturkreis, den ich auch innerlich – per Vorfahren, Mutter und Kindheit im Tekoha am Rio Apa – trug.

Zumindest was die Älteren betraf, befand ich mich nun wieder in einer zwar physisch nicht mehr von einer „normalen" brasilianischen Armensiedlung unterscheidbaren, und doch gänzlich anderen Welt. Meiner. Die Ältesten und die Kinder, zu diesen hatte ich innerhalb weniger Tage ein inniges Verhältnis. Wir freuten uns auf- und erfreuten uns an-einander. Ausgerechnet mit meiner eigenen Generation, jungen Erwachsenen, gelang diese Reintegration nicht ganz so gut. Denn deren Interessen und Tätigkeiten waren zum größeren Teil bereits fest in der Hand jener Kognone, die die Fäden Brasiliens ziehen. Oder abschneiden. Ganz nach Bedarf. Die ihre Gehirnwäsche und –lähmung über die kongenialen Komplizen Fernssehsender übers Land ausschütten. Programme ausstrahlen, die nicht nur das Denkvermögen untergraben, sondern auch pausenlos Realitäten zeigen, die mit jener der Marginalisierten und Ausgeschlossenen nicht das Geringste zu tun haben. Gespickt noch dazu mit Konsumappellen. Da siehst du, als suchender und vom akkulturierenden, rassistischen Alltag draußen gebeutelter Jugendlicher, diese Tele-„Vorbilder" und erkennst, dass du da nicht dazugehörst. Dass du weit, *zu* weit abgeschlagen, zu „anders" bist. Aber immer wieder kommen die glückstrahlenden und Glück *verheißenden* Aufrufe mitzumachen, dabei zu sein, dazuzugehören. Werbung, meist noch mit weißen, blonden Models, in Strahlelicht. Und dein Dilemma wird immer schlimmer. Du versuchst halt irgendwie ein Stück näher zu kommen, über alte Turnschuhe, die du irgendwo im Müll gefunden hast, eine Baseballkappe, Plastik- statt goldenen Kettchen, die du dir umhängst, Handy – egal wie kaputt – sowieso ..., und das was dir die Alten sagen, dass es in Wirklichkeit um ganz was anderes gehe, ist für deinen gewaschenen Kopf etwa so anziehend wie die Klavierstücke Schumanns ... Verstehst du mich, *Irini?* Schaff ich's, dieses innerliche Martyrium der jungen Índios rüberzubringen ...? Zusammengepfercht inmitten der als Zauberflöten getarnten Psychobulldozer und Presslufthammer einer raubkapitalistischen Machtsphäre. Inmitten einer diametralen, alles andere erdrückenden Makrokultur. [Eliane hat ihren Fluss unterbrochen, wartet mit weit aufgerissenen Augen in meine blickend, auf eine Antwort. Lächelnd.] Ich muss mich sammeln. Jäh aus der gebannten, jedoch passiven Zuhörer- und Aufnahmerolle gerissen. Mit Aufnahme meine ich *meine*, persönliche. Nicht die professionelle, das Gerät.

Hm ... Ich glaube, Eliane, du versuchst ... machst das beste, was man mit Worten machen kann. Und hilfst Menschen wie mir, Menschen, die sich dieser Realität nicht bewusst sind, dabei, an Information zu kommen, die sonst nicht zugänglich wären. Und diese Informationen und Einblicke müssen, oder können, dann vom Zuhörer weiter verarbeitet werden. Ob diese Assimilationsarbeit aber schlussendlich mit *Verstehen* gleichgesetzt werden kann, bezweifle ich. Da ist ja nichts, oder kaum bereits vorhandenes Ähnliches in meiner Erfahrungs- und Verstehenswelt. *Verstehen* – so wie ich das Wort *versteh* [wir lachen im Duett] – tust das *du*. Und jene Menschen, die das a) durchlaufen haben, sich b) dessen bewusst sind. Wir Zuhörer, Leser, Beobachter können, in besseren Fällen, bei gutem Willen, näher rankommen. Ans Verstehen. Vor allem das *richtige*. Nicht vorurteilsbeladene, noch kulturzentristische. Aber wie gesagt, ich finde du tust was möglich ist.

Wow! Jetzt ist der Spieß aber umgedreht, Schwester. Jetzt, nach diesem diskursiven Ausflug in die Tiefe, muss ich mich fragen ..., ob *ich* das *verstanden* habe [lacht herzlich los und ich unweigerlich mit].

Ich trage selbstverständlich die Hauptverantwortung, dass es zwischen mir und meiner Generation nicht so geklappt hat, wie ich das gerne gehabt hätte. Zum Ersten, weil ich selbst ja sehr erfahrungsschwach war. In Bezug auf Sozialisierung mit Gleichaltrigen. Zum Zweiten, weil ich von Pädagogik damals so wenig Ahnung hatte wie heute von deiner Schneewelt [lächelt]. Dabei müsste gerade mit diesen, wie gewünscht und geplant verloren gehenden Generationen, am beflissendsten gearbeitet werden. Denn die Alten, eine natürliche, bio-logische Sache, werden in kurzer Zeit weg sein. Und wenn sie bis dahin nichts weitergeben konnten, ihre Kinder und Enkel nicht erreicht haben, ist auch die Kultur weg. Oder arg verstümmelt. Und Grundstücksspekulanten, Baufirmenbosse und kleptokratische Machtpolitiker schneller am Ziel, ein Stück reicher zu werden, und die ganze Welt, nicht nur die indigene, um Unwiederbringliches ärmer. Die Jungen sind orientierungslos und chancenlos in Bezug auf ihren eingepflanzten „Traum" von der Schlaraffenwelt der Werbung, und die Alten in Sorge und Trauer, weil sie die eigene Welt nicht mehr verstehen. Ihre wichtigste Aufgabe in einer oralen Kultur, sie an die nächsten Generationen weiterzugeben, nicht mehr schaffen. Und da sind wir wieder bei einem der heute prinzipiellen sozialen Phänomene der Guarani: dem Selbstmord. Um ein Vielfaches höher als rundum, in der Makrokultur. Und ich dazwischen, mehr oder weniger verstehend, woran's liegt, und ohnmächtig wegen meiner eigenen Unzulänglichkeit, etwas Konstruktives dagegen zustande zu bringen.

Ironie des Erfahrungsweges: Ich begann meinen Entschluss, den Institutsweg der Kognone nicht zu gehen, wieder zu hinterfragen. Spielte mit dem Gedanken, Pädogogik und Psychologie zu studieren. Verwarf das dann aber wieder. Später, schon zurück in Marília bei Cida. Denn vier, fünf oder mehr Jahre investieren, in das – mögliche – Erlernen des Gebrauchs von Kognone-Wissen und -Instrumenten, von denen ich mir alles andere als sicher war, dass sie *indigenen* Menschen helfen würden, noch dazu Jahre wieder abgeschnitten von meinen Leuten, schien mir doch ein zu hoher Einsatz für ein Glücksspiel.

Mit den Kindern hatte ich ab Tag eins eine wunderbare reziproke Beziehung. Nicht überraschend. Die durften ja traditionell, was die Sozialisierungsmuster betrifft, aufwachsen. Also ungegängelt, frei, mit vielen „Papas" und „Mamas", und waren folglich offen an „der Neuen" interessiert. Wenn du, von den letzten Tagen ausgehend, glaubst, dass ich viel lache, dann hättest du uns dort sehen sollen! Das war Heiterkeit ohne Ende.

Mit dem Cacique, in dessen Hütte ich untergebracht war, gelang mir leider auch kein großes Näherkommen. Er zeigte sich immer beschäftigt, wenn ich das Gespräch suchte. Und ich glaube, er war froh, als ich Mitte Jänner wieder fortging. Ich weiß es nicht, aber ich hatte das Gefühl, hab es heute noch, dass er um seine Würde, oder besser: Anerkennung, fürchtete. Wenn da eine junge Frau, wenn auch Índia, so trotzdem nicht von *seiner Stufe*, „Rezepte zum Bessermachen", Lösungsvorschläge für Probleme parat hätte. Auf die er nicht gekommen war.

Am besten verstand ich mich mit den Ältesten. Denn die waren froh, endlich jemanden Jungen vor sich zu haben, der sich für die Tradition und Kultur interessierte. Jemandem, dem sie ihre Schätze weitergeben konnten. Wie es Tradition und sinnvolle Aufgabe *ist.*

Auch wenn das alles, in dieser schnellen Zusammenfassung, wieder sehr kategorisch klingt, wenn es also auch ein paar Junge, also in etwa meinem Alter, gab, mit denen es möglich war, Gespräche zu führen, Gedankenaustäusche über Dinge, die mir wichtig erschienen und die mir – und ihnen – Einsichten geben konnten, die unserem Verstehen weiterhalfen ..., im Großen und Ganzen war da diese Bruchlinie zwischen den Generationen. Und später sollte ich sie überall wiederfinden. In allen indigenen Gesellschaften, in allen Aldeias. Die fortschreitende Entfremdung zwischen Traditionellen und Akkulturierten. Dabei meine ich ausdrücklich *nicht* normale Kulturdiffusion. Jene der natürlichen Art. Es ist ja klar, dass Kultur sich aus lebenden Organismen zusammensetzt. Also Änderung einfach dazu gehört. Sondern ich spreche von der Bulldozermethode. Geplant, berechnet aus geschäftlichem Interesse von außen.

Mit den Erfahrungen des „Feldpraktikums" mit meinen Leuten im Erfahrungsgepäck fuhr ich Mitte Jänner mit dem Bus zurück nach Marília. Zuvor war ich noch ein paar Tage in São Paulo geblieben, mit dem Vorhaben ausführlich, nicht nur Kurznotizen wie jene im Tagebuch, darüber zu schreiben. Aber ich fühlte mich, noch dazu ohne Cida, nicht wohl im Haus ihres Sohns.

Ich begann dann in Marília zu schreiben. Kritzelte mehrere Blöcke voll. Von denen die meisten im Papierkorb landeten [lacht]. Aber auch das war eine gute Übung. Und ganz im Sinne meiner Fördererin. Die glücklich war, wieder Gesellschaft zu haben.

Jedoch, ich sah keine Perspektive, keine befriedigende, für mich in Marília. Es war Anfang 2005, ich war siebzehn oder achtzehn Jahre am Leben, trug Lebenserfahrung in mir, die wahrscheinlich auch einer um eines Älteren gerecht geworden wäre, hatte einen klares Ziel – für und mit Indigenen zu arbeiten – und begann mich zu schämen, noch immer vom Taschengeld einer Gönnerin zu leben. Ich wollte Unabhängigkeit. *Meine Frau stehen.* [Lacht.] Nicht wahr, Schwester? Da verstehst du mich ohne Kulturhindernis dazwischen, was? [Beiderseitiges Lachen. Und Bejahen.]

Cida war keine einfältige Person und auch gar nicht unsensibel. Sie vermochte zu hören, was ich gar nicht sagte. Nur dachte, fühlte. Und machte mir eine befürchtet schwere Entscheidung, ich wusste ja, was ich ihr „schuldete" und wie sehr sie unser Zusammensein genoss, leicht. *Sie* war es also, die eines Abends, mit *„Junge Dame ..."* und zu

Heitor Villa-Lobos'„*Bachianas Brasileiras*" beginnend, meinte, ich würde hier, in Marília, meine Flügel nicht richtig nützen können ... *Sie* erleichterte mir den Abschied. Obschon *sie* darunter mehr leiden würde als ich. *Uma jóia de mulher*, *Irini*, ein Juwel von einer Frau. Das Einzige, was Cida rausließ, darüber was in *ihr* vorging, emotinal, angesichts der beschlossenen Sache meines definitiven Abschieds war eine Randbemerkung, mehr zu sich selbst gesagt: Jetzt weiß ich's, wie sich Joseane an dem Tag gefühlt hat, als wir alle beisammen in ihrer Küche saßen.

Im April fuhren wir erneut zusammen nach São Paulo. Sie wusste, dass ich nicht bei Ovídio untergebracht sein wollte, respektierte das. Wer weiß, vielleicht *verstand* sie es auch. Meine Motive. Nicht in einem Haus *von dritter Seite eingepflanzt* werden zu wollen. Wo der Hausherr bisweilen nächtens Partys feiert, in denen Frauen nur als Konsumgut eine Rolle spielten. Und wo vormittags eine Frau zum Putzen kam. Eine Frau, die vielleicht das Zeug zur Schamanin, Pilotin, Dichterin, was weiß ich, hätte, aber vom brasilianischen System schon vor ihrer Geburt zum Putzen eingeteilt war. Als dunkelhäutige Favelada. Aber all das hab ich nie zu Cida gesagt!

Wir quartierten uns dennoch vorrübergehend bei Ovídio in der Vila Ema ein, wenn Cida da war, gab's ja keine Kaufsexhappenings. Und wir begannen mit der Suche nach einer Wohnung und Arbeit für mich. Gegen die Opposition Cidas wollte ich eine Wohnung, die ich mir fortan selbst leisten können würde. Vom Gehalt für meine Arbeit. Kein „Taschengeld" mehr! Cida schaffte es nicht, mich umzustimmen. Und so beschränkte sich unsere Suche auf Favelas. Für mich nichts Schreckliches. Die BR 267 und die Aldeia Bororó waren sicher nicht bequemer als selbst die schlimmsten Favelas in São Paulo. Favelas, du hast ja mittlerweile selber welche kennen gelernt, in São Paulo und Rio, sind schlicht und einfach Arme-Leute-Viertel. Wo's zwar nicht an Gangstern fehlt, auch nicht an täglicher Polizeibrutalität, dem einzigen regulären Berührungspunkt der Favelados mit dem von ihnen zwangsfinanzierten Staat, aber die große Mehrheit trotzdem ganz normale, anständige Menschen sind. Die hart arbeiten, darum kämpfen, in diesem brasilianischen Kannibalensystem nicht unter die Räder zu kommen, unterzugehn.

Als Erstes fanden wir eine Arbeit für mich. Eine, die mir attraktiv erschien und für die ich, dank Cidas lob- und fanatsiereicher

Fürsprache [lacht], die mich als ihre *maravilhosa filha criada*, wunderbare Ziehtochter, vorstellte, keine zusätzlichen – papierenen – Referenzen brauchte. Ich hatte ja bereits einige Erfahrung im Kochen. Grundstufe im Tekoha noch, und dann durch die Aufenthalte bei Joseane, Lorena und Cida. Auch Torten hatte ich schon öfters erfolgreich gemeistert, Cida liebte Süßes... [lacht], und das wollte ich zu meiner Arbeit machen. Um selbst für mich sorgen und weiterstudieren, nach *meiner* Art, zu können. Also Bücher kaufen, Besuche bei Indigenen, Besuche von Bibliotheken, Internetbesuche von anderen, physisch fernen Kulturen. Bis ich eines Tages meinen Leuten, dem Indigenen Pluriversum, auch beruflich, voll-beruflich, dienlich sein könnte.

Und in einer von São Paulos größten Favelas, Paraísopolis, in der Rua Pasquale Paluppi fanden wir eine Bäckerei und Imbissstube, die jemanden suchten. Allerdings als *Verkäuferin* für die Morgenschicht, wenn viele zur Arbeit fahrende Menschen dort Kaffee und Brötchen, oder eben ein Stück Kuchen, konsumieren. Also nicht unmittelbar dran an der Teigmasse [lacht]. Leider. Aber es gefiel mir. Ich könne sofort anfangen, meinte der Besitzer. Sie hätten zur Zeit nur eine Verkäuferin am Morgen, und die sei völlig überlastet. Man verliere Kunden durch Wartezeiten. Die Arbeiter, auf ihren oft stundenlangen Wegen mit den uneffizienten Öffis, hätten nicht viel Zeit. Hätten es immer eilig. Cida erklärte, dass wir erst noch eine Wohnung für mich bräuchten, und die Frau des Besitzers warf sofort ein, das können wir jetzt gleich lösen. Hier, gleich ums Eck, gibt's was zu mieten. Ein Stück weiter unten, in der Travessa Vila Rica, auch. Ob sie anrufen solle? Wir baten darum. Die erste Option war in Ordnung, ein Zimmer, Dusche und WC, ohne Einrichtung zwar, aber was gar nicht attraktiv war, war der Verkehrslärm. Fenster direkt zum Busbahnhof. Zum Lesen und Denken ausgesprochen schlecht. Wir, die Frau von der Bäckerei, Cida und ich, machten uns auf zur nächsten. Gingen in die Travessa Vila Rica rein, und diese rund 30 Meter hoch. Diese zweite Option passte sehr gut. Erster Stock, zwei kleine Zimmer, eine eingerichtete Küche und Dusche und WC. Die Miete allerdings musste runter gehandelt werden. Sie wäre das Äquivalent vom Lohn gewesen. Nun, es war keine große Anstrengung nötig. Wir drei waren ja eine Übermacht gegenüber der allein angetretenen Vermieterin. Die im Übrigen froh war, ein *Mädchen aus gutem Hause und keine*

Rabauken oder Banditen zu bekommen [lacht schallend, klatscht in die Hände].

Wie du dir sicher schon vorstellen kannst, ließ es sich Cida nicht ausreden, mir Möbel, Geschirr, eine Waschmaschine, Sicherheitsschlösser für die Eingangstür [lacht], ein Laptop, ein Handy, einen Fernsehapparat *und* eine Stereoanlage zu kaufen. Mikrowelle schaffte ich abzulehnen. Ovídio, besser gesagt, einen Mitarbeiter von ihm, spannte sie zum Transportieren und Tragen ein [lacht]. Drei Tage später war ich eingerichtet. Meine erste Solo-Wohnstatt. Ende April 2005. Cida trank einen Abschiedskaffee von ihrer „Ziehtochter" in deren flotter Wohnung, ich hatte auch, von meinem zukünftigen Arbeitsplatz, keine 200 Meter entfernt, einen Schokokuchen organisiert und wir lachten und weinten. Ovídios Mitarbeiter brachte sie zur Rodoviária. Und ich ging anderntags, um halb fünf, zur Arbeit. Schicht von fünf bis eins.

Donnerstag, 16. Februar 2017 (Vormittag)

Kurz vor Sechs rief Antônio Carlos an. Er würde in einer halben Stunde rüberkommen. Ob's dann schon Frühstück gäbe. *Oder wenigstens einen ordentlichen Mokka.* Den er nach einer fast schlaflosen Nacht, *noch* einer, gut gebrauchen könne.

Er weiß ja, dass ich gerne zeitig auf bin, die Ruhe nützen. Um mich zu sammeln, mich auf den anstehenden Tag innerlich vorzubereiten, einzustimmen.

Um viertel acht rief er nochmal an. Er sei *schon* da, komme jetzt rauf. Nachdem er die Waschmaschine angeworfen, geduscht, einen Teller mit Süßkartoffel in die Mikrowelle gestellt und sich vom Mehrtagesbart und seinem ermatteten Ausdruck eingermaßen befreit hatte, bat er mich um *erst Mal nur Kaffee, bitte.*

Er war wieder fast so hager – eingefallene Wangen, stark hervortretende Backenknochen –, wie ich ihn, vor diesem neuen Zusammentreffen jetzt, zum letzten Mal vor fast zehn Jahren gesehen habe. In Porto, wo ich im Frauengefängnis Santa Cruz do Bispo an einer Studie arbeitete über die Auswirkung der Privatisierung von Frauengefängnissen. Oder, in diesem Fall, einer Teil-Entstaatlichung. Einem Joint Venture von Staat und einer Institution, Santa Casa da Misericórdia do Porto, unter dem Schirm der katholischen Kirche.

Antônio Carlos musste nach Mexico-Stadt, zu einem Infektologen-Kongress, wollte aber zuvor den Madrider Marathon laufen. Woraus nichts wurde, weil er mit so großer Verspätung ankam, dass die Deadline für die Startnummernausgabe bereits seit Stunden vorbei war.

Schwierigkeiten – *das übliche Chaos* in seinem Jargon – auf brasilianischen Flughäfen. Er sei dann zwar nicht gelaufen, außer einer Solo-Runde im Campo de Casa, gefeiert habe er aber dennoch ausgiebig. Da ganz Madrid, oder der laufbegeisterte Teil davon, im Freudentaumel lag. Ein Sohn der Stadt hatte gewonnen. Damals, nach Monaten Trainierens, war er auch so hager und sehnig gewesen.

Diese letzten intensiven Tage nun, es ist keine Woche her, dass er mich vom Flughafen abgeholt hat, scheinen sich in hippokratischer – *heilig und rein werde ich mein Leben bewahren und meine Kunst –* oder donquijotischer (?), Anstrengung regelrecht in sein Gesicht geschrieben zu haben. Allerdings im Rückwärtsgang! Als wäre er unter dieser Spannung um einige Jahre zurück gelaufen.

Kurz vor acht setzt er sich mit einem wohligen Seufzer und dem Teller mit den Süßkartoffeln zu mir an die Küchentheke. Die anderen beiden den Regenbogen komplettierenden Frauen haben sich heute noch nicht gezeigt. Der Kaffee, ich habe extrastarken zubereitet, tut was er soll. Energetisiert ihn, schon am breiten Grinsen bemerkbar. Wie es uns mit der Arbeit gehe, ob wir vorankämen? Nicht nur das, antwortete ich, und gab meinem massiven Staunen Ausdruck, über Wissen und Eloquenz unserer beiden Freundinnen. Ich erzählte ihm das noch frisch in meiner Erinnerung haftende Beispiel von Elianes gestrigem Sidestep in die Vargas-Ära samt Querverbindern ins Nazideutschland.

Warum überrascht dich das, versetzt dich in Staunen?

Na ja, also das ist doch wirklich ungewöhnlich, dass in Bildungsferne gehaltene Menschen sich so emanzipieren können. Großteils autodidaktisch noch dazu. Im Ausdruck. Und auf so ein profundes, Zusammenhänge erkennen ermöglichendes, Wissensniveau.

Antônio Carlos wackelt mit dem Kopf, schenkt sich Kaffee nach, *sehr gut, Irene, ohne Zucker und stark wie ein Vorschlaghammer*. Schlürft einen weiteren Schluck, streckt sich und lässt ein gedehntes Aaaahh folgen.

Würdest du derselben Überzeugung sein, ich meine: genauso erstaunt sein, wenn es sich bei den beiden um weiße Frauen, Europäerinnen oder von mir aus Kanadierinnen handelte?

Also bitte, jetzt komm schon, Toinho!

Nein Irene, wirklich, im Ernst! Frag dich das mal selbst. In einer ruhigen Minute. Ehrlich und ohne Instant-Igelstellung, der es gar nicht bedarf, weil da kein Angriff stattgefunden hat.

Ich verziehe den Mund, schüttle den Kopf. Antônio Carlos schlürft weiter und grinst mich irgendwo zwischen freundlich und neckisch an.

Verschon mich, Toinho, falls das keiner von deinen Stichelwitzen sein sollte. Ich kann da wirklich kein Vorurteil entdecken. Auch kein Zeichen einer etwaigen positiven Diskriminierung von meiner Seite. Ich glaube, auch in Österreich würde ich sehr staunen, träfe ich ..., meinetwegen in einem Gefängnis, also in einer sogenannten bildungsfernen Randschicht, Frauen, die mir etwas vom Juliputsch Hitlers gegen Dollfuß erzählten. Das wäre doch auch sehr ungewöhnlich.

Ungewöhnlich. Aber möglich.

Ja.

Genauso ist es möglich in unserem Fall hier. Mit Verinha und Eliane als Protagonistinnen. Das Problem ist ja nicht, dass sie Wissen tragen. Und dieses auch gut outen können. Obwohl das im System nicht für sie vorgesehen ist. Das Problem ist, dass wir a priori erwarten, davon ausgehen, dass „die" nicht viel zu sagen haben. Nichts Großartiges beitragen können. Was über ihre Lebensunmittelbarkeit hinausgeht. *Wir* sind konditioniert. *Wir* haben ein *und sind* das Problem. Auch, weil wir zu glauben gelehrt – „gelehrt" – wurden, dass Wissen aus dem Großen Wissenscontainer, dort wo Lehrer und Schüler aus- und eingehen, kommt. Dabei ist das Wissen überall. Man muss es nur erkennen und ergreifen wollen. Und können. Aber dazu sind die meisten aus gebildeten Schichten gar nicht mehr fähig. Weil sie außerhalb ihrer Containerwelt gar kein Wissen mehr sehen können. Noch wollen.
Ich bin ja auch gern zur Uni gegangen, Irene. Und lese nach wie vor gern – wenn ich mal Zeit finde. Aber ich hatte auch das Glück, noch als Kind in Pernambuco, auf unserer *chácara*, Landgut, im bukolischen *Agreste* [generell Bezeichnung für das Hinterland der Küste] unter Menschen aufzuwachsen, die zwar nicht Lesen oder Schreiben konnten, aber dennoch mehr von den Pflanzen und Tieren und Heilmitteln wussten, als alle Professoren im Colégio zusammen. Oder, ein anderes Beispiel: In Kuba, am Stadtrand von Bayamo, hab ich

seinerzeit ein paar fidele Opas – schwarze und weiße – kennengelernt, die haben gerne zusammen gejammt. Im Garten, im Hinterhof, auf der Gasse im Schatten eines *Roble blanco* [Tabebuia], wo auch immer. Rumba, Latino-Jazz, Afrosound a là Manu Dibango ..., alles was gut ist. Keiner von denen konnte Noten lesen. Und ich glaube, auch keine Buchstaben. Die waren ja alle Baujahre aus der Machado-Diktatur. Oder von noch früher. Aber wie sie mir ihre Musik und ihre Rhythmen und die jeweilige Tanzbarkeit ihrer Stücke und Spielweise erklärt haben, das hab ich in noch keinem Buch gefunden. Ich empfand sie als Supermusiker *und* Mathematik-Genies. Eliane und, auf eine andere, verhaltenere Weise auch Verinha, sind Sammlerinnen. Wissenssammlerinnen. Die wissen wo sie sich die Beeren und Früchte holen können, die sie interessieren: Überall! Na, und die sogenannten Bildungskanäle und das Internet sind heutzutage vielleicht der demokratischste Hunting Ground. [Er zückt sein Handy.] Schau, ich zeig dir was. Oh! Nein, doch nicht. Schon acht vorbei. Ich muss wieder los, es steht nochmal eine Schicht für mich an. Aber ich schick dir die Links – jetzt sofort – an deine Mailadresse. Sieh sie dir an. Und solche Links finde ich aus dem Zeigefingergelenk, sozusagen. Aber nicht, weil ich *ein Doktor* bin. Die findet jeder der will. Und Eliane wahrscheinlich noch eher als ich. Weil sie a) Interesse, also Motivation hat, und b) eine Jägerin und Sammlerin ist. Trotz allem anderen, das sie *auch* ist.

Dann schlingt er einen der zuvor im Mikrowellenherd erhitzten und längst wieder erkalteten Süßkartoffel hinunter und bittet mich nachzusehen, ob Verinha schon auf ist. Sie ist. Und kommt zu uns in die Küche. Sie gehen ihre einzunehmenden Medikamente und die noch folgenden Nachuntersuchungen durch. Auch Eliane gesellt sich zu uns, fragt Antônio Carlos, ob er noch immer fast allein auf weiter Ärztekollegenflur im Spital sei.

Não e sim. Jein. Die Belegschaft sei zwar offiziell wieder bei 80 Prozent im Dienst. Aber was seine Kollegen betrifft, nicht nur in „seinem" Spital, sondern in allen öffentlichen medizinischen Einrichtungen, heißt „im Dienst sein" in der Praxis oft, dass man sich anwesend meldet, in das Dienstrasterpapier einträgt, um dann sofort wieder zurück in die Privatordination zu verschwinden. Wo man *tatsächlich* arbeitet. Lieber. Denn die Kunden kommen mit Cash dorthin. Was zum Teil *auch* die katastrophale Situation des öffentlichen Gesundheitswesens erkläre. Und warum von diesem abhängige, cashlose Menschen routinemässig nach Monaten vergeblichen Wartens auf den Friedhof kommen. Ohne auch jemals nur einen Arzt gesehen zu haben.

Jeitinho Brasileiro!, wirft Eliane ein und reißt mich aus den Gedanken, die Antônio Carlos kurz zuvor provoziert hat: Setzen wir wirklich voraus, dass bestimmte Menschen wenig oder weniger wissen, und „erleben" es *folglich* so?

Siehst du, *Irini*, das ist ein weiteres „gutes" Beispiel für den Jeitinho Brasileiro. Der kennt keine Klassentrennung. Gilt für alle, auch die „noblen" Ärzteschichten.

Wisst ihr, ich fühle mich, nicht erst jetzt, Donnerstag Morgen beim Küchenfrühstücksmeeting, wie in einem interdisziplinären Intensivkurs. Hauptfach: *Brasilien reell*. Mit jedem Zuhörtag eröffnet sich ein immer deutlicherer, profunder Kontrast zu dem, was uns in Europa über euer Land – wenn überhaupt etwas – so verabreicht wird. Was das betrifft, was aus der Handvoll Nachrichtenagenturenküchen kommt, die sich den großen Informier- oder *Falschinformier*-Kuchen teilen, sowieso. Doch auch im Vergleich zu den Berichten der Korrespondenten tun sich Abgründe auf. Weil diese, wie ich mittlerweile überzeugt bin, überzeugt *wurde*, vielleicht zwar tatsächlich vor Ort sind. Allerdings stationär. Und digital. Vor dem Laptop an *einer* Stelle, geographisch, kulturell, sozioökonomisch ..., unter ihresmöglichstähnlichen in einem Land mit kontinentalem Ausmaß, das heterogener – auch zeitlich, hier bei euch scheinen selbst Jahrhunderte kreuz und quer durcheinanderzulaufen – nicht sein könnte. Und folglich kaum etwas wissen, wissen *können*, von außerhalb ihres Inselpünktchens und ihrer sozialen Umgangsblase mit handverlesenen Menschen. Aber sich dennoch als Fachleute zu den *Brasis*, Brasiliens-*Plural*, oder, noch gigantomanischer, ganz Lateinamerika sehen und vorstellen. *Lateinamerikakorrespondent Soundso ...* Und ihr Unverstehen, oder ihr Ratespiel, oder ihre ideologischen Vorgefasstheiten, oder alles zusammen, an erst nichtsahnende und hernach desinformierte Leser oder Zuhörer weiterreichen ... Ich weiß ja selbst noch nichts von den Realitäten der Brasiliens. Nach ein paar Tagen Zuhörens in São Paulo, Rio und jetzt hier. Aber eben weil ich weiß, dass ich im Grunde noch gar nichts weiß, weiß ich bereits mehr als jene, die *glauben und vorgeben* zu wissen.

Wer wirklich weiß, was hier läuft, noch dazu in einer beachtlichen selbsterfahrenen Bandbreite, seid *ihr*. Und aus genau diesem Grund möchte ich sehr, dass wir diese Interviews fertig bringen. Um mit dieser Arbeit interessierten Menschen außerhalb der brasilianischen Realität die Chance auf Zugang zu echten Quellen, genuinen Fachmenschen, zu ermöglichen. Menschen, die zu treffen und hören nicht ein jeder das Privileg hat. Ja, ich fühle mich priviligiert! Und bin euch allen dreien sehr, sehr dankbar ... Aber morgen geht Verinha zurück zur Arbeit. Da müssen wir uns noch was einfallen lassen. Sie ist zum jetzigen, gestrigen Stand unsrer Aufnahmen ja gerade erst siebzehn geworden ... [Jubelausrufe Elianes. Dann allseitiges, von ihr „angeführtes", Lachen.] Und Eliane ist im Kopf, und wahrscheinlich auch mit dem Herzen, ebenso dabei, zurück an „ihre Front" zu gehen. Denke ich. *Befürchte* ich.

Das, was du da zu den Nachrichtenagenturen generell und *euren* Journalisten im Besonderen sagst, Irene, bringt mich zu *unseren* Medien hier. Was erzählt uns Globo heute, nein, eigentlich schon gestern? Per Schlagzeilen? Dass der Oberste Gerichtshof mit 8:1 Stimmen den Antrag der Staranwälte des inhaftierten Parlamentspräsidenten Cunha – *Ex*-Präsidenten, wirft Eliane ein – richtig, des Ex!, also dass der Oberste sein Gesuch auf Freilassung abgelehnt hat. Und dass der nun ebenfalls in Untersuchungshaft genommene *Ex*-Gouverneur von Rio, Sérgio Carbral, laut Staatsanwaltschaft allein im Jahr 2015 2,3 Millionen Reais für Helikopter-Spritztouren – seine eigenen, die seiner Frauen und sogar des Kindermädchens – ausgegeben hat. Mit jenem Geld, das im öffentlichen Ungesundheitswesen der Kollegen in Rio fehlt. Und Menschen *folglich* auf Friedhöfe statt in Behandlung gehen.

Im Grunde ja gar nicht schlecht. Etwas ganz Neues bei uns. Dass Giga-Banditen ins Loch müssen. Bis vor Kurzem noch unantastbare Massenmörder-im-Überluxus. Wie gesagt, man muss es immer wieder hervorstreichen, mit den von ihnen geraubten Summen hätten weiß der Teufel wie viele *wirkliche* Unis und Spitäler, also mit allem Drum und Dran, nicht nur hohle Fassaden, revitalisiert oder neu errichtet, oder wenigstens deren Stromrechnungen bezahlt werden können. Aber das sind *zwei* Mafiosi! Unter Abertausenden. Ein seines Mandats verlustig gegangener Kongresspräsident und ein ehemaliger Gouverneur. Und auf der anderen, der *aktiven* Raub- und Mordbubenseite, gibt es weiterhin tausende Bürgermeister, zigtausende Stadträte in allen Munizipien, die proportional *noch* mehr, *alles, was nicht angenietet ist*, stehlen. *Und also* massenmorden. Denn in der Hinterlandprovinz schert sich kein Richter oder Staatsanwalt – so es denn dort überhaupt welche gäbe! – darum, was mit den armgehaltenen Menschen und ihren Papierrechten so angestellt wird. Und kein Presse- oder Fernsehfritz. Globo streut dem Volk also immer nur Opium ins tägliche Brot. Globo *und* die anderen. Unter dem perfiden, aber wirksamen Motto, na also, es geht doch was vorwärts im Land. Hin zum Besseren. Zwei bis vor kurzem Sankrosankte sind hinter Gittern. Los also, krempelt die Hemdsärmel hoch, spuckt in die Hände, legt euch ins Zeug! Ihr müsst schaffen. *Unsere* nationale Wirtschaft ankurbeln. Auf dass der Karren wieder zum Laufen komme... Zum Totlachen. Oder Ausflippen. Je nach Gemütslage.

[Eliane:] Nun, das ist ja wahrlich kein Geheimnis. Zumindest unter jenen von uns Brasilianern, die noch zu denken fähig und willens sind. Dass du unseren Massenmedien als Informationsverteilerinnen nicht trauen kannst. Sie vielmehr ihre eigenen Inhaberinteressen, gleich jenen der Oberen Zehntausend, vertreten und als Information verpackt ins Land aussenden. Mit allen Tricks und Mitteln. Die Hand, die sie subventioniert, mit *unserem Steuergeld*, nicht beißen würden. Ich höre oder lese dort kaum noch rein. Auf jeden Fall nicht, um mich zu informieren. Höchstens, um herauszufinden, was die gerade wollen, dass das Volk glaube und tue [lacht].
Aber in einigen *ausländischen* Massenmedien kannst du dich doch einigermaßen ordentlich informieren. Ich lese zum Beispiel sehr gerne die portugiesischsprachige Online-Ausgabe für Brasilien von El País. Ja, der spanischen Tageszeitung. Da war gestern wieder ein Artikel zu

einem brasilianischen Kontext drin, den du nie in irgendeiner Sendung oder Zeitung unsrer brasilianischen Medienimperien finden würdest.

Eliane steht auf, holt mein Laptop – mit deiner geschätzten Erlaubnis, *Irini* – aus dem „Interviewzimmer" und öffnet eine Seite im Internet. Schaut Euch das an. Eliane zeigt uns eine Recherche der Journalistin María Martín. Mit dem außergewöhnlich langen Titel: „Zirka 60% der Festnahmen wegen Drogenbesitzes fielen in Portugal unter die erlaubte Menge – Ein unveröffentlicher Bericht des Instituts für Öffentliche Sicherheit zeigt, dass die Mehrheit der Festnahmen in Rio Konsumenten, die 10 bis 15 Gramm bei sich haben, betrifft. Portugal gestattet 25 Gramm."
Bereits im Artikel drinnen – Eliane scrollt runter, *schaut!* – kommen weitere zwei Ländervergleiche: Uruguay 40 Gramm. Spanien 100 Gramm.
In der Folge zeichnet die Reporterin anhand des Beispiels Rio de Janeiro und vieler Interviews (darunter mit verständlicher Weise anonym bleiben wollenden Polizisten) nach, wie die Festnahmen von Cannabisrauchern, im Schnitt 38 pro Tag, jeweils mehrere Polizisten auf Stunden beschäftigen, danach einen Kommissar, eventuell gerichtsmedizinische Labors, und in der Folge, über noch längere Zeiträume – Jahre Plural! – das Gerichtswesen. Leute, die während dieser „kriminalistischen Arbeit" gebunden sind. Arbeit die darauf hinausläuft, nützliche Statistiken zu erlangen und zumeist ungefährliche und unbescholtene Menschen in Verbrecher zu verwandeln, erst auf Papier und in Instanzen, danach *de facto.* In brutalsten Gefängnissen, wo *keiner* je besser rauskommt als er reinkam. Und wegen dieser Dauerbeschäftigung mit Menschen, deren Frevel es war, einen *baseado*, einen Joint, geraucht zu haben, keine Zeit haben, *wirkliche* Verbrecher zu suchen. Dingfest zu machen. Zu verurteilen.
Die Chance, dass du nach einem oder mehreren begangenen Morden auch verurteilt wirst, liegt in Brasilien unter fünf Prozent. Das ist die andere, scheinbar von oben so gewünschte, denn konstante Seite. Die Bevölkerung soll ja möglichst in Angststarre gehalten werden. Wer Angst hat, ist in seinem rationalen Denken gehemmt. Und selbstverständlich trifft dieses System der angewandten Disproportionalität ausschliesslich Leute aus den ärmsten Schichten.

In den Favelas. Oder Kleinbauern im Sertão. Die für den Maconha-Anbau vorab Bares auf die Hand bekommen und so den Hunger und die gierigen Großgrundbesitzer auf Distanz halten können. In den „besseren Gegenden", wo dank Kaufkraft viel mehr umgesetzt und konsumiert wird, gibt es keine solche „kriminalistische Arbeit". Noch viel weniger Razzien wild um sich schießender Spezialeinheiten. *Unsere Polizisten wissen, wo sie berserkern dürfen. Sollen*, bringt es Eliane auf den Punkt.

Die wahren Drogenbosse leben überhaupt nicht in der Favela. [Zum ersten Mal steigt auch Verinha in das Frühstücksgespräch ein.] Die wahren Chefs sind am andren Ende des sozialen Spektrums zu finden. Sitzen dort, in komfortabler Sicherheit, wo Gesetze gemacht werden. Jene, die darauf achten, dass alles illegal und also lukrativ bleibt. Jene, die die Exekutive kontrollieren. Die ihrerseits darauf zu achten hat, dass es nie die wahren Bosse trifft. Sondern allein die Hands-on-dealer. Und Konsumenten, solange sie nicht gutbetucht, aus „gutem Hause" sind. Damit sich die Gewaltspirale wie geplant, und in den gewünschten sozialen Bahnen, drehe. Und die Medien machen eben ihren Part. *Unsere Medien*, meine ich. Füttern Brasilien mit den täglichen Horrorgeschichten und −bildern und schüren Angst. Angst vor und Hass auf die Favelados, die *bedrohlichen Armen*, um von den Horror*regisseuren* und -profiteuren abzulenken. Und um die sich in die Hosen scheißende Mittelklasse bei der Law-and-Order-Stange zu halten. Im künstlich erzeugten und am Laufen gehaltenen Krieg wider die von unten. Dieses Offenbare *seh* ich allerdings nicht im Massen-Fernsehen. Auch nicht in der Zeitung – les‘ ich sowieso nicht. Das *erleben* wir.
Tag für Tag. Nacht für Nacht. In den Favelas. Wenn die Mörderbullen in Kriegsmontur, Panzerwägen und Helikopter inklusive, raufkommen. Um für *Recht und Ordnung unsrer Staatsmafia* zu sorgen. Und die Medien klatschen Beifall. Weil das, angesichts der schweren Bewaffnung der „Drogenbosse", *unumgänglich* wäre. Bewaffnung, übrigens, die meist direkt von Bullen oder Militärs an ebenjene nützlichen *Miniatur*gangster – im Vergleich zu jenen an der Staatsmacht – verscherbelt wurde. Und weiterhin wird.

Antônio Carlos resümiert, dass *alle* Amtsträger im Land Verbrecher seien, dass es gar nicht möglich wäre in der „Politik", egal unter welchem „Parteien-Etikett", nach oben zu gelangen, ohne schmutzige Hände. Es ein Mafiagesetz sei. Dass nur wer selbst Dreck am Stecken habe, also ungefährlich für den Status quo sei, weiterkomme. Und die sogenannten Gefängnisse Folterzentren für den sadistischen Unterbau der Staatsmacht und ganz allgemein sozioökonomische Säuberungszentren seien. Überfüllt, mit nicht selten völlig Unschuldigen. Die dort, oft ohne je vor einem Richter gestanden zu haben, verrotten. Weil sie, im Gegensatz zu den wirklichen Verbrechern, keine Kaufkraft hätten. Um sich Anwälte zu leisten. Oder ein Urteil zu kaufen.

Verinha und Eliane stimmen zu. Und ich fühle mich, ob solch kategorischem Urteils, als Ungläubige im Kreis.

Ich tue mir schwer, als Außenlebende, als Nichtbrasilianerin, mit solchen Pauschalurteilen. Klar, auch bei uns gibt es Korruption, korrupte Politiker, verbrecherische Geschäftsleute. Aber *alle* ... Ich hab ja schon von unserem verstorbenen Bürgermeister in Landeck erzählt. Für den ich, und nicht nur ich!, die Hand ins Feuer legten. Der, obschon im höchsten lokalen Amt angelangt, sich nie korrumpiert hat. Immer der selbe bescheidene, ehrliche, seiner Ethik treue Mensch geblieben ist. Und ich bin mir doch sehr sicher, dass der Berti nicht der Einzige war und ist. Der anständig war und das auch im Amt geblieben ist.

Na ja, Irene: Ausnahmen bestätigen halt die Regel. Solange sie noch zugelassen sind. Aber unser Pauschalurteil, wie du es nennst, bezieht sich auf hier, auf die brasilianische Realität. Obschon ich damals [lächelt], in den „wilden Studentenjahren", schon auch etwas mitbekommen habe. Von Euch, von Europa. Wie zum Beispiel aus den Grünen, der einstigen „Antiparteien-Partei" in Deutschland, eine weitere etablierte Realpolitikgruppe wurde. Als ich nach Freiburg kam, waren die gerade mal ein paar Jährchen im Bundestag. Und ich war begeistert von denen! Von ihrem Auftreten schon. Dieser frischen, frechen, die starre germanische Etikette auch schon mal showmäßig ironisierenden, Art des Auftretens in den hehren Tempeln der Tagespolitik. Was für ein – angenehm menschlicher – Kontrast zum

Rest. Vor allem diesem ... wie hieß der noch, Irene? Dieser alte Faschotyp der in *Bavária*, Bayern, herrschte?

Strauß?

Ja, genau, Strauß! Den mein ich. Der hätte ja wie angegossen zu uns gepasst. Damals wie heute. Aber über solche Typen wollte ich gar nichts sagen, die bleiben sich, und ihrer Menschenverachtung, ja meistens treu. Bis dass der Tod sie von uns scheidet. Zu den Damals-Grünen in Deutschland, zu denen wollte ich was sagen: Ihre außerparlamentarischen Wurzeln, ihre Bereitschaft – zumindest von einigen – essentielle 68er-Wurzeln und Inhalte von außen, wo dieser Esprit als Breitenbewegung im Sand des Anpassungsälterwerdens von Studenten zu Arbeitnehmern verblüht war, nun im Machtpolitik-Inneren wieder zum Austreiben zu bringen ... [Lächelt, die leere Kaffeetasse auf dem Tisch mit einem Zeigefinger im Kreis drehend, in Gedanken wohl weit zurückgeflogen.]
Ökologie, soziale Gerechtigkeit, Basisdemokratie, Gewaltfreiheit, lautete deren Grundsätzelosung. Oder hab ich was vergessen? Und heute? Zuletzt las ich mehr von grünem *Licht* denn grünen Inhalten. Grünes Licht für Hartz IV, grünes Licht für Militäreinsätze... Kretschmann als Grünlichtgeber für Abschiebungen in „sichere Länder". Wie Marokko, Algerien, ... [schüttelt den Kopf]. Du bist doch AI-Unterstützerin. Oder nicht mehr?

Doch. Selbstverständlich.

Na, ich kann mir vorstellen, dass deren Arbeit, und auch deren Jahresberichte, im Vergleich zu Herrn Kretschmann und den *neuen Grünen* näher dran sind. An sozialer Gerechtigkeit, Basisdemokratie und Gewaltfreiheit ... Die Macht, vor allem die institutionalisierte, hat nicht nur bei uns eine ungeheure Waschkraft, was Ethik und Prinzipien betrifft. Vielleicht mit dem Unterschied, dass bei euch erst noch korrumpiert werden muss. Während bei uns die Korruptheit schon vorher sichergestellt ist. Vor dem Reingang in die Institutionen. Damit gar nicht erst qua Waschgängen kostbare Zeit verloren werden muss.

Irini, was dort drüben passiert, kannst du allemal besser verstehen. Und auslegen. Gar keine Frage. Was aber *hier* geschieht ... Ich muss dem Doc leider zustimmen. *Alle* sind sie Verbrecher. Es geht nicht anders. Keiner hat blütenweiße Hände. Viele haben bluttriefende. Und du könntest das nur in seiner Gänze absorbieren, lebtest du hier. Mittendrin. Aber nicht in einer sehr wenig Brasilien-repräsentativen Sicherheitshochburg. Hinter hohen Mauern und rund um die Uhr bewacht. In einem adretten urbanen Großstadtviertel. Wo Sachen sogar funktionieren. Der Staat ein paar Leistungen rüberbringt. Wie *hier* übrigens, oder was Doc? [Antônio Carlos nickt, Eliane und Verinha lachen.] Da müsstest du dich schon auf ein paar Jahre bei mir, in der Favela, einquartieren. Oder, noch besser, mit Eliane herumreisen, von und zu Índios, landlosen Bauern, meinen Quilombolas ... Im für euch, *und* eure Pressefritzen, unsichtbaren und also unbekannten Unterm-Teppich-Land. 99 Prozent Brasiliens.

Den *brasilianischen Killing Fields*, fügt Eliane hinzu.

Ja. Damit habt ihr wahrscheinlich recht. Und gerade deshalb finde ich es so wichtig, dass wir zusammengekommen sind. Und wir es vielleicht schaffen, durch dieses doch sehr unwahrscheinliche Team [allseitiges, zustimmendes Lächeln], ein bisschen Licht ins weltweit-kognitive Dunkel zu bringen. Was das reelle Brasilien betrifft. Was es für Millionen von Menschen bedeutet, in und unter diesem System, das allgemein – oder soll ich sagen *leichtfertig?* – als „demokratisch" gelabelt ist, zu leben.

Wenn denn das Über-Leben gelingt, Irene ... *Aber*, meine lieben Damen, ich muss jetzt wieder ran. Zurück an die Arbeit. Ah! Fast hätte ich's vergessen. Morgen, Freitag, genehmige ich mir einen meiner zuletzt nicht genutzten freien Tage. Zur Abwechslung mal wieder. Bevor ich selbst zum Patienten werde [lacht]. Und der nächste offizielle Dienst, so der *momentane Stand* der Dinge, wäre erst wieder die Nachtschicht am Sonntag. Wenn Ihr also Lust und Laune habt, könnten wir zum Beispiel einen Ausflug zu Elianes Aldeias der Tupiniquim und der Guarani bei Aracruz, machen. Vielleicht auch noch ein zusätzliches Stück rauf, an den Rio Doce. Eine weitere reelle Facette Brasiliens sehen, kennenlernen. Du hast vom Dammbruch, der

271

bis dato größten Umweltkatastrophe Brasiliens, Ende 2015, gelesen? Ein giftschlammaktives Tschernobyl, verursacht aus dem bekannten Geflecht von Gewinnsucht, Geiz und kriminellen Machenschaften. Von der selben Achse, die unser Land auch sonst vernichtet: „Politikern" und Großkapital. Nationalem und transnationalem. Wo wir eine Zeit lang täglich per Massenmedien „informiert" wurden, wieviele Millionen und Milliarden die Verantwortlichen Strafe zu zahlen und Wiederaufbauarbeiten und Entschädigungszahlungen zu leisten hätten. Und wo – Brasilien pur – ein Scheißdreck ... Pardon! ... bezahlt wurde. An die Opfer. An Flussfischer zum Beispiel, die ihre Existenz auf Generationen hinaus verloren haben. Bezahlt wurde vielleicht *untereinander*, Politiker, Konzerne, Gerichte, *das* ist durchaus möglich. Ja wäre überraschend, wenn es nicht so gelaufen ist. Jedenfalls, wenn es dich interessiert, können wir dort hoch, mit ein paar Fischern, Ex-Fischern, reden. Deine Interviewsammlung „auffetten".

Ich werd nicht können, wirft Verinha ein. Bin ab morgen wieder im Einsatz. Bis Sonntag Mittag. Nur am Nachmittag hätte ich frei. Aber da will ich meinen Bau wieder auf Vordermann kriegen. Hat sich bestimmt eine Menge Dreck angesammelt ...

Na, schauen wir mal, telefonieren wir uns zusammen, ich muss jetzt wirklich los. *Caramba*, fast neun!

Weg war Antônio Carlos. Zurück auf dem noch immer riskanten Weg zum Spital im Norden Vitórias. Verinha und ich begeben uns wieder ins Arbeitszimmer *des Doc,* ich hoffe, dass sie mir heute den *ganzen* – letzten? – Tag „zur Verfügung" stehen wird. Eliane, die „Spülmaschinenphobikerin", kümmert sich händisch um das Schlachtfeld unsres Frühstücks in der Küche.

Okay, Schwester, dann wollen wir mal ... Zurück zum Hürdenlebenslauf der jungen Verinha. An Jahren jung, wenigstens. Es war noch im Mai 2001, gegen Ende des Monats, dass meine neue Freundin, Schwester und Herbergsgeberin J mit einigen anderen Tupinambá-Aktivisten erneut nach Salvador musste. Und ich machte mich auch auf den Weg. Allerdings in die entgegengesetzte Richtung.

Mit einem Van nach Canavieiras, etwa 100 km weiter südlich. Wieder einmal hieß es für Verinha, Geld zu beschaffen. Denn das gespendete Reisebudget der beiden deutschen Touris war fast vollständig für die Verpflegung in der Aldeia draufgegangen. J hatte nie etwas verlangt. Aber die Índios schwimmen ja auch nicht gerade *na grana*, im Mammon, und also steuerte ich immer bei, lief manchmal auch selbst zu Fuß die paar Kilometer in den Ort Olivença, um Lebesmittel zu besorgen. Grundnahrungsmittel, denn Fische holten die Männer aus dem Meer und Muscheln sammelten wir Frauen bei Ebbe am Strand. Aber auch andere Alltagsartikel, wie Zahnpaste, Seife, Klopapier brauchten wir ja. Und das war das Mindeste, was ich beitragen konnte. Für die spontane und uneingeschränkte Gast-Freundschaft Js. Ich hatte gehört, dass Canavieras ein Tourismuszentrum sei. Jetzt, in der kalten – für *uns* kalten – Jahreszeit war zwar keine Hauptsaison, was Touris, die von weit her kommen, betrifft, aber die anstehenden Feste Santo Antônio, São João und São Pedro im Juni, die im brasilianischen Nordosten so wichtigen *Festas Juninas*, und gleich darauf, Anfang Juli, die zweiwöchigen Festlichkeiten für den Schutzpatron der Stadt, São Boaventura, bedeuteten mit Sicherheit Besucherströme. Wenigstens aus den umliegenden Dörfern und Städten. Und da gibt's für jemanden, der Arbeit nicht scheut, immer was zu tun.

Mit weniger als einhundert Reais kam ich an. Und begann, wie damals in Maceió, herumzufragen. Nach einigen erfolglosen Stunden, ich war mittlerweile weit weg vom schönen Altstadtzentrum und an den Strand gelangt, wurde ich fündig. Es ist ein schöner, endlos scheinender – später erfuhr ich 50 Kilometer langer! – Strand. Das Wasser ist zwar immer etwas bräunlich von Schlamm, der nahen Flussmündungen wegen, aber dafür gibt es hellgelben Sand und Kokospalmen so weit das Auge reicht. Nach Norden und nach Süden. Und kaum Menschen. Sehr schön. Obschon diese Strände zur Stadt gehören, gibt's dort wenige Häuser. Und einige wenige Hotels und Pousadas und Restaurants. Die meisten waren geschlossen. Wie gesagt, die Hauptsaison war vorbei. Aber in einer, jener die am nähesten dran an der Straße ins Stadtzentrum liegt, herrschte reger Betrieb. Da wurde einerseits zugebaut, die Pousada um zusätzliche Zimmer vergrößert. Aber es waren auch Touristen da. Autos, teilweise richtige Vierradantrieb-Karossen, waren vor den teureren

Bungalowapartments geparkt. Mit Nummernschildern aus Curitiba, Belo Horizonte, Campinas, ... Also nichts wie rein. Das junge Paar an der Rezeption, kaum älter als ich, war sehr freundlich, bat mich Platz zu nehmen und der Bursche rief den Besitzer an. Der, irgendwo in der Stadt unterwegs, um Preise für Baumaterialien auszuhandeln, schickte seine Frau. Die kam mit zwei Kindern im Schlepptau zur Rezeption, begrüßte mich auch sehr liebenswürdig, setzte sich neben mich in eines der Fauteuils, versuchte die beiden Kinder davon abzuhalten, die Rezeption auf den Kopf zu stellen. Und das Mädchen von der Rezeption half ihr dabei. Ich musste die Aufmerksamkeit der Frau also mit ihren Schlingeln teilen. War ein bisschen skeptisch deswegen. Würde sie überhaupt zuhören können? Wollen? Aber die Sorge war unbegründet. Nachdem ich ausgesprochen hatte, fragte sie nach. Wie lange ich in den jeweiligen Betrieben gearbeitet hätte, wollte sie nochmal wissen. Und ob ich Zeugnisse, Arbeitsbestätigungen hätte. Zu erster Frage wiederholte ich die halbe Notlüge, dass ich über zwei Jahre in Santa Inês einen Laden geschmissen hatte – *das* entsprach ja der Wahrheit – und dann weitere zwei Jahre in einem „Restaurant in Imperatriz" gearbeitet hätte. Als Kellnerin erst. Und dann an der Kasse. Das war der, notwendigerweise, halb gelogene Teil. Ich konnte ja schlecht die Wahrheit sagen. Und dann fügte ich noch ein Jahr – den Zeitraum dehnte ich aus, über die Rückeroberung meiner Geburtsurkunde und die Schnitterei in Alagoas, von denen auch niemand zu wissen brauchte – in Lençóis, in Os Herberge, als Mädchen für alles, Küche, Zimmer und Abrechnung, hinzu. Wie alt bist du? Siebzehn, fast achtzehn. Du hast mit dreizehn zu arbeiten begonnen? Mit zwölf. Und Schule? Nebenbei ein paar Jahre gemacht. Ja, ich versteh schon. Bei uns hier, in Bahia, ist das ja genauso wie in Maranhão. Und hast du irgendein Zeugnis? Eine *Carteira de Trabalho*? Die Carteira de Trabalho, *Irini*, ist der Arbeits-Ausweis. Ein offizielles Dokument. Ein kleines blaues Büchlein, in dem alle deine Arbeitszeiten von allen deinen Arbeitgebern eingetragen werden müssen. *Müssten*. Und das dir später deine Pensionsansprüche garantiert. So die offizielle Version. Aber erstens hat dieses Büchlein in den ärmsten Regionen Brasiliens fast niemand. Und zweitens wird es immer fraglicher, ob du je irgendeine Pension bekommen wirst. Nun, mit den „neuen", kaum verhohlen arbeiter- und armenfeindlichen Banditen an der Totalmacht. Sowohl in der Exekutive wie in der Legislative.

274

Nachdem es ihnen gelungen war, die bestimmt nicht weniger korrupte, aber wenigstens nicht arbeiterfeindlich eingestellte Vorgängerin per Impeachment auszuhebeln, ist es ja mehr als fraglich, ob wir es überhaupt je ins Pensionsalter schaffen werden. Und wenn überraschend doch, ob da noch was in der Rückvergütungskasse sein wird. Bei der unstillbaren Raubfresslust unsrer durch und durch mafiösen Politiker- und Beamtenklasse. Wie drückte der Doc es mir gegenüber aus, vor wenigen Tagen noch, während einer seiner Morgenvisiten ...? Ungefähr so: Dass unsre Realität der Wunschtraum der italienischen Mafia sei. Weil sie dort, in Italien, versuchen, *arbeiten* müssen, über Bestechungen und Erpressungen in der Politik, den politischen Parteien, den Staat zu unterwandern. Während bei uns, die Parteien, gar nichts anderes als Mafiafamilien, oder –interessensgemeinschaften *sind*. Dort müsste sie Drogenhandel und Prostitution und Baugewerbe kontrollieren, um reicher zu werden. Hier werden sie gewählt. Und laben sich fortan an einer der höchsten Steuerleistungen arbeitender Menschen auf der ganzen Welt. Die fünf bis sechs Monate pro Jahr malochen, um den diversen Mafiagruppen ein Leben in unendlichem Luxus zu finanzieren. Die all das Geld nicht in öffentliche Gesundheit, Bildung oder Infrastruktur investieren, sondern ausschließlich in die eigenen Taschen. Mafiaparadies, so bringt's unser Doc auf den Punkt. Und, wir haben ja gerade vorhin darüber gesprochen, ich stimm ihm zu. Keine Frage. Obwohl ich nichts von italienischen Mafiosi weiß – außer, dass wenn es drüben für sie zu eng wird, sie gerne nach Brasilien kommen. Von hier aus weiter arbeiten ... Dafür weiß ich von unseren umso mehr. Und möchte noch was drauflegen. Die massenmörderische Kleptokratie unserer Politikerkasten hier ist so arg, dass du unser Land in einem kurzen Satz skizzieren kannst: Nichts funktioniert, außer der Korruptionsmaschine. Die läuft dafür stets wie *geschmiert*.
Oh je ... Das sollte ich ja vermeiden, so haben wir's ausgemacht, vom Faden des Verinha-Lebenslaufs abzukommen. Wegen deiner Besorgnis, dass wir uns heute zum letzten Mal zum Interview gegenübersäßen ... [lächelt]. Sorry.
Also ..., ah ja, okay. Zeugnis hab ich keins, antwortete ich der Pousadabesitzerin. Hat mir nie jemand angeboten. Und ich hab gar nichts davon gewusst. Ich versteh's, kein Problem. Sagte es zu mir, während sie mit einem der Bengels, mittlerweile aufgestanden und

275

am Rezeptionstisch, darum kämpfte, die Prospekte und Illustrierten unzerrissen in Sicherheit zu bringen. Kannst du auch mit Kindern umgehn? Ich weiß nicht, das ist bis jetzt nie unter meinen Aufgaben gewesen. Hast du *irgendein* Dokument?
Geburtsurkunde.
Dabei?
Ja.
Zeig mal. Und zum Mädchen an der Rezeption gewandt, Lu, um Gottes willen!, pack mit an, nimm diesen kleinen Terroristen und halt ihn fest, sonst zerfleddert er auch noch des Mädels Dokument. Doch der Bengel, kaum aus dem Griff der Mutter befreit, rannte davon, und Lu, das Rezeptionsmädchen, ihm nach. Und dieser wiederum der zweite Sohn hinterher. Der vor lauter Freude und Lachen kaum Luft bekam. So ist das bei uns, kommentierte die Frau und nahm meine Geburtsurkunde entgegen. Nicht ohne sich zu vergewissern, dass keiner ihrer beiden Söhne sich näherte. Okay, Vera. Ich werde mit meinem Mann sprechen. Er meinte zwar, dass wir erst in der Hauptsaison wieder jemanden anstellen. Aber *ich* meine das nicht. Eine Allrounderin wie dich könnten wir gut gebrauchen. Wir haben ja auch jetzt, in der Nebensaison, ein paar Sportfischer da. Und die bringen mehr Geld rein als so manche Sommertourigruppe. Die wollen aber auch Aufmerksamkeit, wenn sie spätnachmittags zurückkommen. Und tadellos aufgeräumte und saubere Apartments. Und ich kann das nicht selber durchziehen. Mit zwei zu bändigenden Terroristen. Da lachte sie los, unserer Eliane nicht unähnlich [schmunzelt].
Langer Rede kurzer Sinn, sie überzeugte ihren Mann. Und ich blieb. Bekam eines der leeren Tourizimmer. Mit Kühlschrank, Ventilator und Fernseher. Und war fortan zu allem Möglichen eingesetzt. Kümmerte mich um die Sportfischer.
Reiche Männer aus den Süd- und Südostregionen Brasiliens, aber auch aus der Schweiz und Frankreich. Die wolten mal dies und das. Aber wenigstens nicht *das*! In der Früh half ich in der Küche mit. Und nach dem Frühstück, wenn auch die Arbeiter, die am Ausbau der Pousada werkten, gefrühstückt hatten, *nach* den Gästen, war ich fürs Aufräumen des Saals zuständig. Und danach wurde ich als Löwenbändigerin eingesetzt. Kindertante. Halb so wild. Buchstäblich. Aus irgendeinem Grund benahmen sie sich mir gegenüber richtiggehend zivilisiert. Und nach kurzer Zeit wurde ich allgemeine

Beraterin in mathematischen Fragen, Rechnungen zumeist, aber auch Kalkulationen. Sowohl des Besitzerehepaares als auch der beiden an der Rezeption. Typische brasilianische Öffi-Schul-Absolventen. Ohne Rechenmaschine keine erfolgreiche Addition drin ... Einmal, das war noch ziemlich am Anfang, vielleicht in der dritten Woche, half ich sogar dem Vormann des Bautrupps aus. Bei einer Kalkulation, die ihm nicht gelingen mochte. Und die vom Pousadabesitzer und Bauherrn gefordert wurde: Wieviele Zenter Zement noch nötig wären, bis zur Vollendung. Dies wiederum zog die angenehme Begleitkonsequenz nach sich, dass ich fortan von keinem der Arbeiter mehr auf *diese unerträgliche Art angesehn* und halblaut kommentiert, noch mir jemals wieder nachgepfiffen wurde. Mein Status war, trotz meiner vor Geburt festgelegten, weil hautfarblichen, Wertlosigkeit im rassistischen Brasilienkontext, in kurzer Zeit schön gestiegen. Und mir, gar keine Frage, tat das alles auch sehr gut.

Apropos brasilianischer Rassismus: Du und Eliane, ihr habt das ja gestern auch angeschnitten. Oder? Egal. Jedenfalls hat mir Eliane danach erzählt, dass sie während des Interviews auch vom Buch „O Povo Brasileiro" von Darcy Ribeiro gesprochen hat. Und da hat sie, mir gegenüber, einen tollen Satz zitiert. Von diesem Darcy. Warte mal. [Ruft laut nach Eliane, *ihrer „kleinen Wilden"*. Die prompt erscheint.]

Den Satz, den ich dir gestern sagte? Als wir „irgendwie wieder auf den Rassismus gekommen waren" ... Ah, klar. Ja, ja, von Darcy Ribeiro. Den wollt ihr hören? *Sem problema,* kein Problem. Also, er hat, unter vielen anderen, auch den Begriff der *tolerância opressiva* geprägt. Der „Unterdrückertoleranz". Die Eliten Brasiliens *tolerieren den anderen, um über dessen Körper und Geist Macht auszuüben.* Oder, in anderen, *eigenen* Worten: Wir lassen ein paar Afrobrasilianer und Índios an vormals exklusiv weiße Plätze ran, an die Universität zum Beispiel, oder in die hinteren Riegen der Verwaltungs und Regierungsbereiche, und schon frohlocken wir alle, Opfer und sogenannte Fortschrittliche – „Linke" – inklusive, das Ende des Rassimus wäre erreicht. Oder zumindest nahe. Dabei dienen diese Feigenblättchen lediglich dazu, die Essenz des rassistischen Systems aufrechtzuerhalten. Ja zu festigen. Weil ja nun die Kritik wegfällt. Das heißt, du gibst ein paar Schaufenster-Millimeter deines

Machtbereiches ab, um die Gesamtsituation, den rassistischen Status quo, beizubehalten. Und zu stärken. Durch das Einverständnis *vormaliger, nun eingebetteter* Kritiker.

Aber das, deine Analyse Eliane, galt nur bis zum Impeachment von Dilma. Denn nun, mit Temer und dessen Gang, sind wieder die *altvorderen Rassisten* an den Schalthebeln. Mit Unterstützung der Großunternehmer und der Latifundiários. Jetzt sind die Feigenblätter, wie Eliane sie nennt, schon wieder ab. Keine Frau, kein Dunkelhäutiger im Team. Und alles abbauen, rückgängig machen, von dem Feigenblattwenigen, das unter Lula und Dilma gestattet und *verwendet* wurde.

Ich finde diesen Rückschritt, den Verlust der Schaufenstermillimeter aber gar nicht schlecht, Verinha. Genau darin könnte eine Chance liegen. Für uns. Denn ich glaube, das wird dringend benötigte Sauerstoffzufuhr für die in Schach gehaltene, agonisierende Kritik, ja Kritikfähigkeit und Kritikwillen überhaupt, sein. Ich *hoffe* es zumindest.
Aber gut, nun, nachdem der Satz Darcys abgeliefert ist, lass ich euch wieder alleine weiterarbeiten. Und widme mich einem der Schätze aus Antônio Carlos' Bücherregalen: „Bases do Autoritarismo Brasileiro", von Simon Schwartzmann. Eine Analyse, die er noch während der Diktatur geschrieben hat. Konzentrationsaufwendig. Aber lohnt die Anstrengung... *Tchau!*, tschüss!

Bist du denn schon mit dem Geschirrberg fertig, meine Índiaschwester?

Aber klar. Geht ruck-zuck mit meinen Nomadengenen und -händen [lacht].

Okay, also Verinha kämpfte sich durch das dichte und dornige Gewebe des jahrhundertelang gepflegten brasilianischen Rassismus nicht auf Chefetagenebene, Uni, oder Stadrat oder so – um *denen dort oben* ein nützliches Feigenblättchen zu werden –, sondern *hier unten*. Am Fundament. Auf eigene Faust. Und es war mir gelungen. Weil ich dem Obermaurertypen im Nu sagen konnte, wieviel Zement er noch benötigen würde. Den Preis, die Anschaffungskosten, gab ich ihm aus dem Kopf dazu. Sozusagen als Draufgabe. [Grinst breit.] Und ab da war ich wer. In den Köpfen von ihm und seiner Kollegenschaft. Mehr jedenfalls als lediglich ein traditioneller Gratiskörper. Der bloß darauf wartet, *in Anspruch genommen* zu werden. Im „Verstehen" unsrer auf Machomacht abgerichteter Männer.

Der Bautrupp war bald Geschichte und die Pousada halbvoll, den ganzen Juni, die Feste über. Das war ordentlich viel Arbeit. Es wurde sogar *noch* ein Mädchen angestellt. Bis Mitte Juli. Trotz Nebensaison. Und Verinha gehörte bereits zur Familie. Die Frau des Besitzers, mit 25 ja nicht gerade um ein Eckhaus älter als ich, war mehr Freundin als *patroa*, Chefin, geworden. Wir verstanden uns sehr gut. Und ...

Na ja, wie soll ich sagen, manchmal kam es mir vor, als hätte sie eine der meinen nicht unähnliche Vergangenheit. Vorsichtig gesagt. Nur so ein Gefühl... Die Sprache kam nie drauf. Und für ihre beiden Terroristenbuben war ich *a tia,* die Tante. Bei der sie, zur Verwunderung aller, spurten, als seien sie Ministranten. [Schmunzelt.] Ich glaube, heute, dass *minha cor retinta,* meine Rabenschwärze, sie nachhaltig und befriedend [lacht] beeindruckt hat. Waren ganz süße Kerls. Und völlig zufrieden, wenn nur jemand für sie *da* war.

Als São Boaventura vorbei war, hatte ich sechs Wochen durchgearbeitet. Ohne einen einzigen freien Tag. Aber ich sag das nicht, um mich zu beschweren. Es war einfach so. Und ich hatte überhaupt kein Problem damit. Ob ich denn nicht wenigstens einmal zum Tanzen wolle, rein in die Stadt, zu den Festen, fragten mich die Besitzer. Mehrmals. Du kannst gern am nächsten Tag ausschlafen. Das geht schon. Aber Verinha hatte null Bock auf diese Massenaufläufe. Durchsetzt mit besoffenen Teufeln. Die aus den Nachbargegenden ankamen, justament, um hier, in schützender Anonymität, die Sau rauszulassen. Saß lieber mal spätabends am Strand. Mit *a lua,* der Möndin. Das Fest bekam ich so oder so mit, Böller 24 Stunden am Tag. Von Sklavinnen hergestellt, übrigens. Da könnte ich dir auch wieder so was aus unserer Realität erzählen. Die du und deine Leute dort drüben [Verinha deutet Richtung Meer] nicht kennen.

Feuerwerkskörper herstellen. Unter Lebensgefahr, auf Akkord, in der eigenen armseligen Hütte. Für den großen Profit des *patrão*, des Chefs. Und für ein paar Bohnen und Reis für sich selbst. Ganze Dörfer hängen da drin. Und hin und wieder fliegen ein paar Familien in die Luft. Kollateralschäden.

Oder ich sah in Ruh und Frieden fern, in meinem Zimmer. Von niemandem bedrängt, noch blöd angemacht. *Das* sollte ich tauschen, irgendeines Festes wegen?

Aber jetzt, nachdem São Boaventura vorbei war, wollte ich gerne mal ein bisschen raus aus dem Trott. Die Umgebung erkunden. In der Pousada war ohnehin tote Hose, oder fast. Und schnell hatten wir, die Chefin und ich, uns geeinigt. Fortan, die nächsten zwei, drei Monate über, würde ich öfters frei haben. Zwei Tage pro Woche waren ab nun einige wenige Zimmer in Schuss zu halten, für eventuell ankommende Gäste, und ansonsten, wenn keine Gäste da wären und sie mich nicht gerade zum Bengelbändigen brauchte, weil sie was in der Stadt zu erledigen hatte, konnte ich tun und lassen, was ich wollte. Das Gehalt zahlten sie unverändert weiter. 300 Reais im Monat. Kost und Logis gratis. War eine Superzeit, *Irini.* Ich glaube, ich kannte bald die gesamten 50 Kilometer Strand. Nahm mir eine Flasche Wasser mit, Bananen und ein bisschen Maniokmehl, ein paar Tücher als Sonnenschutz. Und los ging's. Stundenlang. Manchmal auch einen ganzen Tag lang. Yemanjá, Iansã, Oxum und ich. Kaum je ein Mensch. Verinhas Standläuferinphase [lacht].

Wie ich es bei den Tupinambá gelernt hatte, sammelte ich auch hin und wieder Muscheln ein. Fürs Mittag- oder Abendessen. Verwunderlich, dass ich kaum je sonst jemanden beim Sammeln dieser Gratisnaturgabe sah. Und wenn, dann ein Grüppchen älterer Frauen. Zu zweit, oder höchstens zu dritt. Das hätte mit den *Assistenzialismusschecks* zu tun, die seit Lula an alle monatlich verteilt werden, sagte der Pousadabesitzer dazu. Früher fuhren die Männer alle raus zum Fischen, heute sitzen sie im Wirtshaus. Und die Frauen gehen keine Muscheln mehr sammlen, sondern stehen in der Schlange bei der Bank. Die Schecks abholen. Der PT [*Partido dos Trabalhadores*, Arbeiterpartei] hat den illegalen Stimmenkauf mit diesem Assistenzialismusdreh richtiggehend institutionalisiert. Und keiner rührt mehr einen Finger.

Ich dachte an meine Familie. An die Telefonate, die wir führten. Als ich bereits im Käfig bei meinem Onkelfreund war. Keine Frage, sie würden „auf ewig" die Kandidaten des PT wählen. Dankbar für die „Assistenzialismusschecks". Die ihnen zuvor Unerreichbares erlaubten.

Unter anderem auch industrialisierte Lebensmittel. Statt den selbst produzierten. Plastikflipflops statt Barfüßigkeit. Ein Kleid, oder ein Hemd, statt Lumpen. Einen kleinen Fernseher irgendwann ... Das Ende des traditionellen abendlichen Zusammenhockens, unter den Sternen, um ein Lagerfeuer, Geschichten hörend und erzählend. Aber ich bezweifle, dass sie wegen den paar Reais pro Monat gänzlich aufgehört haben zu arbeiten. Wie auch immer, ganz unrecht hatte er mit seiner Einschätzung nicht, der Pousadabesitzer. Vor allem mit der Absicht, die hinter der sozialen, armenfreundlichen Verpackung steckt. Denn *emanzipieren* tun die paar Moneten, Krümel dessen, was von den edlen Spendern übers Jahr von den Tellern der Ärmsten gestohlen wird, mit Sicherheit niemanden!

Ende November begann die Hauptsaison. Und Verinha war nicht mehr bloß in Erfahrung volljährig, sondern auch rechtlich. War diese Erfahrung in Canavieiras bis jetzt eine rundum angenehme gewesen, vielleicht das beste Halbjahr seit meiner Kindheit im Quilombo, änderte sich das ab Dezember. Die Pousada, neu gebaute Zimmer inklusive, war voll. Vierzehn Stunden Maloche am Tag wurden zur Regel. Aber, nochmal, das machte und macht mir bis heute nichts aus. Ich arbeite ja nicht nur, weil ich *muss*. Überlebensfrage im kapitalistischen System. Sondern auch, weil ich *will*. Weil Arbeit für mich Selbstbestätigung und vor allem Unabhängigkeit bedeutet. Nur nicht von irgendeinem Macker abhängen! Die Pousada war also voll. Ab Dezember. Normale Menschen, Touris, einerseits. Aber auch, unausweichlich, Teufel darunter. Der *assédio sexual*, sexuelle Belästigung, geriet fast zur Tagesordnung. Beim Frühstücksbuffet gab's die Ouvertüre. Und das Gros beim Zimmeraufräumen. Da gab's die Zweideutigen, Subtilen, die die „feine Klinge" schwangen. Die mit der Rhetorikmasche versuchten, ans Ziel zu kommen. Dazu gehörten die Ausländer. Nicht alle! Aber einige. Diese kommen anscheinend bereits mir der fixen Idee im Kopf, brasilianische Frauen würden nur darauf warten. Ist *das* auch euren Medienscharlatanen geschuldet? Oder woher kommt das? Machen die das bei und mit euch genauso? Und dann gab's „die Direkten". Wo Rhetorik nur vom Vulgären, das denen innewohnt, gespeist wird. Hab dich nicht so, Hure, du willst mir doch eh einen blasen. Komm, mach die Türe zu, aus deiner Muschi tropft es doch schon, so geil bist du auf mich. Oder mit Zehn- oder Fünfzig-Real-Scheinen gewedelt wird. Bisweilen neben ihrem rausgeholten und dargebotenen *fetiche mirim*, Zwergerl-Fetisch, und scheinbar einzigem Ichbewusstsein, das ihnen zu eigen ist. Und wo auch gleich mal hingelangt wird ...

Das brauche ich nicht. *Nunca mais*, nie wieder! Mit den Subtilen hatte ich leichtes Spiel, fuhr ihnen übers Maul. Wenn sie Portugiesisch verstanden. Oder ignorierte sie. *Und* den Dreck in ihren Zimmern. Machte einfach nicht sauber, solange sie da waren. Sich nicht aus dem Zimmer vertschüssten. Arbeitsaufwendiger, anstrengender, waren die Obszönen und Handgreiflichen. Da kam es vor, dass ich so einem nicht nur kurz übers Maul fuhr. Sondern Schimpfkanonaden, auch ich kann die unterste Schublade bedienen [lächelt], losließ. Gespickt mit persönlichen, ihr Aussehen betreffenden Angriffen. Und einem, der hatte sich im Zimmer, im Bad, versteckt, wo er nackt auf mich wartete und die Gelegenheit es der *crioula*, der Niggerin, zu geben, schlug ich, als er mich völlig überraschend an den Hüften packte, nach einer Schrecksekunde mit dem Knie so hart ich konnte, und dann gleich nochmal, schon einen Schritt zurück und nun mit dem ausgestreckten Bein, so wie es im Clube Maria Bonita uns Mädls von G gelehrt worden war, in die Eier. Im nächsten Moment, mein Atem und die Welt standen still, klappte der Teufel zusammen wie eine Mäusefalle und begann zu kotzen. Der Anblick löste eine Woge der Zufriedenheit in mir aus. *Se afoga na sua merda*, *filho-da-puta*, erstick in deinem Dreck, Hurensohn.

Langen Teufelsgeredes kurze Quintessenz: Irgendwann im Jänner 2002 sprach der Besitzer mich an. Er fragte nicht etwa. Er sagte. *Determinierte*. Es gäbe zuletzt *eine Menge* Beschwerden über mich. Über mein aggressives, vulgäres Verhalten manchen Gästen gegenüber. Entsprechende Kommentare über „eine hübsche Pousada, aber Vorsicht vor einer offenbar geisteskranken Putzfrau, die auch schon mal gewalttätig werde, wenn ihr etwas nicht passe" und andere Storys mehr, selbst schon im Internet. Was dem Pousadabetrieb sicher nicht nützen würde. Und im Übrigen, dass wenn sich ein Gast rüde benehmen würde, dies *dessen Recht* sei. So sei es nun mal. Man könne sich in dem Gewerbe die Menschen leider nicht aussuchen. Aber eines gälte immer – pass auf, *Irini*, exakt wie damals im Puff, das selbe Grundgesetz „Zaster zählt, der Mensch und seine Würde nicht": *Der Kunde ist König!* Von dem lebten wir schließlich alle. Und

dass, wenn ich mich mal bedroht fühle, ich zu ihm kommen solle. *Er*
das regeln würde.
Während der Standpauke sagte ich nichts. Kein Wort. Fluchte,
verfluchte ihn, *innerlich*.
An diesem Abend, auf meinem Zimmer und schon etwas ruhiger, ging
ich alles erneut durch. Dass wir von den Gästen abhingen, „lebten",
wie er es ausgedrückt hatte, okay, da geb ich ihm recht. Aber die
andere Wange hinhalten, oder die Beine breit machen, nö. Und Punkt.
Und zu ihm laufen, wenn's *bedrohlich* würde? Falls er da wäre. Ab
wann ist es denn bedrohlich? Für ihn? Für mich? Und überhaupt: Ich
will nicht zu irgendeinem Typen laufen müssen. Einem „Beschützer".
Einem *Mann*. Damit die *Männer* „das" dann untereinander regeln. Ich
bin die Angegriffene, *ich* regle das!
Ein paar Tage später, ich ging nicht nur nicht zu ihm, sondern ihm
fortan aus dem Weg, suchte seine Frau mich auf. Als ich beim
Abwaschen in der Küche war. Der eine Sohn war in der Kita verstaut,
der andere bei der Rezeptionistin.
Was denn los sei? Was exakt vorgefallen sei. Ihr Mann hätte ihr
erzählt ...
Widerwillig aber doch, immerhin war sie wirklich eine gute Freundin
geworden, öffnete ich mich ein bisschen. Erzählte, was so lief. Mit
diversen als Touris verkleideten Teufeln. Und dass ich nicht vorhätte,
mir das gefallen zu lassen. Auch wenn es dem Umsatz der Pousada
schädlich sei. Und dass ich nicht ihren Mann zuhilfe rufen würde.
Solange ich selbst die Teufel zur Räson zu bringen vermochte.
Schließlich griffen sie *mich, meine* Würde an. Nicht die ihres Mannes.
Ich glaube, ich sprach sehr energisch. Denn sie sagte nur, hey, *ich*
versteh dich ja. *Mich* musst du nicht überzeugen. Lass mich mal mit
meinem Alten sprechen. Wir finden schon eine Lösung. Brauchbar für
alle.
Da die *fofoca*, der (bösartige) Klatsch, ja überall in Brasilien bestens
gedeiht, sie ist die nationale Frsatzbildung, erfuhr ich am nächsten
Morgen von der Köchin, dass es Zoff zwischen den beiden gegeben
hatte. Verinha, die Zwietrachtsäerin. Doch ich war erfahren geworden.
Mit meinen achtzehn Jährchen. [Grinst.] Zweifeilte nicht mehr *an mir*.
Denn, verdammt nochmal, es war nicht mein Fehler. Nicht ich war die
Ursache. Nach Feierabend kam die Patroa zu mir aufs Zimmer. Sie
hatte ein paar Dosen Bier dabei. Und einen Viertelliter *aguardente*,

Schnaps, in einer Plastikflasche. Komm, jetzt saufen wir uns einen an. Und das taten wir auch. Lagen quer über's Doppelbett, unter auf Höchstrotation laufendem Deckenventilator, quatschten über Gott und die Welt. Auch über ihren Krach von gestern.
Er ist kein schlechter Kerl. Verglichen mit dem, was da sonst noch als Mann rumläuft. Und ich hab ihm einiges zu verdanken. Mir ging's ja auch nicht rosig, damals, als wir uns kennenlernten ... Aber sein Geld ist ihm heilig. Sicherheit für die Buben, sagt er. Und da ist ihm ein Filho-da-puta-Gast lieber als keiner. *Er* muss es ja nicht spüren. Wie es ist. Sein kann. So einen Arsch bedienen zu müssen. Er lebt auf dem Chef-Planeten. Wo alle bücklings vor ihm scharwänzeln. Aber keine Sorge, unser Stunk gestern ist schon richtig, wie gewünscht – *von mir* – gelaufen. Übrigens passt *er* jetzt gerade auf unsere zwei Terroristen auf. Tut ihm bestimmt gut. Auf dass er nicht zu abgehoben wird. Und den Buben tut das sicher auch gut. Mal nicht nur Sachen vom Papa, sondern ihn selbst zu bekommen.
Sie blieb bis nach elf, bevor sie, beschwipst, zu *ihrem Alten* zurückging. Und ich fühlte mich wohler. Lockerer. Durch die „Alliierte". Durch den Alkohol auch [schmunzelt]. Und nicht zuletzt: bestärkt.
Schon am nächsten Tag gab's konkrete Nachwehen des Streits, der so gelaufen war, wie *sie* es gewünscht hätte. Der Mann ließ nach mir rufen. Ich solle in die Rezeption kommen. Es schüttete gewaltig, und die paar Meter im Freien, von der Küche zur Rezeption, waren genug, dass ich triefend dort ankam. Verwendest du keinen Schirm?
Nö.
Das war unsre Begrüßung. [Grinst, sieht mich an.]
Also Verinha, ich hab mir da was überlegt. Lu wird uns zu Jahresende verlassen, sie geht nach Eunápolis, hat dort einen Job bei Aracruz Celulose bekommen.
Das ist jene Firma, *Irini*, nein, *eine jener Firmen*, die den Atlantischen Regenwald, den artenreichsten den es gibt/gab, in Eukalyptusplantagen –„grüne Wüsten" – umwandeln. Um Papiertaschentücher zu produzieren. Heiß geliebt von allen Politikern aller Parteien. Denn die Geldhähne sind immer für diese offen. Solange sie bei der Umweltvernichtung, und der Vernichtung der Quilombolas und Índios darin, salopp wegschauen.
Umweltverträglichkeitslizenzen ausstellen lassen, ohne dass auch nur je irgendetwas geprüft, untersucht worden wäre. Aber das nur

nebenbei. Von der *Jetzt-Verinha*. *Damals* hatte ich ja null Ahnung von der Firma Aracruz. Und Eliane kann dir eine Menge mehr über die Machenschaften dieser Firma erzählen, dort, wo sie, Eliane mein ich, jetzt lebt und arbeitet, halten sie das Land der Guarani und Tupiniquim besetzt, vernichten es nachhaltig, scheffeln damit Miliarden und die Índios schauen zu und verhungern. Oder hauen ab in die nächste Favela. Wie geplant-gewünscht.

Und – so fuhr der Chef fort – ich hab mir gedacht, dass du in der Rezeption besser aufgehoben bist. Besser für dich und für mich, die Pousada. Besser als beim Zimmeraufräumen. Wir haben volles Haus, Gott sei Dank!, und das wird bestimmt bis Mitte März noch so bleiben. Ich werde also noch diese Woche zwei zusätzliche Frauen einstellen. Und wenn du mir sagst, dass du die Rezeption machen willst, dann suche ich eine für die Zimmer und eine für die Küche, die auch bei den Zimmern aushilft. Und zwar möglichst schon ältere. *Damit den Hengsten unter unseren Gästen nicht gleich die Hormone durchgehen*. Und er lachte herzlich über seinen „gelungenen Spaß". *Imbecil*, Trottel, dachte ich. Aber Rezeption klang gut. Ich überlegte. Er unterbrach mich dabei. Übers Geld reden wir noch, bis es so weit ist, Verinha. Aber klar, dass dein Salär raufgeht. Ein bisschen wenigstens. Denn die beiden Neuen müssen auch noch im Budget Platz finden.

Und das wäre ab Jänner dann?

Nein, schon ab 23. Dezember. Lu verbringt noch eine Woche bei ihrer Familie hier in Canavieiras, bevor sie nach Eunápolis geht.

Ich nickte.

Okay. Na prima, abgemacht. Meine Frau wird dir alles Weitere erklären. Ihr versteht euch ja ohnehin bestens, wie ich meine.

Alle Achtung, dachte ich. Sie hatte ihn wirklich im Griff. Den *Nach-außen*-Chef.

Noch die selbe Woche kamen zwei neue Kolleginnen. Und in der Tat um einiges älter als ich. Die eine nahm ich jeden Vormittag mit. Zum Vorzeigen. Und siehe da, kaum zu zweit, mit einer etwa 50-Jährigen und Hellhäutigen, die von einer Schwarzen eingeschult wurde, gab's keine blöde Anmache mehr. Da waren die Teufel zu verwirrt. Oder ihr toller Schneid im Arsch. Morgens war ich nicht mehr in der Küche und am Frühstücksbuffet eingesetzt, sondern mit der Patroa, Lu und dem dort verbleibenden Kollegen in der Rezeption. Die ersten Computerkontakte meines Lebens, und gleich rein ins Internet und in hauseigene Preislisten, Buchungslisten, Reservierungslisten ... Herzlich willkommen in der virtuellen Welt.

Nach nur einer Halbtagswoche Ausbildung war ich Rezeptionistin. Und auf dem Weg zur Buchhalterin. Patrão und Patroa gaben auch diesen Bereich, und die Zuständigkeit für alle Einkäufe, schrittweise an mich ab. Schwierig war lediglich, die Kolleginnen, alte wie neuhinzugekommene, dazu zu bewegen, mich auch stets *vor dem Ausgehen* darüber zu informieren, was gerade zur Neige ging. Salz, Maniok, Käse, zum Beispiel, oder Leuchtstoffröhren, Waschmittel, Klopapier, Handseife. Da ist es bei uns meist leichter, einen Stein zum Bluten zu bringen [lächelt]. Als Mit- oder gar Vorausdenkende zu finden. So eben, wie von oben, unserer alles kontrollierenden Raubmafia, gewünscht. Dächten alle, oder wenigstens viele, im Voraus, sie, die Mafiosi, wäre ja längst nicht mehr an der Macht. Zumindest nicht *gewählt*. Ich stand also einfach eine Stunde früher auf und lief selbst die Pousadagänge ab, in die Küche und die Vorratsdepots, um ein Bild vom Stand der Dinge zu bekommen. *So* funktionierte es. Sogar Batterien konnte der zasterverliebte Patrão durch Verinha sparen [lächelt]. Denn bald standen, außer hin und wieder bei meinem – beschämten? – Kollegen an der Rezeption, alle Handrechner still. Mein Kopf war nicht nur schneller. Sondern auch genauer. Keine Eintippfehler [lacht, schnippt mit Daumen und Mittelfinger ihrer linken Hand, und klopft sich mich der anderen Hand auf den Oberschenkel].

Die Probleme mit der „offenbar geisteskranken und auch schon mal gewalttätig werdenden Frau" existierten nicht mehr. Weil die Anmacher sich in Gegenwart eines Mannes, meines Kollegen, schon mal gehemmter fühlen. Und weil sie allesamt status-unterwürfig sind. Eine *schwarze Putzfrau* ist der letzte Dreck. Gerade gut zum Hernehmen. Wenn sie denn eine Vergewaltigung überhaupt *verdiene*. [Sieht meine aufgerissenen Augen.] Ja, was?! Sieh mich nicht so entsetzt an, Schwester. So reden, live, vom Fernsehen übertragen,

unsre Abgeordneten. Okay, nein. Nicht alle. Aber der Bolsonaro. Ex-Militär.
Wahrscheinlich auch Präsidentschaftskandidat – durchaus aussichtsreicher bei unsren Teufelsmassen! – bei den nächsten Wahlen, 2018. Nein, leider kein Spaß. Brasilien, wie es ist, vielmehr. Egal. Nein, *nicht* egal. Aber ich soll mich ja auf Verinha konzentrieren. Also, die schwarze Arbeiterin ist der Sockel an dem sich alle, weiß *und* schwarz, die Füße nach Lust und Laune abstreifen. In unserem *Tropenparadies* [lacht].
Aber eine schwarze Rezeptionistin ... Das ist bereits was anderes. Könnte ja einflussreiche Freude haben. *Sexbesitz des Inhabers* sein ... Besser nichts riskieren. Höchstens, man erwischt sie mal alleine, irgendwo draußen. So wie mich jetzt wieder vor Kurzem ... Auf dem Fußweg zur Arbeit. Routine, *Irini*, brasilianische Routine. Seit ein paar Hundert Jahren. Die schwarze Verinha ist alles, nur kein Einzelfall! Was glaubst du denn, wo sie alle herkommen, die Millionen kunterbunter Brasilianer? Ich sag's dir: aus den Schößen vergewaltigter afrikanischer und afro-brasilianischer Frauen! Auch indigener, klar. Portugiesen, Bandeirantes, *padres,* Priester, feine Herren und auch die unfeinen, getreten von den feinen, zahlen's *uns* dann heim. Um sich wieder *als Mann fühlen zu können*. Mit macho-sich im Lot zu sein.
Verdammt! Schon wieder in die Abseitsfalle getappt [lacht].
Also, ganz lapidar: Es folgte eine Hauptsaison, in der ich eine Menge zu arbeiten hatte, vor allem aber mit dem Kopf nun. Respekt gewann. Hin und wieder mit der Chefin abends ein paar Biere und Schnäpse kippte. Und von Teufeln nicht belästigt wurde.
Ab Mitte Juli wieder die Tote-Hose-Zeit. Und Verinha neuerlich als Solostrandläuferin. Und Muschelaufsammlerin. Mit der gebührenden Vorsicht. Soll heißen, wenn ich mal aus der Ferne einen oder mehrere Männer entdeckte, in meine Richtung kommend, wartete ich schon lieber mal im Gestrüpp, oder hinter einem Sandhügel oder Palmen, versteckt ab. Bis er oder sie vorbei waren. Aber das passierte ohnehin fast nie. Am liebsten war ich am „Südstrand" unterwegs. Der führt direkt von der Pousada zur Mündung des Rio Pardo. Ich schätze mal zehn Kilometer, hin und zurück. Und wenn du an der Mündung ankommst, gehst du ein Stück landeinwärts und bist mitten drin *no Manguezal,* in den Mangroven. Verschiedene Reiher, Wildenten,

Habichte, Spechte, Tyrannen, Eisvögel, Schwalben, Stärlinge, Papageien, in Massenauftritten die *periquitos*, Kanarienflügelsittiche – das sind für mich die nächsten Verwandten der Menschen, können genauso wenig wie unsre Rasse den Schnabel halten, andauernd Kreischerei [grinst] – und mit etwas Glück siehst oder hörst du sogar eine Spottdrossel. Kleine große Entertainer [schmunzelt]. Der Vogelreichtum war ganz ähnlich dem, wie ich es als Kind gehabt hatte, in unsrem Quilombo bei Mirinzal. Eine weitere Parallele war der enorme Krabbenreichtum. Schade, dass ich es noch nicht gelernt hatte, als mich der „liebe Onkel" holte, die Dinger mit dem Arm bis zur Achselhöhle im Schlamm nur per geübtem Blick, also *Wissen*, Instinkt und Tastsinn, aufzuspüren und fangen. *Ohne* einen Finger zu verlieren. Und möglichst ohne sich den Arm an den scharfen Kanten der Muscheln, die an den Wurzeln der Mangroven festsitzen, blutig zu schneiden.

Ein paar dieser *caranguejos* hätten die Muschelsuppe noch mal anständig aufgewertet [lacht]. Das war auch die Zeit, als ich mein Gehirn von Globo-Schwachsinnprogrammen und -manipulationen befreite. Gänzlich abnabelte. Und meine Fernsehlust auf die bereits erwähnten guten, wirklich guten, Öffikanäle zu beschränken begann. Die wir haben, die aber fast niemand schaut. Weil Denken dabei unumgänglich wird. In der Regel zu viel Stress für unser von klein auf müllkonditioniertes Volk. Es geschah auch, dass mich Sportfischergäste zur Mitfahrt einluden. Aber, teufelgebranntes Kind ..., nein danke. Nur ein einziges Mal fuhr ich mit. Und das auch nur, weil Patrão und vor allem Patroa mit von der Partie waren. Es war schon wieder November, kurz bevor die Hauptsaison begann. Ich mittlerweile neunzehn. Und selbstsicherer und ausgeglichener, aber auch arroganter [lächelt], als je zuvor.

Es waren zwei Schweizer. Sportfischer. „Sport" ... Die hatten eine ansehnliche Yacht. Mit allem Drum und Dran. Verbrachten stets einen Teil des Jahres zu Hause, in der Schweiz. Und den Winter in Bahia. Hatten ein Haus im Tourighetto Porto Seguro. Nochmal ein Stück weiter im Süden die Küste entlang. Und dort blieb auch die Yacht, wenn sie zurück in der Schweiz waren.

Fast jedes Jahr kamen sie hoch nach Canavieiras, Ende Oktober/Anfang November, gerade bevor die Hauptsaison losging. Um hier – Canavieras ist so eine Art El Dorado für die sogenannten

Sportfischer – Seebarsch, Segelfisch, Weißen Marlin und vor allen anderen den Blauen Marlin rauszuholen. Meine Arbeitgeber kannten die beiden seit Jahren. Fuhren immer wieder mit. Ich zum ersten Mal. Noch dazu „arbeitslos". Denn die beiden Bengels mussten, unter hysterischen Protesten, zurück an Land bleiben. Irgendwann brauchen wir auch mal eine Pause, kommentierte es meine Chefin. Nach dem Frühstück fuhren wir im Land Rover des Patrão zum *Cais do Porto de Canavieiras*, Hafenkai von Canavieiras, am Rio Pardo, und gingen zur bewachten Hochseeyacht. Der Porto war, früher einmal, bis in die 1950er-Jahre, ein *richtiger* Hafen gewesen.

Täglich voll mit Passagieren und Waren. Getreide aus Argentinien wurde ent- und baianischer Kakao geladen. Große Schifffahrtsfirmen wie Lloyd Brasileiro, damals die größte Südamerikas, verkehrten dort. Und es gab ständig Arbeit für so viele *estivadores*, Lastenträger, dass Canavieiras sogar eine eigene Gewerkschaft der Estivadores hatte. Das Gewerkschaftshaus stand damals noch, als ich dort war, aber nur mehr als Ruine. Und der Hafen ist ein verschlafenes Häfchen geworden. Auch so ein brasilientypisches Indiz. Unser Land hat, *hätte*, die besten und weitesten Wasserverkehrswege der Welt. Im Gegensatz zu Kanada und Russland, 365 Tage im Jahr schiffbar. Natürliche Verkehrswege, die billigeres und umweltschonenderes Transportieren ermöglichten. Aber wir lassen sie links liegen. Verbauen sie lieber mit völlig unnötigen und ineffizienten Gigawasserkraftwerken. Zerstören lieber riesige Biotope, und die in ihnen lebenden Bevölkerungen. Und bauen am liebsten Straßen. Denn beim Umweltvernichten, pardon Wasserkraftwerke- und Straßenbau, kann ordentlich abgezweigt und abgesahnt werden. Übrigens auch mit kräftiger Beteiligung eurer Firmen. Siemens, Andritz, Alstom, Voith, General Electric ..., blutige Profite und blutgedüngt wachsende Bruttonationalprodukte für euren Wohlstand. Oh nein, *Irini*, der Kolonialismus hat nur das Outfit gewechselt. Vorbei ist er noch lange nicht. Und unsere Straßen bauen wir immer penibel so, dass sie wenige Monate nach, stets um Jahre verspäteter, Fertigstellung – *wenn* sie denn je fertiggestellt werden, rar! – bereits wieder auf- und auch schon mal wegbrechen. Denn dann dürfen die Gangsterregierungen aufs Neue ihre Fantasie- und Mogelausschreibungen und -projekte durchführen, die *uns* Milliarden kosten. Und zu nichts außer Achsenbrüchen, Auffettung der Profite der Auto- und Ölindustrien sowie erleichtertem Landraub, lukrativer Waldvernichtung und Ausrotten von Quilombolas und Índios taugen. Ich weiß, ich schweife schon wieder ab. Aber hör dir *das* an: Vor ein paar Jahren, ich sah's im Fernsehen, wurde eine *generalüberholte* Straße in Minas Gerais feierlich mit Pomp wieder eingeweiht. Und tags darauf, beim ersten Regen, den Berg runtergespült. Ein Reporter interviewte einen Mann der Straßenbaufirma. Und stellte, unter anderen, diese Frage, sinngemäß, Wort für Wort weiß ich es freilich nicht mehr: Wie erklären Sie sich, dass ihre Firma einerseits in hochentwickelten Ländern wie den USA Straßen baut, die halten, und dass andererseits hier, im eigenen Land, so etwas passiert? Und der Typ antwortet, völlig gelassen: Weil die Regierung der USA uns dafür bezahlt, Straßen zu bauen. Und die hiesigen *vorgeben* uns für einen Straßenbau zu bezahlen, und wir folglich vorgeben, Straßen zu bauen. Jesus, *Irini!* Und er sagte bloß, in aller Ruhe und Offenheit *wie es ist*. Am nächsten Tag sprach kein Mensch mehr darüber. Kein Thema mehr. Alles weiter so, wie es brasilianisch ist. Normal! Was wäre denn bei dir, in Europa, los, wenn so was in den Abendnachrichten über den Bildschirm käme? Jetzt bist du sprachlos, was?!

Okay. Zurück zum „Hafen" von Canavieiras. Und unserem Meeresausflug.

Um an den Blauen Marlin zu gelangen, muss man über 15 Seemeilen weg von der Küste, raus zur Royal Charlotte Bank fahren. Das ist so ein, nochmal rund 20 Seemeilen breites, Unterwasser-Hochplateau, wo wegen der Strömungen jede Menge Nahrung für die kleinen Fische rumschwimmt. Die wiederum Nahrung für die großen sind. Und wenn ich sage groß, *Irini* ... Die Dinger können drei-, vierhundert Kilo wiegen! Nun, sie fingen einen, der 186 kg wog.

Auch ganz schön beeindruckend. Für mich zumindest. Die allgemeine Jubel- und Selfiestimmung konnte ich allerdings nicht so richtig nachvollziehen. Mir tat dieser auf Raten getötete Kämpfer leid. Genauso wie die anderen, kleineren Weißen Schwertfische und der Segelfisch, die die beiden rausholten. Ich hatte da so eigenartige, „oppositionelle" Gedanken, wie: Und was ist, wenn das nun eine angehende Mutter war? Und wie würde ich mich fühlen, käme ein E.T. in meine Gegend mit einem Fanggerät und fände es ungemein sportlich ... Aber ich machte neutrale Miene. Zum fraglichen Sport. Schließlich hatte ich ja mitkommen *wollen*. Und was die Seebarsche betrifft, hatte ich gar kein Mitleid. Dachte dafür umso mehr ans Abendessen. Denn die schmecken mir gaaanz ausgezeichnet [lacht]. Dann kam wieder eine Hauptsaison, wieder eine Nebensaison und schon war's September 2003. Und Verinha am Anfang ihres dritten Erd-Jahrzehnts!

In der Beziehung zwischen meinen Arbeitgebern hatte sich, so weit ich das beurteilen kann, vieles verändert. Und zwar nicht zum Guten. Die Patroa kam jetzt manchmal zu mir aufs Zimmer mit den Bieren und dem Schnaps, aber auch mit Maconha und Koks, nicht mehr um Spaß beim Quatschen mit ihrer Freundin zu haben, sondern um sich zuzumachen. Die Realität auszublenden. Ihre Seele, aber auch Wut und Hass auszuschütten. Last zu löschen. Was freilich auf diese Art nicht gelang. Sie konnte, oder wollte, das aber nicht einsehen und griff zu immer stärkeren Dosen. Der Patrão war selten zu sehen. Hatte nun irgendeine andere Frau. In Itabuna, glaube ich. Selbst die Bengels waren weniger bengelhaft. Saßen meist bei ihren Videospielen herum, wenn sie von der Schule zurückkamen. Wer die Pousada am laufen hielt, waren wir. Die Arbeiter. Aber es begann an Geld zu fehlen, um Einkäufe zu bezahlen. Und auch die Löhne kamen nur stockend. Immer verspätet. Ich hatte mehr am Telefon, mit Leuten und Firmen, die ihr Geld wollten, zu tun, als sonst was. Bekam das Fett ab. Während sich der Herr irgendwo als Playboy vergnügte und die Frau sich selbst zerstörte. Nichts Neues in unserer Welt. Ich weiß. Wusste es auch damals. Und fühlte mich bestätigt, die ganze Zeit in Canavieiras solo, ohne Macker, geblieben zu sein. Machen wir's kurz, das ist ja ganz in deinem Sinne, *Irini*, unter diesen Umständen wollte ich keine Hauptsaison durchdrücken. Es wäre heilloses Chaos geworden. Eventuell mit Gericht und so.

Mit dem Monatslohn für Oktober, und das war schwer, den Mitte November endlich auf die Hand zu kriegen, verließ ich die Pousada, Canavieiras, Bahia. Ein Touriehepaar aus Sete Lagoas, Minas Gerais, das aber in Belo Horizonte, der Hauptstadt, studierte und lebte, gab mir die Mitfahrgelegenheit. Wir kannten uns bereits aus dem Vorjahr, wo sie auch eine Woche bei uns, in der Nebensaison, wegen des Preisvorteils, verbracht hatten. Er studierte *Odontologia*, Zahnmedizin, sie *Ciências Contábeis*, Buchhaltung(swissenschaften). Verinha hatte die beiden beeindruckt. Als ganz junge, von unten kommende Alleinschmeißerin der Geschäftsführung des Ladens. Vor allem als sie

hörten, dass diese Verinha nirgendwo studiert hatte [schmunzelt]. Zumindest nicht an einer Institution. Sondern als Autodidakt im „freien" Leben. Die beiden waren es auch, die mir den Rio-Floh endgültig aus dem Ohr zogen. Ich sage endgültig, weil ich zuvor selbst schon immer mehr in Zweifel gekommen war. Angesichts der Nachrichten zum Zustand dieser in ganz Brasilien so genannten *Cidade Maravilhosa,* Wunderbaren Stadt. Dort schien ja alles sonst schon Schreckliche, das unser Land charakterisiert, noch zum Quadrat zu wirken. Tendenz: immer schlimmer. Sie erzählten mir viel von der *Lebensqualität Belo Horizontes.* Dass es sich dort gut leben und selbst eine Existenz aufbauen ließe. Ich aber hatte mich für São Paulo entschieden. Das Enormste, was Brasilien an Urbanem zu bieten hat. Und das ist auch gleichbedeutend, *damals zumindest war es das noch*, mit dem größten Arbeitsangebot. Diesmal war, eine Novität in meinem langen Zug nach Süden, keine Noteile geboten, denn Geld hatte ich genug dabei. Verteilt in Slip, BH [lacht], Turnschuhen und Rucksack, waren über fünftausend Reais „angelegt". Verinha die fahrende Bankerin.
Sie lieferten mich am späten Nachmittag an der Rodoviária von Belo Horizonte ab und ich nahm den erstbesten Bus. Am Dienstag, den 18. November 2003, kurz vor sieben am Morgen, betrat eine entschlossene, zum Aufstiegskampf bereite Verinha zum ersten Mal den Boden der größten Stadt Lateinamerikas. Wow! [Grinst.] Und jetzt, mit Verlaub meine Schwester aus dem Eis, eine kleine Verschnaufpause. Bevor's weiter geht im Text.

Verinha lacht ihr ruhiges, kurzes tiefes Lachen, steht auf, geht einen Schritt auf mich zu, hebt ihren linken Arm und hält mir die geöffnete Handfläche hin. Ich klatsche mit meiner linken dagegen. So ist's recht, Schwester, bestätigt sie, noch immer lächelnd, geht aus dem Zimmer und ruft nach *ihrer kleinen Wilden.*

Ich nütze die Aufnahmepause und öffne die ersten drei von Antônio Carlos heute morgen, während seiner Frühstücksstippvisite, gemalten Links. Der erste führt zur Stiftung Getúlio Vargas, genauer: zum *Centro de Pesquisa e Documentação de História Contemporânea do Brasil (CPDOC)* jener Stiftung –
http://cpdoc.fgv.br/producao/dossies/AEraVargas1/biografias/filinto

muller – und bringt mich zurück zu Filinto Müller, dem Jetztzeit-
„Schultaufpaten", von dem Eliane sprach. Ein Karrieremilitär,
Geburtsjahr 1900, aus einer *traditionellen Politikerfamilie*. 1930 war er
dabei, als die Republik gestürzt und durch das Vargas-Regime ersetzt
wurde. 1933 hatte er sich zum Polizeichef des Bundesdistrikts
hochgedient. In den folgenden Jahren war er Chefjäger von
Oppositionellen. Antifaschisten vor allem, wie jenen der Aliança
Nacional Libertadora (ANL). Seine Vorgehensweise charakterisierte
sich durch willkürliche Verhaftungen und Folter. Er hatte unter
anderem 1937, bei einem offiziellen Staatsbesuch, bei Heinrich
Himmler gelernt. International bekannt wurde er durch den *Fall der
deutschen Jüdin Olga Benário*, deren Deportierung er anordnete ...
Wie hatte Eliane es mir Österreicherin in der Form einer
verstehenshelfenden Frage platziert?: *Gibt's bei euch auch eine
„Sturmstaffel-Schule"?*
An unsere vor kurzem beendete Bundespräsidentenwahltrilogie
rückdenkend, gebe ich mir gleich selbst die satirische (?) Antwort:
Noch nicht. 53,8 Prozent sei Dank.

Ich öffne den nächsten Link, diesmal ein deutschsprachiger:
http://www.hart-brasilientexte.de/2016/09/25/brasiliens-judenhasser-
und-diktator-getulio-vargas-folterdiktator-ernesto-geisel-des-
nazistisch-antisemitisch-orientierten-militaerregimes-die-
bemerkenswerten-auszeichnungskriterien-in-spd-cdu-fd/
(www.hart-brasilientexte.de)

Und lese dort mit ins Grauen gehendem Staunen, dass brasilianische
Mörder und Folterknechte in *Nachkriegs*-Deutschlands politischem
Spektrum (von Konrad Adenauer bis zu Willy Brandt!) offenbar viele
Freunde und Bewunderer hatten. *Haben*, eigentlich. Denn die Ordens-
und Auszeichnungsflut – „Sonderstufe des Großkreuzes des
Verdienstordens" –, die da von Deutschlands über jeden Verdacht
erhabenen Demokraten an die (deutsch-) brasilianischen Chefhenker
ging, wurde bis heute nicht hinterfragt, aufgearbeitet oder gar
verurteilt und/oder rückgängig gemacht.

Verinha ist weiter am Verschnaufen. Ich öffne den dritten von Antônio Carlos angegebenen Link, diesmal in Englisch:
http://www.latinamericanstudies.org/chile/operation-condor.htm

Hier darf ich mich informieren, um welche Leistungen es sich handelte, die den brasilianischen Freunden höchste Staats-Orden seitens ihrer bundesdeutschen Machtkollegen eingebracht haben. Und während ich mich da durchkämpfe, erhalte ich den Hinweis einer eben angekommenen Mail von Antônio Carlos, die ich sofort öffne:

Oi Irene! Noch was, zusätzlich zu den Links – hattest du schon Zeit reinzusehen?
Nicht nur, was das Niederhalten, Auspressen bis zum letzten Tropfen Leben der eigenen brasilianischen Leute und das Abschlachten der autochthonen Bevölkerungen angeht. Sondern eben auch, wenn's um Ausländer geht, bleibt sich Brasilien, die stets gleiche Clique an der Macht und an den Kontrollhebeln, treu. Quer durch die Jahrhunderte. Olga, die Kommunistin, wurde ans Gas geliefert. In den 1930ern. Und schon 1907 wurde ein Gesetzesvorschlag des Kongressabgeordneten Adolpho Gordo vom Parlament ratifiziert. Es war die Zeit der ersten Arbeitskämpfe. Vor allem in São Paulo. Meist aus Italien eingewanderte Arbeiter, politisiert noch von drüben, nahmen den Kampf um menschenwürdige Arbeitsbedingungen auf. Na, und so was geht *kultürlich* nicht. In Brasilien. In der Folge war *a* Lei Adolfo Gordo, *das Adolfo-Gordo-Gesetz, als Anarchistenhatz im Gang. Und gleich im ersten Jahr wurden über hundert Männer, die an Streiks teilgenommen hatten (oder auch nicht), wegen ihrer anarchosyndikalistischen Gesinnung deportiert. Das ist die* eine *Ordnungsseite Brasiliens.*
Auf der anderen *durfte ein Dr. Josef Mengele staatlicherseits ungestört, in Ruhe seinen Lebensabend bei uns verbringen. Bis zu seinem Schwimmunfall 1979, an der Küste von São Paulo. Oder ein Josef Stangl, ein Landsmann von dir, der Schlächter von Treblinka, der 16 Jahre lang unbehelligt in São Paulo lebte, bei VW einen guten Job hatte, und nicht weil die brasilianische Obrigkeit, oder die Direktoren bei VW, etwa nicht gewusst hätten,* wer *da am biederen Werke war.*

Selbst Konzentrationslager hatten wir, wusstest du das? Teilweise aus Ziegelsteinen mit eingestanztem Hakenkreuz gebaut. Brasilianische Polizisten und Militärs wurden 1936 in Nazideutschland von der Gestapo „ausgebildet". Und die stärkste Auslands-NSDAP der Welt hatten wir auch! Mit Abstand, vor dem zweitplazierten Holland. 15 über ganz Brasilien verteilte Radiostationen, die Massenmedienmacht in den 1930er-Jahren, verbreiteten auf Portugiesisch Nachrichten, die in Berlin maßgefertigt wurden. Botschaftsessenz: Wunderbares Hitler-Deutschland. An den deutschen Schulen im Land wurde verpflichtend „Deutschland über alles" gesungen und der Hitlergruß angewendet. Wer nicht stromlinienförmig spurte, wie Alfred Hoch, der Direktor des deutschen Colégio Visconde de Porto Seguro in São Paulo, wurde denunziert. Direkt bei Goebbels. Wenigstens bis Jänner 1942, Pearl Harbour, als die Vargas-Regierung sich auf die andere Seite schlug. Dank großzügiger finanzieller „Anschubhilfe" durch die USA. Ab dann wurde begonnen, getreu His New Masters Voice, deutsch-, italienisch- und japanischstämmige Einwanderer zu konzentrieren. Und zu Zwangsarbeit zu verdonnern. Und trotzdem marschierten selbst im April 1942 noch zweitausend uniformierte brasilianische Nazis am helllichten Tage und völlig unbehindert im Zentrum von Florianóplis auf!

Da gäbe es Stoff für noch ganz andere Licht ins Dunkel bringende Publikationen, meine Liebe!

Muss aufhören. Sehen uns später!

Donnerstag, 16. Februar 2017 (Nachmittag)

Dieser Dienstag meiner Ankunft war der Tag nach dem Sturm. Buchstäblich. Als ich noch auf den Bus in Belo Horizonte wartete, fegte er begleitet von starkem Regen durch São Paulo. Mit den üblichen Folgen, die auch bald für mich Routine werden sollten. Überschwemmte Stadtteile. Die Ärmsten immer in Gefahr, wegen ihrer fragilen Do-it-yourself-Hütten, errichtet auf den schlechtesten = gefährlichsten Terrains, die sie in einem auf Geld beruhenden System zu bewohnen verdammt sind, während eines im Grunde gebietsnormalen Tropengewitters alles zu verlieren. Um danach wieder bei null zu beginnen. Brasilianischer Massen-Sisyphos. Überschwemmungen, die in den Medien, Jahr um Jahr als „Naturkatastrophen" Pinocchio-verschleiert werden. Dabei geschehen sie, weil es in unsrem Land erstens kein Interesse am Überleben der Ausschussmenschen, und zweitens keine Planung gibt – außer bei der Korruption. Also auch keine Stadt-Planung. Es wird einfach nach Lust und Laune und Bestechungsvermögen großflächig zubetoniert. Wenn dann Regen fällt, kann das Wasser nirgendwo aufgesogen werden. Und: nicht abfließen. Denn die ohnehin viel zu wenigen Kanalöffnungen sind hoffnungslos mit Müll und Sperrmüll verstopft. Ausdruck des *allgemeinen*, schichtunabhängigen, brasilianischen Bildungsniveaus und Umweltbewusstseins. Und nicht vergessen: São Paulo ist die Bildungs-Hochburg, im nationalen Kontext! Der ohnehin immer chaotische Verkehr kommt zum Erliegen. Staus über hunderte Kilometer gehören dann auch zur Routine. In der Rodoviária Tieté, dort, wo ich zum ersten Mal den Boden von São Paulo berührte, rasten Menschen hin und her. Dicht an dicht. Es ist der zweitgrößte Busbahnhof der Welt. Ich fühlte mich wie in einem Termitenbau. Fürchtete, jeden Moment würde mich irgendjemand über den Haufen rennen. Stehen bleiben, Verschnaufen oder Nachdenken, sich zu orientieren versuchen, de facto verboten. Es ist der normale rhythmische Schock, den alle erleben, die aus dem feudal-bukolischen Norden oder Nordosten in den Motor des Südostens, das Wirtschaftsherz Südamerikas, gekommen sind. Ich rettete mich und meinen Rucksack *aus touristischer Hinterlassenschaft* vor diesem wahnsinnig anmutenden Massengerenne und –gerempel in ein Café. Bestellte Milchkaffe und

ein Croissant. Und traute meinen Ohren nicht, als die Rechnung kam. Zahlte geschockt, aber im Bemühen, mir nichts anmerken zu lassen. Zu diesem Geldwert hätte ich in Canavieiras dreimal Mittag gegessen. Suchte mir ein Stehtischchen, wo ich alleine bleiben konnte. Rundherum wurde entweder nicht gesprochen, da die Leute mit ihren Handys beschäftigt waren, oder es wurden die *Seleção,* das Fußball-Nationalteam, nach einem *beschämenden 1:1-Remis gegen Peru*, und die Stadtregierung beschimpft. Nach dem neuerlichen „wetterbedingten" Chaos von gestern – was sie, die Nörgler, aber wahrscheinlich nicht davon abhielt, bei der nächsten Wahl, den nächsten oder gar denselben Korrupten ihre Stimme zu geben. Das ist auch *der Sinn* unsrer Wahlpflicht. Je mehr Unverständige – und in bitterer Armut Gehaltene, die für einen Kilo Reis „zu haben" sind – und Desinteressierte zur Urne *müssen,* umso besser für die Mafias. Die zwanzigjährige Verinha war, wie schon erwähnt, dieses Mal in einer anderen Position als bei vorhergegangenen Ankünften. In Santa Inês, Imperatriz, São Luiz, Maceió, der Chapada Diamantina, und Canavieiras. Erstens hatte ich Geld. Zweitens hatte ich einen Plan. Drittens eine Kontaktfamilie. Und viertens, ganz im Trend, ein Handy. Mein erstes. Nokia 3310. Zweifarbig, hellblau und grau, und sehr leicht. Gekauft in BH [Belo Horizonte]. Zwar nicht das neueste Modell, aber weil „von gestern" relativ günstig. Mit dem weiteren Plus preislich vorteilhafte SMS mit über 450 Anschlägen verschicken zu können – wenn denn das Netz mal funktionierte. Bis heute ein chronischer Alptraum. [Ich nicke bestätigend, aus Eigenerfahrung in den bislang verbrachten Wochen in Brasilien, obwohl ich mich nur in Metropolen, wo angeblich alles gut funktioniert, im Verglich zum Hinterland, bewegte.]
450 Anschläge …, das Dreifache anderer in Umlauf befindlicher Modelle. Ich sandte nun, wie Tage zuvor, noch in Canavieiras, vereinbart, eine Nachricht an den Sohn und die Schwiegertochter meiner Ex-Kollegin, der Pousada-Köchin. Er also ein Baiano, Sohn Canavieiras', sie eine Cearense, aus Ipaporanga, mitten im Hinterland des Sertão. Ich tippte, dass ich angekommen sei. In der Rodoviária frühstücke und danach die Einserlinie der Metrô nehmen würde. Und anschließend die Busse. So wie sie mich instruiert hatten.
Aber erst hieß es einmal Zeit totzuschlagen. Denn vor neun, halb zehn, das wusste ich aus dem Fernsehen und aus dem Mund einiger

Touris, kommst du kaum in eine Metrô rein. Das gilt bis heute. Mit Gepäck ist es *völlig* aussichtslos. Außer du bist bereits geübter *Paulistano*, Bewohner der Stadt São Paulo. Und setzt also kulturkonform deine Ellenbogen und Beine rücksichtslos gegen Schwächere, oder vermeintlich Schwächere, ein. Und als Frau sich in so eine Sardinendose auf Rädern reinzuquetschen mündet allzuoft, als machobrasilianische Draufgabe sozusagen, in Abgrabscherei. Oder noch Deutlicheres. Und für junge Schwarze, die sowieso „nationales Freiwild" sind ... nein danke. Ich setzte mich nach dem „Luxusfrühstück" in einen der Plastiksessel für wartende Passagiere. Beobachtete die Paulistanos anderthalb Stunden lang und versuchte um etwa halb zehn mein Glück. Sitzplatz bekam ich keinen. Aber es war erträglich. Niemand klebte an mir. Kein Teufel holte sein Ding raus und amüsierte sich an mir.

Heute würde die Fahrt etwa anderthalb Stunden in Anspruch nehmen. Aber damals war das Metrônetz noch minimal. Vor lauter Stehlen kommt ja kelne Öffi-Baustelle voran im Land. Linie 4 gab's überhaupt noch nicht. Das bedeutete, ab der *Estação Luz*, Haltestelle Luz, mit Bussen weiter vorwärtszukommen. Und jedes Mal ein neues Ticket zu zahlen. Dass ich über drei Stunden bis ans Ziel brauchen würde, war aber kein Problem. Außer für die Beine vielleicht, Sitzen spielt's ja nicht in den Öffis. Damals zumindest [grinst]. Denn die Frau – nennen wir sie fortan „X", und ihren Mann, den Sohn der Canavieiras-Köchin, „Y" – würde erst zwischen drei und vier nachmittags von der Arbeit zurückkommen. Y überhaupt erst gegen neun. Es war gegen halb drei, als ich endlich die Kirche der *Paróquia,* Gemeinde, São José Paraisópolis, in der Rua Itajubaquara, erkannte. Der markanteste Orientierungspunkt auf dem Weg zu ihrer Wohnung. Die ein Stück weiter unten, jenseits der Kreuzung mit der Rua Ricardo Avenarius, und dann links rein, zwei der favelatypischen Winziggässchen rauf, lag. Besser kann ich's nicht erklären. Du warst ja selbst jetzt in ein paar Favelas und weißt wie das mit dem baulichen Chaos ist. Jeder Quadratzentimeter Wohnfläche ist für die dort um's Überleben ringenden Habennichtse, oder Habekaumwasse, kostbar. Da hat's dann in der Folge Zugänge, schmalste Gassen ohne Namen, zu vielen Hütten und gemauerten Selfmadehäuschen, durch die kein Rollstuhl oder Kinderwagen passt. Das abgesehn von Schutt und Müllbergen, die sich oft noch auftürmen. Wo du irgendwie drüberturnen, oder dich, an eine Wand geschmiegt, vorbeischummeln, musst. Und so war's auch für mich. Ich fand von der Kirche zum angegebenen, verrammelten Ex-Friseurladen, und daneben musste ich über Sperrmüll drüber, um hoch zu ihrem Häuschen zu gelangen. Kurz vor drei. Verinha mit Hunger, müden Beinen vom Stehen in den Öffis und einem mulmigen Gefühl in der Magengegend. Ich meine, schau, ich war ja eine wandelnde Bank, alles, was ich gespart hatte, an Buntpapier, war an meinem Körper verteilt. Mein Handy zum Beispiel holte ich nur raus, um die Uhrzeit zu checken, wenn ich mir *fast* sicher war – ganz geht nie in einer Favela, die hat tausend Augen –, dass niemand in der Nähe war, oder von einem Fenster aus „die Lage" beobachtete. Vor vier kam X. Mit einem kleinen Mädchen im linken Arm und enormen Plastiksäcken in der rechten Hand. Wir hatten uns noch nie zuvor gesehen, erkannten uns dennoch sofort. X begrüßte mich sehr freundlich, das kleine Mädchen in ihrem Arm beäugte mich misstrauisch.

Ich half X beim Ausräumen ihrer Plastiksäcke voller Lebensmittel aus dem Supermarkt. Dann setzte sie das kleine Mädchen, ihre Tochter, nennen wir sie XY [schmunzelt], auf eine abgewetzte, mit einem Leintuch bedeckte, Couch vor den Fernseher. Mit einem Minibecher Erdbeerjoghurt noch zusätzlich ruhig gestellt. Sie zeigte mir ein Zimmer, rohe Ziegelwand ohne Verputz noch, keine Tür, dafür ein angenagelter Draht mit einem um den Draht gewickelten Leintuch als Vorhang, und eine Schaumstoffmatratze am Boden. Mit Leintuch, Decke und Kopfpolster. Daneben zwei Holzkisten. *Für deine Sachen.* Eine große Scherbe an der Wand. Der Zimmerspiegel. *Komm, ich zeig dir das Bad.* Auch hier, kein Verputz an den Wänden, der Fußboden aus noch hellgrauem, also frischem, dennoch bereits rissigem Rohzement. Aber eine elektrische Dusche. Die gab es. Wo's zwar hin und wieder blitzte und man sich einen leichten Schlag einfing, auch ohne in den freiliegenden Kabelsalat zu greifen ... [grinst], aber besser als ohne Warmwasser! In São Paulo! Das wäre Strafverschärfung [lacht]. Vor allem für uns aus dem immerwarmen Nordosten.

Dein Handtuch, deine Unterwäsche und deine Hygienesachen konntest du an den vielen Nägeln in den Wänden aufhängen, oder am Boden ablegen. Und dann versuchen, möglichst nicht in diese Richtung zu pritscheln. Der Dusch- und Toilettenraum war so niedrig, dass selbst ich den Kopf beugen musste, um nicht an die frei hängende Glühbirne anzustoßen. Wie das lange Menschen machen, in solcher Realität, ist mir ein Rätsel geblieben. Ich meine, in der Favela gibt's ja genauso Sportler. Was macht zum Beispiel eine Volleyballspielerin, die noch kein reicher Profi ist, ein Basketballschüler, wenn sie duschen wollen? Aber wie gesagt, du hast das ja eh selbst mitbekommen. In der Favela zählt jeder Quadrat- oder Kubikzentimeter. Und Geld fehlt sowieso an allen Ecken und Enden. Einsparen ist also ein permanenter Imperativ. Auch an Platz und Baumaterial.

Beim Duschen dachte ich an die Bäder meiner Kindheit. Im Bach. Der ein Stück unterhalb unseres Quilombos vorbeifließt. Die Badezimmerdecke war der Himmel. Die Wand der Busch. Die Ablage das Ufergras. Oder der *jenipapeiro*, Jenipapo-Baum. Und die Größe ..., so weit du schwimmen wolltest. Gleich verscheuchte ich diese Gedanken wieder. Nostalgie war fehl am Platz. Ich *wollte* hierher. Und ich würde mich durchsetzen. Konzentration *nach vorn*. Punkt.

X hatte Kaffee gemacht. Wir saßen in der Küche. An einem kleinen quadratischen Tisch, mit unter zwei der Füße gesteckten Ziegelscherben, auf dass er weniger wackle. Sie erzählte mir von ihr, von ihrem ursprünglichen Zuhause im mittleren Westen von Ceará. Gar nicht so weit vom Osten Maranhãos. Getrennt nur durch den schmalen Staat Piauí. Sie war vom Aussehen her eine typische *Sertaneja*, Bewohnerin des Sertão. Indigene Wurzeln, von der Frauenseite. Europäische von den männlichen Vorfahren. Sehr schlank, fast schon knochig, aber dennoch sehnig. Wie eine Langstreckenläuferin. Ich erzählte ihr von meiner Geburtsheimat. Und meinem Lebenslauf. *Zensierte Version,* logisch. Und von Canavieiras. Denn die Heimat ihres Mannes kannte sie nicht. Weder sie noch er waren, seit sie nach São Paulo gekommen waren, je wieder in den Nordosten gefahren. Die permanente Jagd nach Einkommen erlaubt das nicht. Jeden Tag gilt es die Herausforderung zu meistern, die Lebenshaltungskosten zu decken und vielleicht wieder ein paar Quadratzentimeter zubauen oder was anschaffen zu können. Oder eine Nachbarin zu bezahlen, die das auf den Markt bringt, was viele in den Favelas machen: parallelwirtschaftliche Serviceleistungen. Inoffizielle Dienstleistungen in den eigenen vier Wänden anbieten. Wie Schönheitssalons, Bars, Nähereien, Werkstätten aller Art. Und eben auch Mini-Kitas führen. Es fehlte ja, selbst heute noch, überall an Kitas. Für die Besserverdiener kein Problem. Holen sich eine *Negra*, Schwarze, vom Land oder aus der Favela nebenan, zahlen ein Butterbrot, und fertig. Für die Favelados selbst ist es ein Megahindernis mehr. Frauen können nicht für Geld arbeiten gehen, weil sie auf das oder die Kinder aufpassen müssen. Nicht selten geht eine Frau tagtäglich ..., *fährt,* mit den beschissenen Öffis, oft stundenlang hin und stundenlang zurück, zu irgendwelchen Gutsituierten, um dort zu putzen, zu kochen, den Müll zu entsorgen und für *deren* Kinder zu sorgen und aufzupassen, damit sie sich am Monatsende gerade mal die Gebühr für die inoffizielle Kita im Kiez leisten kann. Um dort, während ihrer Schicht, *die eigenen* Kinder unterzukriegen! Wenn das kein Sklavenhalterscheißsystem ist, *Irini*, dann weiß ich nicht ...

Nun, im Falle von X war's nicht unähnlich. Sie verdiente den Mindestlohn als Putzfrau in einem der noblen und langlebigsten Shopping Centers der Stadt. Im schicken Stadtteil Moema. Ihre Schicht begann um sieben und endete um eins. Für die fünf Stunden bezahlter, *lausig* bezahlter, Arbeit sieben Mal pro Woche – täglich! – zwei Stunden hin mit den Öffis und zwei wieder zurück. Von ihrem Mindestlohn übergab sie 60 Prozent an die Frau, die auf Xs Tochter und drei weitere Kinder aus dem Kiez aufpasste. Sechs bis sieben Mal pro Woche. Nur wenn Y sonntags zu Hause war, konnte auch XY dort den Tag verbringen. Weitere 20 Prozent ihres Lohns gingen für die überfüllten Dreckschüsseln auf Rädern, sogenannte öffentliche Verkehrsmittel, drauf. Für das Recht zur Arbeit gelangen zu dürfen. Dennoch versicherte sie: ohne die verbleibenden 20 Prozent kämen sie nicht durch. Jeder Centavo zählt.

Y arbeitete schwarz. Am Bau. Wie so viele andere aus Paraisópolis. Hochburg der *Nordestinos*, Menschen aus der Nordostregion, und darunter die Baianos die stärkste Gruppe. Schwarz am Bau, das bedeutete, dass du auch hin und wieder völlig einkommenslos dastehst. Wenn eine Baustelle fertiggeworden ist und eine neue gesucht werden musste. Krank werden, oder einen Unfall erleiden, stand außer Frage. Tabu. Darf nicht sein. Wäre das Ende gewesen. Und Y steckte all seine Kraft und Zähigkeit in Luxusapartmenthäuser, die im nahen Reichenviertel Morumbi hochgezogen wurden. Arbeitete sich kaputt für den Komfort der Gutbetuchten. Darunter sicher nicht wenige, die dafür direkt verantwortlich zeichnen, dass dieses menschenverbrauchende System so ist, und bleibt, wie es ist. Und wenn sie mit ihren Eltern oder Geschwistern zu Hause, in Ipaporanga oder Canavieiras, telefonierten, bestätigten sie stets, dass alles gut laufe. Und wann sie denn mal kommen würden? So bald wie möglich. Sie hielten den ihren und auch sich selbst eine Karotte vor die Nase. Weiterhoffen. Beziehungsweise Weiter*laufen*, wird schon irgendwann, weiterlaufen ... Aber was hätten sie auch sonst tun können?

Ich zahlte eine kleine Miete für das Zimmer, gleich auf drei Monate im Voraus, denn das war das Limit, das ich mir gesetzt hatte, um einen *ordentlichen* Job zu finden. X hatte ja gemeint, ich könne bei ihr, in der Putzbrigade im Shopping der Oberen Zehntausend, einsteigen. Dankend – das ist nicht sarkastisch gemeint! – lehnte ich ab. Mein Plan war ein anderer: Kassafrau. Möglichst in einem großen Supermarkt. Der Aufstiegschancen wegen. Schon Anfang Dezember hatte ich einen Arbeitsplatz. Die Vorweihnachtszeit ist immer einer der günstigsten Momente, um irgendwo unterzukommen. Zwar wollte ich möglichst im Kiez was finden, um nicht von der Öffiplage abhängig zu sein. Aber das gelang nicht ganz. Wurde in einem enormen Supermarkt in Morumbi, dem erwähnten Reichenviertel, das dort beginnt, wo Paraisópolis aufhört, eingestellt. Auf Zeit. Zwei Monate. Einen Bus musste ich trotzdem nehmen. Die geschätzte Drei-Kilometer-Distanz zu Fuß, quer durch Paraisópolis und Kriegsterritorien von Drogenbanden und Bullenbanden, war mir ein zu großes Risiko. An die Kassa durfte ich freilich erst noch nicht ran. Musste als Regalschlichterin und Einpackgehilfin beginnen. Das sind jene Leute, die an der Kassa stehen, und den Kunden ihre gekauften Waren eintüten.

Den Cheftypen dort gefiel meine Leistung. Schon vor Ende Dezember wurde aus der zeitangestellten eine fix angestellte Verinha. Weniger Anklang fand die Neue unter der Kollegenschaft. Möchtegernteufeln behandelte ich so, als hätte ich keine Stelle zu verlieren, rappte sie nieder. Sofort, in flagranti [grinst]. Anderen gefiel mein *empenho*, Leistungsbemühen, nicht. Es wäre *übertrieben*. Und wieder anderen, vor allem Kolleg*innen*, meine *falta de* empenho, mangelhafte Anstrengung, in Sachen Tratsch. Aber was kümmert mich, wer wann mit wem ...?! Mein Ziel war eine der Kassen. Und das erreichte ich, endlich, im Februar. Vor dem Karneval. Da fehlen immer und überall einige Arbeitnehmer. Und ich durfte eine Kassa übernehmen. Hatte mich verpflichtet, auf Probezeit wieder, den Karneval durchzuarbeiten. Alles klappte prima. Und hätten wir so etwas wie Planung, wär's noch besser gelaufen. Aber immer wieder musste ich „w.o. geben", nach einer Supervisorin klingeln, nervöse Verinha, nervöse Kunden, weil kein Wechselgeld mehr in der Kassa war. Nur große Scheine. Ich hielt die Klappe, lernte. Und hatte mittlerweile das nächste Etappenziel abgesteckt: Supervisorin.

Die [Sambaschule] Mocidade Alegre gewann den Karneval, nach einer titellosen Ewigkeit, und zwar mit Höchstnoten in allen Kategorien. Und die Gaviões da Fiel [Sambaschule des anhängerstärksten Fußballklubs von São Paulo, Corinthians] musste absteigen. Hatten das Zeitlimit überzogen *und* ernste technische Pannen, einige Verletzte inklusive. Auch wenn der Abstieg also gerechtfertigt war, regelkonform, hatte das, getreu unserer Kultur, Randale zur Folge. Auch bei uns in Paraisópolis. Der Karneval war vorbei, Verinha blieb. An der Kassa. Und bekam nun den Mindestlohn nicht nur auf dem Papier, sondern auch tatsächlich. Auf die Hand. Eigentlich aufs Konto. Hatte ich extra aufgemacht. Während der Arbeitszeit. Allerdings mit ausdrücklicher Erlaubnis dazu. Wieder was Neues im „rasanten Aufstieg des Quilombomädls aus Maranhão".

Aber das Vorwärtskommen hatte auch seinen Preis. Der Betrieb gestattete keine Fixangestellten ohne Grundschulabschluss. Und also musste ich fortan, bis Ende 2006, abends in die Schule. Papier, gestempelte Zettel, sammeln. Um theoretisch tauglich zu sein, wofür ich praktisch längst taugte. [Grinst sarkastisch, schüttelt den Kopf.] Blöd – blöder – System. 2004, 2005, 2006 – *ich mach jetzt auf super-schnell, ja, Irini?* – war's so: Um sechs los von „Zuhause", an der Kassa von halb acht bis zwölf und nochmal von halb eins bis vier. Ab sieben theoretisch bis zehn – abends – in der Schule. Montag bis Freitag. *Theoretisch* bis zehn in der Schule, weil das fast nie der Fall war. Wenn einer von den drei, vier Lehrern, die wir jeden Abend haben sollten, auch tatsächlich zur Arbeit erschien, oder überhaupt unter Vertrag genommen war, war's schon gut. Wenigstens war man nicht völlig umsonst in diesen Schlachthof von Moral, Fantasie und Wissbegierde gekommen ... Glaubst du nicht, was? [Sie hatte richtig gelesen in meinem, kurz nicht in neutraler Maske verbliebenen, Gesicht.] Aber so war es nun mal. Oder *ist* es. Zumindest an den

Peripherien. Den den Wegwerfmenschen der brasilianischen Gesellschaft überlassenen Gebieten. Und außerdem dienen „Phantomlehrer", also die, die es nur auf dem Papier gibt, ja bestens – und keinerlei Aufdeckungsgefahr drohend, weil es den Opfern an Artikulationsmöglichkeiten fehlt, und kein Journalist auch nur darüber nachdenkt, *dort* zu forschen, zu recherchieren, und weil, auch *das* ist Teil unsrer Realkultur, sich die Opfer gar nicht als solche verstehen, sondern es großartig finden, wenn die Stunden ausfallen, Hauptsache das gestempelte Papier gibt's ... Also dienen die Phantomlehrer ja bestens dazu, den diversen Mafias Öffigeld, Steuergeld, einzuspielen. Im Dezember bekam auch Verinha ihren Stempelwisch. Hatte nun *nachweislich und erfolgreich* [lacht] den Mindestbildungsweg der brasilianischen Art absolviert. Und wusste um nichts – n-i-c-h-t-s! – mehr, als ich zuvor schon gewusst hatte. Eher das Gegenteil. Wäre ich nicht verurteilt gewesen, in Klassenräumen herumzuhocken, wo's um Ficktrophäen, Abzocken, Profifußball, Scheißmusik, Schießeisen und bewerbene oder verbotene Drogen ging, ausschließlich!, ich hätte bestimmt in der TV Cultura oder der TV Brasil einiges dazugelernt. Abgesehen davon, dass ich nicht Leib und Leben riskieren hätte müssen. Schießereien vor und in Öffischulen der Peripherie, ökonomisch interessante Drogenverkaufsplätze, um die konkurriert wird, sind keine Seltenheit. Und die rund 250 Meter von der nächsten Bushaltestelle, in der Rua Pasquale Gallupi, zu meinem Zimmer, spätabends ... Urbanbrasilienroulette.
Was wollte ich noch sagen? [Denkt den Faden zurück.] Ja! Das war also die Routine von Montag bis Freitag. Und samstags musste ich abwechselnd einmal Frühschicht machen, im Supermarkt, und dann einmal Spätschicht. Bis neun. Fehlt ...? Sonntag!
Wäsche waschen, Zimmer und Gemeinschaftsbad und Küche aufräumen und sauber machen. Hin und wieder der stundenlange Weg, sonntags ist die Öffisituation *noch* beschissener als sonst schon, in den mehrere Kilometer weiter südlich gelegenen Jardim Capelinha, zur Casa de Candomblé Ilê Asè Alaketu Oba Wale ... Es hätte schon den einen oder anderen wesentlich näheren Terreiro gegeben. Aber aus Sicherheitsgründen war es weniger schlecht für mich, Stunden in Öffis, oder auf diese wartend, zu verbringen. Bereits damals war das gar keine Seltenheit, dass auf *als solche bekannte* Praktikanten afro-brasilianischer Religionen aus dem Hinterhalt Steine oder sonst was

geschmissen wurden. Bei uns im Kiez. Und nicht nur da. Das stand und steht in direktem Zusammenhang mit dem kräftigen Erstarken der Pfingstkirchler. Sammelbecken und Schmieden für die intoleranteste und aufhetzerischste Massenbewegung, die unser Land zur Zeit zu bieten hat.

Und manchmal, vor allem wenn's warm und schön war, in den Alfredo Volpi Park, ganz in der Nähe „meines" Supermarkts. In der Nobelzone des Südens von São Paulo. Der Park ist ja durchaus ein Hammer. Urwaldähnlich. Riesig, mit Papageien, Tukanos, Reihern, Habichten, Faultieren, Äffchen, ... Für mich, ich erwähnte es bereits an anderer Stelle, ist so ein Ambiente eine Art Sanktuarium. Zum Seelendurchatmen. Das Problem war – ist – die kulturelle Umgebung. Der ausgeprägte Rassimus der weißen Herrschaften, der Lokalhirsche. Die sehen's schon mal nicht so gern, wenn da *so eine wie ich* in *ihr Revier* eindringt ... Verstehst du? Bisweilen nahm ich XY mit. Die war ja, dank der Sertaneja-Mutter, höchstens ein Milchkaffe. Da dachten die weißen Herrschaften befriedigt, aha, ein Kinderl von einer von uns. Mit *ihrem Dienstmädl* [schmunzelt]. Und starrten mich weiter nicht an.

Was war sonst noch geschehen in diesen drei Jahren zwischen Kassaroutine und Zwangszeitverschwendung in einem toten Haus, wo *Escola,* Schule, drauf gepinselt war ...

Zuerst die nächsten Bezugspersonen: XY ging mittlerweile auch schon zur Schule, und X hatte es geschafft – eine Rarität! –, ihre Tochter erstens in einer zu Fuß erreichbaren Schule und zweitens in der gewünschten Morgenunterrichtsschicht unterzubringen. Anfang 2006. Y hatte schon einige Monate zuvor das Schwarzarbeiten am Bau zugunsten einer fixen Anstellung bei einer Geldtransporterfirma getauscht. Statt seiner Gesundheit riskierte er nun sein Leben – Geldtransporter werden gerne in die Luft gejagt, an Sprengstoff in falschen Händen mangelt es nie im Land, noch an Panzerfäusten und Flugabwehrrakten – und das Leben anderer. Denn *„capacitação",* Ausbildung – dieser Ausdruck muss bei uns permanent in Anführungszeichen stehen – für diese Schwerbewaffneten, ist noch grotesker, als die bereits behandelte in den Öffischulen. Zwei Wochen Herumexerziererei und –ballerei auf irgendeinem Feld, fertig. Keinerlei psychologische Profilanforderung. Nichts.

Y hatte ebenfalls die Putzfetzen an den Nagel gehängt. Stattdessen eine Arbeit hier im Kiez gefunden. Als Verkäuferin in einem Imbissladen. Gleich neben „unserer" Bushaltestelle. 250 Meter entfernt bloß. Wo sie nun zwar nicht mehr verdiente, aber von dem Hungerlohn viel mehr übrig blieb, da die Ausgaben für die Kita und die Busse wegfielen.

Was war noch ... Ja! Zweimal hatte es gebrannt, seit ich hier war. Ganz in unserer Nähe. Das ist eigentlich nichts Außergewöhnliches. Es brennt immer irgendwo in irgendeiner Favela in São Paulo. Aber da es eben abgeschriebene Menschen betrifft, deren Status als Mensch von den Machthabern so wenig wahrgenommen wird, wie jener der Índios, interessiert das auch die Medien nicht. Es gibt bis heute, laut Eliane, keine ernstzunehmende Statistik über die Brände in Favelas. Noch jenen in Indianerreservaten. Als hätten sie überhaupt nicht stattgefunden.

Zu Anfang dieser Aufnahme, heute, jetzt, am Nachmittag mein' ich, haben wir doch vom Regen gesprochen. Was *er* eben *nicht* anrichtet. Mit den Ärmsten, den Favelados. Sondern diese Symbiose aus Skrupellosigkeit und Unfähigkeit derjenigen, die diesen Katastrophen-Status-quo wünschen und also verwalten.

Und als ob das nicht schlimm genug wäre, hat diese Art der sozialen Säuberung – die bei uns simultan eine ethnische ist, denn Arme sind meist schwarz und selten weiß – noch eine zweite Spielart. Nämlich das Gegenteil von Wasser: Feuer.

Da müssen wir, auf dass du das besser verstehen kannst, unser Favelabeispiel – Paraisópolis – ein Stück näher betrachten. Da lebten, zu meiner Zeit dort, um die 40.000 Menschen. Aber wie entstand sie? In den 1920er-Jahren war dieser Teil São Paulos noch unbestelltes, mit Gestrüpp, Sekundärvegetation, bewachsenes Land. Damals wurde beschlossen, hier einen *bairro*, ein Viertel, für die Reichen aus dem Boden zu stampfen. Und wie das halt bei uns so üblich ist, vergingen Jahrzehnte, und nur ein ganz kleiner Teil dessen was bombastisch angekündigt worden war, wurde in die Tat umgesetzt. Während dieser Jahrzehnte des großflächigen Nichtstuns strömten hunderttausende vor Hunger und Dürren und Großgrundbesitzerherrschaft Flüchtende aus der Nordostregion Richtung São Paulo. Auch nach Rio, Brasília, ... Auf Arbeit und Brot, auf menschenwürdiges Leben hoffend. Die, die es schafften, nach monatelangen Fußmärschen, oder via *pau-de-arara,* tagelang auf einer der Holzlatten zusammengepfercht sitzend, mit denen die Ladeflächen von Lastwägen flugs für diesen neuen Geschäftszweig – Menschenmassentransport – ausgestattet wurden, hatten zumeist nicht mehr als das, was sie am Körper trugen. Nebst der Hoffnung. Wie hätten sie sich ein Zimmer mieten sollen? Ein Haus kaufen? Ein Grundstück, und sei es noch so winzig, zum Errichten einer Unterkunft? Also wiederholte sich das alte Muster, das bereits zu Ende des 19. Jahrhunderts die ersten brasilianischen Städte zu Metropolen schwellen ließ. Wie Salvador und Rio.

Damals, 1888, unterzeichnete die Prinzessin Isabel, Tochter unseres Kaisers Pedro II., der gerade wieder einmal auf Reisen war, die *Lei Áurea*, das die Sklaverei abschaffende Gesetz. Brasilien war das letzte im transatlantischen Menschenhandel verstrickte Land, in dem das Wirtschafts- und Sozialsystem noch immer auf Sklaverei basierte. Diese ultraverspätete Abschaffung freilich geschah nicht etwa wegen einer ach-so-besorgten und menschenliebenden Prinzessin – zynischer Mist, der bis heute in unseren „Schulen" verzapft wird –, sondern weil die Engländer andernfalls mit totaler Seeblockade drohten. Diese – ich spreche von den englischen Politikern und dem Finanzadel, nicht den Quäkern und anderen anständigen Minderheiten! – wiederum taten's aber auch nicht der lieben Schwarzen-in-Ketten wegen, sondern weil das, was sie als ungerecht empfanden, die Möglichkeit der brasilianischen Produzenten war, billiger – durch Sklavenarbeit – produzieren zu können. *Unlautere Konkurrenz* war der Dorn im englischen Machtauge, sozusagen. Also unterschrieb die Prinzessin das Dekret mit einem englischen Messer an der Gurgel. Okay. Und was hieß das nun, abseits vom Papier, für die „Begünstigten"? In der Folge, den Jahren ab 1888, starben sie zu Zehntausenden. Wie die Fliegen. Am Straßenrand. Die fetten Jahre der Geier. Denn sofort nach dem Inkrafttreten der neuen Gesetzeslage wurden sie vertrieben. Raus aus den Plantagen und Minen, auf die nächste Landstraße. Schert euch fort! Wer würde schon füttern, was ihm nicht mehr zu Diensten ist? Und wo konnten die nun hin? Überall war das Land in Besitz. Also nicht mehr so wie die Jahrhunderte zuvor. Wo entlaufene Sklaven noch Índioland beziehungsweise „Niemandsland", von Bandeirantes índioentvölkertes Hinterland, als Fluchtziel hatten. Um sich dort, versteckt an den unzugänglichsten Stellen, ihre Quilombos aufzubauen. Nun, gegen Ende des 19. Jahrhunderts, war fast alles abgesteckt und besetzt. Und umzäunt. Und überall hatten sich die Großgrundbesitzer mit Revolvermännerbanden vorbereitet. Wenn sich die „fröhlichen Neufreien" anschickten, „die Straße" – Maultierpfade damals – zu verlassen, um irgendwo ein Lager zum Rasten zu errichten, oder gar um zu bleiben, ein Feld zu bestellen, Hütten zu errichten, wurden sie abgeknallt. Es gab nur zwei Möglichkeiten, darunter *ein* Ausweg. Entweder als „Freie", *Papierfreie*, genauso weiterzumalochen wie zuvor, für Essen und einen Schlafplatz. Oder den Versuch, in eine ferne Stadt, an der Küste, zu gelangen. Wo es vielleicht Arbeit als Tagelöhner gab, die Möglichkeit an Geld zu kommen. Und so begannen die Todesmärsche a là Brasil. Und die, die tatsächlich ankamen, rodeten die *morros*, die Hügel, die Salvador und Rio und Recife und so weiter umgaben und unbewohnt waren, weil die Städte sich noch nicht bis dahin ausgedehnt hatten und im Übrigen niemand dort wohnen wollte. Wegen ihrer natürlichen Gefährlichkeit. Wildtiere, Malaria, steile Hänge und nach Rodung unvermeidliche Erdrutsche, keine Infrastruktur, nicht einmal Pfade. Also entstanden damals die ersten Ghettos der überlebenden Freigelassenen, die Favelas. Damals hießen sie aber noch *bairros africanos*, Afrikanerviertel.

Okay. Und so ähnlich geschah es *nun* wieder. Gegen Mitte des 20. Jahrhunderts. Im konkreten Fall von Paraisópolis begann das in den 1950er-Jahren. 1970 waren da schon an die 20.000 Bewohner. Illegale. Falls es so was gibt, *illegale Menschen.* Denen alle anderen *rechtmäßigen* Zugänge und Chancen versperrt sind. Jahrhundertein, jahrhundertaus. Parallel zum Wachstum der Favela sprossen rundherum schicke Apartmenthochhäuser aus dem Boden. Bis heute ein ins Auge springender Kontrast. Nobelviertel wie Morumbi und einen Steinwurf, oder eine dicke Mauer, daneben, ein anderer Planet. Nobelviertel, die alle – die brasilianische Sklavenhalterlogik – von den ums Überleben kämpfenden Habenichtsen aus der Favela hochgezogen wurden. Du hast ja auch im ganzen Riesenstaat Brasilien kein einziges vor 1888 errichtetes Bauwerk, das nicht aus afrikanischem Blut, Schweiß und Tränen errichtet wurde. Die Herren, erst portugiesische, dann hausgemachte brasilianische, baumelten gemütlich in der Hängematte, während die Sklaven und „Post"-Sklaven, die Männer, deren Infrastruktur aufbauten und vergrößerten.

Und aus der Hängematte bewegten sich die Herren höchstens, um sich den Bauch mit dem Essen vollzuschlagen, das die Sklavinnen zubereitet hatten. Und nahmen sie gleich, und deren Töchter, Alter egal, mit dazu. Als Gratisnachspeise. Das ist ein jahrhundertelang bedientes Verhaltensmuster, das bis heute wirkt. Und wenn ich sage „Post"-Sklaven oder „Post"-Sklaverei, kann man das auch nur in Anführungszeichen verstehen. Bei uns. Die Ketten sind weg. Die Peitschen – selbst die nicht immer. Aber die Essenz nicht. Die wirkt weiter vigoros. Nicht „nur" im Niger, in Mauretanien oder, wie du mir erzählt hast, in Bordellen Europas. Auch bei uns. In einer führenden Wirtschaftsmacht dieser Welt. Im Fußballsambafröhlichkeitsland. Schreibt *darüber* jemand bei Euch?

Ich schüttle den Kopf. Mit einer Gestik ohne Worte bedeutet mir Verinha: *eben*.

Zurück nach Paraisópolis. In den 1980er-Jahren gab's dann Versuche seitens der Stadtregierung, der Favela den Garaus zu machen. Es wurden einige Hütten zerstört, dann verlief die Sache aber im Sand. Sich mit 30.000 auf einen Streich anzulegen, war unseren Protogentrifizierern dann doch zu heiß. Zu viel *möglicher* Stress. Gut. Kommen wir nun wieder zum Feuer. Alle paar Monate mal brannte es. Hütten und Häuser dicht an dicht. Pappe und Plastik unter den Baumaterialien der ärmlichsten. Holz fürs Dachgebälk bei den besseren. Und überall die Kochgaskartuschen. Was glaubst du, was da abgeht, wenn's mal in einer Hütte zu brennen beginnt? Die Geschwindigkeit, mit der sich so ein Feuer voranfrisst, ist dem, der das noch nie gesehen hat, unvorstellbar. Damals glaubten wir alle noch, was uns die Medien mantraartig vorkauten. Nach jeder „Tragödie". Unachtsamkeit, besoffene Geschichte, defektes Kochgasventil, Blitzeinschlag, *gato*, illegal angezapfte Stromleitung, und so weiter. Heute wissen wir, zumindest die, die's wissen wollen, dass das mehrheitlich keine Unfälle waren. Und noch viel weniger *sind*. Dass überall dort, wo die Grundstückspreise hochschnellen, im Falle von Paraisóplis eine logische Kapitalismuserscheinung, mit all der Noblesse und 1-A-Infrastruktur rundherum, auch die Frequenz der Brände mitsteigt. Da gibt es, übrigens, eine ausgezeichnete, ziemlich neue – aus 2014 glaub ich – Doku dazu. Von ein paar jungen

Burschen auf eigene Faust – und unter Gefahr – gemacht: *„Limpam com fogo"*, Aufräumen mit Feuer. Schau sie dir an. Und du verstehst, wieso's in unseren Favelas in immer kürzeren Abständen brennt. Wieso die, die's nach Jahren härtesten Schuftens, für den Wohlstand derer, die sie als Abschaum verstehen und also wie Dreck behandeln und *weg haben wollen*, immer wieder trifft. Und wenn nicht gerade das Leben, so verlieren sie dabei zumindest doch alles, was sie sich zusammengespart, erschuftet haben. Und müssen nach so einem „tragischen Unglück" wieder bei null anfangen. Ohne irgendwelche staatliche Beihilfe. Trotz der Lügen, die aus Polittrickslermäulern und *ihren* Medien dann immer geliefert werden. *Es gibt keine Hilfe.* Nur Lügenversprechungen. Und verhohlene Freude, wenn's mal wieder ein paar Dutzend, oder Hundert, erwischt hat.

Mitte 2004, mein erstes Kassajahr, erwischte es *uns* beinahe. Mitten in der Nacht. X hatte XY bereits im Arm, war draußen, bereit zu Laufen. Aber noch in Sichtweite unseres Häuschens. Denn kaum brennt's und alles rennt, kommen sofort „die Aasgeier" aus der Nachbarschaft. Die absahnen, was unbeaufsichtigt zurückgelassen wurde. Bevor die Flammen alles konsumieren. Ich stand neben X, hatte unsre Dokumente in einen Plastiksack gepackt. Und meine Bankomatkarte und ein bisschen Bargeld in Slip und BH. *Wieder einmal.* Y war mit anderen Männern und Frauen beim Versuch, die Flammen ein paar Häuser weiter auszuschlagen. Was gelang. Aber nur, weil die Feuerlegerprofiteure die Rechnung ohne das Wetter gemacht hatten. Es hatte bereits genieselt, als die ersten Schreie alle weckten. Und kurze Zeit später donnerte kräftiger Tropenregen nieder.

Auch wir nahmen eine Familie, Bekannte aus dem Kiez, auf, deren Heim angebrannt war. Einzustürzen drohte. Da lebten wir dann für einige Wochen, bis es den Leuten gelang, ihr Haus wieder bewohnbar, soll heißen einigermaßen sicher zu machen, zu neunt statt zu viert. Und das Häuschen glich einer Sardinendose. Bei mir im Zimmer schliefen zwei Kinder und ich. XY schlief im einzigen anderen Zimmer, bei ihren Eltern. Und das Ehepaar und ihr kleinstes in der Küche. Auf geretteten Schaumstoffmatratzen. „Normal".

2006 brannte es nochmal in der Nähe. Wenigstens nicht ganz so nah. Aber doch eindringlich genug, dass ich daran dachte umzuziehen.

Da muss ich noch was erwähnen. Gegen Ende 2004, São Paulo hatte damals eine Bürgermeisterin, gab's zum ersten Mal irgendeine Initiative seitens einer Stadtverwaltung. Zwar nicht die systemische Ungerechtigkeit angehend, aber wenigstens Symptome. Es sollten Freiwillige Feuerwehrbrigaden in allen Favelas ausgebildet und ausgerüstet werden. Insofern wichtig, als die weit weg stationierte Feuerwehr, wie die Militärpolizei unter militärischem Kommando, oft erst zur Stelle war, wenn nichts mehr zu machen, der Brand völlig außer Kontrolle, war. Aber hier ist Brasilien und es darf nicht sein, was nicht sein darf. 2005 gab's Neuwahlen und der Nachfolger – übrigens unser jetztiger Außenminister, José Serra, korrupt und unerträglich scheinheilig bis ins Mark – wollte von all dem nichts mehr wissen. Und Verinha wollte raus. Möglichst in eine weniger waghalsige Ecke. Und möglichst in einen Wohnraum nur für mich.

Es gab keine Probleme mit X. Schon gar nicht mit XY, die liebte Tante Verinha längst heiß [lächelt]. Aber Y begann sich seit seinem Arbeitsplatzwechsel, vor allem gegenüber seiner Frau, wie ein Oberst aufzuführen. Und – es gab zwar noch keinen konkreten, physischen, Versuch – offenbar die Sachlage meiner bezahlten Mitwohnerschaft dahingehend zu interpretieren, dass ihm dies sexuell bei Gelegenheit zu vergelten wäre. Mit einem Wort: Er war auf'n Teufelstrip gekommen. Und ich schlief, hinter meinem Leintuchvorhang, fortan leicht. Und mit einem Messer unter der Matratze.

Ich ging nun auch gemeinsam mit X, und, in meinem Fall, um einiges früher als nötig, um rechtzeitig zur Arbeit im Supermarkt zu gelangen, schon um fünf aus dem Haus. Um nicht mit Y und XY alleine zu bleiben. Risikoverminderung. Und wurde so ab Jänner 2006 zur Frühstammkundin in dem Imbissladen, wo X Arbeit gefunden hatte. Ich schlug dort jeden Morgen eine Stunde tot, bei Brötchen und schwarzem Kaffee, während X und ihre Kollegin herumhetzten. Brötchen, Zigaretten, Bonbons, Telefonwertkarten und was weiß ich noch, hinterm Pult verkaufen mussten. *Und* die Gäste an den Stehtischchen bedienen. Vor allem Arbeiter, die schnell noch was in den Magen wollten, bevor's zur Maloche ging. Die meisten Brötchen und Kaffee. So wie ich. Bloß ruck-zuck.

Vielleicht noch schnell ein Wort zu Xs Arbeitskollegin in dem Laden. Irgendsoein junges Mädl, das wie eine wilde Índia aussah [Lachen platzt aus Verinha]. Und auftrat, als wär sie vom Amt für Selbstsicherheit [grinst]. Na? Hast du schon geschnallt, wer das war?

Ich richte lächelnd meinen linken Daumen nach oben, bestätige: Eliane ist auch gerade an dieser Stelle – in dem *Laden*, wie du sagst – angelangt. In ihrer Lebenslauferzählung. Allerdings im Jahr zuvor, 2005, als sie dort begann.

Perfekt! Passt. 2005, da kannte sie mich noch nicht. Hat mich also wenigstens *noch* nicht ausgerichtet. [Lacht.]
Jedenfalls kann ab hier, also Jänner 2006, Eliane auch für mich ein Stück weitererzählen. Zumindest bis 2010. Und ich muss jetzt los, *Irini*. Gleich vier.

Also willst du wirklich die Nacht bei dir verbringen, alleine?

Klar. Muss noch einiges herrichten zu Hause. Und von dort ist es auch viel näher zur Arbeit. Lass mich gleich meiner Freundin von gegenüber Bescheid geben, dass ich jetzt losfahre. Die hilft mir dann. Beim „Wiederaufbau", so nötig.

Verinha grinst, ich gebe ihr mein Handy, schalte das Aufnahmegerät ab. Schweren Herzens. Werde ich sie wiedersehen? Die Arbeit, das Interview fertig bringen? Mit dieser *Freundin?*
Während sich Verinha und Eliane mit einer langen, festen Umarmung verabschieden, überlege ich mir, wie ich Verinha dazu bekomme, ohne sie zu beleidigen, etwas Geld, für ein neues Handy zumindest, und ein Taxi, anzunehmen. Ich bestellte einfach das Taxi.

Bist du verrückt? Das ist doch nicht nötig, Schwester!

Für dich nicht. Aber für mich! Ich hab mich nämlich entschlossen, dich zu begleiten, um mal deine Ecke mit eigenen Augen zu sehen. Und dann lass ich mich gleich wieder zurückfahren. Um mit Eliane weiterzumachen. Die Zeit wird knapp …

Ich komm auch mit!, ruft Eliane aus dem Gästezimmer.

Als wir runterkamen, wartete der Taxifahrer bereits. Verinha beschied ihm das Ziel und hatte in einer ihr von Antônio Carlos zur Verfügung gestellten Tasche nebst ihren wenigen Sachen auch einen Zettel. Auf dem stand „Für Verinha. Mit tausend Dank. Deine Freundin & Schwester Irene. Und weil ich den Kontakt zu meiner Schwester nicht verlieren will, schaff dir möglichst bald ein neues Handy an. Meine Nummer hast du ja. *Beijo*, Bussi." Im Zettel verpackt 400 Reais.

Hier möchte ich noch etwas zu dem von Verinha an diesem Nachmittag Erzählten anmerken. Wenige Tage später gab der von ihr erwähnte Außenminister und Ex-Bürgermeister von São Paulo seinen Rücktritt bekannt. Wegen gesundheitlicher Probleme, so die offizielle Version. Um sich besser auf die auf ihn zukommenden Korruptionsprozesse vorbereiten zu können. So die Antônio-Carlos-Version. Und wieder einige wenige Tage darauf brannte es erneut in Paraisópolis. Zumindest 50 Häuser wurden zerstört, einige Menschen erlitten Rauchgasvergiftungen. In den e-Ausgaben portugiesischer Zeitungen wurde davon bereits am 1. März geschrieben. In den brasilianischen Qualitätsmedien erst neun Tage später. Mit stark divergierenden, *niedrigeren* Opferzahlen.
Die *angewandte Gentrifizierung* der Immobilienspekulanten unter dem Deckmantel der politischen und juristischen Komplizen scheint unvermindert weiterzugehen. Trotz der von Verinha empfohlenen beeindruckenden, unabhängigen und von den kommerziellen Fernsehstationen boykottierten, Dokumentation. Die ich mittlerweile erworben und mehrmals gesehen habe.

Donnerstag, 16. Februar 2017 (Abend)

Wir sind erst gegen sieben in Antônio Carlos' Wohnung zurückgekehrt. Dass drei Stunden vergangen waren, auf Kosten der Interviewzeit, ist dennoch schön. An Verinhas Ecke angekommen, war das ursprüngliche Drehbuch, mit demselben Taxi sofort zurückzufahren, bereits Makulatur. Selbstverständlich, nein: *latinokulturkongruent*, gingen wir mit Verinha rauf. In ihre Wohnung. Die den Militärpolizeistreik und das folgliche Szenario bis jetzt ohne Schaden überstanden hatte. Im Gegensatz zu ihrer Bewohnerin. Erst legten wir in der Küche gemeinsam Hände an. Eliane, Verinhas Freundin von gegenüber und ich. Verinha suchte, erfolgreich, nach ihren verbliebenen, immer gut versteckt gehaltenen, Dokumenten und ihrer Bankomatkarte.

Jetzt stehen mir ja einige Tage im absurden Ringelspiel unserer Bürokratie bevor. Ringkämpfe, um zu einem neuen Peronalausweis zu gelangen. Wenn ich da nicht wenigstens, um mich als existierende Person beweisen zu können, die Geburtsurkunde hätte ...

Willkommen im *Castelo de Kafka*, Schloss Kafkas, kulturübersetzte Eliane für mich.

Und hoffen. Hoffen, dass noch niemand mit meinem Amtswisch irgendwelche Linke gedreht hat. Denn dann brauchst du Jahre. Nicht Tage. Beim Versuch, deine Unschuld zu beweisen. Wenn dich die Bullen nicht gleich – Schwarze sind immer verdächtig! – festsetzen. Und du dann irgendwo in einer dreckigen Zelle verfaulst. Ohne dass es jemand wüsste, oder jemanden juckte.

Verinhas ebenfalls dunkelhäutige Freundin nickt, *é verdade*, das ist wahr.

Okay. Alles da, Schwestern. *Graças não sei a quem.* Wem auch immer sei Dank. Jetzt haut ab aus der Küche. Ist doch eh sauber. Oder passt den feinen Damen etwa mein bescheidenes, leicht angestaubtes Domizil nicht?

Sie verscheucht uns, stellt den *italienischen Edelstahl-Kaffekocher aus Aluminium und China,* wie sie ihn vorstellt, auf den Gasherd und bald beginnt es zu duften.

Oh, Scheiße, *eca!,* pfui!, die Milch ist leider nicht mehr genießbar.

Lass nur, ich hol welche, springt ihre Freundin aus dem Kiez auf.

Relaja, entspann dich, die feinen Damen werden eben schwarzen Kaffee trinken, mit ordentlich Zucker, so wie sich das gehört in einer Favela [lacht, von Eliane unterstützt].

Und es vergingen anderthalb Stunden bei picksüßem starken Kaffee und Salzkeksen und viel Getratsche und Lachen. Nein. Es war überhaupt keine verlorene Zeit. Obschon ich mir fast sicher bin, dass ich es, vor wenigen Tagen noch, als exakt dies verstanden hätte. Oder *miss*verstanden.

Kaum waren wir wieder in Antônio Carlos' Wohnung, läutete es auf meinem Handy. Eine unbekannte brasilianische Nummer.

Ja?

Sag mal Schwester ... Du bist ja wirklich übergeschnappt! Was soll das denn, diese vier Hunderter? Nö, jetzt red erst mal ich, okay. Also, morgen ist das Erste, was ich tun werde, um einen Vorschuss zu bitten. Den ich auch kriege. Davon könnte ich mir bereits ein Handy kaufen. Braucht es aber gar nicht, weil ich noch dieses alte hab, jenes, von dem ich dir heute noch erzählt hab, mein erstes aus BH. Chipkarte hab ich mir eben besorgt. Alles prima Schwester, deine vier Hunderter, vielen Dank für die gute Absicht, kriegst du postwendend retour!

Na gut, wie du meinst, aber Antônio Carlos hat doch auch extra Geld dagelassen und ...

Nö nö, nix da. Es ist genug. Den Bikini, okay. Nackt baden gibt ja sofort Knast bei uns. War also eine *notwendige Vorkehrung in Sachen*

Selbstverteidigung [lacht]. Dann noch das Taxi eben jetzt. Wirklich, es reicht schon des Guten, danke. Ich will auch keinen Doc-Assistenzialismus. Verinha macht das, wo immer möglich, auf *my way*. Hörst du, Schwester! Und lass dir nicht allzu viel Zeit, bis du wieder auf einen starken, stark *süßen* [lacht], Kaffee bei deiner Afro-Schwester hier vorbeischaust. *Um beijo, tchau.*

Unmittelbar darauf ruft Antônio Carlos an, informiert uns, dass er „in Bälde" komme.

Eliane, die mich bereits davon in Kenntnis gesetzt hat, dass auch sie, *spätestens Sonntag*, zurück in ihr „normales Leben", also an den Überlebenskampf und die Arbeit will, und ich setzen uns in sein Arbeitszimmer. *In Bälde*, ohnehin schon per se diffus, kann ja, so wie alle Zeitangaben brasilianischer Menschen, erstaunlich elastisch sein ... Das Aufnahmegerät läuft.

Also, wir gehen das jetzt im Zeitraffer durch, in Ordnung? Und falls du dann, zu einem späteren Zeitpunkt, noch irgendwelche Fragen hast, können wir das ja per E-Mails machen, nicht wahr?
Im Jänner 2006 sah ich also Verinha zum ersten Mal. Eine schöne, stolze Frau, war mein erster Eindruck. Und: respekteinflößend [lacht]. Aber mit ein Herz und eine Seele – so wie du das jetzt kennst – war da anfangs nichts. Sie schien sehr reserviert, beobachtete still das Treiben, das Ein und Aus der Menschen auf dem Weg zur Arbeit. Bei ihrem Kaffee und ihren Brötchen. Jeden Tag war sie die erste Kundin. Kam ja bereits einige Minuten vor der offiziellen Öffnungszeit, ihre Quartiergeberin, meine neue Kollegin, nachdem die andere zur Nachmittagsschicht gewechselt war, begleitend. Wir begrüßten uns, wenn ich sie bediente oder an ihrem Stehtischchen vorbeikam, tauschten die eine oder andere Floskel, und für mehr war ohnehin keine Zeit. Schließlich war ich an der Arbeit. *Und* musste die neue Kollegin einschulen. Gleichzeitig.
Das, der Abstand zwischen uns, änderte sich erst im Juli. Genauer gesagt, am 11. Juli, einem Dienstag, um halb sechs. Ein grauer, eiskalter Morgen. Wie jeden anderen Arbeitstag auch betrat ich die Travessa Vila Rica. Und machte mich auf, die paar Schritte zur Bäckerei in der Pasquale-Paluppi-Straße zu gehen. Ich war noch nicht

unten an der Strassenecke wo ich rechts abbiegen musste, angekommen, als ein mir entgegenkommender Mann jäh ausscherte, vor mich trat, und mir bekannt gab: *Perdeu!*, du hast verloren! Im selben Moment schaute ich in eine Revolvermündung. Dicht vor meinem Gesicht. Dass er mehr sagte, war auch nicht nötig, wer in brasilianischen Städten lebt, weiß, was Sache ist. Und in meinem Fall, schon Jahre in Großstädten, Dourados, Marília und nun São Paulo, war es überfällig. Statistisch. Ich übergab mein Handy, das bisschen Geld, das ich bei mir hatte. *Cartão, Registro, m´bora!,* herrschte er mich an. Kreditkarte, Personalausweis, mach schon! Und fuchtelte mit seiner Waffe, von der ich bis heute nicht weiß, ob sie echt war, oder nicht. Ich hatte aber nichts von dem bei mir. Was sollte ich auch damit, beim Brötchenverkaufen, Servieren und Tischeputzen. Nun bekam ich's mit der Angst zu tun. Was, wenn er, verärgert, abdrücken würde? Keine Seltenheit. Was, wenn er verlangte, zurück zur Wohnung zu gehen, aufzusperren? Denn mit Sicherheit war unsre Begegnung kein Zufall. Sondern der Mann wusste, dass ich jeden Morgen außer Sonntag um exakt diese Zeit hier runter ging, wo ich wohnte. Es sprudelte raus aus mir. Dass ich gleich ums Eck arbeite. Dass ich sonst nichts bei mir hätte. Dass das alles sei, was ich habe. Und versuchte meine Jacke zu öffnen, um ihm zu zeigen, dass da nichts mehr war. Aber meine Hände zitterten so sehr, dass ich die Knöpfe nicht aufbekam. *Va a merda puta*, fahr zur Hölle Hure, und weg war er. Ob er aufgab, sich *anderen Verlieren* widmete, weil er mir glaubte, oder weil, ein Stück weiter von oben, sich zwei Leute näherten ... Ich weiß es nicht. Mir schlotterten jedenfalls die Knie und das Herz raste. Und wusste in diesem Verwirrungszustand nicht, ob ich stehen bleiben, mich sammeln, weiter zur Arbeit oder zurück nach Hause gehen sollte. Die beiden, ein Paar, gingen an mir vorbei. Entweder hatten sie nichts mitbekommen oder es ging sie *das* nichts an. Ich konzentrierte mich, atmete tief durch. Sprach, im Stillen, mit mir selbst. Komm, komm, ist ja schon vorbei. Alles gut. Handy weg, Leben unversehrt. Weiter geht's. Alles in Ordnung. Und begann, mit immer noch weichen Knien, den Weg zur Bäckerei fortzusetzen. Nicht ohne dass ich an der Straßenecke erst dämlicherweise nach links schaute, wohin der Räuber abgehauen war. Als würde er auf jemanden warten, der bereits verloren, also nichts mehr zur Überfallsrendite hinzuzufügen, hatte.

Ich kam in der Bäckerei an, noch immer etwas durcheinander, aber durchaus pünktlich. Unsere Räuber arbeiten weit effizienter als die Behörden [lacht]. Und erzählte meinem Chef, der Chefin, dem Bäcker und der neuen Kollegin sofort von dem Vorfall. Es muss wohl erleichternd gewesen sein, mit jemandem darüber zu sprechen. Das Geschehen laut zu verarbeiten. Es sozusagen rauszulassen. Und fortzuschicken. Der Chef meinte, ich solle mich erst mal hinsetzen, in der Backstube, und einen ordentlichen *Cognac,* das ist ganz gewöhnlicher Weinbrandtverschnitt, der überall in Brasilien Cognac genannt wird, mit ein *bisschen Kaffee* [lacht] – genau so hat er's gesagt! – trinken. Da ginge es mir gleich wieder besser. Das hätte mir noch gefehlt. Erst ausgeraubt und dann noch besoffen! Nein danke, *nur* Kaffee passt besser. Der Alte hob seine Arme, schüttelte den Kopf – Was kann man da machen? – ohne Worte. Der Bäcker hatte sicher auch schon Aufregenderes gehört – oder erlebt – und widmete sich wieder dem Teig und meine Kollegin nahm mich in den Arm, führte mich raus zu den Stehtischen und geradezu auf jenen zu, an dem Verinha stand. Die haben das arme Mädl überfallen. Jetzt gerade. Hier! Ein paar Schritte weiter unten. Stell dir vor! Und zu mir, jetzt bleib erst mal da, verschnaufen. Ich bring dir den Kaffee. Und augenzwinkernd: *ohne* Cognac. Und schon konnte ich wieder lachen. In den nächsten „Beruhigungsminuten" begann die Freundschaft zwischen Verinha und mir. Plötzlich war die respektgebietende Unnahbarkeit ganz fort. Und eine raue, aber sehr liebe und rücksichtsvolle und hilfsbereite Frau kam zum Vorschein. Eine Minute vor sechs, dem offiziellen Aufsperrzeitpunkt – außer für Stammkunden, die auch früher rein gelassen werden – legte ich mir die Schürze um und ging an die Arbeit. Ausgeraubt und doch reicher als zuvor. Durch die in wenigen Augenblicken besiegelte und unbezahlbare Freundschaft dieser wunderbaren Schwester, die Vera heißt.

Die zweite Hälfte 2006 verging, bei mir auf jeden Fall und bei Verinha so weit ich's eben weiß, ohne große Highlights. Tut mir leid, *Irini,* aber ich kann ja nicht etwas hinzudichten, nur damit's „spannend" bleibt. Wir hatten genug um die Ohren mit unsrerm Alltagstrott, der Sicherstellung a) zu essen zu haben und b) die laufenden Kosten, Miete, Strom, Wasser, Gas, decken zu können. Verinha in ihrer

Doppelbelastung Job und Schule, und mit ihren Unannehmlichkeiten mit dem sich immer unverschämter benehmenden „Oberst" zu Hause. Ich mit meinem Brötchenlaufjob [lacht] und Nachmittagen entweder am Forschen in teils ziemlich entfernten Bibliotheken, oder, gemütlicher [lacht], im Internet. Wenn es denn funktionierte. Plus, in diesem Jahr begann ich auch bei zwei NGOs als freiwillige Helferin – und eifrige Benützerin deren Biblio- und Videotheken, die für meine Interessen weit mehr zu bieten hatten als herkömmliche Bibliotheken – mitzuhelfen. Gelegentlich, klar. Denn viel Überschusszeit hast du nicht. Wenn du zu den 99 Prozent Brasiliens gehörst. Und es war auch in diesem Jahr ... Nein, halt. *Das* war erst 2007. Als ich begann zu den Pankararu zu gehen. In „deren" Favela Real Parque. In der Nähe von Paraisópolis, am Westufer des Rio Pinheiros.
So, aller Eile zum Trotz: ich denke, diese drei „Anlaufstationen" in meinem Werdegang sollten doch, wenigstens oberflächlich, vorgestellt werden. Denn sie waren, jede auf ihre Art, prägend. Einverstanden?

Selbstverständlich, bitte! Und ohne es überhaupt noch bewusst „anzuordnen", waren meine beiden Daumen nach oben gestreckt.

Gut. Machen wir es chronologisch. Ganz nach deinem Geschmack. Zuerst ging ich zur Stiftung SOS Mata Atlântica. Diese Stiftung gibt es seit 1986. Bis heute. Und sie hat, sonst wäre ich ja gar nicht auf sie gekommen, gute und effektive Arbeit geleistet. In erster Linie kämpft sie für die Erhaltung des traurigen Restes, der vom artenreichsten Wald unserer Mutter Erde, dem Atlantischen Regenwald, noch übrig ist. Dessen gänzliche Ausrottung wird zwar weiter vorangetrieben, Jahr für Jahr, weil Wald im politisch-wirtschaftlichen Fortschrittsverständnis der brasilianischen Eliten das darstellt, was schon Tolstoi beobachtet hat: *Mancher geht durch den Wald und sieht dort nichts als Brennholz.* Aber dass es überhaupt noch ein paar Inselchen dieses einst enormen Regenwaldes gibt, ist bestimmt auch der Aufklärungs-, Umwelterziehungs- und Medienarbeit von SOS Mata Atlântica zu verdanken.
Das zuerst.
Dass ich es trotzdem sehr bald wieder vorzog, dort nicht mehr hinzugehen, hat, wie so oft in der brasilianischen Kultur, mit der Kluft zu tun, die Worte vom Tun trennen. Wenn du, das gilt auch heute,

deren Seite aufmachst, wirst du lesen, dass die Stiftung es als ihre *missão principal*, Hauptaufgabe, Hauptpflicht, determiniert, den Schutz von biologischer *und* kultureller Diversität voranzutreiben. Und ..., oder *jedoch,* ich kann dir sagen, dass ich als *junge India ohne Rang noch Namen* in diesem doch stark reduzierten Gesellschaftsspektrum aus fast durchwegs Kognone-Unternehmern, - Wissenschaftlern, -Medienleuten und deren sie anhimmelnden Trabanten, im besseren Falle als eine unterhaltsame Exotin wahrgenommen wurde. *Wenn* denn überhaupt wahrgenommen! In anderen Fällen, als ein Fremdkörper bis Störfaktor, der besser, wenn überhaupt, an der Kopiermaschine aufgehoben wäre. Ich aber glaubte und fahre fort zu glauben, dass unter all den Kognone dort *mit Rang und Namen* ich vielleicht mehr vom Wald und ganz sicher von kultureller Diversität verstand als die meisten anderen. Aber klar, Zugang zu Mächtigen, zu den Zentren der Macht hatte und habe ich keinen. Gott sei Dank! In einem Satz resümierend: ich fühlte mich dort nicht wohl.

Kommen wir zur zweiten Organisation ...

Halt. Warte mal. Hat dir Verinha eigentlich von *ihrer* freiwilligen Tätigkeit in Paraisópolis erzählt?

Nein, also so weit ich mich jetzt im Augenblick erinnern kann, nicht.

Das schaut ihr ähnlich. Wenn's um sie selbst geht, trägt sie eher zu dünn auf [lacht]. Also in Paraisópolis gab's immer auch schon engagierte Leute, die die Hemdsärmeln raufkrempelten und ohne viel Herumreden darangingen, das zu tun, wozu wir die Stadtverwaltung, die Exekutive, die Legislative und die Judikative zwar fürstlich bezahlen, jedoch ohne eine Gegenleistung zu bekommen ... Vielleicht noch eine Kurzinfo zum „fürstlich" ..., oh du Arme! Aber es ist nicht so einfach, unter Zeitdruck und gleich für zwei nachzuerzählen. Doch du wirst dieses Infopatchwork dann schon richtig zusammenflicken, einmal zurück in deinen Eisbergen, im Land Tirol [lacht herzlich, ich mit, geht gar nicht anders].

Also *Irini,* ich hab da erst vor Kurzem eine Reportage in einer unsrer „gehobeneren" Zeitschriften, Exame, gelesen. Da wurde zwar eingangs gleich darauf hingewiesen, dass in Ländern wie Aruba, Dänemark, Holland ... und auch deinem Österreich, die Berufstätigen noch mehr Steuern zahlen müssen als wir ..., aber dann das große „Aber". Dass dort nämlich der Steuerzahler was dafür zurückkriegt: *„A maior qualidade de vida"*, die beste Lebensqualität. Während wir zwar auch im obersten Steuer-Drittel unter allen Ländern der Welt liegen, *aber*: der Spitzenreiter sind, in der Kategorie *„pior retorno à população do dinheiro arrecadado"*, schlechteste Steuerrückgabe in Form von Gegenleistungen. Und wen das am härtesten trifft, wenn der Staat sich im Sozialbereich total aus der Pflicht stiehlt, entgegen seiner eigenen Verfassung!, das brauchen wir bestimmt niemanden erklären. Siehst du, Brasilien ist ein vielschichtiger Weltmeister. Leider wird aber zumeist nur vom Fußball geredet. *Wenn* Brasilien denn noch mal Fußballweltmeister wird. Plus, und das hat die Zeitschrift „vergessen" hinzuzufügen, wir haben kein so gerecht progressives Steuersystem wie ihr in Europa. Bei uns zahlen die Ärmsten proportional die höchsten Steuern. Selbst die Millionen, die tagtäglich schwarz arbeiten müssen. Nicht mal auf dem Papier ein soziales Netz haben. Weil die ja auch essen und sich kleiden müssen ... Darf ich mal?

Aber klar, bitte. [Eliane dreht mein Laptop zu sich, tippt etwas ein, wartet.]

Ja! Schau hier ist es. Unser Steuersystem finanziert sich ja vorrangig über in Konsumartikel und Dienstleistungen reingebutterte Steuern. Hier: Auf Leitungswasser sind 38 Prozent Steuern drauf. Klopapier 40 Prozent. Binden 34 Prozent ... Was glaubt du, wie viele Mädchen in den ärmsten Regionen nicht zur Schule gehen können während ihrer Periode ...? Nur deshalb steht dieser Umstand für keine – von oben so verwaltete und gewollte – *Katastrophe*, weil sie im Hinterland-Öffi-Schul„unterricht" ohnehin nichts lernten, wenn sie anwesend wären. Weil die Schulen selbst schon so *verwaltete Katastrophen sind* ... Ich weiß, das war sehr ironisch. Aber eben auch brasilien-reell. Wenn du, andererseits, das nötige Kleingeld hast und dir ein Privatflugzeug kaufen willst, zahlst du nur 28 Prozent Steuern. Und falls du dir eine Krawattensammlung zulegen willst, zahlst du 35 Prozent – weniger als für Wasser! Und schau dir das an: Falls du deine Afghanen und Rottweiler in einem Tierhotel, das gibt's hier!, unterbringen willst, während deines Urlaubs in Bariloche oder Miami [zwei der

321

beliebtesten Reiseziele unter Brasiliens Reichen], zahlst du 27 Prozent Steuern. Wenn dein Kind aber in einen der überall offenen Kanalschächte oder offen zurückgelassenen Bauschächte auf den nicht vorhandenen Gehsteigen fällt, weil es stark kurzsichtig ist, kannst du, als Verbrauchsmensch, keine Brille kaufen. Denn die ist nicht nur ohnehin bereits jenseits deines Überlebensbudgets, sondern hat noch 45 Prozent Steuern drauf. Fiskalische Leistungen, entworfen und durchgesetzt von Leuten, die nie einen Schritt in dieser Realität getan haben – das ist nicht sprichwörtlich gesagt, sondern wortwörtlich! Die in kugelsicheren Karossen von ihren großflächig vom Schmuddelvolk abgesperrten Hochsicherheitsbunkern ins Ministerialbüro gefahren werden, schick bestückt mit Seidenanzug, Rolex und Goldbrille. Und alles von uns Verbrauchsmenschen bezahlt. Mit ebenjenen Steuern aufs Leitungswasser und so weiter ... DAS ist Brasilien. Völlig egal, welche „Parteien" da gerade regieren. Und *noch* was. Sieh dir bitte gut an, von wem diese Infos sind. Siehst du? Keine Kommunistische oder Sozialistische Partei – die sind ohnehin mitverantwortlich, waren sie doch bis vor kurzen noch in der Regierung dabei! Haben diesen Status quo also mitgetragen, sich bereichert an ihm. Das neben ihrem aktiven Beitrag zur fortschreitenden Umwelt- und Índiovernichtung – siehe, *ein* Beispiel unter *vielen*, Belo Monte.

Also, diese Liste zu unseren Steuersätzen ist von der FIEPR zusammen gestellt! Der *Federação das Indústrias do Estado do Paraná*, Industriellenvereinigung des Bundesstaates [Sektion] Paraná. So. Und jetzt wieder zurück ..., und zwar zu Verinhas gesellschaftlichem Engagement. Die *vor mir* damit begonnen hat. In Paraisópolis hatten sich schon lange bevor wir beide da waren einige Initiativen gebildet. Teils kirchliche, teils solche ohne jede Verbindung zu irgendwelchen parteilichen oder religiösen oder kommerziellen Institutionen. Ganz kleine, waschechte Graswurzelinitiativen. Um das Favelaleben etwas menschenwürdiger, demokratischer zu gestalten. Gratisbibliotheken, bisweilen von einer einzigen Person, im eigenen Häuschen, den Schülern der Nachbarschaft zur Verfügung gestellt. Andere sind ein, zweimal pro Woche in Grüppchen Geschäfte abklappern gegangen, um Milch zu erbitten, die schon am Ablaufdatum war. Und haben die dann an die elendsten kinderreichen Familien in ihren Barracken verteilt. Andere sind von Hütte zu Hütte gezogen und haben Know-how angeboten, wie man auf ein paar Quadratzentimeter im Lichthof, oder in Kisten, Plastikkübeln, Gemüse ziehen kann. Wieder andere haben auf eigene Faust die Geschichte von Paraisópolis recherchiert, mit Schreibmaschine geschrieben und im Copyshop vervielfältigt und in Schulen hinterlegt. Und so weiter. Und irgendwann haben sich viele dieser Graswurzelinitiativen zusammengeschlossen. Zu den Multientidades Paraisópolis. Da ist Verinha hin, hat sich eingebracht. Hat Rechnungen geprüft, Dokumente geschrieben. Nachts! Vor allem, wenn mal wieder *aulas vagas*, Schulstunden ohne Lehrer, angefallen waren. Mir hätte sie das auch nicht erzählt, hätte ich nicht nachgebohrt [schmunzelt]. Sie wiegelte ab, meinte, das wäre vorteilhaft *für sie*. Also eher ein *egoistischer Antrieb*. Vulgo Praxissammeln. *Noch dazu ohne lästige Vorgesetzte ...* Unsere bescheidene Verinha. Eine Guerreira-ohne-Tamtam. So, und jetzt hüpfen wir wieder zurück zu mir. [Lacht.]

Die zweite Organisation, die ich zu frequentieren begann, war der ISA. Instituto Sócioambiental. In der Avenida Higienópolis. Im Zentrum. Damals, noch ohne die Metrô-Linie 4, eine Weltreise. Die ließen mich nicht nur mithelfen, wo immer was gebraucht wurde, sondern hatten und haben zu Indigenen, sogenannten Minderheiten generell – die ja, alle zusammen, überwältigende Mehrheit sind – eine praktische ... wie kann ich's besser ausdrücken ... *normale, natürliche* Annäherungsweise. Und Beziehung. Ich war jedenfalls nicht in der Exoten-Rolle. Traf immer wieder auch Índios dort. Und lernte immens viel. Unter anderem gingen ständig Leute aus und ein, Anthropologiestudenten zum Beispiel, die Monate, manchmal Jahre, in den hintersten Ecken Brasiliens verbracht hatten, mit Hilfe auch des ISA. Die konnten dir Dinge erzählen, die du in keinem Buch findest. Auch nicht jenen von Claude Lévi-Strauss oder Anna Curtenius Roosevelt. Und so manches, wovon sie mir erzählten, über Völker, von denen ich noch nie zuvor etwas gehört hatte, die semi-nomadischen Hupta zum Beispiel, erkannte ich, aus Eigenerfahrung und –erinnerung, als *pan-indigen* wieder. Anderes wiederum unterschied sich von dem, was ich von den Ayoreos oder Guarani kannte. Einige Jahre später sollte ich ja selbst vor Ort einige Huptas kennenlernen. Und ihre immer düsterer werdende Realität. Nicht „nur" der in den Startlöchern scharrenden Bulldozer-Kognone wegen. Die *endlich* die letzte intakte Ecke des Amazonas „erschließen" wollen. Weil sie, nicht zuletzt durch die Satellitentechnik, längst wissen, dass und was es dort zu holen gibt. Dass dort nicht nur Gold, sondern sehr seltene Bodenschätze wie Niob in großen Mengen ruhen. Dem Leib von Mutter Erde noch nicht entrissen worden sind. Aber selbst bevor dieses Inferno der Unersättlichkeit auch den oberen Rio Negro erreichen können wird – dank gekaufter Lobby-„Politiker" und „Regierungen" die bereits daran arbeiten, die Gesetzeslage mit dem *Novo Código de Minerção*, dem Neuen Bodenschatzgewinnungs-Gesetz, dahingehend zu ändern, und auch dank der Apathie der gesamten Weltöffentlichkeit gegenüber der Zerstörung unseres Planeten und der Zukunft der Folgegenerationen – ist die Situation der Hupta bereits eine sehr hässliche. Und zwar aufgrund von Ausbeutung ... *durch Índios!* Durch ein anderes, in der Region zahlenmäßig dominantes Volk. Von dem sich mancher so überlegen fühlt, dass er Huptas, die von Kognonewirtschaft und Eigentumsdenken keine Ahnung haben, so ... *ausnützt* – ich beiße mir hier auf die Zunge, um nicht das vielleicht adäquatere Wort *versklavt* zu verwenden – wie früher einmal die Spanier das am oberen Rio Negro getan haben.

Schau, in diesem noch prächtigen Urwaldgebiet ... Ich sage *noch*, weil bis dato das viele Wasser den Straßenbau verunmöglicht, und nicht etwa die gültigen Naturschutz- und Indigenen-Gesetze *auf Papier*! Denn wenn's um viel Geld geht, sind Gesetze – wie beim Megawasserkraftwerksbau – für unsre Aktionsachse Kapital-„Politik" nicht das Papier wert, auf dem sie geschrieben sind. Also, in diesem noch intakten Urwaldgebiet haben sich, grob vereinfacht gesagt, zwei ganz unterschiedliche Lebensweisen entwickelt. Auf der einen Seite die „Flussindianer", die Tukano- und Arawaksprachen sprechen. Das sind die, die logischerweise – der Fluss *ist* die Straße im noch unversehrten Teil des Amazonas – bereits seit langer Zeit von den Kognone drangsaliert bis unterjocht und auf jeden Fall *beeinflusst* worden sind. Die wissen also längst Bescheid, wie der Kognone zu seinen Reichtümern kommt. Wie der Hase im kolonialen, merkantilistischen, neoliberalen (...) System läuft. Die haben das Spiel der Jagd nach dem persönlichen Vorteil auf Kosten anderer verstandesmäßig erfasst. Manche, um sich, ihr Volk, ihre Aldeia, dagegen besser schützen zu können. Aber auch so manche, die, nun akkulturiert, soll heißen: *umgedreht*, eifrig mitspielen. Und ihrerseits schwächere Opfer brauchen, um sich bereichern zu können.

Das bringt uns zu den Maku sprechenden „Waldindianern". Jene mobilen Seminomaden, die in den „trockenen" Landstrichen zwischen den Flussläufen leben. Im dichten Urwald. Und sich also den geschichtlichen Zugriffen der Kognone immer wieder entziehen konnten.

Heute hast du – ein Beispiel – so manchen Tukano-Privatlandbesitzer in und um die Hauptstadt der Region, São Gabriel da Cachoeira, der die das „Spiel" und seine Regeln völlig ignorierenden Huptas mit den selben falschen Versprechungen wie die kolonialen Kognone von dazumals anlockt, um sie fortan in De-facto-Sklavenarbeit auszubeuten. Die europäische Eroberzivilisation macht weiter Schule.

Dieses Joch kommt zusätzlich zum in São Gabriel – und nicht „nur" dort, im einzigen Bezirk Brasiliens, wo die Indigenen die Mehrheit stellen – florierenden und bis auf ein einziges Mal von der Justiz völlig ungestörten Mädchenhandel. Ich verwende jetzt das Wort Mädchen *als Indianerin*, meine also prä-menstruale Mädchen. *Kinder.* Gesuchte Konsumware unter ehrenwerten Kognone – Geschäftsleute, Politiker, Militärs. Für deren völlig kranke Gehirne und Herzen es einen selbstverständlichen Wochenendspaß bedeutet, immer wieder mal so ein Kind zu deflorieren. Und zu erniedrigen. Die Herren-Rolle bestätigen. Für ein paar Reais und Bonbons. Ich war dort, *Irini*. Ich weiß – *auch* deswegen –, wovon ich spreche. [Unterstreicht mit diesem Nachdrucksatz ihre kognitve Hoheit, und es folgt eine der raren Sekunden, in welcher sich unsere Blicke treffen und das Gesicht der Gesprächspartnerin nicht einmal den Anflug eines Lächelns trägt, mit dem sie sonst immer wieder auch erschütternde Tatsachen begleitet.]

Also ... nein... *noch* was in diesem Zusammenhang, was mir wehtut zu erzählen: Ich hab, es ist schon einige Jahre her, auf einer Indigenen-Konferenz in Brasília, meiner ersten, einmal einen Tukano getroffen, der sowohl unter den Regierenden, als auch den índiofreundlichen Brasilianern dort hoch angesehen und gesuchter – und gesponserter – Gesprächspartner ist. Den Namen nenne ich nicht – mach jetzt mal auf Verinha [lächelt]. Er ist dort bekannt als „großer

Pajé" und Wissender aus erster, authentischer, Hand. Läuft auf allen Veranstaltungen in traditioneller Kleidung und mit Federschmuck und Körperbemalung herum. Als ich, wieder Jahre später, 2012, in „sein", also das Stammgebiet der Tukano, kam und sein Foto zeigte, amüsierte das nicht wenige. Sie hätten ihn noch nie, bei sich zu Hause, in *solcher Aufmachung* gesehen. Er laufe dort nur in Kognonekleidung herum ...

Noch ein Beispiel: Der vielleicht am besten mit der Staatsmacht verflochtene Índio, den ich kenne, ist – wieder kein Name – ein Terena. Ein guter Freund auch des eben erwähnten „Hauptstadt-Tukano". Lebt wie jener seit langer Zeit in Brasília. Und versteht sich als Spin Doctor, als großer Verteidiger und Vernetzer der *causa indígena,* im politischen Machtzentrum Brasiliens. Lebt wie kein anderer Índio in materieller Sicherheit und großem Komfort. Bloß seine eigenen Leute, die Terena in Mato Grosso do Sul, die wie die Guarani hingemetzelt werden, zu denen hat er, scheint's, den Draht verloren ... Oder, ein anderes Beispiel dieser sphärischen Entrücktheit: Er organisiert in den Massenmedien groß rausgebrachte „Indigene Spiele", als kulturellen Kontrapunkt zu den Olympischen Spielen, streicht dafür öffentliche Mittel ein – und zwar reichlichst –, deren Verwendung aber gänzlich intransparent bleibt. Und dann sitzen hunderte Índios am Austragungsort mit schlimmem Durchfall und Fieber fest. Weil er nicht mal für Trinkwasser oder Toiletten gesorgt hat. Das Geld für – ja wofür?! – verwendet hat. Aber für die Massenmedien – Globo führend voran – war's ein *gelungenes Fest,* das den brasilianischen Menschen und *dem Rest der Welt* zeige, wie gut es „unseren Índios" doch gehe. Und wie glückstrahlend und kerngesund sie alle seien. Die Notiz freilich, dass einige – dank ihrer nicht korrumpierten Anführer klarer durchblickende – Völker aus Protest gegen den andauernden Versuch, die Ureinwohner von der Landkarte zu radieren, demonstrativ nicht an den staatlich gesponserten Indigenen Spielen teilgenommen haben, sind ausnahmslos alle Massenmedien schuldig geblieben.

Das, die beiden *namentlich* nicht genannten Beispiele, sind die *Zweck-Índios,* mit denen sich unsere Machthaber allzeit gerne schmücken. Um ihre „Verbundenheit" mit uns Ureinwohnern zu demonstrieren. Um der Welt den Bären aufzubinden, wie ernst man uns doch nehme. Wie besorgt man, wie freundschaftlich man den Índios gegenüber sei.

Und eine der vielen Konsequenzen ist dann, dass auch eure Journalisten und NGO-Vertreter auf *Brasilienbesuch* – keine Spur von *Fact-Finding-Mission!* – von und über diese völlig entfremdeten Schaufenster-Nutz-Índios *bedient* werden. Das Wort *informieren* wäre hier schlicht fehl am Platz. Ich selbst wurde vom erwähnten Terena sofort gemieden wie eine Aussätzige, oder ein Dummchen, als ich dieses Schauspiel öffentlich, soll heißen *vor anderen Índios*, zu hinterfragen begann. Dass jemand im Kaviar des Todfeindes wohllebt, während sein Volk von ebendiesen Kaviarlieferanten langam, aber sicher ausgerottet wird. [Wieder sieht mich Eliane an, als wäre sie „eine andere". Zu keinem Zentimeter Zurückweichen bereite Kriegerin. Verinhaähnlich, aber noch „härter". Dann wendet sie ihren Blick von mir ab, sieht kurz zum Fenster hinaus.]

Halt ... bin abgeschweift ... [atmet tief ein]: Kommando zurück [lächelt wieder].
Auch der schriftliche Reichtum dort ... Im ISA, mein' ich. Ich war dort also in einer Art Schlaraffenlandkapsel. In diesem wunderschönen, bei euch wahrscheinlich als *neoklassizistisch* geltenden, Haus – Cida war ganz angetan, als ich sie anlässlich eines ihrer Besuche mal mitnahm –, das seit Anbeginn der Hauptsitz des ISA ist. Der ISA definiert seine Aufgabe mit „nachhaltige Lösungen finden, bei der Verteidigung Indigener Rechte und der Sozioambientalen Vielfalt". Und das setzen die Leute auch um. Gemeinsam. Auf Augenhöhe und in Partnerschaft mit Índios und anderen bedrohten Bevölkerungssegmenten. Ich bin heute noch viel kritischer als damals, aus gesammelter *Erfahrung*, was Organisationen und deren *immer* hierarchische Strukturen, von NGOs bis zu „Parteien", anbelangt. Nicht nur die brasilianischen! Weil ich mittlerweile *weiß*, dass da vieles Schein und Papierrealität ist. Und es, bei uns zumindest, nie fehlt an Präpotenz. Und Unverständnis bis Respektmangel und Hass denen gegenüber, die am Boden der Realität, an den Fronten, stehen. Dagegen halten und dafür sterben. Ohne irgendwo *Mitglied* zu sein. Weil sie lieber aufrecht stehen und (re-)agieren als sitzen und tratschen und sich in fast schon inzestuöser Weise untereinander beweihräuchern ... Weil sie das *tun*, was so manche NGOs und Cheffunktionäre zu tun *glauben*.
Es überrascht dich wohl kaum, dass ich selbst nie ISA-Mitglied wurde. Auch keine „offizielle Mitarbeiterin". Aber mit einigen ISA-Leuten

verbindet mich eine lange, über Jahre gefestigte Freundschaft. Gesprossen auf gegenseitigem Respekt. Und gewachsen durch Beobachtung der Arbeit, ihres *Tuns.*
Wieder in einem Satz zusammengefasst: Ich fühlte mich wohl dort, in dieser Eine-Welt-Viele-Kulturen-Drehscheibe. War als junge Índia nicht *geduldet.* Sondern *willkommen.* An- und gern gehört. In *meiner* Art. Und das wirkt sich immer positiv *auch* aufs Lernen aus … *Auch,* ich betone das auf diese Weise, weil es erstens *vielschichtig* guttut, in guter Gemeinschaft zu sein. *Und* … [lächelt, zögert] weil ich, aber erst im nächsten Kalenderjahr, 2007, dort jemanden kennenlernte, mit dem ich, zum ersten Mal nach der früh zerstörten Ouvertüre im Tekoha am Rio Apa, wieder eine Frau-Mann-Beziehung aufnahm. Ein Kognone, aus der Provinz São Paulos. Student, damals. Und doch mehr Índio, als so mancher „echte Índio". Heute lebt und arbeitet er an einer Uni in Frankreich. Und wir haben immer noch Kontakt. *Virtuellen, freundschaftlichen.* [Lacht.]

Anlaufstelle drei: die Pankararu, in der Favela Real Parque. Dort verbrachte ich, nach der Bäckerei, die meiste Zeit das ganze Jahr mit der Nummer 2007 über.
Die Pankararu sind ein Volk aus dem, was heute die Nordostregion Brasiliens genannt wird. Sie leben – geographisch – zweigeteilt. Die größere Gruppe, ich schätze mal 5.500 Personen, im viel zu kleinen Reservat in jenem halbwüstenartigen Zipfel Pernambucos, der ein Dreiländereck beschreibt: Pernambuco-Alagoas-Bahia. Eine Terra Indígena, die einen Rest ihres traditionellen Stammgebiets umfasst. Ein Rest noch dazu, und wie bei so vielen „bundesgesetzlich anerkannten und geschützten Reservaten", der teilweise und über Jahre hinweg permanent durch nicht-indigene Usurpatoren besetzt ist. Das chronische Nichtstun der Justiz soll offenbar handgreifliche Gegenaktionen der Índios provozieren, damit man dann, über die allzeit dazu bereiten Massenmedien, die nicht selten in Besitz von Latifundiários sind, die Schablone vom „gewalttätigen Unzivilisierbaren" bedienen kann. Worauf die zuvor im Tiefschlaf befindliche Justiz in Windeseile und „mit aller Härte des Gesetzes" agiert … 517-jähriger brasilianischer Kreislauf. Seit den portugiesisch-königlichen Dekreten der sogenannten *Guerras Justas,* Gerechte

Kriege, wider versklavungsunwillige, *also* sich wehrende Indigene Völker.

Die andere, kleinere, Gruppe der Pankararu, etwa 500 Personen, lebt zweieinhalb Tausend Kilometer weiter südwestlich, im Betondschungel von Real Parque, São Paulo. Es kann unterschiedlicher gar nicht sein. Wie kam's dazu?

Dieselbe alte Geschichte des Nordostens. Extreme Armut und extreme Gewalt wegen der Landkonzentration in den Händen einiger weniger und die damit verbundene Kontrolle über die wenigen permanenten Wasserstellen. Das galt und gilt häufig immer noch für alle Verbrauchsmenschen im Hinterland der Region. Bei uns Indigenen kommt noch die kultur-rassistische Komponente hinzu. Wer, das ging bis in die 1970er-Jahre rein, erwischt wurde beim Sprechen seiner Sprache, wurde zumindest solange verprügelt, vergewaltigt im Fall von Mädchen und jungen Frauen, bis er oder sie nicht mehr sprechen konnte. Zumindest. Denn manchmal wurde sofort gelyncht. Dasselbe für die Ausübung spiritueller Rituale oder festlicher Tänze und Gesänge. Kein Wunder also, dass in dieser Großregion fast alle indigenen Sprachen von der brasilianischen Bandeirante-Zivilisation vernichtet wurden. Das Szenario war folglich fruchtbar für Flucht-, Abwanderungsgedanken.

Die Pankararu sahen viele nicht-indigene Leidensgenossen das Handtuch werfen und mit dem, was sie tragen konnten, sich auf den Weg nach São Paulo und Rio machen. Das war ab den 1940er-Jahren. Weil dort, in den wachsenden Städten des Südostens, Leute, anspruchsloseste und ihrer Rechte ignoranter Verbrauchsmenschen im unternehmerischen Idealfall, für die Rodung und den Bau gesucht wurden. Einige Pankararu, vor allem jüngere, beschlossen, es ihren nicht-indigenen Nachbarn gleich zu tun. Sie wurden von durch die verelendete Provinz fahrenden Gatos unter Vetrag genommen. Gatos nennen wir Leute, die eine Art fahrende Arbeitsvermittler sind. Brücken zwischen großen Unternehmen im Südosten, oder sonst wo, und den ärmsten Hinterlandregionen, wo sie fette Beute machen. Und Provisionen einstreichen. Die werden allerdings nicht von den belieferten Großfirmen bezahlt, sondern den geköderten Habenichtsen selbst, von ihrem Lohn, abgezogen. Menschen verbrauchen. *Der* brasilianische Wirtschaftszweig. Bis heute. Hat dir Verinha erzählt, dass sie auch mal in die Hände eines Gato gefallen ist? In Alagoas?

Mein linker Daumen antwortet: *positivo!*

Gut, da kann ich mir den Rest ersparen. Was *die Gatos* angeht!
[Lacht.] Zuerst waren's nur Einzelfälle. Was abwandernde Pankararus
betrifft.
Dann, schon in den 1950er-Jahren, wurde aber einer von ihnen selbst
von einer Firma zum Gato „befördert". Und dem gelang es in der
Folge – Índios, wie in allen traditionellen Gesellschaften, trauen in
erster Linie ihresverwandtschaftsgleichen – im größeren Stil junge
Männer an die verbrauchsmenschenhungrige Bauindustrie abzuliefern.
Und dann läuft eins ins andere. Denn hatte sich erst mal eine Gruppe
von Pankararus in São Paulo „etabliert", war das ein zusätzlicher
Antrieb für die Migration. Man hatte ja schon Verwandte dort. Väter,
Onkel, Söhne, Brüder, Neffen, ... Ausschließlich Männer. Denn die
Absicht war ja – ursprünglich – nie, in São Paulo zu bleiben. Sondern
dort so lange zu schuften, bis sie das Geld beisammenhatten, um
ihren Familien beim Nötigsten fürs Überleben helfen zu können und
ihre soziale Realität, damals jenseits der Elendsgrenze, dank des
Großgrundbesitzerterrors und des Coronelismo-Systems, zu
verbessern. Baumaterial für ein gemauertes Häuschen zum Beispiel.
Oder für eine Milchkuh, einen Lastesel, ein paar Hühner, Saatgut, ein
Fahrrad...
Dieses Hin-und-her – denn war der Geldvorrat verbraucht, drohte ein
Wiederabrutschen von der Armut ins Elend, es reicht *eine* Dürre, und
deine Ernte, Hühner, Milchkühe und Esel sind weg –, war allerdigs
kostspielig. Nicht nur was die zweieinhalb Tausend Kilometer je
Richtung betrifft. Sondern auch affektiv. Kinder sahen ihre Väter
kaum, Frauen ihre Männer, Väter und Mütter ihre Söhne ...
In den 1960er-Jahren begannen die ersten jungen Frauen, die damals
wenigen alphabetisierten zuallererst, ihren Männern und Brüdern
nachzufahren. Manche blieben. Die ersten Familienzellen entstanden.
Und ab hier lief dann wieder eins ins andere: Für jüngere Geschwister
war's nun noch leichter nachzukommen. Man hatte *Familie* dort.
Der nächste Schritt war, angesichts der wachsenden Zahl Bleibender,
die Sicherstellung der sozio-kulturellen Kohäsion. Dazu braucht es ein
räumliches Beisammensein. Ein Territorium. Wegen des Baus des
Morumbi-Fußballstadions, von 1953 bis 1960, begannen dort

beschäftigte Pernambukaner, die Pankararu darunter, ein nebenan gelegenes Brachland ohne jegliche urbane Struktur zu besiedeln. Um nah am Arbeitsplatz dran zu wohnen. Dieses Gebiet wurde in der Folge zur Favela Real Parque. Und ein Teil darin zum zweiten Territorium der Pankararu. Wo sie unter sich sein konnten, ihre Bräuche, geführt von einem Pajé, pflegten. Wie den Toré. Und zwar unter weniger damit verbundenen Risiken, als zu Hause, im pernambukanischen Sertão unter der Kontrolle der Coronéis.
Aber es starben trotzdem nicht weniger Pankararu als im Stammgebiet. Die „ganz normale" brasilianische Urbangewalttätigkeit forderte unausweichlich auch ihre Opfer unter ihnen.
Anfang der 1990er-Jahre zählte Real Parque ungefähr siebenhundert Behausungen, darunter etwa zehn Prozent gemauerte. Und 2007, als ich begann, dort ein- und auszugehen, war es bereits exakt das Doppelte: 1.400 Behausungen. Auf einer Fläche von 47.000 Quadratmetern.
Nun folgten interne Probleme. Ein Machtschisma. Die neuen sich herausbildenden Führungskräfte in Real Parque nabelten sich von den Führungskräften in Pernambuco ab und wollten ihre eigene und eigenständige Aldeia etablieren. Dagegen verwehrten sich, nicht überraschend, die Führungskräfte in Brejo dos Padres, der Haupt-Aldeia im Stammland. Allerdings auch aus strategischen Gründen. Denn in ihren Forderungen gegenüber dem Staat, was den von Fazendeiros besetzt gehaltenen Teil des Territoriums betrifft, als auch mittlerweile ausgearbeitete Konzepte von Entwicklungsprojekten für die Aldeia, war die Gruppe in São Paulo immer nummerisch integriert. Und die Tatsache, dass etwa jeder Zehnte ihrer Leute in São Paulo lebte, wurde als Diaspora dargestellt. Also *Konsequenz* der Landkonzentration in den Händen weniger generell und der illegalen Besetzung Indigenen Territoriums durch Fazendeiros im speziellen Fall. Bekäme Real Parque den Status einer eigenen, unabhängigen Aldeia zuerkannt, verlören die Pankararu zu Hause, im Stammland, jäh zehn Prozent ihres Gewichts in diesem langen Ringen mit dem Staat. Eine vielschichtig verzwickte Situation. Wie nicht anders möglich, wenn ein Unrecht-Status-quo über Jahrhunderte mit allen zur Verfügung stehenden Mitteln fortgesetzt wird.
Verinha hat dir ja wahrscheinlich auch schon erzählt, dass sie bei den Tupinambá, im Süden Bahias, den Toré zu tanzen gelernt hat. Nun

war ich an der Reihe. Bei den Pankararu von Real Parque. Die sich
einmal pro Woche trafen, um ihn zu tanzen. Das hat aber nicht viel
mit kommerzialisierten Mode-Tänzen der Makrogesellschaft zu tun, die
am Freitag- und Samstag-Abend zum Sertanejo, oder Funk [nicht
identisch mit dem Genre des nordamerikanischen Funk], gehen, um
sich zu betrinken oder mit anderen Drogen „zu befreien", von ihrem
Unwohlsein mit sich selbst, und um auf Sexjagd zu gehen. Für die
Pankararu ist der Toré eine Art Gebet. Zusammengehen mit Gott.
Jeder der Gesänge trägt zum individuellen und Gemeinschafts-
Wohlbefinden bei. Zu individueller und Gruppen-Stärkung. Es ist in der
Tat eine sowohl physische wie spirituelle Erfahrung. Ich liebte es, Teil
davon zu sein. Die, die den Zug in der *fila indiana,* im Gänsemarsch,
mal kreisförmig, mal schneckenförmig, anführen, geben den Gesang
vor und der Rest steigt ein. Die meisten haben ihre Maracá-Rassel
dabei und es wird fest und rhythmisch aufgestampft beim Tanz. Um
die Verbindung auch mit Mutter Erde zu festigen. Das kann sich über
Stunden hinziehen. Aber müde wirst du höchstens körperlich. Aus
Konditionsmangel. [Setzt im Lachen fort:] Was aber nicht mein Fall
war.
Nach der Lernerfahrung bei den Guarani in deren Aldeia Jaraguá
überzeugte mich auch die Realität bei den Pankararu von Real Parque,
dass die größte Gefahr für das Überleben als ethnisch differenzierte
Gemeinschaft, hermetisch umgeben von einer offensiven, gefräßigen
und intoleranten Makrokultur, die Entfremdung der Kinder und
Jugendlichen war. Obschon der Toré das ein wenig abfederte. Aber
einmal pro Woche ... Während die Fernseher und der Kontakt mit oft
diametralen Appellen durch die brasilianisch-materielle Kultur
ununterbrochen laufen ...
Ich schlug meinen neugewonnen Freunden
Kinderaustauschprogramme vor: Pankararukinder verbringen Tage in
Jaraguá mit den Guarani und umgekehrt. Um so den Kindern jeweils
praktisch zu vermitteln, dass sie nicht alleine mit ihrer differenzierten
kulturellen Identität in der Welt stehen. Sie durch Kontakte mit
unbekannten und doch ähnlichen Gemeinschaften in ihrer
Selbstakzeptanz als Índios zu stärken und stimulieren. Manche
unterstützten diesen Hebelansatz, andere nicht. Dass es letztendlich
nie zur Realisierung kam, lag an der verwalteten Armut. Weder die
Guarani noch die Pankararu konnten sich die Fahrtkosten leisten. Und

meine E-Mails an die Bürgermeisterei, die Landes- und Bundesregierung blieben allesamt ohne Antwort. Es war beides, frustrierend und aufstachelnd. Aufstachelnd, weil es in mir eine Trotzreaktion auslöste. Es *doch* irgendwie, entgegen offenbar konträren Interessen in den diversen Machtbereichen, zu schaffen. Eines Tages. Frustrierend genug aber war, dass ich fortan, wir sprechen jetzt so von Ende 2007, Anfang 2008, mehr Zeit in Theorie als Praxis steckte. Mich damit beschäftigte, Konzepte einer pan-indigenen Bildungsstrategie für Kinder auszudenken. Die dennoch die spezifischen Elemente eines jeden Volkes und seiner Situation berücksichtigt. Und integriert. Aber ohne zu sehen, wie ich das einmal anwenden können würde.

Verinha war zu dieser Zeit bereits umgezogen. Weg vom immer coronelhafter auftretenden Zimmervermieter. Obwohl sie also nun ein schönes Stück, etwa zehn Kilometer, weiter südöstlich, in der Favela Vietnã, im Stadtteil Vila Santa Catarina, wohnte, verbrachten wir weiterhin so manchen Sonntag gemeinsam im Parque Morumbi. Oder im noch größeren Irapuera Park.

Aber die Freude unserer Verinha über die neugewonnene Privatsphäre währte nur kurz. Im Jänner 2008 kam sie diesmal nicht mehr völlig ungeschoren davon bei einem der inflationären Favelabrände. Rund 1.200 – nur die registrierten! – zwischen 2008 und 2012. Die Behausung, in der sie wohnte, brannte zwar nicht ab, aber fast. Und das Wasser der Feuerwehr sowie die sekundären ..., die *Gelegenheits*-Nutznießer dieser unermüdlichen Immobilien- und Baufirmenmafia-Arbeit, räumten alles aus. Das Einzige, was Verinha blieb, waren ihre Dokumente – Gott sei Dank! –, ihr Handy und die Kleidung, die sie am Leib trug. Als der Brand losging, am frühen Nachmittag, war Verinha auf Arbeit. Im Supermarkt in Morumbi. Und als sie nach Hause kam, war das Feuer gelöscht. Keine Todesopfer diesmal. Aber einige Dutzend Familien obdachlos.
Und im Internet war bereits kurze Zeit darauf zu lesen, dass die möglichen Ursachen „entweder ein Kurzschluss [illegal angezapfter Stromleitungen], oder ein explodierter [nicht gewarteter] Druckkochtopf" gewesen seien. Aus der selben Schablonenlade, die

auch sonst zumeist zu dienen hat. Die Schuld ist somit bei den Betroffenen ...
Verinha informierte mich, ich selbst war gerade im ISA, livertickerartig per SMS. Es gelang mir, sie zu überreden, zu mir in die Wohnung zu kommen. Wenigstens bis sie sich wieder aufgerappelt hätte, unsere extra-resiliente Stehauffrau [lacht], ihr Zimmer trocken und „enträuchert", wieder bewohnbar wäre ... Dazu möchte ich dir gleich noch etwas zeigen, *Irini*. Darf ich wieder? [Richtet lächelnd ihren rechten Zeigefinger auf das vor mir am Tisch stehende Laptop.]

É nosso!, gehört uns! Was so viel bedeutet wie „klar, bedien dich".

Eliane sucht und öffnet dann eine Nachrichtenseite, *https://noticias.uol.com.br/*, mit einem Artikel aus dem Jahr 2012. Die Schlagzeile: *Setor imobiliário financiou todos os vereadores da CPI dos Incêndios em São Paulo,* Immobiliensektor finanzierte alle Stadträte der Parlamentarischen Untersuchungskommission der Brände in São Paulo.
Dann scrollt sie runter. Bis Raster erscheinen. Dort stehen, unter den Konterfeis der jeweiligen Stadträte der Untersuchungskommission, aufgelistet die Wahlspenden, die jeder Einzelne von Immobilienfirmen zwischen 2008 und 2012 bekommen hatte. Die Angaben stammen vom TSE (*Tribunal Superior Eleitoral*), dem Obersten Wahlgerichtshof. Spitzenbeschenkte waren der Präsident der Untersuchungskommission und die Vizepräsidentin. Der Präsident, Ricardo Teixeira, übrigens vom PV, *Partido Verde*, die Grünen Brasiliens ... Auf meine *europäische* Verwunderung reagiert Elaine mit einem kurzen Auflachen. Diesmal allerdings nicht das übliche, herzliche. Und sie erwähnt maranhensische Spitzenpolitiker des PV – amtierende Bürgermeister und Stadträte, den Bundesminister für Umwelt – die Großgrundbesitzer, Waldvernichter und Índioverfolger *und – sterilisierer* seien. Und gibt einen eindringlichen Rat dazu: *Wer versucht, Brasilien mit europäischer Brille oder Logik zu verstehen, erreicht eine Sache unter Garantie: Schiffbruch.*

Wahrscheinlich kommt das bei unseren medialen Brasilien-Korrespondenten auch noch dazu, denke ich laut über diesen Wink aus harter Empirik nach.

Wahrscheinlich, *Irini*.

[Die 2012 eingesetzte „Untersuchungskommission" ist übrigens –
„ganz normal", würden Verinha und Eliane wahrscheinlich
kommentieren – *nach Jahren* des Verschleppens – „Vertagens" –
ergebnislos im Sand verlaufen. Eingestellt worden.]

Zurück zu Verinha ... Also, sie kam – *für eine Nacht*, wie sie vorweg
per SMS klarstellte – zu mir. Und zog erst ein Jahr später wieder aus
[lacht]. Nachdem sie im Supermarkt gekündigt hatte, als ihr klar
geworden war, es dort nie zur Supervisorin zu schaffen. Da waren zu
viele kaukasische Mitkonkurrentinnen für eine noch so fähige
schwarze Frau. Was nicht unbedingt auf rassistische Manager
zurückzuführen ist. Aber es ist in einem Eliteviertel wie Morumbi
sicher kein Kundenfang, Dunkelhäutige über Hellhäutige zu stellen.
Also eventuell, wenn nicht sicher, umsatzmindernd. Im Jänner 2009
machte sich Verinha auf die Reise. Nicht *irgendeine* Reise! *Die* Reise
...

Wir hielten inne, hörten die Wohnungstür erst geöffnet werden und
dann ins Schloss fallen. Antônio Carlos' „Bälde" war, in persona und
zwei Stunden nach dem Aviso, eingetreten. Er war kaum zu
vernehmen, bewegte sich wohl auf Zehenspitzen. Um uns nicht zu
stören, wie er nachher bestätigte. Wir hörten die Kühlschranktür.

Komm, lass uns nachschauen, ob er am Verhungern ist, unser
einsamer Sanitäter.

Ich nicke zustimmend, schalte das Aufnahmegerät aus, und wir gehen
in die Küche. Wo ein matter, aber freundlicher Mensch dabei ist, sich
Kaffee zu machen.
Er erzählt uns vom Spital. Dass das Chaos langsam wieder auf seine
chronische, „übliche", Dimension zurücksteuere. Wieder mehr
Rettungsfahrer unterwegs seien, wieder Lebensmittel, *hin und wieder
sogar medizinisches Material* angeliefert würden, die „Verhandlungen"
zwischen den Meuterern der Militärpolizei und der Landesregierung
weiter andauerten. Sich hinzögen *wie das Warten auf Godot*. Das

Wort Verhandlungen setzt er allerdings demonstrativ unter Anführungszeichen. Er zweifelt, ob nicht alles nur ein großes Schauspiel der *Bancada da Bala*, Fraktion der Kugeln, gängiger Spitzname für die sehr mächtige Waffenlobby in Brasiliens Parlament, sei, um der Bevölkerung *eine nochmal erhöhte Dosis Angst zu verabreichen*. Um Stimmung zu machen, für den Wünschen der Waffen- und „Sicherheits"industrie entsprechende Gesetze. Wie Herabsetzung des Mindeststrafalters, mehr Polizei, mehr Gefängnisbauten und die Militarisierung der Gesellschaft en gros, inklusive Abbau des *allgemeinen* Streikrechts.

Und seit der Falschmeldung vom Streikende vor einer Woche, findet sich kein Artikel mehr darüber in der internationalen Presse, ich sehe jeden Tag ein paar europäische e-Ausgaben durch ...

Na ja, versteh ich sogar, Irene. Wen interessieren ein paar Kollateralopfer mehr, *In Brasilien*? Ist doch wurscht, ob sechzig- oder siebzigtausend umgebracht werden. Im größten katholischen Land der Welt. Wo doch alle Aufmerksamkeit auf die islamische Gewalt gebündelt werden muss. Die ihren Ursprung allerdings nicht in Mekka oder Teheran, sondern Washington und London hat. Und die *also* eure und unsre Waffenindustrie mächtig kapitalisiert. Nicht „nur": *das gesamte BNP auffrisiert ...* aber ich bitte euch, tun wir uns nicht noch mehr an, als wir ohnehin schon um die Ohren fliegen haben [lacht], sprechen wir doch lieber von etwas weniger Enervierendem. Am besten von was Konstruktivem! Wie weit seid ihr mit eurer Arbeit? Ah, apropos Arbeit, und bevor ich's vergesse: Es ist nun so mit den Kollegen abgemacht, dass ich morgen, Freitag, frei habe. Dann Samstag tagsüber *und* Nacht-Dienst mache. Und danach erst wieder ab Montag in der Früh. Und wo ist Verinha..., ist die schon zu Hause?

In der Folge schaffen wir's sogar, bei den Themen Fußball und MPB anzukommen. Was Antônio Carlos zum Anlass nimmt, eine CD einzulegen: „Quando o Canto é Reza", Roberta Sá & Trio Madeira.

Das tut wohl! Was?

Magnífico, bestätige ich. *Porã*, schön, Eliane auf Guarani.

336

Schade, dass Verinha das nicht hört. Die Texte ... sie würde glatt aufspringen und einen *Samba de Roda* [die authentische Wurzel des Samba] tanzen. Noch dazu auf Quilombo-Art.

Und wir in der ersten Reihe. Gratis! [Dreistimmiges Lachen, Klänge und Texte vermengen sich zu einem seelisch-somatischen Balsam.]

Nach diesem Brasilien-Schmankerl deejayt Antônio Carlos peruanisch weiter, und genauso köstlich wie der brasilianische Aperitif zuvor: „La Grande Reunión", ein Sampler mit den altgedientesten (besten?) Interpreten der „schwarzen Musik" aus der Peripherie Limas, der *Música Criolla.* Er hat sich auch zusätzlich animiert. Und lebensbegeistert. Mittels *einer schwarz gebrannten Cachaça aus Piatã*, im Herzen Bahias, die er aus einem Wandschrank hervorgeholt hatte.

Und was wollen wir morgen unternehmen, *meninas*, Mädls? Habt ihr euch was überlegt?

Hatten wir nicht.

Also ich würde lieber das Interview mit Eliane fortsetzen, Toinho.

Das könnt ihr ja auch im Auto machen. Ich sitze vorne, spiel den Chauffeur. Ganz still. Und ihr sitzt hinten und macht mit Eurer Arbeit *on the road* weiter. Keine gute Idee?

Also Herr Doktor, ich muss am Sonntag wieder zurück. Nach Aracruz. An die Arbeit. Warum machen wir dann nicht die kleine Rundfahrt an eben diesem Sonntag? Und am Rückweg, so wir auch rauf wollen, an den *Rio Doce Veneno* [Eliane hat in einem spontanen Wortspiel aus dem Eigennamen des Rio Doce, was Süßer Fluss bedeutet, den Süssen Gift-Fluss gemacht], lasst ihr mich in Aracruz raus.

Eine gute Idee, Eliane. Aber Sonntag wollte ich eigentlich, hab das im Spital wie gesagt bereits so geregelt mit meinen Diensten, den Nachmittag nützen, um auch Verinha noch mal mit ins gemeinsame Boot zu holen. Sie kann ja nur am Sonntag. Und auch erst ab drei nachmittags. Da gehen sich größere Runden wie rauf an der Rio Doce nicht mehr aus. Ich dachte also, wir machen das morgen. Und am Sonntagnachmittag fahren wir alle zusammen zur Praia do Putiry. Eliane kennt diesen Strand im Bezirk Aracruz ja schon. Gleich neben den Aldeias, wo sie jetzt stationiert ist. Da lassen wir uns die Sonne auf den Bauch scheinen, bis sie untergeht. Plus: Ihr könnt dort auch noch mit den Interviews, open air!, weitermachen. Und am Abend bringen wir dich zur Aldeia, und Irene und Verinha und ich fahren zurück nach Vila Velha.

Am Abend? Bist du dir sicher, dass das eine gute Idee ist? Der Streik …

Na komm, es ist jetzt wirklich kaum noch schlimmer als sonst. Ich erleb's ja im Spital. Was und wer da jetzt noch ankommt. Beziehungsweise *nicht*. Und Verinha bringen wir bis vor ihre Haustür. Logisch.

Und Samstag?

Leider nein. Für mich. Hab ich Dienst, wie gesagt. Tag *und* Nacht. Gibt ja nach wie vor Kollegen, die den Streik als Vorwand nützen …

Vorwand? Ich würde mir's auch mehrmals überlegen …

Irini, wer versucht, Brasilien mit europäischer Brille oder Logik anzugehen, *ist* auf dem falschen Dampfer! Glaub's mir. [Beide lachen wir über die De-facto-Déjà-vu-Ermahnung.]

Und?

Eliane und ich sehen uns nach dieser „ärztlichen Aufforderung" kurz an. Nicken uns erst fragend, mit hochgezogenen Augenbrauen, und dann bestätigend zu.

Gut, Herr Doktor, wir machen's so. Morgen wir drei. Und am Sonntagnachmittag alle vier. Fröhlich wiedervereinigt.

Antônio Carlos hebt sein Gläschen. Viva a Cachaça *da boa*! Ein Hoch auf *gute* Cachaça!

Freitag, 17. Februar 2017

Das heutige Reiseprogramm, dessen Routenverlauf wir noch gestern, am späten Abend, geschmiedet hatten, beginnt mit einer anderthalbstündigen Verspätung. Konditioniert von der seit embryonalem Anbeginn eingeträufelten diagonalen, transatlantischen Kultur – *die europäische Brille* und also *auf dem falschen Dampfer* – bin ich um Punkt halb acht abfahrbereit. Den beiden Freunden gelingt das gegen neun. Dazwischen ist unsichtbare, vielleicht nicht einmal existente „Zeit" vergangen. Eine dreiergemeinschaftliche neunzigminütige Spanne, die mir einges abverlangte, um meine Beine und Finger so unter Kontrolle zu halten, dass sie mein innerliches Zappeln nicht nach außen, in die Offensichtlichkeit übersetzten. Und obgleich integriert als partizipierende Beobachterin dieses bewegungsarmen und gesprächsreichen zeitlichen Vergehens in den Bereichen Küche, Wohn- und Badezimmer, fühlte ich mich währenddessen – und bis heute – unfähig zu einer Erklärung dessen, was da (nicht) ablief. Des Wie und Warum. Der falsche Dampfer. *Relaxa Irini,* war der schwesterlich gutgemeinte und –launte Rat. *Fique tranquilo,* bloß keine Aufregung, der ärztlich-brüderliche, *alles im grünen Bereich.* Und der mir trotz Autorenaugenzwinkern sarkastisch bis bedrohlich erscheinende, Nachsatz: *Wisse, dass du es mit zwei der Verlässlichsten im Land zu tun hast.*

Warum er sich eigentlich trotz seines Wissens vom Schutzschild für Franz Stangl und des in der ganzen Welt bekannt gewordenen Betrugs einen VW zugelegt hätte, frage ich Antônio Carlos von der Rückbank aus, als wir aus der Garage hochkommen und der Portier uns salutiert und nach ostentativem Absuchen der Kamerbilder nach verdächtigen Personen auf der *anderen, öffentlichen* Seite, das Ausfahrtstor zur Rua Mato Grosso öffnet. Die anderthalb Stunden empfundener Zeitveruntreuung dürften in mir eine revanchegetriebene Streitlust entfacht haben. Allerdings besänftige ich diesen dringenden Selbstverdacht gleich wieder mit der Entschuldigung, dass wer gut im Austeilen „gegen Inkongruente" ist auch einstecken können sollte. Es scheint, als würde Antônio Carlos sich über die Frage wundern. Er lässt mehr Zeit als sonst verstreichen, bis er antwortet.

Also, erstens glaub ich ja, dass es grundsätzlich unmöglich ist, ein „ethisch korrektes" kapitalistisches Produkt zu finden. Selbst bei nicht per se permanent umweltschädlichen wie ... sagen wir mal, Flaschenöffnern.

Zweitens wusste, außer den Millionengehälter-Gangstern bei VW und den *Komponentenzuhältern* – und ganz bestimmt nicht „nur" bei VW – kein Normalmensch von dem Massenbetrug, als ich den Kübel Anfang 2005 kaufte. Das kam doch erst Jahre später in den Medien raus. Und für den *Gol* entschied ich mich aus zwei sehr rationalen Gründen. Er ist seit den 1980er-Jahren das meistverkaufte Auto in Brasilien. Jahr für Jahr. Das bedeutet zwei Dinge. Erstens, du kriegst selbst in der entlegendsten Pampa Ersatzteile, wenn mal was ist. Zweitens wird er kaum gestohlen. *Kaum* ist proportional gemeint und bitte in unserem brasilianischen Kontext zu verstehen. Denn bei uns werden an einem Tag mehr Autos gestohlen als in Deutschland und Österreich zusammen in zehn Jahren. Wozu auch einen Gol stehlen, alle ... nein, Blödsinn, *viele*, die einen wollen, haben ja einen. Und Ersatzteile kriegst du wie gesagt überall. Fahrzeugdiebstahl ist bei uns fast immer Auftragsbusiness. Da wird Besseres, Teureres „bestellt". Im In- und Ausland. Oder Rares, um dieses dann in Hinterhofwerkstätten zu zerlegen. Sehr lukrative Ersatzteilspender, sozusagen. Warum auch nicht? *Com gente*, mit Menschen, machen wir's ja auch so. Unsere Organhandel-Mafia floriert, läuft wie geschmiert. Ihr Zentrum ist, wie in allen Wirtschaftsbereichen, São Paulo. Aber tätig ist sie in ganz Brasilien, flächendeckend, und geliefert wird weltweit. Mit Kollegen meiner Zunft mittendrin. Wenn mal ein Fall auffliegt, weil ein Verwandter eines Zerlegten der Sache nachgeht und, bevor er ruhig gestellt werden konnte, ins Ausland flieht und dort bloggt, werden Gesetze mit großem Medien-Tamtam wortverschärft. Sehr wahrscheinlich unter legislativer Mitarbeit, wenn nicht Führung, durch die betreffende Mafia ... [runzelt die Stirn und sieht mir durch den Innenspiegel in die Augen]. Fazit: viel Lärm um nichts, die effektive Straffreiheit bleibt weiter garantiert. Absolut nichts ändert sich. Unsere Mafiosi haben beste Anwälte, die Sache wird in unserer ohnehin schneckenschnellen Justiz ein paar Jahre – und unter Ferner-liefen-Interesse der Massenmedien – herumverschachtelt und unter namentlich diversen „Instanzen" hin und her gereicht. Und verjährt alsbald. Hüte dich nach schweren Unfällen vor unseren Spitälern. Denn dein Tod ist schnell mal festgestellt. Auch wenn du noch so am Leben und voller guter gewinnbringender Organe bist ... Und von dem, was dort oben im feudal-archaischen Norden und meinem Geburts-Nordosten so abgeht ... in Favelas, Gefängnissen, der medial inexistenten Provinz ... Haben dir deine brasilianischen Gesprächspartner der letzten Wochen erzählt, wieviele Menschen bei uns verschwinden? Da ist Houdinis Elefant aber wirklich nichts dagegen! Eher David Copperfield industrialisiert. In Massenproduktion. Weißt *du* es Eliane?

[Eliane nickt, sieht für einige Sekunden stumm zur Windschutzscheibe hinaus, und dreht sich dann zurück zu mir.] Das „weiß" ich als Indigene Aktivistin selbstverständlich, sind wir doch überproportional als arme, *rassisch überflüssige*, De-facto-Rechtlose davon betroffen. Ich „weiß" unter Anführungszeichen, denn die geläufigen Zahlen erfassen ja gar nicht den ganzen Horror. Dazu fehlt eine Öffentlichkeit, die Bildungszugang hätte und *also* Druck machte. Von „politischem Willen" ... Da kann hier nur *vom Gegenteil* gesprochen werden. Die Mafia ...

Ja, und nennt ihr mir diese Zahlen nun? Unabhängig davon, wie unvollständig sie sein mögen?

Eine Viertelmillion jährlich. Spurlos, *Irini*. Auf Nie-mehr-Wiedersehen.

Davon etwa 40.000 Kinder [ergänzt Antônio Carlos]. Oder, in zeitlich fassbarerer Perspektive: 365 Tage mal 24 Stunden ..., 300 mal 20 ist 6.000, vier mal 65 ist ..., verdammt jetzt bräuchten wir unser Kopfrechengenie Verinha [schüttelt den Kopf, grinst] ... komm Irene, zück dein Handy und erlöse uns vom mathematischen Übel, amen. Wieviele Menschen verschwinden während *eines Tages* in Brasilien?

Ich tippe, so weit es Schlaglöcher und unzählige bisweilen für Pkws nur schräg zu nehmende Bremsschwellen und das damit verbundene Sitzspringen und Tastenverfehlen zulassen, komme schließlich auf 689,8 und verlautbare das Resultat.

Und jetzt pro Stunde, bitte.

Ich komme auf 28,7.

Siehst du, wir brauchen keine drei Minuten und irgendwo verschwindet einer. Oder eine. Oder ein Kind. Die „Ersatzteile" freilich ..., die funktionieren schon mal munter weiter. In Kaufkräftigeren.

Wollt ihr sagen, dass jedes Jahr eine Viertelmillion Menschen ermordet wird, um an deren Organe zu kommen?

Nein. Ich sagte ja: Die Ersatzteile funktionieren *schon mal* weiter. Ermordet – *mit Sicherheit ermordet*, was für eine skurrile Floskel – werden etwa 60.000 pro Jahr bei uns. Was mit den 250.000 Verschwindern geschieht, weiß niemand. Aber wir wissen, die wenigen, die es halt interessiert, dass *ein Teil* davon Opfer unserer Organmafia wird. Ihr ..., oder sagen wir eher *die Hollywoodianer* haben ihre Horrorfilmindustrie. Wir hier lassen den Film weg. Und es ist kein Thema in den Massenmedien. Raubkapitalistisch logisch, wie ich mir [grinst] nicht verkneife hinzuzufügen. Verschwänden heute in Deutschland, entschuldige Irene, aber von Österreich weiß ich so gut wie nichts, *deshalb* also Deutschland als transatlantisches Vergleichs-Ping-Pong, und du bist ja auch mit dem Land verbunden, Ex-Freiburgerin, ha! [lacht], also sagen wir heute verschwinden sechshundert Leute spurlos in Deutschland, was glaubst du, was da los wäre am Tag danach. Von der ARD über die Süddeutsche bis hin zum Titanic ... oder der Bild-Zeitung! Das würde sensationsgierig ausgeweidet bis journalistisch-satirisch aufgearbeitet werden. So oder so.
Und bei uns ... nichts. Absolut nichts. Kein Spektakelwert. Gehört in die unwesentliche Nebensparte der sozio-ethnischen Säuberung. Und: zur diskreten und unbürokratischen Versorgung der Haben-Seite mit erstklassigem, frischem Rohmaterial. Angeblich – ich beziehe mich jetzt auf Vermutungen von Kollegen, *nicht involvierten* Kollegen!, Freunden – nicht nur für gutbetuchte Brasilianer. Es sollen brasilianische Menschenersatzteile auch massiv raus in die weite Welt fliegen. Und angesichts der Schätzung, dass weltweit nur einer unter zehn zu dem Frischwarenersatzteil kommt, das er oder sie benötigt, scheint mir das nicht nur glaubhaft, sondern systemisch konsequent.

343

Menschen-Verbraucher ... wage ich vorlaut, als Darcy-Ribeiro-Duktus-Unbedarfte, einzuwerfen.

Exakt, entfährt es einer erfreut lächelnden Eliane. Wäre toll, wenn du sein großes, abschliessendes Werk mal zu lesen bekommst und das Gelesene dann mit deinem Erlebten, Gehörten, Gesehenen aufarbeitest. Und schon haben wir eine wirkliche Botschafterin in Europa. Genuiner als diese *Papierdiplomaten.* [Lacht herzlich, drückt mir die Hand, und ein lächelnder Antônio Carlos nickt bestätigend.]

Da gibt's ein prima Buch zum Thema, Irene. Ich hab's selber nicht gelesen, aber einer der erwähnten Kollegen, der es sehr gelobt und herumempfohlen hat. Es ist von einem Nordamerikaner ... Scott ... irgendwas. Glaube ich. Der hat im Milieu der Organmafia in Indien, wo er lebte, akribisch recherchiert. Nach Brasilien hat er sich aber nicht getraut. Ein gescheiter Mensch ... Der Buchtitel war extrem lang. Irgendwas mit Rotmarkt – The Red Market – als Wortspiel aus Schwarzmarkt und rotem Blut.

Ich finde das Buch via Startpage-Suchmaschine im Nu: *The Red Market – On the Trail of the World's Organ Brokers, Bone Thieves, Blood Farmers, and Child Traffickers von Scott Carney.*(1)
Und während ich vom Handy ablasse, es ausschalte und wieder zum Fenster hinaussehe, vermischen sich die vorbeifliegenden Straßensäume und Stadtschemen erneut mit den Bildern vom jüngeren Bruegel. Und Franz Stangl. Und Doktor Mengele. Eliane reißt mich aus diesem Horrormuseum heraus.

Irini, ich möchte noch mal zum Ausgangspunkt, der Raub- und Diebstahlunternehmenssparte was *Fahrzeuge* betrifft, zurückkehren. Da kann ich noch was zu deiner überseeischen *Informations- und Kuriositätensammlung* beitragen: In Paraguay gab's landesweit noch zu Anfang dieses Jahrtausends *kaum einen* Öffibus, der *nicht* in Brasilien von brasilianischen Banden im Auftrag paraguayischer Unternehmer gestohlen worden wäre. Und Paraguay sieht nur so klein aus, gesandwicht von den beiden Giganten, Argentinien und Brasilien.

(1) https://www.harpercollins.com/9780061936463/the-red-market

[*Ist größer als Deutschland*, ergänzt Antônio Carlos.] Und in Brasilien gestohlene Laster und Vierradantriebsfahrzeuge stellen noch heute ein starkes Kontingent auf paraguayischen Straßen. Auch auf bolivianischen. Ob das mit Toinhos Ansage hinkommt – *an einem Tag hier mehr gestohlene Autos als in zehn Jahren bei euch* – weiß ich nicht. Aber ich war im Jänner kurz in Minas Gerais, bei den letzten überlebenden Borum. Oder Krenak, wie sie von den Brasilianern genannt werden. Und als ich dort war, haben sie gerade im Fernsehen die bundesstaatlichen Statistiken für 2016 veröffentlicht: Etwa 40.000 gestohlene Fahrzeuge und 22.000 geraubte – also solche, die per Waffengewalt den Besitzer gewechselt haben. In einem Jahr. In *einem* von unseren 26 Bundesstaaten ...

[Antônio Carlos übernimmt den von Eliane wieder aufgenommenen Kfz-Faden.] Dann kommt noch dazu, als zusätzliche praktische Diebstahlsversicherung, dass dieses Modell [klopft mit der flachen rechten Hand auf das Lenkrad], der *Gol Seleção,* knallgelb ist, also raussticht. Ich fahr die Schüssel nun schon dreizehn Jahre. Wer soll den klauen? Einen pensionsreifen Spartaner, weit primitiver als euer Golf und euer Polo, und ohne irgendwelche Extras? Alles eine Frage der Rationalität in unserer surrealen Realität.
Was freilich die moralische Mangelhaftigkeit der Firma VW, oder *Volks* wie wir sie hier rufen, betrifft, gibt's noch ganz andere Sachen, als den Weiße-Westen-Dienst für Stangl und den archetypischen *jeitinho capitalista* des Nebenbei-Massenbetruges. Wenn wir schon dabei sind. Nämlich die Vorreiterrolle von Volks bei der Amazonaszerstörung.
[Zu Eliane gewandt:] Kennst du die Geschichte? [Eliane nickt.] Willst *du* erzählen, ist ja *euer* Interview?

Nein, nein, ich hatte ohnehin bereits die Chance es zu erzählen, es aber dann, vor lauter Konzentrieren, nicht *noch* mehr vom Hauptthemenfaden abzukommen und unsre *Irini* zur Verzweiflung zu bringen [lacht und ergreift erneut meine Hand und tätschelt sie], vergessen. Erzähl ruhig du, Toinho.

Na ja, man kann sagen, dass Volks im Schulterschluss mit unserer US-entworfenen *ditadura cívico-militar,* Zivilmilitärdiktatur(1), die „Modernisierung", soll heißen die kapitalfreundliche Zerstörung des

Amazonas und seiner Völker, eingeleitet hat. 1973, also mittendrin in den *anos de chumbo,* den Bleijahren.(2)

Heutzutage kennt das Schema doch jeder in Europa. Zuerst werden ärmste Schlucker von der Holz- und Landmafia zur Rodung angeheuert. Für die Knochenarbeit bekommen sie bestenfalls Hungerlöhne. Viele bekommen gar keinen Lohn, sondern werden entweder, maximal wirtschaftlich-praktisch, *ins Spurlose verbraucht*, oder mit illegalen Landparzellen, also Land in den Papier-„Reservaten", von den Auftraggebern beschenkt. Diese Beschenkten funktionieren dann auch – aus „eigenem" Antrieb – als kultürliche Sturmtruppe für die Vernichtermafia. Gegen noch vebliebene Índios im Gebiet heute, *und* gegen etwaige *zukünftige* Forderungen, sollte es ihnen, nach über 500 Jahren an der blutigen Arbeit, noch immer nicht gelugen sein, die Indigenen auszurotten.

Dann wird das gerodete und von Indianern „frei gemachte" Land von bestochenen Beamten, von lokalen bis in die jeweiligen Bundesministerien und das Parlament in Brasília, als Privatbesitz „legalisiert" und es kommen erst die Rinder, manchmal vorher noch transnationale Bodenschatzausbeuter auf ein Zwischenspiel, und dann, so der Boden nicht nachhaltig verseucht wurde, kommt der Agrofaschismus mit seinen Monogiftkulturen zum Absahnerzug ...

Und dieses, dank Chico Mendes und Greenpeace, auch international breiter bekannte Schema haben der General Médici – das war der schlimmste während der gesamten Diktatur – und VW kickgestartet. Sie tauften das Projekt *Gado do Futuro*, Vieh[zucht] der Zukunft. Da wurde mit deutschem Geld Land, etwa 140.000 Hektar im Süden des Bundesstaates Pará, *damals* noch Urwald, zusammengekauft, um eine „Modellfarm" aus dem Urwaldboden und Lebensraum Indigener Völker zu stampfen. Und dann folgte deutsche Gründlichkeit in Forschung und auf Papier und brasilianisches Know-how am Boden der Realität. Mit Sklavenarbeit. Mit der von der Raumstation Skylab 1976

(1) Ein heute in Brasilien geläufiger Terminus, da die Militärs sich gerne als Staatschefs im Kostüm des Grundgesetzes präsentierten, qua indirekter „Wahlen" durch einen von Gegnern und Fragestellern gesäuberten Kongress und ein paar noch zugelassene „Parteien", die die jeweiligen Militärmachthaber und deren Projekte absegneten.
(2) Eine Referenz zur repressivsten Mord- und Folterphase der Diktatur zwischen 1968 und 1979.

fotografierten und bis damals größten weltweit je registrierten Brandrodung. Mit all diesem Drum und Dran. Volks' notorischer brasilianischer Arm, die Companhia Vale do Rio Cristalino, am eifrigen Werk. Mit dem Ziel von Rindfleischexporten im größtmöglichen Stil, nach Europa, Japan und in die USA.

Die Cheffolterer an der Macht in Brasília und die *kontrollierten denn kontrollierenden* Organe wie die Sudam, *Superintendência do Desenvolvimento da Amazônia,* die Aufsichtsbehörde der Amazonasentwicklung, gaben Persilscheine für alles aus. Usurpation und Zerstörung „geschützter" Gebiete inklusive. Kein Mensch in Brasilien, außer den gejagten Índios und ihren Jägern, wusste davon. Das Bildungsvakuum und die gleichgeschalteten Medien – TV Globo, die Besitzerfamilie Marinho, als Machtpokerfaktor Nummer eins im Land, ist selbst ein Kind der Diktatur – hielten, was man sich von ihnen versprach. Aber die deutschen *empresários tropicais,* Tropenunternehmer, hatten die Rechnung ohne den *eigenen* Wirt gemacht. Denn in Deutschland gab's ja das – gerade damals! – was kritische Öffentlichkeit und Opposition genannt wird. Und dort wusste man es eher, was im Amazonas, mit deutscher Beteiligung, wenn nicht Federführung, geschah. Und alsbald regten sich erste Proteste. So gegen Ende der 1970er-Jahre. Trotzdem hat Volks das „Amazonas-Modernisierungs-Projekt" noch bis 1986 weiter durchgezogen. Würde mich ohnehin stark interessieren, wie die das heute in Wolfsburg darstellen. Welche euphemistische „Aufarbeitung" – wenn überhaupt – oder welche „Erklärungen" dort heute angeboten werden.

Mich auch *Irini*, weißt du was davon?

Nichts. Ich habe eben zum ersten Mal von dieser ... *neokolonial anmutenden* Geschichte gehört.

Wisst ihr, was mir eben durch den Kopf geht? Die Werbung. Die Volks-Werbung. Im Fernsehen. Die, die jetzt gerade in allen Kanälen bei uns läuft. Die Anpreisung ihres Doppelkabinen-Pick-up-„Turbos" ... Wie heißt der, Toinho?

Amarok.

Ja. Genau. Amarok. Du müsstest den Werbespot mal sehen, *Irini*. Haargenau auf der Linie ihres Treibens im Amazonas. Da gab's in der Essenz offenbar keinen Bruch seit damals. Slogans wie „Vom Schlamm bis in den Urwald", „Neues aggressives Design", „Dein Partner fürs Abenteuer", „Das einzige Limit ist der Himmel" ... werden begleitet von einer gefilmten Hochgeschwindigkeits- und Irrsinnsfahrt durch intakte Natur. Da wird über tierisches und pflanzliches Leben hinweggerast. Für Langsamversteher noch mit dem Hinweis begleitet: „Es gibt kein unüberwindbares Hindernis".

Die suggerierten Gleichungen: Zerstören = Abenteuer; und Natur = Hindernis.

Und so weiter in diesem klassischen Bandeirantes-Stil von einst und dem unsrer Ruralistas, den Neuen Bandeirantes, von heute. Ich hab mich, das mitansehend und –hörend, wirklich schon öfter gefragt, ob so eine Werbung anderswo, im VW-Land Deutschland, oder in Österreich, durchginge. Oder ob es zumindest Proteste gäbe ... Aber bei euch trauen sich die Volks-Konquistadoren so was wahrscheinlich gar nicht.

Unterdessen sind wir an der Abfahrt nach Aracruz längst vorbei, haben den Rio Doce (Veneno) bei Linhares überquert und nähern uns São Mateus, von wo wir über eine unbefestigte Straße nach Conceição da Barra abzweigen werden. *Weil uns das wenigstens fünfzehn Kilometer auf der Todesstraße BR 101 erspart*, wie Antônio Carlos es ausdrückt. Unsere erste – und wie ich mir denke, *der Verspätung wegen, einzige* – Anlaufstelle wird der Quilombo São Domingos sein. Das haben meine beiden Guides heute bei ihrer ausgedehnten und unbeschwerten Frühstücksplauderei umentschieden. *Denn du sollst wissen, dass es nicht „nur" den Indianern seit Jahrhunderten systematisch an den Kragen geht, in unserem Rechts-Staat*, wie mir dann beschieden wurde.

Todesstraße erscheint mir ein adäquater Spitzname für diese brasilianische Süd-Nord-Küstenverbindung. Anfang im Bundesstaat Rio Grande do Sul, Ende in Rio Grande do Norte. Dazwischen eine Entfernung, die die Strecke Palermo – Kiruna übertrifft. Ich habe mich bald entschlossen, möglichst keine Fragen mehr zu stellen und Antônio Carlos nicht abzulenken, solange wir im Auto unterwegs sind.

Denn in den bisherigen drei Stunden Fahrzeit habe ich mehr Haarsträubendes erlebt als in meinem gesamten europäischen Verkehrsteilnehmerleben zuvor. Obwohl das Verkehrsaufkommen laut meinen Begleitern dank des weitergehenden Streiks der Militärpolizei angenehm schwach – es heute *prima zu fahren* – sei. Ich „verstehe" nun auch, warum fast alle Lastwägen und viele Pkws mit Sprüchen wie *„Só Deus"*, „Gott allein" und *„Com Deus tudo é possível"*, „Mit Gott ist alles möglich" beschriftet sind. Es scheint sich um Hybride aus Gebet und Selbstabsolution – auch prophylaktischer – aus der Welt gemeingefährlicher Fahrer zu handeln.

An einem Lastwagen, den ich zu fotografieren versuchte, aber bremsschwellenhüpfend scheiterte, prangte dieser Leitsatz: *„A maior tristeza do caçador, é ter filho viado e não ter coragem de matá-lo"*, „Die größte Enttäuschung des Jägers ist, einen schwulen Sohn zu haben, aber nicht den Mut, ihn zu töten". Dieser Satz erfüllt, wie mir meine beiden Freunde erklären, einen kriminellen Tatbestand. Die vielen herumstehenden Militärs, Bundesstraßen- und Militärpolizisten – letztere herangeschafft aus anderen Bundesstaaten – scheinen davon nichts zu wissen. Explizit sexistische bis misogyne Sprüche an den Fahrzeugen sind zahllos. Aufgeklebte Textzeilen a là Snoop-Doggy-Dog-auf-dem-Weg-zum-Millionär sind offenbar Populärkultur. (Nicht nur hier.) Und bestätigen, was Verinha und Eliane von der brasilianischen Männerwelt en gros bis jetzt erzählt haben. Gut, oder sagen wir besser *beruflich zweckmäßig*, einmal nicht im Flugzeug zu sitzen und so erleben zu können, wie es auf dem faktischen Boden zugeht.

Es ist fast ein Uhr, als wir, nach einigem Herumfragen, an der Hütte von Dona Raimunda im Quilombo São Domingos (oder Córrego São Domingos, da scheiden sich die Geister), knapp außerhalb der Stadt Conceição da Barra, ankommen. Dona Raimunda und Eliane kennen einander von früheren Treffen zwischen Quilombolas und Indigenen in der Hauptstadt Vitória. *Wir sitzen seit Längerem im selben Boot*, wie sie es ausdrückt. Und ich sollte in Kürze verstehen, wie das gemeint ist.

Zuerst allerdings gibt es ein schüchternes und doch sehr herzliches Willkommenheißen. Begleitet von Entschuldigungen (Antônio Carlos und mir gegenüber) der *Einfachheit*, der *Armseligkeit*, der *Unaufgeräumtheit* ... ihres Heims wegen. Elaine und Dona Raimunda umarmen sich kräftig und lange, dann kommen, etwas gehemmter, Antônio Carlos und ich an die Reihe. Und ich konzentriere mich darauf – falscher Dampfer? –, alles „brasilienkulturell" richtig zu machen. *Vieram na hora certa, graças a Deus, vamos entrar gente, almoçar.* Ihr seid grade im richtigen Moment gekommen, Gott sei Dank, kommt rein Leute, mittagessen.

Gegen zwei Uhr setzen wir uns zur Arbeit. Im einzigen, winzigen Raum, der weder Schlafkammer noch Küche ist, mit Zementfußboden und einem Möbelstück darin, ein an den Ecken verschlissenes, an mehreren Stellen aufgeplatztes, kunstlederüberzogenes Dreisitzer-Sofa. Dona Raimunda und ich an den beiden Sofaenden, das Aufnahmegerät zwischen uns. Und gegenüber, an der Wand, lehnen, stehen, strampeln, sitzen, lachen, tratschen und starren einige Kinder, darunter Enkel Dona Raimundas, ständig zum Stillsein ermahnt von zwei dazugekommenen *comadres,* etwa gleichaltrige Busenfreundinnen, Dona Raimundas. Dona Raimunda schlägt vor, mit mir den Platz zu tauschen. Damit ich neben dem geöffneten Fenster sitzen könne. Ich schwitze wieder einmal wie ein unerschöpflicher Wasserfall. Perlen am ganzen Körper seit der Verspeisung des ausgezeichneten Grillfisches mit Reis. Es tropft von meiner Nasenspitze, wenn ich einmal während ein paar Sekunden vergesse, mit der Hand verstohlen darüberzufahren. Es ist, als befände ich mich, bekleidet, in einem Saunaraum ohne Ausgang. Ich bin Dona Raimunda sehr dankbar für den Platztausch. Genieße, ein bisschen beschämt, jede noch so kleine Luftbewegung, die von draußen meinen Körper erreicht. Zwei Kinder kommen mit einem Tischventilator an, den sie mir zu Füßen hinstellen. Allein, keine Steckdose. Sie werden zur Suche nach einem Verlängerungskabel abkommandiert. Das kurz vor dem Ende der Aufnahme, über eine Stunde später, herangeschafft wird. Mehr schwarzes Isolierband schon, als ursprünglich weißes Kabel. Aber Dona Raimunda hatte längst eine schönere und lautlose Lösung für mein diagonal transatlantisches Naturproblem parat gehabt. Einen aus Baststreifen geflochtenen Fächer. Grandios! Eine Enkelin Dona Raimundas bringt einen urtümlichen selbst geschnitzten Sitzschemel für Eliane, die sich darauf neben jenes Ende des Sofas setzt, wo nun Dona Raimunda sitzt. Antônio Carlos steht mit einem jungen Quilombola draußen vor dem Haus, am Fenster zu unserem „Versammlungszimmer".

Rai, *Irini* möchte, dass du ihr *alles* erzählst, eure Geschichte, die ganze Sache mit dem Eukalyptus, das weißt du ohnehin schon. Und ich sehe die Dokumente [Eliane deutet auf eine mit Papieren gefüllte Plastikmappe auf dem Schoß ihrer Freundin] hast du dabei. Aber sie will das immer schön der Reihe nach. Also angefangen beim Anfang [lacht herzlich, und die anfangs sehr ernst gewordene Dona Raimunda, wie es den Anschein hat, erleichtert – *es wird doch nicht so heiß gegessen ...* – mit], und dann Schritt für Schritt bis heute. *Tá bom?* Gut?

Tá bom. Gut.

Dona Raimunda ist wieder sehr ernst und konzentriert sich auf die bevorstehende Arbeit. Sie hat bereits Erfahrung, auch Sprecherfahrung, als Vertreterin ihres Quilombos bei Versammlungen. Aber heute sei es ungewöhnlich, sagt sie, weil sie mit einer *ausländischen* Frau sprechen wird. Mit einem Aufnahmegerät. *Einer Profi.* Und vielleicht ihre Aussage einmalig Menschen erreichen könne, an die sie sonst nicht herankäme. *In diesen anderen Ländern.* Eliane hat mir schon beim Essen anvertraut, dass sie eine erst spät alphabetisierte Kleinbäuerin *und* eine geschätzte *eloquente Erzählerin und schlaue, glasklare Kommentaristin* innerhalb ihres und der anderen, vom selben Problem betroffenen, Quilombos sei. Eine Stimme, die Gewicht hätte in dieser noch immer stark oral geprägten Gesellschaft. Ich schalte das Aufnahmegerät ein.

Geht's? Gilt's? [Lacht, unterstützt von Eliane, die ihr mit der flachen Hand aufmunternd über den Rücken streift.]

Mein Name ist Raimunda dos Santos. Ich bin 58 Jahre alt. Geboren in Angelim [einer der anderen Quilombos im Bezirk Conceição da Barra]. Und seit 42 Jahren hier in São Domingos. Ich hatte acht Kinder, vier Söhne und vier Töchter, sechs sind noch am Leben. Dann sind da dreizehn Enkel – die da gehören dazu [deutet gütig lächelnd mit dem rechten Zeigefinger auf vier der gegenüber an der Wand zurücklächelnden Kinder] – und eine Urenkelin. In Niterói, Rio de Janeiro. [Dann sieht sie erst mich und danach Eliane fragend an.]

Alles bestens Rai, *manda bala!* [Wortwörtlich heißt das *Schieß die Kugel ab!*, entspricht aber im Deutschen dem weniger martialischen:] Gib Gas, leg los!

Der Eukalyptus kam 1967. Ich war noch ein Kind. Er kam mit einem Norweger, der mit der Schwester des Königs seines Landes verheiratet war. Herr *Lorence* [Erling Sven Lorentzen]. Dieser Mann verstand sich gut mit unseren Mächtigen und durfte fortan gedeckt von diesen tun und lassen, was er wollte. Unterstützt von unserem Steuergeld. Was er tat, war 50.000 Hektar Atlantischen Regenwald zu vernichten, unser Lebensraum, unser traditionelles Leben, unsere Kultur, unseren Frieden mit. [Setzt die an einer Schnur um ihren Hals herabhängende Hornbrille auf, befeuchtet ihren rechten Zeigefinger und sucht in ihrer Mappe nach einem Dokument.] Hier. Dafür bekam er auch eine Auszeichnung. [Übergibt mir die Kopie einer in Portugiesisch und Englisch verfassten Nachricht, aus der hervorgeht, dass er 2012 in die Hall of Fame der Paper Industry International aufgenommen wurde.]
Der Mann aus Norwegen kam genau so wie vor ihm Portugiesen, Spanier, Franzosen, Holländer und andere. Mit der festen Absicht, sich einen Traum zu erfüllen. Einen Traum von Reichtum. Errichtet auf dem Blut der gestohlenen Söhne und Töchter Afrikas und der einheimischen Bevölkerung. [Wendet sich an Eliane.] Euch. Den Índios.
Er kam, gründete eine Firma, die Aracruz Celulose, sagte, unser Land wäre seines, und nahm es gewalttätig in Besitz. Dazu bediente er sich angeheuerter Revolvermänner und staatlicher Todesschwadronen. Geführt wurden die von gefürchteten Männern wie dem Major Orlando Cavalcanti von der Militärpolizei und dem Heeresleutnant Merçon. Die hatte ihm die Regierung zur Verfügung gestellt. Von uns Quilombolas nahm er 50.000 Hektar, von den Índios 40.000. Wald und bestelltes Land. Jene, die den verführerischen Versprechen seiner Agenten glaubten, dass sie für ihr Land gute Jobs und Gehälter in seiner Firma bekommen würden, landeten bald in Sklavenarbeit oder in der Gosse

einer Favela. Die, die misstrauisch blieben oder das Spiel – das allzu bekannte Spiel nach dem gleichen Muster – durchschauten und sich weigerten, wurden ein Fall für die Todesschwadronen. Wie auch mein Vater.

Als dieser Herr *Lorence* im Jahr 2009 und schon in seinen Achtzigern, seinen Anteil, 28 Prozent der Aktien an Aracruz Celulose, verkaufte, strich er 2,3 Milliarden Reais ein. Die dürfen seine Familie und er selbst nun wohl in Norwegen genießen. Außerdem wird er weiter mit Ehrungen überschüttet. Er hat über ein Dutzend Orden von Norwegen und Brasilien bekommen *für seine ehrenvollen Verdienste.* Es ist ihm gelungen, so wie den portugiesischen Versklavern und Landräubern vor ihm, mit der Hilfe unserer obersten Generäle wie Präsident Ernesto Geisel [einer der Träger des bundesdeutschen Großkreuzes des Bundesverdienstordens] seinen Traum zu realisieren und die Goldreserven des norwegischen Königshauses zu vermehren ...

Und des *schwedischen* auch!, wirft Eliane ein, es war ja *auch* Aracruz-Aktionär.

[Zu Eliane gewandt fährt Dona Raimunda fort:] *Krank*, sagst du dazu, nicht wahr meine Liebe? Kranke Menschen, die ihre Krankheit auf alle und alles übertragen. Ein krankes System. Das selbst Mutter Erde todkrank gemacht hat. [Sie lächeln sich zu. Eliane nickt.]

Seit dem Verkauf 2009 wird die Aracruz von Votorantim S.A.(1) und dem Banco Nacional de Desenvolvimento Econômico e Social(2) weitergeführt. Mit den gleichen Methoden und der gleichen staatlichen Unterstützung wie zinsenfreien Krediten, die Geschenken gleichkommen. Geschenke, die wir bezahlen müssen! Sie bringen deinen Vater und deine Brüder um, rauben dein Land, alles, was du hast, nehmen dir das Leben kulturell, das Glück, das Lachen, die Freude, und die Zukunft ... und wir müssen sie dafür auch noch

(1) Brasilianischer Multi, Sitz São Paulo, mit diversen interkontinentalen Geschäftsbereichen wie Zement, Zink, Aluminium, Hüttenindustrie, Stahl, Zellstoff, Orangen, Energiegewinnung und -kommerzialisierung, Kapitalbeteiligungen, und auch in Österreich, in Salzburg, niedergelassen.
(2) Staatliche, von Getúlio Vargas gegründete, dem Ministerium für Entwicklung, Industrie und Außenhandel unterstellte, Entwicklungsbank, über welche die brasilianischen Regierungen wirtschaftliche Investitionen langfristig finanzieren.

bezahlen. [Holt wieder ein Papier aus der Mappe hervor, das ich so wie das vorangegangene und die noch folgenden fotografiere ohne zu lesen. Mit der Absicht sie *später* auszuwerten, um kostbare Zeit – falscher Dampfer? – des Zusammenseins mit Zeugen/Opfern des obfuskierten Teils der brasilianischen Realität nicht zu verschwenden.] Die Firma Aracruz Celulose und die brasilianische Regierung waren in Wahrheit mehr als nur Partner. Sie waren ein und dasselbe Unternehmen. Ein Beispiel ist Arthur Carlos Gerhardt Santos. Er bereitete, als von den Militärs eingesetzter Gouverneur von Espírito Santo, das Terrain für Herrn *Lorence*. Ab 1972, dem Gründungsjahr der Firma. 1975 setzten sie einen neuen Gouverneur ein und Gerhardt wechselte vom Regierungspalast direkt in den Präsidentenstuhl von Aracruz Celulose.

Und weil diese Vereinigung so harmonisch für ihre Betreiber lief und so hohe Bereicherung garantierte, änderte sich auch nach der *redemocratização,* Wiederdemokratisierung, nichts. Im Gegenteil: Die Zusammenarbeit wurde ausgeweitet. 2003 begann Aracruz mit dem Bau der Zellstofffabrik Vercael in Eunápolis, im Süden Bahias. Gleich auf der anderen Seite der Grenze. Als neuen Partner holten sie die schwedisch-finnische Firma Stora Enso(1) mit an Bord. Nun wurde der Atlantische Regenwald, der noch intakte Rest und die traditionellen Dorfgemeinschaften dort vernichtet. Und dafür bekamen sie 546 Millionen Dollar. Von unserem Geld. Um uns, Quilombolas, Índios und Kleinbauern, in einem weiteren Gebiet zu zerstören. Aus dem Weg zu fegen, so wie zuvor schon hier. [Übergibt mir das nächste Blatt Papier aus ihrer Mappe. Und ich erinnere Verinhas Bemerkung dazu, als sie von ihrer Zeit in Canavieiras erzählte.]

Wo immer die Firma Aracruz von Herrn *Lorence* ein Projekt startete, war dieses gekennzeichnet von Drohungen, Gewalt und Terrorismus. Schau, hier hast du noch ein paar Papiere. Die zeigen, dass nicht nur die Firma und die Regierung dieses terroristische System betrieben haben. Auch die Mitarbeiter, die, die weiter oben standen, waren aktiver Teil des Systems. Diese bekamen Landtitel über von uns und den Indianern geraubtes Land. Über 13.000 Hektar zusammen. Nur das beste Ackerland. Vielleicht, um die Widerständigen unter uns auszuhungern. Diese Landübereignungen geschahen das eine oder

---

(1) Holz-, Papier- und Verpackungsmaterialienmulti, der ebenfalls eine (nieder-) österreichische Niederlassung hat.

andere Mal als Gegengeschäfte oder Geschenke. Aber hauptsächlich handelte es sich um Strohmanntransaktionen. Um den wahren Besetzer, die Firma, zu verschleiern. Damit erschweren sie rechtliches Vorgehen. Hier [deutet auf eines der Papiere, die zwischen uns auf dem Sofa liegen] hast du alle Namen.

Wann fanden diese Landtitelübereignungen statt, Dona Raimunda?

Während der 1970er-Jahre.

Ah, verstehe ... Was vielleicht sehr interessant wäre, ist, wie es euch – jenen, die sich nicht vertreiben haben lassen, weiter durchhalten und dagegenhalten – *heute* geht. Hat sich etwas zum Besseren geändert?

Que melhor! Que nada!, von wegen besser!, aber wirklich nicht!, entfährt es spontan einem jüngeren, eine Feldhacke tragenden, Mann in roten Fussballshorts und offenbar aus Autoreifen geschnittenen Gummisandalen, der draußen, ein paar Meter vor dem Fenster, neben Antônio Carlos und anderen, meist männlichen, Quilombolas, still rauchend Dona Ramunda zugehört hatte.
Und wird von den beiden Comadres Dona Raimundas zum Stillsein aufgefordert, worauf er sich lachend und paffend davonmacht.

Das ist einer von den zehn allein aus unserem Dorf, die die Militärpolizei im Vorjahr ... nein 2015, im Vorjahr waren's weniger ... festgenommen, verprügelt und gefoltert hat. Unsere Männer, vor allem solche, die von der Firma als Lideranças angesehen werden, müssen ständig damit rechnen, festgenommen und eingesperrt zu werden. Und vor ein Gericht gestellt zu werden. Wie Pipi, unser Führer hier In São Domingos. Der wurde 21 Tage im Centro de Detenção Provisória Viana in der Hauptstadt [Vitória] eingesperrt. In einer Zelle für maximal sechs Personen, in der aber bereits 30 drin waren. Ohne Betten oder Matratzen. Das Klo für alle war ein Loch im Boden, ein Wasserhahn die gesamte „Einrichtung". Kannst du dir die hygienischen Zustände vorstellen?
Von Polizei und Medien als *gefährlicher Bandit und Bandenführer* hingestellt, lernte Pipi dort *die Hölle kennen*. So hat er es genannt. Er

wurde von seinen Mithäftlingen, wahrscheinlich zuvor von den Behörden *dafür* ausgesucht, täglich aufs Schlimmste erniedrigt. Unsere Männer werden ja bereits verhaftet, wenn sie in unserem illegal besetzten und mit Eukalyptus bepflanzten Gebiet nach abgestorbenem Brennholz für den Herd suchen. Pipi und ein paar andere haben daraufhin in Dorfnähe aus Protest ein paar junge Eukalyptusbäume der Firma, die jetzt Fibria(1) heißt, gefällt. Um Aufmerksamkeit zu erregen. Sie wollten die Regierung und die Öffentlichkeit daran erinnern, dass wir im Recht sind und Fibria im Unrecht. Dass uns die Regierungen, das Grundgesetz missachtend, seit Jahrzehnten die Landtitel schulden. Und dass die Firma uns währenddessen, im Zusammenspiel mit den Ordnungskräften, weiter terrorisiert und weiter ihre Milliarden scheffelt. Und wenn wir nicht hin und wieder solche Aktionen setzten, zeigen, dass wir noch da sind, noch nicht *erledigt*, und fortfahren uns zu wehren, würde uns die Firma den Eukalyptus auch noch in die Hütten pflanzen. *So* ist das meine Tochter. [*So-ist-das*, skandieren die beiden Comadres.]
Da kommt die Militärpolizei dann um drei oder vier Uhr morgens, bricht die Türen auf oder tritt sie gleich in Stücke, reißt alle aus den Betten, Frauen und Kinder inklusive, stellt sie mit erhobenen Händen gegen die Wand, stellt das Haus auf den Kopf. Bedroht Familienväter vor ihren weinenden Kindern, bezichtigt sie, Diebe und Kriminelle zu sein, obwohl ihr einziges „Verbrechen" ist, seit Generationen an einem Ort zu leben, der von einer Firma unter kriminellen Methoden in Alleinanspruch genommen ist. Selbst das Urteil über Leben oder Tod behalten sie sich vor.
Die Situation für Pipi und die anderen Verschleppten und Weggesperrten war die Hölle. Wir haben es erwähnt. Und nun stell dir einmal vor, wie es erst für ihre Frauen, Mütter und Kinder war. [Die beiden Freundinnen Dona Raimundas brummen zu mir gewandt und nickend ihre Zustimmung, *hart, Tochter, das war ganz hart*.]

---

(1) Fibria Celulose ist ein brasilianischer Multi, zu etwa 30% in Hand des Staates, der 2009 aus dem Zusammengehen von Aracruz und Votorantim hervorging. Er ist der größte Eukalyptuszellstoffproduzent der Welt und exportiert in über 40 Staaten. Sein Marktwert liegt bei 32 Milliarden Reais.

Nach einer Woche begannen wir zu glauben, dass sie nie mehr zurückkommen würden. Aber dann haben wir uns organisiert, Protestaktionen organisiert. Wir haben das getan, was auch unsre Schwestern und Brüder, die Índios, immer wieder tun. Wir haben die Bundesstrasse [BR 101] besetzt und den gesamten Nord-Süd-Verkehr zum Stillstand gebracht. Zuvor schon hatten wir über Leute, die uns helfen, Leute wie dich [an Eliane gerichtet], ausgesuchte Medien informiert. Damit Journalisten möglichst vor der Militärpolizei am Ort ankommen. Lebensversicherung [lacht kurz auf]. Darauf wurden sie frei gelassen. Und wir haben sie mit einem großen Fest empfangen. Tag und Nacht haben wir gefeiert, sie alle lebend wiederbekommen zu haben. Sie mit allen ihren Wunden, äußeren wie inneren, aus der Hölle wieder rausbekommen zu haben.

Aber die Anklagen bestehen weiter. So zermürben sie uns auch. Da musst du andauernd irgendwo hinfahren. Das kostet Zeit. Zeit, die sich unsere Männer nicht um Lohn- oder Feldarbeit noch um ihre Familien kümmern können. Und Geld. Wir müssen uns verschulden, um uns gegen falsche Vorwürfe verteidigen zu können. Das ist auch so gewollt. Das ist der Plan dahinter. Mit allen Mitteln arbeiten sie, um uns los zu werden ... [Richtet sich an die beiden Freundinnen und die Kinder gegenüber an der Wand.] Aber wir bleiben! Nicht wahr? Das ist unser Land, wir haben es von unseren Großmüttern und Großvätern bekommen. Nicht wahr?

Fröhliche, generationenübergreifende Zustimmung kommt als polyphones Echo von der Wand zurück.

So, meine Tochter. Das ist alles, was ich dir dazu sagen kann. Du hast ja die Papiere fotografiert. Dort findest du alles, was du sonst noch wissen willst.

Ich schalte das Aufnahmegerät aus und bedanke mich bei allen. Dafür bekomme ich ein stilles würdevolles Lächeln der drei Quilombolafrauen und ein heiteres Lachen von den Kindern, die sich bald in alle Windrichtungen springend, laufend, quietschend verteilen. Den Bastfächer will Dona Raimunda nicht mehr zurück. *Nimm ihn mit, er wird dir noch gute Dienste leisten können. Wir machen uns morgen einen anderen*, lacht sie nun herzlich.

Die Verabschiedung, mit langen innigen Umarmungen, auch für mich, ist eine fast einstündige Zeremonie mit wiederholten Schelten ob unsres *viel zu frühen Aufbrechens,* noch dazu *ohne ordentlich gegessen zu haben.* Obgleich wir noch alle dicke volle Bäuche vom Ankunftsschmaus tragen.

Das, was wir eben erlebt haben, diese herzliche Aufnahme durch uns unbekannte – von dir jetzt abgesehen [zu Eliane gewandt] – arme, einfachste Leute, diese bedingungslose Gastfreundschaft ..., das führt mich zu einer Regel, nicht nur was Brasilien betrifft, sagt Antônio Carlos, als wir über Nebenstraßen durch schier endlose Eukalyptusplantagen gegen Norden weiterfahren: Wenn du mal in Not bist, Schutz, ein Dach, ein Bett, was zu essen ..., eine Umarmung brauchst, aber mittellos bist, geh nicht zu den Häusern der Reichen. Sie hetzen dir höchstens die Polizei auf den Hals oder den Hund hinterher. Oder feuern gleich los. Geh zu den armseligsten Hütten. Denn wenn dort auch nur mehr eine Handvoll Bohnen mit Reis übrig ist, die Chance ist groß, dass sie dir die Hälfte abgeben.

Die einen *verursachen* Not, die anderen wissen wie sie ist, präzisiert Eliane.

Chirurgisches Statement, anerkennt ein schmunzelnder Antônio Carlos.

Ich denke an Orden. Jene, die bundesdeutsche Politiker großzügig an brasilianische Staatsmörder verteilt haben, und jene, die Erling Sven Lorentzen für seine Machenschaften bekommen hat. Und erinnere mich an die bunten AI-Taschenkalender, die's früher, in Prä-Handy-Zeiten, für Mitgliedschaft gab. Immer gespickt mit gescheiten kritischen Sätzen. Sätzen wie diesem: *Wer einen Menschen tötet, ist ein Mörder. Wer tausend Menschen tötet, ein Held.*

Nach einer etwa halbstündigen Fahrt, links und rechts der Straße vom Deserto Verde begleitet, wie Betroffene und Gegner die Eukalyptusmonokulturen auf dazu gerodetem Regenwaldgebiet auch hier nennen, kommen wir in das Dorf Itaúnas, parken den Wagen und laufen zu Fuß weiter.

Und was haben wir *hier* vor?

Surpresa! Eine Überraschung für dich!, wie es Eliane und Antônio Carlos gut gestimmt auf einen Nenner bringen.

Wir haben uns gedacht, dass du von uns, den beiden Damen zuallererst, tagelang mit schweren, negativen Inhalten, wie ein armer geschundener Packesel beladen wirst – mit Bildern und Berichten von Brasilien wie es abgeschminkt und wirklich *ist*. So sehr beladen, dass du uns schon schon richtig leidtust, Irene. Und so haben wir heute Morgen in einigen konspirativen Minuten, während du dich schmollend von der Küchentheke zurückgezogen hattest – ich nehme an wegen unseres Schweizer oder österreichischen Uhren entgegen-*stehenden* Rhythmus' – beschlossen [sieht mich, das Kinn bis zum Brustbein gesenkt, von unten her und mit hochgezogenen Augenbrauen feixend an, begleitet vom Lachen Elianes], dir auch mal eine der *schönen* Seiten unserer Geburtsheimat – *deiner* Geburtsheimat, korrigiert eine vergnügte Eliane –, richtig, du bist ja erst ein Stück Chronologie später zu unserem Verein gestoßen ... Aber ... jetzt habt ihr mich rausgebracht aus meinem sehr ernsten Vortrag, caramba! [Lachen.]

Also Schwester, nimmt Eliane den von Antônio Carlos verlorenen Faden auf und hakt sich bei mir ein, in Brasilien ist es, weiß Gott, schrecklich genug. Aber gerade deshalb darf man nicht vergessen zu lachen und die existenten schönen Seiten – wie eben hier, in und um Itaúnas – zu erleben und zu zelebrieren, wenn die Chance besteht. Nichts ist vollkommen einseitig, es gibt nichts Hunderprozentiges. Kein pures Schlecht, kein pures Gut. Außer in borniertem Ideologien. Deswegen haben wir uns diesen Überraschungsbesuch für dich ausgedacht. Statt noch einen Alptraum, und noch einen Alptraum..., wie dem Rio Doce Veneno und den zerstörten Fischergemeinden zum Beispiel.

Du hast gesagt, es gibt kein pures Schlecht und kein pures Gut, außer in borniertem Ideologien, wiederholt Antônio Carlos das von Eliane

Gesagte und ergänzt: *und in Dogmenklubs!* Und deutet uns vorangehend mit seinem linken Arm auf eine geschlossene Kapelle oder kleine Kirche am Rande eines weiten offenen Rasenplatzes im Dorfzentrum. Ganz in weiß, mit hellblauen Streifen und einem bescheidenen hellblauen Kreuz an der Giebelspitze. Sie erinnert mich, auch in ihrer Form, spontan an so manchen jugendlichen Abstecher nach Griechenland.

Und doch gilt auch in bezug auf *die da* [streckt kurz seinen Kopf dem Gotteshaus entgegen] die von Eliane eben aufgestellte Maxime. Denn wie furchtbar auch immer sein mag, oder *ist*, was die über die Jahrhunderte so angestellt haben, baulich stellen sie – oder stellt der Mensch-in-Glaube-und-Sold ihnen – anmutige Sachen hin. Das ist eines der älteren Bauwerke im Dorf. Du siehst ja selbst, Irene, dass hier, ja eigentlich schon *bevor* wir die hölzerne Einfahrtschranke passiert haben, fast alles neue Pousadas, Mietwohnungen, Restaurants und Touristenausflugsagenturen sind. Vor fünfzehn Jahren war das noch ein winziger homogener Fischerquilombo im Dornröschenschlaf – hin und wieder von zu Besuch kommenden „Hippies" unterbrochen – mit zwei Schnapsschenken als Infrastruktur. Abgesehen von der Kirche, klar. Die wenigsten der neuen Häuser gehören Einheimischen. Aber trotzdem haben's die hier noch gut erwischt. Zuallererst wegen der Dünen. So knapp am Meeresrand dran, sind sie von den Metastasen des Agrofaschismus verschont geblieben. Und dann kam noch die Tamar. Eines der Ausnahmeprojekte Brasiliens. Anständig und wirksam. Beides sogar nachhaltig. Hast du schon mal von Tamar gehört?

Nein. Vergiss nicht, das ist meine erste Berührung mit Brasilien.

Richtig, und was für eine, Irene! Ich hab ja Leute kennengelernt, gerade auch hier in Itaúnas zum Beispiel, die sind aus Europa, verbringen Winter um Winter in Brasilien, oder gleich Jahre in irgendeiner Luftblase auf brasilianischem Staatsgebiet und behaupten felsenfest *und selbstüberzeugt*, im Paradies mit einigen vernachlässigbaren Wehwehchen zu sein. Ob die so dumm ..., oder Empathieautisten sind, ich weiß es nicht. Jedenfalls sind sie dem Ungustiösen, den die US-Amerikaner eben ins Weiße Haus geschickt haben, ähnlich. Blind für die und emotional abgeschottet von der 99-

Prozent-Realität rundum. Aber spielen sich auf, als wollten sie der Welt, und *uns!*, Brasilien erklären. Wenn du an so einen gerätst, ist der Sofortimperativ: Rette sich wer kann, lauf! [Schmunzelt, Eliane krümmt sich vor Lachen.]

Hab ich dir nicht ähnliches erzählt? Zu den „Experten" diverser Gesellschaften, Vereine, NGOs ... die da aus Übersee manchmal rüberkommen? Toinho hat schon recht, auch ich mach mittlerweile eher einen Bogen um die. Die sind vollgestopft mit irgendwelchen Berichten und Auditoriumseinspeisungen und stellen sich dozierend bis kommentierend vor Menschen, die das tagtäglich *leben und erleiden*, was *die Experten* irgendwo gelesen und gehört haben. Grotesk ist das. Und im Grunde eine kolonialistische Attitüde. *Am schlimmsten* freilich ist, dass solche Menschen auch überhaupt nichts dazulernen. Denn selbst wenn sie's mal schaffen zuzuhören, ist das häufig nur eine äußere Anstandsfloskel. Innen drin ist kein Wunsch, über das was gesagt wird, von *unserunausgebildeteiner*, nachzudenken. Sie wissen ja ohnehin bereits alles. Und besser. Gütiger Gott!

Und weil du, allen Göttinnen sei Dank, eine von denen bist, die nicht so sind, eher genau entgegengesetzt, wirst du auch einiges von Brasilien tatsächlich kennengelernt haben, wenn du wieder zurückfliegst. So wie ich dich kenne ... und *schätze* [lächelt erst mich verschmitzt an, dann Eliane, die, noch immer bei mir eingehakt, ein breites von Summen begleitetes Lächeln aufsetzt], wirst du deine Arbeit, die du hier machst, ja auch nicht als *deine Produktion* verkaufen. Das Wissen, das du erhältst, nicht willentlich mit eigenen Subjektivitäten verzerren. Oder täusche ich mich da?

Ich hoffe nicht. [Eliane lacht.]

Ich bin mir da *sicher*, Schwester, dass du so originalgetreu wie nur möglich das, was du hier aufnehmen kannst, weitergeben wirst. Ich glaube, du könntest gar nicht anders.

Na ja, dann wird wohl nichts schiefgehen, wenn ihr *beide* von mir so überzeugt seid. Hoffentlich überträgt sich euer Optimismus auch auf die spröde Verlegerschaft zu Hause ... Bei uns lassen sie zehntausende Menschen im Mittelmeer ertrinken, oder in der Sahara verdursten, und streiten darüber wie sie sich noch besser abschotten könnten. Vor jenen, die um ihr nacktes oder ein besseres Leben laufen, weil in deren Zuhause Krieg geführt wird, mit unseren Waffen. Weil zu Hause das Meer leer gefischt und der beste Boden zu Palmölmonokulturen in Beschlag genommen wird, von unseren Firmen. Und weil wir ihre Märkte mit subventionierten Waren überschwemmen und die lokalen Produktivitäten ersticken..., alles Sachen, die *unseren europäischen* Lebensstandard stützen..., und wer soll sich da für das Schicksal der brasilianischen Verbrauchsmenschen, die Indigenen Völker, die Quilombolas interessieren? So viel weiter weg, aus der Geschäftsmediensicht, und also aus dem Sinn. Geld regiert die Welt, heißt es bei uns in einem geflügelten Wort. Geld regiert aber auch – und vor allem – in der auf eben diesem fußenden globalen Makro-Wirtschaft und folglich den Köpfen der Gesellschaft. Und ich fürchte mich schon ein wenig vor den Treffen mit Verlegern. In diesem Sinne. Oder: aus diesem Grund. Übrigens denk ich mir schon seit ein paar Tagen, dass die Erlebnisse von Verinha und dir nicht auf Papier – oder sagen wir *nicht nur* auf Papier – gehören. Sondern in unsere Hörsäle. Und Auslandsabteilungen der Medien und Ministerien. Menschen wie ihr beide gehören an die Kindergärten, Schulen, Universitäten und in die Medien ... Aber ich glaube, da träume ich von heißen Eislutschern ...

Wovon, *Irini*? [Eliane sieht mich mit aufgerissenen Augen an und sofort lachen wir laut zu dritt.]

Das ist so eine Redewendung bei uns in Österreich. Unmögliches wollen...

„Unmöglich" war vieles einmal, was heute selbstverständlich um und in uns ist, meine Damen. Und das ist genau das Staffelholz, das ich brauchte, um zurück auf Tamar zu kommen. Vielen Dank, Irene.

In der zweiten Hälfte der 1970er-Jahre haben ein paar Brasilohippies aus dem Süden [grinst], nein, im Ernst, Studenten der Fakultät für Meereskunde der Bundesuniversität von Rio Grande do Sul, begonnen, Forschungsausflüge an die entlegensten, menschenleeren Strände, dort, wo heute der Nationalpark Lagoa do Peixe ist – wunderschön – zu unternehmen. Na ja, mag schon sein, um auch mal was in Ruhe zu rauchen und sich ohne Moralapostel oder Sittenpolizei rundherum vergnügen zu können ...

Weißt du das – oder schliesst du von dir ...? [Eliane zerkugelt sich ob meiner sticheligen Nachfrage.]

Also bitte, das war doch Zeitgeist. Ein *schöner* noch dazu, den ich als ein bisschen Zuspätgeborener in seiner Vollblüte leider verpasst habe ... Schade dass wir, als globale Gesellschaft, wieder in Anpassung zurückgedrängt wurden, uns vom Konsumismus verführen ließen und vom damaligen liebefokussierten, solidarischen und ikonoklastischen Denken und Sein weit abgedriftet, in unser jeweiliges steriles Egokokon zurückverpackt worden sind.
Andererseits ... deine auf Frauenrechte oder Gleichstellung beruhende Arbeit anno 2017 wäre ohne diese Love & Peace-Avantgarde wahrscheinlich gar nicht vorstellbar ... Aber gut, ich lass besser die nostalgischen Rückschauen, reden wir endlich über Tamar. Punkt!

Diese Feldforschungsarbeit der Studenten wurde vom Museu Oceanográfico de Rio Grande mitunterstützt. Tage und Nächte verbrachten sie dort draußen. Im Sand. Bei oft eisigen Winden. Im extremen Süden, hart an der *Banda Oriental*, [historischer Ausdruck für das heutige] Uruguay, herrschen selbst am Meer europäische Temperaturen. Und zu Morgengrauen entdeckten sie immer wieder Spuren am Strand. Und viel aufgewühlten Sand. Keiner konnte sich das erst erklären. Das Licht ging ihnen auf, als sie eines Nachts von menschlicher Aktivität geweckt wurden. Fischer waren gekommen, denn die wussten, was die Studenten und ihre Professoren damals noch nicht wussten. Sie waren gekommen um Schildkröten abzuschlachten und die Eier, durchschnittlich 120 pro *cama*, Bett, wie das Nest im Sand genannt wird, einzusammeln. Davon, von den Schildkröten die nachts an Land kommen, um in selbstausgehobene Sandlöcher ihre Eier abzulegen, stammten nämlich die Spuren im Sand. Und der Biorhythmus der Tiere war den Fischern bekannt. Für sie normale Arbeit, für die Unihippies das nackte Grauen.

Materialisiert. Vor ihren Augen. Da gibt's Fotos. Aber *dieses* Gemetzel sollte nicht umsonst gewesen sein. Es war der Punkt zum Routinebruch.

Jetzt wusste die akademische Welt, was ablief. Warum die Schildkröten zu dieser Zeit bereits auf den diversen Listen der vom Aussterben bedrohten Tieren standen. Nicht nur das Sichverheddern in den grossen Fischernetzen und – das kam aber erst später dazu – der Konsum von mit Nahrung verwechseltem Treibplastik waren Faktoren, sondern vor allem das direkte Abschlachten der Weibchen im allersensibelsten Moment. *Und* der Raub der zukünftigen Generation gleich mit. Dieses für die Studenten einschneidende Ereignis geriet zum Startschuss der ersten Meeresschutzinitiative Brasiliens. Aufgrund der Berichte und vor allem der Fotos, die unsere meereskundlichen Hippieforscher aus dem tiefen Süden geschossen hatten, formte sich die allererste Umweltschutzgruppe im Land. Alle in dieser Gruppe gelobten, sich vollzeitlich dem Meeresschutz zu widmen. Und aus dieser Gruppe entwickelte sich der Projeto Tamar. Tamar steht für *tartarugas marítimas,* Meeresschildkröten.

Wir haben das Dorf auf dem Weg zu den Dünen mittlerweile komplett durchquert und eben eine gemauerte Brücke, mit Sperren für zweispurige Fahrzeuge an beiden Enden, überquert.

Ab dieser Brücke ist Schluss für die Kraftfahrzeuge der Besucher, Irene. Ganz wichtig. Und ganz vorbildlich. Überall sonst, vor allem im Norden und Nordosten, ist es ja Sitte gewordene Unsitte, mit dem Auto, wenn's die Gezeiten grad erlauben, auch noch bis zur ersten Meereszunge reinzufahren. Mit möglichst lautem Sound, aus den im Kofferraum installierten Megaboxen, auf dass ja nur niemand auf die Idee käme, Natur hören zu wollen ... Und weil unsere brasilianische Makrogesellschaft eine der globalen Sturmtruppen des kanzerogenen Anthropozäns ist, machen wir selbstverständlich noch individuelle Gewinne mit unserer bei euch so bewunderten und verklärten Nonchalance. Zerstörerische, so richtige idiotische Tourigeschäftszweige sind da wie die Pilze gewachsen. Zum Beispiel in meinem Pernambuco das Tourismuszentrum Porto de Galinhas. Da hast du mehr und noch verrückteren Verkehr am Strand, als auf so machen Straßen des Sertão. Aber das gilt auch für Bahia, Sergipe,

Alagoas, Rio Grande do Norte, Ceará, Maranhão ... Sich an den einsamen Traumstrand legen zum Sonnenbaden, oder mit Kopfhörern herumlaufen ... vergiss es! Da fahren dich im Nu die Gedopten mit ihren Buggies und Schickeria-Allradangetriebenen über'n Haufen. Voriges Jahr in Santa Catarina, bei Jaguaruna, wurde ich Zeuge von privaten Motocrossrennen über *sambaquis*, Køkkenmødding! Alles verboten, klar. Auf dem Papier des Gesetzes. Aber mit Stolz im Fernsehen gezeigt. Beworben. Übrigens unter dem Etikett „Ökotourismus"! Und hin und wieder muss die Feuerwehr ausrücken, um einen im Sand festgefahrenen, völlig besoffenen Bürgermeister oder Stadtrat in seinem stecken gebliebenen Wagen freizuschaufeln ... Brasilien wie es ist ... Aber *hier*, in Itaúnas, ein Fleckchen Brasilien wie es sein *sollte und könnte*, würden unsere Mob„politiker" endlich mal was in genuine Bildung investieren. Anstatt unser Land, im buntpapierfetten Schulterschluss mit rücksichtslosen Verwüstungsunternehmen, von einem naturgegebenen Paradies in eine neoliberal gezimmerte Hölle zu verwandeln. [Eliane lacht *nicht*, nickt stumm zu dem von Antônio Carlos Gesagten, den Kopf leicht nach hinten geneigt, die Nasenflügel arbeitend. Es kommt mir wie „Wittern" vor...]
Ein Stück weiter vorne zweigen wir dann über eine bukolische Brücke aus Holzbrettern rechts ab, rein in das Gemisch aus Mangrovenwald, winzigen Regenwald-Reststücken und letztlich die Dünenvegetation. Da gibt's dann wirklich nur mehr Fußgänger. Echt gut gemacht, du wirst sehen. Eine gelungene, eine *gesunde* Kultursymbiose aus Lokalbevölkerung und urbanen Tamarleuten. Die sich nicht als Allwissende, Missionare und Moralpolizisten aufspielen, sondern immer mit den Einheimischen zusammenarbeiten. Von ihnen lernen. Zuhören. Heute geht hier längst kein Fischer mehr raus Schildkröten zerhacken, für die Suppe, für den Hund oder für den Ködervorrat. Die haben dank Tamar den Naturschutz, der sie ja selber mitschützt, kognitiv verinnerlicht und machen heute aktiv mit. Und die Kinder und Enkel werden, so weit es das Budget zulässt, in die Arbeit von Tamar integriert.
Selten ist das. Leider. *Aber*: Auch diese Seiten Brasiliens gibt's, Irene. Noch ein paar nicht zerstörte Stücke des Riesenparadieses, das das alles hier mal war, bis die apokalyptischen Seefahrer aus dem Nordosten kamen. Und: brasilianische Menschen, praktische

Idealisten, die arbeiten, um das was noch ist, zu bewahren. Und die Idee des Naturschutzes zu verbreiten.
Normaler Weise wäre es jetzt völlig überaufen hier. Karneval steht an. Da hast du, zwanzig- oder dreißigmal mehr Touris als Einheimische. Alle Pousadas, Ferienhäuser, Privatzimmer ausgebucht. Aber dank des Dammbruchs vor zwei Jahren, dessen Giftschlamm über die Meeresströmungen auch hier ankam, abgeschwächt, verdünnt zwar ... und auch dank des Streiks unserer militärischen Ordnungsorgane ... Tote Hose, als wär's April. Des einen Leid, derer, die vom Tourismus leben, also auch viele der jüngeren Einheimischen, die nicht mehr fischen, sondern studieren gehen, und zur Saisonarbeit kommen, des anderen Freud. Unserer. Die wir die Natur ungestört von Plapperhorden genießen können.

Na ja, wir plappern ja auch andauernd ...

Eliane prustet los, *das hat aber gesessen, meine Schwester ...!,* und Antônio Carlos legt auf der Stelle eine Sprechpause ein. Die wir, uns hin und wieder zulächelnd, ganz offen für die Geräusche der Brisen, der Blätter, des Sandes und der Vögel genießen.
Die einzige Ablenkung meinerseits, eigentlich Verwunderung, ist die Frage, die ich mir selbst, im Stillen, mehrmals gestellt habe: wie Elianes Fußsohlen die Hitze des Sandes aushalten. Seit wir die erste Düne an ihrem Westfuß erreicht haben, trägt sie ihre Flipflops in der Hand. Oder eher auf dem Kopf, beim permanenten Versuch, sich mit ihren Händen die Haare aus dem Gesicht zu halten, sobald die erste Düne erklommen und die leichten Brisen zu einem frischen Wind geworden waren.

Der Anblick des Meeres nach dem Düneaufstapfen und Rückrutschen im Sand bei fast jedem Schritt – perfektes Bergsteigtraining – ist atemberaubend. Gewaltig.
Hier wären Worte ohnehin sinnlos. Vielleicht kämen Wortkünstler wie Maya Angelou oder Suheir Hammad an diesen Schnittpunkt von ästhetischer Tatsächlichkeit und archaischen Emotionen heran. Ich sicher nicht.

Als wir wieder zu Antônio Carlos' Auto kommen, ist es schon halb sechs. Und meine Arme und Schultern haben einem bedenklich roten Braunton angenommen.

Ich bin mir sicher, dass wir nun definitiv keine Zeit mehr haben, um einen weiteren Ort zu besuchen, nach São Domingos und Itaúnas. Aber es schwingt keinerlei Unzufriedenheit oder Enttäuschung mit. Ich bin dieses Mal auf keinem falschen Kulturdampfer.

Naturerlebnisse, egal ob in den Lechtaler Alpen oder im atlantischen Dünenmeer nördlich von Itaúnas, sind kulturelle Verluste wert. *Was* ich bedaure, ist, nicht über Nacht bleiben zu können. Die großen Seeschildkröten kommen bis März zum Eierablegen. Wären wir über Nacht geblieben und ein paar Stunden vor Morgengrauen erneut an den Strand gegangen, wir hätten gute Chancen gehabt, eine der Riesenschildkröten bei ihrer mühsamen Fortbewegung auf Land und der eigentlichen Ablage zu beobachten. Auch das Spektakel des Sich-aus-dem-Sand-Grabens der eben Geschlüpften und des Rennens ums Leben Richtung Meer – letztlich überleben nur etwa 0,1 bis 0,2 Prozent bis zur Geschlechtsreife – hätten wir vielleicht sehen können. Die Inkubationszeit dauert, je nach Wetter, zwischen 45 und 60 Tage. Und die Ankunft der Weibchen zur Eiablage beginnt im September ...

You can't always get what you want, rollte ein schelmischer Arzt Steine (nachdem ich dieser Wermuthstropfentrauer Ausdruck gegeben hatte). Stimmt. Ist auch gut so.

Der permanente Hochdruck auf der Bundesstraße 101 – Lärm, Straßenzustand, Dunkelheit, Hektik, Gefahrenmomente – ist ein Kontrast, der größer nicht sein könnte. Antônio Carlos und Eliane sind wieder *erleichtert über den schwachen Verkehr.* Alles ist kulturrelativ.

Gegen 21 Uhr verlassen wir die Todesstraße 101 Richtung Barra do Riacho, schon im Bezirk Aracruz.
Sagt mal – Überraschungen schön und gut – wollt ihr jetzt wirklich noch in eine Aldeia fahren? Um diese Uhrzeit?
Und sofort begann eines jener Zwiegespräche in mir. Welches Motiv für diese Frage ursächlich war. Die Sorge zu stören, wie ich es gerne

gehabt hätte, oder vielleicht die *eigene* Müdigkeit, also ein eher egoistisches?

Unsre einzige Chance heute, in dieser Zusammensetzung. Für wer weiß wie lange! Reinschauen kostet ja nichts.

Und aus dem Bett holen wir bestimmt niemanden, *Irini*, brauchst dir da keine Sorgen machen. Apropos Sorgen: *hoffentlich keine*. Aber falls wir doch an eine Polizeisperre geraten sollten ... Streik hin, Streik her, wo Índios sind, ist unsre Militärpolizei, dank großzügiger Zuwendungen des Zellstoffkolonialismus und Rückendeckung durch noch großzügiger bedachte Parteien und Regierungen aller Richtungen, immer gern auf Einschüchterungsrunde. Und sie pochen auch weiter auf einen obsoleten Erlass aus den 1990er-Jahren, der sogenannten „Indianerunterstützern" den Zutritt zu den Aldeias unter horrenden Geldstrafen verbot ... Also, falls wir aufgehalten werden, lasst mich sprechen. Ich regle das. So Gott will.

Ohne Polizei oder andere Zwischenfälle gelangen wir in die Aldeia Pau-Brasil. Eliane lotst uns durch die Dunkelheit zu einem der wenigen Häuschen, in denen Licht brennt. Ein paar Meter davor bleibt sie stehen, wir hinter ihr, und beginnt spitze gutturale Laute, wie ein Nachtvogel, von sich zu geben. Die Türe wird geöffnet. Ein Mann kommt uns entgegen, begrüßt uns und bittet uns einzutreten.

Wir haben schon geglaubt, ihr kommt nicht mehr. Die Frau begrüßt uns in der Küche, ist dabei, Kaffee zu machen. Sie schüttet das Pulver in einen mit Wasser halbvoll gefüllten Blechtopf, stiert hockend im Feuer des Holzherdes, bläst die Glut an.

Eliane öffnet ein Holzschiebetürchen an einer Kredenz, holt vier Gläser – *Xica trinkt ja zu später Stunde keinen Kaffee* – heraus, von jenen, die zuvor einmal Oliven oder Tomatenmark enthielten und die in den Heimen vieler einfacher Menschen als Kaffeegläser genützt werden. *Schlafen die Kinder schon?*

Xica nickt lächelnd, *Gott sei Dank,* schüttet Kristallzucker in die schwarze Brühe am Herd. Rührt mit einem Holzkochlöffel um. Dann sucht sie nach einem zweiten Topf, stellt diesen, mit einem aus über einen Draht gespannten Stoff hergestellten Kaffeefilter darin, an den Herdrand. *Jabo, führ die Leute doch ins Wohnzimmer, setzt euch doch bitte.*

Der Mann führt uns wieder zurück in das zuvor durchquerte Zimmer, dreht auf Zehenspitzen die Glühbirne ein Stück weiter in die Fassung, bis das Licht angeht, nimmt aus einer der beiden gespannten Hängematten ein schlafendes Baby und trägt es in ein Kabinett, wo die älteren beiden Geschwister bereits zu Schlafe hängen. Eliane setzt sich in eine der beiden Hängematten und deutet mir, sich neben sie zu setzen. Der Mann, Jaborandi, kommt mit zwei Stühlen zurück. Jetzt brauchte aber nur mehr Antônio Carlos einen, denn ich hatte es geschafft, nicht ohne die Freunde erheiternde Ungeschicktheiten, in diesen, wie es den Anschein hat, ständig ausweichenden, Sitzplatz hoch über dem Boden. Und jetzt sofort den eventuell noch schwierigeren Rückweg, zurück auf die Erde, anzugehen, wegen des Stuhls, war ein No-way. Solange man keine schnellen Bewegungen anstellt, „das Ding" nicht zum Schwingen bringt, geht's. Selbst die Sonderprüfung mit dem vollen und an der Schmerzgrenze heißen Kaffeeglas. Wenn Eliane, Xica oder Jaborandi in die oder aus der Matte stiegen, sah es dagegen so routiniert aus, als drückte unsereiner die Mute-Taste an der Fernbedienung.

O cacique Karaí tava aí, der Häuptling Karaí war da. Er hat auf euch gewartet. Musste aber zurück in seine Aldeia. Bleibt ihr bis morgen?

Das geht nicht, Jabo. Wir müssen heute noch zurück. Aber ich bin spätestens ab Montag wieder hier. Und dann gibt's wieder Vollgas [lacht]. Ist Marina vom ISA da?

Hier, in unsrer Aldeia? Nein. Wir haben sie auch in [der Aldeia] Tekoá Porá schon länger nicht gesehen.

Jabo, ich glaube, sie musste doch nach São Paulo für ein paar Tage. Wer hat uns das erzählt?

Jaborandi weiß es nicht.

Also, wir sind hier in einer Tupiniquim-Aldeia, die den Kognone als Pau-Brasil bekannt ist, *Irini*. Und für den Cacique Karaí oder andere Führer der Selbstverteidigung und des Ringens um unsere grundgesetzlichen Rechte ist es zu spät heute. Also warum nicht die Gelegenheit nützen und ins Volk reinhören? Jabo und Xica hier. Von den Tupiniquim, die nach 517 Jahren zumeist kriegerischen Kontaktes mit den Invasoren und deren Nachfahren sich noch immer verteidigen.

[Zu den beiden, gegenüber in der anderen Hängematte schaukelnd, gewandt:] Legt los, erzählt unsrer Schwester was ihr wollt. Zu euch, zur Situation. Was ihr wollt.

Xica und Jabo lachen, *wir?!* Erzähl *du* ihnen doch. *Du* verstehst zu sprechen.

[Hebt aus dem gemeinsamen Lachen an:] Also, solang wir uns kennen, seid ihr beide sehr wohl gute Redner. Und von mir hat *Irini* seit Tagen alle Infos bekommen. Aber von euch hat sie noch nichts. Jetzt seid ihr die Stimme der Tupiniquim.

Während Eliane und die beiden Tupiniquim im gesprächlichen Austausch begriffen sind, versuche ich mir vorzustellen, wie ich es fertigbrächte, den Kaffee aus dem immer noch vollen Glas nicht auszuschütten, wenn nun, neben den gesprächsbedingten Hängemattenerschütterungen die von Elianes Körpersprache periodisch ausgelöst werden, die herkulianische Aufgabe anstünde, das Aufnahmegerät hervorzuholen. Und in Betrieb zu nehmen. Als Folge dieser sitztechnischen Befangenheit in der *rede*, im Netz, wie die Hängematte in Brasilien genannt wird, können nur jene Teile der Erzählung von Xica und Jaborandi wiedergegeben werden, die Eliane mit dem Handy von Antônio Carlos aufgenommen hat, beziehungsweise die, an die ich mich erinnern kann. Da sowohl Xica als auch Jaborandi abwechselnd und auch durcheinander schilderten, erzähle ich sie im Interesse des ungestörteren Inhaltsflusses teilweise „in einer Stimme" nach.

Wir, die Tupiniquim, waren die ersten Ureinwohner Brasiliens, die in Kontakt mit Europäern kamen. Es geschah ein Stück weiter nördlich von hier, im April des Jahres 1500, dort, wo heute unsere Verwandten in Bahia – die Tupinambá und die Pataxó Coroa Vermelha – ihre Aldeias haben, wo der Portugiese Cabral den Anker warf. Zu dieser Zeit war unser Volk groß und wir besiedelten zwei große Teile des brasilianischen Küstenstreifens. Die südliche Hälfte Bahias zusammen mit der nördlichen Espírito Santos – also wo wir jetzt sind – und jenes Gebiet, das heute die Küste von São Paulo ist. Wir waren sogar eine Zeit lang Alliierte der Portugiesen, im sechzehnten Jahrhundert, und die ersten Stadtgründungen im Süden, wie Bertioga, Santos und São Paulo selbst, erfolgten unter unserem Schutz. Ohne die Hilfe unseres Häuptlings Tibiriçá hätten es die Portugiesen nie geschafft, Fuß zu fassen ... Und fast haben sie uns in der Folge ausgelöscht. Wie so viele andere.

Nachdem wir ihnen in allem geholfen haben, ihr Überleben sicherten, ihre Projekte in die Praxis umsetzten, wurden wir gejagt und versklavt. Das Sprechen unserer Sprache wurde verboten. Und jenen Verwandten [anderer Tupi-Völker], die sich nicht auf die Seite der Portugiesen geschlagen, sondern sich mit den Franzosen oder Spaniern zusammengetan hatten, ging es im Endeffekt nicht anders. Selbst wenn wir Kriege für sie gewannen, verloren wir am Ende doch. Ich glaube, das erste neue Kulturgut, das wir von den Europäern bekamen, war die hinterlistige Lüge. Sie ist in allem, was sie tun.

[Diese hermetische Bestätigung wurde, wie alles sonst in ihrer Erzählung, nicht mit Bitterkeit, tiefem Ernst oder gar Hass abgegeben, sondern mit heiterer Leichtigkeit. Ohne irgendein sicht- oder spürbares Problem durch meine „europäische Anwesenheit". Das erwähnte Verbot, indigene Sprachen zu sprechen, wurde 1759 erlassen. Durch den Marquês de Pombal, dem mächtigsten Portugiesen des 18. Jahrhunderts und *großen Modernisierer und Aufklärer*. Unter anderem schaffte dieser frühe Realpolitiker die Sklaverei 1761 in Portugal ab. Um so von Afrika größere Kontingente nach Brasilien, auf die menschenhungrigen Zuckerrohr- und Kaffeeplantagen, wichtigste Einkommensquelle von Krone und Adel und Handel, verschiffen zu können. Bei den Nachforschungen zur Transkribierung der Aufnahmen bei diesem Marquis angekommen, zeigte sich die „abendländische Kultur" im Licht einer kontinentalen Verdrängungskunst. Aufklärung der europäischen Kolonialart. Oder einfach Zynismus und Hohn? Alles Abscheuliche, auf dem der gesamte Sockel des europäischen Reichtums und Ansehens bis heute steht, wird ausgeklammert, euphemisiert, ins Gegenteil verkehrt. Und nun, zuletzt, auch wieder verstärkt auf „die anderen" projiziert: *Die gefährlichen unberechenbaren, unserer abendländischen Tradition diametralen Flüchtlingsmassen. Unzivilisierbare.Terroristen.*]

Die Regierung FHC [Fernando Henrique Cardoso, Präsident von 1995 bis 2003] hat im Jahr 2000 zusammen mit der Regierung Portugals und mit der Landesregierung von Bahia(1) ein großes Fest organisiert. Genau dort, wo Cabral als erster Europäer an Land gegangen ist. Und das europäische Exportgut Genozid auch hier in Aktion gesetzt wurde. Bei Porto Seguro. Ein Fest für die ersten 500 Jahre der europäischen Aneignung unseres Landes. Unserer Kulturen. Unserer Menschen. *Cabral der Entdecker! Cabral unser aller Urahn ... ewige brasilianisch-portugiesische Freundschaft ...* und so weiter.

Unsere Älteren haben zusammen mit den Führern der Indigenen Völker aus dem Süden Bahias ein kulturelles Gegenprogramm entworfen. Um zu zeigen, dass die Geschichtsauslegung der Offiziellen Feier eine grobe Verfälschung der Tatsachen ist. Dass da Millionen Versklavter und Ermordeter, zerstörte Familien und Völker, zerstörte Natur, unter den Tisch fallen. Dass diese Feier ein weiterer Schlag ins Gesicht unserer bis heute ums Überleben ringenden Völker ist. Auf die wahre Situation und das Leid, das uns seit diesem April 1500 widerfährt und was da in Porto Seguro offiziell *wirklich* gefeiert wird, darauf beabsichtigten wir hinzuweisen.
Die Feiernden wollten aber unter sich bleiben, nicht von unangenehmen Stimmen und Dingen belästigt werden, und haben ihre Polizei angehalten, niemanden, der wie ein Indianer oder „linker Student" *aussieht,* durchzulassen.

(1) *Kontrolliert von einem weiteren bundesdeutschen Ordenträger, dem sogenannten „Paten Bahias" und damaligen Senatspräsidenten Antônio Carlos Magalhães, Großgrundbesitzer, Medienmogul und Militärdiktaturunterstützer der ersten Stunde*, so die spätere Ergänzung seitens *unseres* Antônio Carlos.

Porto Seguro wurde über Nacht abgeschottet. Zu einem Exklusivtreffpunkt der Reichen und Mächtigen diesseits und jenseits des Atlantiks in Partylaune. Die ihren Reichtum und ihre Macht auf das während und nach der Okkupation geflossene Blut und die Ausbeutung und Zunichtemachung unsrer Mutter, das Land, stützen.

Für uns Índios ist es nicht leicht, von A nach B zu fahren. Das kostet Geld. Und davon haben die Índios so gut wie nichts. Als unsere Delegationen, und jene der solidarischen Studenten, Schwarzen, landlosen Bauern, also schon 20 Kilometer vor Porto Seguro aus ihren Bussen und Lastwägen geholt wurden, gab's Konfusion. Wir protestierten, unsere Führer wiesen auf das in der Verfassung garantierte Recht auf uneingeschränkte Bewegungsfreiheit hin. Was wir bekamen, in stilistischer Eintracht mit dem, was 20 Kilometer weiter von der Obrigkeit mit Pomp und internationalen Medien gefeiert wurde, war die ganze Brutalität ihrer – nicht *unserer* – Polizei. Viele Índios wurden verletzt, 140 Personen festgenommen. Und das unter „demokratischer" Regierung. Im 21.Jahrhundert. Es wurde unsere Besetzung, unser Ende gefeiert, auf unserem besetzten und fast zu Tode gequältem Land, und wir durften dazu den Mund nicht aufmachen. Und genauso geht es uns mit den Firmen. Uns und den in den 1960er-Jahren hinzugekommenen Guaranis, die heute wie unsere Brüder und Schwestern mit uns leben.

Jenem aus dem Süden vertriebenen Teil, der auf der jahrzehntelangen Suche nach der *Terra-sem-mal*, dem Land ohne Böses, eine mythologische Vorstellung in der Kosmologie der Guarani, war, ergänzte Eliane.

Der erste Aufstand erfolgte 1989, ich [Jaborandi] war gerade auf die Welt gekommen. Diese Revolte geschah, nachdem FHC und seine Sozialdemokratische Partei PSDB, ermutigt von ihren internationalen Freunden wie dem Internationalen Währungsfonds, unsere Aldeias hatten umstellen lassen, unsere Führer entführt und nach Brasília geschafft und diese dort zur Unterschrift eines illegalen Vertrages genötigt haben. Siebentausend Hektar *território homologado*, amtlich bestätigtes Territorium, wobei mehrere Aldeias einfach ignoriert und außen vor gelassen wurden – so wie unsere. Und monatliche

„Unterstützungszahlungen" seitens Aracruz Celulose *für die entstandenen Umweltschäden*. So stand es auf dem Papier. In Wahrheit war es als Schweigetrinkgeld gedacht. Und so war es der Firma gelungen, ihren fast vierzig Mal so großen Landraub bis auf die minimalen 7.000 Hektar zu „legalisieren". Sie nützte diesen neuen, anerkannten Status. Aber nicht um die „Entschädigungen" zu zahlen oder wenigstens finanziell dabei behilflich zu sein, dass wir die gewünschte Wiederaufforstung mit *wirklichem* Wald betreiben können. Sondern um uns fortan als lokale Sklavenarbeiter zu missbrauchen. Andere Arbeitsmöglichkeiten gab es für uns ja nicht mehr. Für niemanden in der Region. Nur die Grüne Wüste der Firma, weit und breit.

Wir sind beide erst nach der Redemocratização auf die Welt gekommen. Aber wir haben trotzdem eine Ahnung, was während der Diktatur los war. Weil es uns die Alten erzählt haben. Und heute auch durch die Vernetzung, das Internet, in das wir uns aber wegen des fehlenden Geldes leider viel zu wenig einbringen können ...

[Eliane:] Was habt ihr denn erfahren ... rausgebracht über die Diktatur?

Na, dass es während der Diktatur *noch* schlimmer war. Mit Zwangsumsiedlungen, weil Rancher sich bei den Militärs beschwerten, dass sie sich nicht sicher fühlten *wegen der Índios in der Nähe* – auf *ihrem Land*, dem Gebiet der Índios! –, dass die Präsenz der Índios auch *geschäftsstörend* sei. Dass Viehdiebstähle die Regel seien. Mit den Nambikwara zum Beispiel. Mit denen haben sie das gemacht. Und die Militärs haben sie rausgerissen aus ihrem Raum des Lebens und aufgeteilt. Kontingente irgendwohin zugeteilt. Die sind gestorben wie die Fliegen.
Dann wissen wir auch von den Todesmärschen ohne Verpflegung, wie sie's mit den Araweté gemacht haben. Wir wissen auch vom Konzentrationslager hier in der Nähe, in Minas Gerais ... Wie hieß das noch, Eliane?

So weit ich weiß, gab's zwei. Den Reformatório Agrícola Krenak und die Fazenda Guarani. Das kannst du [an mich gewandt] nachlesen,

Irini. Im Kapitel „Violações de direitos humanos dos povos indígenas", Menschenrechtsverletzungen an Indigenen Völkern, des Abschlussberichts unserer Comissão Nacional da Verdade (CNV), Staatlicher Wahrheits-Ausschuss. [http://armazemmemoria.com.br/o-campo-de-concentracao-de-indios-de-minas-gerais/]

Also, *zwei* solche Lager sogar. Aber, was wir eigentlich sagen wollen, ist: Für uns bleibt im Kern Demokratie die gleiche Geißel, die sie vorher, unter ihren anderen Namen, Kolonialreich, Kaiserreich, Republik, Diktatur, ... bereits war. Und sieh dir Romero Jucá an: Heute ist er engster Präsidentenberater und Minister, oder Senator, was weiß ich, und gestern, während der Diktatur, war er Chef der Funai. Der direkte Hauptverantwortliche für Massaker an uns Indigenen, einer der größten Índiomörder der Welt ... Wo ist da der Unterschied? Für uns.

Ein Mann, ergänzt Eliane für mich, *„deinem Franz Stangl"* nicht unähnlich. Nur, dass Jucá keinen Schutz einer Autofirma auf einem anderen Kontinent benötigt, sondern seit Jahrzehnten bis ebenjetzt in der Machtspitze des Landes in dem er seine Verbrechen gegen die Menschlichkeit begeht, völlig unbehelligt – und wie Xica und Jabo bereits gesagt haben, *quer durch alle Regimevarianten* – weiter seinen verbrecherischen Tätigkeiten nachgehen darf. Jeden Tag, wenn ich das Gesicht dieses Völkermörders im Fernsehen sehe, frage ich mich, ob das UN-Hochkommissariat für Menschenrechte *wirklich* besetzt ist. Und ob es den Internationalen Gerichtshof in Den Haag *wirklich* gibt.

Aber sicher ... Als neokoloniales Instrument, um *schwarzafrikanische* böse Buben an den Pranger zu stellen, ätzt Antônio Calos halblaut nach.

[Nach einer kurzen Schweigepause setzt Jaborandi fort:] 2004 hab ich auch in der Firma gearbeitet. Als Minderjähriger noch. Aber nach nur ein paar Monaten bin ich wieder weg. Denn Arbeit gab's immer, Misshandlung auch. Geld selten. Und 2005 folgte der nächste Aufstand. Diesmal schon besser vorbereitet. Geplant, organisiert. [Lachen.] Unsre Alten hatten gelernt. Und ihre Erfahrungen weiter gegeben. Die nächste Generation würde nicht mehr so leicht über den Tisch gezogen werden. Wir, unsere Eltern und Großeltern, forderten 11.000 Hektar. Also auch jene Gebiete *südlich* des Rio Piraquêaçu, wo mehrere Aldeias von der Firma und ihren Caterpillars richtiggehend erdrückt wurden. Und weil wir ja mittlerweile gelernt hatten, dass Behördenzusagen so beständig sind wie ein Furz im Wind, sind wir gleich selbst darangegangen, unser Territorium zu erklären und abzustecken. Wir, alle Índios, nennen das *retomada*, Zurücknahme. Und – nur dass das wirklich klar ist – was wir wollten, die 11.000 Hektar, sind ein *Bruchteil* unseres traditionellen Stammesgebietes! Damals hatte Aracruz, laut der eigenen Seite im Internet, 261.000 Hektar Eukalyptusplantagen! Selbst ihre Fabrik haben sie ja über eine von unsren alten Aldeias gebaut.

[An dieser Stelle von Xica-Jaborandis langsam, leise und gänzlich undramaturgisch vorgetragener Mitternachts-Schilderung, dankte ich Karlheinz Deschner. Seit meiner Jugend war mir qua „Abermals krähte der Hahn" bewusst, dass Eroberer-Zerstörer und professionelle Machtjäger ihre Hauptquartiere und Nebentempel gerne über jene zuvor dem Erdboden gleichgemachten der Besiegten prahl- und gehirnwaschstülpen.]

Euer „Links-Rechts", das ist uns auch unverständlich. Als sich angeblich radikal Unterscheidendes. Nach dem *rechten Soziologen FHC*, der sich in Paris besser auskennt als in den Lebensbedingungen der Mehrheit der Menschen im Land, kam der *linke Lula*. Und über befreundete Nichtindigene erfuhren wir Índios, dass er *fortschrittlich* sei. *Minderheitenfreundlich. Korruptionsbekämpfer. Gegen die Großen. Einer von unten. Einer wie wir.* Viele von uns haben ihn auch gewählt. Und was geschah?
Obwohl es damals wohl kaum noch jemanden gab, der nicht wusste, dass Aracruz nur über Betrug und andere, gewalttätigere Methoden zu ihrem Land, Reichtum und Erfolg gekommen war, ist die Firma gleich nach der Wahl auch bester Freund – *Spenden-Freund* [lachen] – von Lula selbst und seinem *„Partido dos Trabalhadores"*, Partei der Arbeiter. Lula kam sogar höchstpersönlich zur Einweihung der neuen Fabrik drüben. In Bahia. Hier, in Espírito Santo, hatten sie schon alles gestohlen und zerstört. Der erste *linke Gouverneur* Bahias, Jaques

Wagner von ebenjenem PT, wurde mit den Hilfsmillionen der Firma an die Macht gebracht. Und nicht nur dieser. Die Umwelt – unsere Mutter Erde – wurde unter demokratisch gewählten linken Machthabern genauso brutal vergewaltigt und zu brachliegendem, auszubeutendem *Potenzial* bagatellisiert wie unter rechten oder undemokratischen zuvor. Für uns Indigene zum Beispiel, war die *linke Präsidentin Dilma* um nichts anders als die *rechten* vorher. Die der Diktatur inklusive!

Ist es ein Unterschied für uns, ob wir von demokratischen oder undemokratischen, linken oder rechten Regierungen weiter betrogen, verfolgt, getreten und ausgelöscht werden? Wenn es diese Unterscheidungen also draußen in der Welt gibt ... *Wir* tun uns schwer, das in unsrer Praxis zu erkennen. Ich [Jaborandi] will jedenfalls nichts mehr aus den nichtindigenen Kramläden. Weder die Produkte der Firma Diktatur, noch die der angeblichen Konkurrenz, der Demokratie. Und die Links-Rechts-Palette können sie sich auch behalten. Das ist ja nur um Gutgläubige, oder Unerfahrene zu verwirren. Um den Finger zu wickeln. Denn trotz der vielen Verpackungen: Das Produkt, das Macht-Verhalten, ist immer gleich.

An dieser Stelle empfahl uns Eliane ein *aufklärendes und kurzes, siebenminütiges Video* zum Thema der *in Brasilien bestimmenden und virulenten Ruralistas.* Den wahren Machtinhabern, unabhängig davon wer gerade in der Regierung sitze. Die Brasilien in einem *Teufelskreis aus astronomischen, steuersubventionierten Gewinnen für sie selbst und Arbeitslosigkeit, Armut, Umweltvernichtung und Sklaverei für die große Mehrheit am Land* gefangen hielten: https://www.youtube.com/watch?feature=player_embedded&v=f4Eu u4Az-YM#t=273

[Xica kannte es:] *Muito bom mesmo,* wirklich sehr gut. Wir zeigen das unseren Jungen. Aber wer von den 200 Millionen [Brasilianern] will schon die Wahrheit wissen, wenn es bequemer ist, sich jeden Tag mit den Lügen aus Globo vollstopfen zu lassen bis man schliesslich *glaubt,* dass *das* die Wahrheit sei?

Nichts, oder sagen wir *fast* nichts, passiert in Brasilien, von dem wir nichts erfahren könnten. So wir genügend Kleingeld haben – *und wollen*. Und das ist das Problem: das Wollen. Oder der Mangel an Wollen. Denn nach alternativen Informationsquellen musst du dich buchstäblich auf die Suche begeben. Egal ob analog oder virtuell. Die großen brasilianischen Medien haben in der Regel Besitzer und Herausgeber, die vom ewig selben, wenn auch unterschiedlich verpacktem Brasilien direkt und vielschichtig profitieren. Die haben Interesse am Systemerhalt. Also werden dort dem System unnützliche bis möglicherweise schädliche Meldungen nicht oder stark verzerrt an die Öffentlichkeit gebracht. Es wird ein Bild der „Wahrheit", der „Lage", verbreitet, das dem Wunsch des einen Prozents, was die 99 Prozent glauben sollen, entspricht. *Num hermetismo transsecular assim*, in so eine Jahrhunderte durchdringende Hermetik, kommen dann die ohnehin an Tiefgang nicht interessierten Nachrichtenagenturen. Mit ihrem Getwitter, noch bevor es Twitter gab. Oder die Korrespondenten. Von so manchem großen Medium als Dankeschön vor der Pensionierung noch auf ein Jahr nach Rio, oder Kapstadt, geschickt. Festliches Gnadenbrot. Und nur Partys im Kopf. Aber auch die, die ihren Job ernst nehmen, aber nicht das weitergeben können, was sie aus ihrer kulturell konditionierten Filtersicht nur verzerrt bis gar nicht sehen können. Und das passt schon so. Es ist zum Beispiel unmöglich, das Ausmaß der brasilianischen Korruption zu verstehen. Für jemanden, der nicht hier, bewusst, und an möglichst verschiedenen Stellen, groß geworden ist. Die schreiben also nicht, wovon sie wüssten, sondern was sie sich zusammenreimen. Versuchen – Scheitern garantiert – von dem, was ihnen bekannt ist, also meist von der Heimat und deren ideologischen Schienen, kurzzuschließen, oder schreiben was sie *von Freunden überreicht* bekommen. Darunter ausgekochte und skrupellose Mafiaprofis die da – in *allen* Parteien, Gewerkschaften, Verbänden, Großfirmen – zu solchen „Freundschaftsdiensten" stets bereit sind. In jeder Richtung ...

Dieser Einwurf, so überraschend begonnen wie beendet, war nicht untypisch für Antônio Carlos. Er ist immer eher Zuhörer denn Wortschwinger gewesen. Trotzdem konnte es geschehen, dass er, unvermittelt, im Empfinden anderer, eine auf dem eben Gehörten basierende Analyse verlautbarte. Rezitierte.

Nach etwa einer Minute menschlicher, auch umweltlicher, Stille –
Eukalyptusplantagen gehören zu den an Spezies ärmsten Biotopen –
nahm Xica den Faden wieder auf. Jaborandi hatte seinen Part
geleistet und die Augen geschlossen. Lauschte nur mehr. Antônio
Carlos stellte den Topf mit dem Kaffeerest zurück auf die noch warme
Ofenplatte, steckte dann seinen Finger hinein, befand es als *warm
genug* und goss sich sein Glas noch einmal fast voll. Ich lag nun mehr
als ich saß, breitseits über die Matte. Angenehm war es so.
Entspannend. Und wieder einigermaßen in gleichgewichtiger
Kontrolle, dank Elianes Erste-Technikhilfe-Leistung.

Die haben das Land auf verschiedene Arten zusammengestohlen. Von
uns Índios und den Schwarzen und den ärmsten Kleinbauernfamilien
haben sie's einfach genommen. Oft mit Gewalt. Den anderen Teil hat
der Staat an *laranjas,* Orangen [die in Brasilien gängliche Bezeichnung
für Strohmänner] verschenkt. Das wird dann auf dem Papier und im
Fernsehen zur *Landreform* ... Und die Aufgabe der Laranjas war es,
„ihre" Parzelle unmittelbar darauf an die Firma zu verkaufen. Da
haben sie im Notariat Extraschichten gemacht. [Jaborandi,
regungslos, die Augen weiter geschlossen, lächelt zum letzten Satz
der neben ihm sitzenden Xica.]
Und wir, die Índios, die Schwarzen – die Quilombolas – und die
Kleinbauern wurden en gros deren rechtlose Tagelöhner. Eukalyptus
ist für uns *a monocultura da fome,* die Monokultur des Hungers, der
Tod ganzer Lebensräume. Für Export-Klopapier. Atlantischer
Regenwald und seine Menschen und der Platz unserer Vorfahren weg.
Für Klopapier irgendwo auf der Welt. Und noch mehr Geld für jene,
die ohnehin nie genug kriegen. Spirituelle Behandlung bräuchten,
„krank sind", wie du [sich mit dem Oberkörper aus ihrer Hängematte
zu Eliane hin beugend] immer sagst.
Dann noch die täglichen Gifte und Abgase. In der Luft, im Boden, im
Grundwasser, in uns, den Kindern, die wir bekommen ... überall. 2005
ist ja irgendwas schiefgelaufen, herausgekommen ist es nie, und
hunderte Menschen hatten Atembeschwerden und
Vergiftungserscheinungen. Gleich hier war das. In unsrem Bezirk. Und
nichts dazu im Fernsehen.

Aber der Prinz Charles, *der war* im Fernsehen. Der ließ es sich bei seinem Brasilienbesuch nämlich nicht nehmen, die Einweihung einer weiteren Aracruz-Fabrik zu beehren. Die Visite eines *seiner Umweltprogramme*, wie es medial dargestellt wurde!

Isto é chumbo grosso aqui, minha irmã, hier ist grobkörniger Schrot angesagt, meine Schwester. [Oder: Hier geht's hart zur Sache, Schwester.]
Wir haben uns vernetzt. Mit den anderen Opfern. Den Schwarzen. Und den ebenfalls ihres Landes beraubten Kleinbauern. Wir arbeiten zusammen. Auch viele Nicht-Indigene helfen mit. Studenten aus den Städten zum Beispiel. Die machen Öffentlichkeitsarbeit. Und die erzeugt Druck. Und sie helfen mit Rechtsberatung oder gar mit Anwälten, wie die Leute vom ISA. Wir sind nicht mehr völlig allein. Was wir aber mehr als alles andere brauchen, ist *internationale Aufmerksamkeit.* Wenn die Welt nämlich hersähe, wüsste, würde es sich hier schwerer morden und rauben und vergiften. Und ich bedanke mich gleich [nun zu mir gewandt], dass du uns in dieser Sache helfen willst.

Wir sind noch immer weit davon entfernt, von einer entspannteren oder gar gerechteren Situation sprechen zu können. Die Firma ist seit Jahrzehnten der gewichtigste Spender an alle größeren Parteien unserer Region, und die Bundesregierung hält [über den erwähnten BNDES] 12 Prozent der Aktien und hat einen Sitz im Verwaltungsrat der Firma. Was glaubst du, wie sehr die an Indianern, Quilombolas, ökologischer Subsistenzwirtschaft und intakter Natur interessiert sind? Da geht es einzig und allein um schnelles und reibungsloses Geld. Und um dieses Geld sauber machen zu können, fürs Private, werden Millionen Steuergelder für zusätzliche Landkonzentration zur Verfügung gestellt. Die dann chronisch dort fehlen, wo wir es wirklich bräuchten: in der Umweltreparatur, im Bildungswesen, im Gesundheitswesen, in der unabhängigen Forschung, ... Stattdessen, statt die Untengehaltenen zu emanzipieren, lassen die „fortschrittlichen" Regierungen lieber monatliche Almosen scheinheilig an die Chancenlos*gemachten* fließen ...

Und werden deshalb auf aller Welt als „Sozialisten" oder „sozialistische Hoffnung" gefeiert ..., führt Antônio Carlos, mehr zu sich und dem wieder leeren Kaffeeglas als uns, den Gedanken Xicas in die Internationalität.

Ein perfektes System. Und mit so viel Geld gelingt es eben nicht nur in der Politik, sondern auch in den Medien und der Gerichtsbarkeit *mercenários*, Söldner, zu bekommen.
Gegen all das müssen wir ran. Dagegenhalten. Durchhalten. Tag für Tag. Generation um Generation. Da steckt viel Leid drin, viel Leidenserfahrung. Und das viel zu früh, von Kindheit an. Ich brauch keinen Psychologen, um zu wissen, warum wir Índios die höchsten Selbstmordraten haben. Und zwar immer in jenen Aldeias, die langjährige Konflikte mit einer Firma, Großgrundbesitzern oder dem Staat oder allen zusammen haben.

Und was glaubst du [Jaborandi hat sich nach seiner kurzen Ruhepause wieder aufgesetzt und eingebracht], *wie* diese Justiz-Aktionen ablaufen? Dass da irgendein Gerichtsbeauftragter ankommt, höflich anklopft und uns von einer Klage informiert? So wie das eigentlich stattfinden sollte, wenn irgendjemand gegen dich Anzeige erstattet hat?
Die *tropas de choque*, Stoßtruppen, der Bundespolizei schicken sie uns mit schweren Waffen unter irgendeinem Vorwand in die Aldeia. Besser, dein Häuschen hat gar keine Türen ... Als ginge es darum, ein terroristisches Waffendepot zu erobern. Weil irgendwer irgendwo einen Índio des Holzdiebstahls oder der Amtsbeleidigung bezichtigt hat. Und das Bundesjustizministerium und die Funai? Die das Grundgesetz achten und uns beistehen müssten?
Im Jänner 2006 zum Beispiel, hatte der damalige, von Lula berufene, Funai-Präsident Mércio [Pereira Gomes] haargenau das gesagt, was die Achse Ruralistas-Globo und andere Fernsehstationen wie Bandeirantes den Brasilianern seit Jahren in den Kopf meißeln, bis sie es glauben: *os índios têm terra demais,* die Indianer haben zu viel Land. Der [dem Justizminister untergeordnete] Präsident der Bundesindianerschutzbehörde hat das öffentlich gesagt! Und einen Tag darauf hatten wir wieder Kriegsrazzia in den Aldeias. Die

Lokalpolitik und ihre Truppen fühlten sich von solcher Rückenstärkung wohl ermutigt ...

[Eliane:] Kurze Zeit später hat der Mércio dann Sydney Possuelo fristlos aus der Funai entlassen. Weil der, ein Weggefährte der Villas Boas-Brüder und vielleicht der profundeste lebende Kenner *dos isolados*, der Isolierten ... [Lächelnd an mich gewandt, ihre rechte Hand auf meine linke Schulter gelegt:] Darunter verstehen wir jene indigene Gruppen, die in Abgeschiedenheit von und ohne Kontakt zu dieser Zerstörungszivilisation leben wollen. Wo war ich ...? Ja, der Rauswurf Sydneys.
Sydney Possuelo hat Mércio völlig zu Recht mit *fazendeiros, grileiros, garimpeiros e madeireiros*, Großgrundbesitzern, Landräubern, Goldsuchern und Holzfällern, verglichen. Und deshalb wurde er gefeuert. Sydney, ein UNO-Held-des-Jahres [2001]!

Da zeigen sie ihre Gesichtchen, Lula, Dilma und der PT, die Weltsozialismusretter. Gleiches passierte ja allen wirklich Fortschrittlichen im PT. Denen, die die Strukturen wirklich verändern wollten. Die noch einen Funken der ursprünglichen – rhetorischen – Ethik draufhatten. Alle wurden sie entweder ausgeschlossen oder rausgeekelt. Vom Plätzchen verteilenden Mafioso Lula. Cristovam Buarque, zum Beispiel. Der anständigste und beste *ministro de educação,* Unterrichtsminister, den Brasilien jemals hatte. Weil er es wagte, öffentlich die Wahrheit zu sagen, weil er das was er für kritikwürdig hielt, auch kritisierte und nicht schönzuheucheln versuchte. Darunter Programme der Regierung. Und Lula hat gewartet, bis Cristovam im Urlaub, in Portugal, war. Und ihn geschasst. Cristovam hat es erst über die Medien erfahren!
Wer in der sogenannten Arbeiterpartei die Spitze bildet, gibt vor. Und wer nicht ohne Wenn und Aber still folgt, kriegt die Rote Karte. Falls er oder sie nicht schon von selbst geht, angesichts so eines Nachuntenstalinismus. Ein Zinssoldatenverein als Unterbau einer völlig prinzipienlosen Mafiakuppel. So verstehe ich heute den PT, wo ich auch mal, *kurz aber nur* – muss das sagen, zur Minderung meiner manifesten Dummheit [dabei lächelt Antônio Carlos still vor sich hin und reibt die Bartstoppeln seiner Wangen] – dabei war. Marina Silva, Luciana Genro, Heloísa Helena, Eduardo Jorge ... Das waren alles

gute und anständige Leute, die politischen *und* ethischen Prinzipien folgten und keiner Hierarchie- oder Kleptokratiedisziplin. Und also als Geschäftsstörer von Lula und seinen Capos, die ganz andere Pläne verfolgten, ausgesondert wurden. Aber ... entschuldige bitte Eliane, du weißt ja, wie ich bin. *Normalerweise* kein Unterbrecher. Aber wenn's um die Totengräber unserer Linken, den PT, geht, reagiere ich wie auf Phantomschmerz, fühle Zorn ... und lecke alte Wunden.

[Eliane lacht:] Kein Problem, Toinho. Im Gegenteil!

Danke, meine Liebe. Und ja, was ich noch hinzufügen möchte ist: Zuerst wird Armut – der Kehrwert vom Reichtum der auserlesenen Gewinner – kreiert und *verwaltet*, und nachher werden bis zum Sankt-Nimmerleins-Tag Überlebenshilfegroschen verteilt. Eine paternalistische und scheinheilige Art von Philantrophie, die nichts mit Politik zu tun hat. Und „nebenbei" noch den Stimmenkauf – auf diese „sozialistische" Weise – flächendeckend institutionalisiert hat.

Na ja [melden sich Xica und Jaborandi aus ihrer ganz sacht schwingenden Hängematte zurück], und eben *auch* unter Lula und Dilma bekamen Firmen, die große Verbrechen, darunter Umweltverbrechen und Verbrechen gegen die Menschenrechte, begehen, Unsummen an Steuergeld. Von uns allen zwangsbeigetragen. Statt Schulen, brasilianischen und indigenen, statt Landreform, statt Investitionen in den Schutz des Wertvollsten, das wir haben – der Natur, statt Investitionen in die gesunde Lebensmittelproduktion wird in Vernichtung und Commodities investiert. Überall in Brasilien, sogar schon im Bundesstaat Amazonas! Und dann wundern sie sich scheinheilig, dass es so viele Arbeitslose gibt und schieben, wie Dilma, die Schuld auf „die Weltwirtschaftskrise". Dabei sind es gerade die Monokulturen, die Giftwüsten, die auch die Arbeitsplätze fressen. In denen kommt ein Arbeitsplatz auf 30 Hektar. Während traditioneller Lebensmittelanbau einen Arbeitsplatz für *jeden Hektar* schafft! Also, es geht denen, links-rechts, völlig egal, überhaupt nicht um „die Armen". Im Gegenteil. Aber es gelingt ihnen leider immer noch allzu oft, uns gegeneinander auszuspielen ...

Pardon, Jaborandi, wer wird wie von den Regierungen gegeneinander ausgespielt? Habt ihr nicht gesagt, dass ihr und die Guarani mit den Afrobrasilianern und Kleinbauern zusammenarbeitet? Seit 2005, glaub ich?

Vor Ort haben wir uns einigermaßen gut verbündet, ja. Aber anderswo ist die Hölle los. Gleich hier, ein Stück weiter im Norden, in Bahia, da gelingt es den Lokalpolitikern – entweder selbst Großgrundbesitzer oder deren Handlanger –, mit kleinen Geschenken, Schnaps meistens, und verbündeten Medien die nicht-indigenen Habenichtse gegen unsere Schwestern und Brüder aufzubringen. So, als wären *wir* die Urheber und Nutznießer der weltweit größten Landkonzentration einerseits und der daraus folgenden Massenarmut andererseits.

Brasilien *und Paraguay* sind Weltmeister in Landbesitzkonzentration. [Ergänzt Eliane, lacht, und fügt hinzu:] Ausgerechnet! Vom Regen in die Traufe. Schon als Kleinkind [lacht und zieht alle mit].

Liebe Leute, das Treffen ist schön, der Kaffee ganz ausgezeichnet geröstet [Xicas Lachen wird zu einem generalisierten], und die Unterhaltung ist informativ und angebracht. Jedoch, in dieser Welt, wo nicht nur Skrupellose und Geld regieren, sondern auch der Chronometer [Antônio Carlos tippt mit dem rechten Zeigefinger auf seine Armbanduhr] ein gewichtig Wörtchen mitredet, und ... na ja, wir müssen einfach los jetzt. Schon Mitternacht, Leute.

Jaborandi und Xica versuchen nochmals, uns zum Übernachten zu bewegen, es läge kein Platzmangel vor, sie würden sich in das „Zimmer" [Größe vielleicht 6 Quadratmeter] zu den Kindern oder unter diese in Hängematten baumelnden legen. Wir könnten die beiden hier im Wohn„zimmer" benützen. Und für Antônio Carlos organisiere man noch eine. Bei Nachbarn.

Nächstes Mal, vereinbaren wir. Wissend, dass es in dieser Zusammensetzung kein nächstes Mal geben wird.

Zum Abschied, den Eliane Gott sei Dank handygefilmt hat, gibt mir Jaborandi noch den Rat, im Internet nach dem *etwa zehn Jahre alten aber völlig aktuellen Interview mit dem Tupiniquim-Häuptling Jauguartê und dem Guarani-Häuptling Werá T'Jecupé, zwei unsrer dynamischsten Anführer,* zu suchen. Schwierige Namen für ungeübte Ohren. Vor allem der zweite. Ohne Elianes Filmdokument wären sie geradewegs auf Alzheimer'schen Baugrund gefallen. Zeit diese Interviews zu suchen und lesen, habe ich jedoch noch nicht gefunden.

Sag mal Irene, verwendest du ein Insektenschutzmittel?

Immer. [Eliane lacht los.]

Na ja, die *mosquitos* haben heute schon ein paar heftige Attacken geflogen. Und ich weiß ja aus der Spitalspraxis, wohin das führen kann. Wie schützt *du* dich Eliane?

Also meistens mit gar nichts. Manchmal, in den Aldeias, wird Rauch aus bestimmten getrockneten Pflanzenteilen gemacht. Und wenn's gar arg wird, dann schmier ich mir auch was aus dem Supermarkt drauf, so wie *Irini* [lacht].

Wir fuhren dann, zumeist schweigsam aber von der schönen Musik von Elza Soares und Lenine begleitet, die Küstenstraße entlang und kommen gegen zwei Uhr morgens in der Rua Mato Grosso in Vila Velha an. Ohne Überfall, ohne echte oder falsche Polizeikontrolle, ohne irgendeinen anderen Un-Fall. Und ja, ich war sehr erleichtert, als der Hauswart von Antônio Carlos' Gebäude uns das Tor zur Garage öffnete, es hinter uns wieder schloss und wir hinunter in die Tiefgarage fuhren.

Noch ein Gläschen Wein zum Abschluss eines gelungenen Tages, die Damen?

Dann sitzt Antônio Carlos bei einem Glas Wein, und Eliane und ich bei einem Glas Wasser und wundern uns, wo der Schlaf sich verabschiedet hat. Denn obwohl wir körperliche Müdigkeit verspüren, alle drei, sind die Köpfe noch an hellwacher Arbeit.

Irgendwann, nach vielleicht zehn oder fünfzehn Minuten, mache ich das Aufnahmegerät an.

[Eliane:] Ich bin mir sicher, dass Temer, mit so viel Dreck am Stecken, nur deshalb Präsident werden konnte, weil die einflussreichsten Gruppen im Staat das wollten. *Die* stärkste Macht im Land sind wiederum die Ruralistas. Vorsichtige Schätzungen sagen, dass sie ein Drittel aller Kongressabgeordneten – [zu mir] vergiss „Parteien", die gibt es nicht bei uns, und die Ruralistas haben sich *überall* eingekauft – und die Mehrheit der Landesregierungen stellen. Ich glaube aber, dass ihre Macht noch größer ist, dass sie Brasilien im tieferen Staat unter Kontrolle haben. Sie kontrollieren ja auch die Kapillarspitzen des sichtbaren Staats, die Bezirke, wo zum Stimmenkaufen und Wahlkampffestefeiern der größte Geldmangel herrscht. Und die Ruralistas sind die eingeschworenen Todfeinde der Índios, Quilombolas und Subsistenzbauern. Auch wenn sie Letztere mit scheinheiliger Perfidie immer wieder zu umgarnen versuchen. Als ihr Kanonenfutter gegen uns. In einem Satz: Die Ruralistas sind die authentischen, „würdigen" Nachfolger der Bandeirantes.
So, jetzt haben wir einen Kriminellen im Präsidentensessel, und eine tief- oder parallelstaatliche, fast schon omnipotente Interessensorganisation. Warum stützt diese einen Kerl, der jederzeit des Amtes enthoben werden kann? Erstens, weil er als Vize Dilmas für all deren Vergehen mitzuständig ist. Zweitens, weil er ein *auch* ein Korrupter in eigener Sache, *ein notorischer Selbstbereicherer* ist. Etwas, das bei Dilma bis jetzt ganz und gar nicht klar geworden ist. Temer ist also extrem „justizgefährdet". So diese *nicht nur* Jagd auf „linke" Korrupte macht. Und das scheint so zu sein. Für *mich* jedenfalls. Solange er aber im Präsidentensessel sitzen darf, ist er immun. Solang er nicht *im Amt* neue Verbrechen begeht. Und selbst in diesem Fall stimmen letztendlich erst die Abgeordneten über die Aufhebung seiner Immunität ab. In einem von den Ruralistas zumindest zu 30 Prozent bezahlten Kongress. Gibt's eine günstigere Situation? Für Temer? Und vor allem die Ruralistas? Neue Gesetze, Gesetzesänderungen, Politik nach Auftrag und Wunschmaß im Gegenzug für ein Präsidentenleben in Freiheit, Pomp, Luxus und Blankoscheck für weitere Verbrechen?

Wir machen uns gewaltige Sorgen ob der nächsten Zukunft, *Irini,* hier wird – seit Langem geplant und nun mittels erpressbaren Marionetten-Temer in die Praxis umgesetzt – ein neuer Vorstoß Richtung *exterminação,* Ausrottung, vorgenommen. Auf „legaler demokratischer rechtsstaatlicher" Basis.

In diesem Zusammenhang ist auch die Frustration Jabos mit „Demokratie" generell und sogenannten fortschrittlichen, „linken", Regierungen und Politikern zu sehen. Für uns Índios gibt's da wirklich keine empirischen Unterschiede. Und wenn du heute die Índios Venezuelas fragst, was sie von Chávez und Maduro halten, werden sie dir Gleiches erzählen. Oder die Ecuadors bezüglich Correa. Ja selbst Evo Morales in all seiner Kostümiertheit ist für die Tieflandvölker des zur totalen Abholzung freigegebenen Amazonasgebiets kein Unterschied zum Davor ...

Anfangs haben wir Indigene der Rhetorik der neuen Machthaber mit Linksstatus geglaubt: Soziale Gerechtigkeit, Landrecht, Antirassismus, Emanzipation und so weiter. Aber was diese Reden-vor-der-Macht wert waren, zeigte sich ja bald schmerzlich. Geld – schon gar nicht schnelles, die Legislaturperioden sind kurz – kommt nicht vom Wohlwollen der Indigenen Völker und auch nicht vom Wohlergehen von Mutter Erde. Im Gegenteil, deren Vernichtung bringt es. Entwicklung und Fortschritt hieß das dann auch gleich in der „linken" An-der-Macht-Praxisterminologie. Índios und Wald zu Öl, Edelmetallen, Wasserkraftwerken, Rinderzucht. Und als der Commodities-Boom in den 2000er-Jahren abzukühlen begann, sprangen die rohstoffhungrigen chinesischen Mitpokerer ein. Geld im großen Stil für die Regierungen und als Gegenleistung stets neue Rodung und Geldwirtschaftlichmachung von Wald. Auch wenn das der traditionelle Lebensraum auch von Menschen und Tieren ist.

Und Wald ... Ja, wo gibt's noch Wald in Brasilien? Dort, wo er bis dato *von uns* geschützt werden konnte. Der Generalmordanschlag der Unersättlichen am Wald geht dort am zähesten voran, wo ein paar Guerreiros Indígenas Widerstand leisten. Ihr Leben geben.

Nach eingen Sekunden Schweigens – von uns allen – fährt sie fort.

Gott Geld. Aber nicht unser Gott. Geld als todbringendes System. Aber *wir* haben es nicht erfunden. *Wir* haben es nicht eingeladen. Wir

wollen es nicht! Und deshalb, wegen dieser unserer „Unerziehbarkeit"
oder „genetischen Unfähigkeit, die Vorteile der Geldwirtschaft zu
entschlüsseln", müssen wir weg. Ein Job, den Verbrecher in
Politikerkostümen übernehmen. Ganz egal aus welchem Stall. Und die
Reichen und Mächtigen auf der ganzen Welt streichen Gewinne ein.
Direkt, oder über die jeweilige Handelsbilanz und das jeweilige
Bruttonationalprodukt. Dieses System ist das von Wahn und Tod.

Ja, ich sehe das auch so. Macht nach europäisch-römischem Muster
ist das effektivste Korruptions- und Korrosionsmittel der Welt.
Allerdings fürchte ich, gleich gar nichts mehr zu sehen, denn der gute
Tropfen aus der Serra Gaúcha hat mich bei Morpheus unterhaken
lassen. Meine Augenlider sind so schwer, als wären sie mit Blei gefüllt
... Meine Damen [erhebt sich mit einem wohligen Seufzer und
zufriedenem Lächeln], mit Ihrer Erlaubnis, ziehe ich mich nun zurück.
Und falle ins Bett.

[Lachen.]

Samstag, 18. Februar 2017 (Vormittag)

Antônio Carlos ist zurück im Spital. Eliane bereitet *beijus com queijo*, eine Art mit Käse gefüllter Palatschinken aus Tapioka, für unser Frühstück zu. *Ein Genuss mit gaumenkulturgeschichtlichen Wurzeln für uns beide. Der Käse aus euren Breiten, die Tapioka von uns Indigenen.* Dazu bereitet sie *cafézinho*, den obligaten schwarzen Kaffee. Etwas entbrasilianisiert, denn mit *wenig* Zucker. Und eine *vitamina*. Ein Art cremiger Milchshake, in diesem Fall mit Honig, Bananen und Papayas. Prädikat empfehlenswert.
Nachdem ich beim Beijumachen zusehen durfte – und filmte, der Sorge des Vergessens wegen – ziehe ich mich ins Arbeitszimmer zurück. Zeit, den Heimflug zu organisieren. Was schwieriger wird als ohnehin befürchtet. Touristenmassen sind in Bewegung. Die einen kommen zum, die anderen flüchten vor dem anstehenden Karneval. Die Preise sind mit dem Reiseaufkommen gleich mitgestiegen. Ich werde nun übermorgen, Montag Vormittag, mit einem Bus nach São Paulo fahren und von dort über Bogotá und Madrid nach Zürich fliegen. Von wo es schließlich, nach drei Unterwegstagen, mit dem Zug nach Hause gehen soll. Se Deus quiser.

Nach Hause. Zurück. Stichwörter, die mich nach erledigter Buchung zum Weiterdenken mitnehmen. Ich schalte das Aufnahmegerät ein. Diesmal, um mich selbst bei der aufkommenden Brainbreeze festzuhalten. Gedanken einer selbstreflexiven Bilanz im Zeichen der vergangenen, an Gehörtem, Gefühltem, Weiterprozessiertem intensiven, Woche.
Ich glaube nicht, jemals in meinem erwachsenden Leben, das mit dem Studium in Freiburg die vorhergehenden Strömungen wie Kindheit und Jugend in Nebenbahnen zu verdrängen begonnen hatte, eine besondere Verwurzelung zu *Heimat*, dieser ontologischen (Ver-)Dichtung auf dem Boden einer immer weniger punktgebundenen Weltgesellschaft, gehabt zu haben. Aber sie konditionierte mich doch. Aus Landeck nach Freiburg. Das mag ein Schritt nach draußen, in Mehrfältigkeit, sein. Auch jene nach Griechenland, Italien, Frankreich, ... Mit Sicherheit jene in die persönlichen Universen von misshandelten, gefangenen, von der dominanten Gesellschaft abgesonderten Frauen. Du kommst aber trotzdem sehr ähnlich dem,

389

was du zuvor schon gewesen bist zurück. An einen stehend anmutenden, gestandenen *Platz*. Passt ganz gut wieder rein. Wie der kurz unter den Tisch gefallene Puzzlestein ins Ganze. Die Innerlichkeit sorgt dafür. Die gewachsene Festigkeit der Struktur deiner Konzepte. Anker, Kompass und Klotz deines Seins zugleich. Die Stürmen anderer Einflüsse trotzen. Diese filtrieren, bis sie neutralisiert sind.

Aber diesmal ist es anders. Die Ankerkette quietscht, ächzt. Mein Klotz bewegt sich gewaltig. Was bei den in den Jahren zuvor geführten Interviews und Arbeiten mit Frauen in Focault'schem Bedingnis kaum „passiert" war, ist hier längst evident: Sympathie und Parteinahme statt *professioneller Distanz* während einer Fact-finding-Mission. In die technische Maschine Irene ist Leben eingedrungen. Durch intensives Zusammensein mit renitenten resilienten Resistenten. Vitalen Nicht-Konformen. *Sympathischen*.

Und könnte es anders sein? Wie geht dieser wunderbare Sinnspruch von Teixeira de Pascoaes noch? „Ein Mensch ist all das was er gesehen und alle Personen die er In diesem Leben getroffen hat." Kann das *verwerflich* sein? Sollte ich mir Sorgen machen, unter Einfluss Partei ergriffen, mich auf eine Seite gestellt zu haben? Verfälscht das die Arbeit?

Nun, bestimmt nicht das Gesagte meiner Interviewpartner-zu-Freunden. Das, worum es geht. Das wird von mir *nach bestem Wissen und Gewissen*, wie es so bombastisch heißt, so im Deutschen wiedergegeben werden, wie sie es in Portugiesisch gesagt haben. Punkt.

Doch obwohl ich wie die meisten Österreicher – und Schweizer – auf Neutralität geeicht bin, und sie auch als einen wichtigen Bestandteil meiner forschenden Arbeit verstehe, bedeutet sie mir in dieser Causa nichts. Nichts *mehr*.

Was soll ich mit Neutralität anfangen, wenn meine Freundinnen und Schwestern Verinha und Eliane darum kämpfen müssen, weiterüberleben zu dürfen? Weil es in einem System so programmiert ist. Sollte, wollte ich da euphemistisch neutral bleiben? Mir in den Mensch schneiden?

Oder angesichts der vielen kleinen, nie ins Licht der Aufmerksamkeit gerückten, Wirkungsbeispiele derselben Schirmherrschaft des Merkantil-Patriarchats? Wenn es zum Beispiel jungen, vulnerabel gemacht und gehaltenen afro-brasilianischen Frauen, in ihrem vielschichtigen, pränatal systemisch festgelegten Hindernislauf, verunmöglicht ist, ihr Leben frei zu gestalten? Und sie von ehrbaren deutschen Pensionisten, die es sich Euro-kräftig am Rande des systemischen Elends bequem gemacht haben – in Salvador etwa – requiriert werden, zu tausenden, um sie *gutsituierten* Schweizer, deutschen, österreichischen Altherren anzubieten, mögliches Strafmaß lebenslang? *Legaler, normaler* Frischfleischhandel unter „Amor Brazil"?

Es ist schon fast Mittag, als Eliane, wie immer auf dem „Doktordrehstuhl", und ich uns wieder im Arbeitszimmer unseres Gastgebers gegenübersitzen. Das Aufnahmegerät zwischen uns, am haftzettelübersäten Schreibtisch Antônio Carlos'.

Ich hab nachgedacht, *Irini.* Was deinen Vorschlag betrifft, zum Abschluss dieser Arbeit mal *ins Jetzt und nach vorn zu blicken.* Wie du sagtest.
Von mir aus passt das, klar. Aber was die Pläne, Wünsche und Ziele Verinhas betrifft, wäre es doch besser, mit ihr selbst, persönlich, zu reden. Am Sonntag sollte das ja noch zu machen sein. Oder?
Wie auch immer, zwei, drei Dinge möchte ich dir, der Vollständigkeit wegen, auch noch aus unsrer Vergangenheit erzählen. Geht das?

Zwei pawlowisch konditionierte Daumen zeigen jäh nach oben. Eliane lacht.

Am 25. Mai 2008, ein Sonntag war das, sind Verinha und ich zur *Parada do Orgulho LGBT,* Gay-Pride-Parade, ins Zentrum von São Paulo gefahren. Ein tolles Fest. Mit vielen Shows, Kleinkunstauftritten, Vorträgen. Und vor allem anderen: ein starkes Massen-Statement pro Toleranz. Am späteren Nachmittag, wir wollten nicht erst nachts nach Hause kommen, aus Gründen die du mittlerweile bestimmt gut verstehst, nahmen wir die Metrô. Die Grüne Linie. An der Station Trianon-Masp. Der Zug war voller Teilnehmer der Parade, die Stimmung ausgelassen. Fröhlich. Die Party ging im Unterirdischen weiter. In der Station Paraíso erstes Umsteigen. In die Blaue Linie, bis zur Sé. Zweites Umsteigen, in die Rote Linie, Weiterfahrt bis Palmeiras-Barra Funda. Drittes Umsteigen [lacht] – so war das damals, eine Odyssee, die Gelbe Linie gab's ja noch immer nicht – in die Diamantene Linie. Bis Presidente Altino. Viertes Umsteigen. In die Smaragdene Linie. Die uns per Station Morumbi in Wohnungsnähe bringt. Bringen *sollte*. In diesem Fall.

Mit der zunehmenden Entfernung von der Avenida Paulista und der Gay-Pride-Parade wurden auch die mit uns reisenden Teilnehmer kontinuierlich weniger. In der Smaragdenen Linie war es nur mehr eine Handvoll *foliões*, Feiernder. Eine Gruppe aus vier als Frauen verkleideten Männern ... oder Transvestiten oder Transsexueller ..., egal, spielt überhaupt keine Rolle, stand unmittelbar neben uns. Riss Witze, lachte, kommentierte die Parade. Verglich sie mit jenen der Vorjahre. Verinha und ich hatten unseren Spaß beim Zuhören. Dann kam Kakophonie. Kurz vor der Station Cidade Jardim. Junge Männer, sogenannte Skinheads, ich weiß nicht, ob sie schon im Zug waren, als wir eingestiegen sind, oder später dazukamen, übernahmen die Oberhoheit der Aussagen im Waggon.

Also ... ich werde jetzt nicht all das, woran ich mich erinnern kann, wiederkäuen. Es waren gewaltverherrlichende und –androhende, pornographische Sprechblasen, die nur so explodierten. *Komm her, du schwule Sau; ich zeig dir, was ein richtiger Macho ist; ich bring dich um.* Diese Art der Ansprache. Ein Trommelfeuer. Die vier verbal Angegriffenen und Bedrohten, der ganze Waggon verstummte. Die einen aus begründeter Angst. Andere, um nur ja nichts zu versäumen. Homophob motivierte Angriffe und Morde sind keine Seltenheit in Brasilien. Keine große Überraschung, nicht wahr? [Lächelt, seufzt.]

Ein Mensch allerdings hielt nicht seinen Mund. Ging auf den Diskurs der sich in Stimmung bringenden Gewaltsuchenden ein. Mit einem halblaut in deren Richtung gesprochenen Satz: *Wenn ihr richtige Männer – Machos – seid, dann versteh ich, warum frau lesbisch wird.* Bumm!

Vielleicht zwei Sekunden Totenstille. Außer dem Rattern des Zuges. Aber so explosiv dicht, dass es sich wie eine Ewigkeit anfühlte. Dann dürfte bei einem der haarfeindlichen Herrenmenschen der Verstehensgroschen gefallen sein. Er raste, in seinem Windschatten die Kumpanen, auf uns zu, rempelte und trat die vier, die ursprüngliches Ziel des Angriffs gewesen waren, zur Seite und zu Boden, dann mich, und packte Verinha an den Haaren. *Negermiststückschlampe; Drecksmund für immer stopfen.* Und schlug auf die erst noch zurücktretende, aber gleich darauf sich zusammenkrümmend schützende – es waren im Nu viele Fäuste und Füße, ein Schlaghagel, geworden – ein. Wieder das Gefühl, Sekunden wären Stunden. Bis der Zug in die Station Vila Olímpia einfuhr und dort die meisten Passagiere und die Täter davoneilten. Nicht ohne Verinha zum Abschied noch gegen den Hinterkopf zu treten. Für ihr Vergehen, schwarzer Hautfarbe zu sein. Eine nicht kuschende, nicht unterwürfige Frau zu sein. Und Partei für andere *Aussätzige und besser zu Entsorgende* zu ergreifen. Die von vordergründigen Freundlichkeiten und kulturellen Euphemismen völlig blankgelegte Bandeirantes-DNA Brasiliens.

Verinha wollte keine Hilfe. Nicht von mir noch von den bestürzten eben noch so fröhlich gewesenen Foliões, die sich wieder hochgerappelt hatten. Sie sprach kein Wort, aber wehrte uns mit erhobenen Handflächen, mimisch, ab. Sie setzte sich erst auf den Boden des Waggons. Packte dann einen der Haltegriffe neben der Tür, zog sich hoch. Strengte sich sichtlich gegen die Schmerzen an. Verbarg sie, so gut es ihr gelang. Als sie wieder stand, wir staunend, verwirrt, besorgt, aufgeregt, hilflos um sie herum, tastete sie ihren Kopf ab, untersuchte ihre Hand auf Blut, und begann mechanisch Schmutz von ihrer Kleidung mit der einen flachen Hand – die andere umklammerte den Haltegriff – zu bürsten. *Filhos de puta são. Quê macho!* Hurensöhne sind das. Von wegen Macho!

An der nächsten Haltestelle, Berrini, stiegen wir aus. Den vier Foliões war die Feierstimmung abhanden gekommen. Sie wollten sich um Verinha, die zwar keine offenen Wunden davongetragen hatte, aber sich vor Schmerzen kaum bewegen konnte, kümmern. Wollten, dass wir ein Spital, den Centro Médico Berrini, das São Luiz - Unidade Morumbi, oder das Albert Einstein, alle in der Nähe, aufsuchen. Und eine Decradi. [2006, angesichts stetig steigender Attacken gegen tatsächliche oder vermeintliche Homosexuelle, gegründete *Delegacia de Crimes Raciais e Delitos de Intolerância*, Dezernat für „rassische" Verbrechen und Intoleranzdelikte.] Um Anzeige zu erstatten. Verinha, der selbst das Atmen zur Tortur geworden war – Rippenbrüche oder – prellungen, nahmen und nehmen wir an – fand trotzdem klare Brasilien-erfahrene Worte: *Esqueçam.* Vergesst es. Ich ... *wir* in eines *dieser* Spitäler, wahrscheinlich kämen wir nicht mal beim Portier vorbei. Im besten Fall lassen sie uns in einem Wartesaal bis zum Tode warten. Und Polizei ... Blödsinn. Oder hat eine von euch einen Onkel,

der Offizier ist, dass wir überhaupt angehört statt gedemütigt würden ...?
Die Kraftwörter, die sie dabei reichlich an die Stelle von Adjektiven vor die diversen Substantive stellte, sparen wir uns, *Irini* [lacht]. Die vier boten sich noch an, für ein Taxi für Verinha und mich zusammenzulegen. Eine Initiative der Hilfsbereitschaft und Dankbarkeit, die Verinha mit einem Wort abhakte: *nada!* Nichts (da)! Das Taxi zahlten wir selber. Und Verinha hütete in der Folge mehrere Wochen lang meine Wohnung, während sie langsam ihre schmerzfreie Bewegungskapazität zurückerlangte. Und ohne ein einziges Mal ärztliche Hilfe gesucht zu haben – ihr ausdrücklicher Wunsch, Motto: *sinnlos. In einen Gesundheitsposten, wenn es überhaupt einen Arzt gibt, gehst du mit einem Kratzer rein und kommst im Sarg wieder raus* [lacht]. Alles, was sie wollte, war *Ruhe von der Scheißwelt* und *ordentliche Painkiller*. Zweiteres besorgte ich ihr aus der Apotheke. Ersteres hatte sie im Schutz der Wohnung. Wo sie mangels Fernseher auf meinem PC Dutzende Dokumentarfilme – *um auch den malträtierten Geist wieder auf Trab zu bringen* – verschlang. Denn Schlafen, länger als für jeweils ein paar Minuten, war ja für sie nicht. Wegen der Rippen.
Mitte Juni kam Cida auf einen ihrer stets einwöchigen Besuche. Und leistete Verinha fortan Gesellschaft, während ich Brötchen verkaufen und Tische putzen oder sonst wo war. Anfangs, die ersten beiden Tage etwa, das *glaube* ich zumindest, war Verinha die Anwesenheit Cidas störend. Sie wollte einfach allein sein. Aber Cida ist ein fantastischer, vornehmer *und* einfühlsamer Mensch. Und bald hatten sie ihren Modus Vivendi gegenseitigen Respekts und Respekt*abstands* gefunden. Und mehr: Sie begannen sich einander auch zu öffnen. Von sich zu erzählen. Das wirkte sich zusehends positiv auf Verinhas Stimmung aus. Und es sollte später einen gänzlich unerwarteten Effekt zeigen.
Zur Homophobie in Brasilien – du hast dich ja richtiggehend echauffiert [lacht] über den Spruch an jenem Lastwagen gestern – möchte ich noch was anmerken. Im Gegensatz zu den grausigen sonstigen Misständen im Land ist hier vorsichtige Hoffnung angebracht. Bei mir zumindest. Denn zwei der ganz großen Machtfaktoren, die ich sonst durchwegs hart kritisiere wegen ihrer jeweiligen Rolle am Status quo, die sogenannten linken Parteien und

das Globo-Netzwerk, zeigen sich in dieser einen Frage in der Tat als fortschrittliche, oder einfach menschenrechtsunterstützende Kräfte. Die damalige PT-Abgeordnete Marta Suplicy aus São Paulo – jetzt ist sie beim reaktionären Mafiablock Temers, der die Uhr wieder zurückdrehen will ... [lacht, schüttelt den Kopf], weißt du *Irini*, bei uns wechseln viele Politiker die „Parteien" öfter als ihre Zahnbürste – hat bereits 1995 einen Gesetzesentwurf zur Legalisierung gleichgeschlechtlicher Beziehungen vorgelegt. Damals ohne Chance. Und Marta war mit einem Schlag brasilienweit bekannt. Auch gehasst. 2007 hat dann der damalige Präsident Lula anlässlich der 60-Jahre-Feier der Deklaration der Menschenrechtscharta per Dekret die erste landesweite LGBT-Konferenz einberufen. Die wurde von seiner Frau am 05. Juni 2008, also zu der Zeit, als Verinha bei mir ihre Verletzungen auskurierte, eröffnet. Vielschichtige rechtliche Gleichstellung wurde zum ersten Mal öffentlich und medienwirksam diskutiert.

Und die *rede Globo* ist ja auch eine eifrige Film- und Seifenoperproduzentin. Viele Künstler, auch unter den „hauseigenen", waren und sind homosexuell. Also ist auch Globo – aus welchen Motiven auch immer – auf den Umdenkzug aufgesprungen. Und arbeitet bis heute konsequent gegen Homophobie.

2009, ein Jahr nach „unserer" Gay-Pride-Parade, wurde dann ein Bombenattentat gegen ebendiese verübt. Mehrere Menschen wurden verletzt. Aber dieser Versuch, den generell homophoben Zustand unseres Landes beizubehalten, ging nach hinten los. Brasilianer mögen keine Festestörer – ich glaube, das ist ein indigenes Erbe [lacht]. Und 2011 hat der Oberste Gerichtshof *einstimmig* die Gleichstellung von gleichgeschlechtlichen und heterosexuellen Beziehungen anerkannt. 2013 hat dann der *Conselho Nacional de Justiça*, Nationalrat für Justiz, alle Standesämter rechtlich gebunden – viele hatten sich zuvor geweigert – gleichgeschlechtliche Eheschließungen durchzuführen.

Jetzt, mit dem Auffliegen der „linken" Regierungen unter PT-Führung als bloß eine weitere verbrecherische Interessensgemeinschaft in der endlosen Brasilienreihe, wittern die Verbrecher der „anderen Seite", ihre Chance auch in diesem Bereich das wenige Positive, das zuletzt erreicht wurde wieder rückgängig zu machen. Stärkste Antreiber dabei sind die sogenannten evangelikalen „Parteien".

Bevor Cida weiterfuhr, zu ihrer Tochter nach Santos, zahlte sie – ohne es mir zu sagen – eine große Summe auf mein Konto ein. Ein paar Tage darauf, ich wusste es noch immer nicht, kam eine E-Mail von ihr. Quintessenz: Sie verstünde nun noch besser, warum ich mich meinen Leuten, *den Ausgeschlossenen und Verfolgten überhaupt,* ganzheitlich widmen wolle. Es brauche ja gar keines Vorwandes wie Sexualität, um Menschen, deren Menschsein in Frage gestellt ist, zu verprügeln oder anzuzünden. Sie bezog sich auf tatsächliche Fälle, in denen auf öffentlichen Plätzen schlafende Índios oder Obdachlose lebendig verbrannt worden sind. *Von weißen Burschen der gehobeneren Schichten, die sich brasilienhistorisch konditioniert einen Jux machen wollen*, Todesschwadronen und/oder der Polizei selbst. Sie meinte, dass die, die wir dafür bezahlen, dass dies nicht geschehe, die Ungeeignetsten wären. Und dass es nur folgerichtig sei, zumindest für jene, die die brasilianische Realität verstünden, freiwillig auch jene zu unterstützen, die *tatsächlich* mit Opfern und potenziellen Opfern Richtung Emanzipation und Selbstschutz arbeiteten. Sie wüsste wovon sie spreche, *aus der eigenen Familienchronik.* Sie erwähnte, zum ersten Mal mir gegenüber, dass ihre Eltern, klassische Musiker, einst aus Ungarn nach Brasilien gekommen waren. *Mit viel Glück und falschen Papieren – deren es in schwierigen Situationen eben manchmal bedürfe ... Auf abenteuerlichen Wegen über die Königreiche Jugoslawien, Ägypten und Marokko, wo sie, in der Hafenstadt Tanger, die Bekanntschaft eines Eric Blair – du kennst ihn auch, hast bei mir in Marília ein Buch von ihm, allerdings unter seinem berühmt gewordenen Pseudonym, gelesen, das dir sehr zugesagt hat – und seiner Frau machten.*
Und dass *all dies* – Ausgrenzung, Verfolgung und Vertreibung sogenannter anderer – *endlich aufhören müsse*. In Brasilien und überall auf der Welt. Und wo besser beisteuern – so fragte sie rhetorisch – als dort, wo an den Graswurzeln angepackt würde. Von Menschen, die zu kennen man *das Privileg habe*. An deren moralischer Integrität kein Zweifel bestehe. Die aus eigener Initiative, und trotz aller Schwierigkeiten und Gefahren, sich gegen Unrecht stellten. Nicht als Beamtete, die für ihren Sold gerne nichts, aber auch jederzeit das Gegenteil dessen, wofür sie verpflichtet sind, tun würden. Wie die Geschichte nicht nur Brasiliens lehre.

Abschließend merkte sie noch an, dass Geld ohnehin nach dem Tod keinen Sinn mehr mache und ihre beiden „Kinder" – sie selbst stellte das Wort unter Anführungszeichen – selbst genug hätten. Ich solle also dieses Geld als *gerechte Bezahlung* verstehen. Die jemandem wie mir*, der sein Leben der Gestaltung einer gerechteren und also gewaltfreieren Welt widmen wolle, zustünde.* Da eine gerechtere Welt allen zugutekommen würde. Auch denen, die nichts riskierten. Dass diese Überweisung auf keinen Fall als Almosen missverstanden werden solle. Oder Spende ...

Dann schrieb sie noch, dass ich Verinha überreden solle, zu einem *anständigen Arzt zu gehen*. Und ihr bei der Bezahlung behilflich sein solle. Und bei *der Reise nach Hause*. Zu ihren Leuten. Wenigstens einen Besuch. Ihre Eltern könnten schließlich *nichts dafür*. Und lebten mit Sicherheit in ständigem Schmerz und großer Sorge, ganz ohne Nachricht von der Tochter ...

[Lacht.] Also, ich kam beim Lesen kaum aus dem Staunen raus, *Irini*. Bei der ersten Gelegenheit suchte ich einen Geldautomaten auf, um herauszufinden, um welche Geldsumme es da überhaupt ging. Dachte an ein paar Hundert Reais ... Es waren sechsunddreißigtausend! So viel, wie ich in fünf Jahren nicht in der Imbissstube verdient hätte. Der Gegenwert für einen nagelneuen Kleinwagen. So viel, dass ich bis 2013 davon meine Arbeit mit meinen Leuten und mein Überleben sichern konnte.

Am selben Abend, an dem ich das herausfand, sprach ich Verinha darauf an. Wollte wissen, was sich die beiden so alles erzählt hatten während ihrer gemeinsamen Tage. Mit dem Effekt, dass Verinha *mir* zum ersten Mal ihre bis zu diesem Zeitpunkt bereits umfassende Lebensgeschichte erzählte. Und ich ihr meine. Unzensiert, die ganze Nacht lang. All das eben, was nun auch du großteils gehört und aufgenommen hast.

Cida hatte bei weitem nicht alles von Verinha geschildert bekommen. Die Jahre im Sexarbeitslager in Imperatriz, die „Einschulungszeit" davor bei ihrem „Onkel", als Kind, das hat sie nicht an Cida weitergegeben ... oder sagen wir, stark umschrieben. Weichgespült. Diese Wochen von Verinhas Genesung bei mir haben uns ein für allemal zu Schwestern gemacht. Legiert. Und doch autonom intakt belassen. Mit unseren ganz unterschiedlichen und doch so ähnlichen Lebenswegen und Bewegungsweisen. Sie, die aus dem Norden kam.

Und ich aus dem Westen. Mit unseren jeweiligen immateriellen Reichtümern und Narben im Haben. In einer natürlich wunderschönen, aber machtkulturell grausam verunstalteten Welt.

Im August [2008] fuhr ich zum ersten Mal in die Bundeshauptstadt Brasília. Zu einem mehrtägigen Treffen indigener Kommunikationsarbeiter aus der ganzen Welt. Ich hatte davon zuvor im ISA erfahren und meldete mich auf eigene Faust, als Guarani aus São Paulo, an. Dieses Treffen war möglich, weil es damals seitens der Regierung noch Geld dafür gab. Und die Indigenen mit Lulas damaligem Kulturminister Juca Ferreira einen ehrlichen Freund in Brasília hatten. Ich musste lediglich für die Anreise aufkommen. Wurde, mit vielen anderen Índios, in der Jugendherberge untergebracht. Und lernte in den nächsten Tagen Schwestern und Brüder aus allen Ecken Brasiliens und der ganzen Welt kennen. Unsere Hauptaufgabe war das Knüpfen inter-indigener Kommunikationsnetzwerke. Das scheiterte leider an der Heterogenität, der sprachlichen vor allem, und der kurzen Zeit, die uns zur Verfügung stand, und weil die meisten, vor allem wir aus Brasilien, noch nicht mal einen Computer zur Verfügung hatten. Während am anderen Ende der Welt die Maori zum Beispiel schon ihre eigenen Radio- und TV-Sendungen ausstrahlten. Aber wir knüpften Kontakte auf unsere traditionelle Art. Oral. Physisch. In Fleisch und Blut. Und mit dem Herzen. Hielten unsere Mini-*Pow-Wows* – einen Terminus, den ich ebendort, von einem Vertreter der Diné [Navajo] kennen gelernt habe.
Als die Konferenz zu Ende ging, fuhr ich in den Bundesstaat Tocantins, der fest in Händen von Großgrundbesitzern und des Agrobusiness ist. Die sind durch Umweltzerstörung, Ureinwohnerdezimierung und Sklavenarbeit – das immer gleiche Muster – reich geworden und können mit diesem Geld fortan bestimmen, wo's „politisch" und „rechtlich" langgeht.
Dort, genauer gesagt auf der größten Flussinsel der Welt, der Ilha do Bananal, begann ich mit der seit Jahren angestrebten, und nun, dank Cidas Geldpolster, endlich realisierbaren Graswurzelarbeit. Ich reiste von Aldeia zu Aldeia, hielt *palestras*, zwanglose Versammlungen und Votäge, mit den Caciques einerseits und jungen Índios andererseits. Zuerst verbrachte ich allerdings stets einige Tage in der jeweiligen

Aldeia, um deren spezifische Situation und die Lokalkultur ein wenig kennenzulernen. Ich kam also nie „als Missionarin", mit Fertigrezepten. Ich kam als Verwandte mit Erfahrung im Haben, die ich teilen, weitergeben wollte. Schlüsselpunkte waren immer *Sicherheit und Selbstbewusstsein*.

Du kannst nicht an Konstruktivem arbeiten, solange du keine Sicherheit hast. Zumindest jene, dass du heute etwas zu essen haben und morgen nicht umgebracht oder verkauft wirst. Und dass du überhaupt an etwas Konstruktivem arbeiten kannst oder willst, Initiative übernimmst, brauchst du – außer Wissen um die Realität – *Selbstbewusstsein und Selbstbejahung*. Heute hört man viel das Wort *empoderamento*, Selbstkompetenz oder Empowerment. Das kannte ich damals noch nicht.

Ich entwarf fiktive Índios und vor allem Índi*as*, in deren Existenz ich meine eigenen Erfahrungen verpackte. Und rüberbrachte. Über welche ich das tatsächliche „Kognoneland" jenem gegenüberstellte, das die jungen Índios vom Fernsehen eingeimpft bekamen. Sensibilisierte so Achtsamkeit. Provozierte und nährte ihren Wunsch nach Identifikation mit den eigenen kulturellen und spirituellen Wurzeln. Was nicht schwierig ist, denn viele hatten bereits eigene Clashes zwischen der heilen Fernsehversion und der brutalen Tatsächlichkeit hinter sich. Durch Alkoholismus in der eigenen Familie, durch fast immer mit Erniedrigung verbundene Besuche, auch Schulbesuche, in der nächsten Kognonestadt, zum Beispiel. Meine bis heute gültige Arbeit einer … *Wandermedizinfrau* [lacht]. Einer *tuxaua* eben. Also eines geachteten Menschen – das ist jetzt meine persönliche Interpretation, denn die Definitionen von *tuxaua* sind unzählbar und von Volk zu Volk unterschiedlich und fließend in ihrer Komplexität – der mehrere Gaben besitzt: jene des guten Redners, des guten Verhandlers, der Generösität in seinem Umgang sowie jene, kundig im Problemelösen zu sein. Probleme innerhalb einer Gemeinschaft und solche, die zwischen der jeweiligen indigenen Gemeinschaft und der rundum etablierten Makrokultur existieren. Mit Behörden zum Beispiel.

In der Semantik der Kognone handelte es sich wahrscheinlich um *psychopädagogische Arbeit*. Sowohl nachbehandelnd heilungsfördernd als auch präventiv, prophylaktisch. Je nachdem, mit wem du es zu tun hast. Aber immer *empowering*.

In diesen unseren Pow-wows sprachen und sprechen ... besser, ich benütze die Gegenwartsform, denn ich mache das ja bis heute, bei den Guarani und Tupiniquim von Aracruz jetzt vor allem, nicht wahr? Also, wir sprechen auch viel über die virtuelle Welt. Weil wir Indigenen, die jungen, heute eben auch viel Zeit in ihr verbringen. Oder es anstreben. Falls eine Infrastruktur vorhanden ist – funktionierende Computer oder Handys –, helfe ich beim Einstieg in diese die reale immer mehr durchdringende, wenn nicht überlagernde Virtualwelt. Lege Kontakte zwischen meinen jungen Zuhörern und Indigenen in anderen Regionen, von denen erstere zuvor gar nichts gewusst hatten. Der Informations- und Reisezugangssperren für Geldlose wegen. Wir knüpfen diese Kontakte, weil bei inter-indigenen Kontakten eine der Hauptgefahrenquellen, in erster Linie für die jungen Índias, so gut wie ausgeschaltet ist. Nämlich jene, dass sie in ihrer ganz natürlichen und also Kognone-diametralen Beziehung zu Sexualität, von professionellen Ausnützern, Mädchenverbrauchern und -händlern, über den erst virtuellen Tisch gezogen werden und letztlich in der handfesten Prostitution landen. Bei den jungen Índiomännern ist diese Präventivarbeit zunehmend schwierig. Ein weiteres Riesenproblem. Einmal in der nächsten Stadt in einer *lan house,* Internetcafé oder Gaming-Haus, drin, werden sie von nicht-indigenen Bekannten, Schulkollegen eingeführt. Und da geht's zumeist direkt in pornographische Seiten. Kulturdiffusion der schlimmen Art. Diese neuen Werte akzeptieren und verinnerlichen sie – Kognone-Peer-Pressure – sehr rasch. Und nehmen sie mit in die Aldeia. Da geht's dann ab, wie dazumals mit den mit Pocken- oder Grippeviren verseuchten Deckengeschenken seitens auf's Índioland erpichter „Zivilisierter". Oder mit Arsen vermischtem Zucker. Denn niemand ist vorbereitet. Niemand kennt Hinterhältigkeit. Niemand ist da, der dagegenhält und nichts, das dagegen wirkt. Du weißt ja, ganz am Anfang haben wir darüber gesprochen, dass es in unserer Welt keine Repression seitens der Erwachsenen gibt. Keine Gewalt, keine Machtwortkultur, überhaupt kein Eingreifen. Dass die Kinder und Jugendlichen absolute Freiheit genießen. Also auch wenn ich mit den Caciques darüber spreche, versuche, sie zu sensibilisieren bezüglich dessen, was da auf die Mädchen und Frauen nun per Akkulturierung auch *von innen* zukommt – und nicht mehr „nur" von draußen –, nützt das oft überhaupt nichts. Die wissen zwar ohnehin meistens, was

läuft, aber sie können nicht ein-, oder „durchgreifen". Historisch kulturell tabu. Wer die Zeche der Bresche für die Invasion bezahlt, sind die Índias. Vor allem die ganz jungen. Und über diese das gesamte Volk. Dessen Kultur in der pornographisch stimulierten sexual-aggressiven und unterdrückerischen Flut weggeschwemmt wird. Was, in der Folge, wiederum die Arbeit der Mädchenhändler erleichtert ... [Zieht die Augenbrauen hoch, lächelt, allerdings, glaube ich, ironisch, und sieht mich leicht nickend für wenige Sekunden still an.] Du siehst schon, es ist eine Mehrfrontenarbeit. Sehr komplex, sehr kompliziert. Und du bist immer eher am Hinterherlaufen denn am Vorbeugen. Deshalb wäre es ja auch so wichtig, dass zum Beispiel junge Javaés oder Wapixanas oder Qom oder Boe nicht nur Zugang zur virtuellen Welt in der Aldeia haben, sondern dort auch von erfahrenen Tuxauas begleitet werden. Und sich mit Schwestern und Brüdern vernetzen, die erfahren sind, die diese Probleme seit vielen Jahren kennen und behandeln. Wie eben die erwähnten Maori. Oder die Métis und andere im hohen Norden unsrer Hemisphäre.
Aber dazu braucht es die wahre Bibel der globalisierten Makrozivilisation: Geld. Auch wenn Tuxauas gratis arbeiten, müssen sie essen, sich kleiden, Mittel für Transporte und Wartung zur Verfügung haben. Du brauchst eine Infrastruktur. Und woher sollte die kommen? Wenn öffentliche Mittel, Steuern, für das Gegenteil, für unsere Auslöschung verwendet werden. Und Spenden ... Partnerschaften mit großen Firmen oder sogenannten Hilfsorganisationen, Stiftungen ... Vergiss es [lacht]. Ich habe es während der letzten zehn Jahre hundert Mal versucht. Hundert Formulare ausgefüllt, Projekte geschrieben, die Realität dargestellt. Von Freunden ins Englische übersetzen lassen. Da kommt nie etwas zurück. Aussichtslos. Vor allem für authentische Graswurzelinitiativen. Und selbst die Riesenunterstützung durch Cida reichte nicht, dass ich auch nur in einer einzigen Aldeia so eine nachhaltige Infrastruktur, in Gerät *und* Mensch, hinstellen hätte können. Die laufenden Kosten auf Jahre zu decken.
Wir haben also die Behandlungsart, die dafür benötigten Rezepte und Menschen, die diese anwenden können, aber nicht die wirtschaftlichen Mittel, um die Werkzeuge anschaffen, in Bewegung setzen und halten zu können. Und dann heißt es „der faule, unfähige und initiavlose Índio" ... Au weh, Schwester [lacht], das ist nicht leicht. Und

401

eigentlich gar nicht zum Lachen. Aber das ist die einzige Medizin, die uns bleibt. Um nicht verrückt zu werden. [Lacht, ich schmunzle, etwas unsicher und mehr aus „schwesterlichem Pflichtbewusstsein", mit.] Von Tocantins ging's dann über den Araguaia-Fluss weiter nach Pará. Und weiter ... aber halt! Hier soll ein Detail, bei aller *von dir* gebotenen Eile [lacht], nicht untergehen. Denn das erste Indigene Territorium in diesem, selbst im ohnehin notorisch gewalttätigen Gesamtbrasilienkontext noch hervorstechenden Bundesstaat Pará, wo der Beruf des Auftragskillers so verbreitet und normal ist wie bei dir der des Skilehrers, wo ich an die Arbeit ging, war Sororó. Dort lebt, so gut wie möglich verbarrikadiert gegen die Kognone-Mord- und Vergewaltigerbanden, die über die Bundesstraße BR 153 leichten Zugang und Fluchtweg haben, das Volk der Aikewara. Der Teil, der halt noch übrig ist. Drei-, vierhundert Menschen vielleicht. Und diese sprechen eine Tupi-Guarani-Sprache ... Portugiesisch auch, klar, die Jungen sogar besser. Aber was ich hier herausheben will, ist, dass ich mich nun in Amazonien befand, etwa zweieinhalbtausend Kilometer nördlich von meinem Tekoha am Apa-Fluss, und wieder einige originalsprachliche Wörter verstehen konnte! Fantastisch! Und der Arbeit sehr dienlich. Und wenn ich Amazonien sage, dann ist das geographisch gemeint. Denn vom Wald ist dort, außerhalb des kleinen Territoriums, nichts mehr übrig. Viehweiden. Überall. Und brasilienselbstverständlich umfasst auch dieses Reservat längst nicht das gesamte Siedlungsgebiet der Aikewara. Oder Suruí, wie sie von den Kognone genannt werden. Besonders schlimm, weil die für ihren Lebenserhalt notwendigen Kastanienwälder außen vor blieben. Und längst gerodet sind. Aber diese Dinge sind allgemein gültig. Du kannst also nicht – nie! – den Schluss ziehen, aha, die haben ein Territorium, alles gut. Und wir haben dieses Thema ja bereits im Fall der Guarani in Dourados und in Aracruz angeschnitten. Und Verinha auch im Fall der Kariri-Xocó und der Tupinambá. Aber wen interessiert das schon? Außer den entscheidenden Kräften. Und das sind leider die, die das Ende der Indigenen anstreben. Zum Ziel haben.

Trotzdem gibt es bei den Aikewara zumindest auch einen positiven Aspekt: die Demographie. 1961, nach eingeschleppten Grippe- und Pockenepidemien, war die Zahl der überlebenden Aikewara auf 40 gesunken ... Dass es nicht zu einem weiteren „Total-Aus", wie bei so vielen anderen Ureinwohnervölkern, gekommen ist, ist wieder so

einem „solidarischen Individualisten" zu verdanken: João Paulo
Botelho Vieira Filho. Einem Arzt aus São Paulo, der sich seit den
1960er-Jahren um uns Indigene bemüht.
So. Nein! Noch was anderes möchte ich zu den Aikewara oder Suruí
sagen. Kennst du das Buch „1421 – O ano em que a China descubriu
o Mundo"? [„1421: The Year China Discovered the World", ich kenne
es nicht.]
Nun, da hat ein Engländer [Gavin Menzies] die Hypothese aufgestellt
… Aber warte, ich muss das andersrum machen [lacht]. Darf ich?
[Zieht mein Laptop zu sich, geht in ihren Online-Fotospeicher, sucht
und findet.]
Schau [dreht den Laptop zu mir, und ich sehe ein Bild mit jüngerer,
aber unverkennbarer Eliane unter einem Stroh- oder Schilfdach (?),
auf einer rudimentären Holzbank, eigentlich nur ein Brett, sitzend,
umgeben von mehreren Menschen. Eliane kommt auf meine
Schreibtischseite und vergrößert die Gesichter von zwei jungen Frauen
aus der Menschentraube.] *Como te parecem elas?* Wie kommen sie
dir vor?

Wie meinst du das? Wie sie mir *vorkommen*?

Na ja, vom Aussehen … Im Vergleich zu mir. Oder anderen
Indianern?

Wieso? Sind die beiden keine?

[Lacht, legt ihre rechte Hand auf meine linke Schulter.] Na, darum
geht's ja eben, *Irini*. Was denkst du, woher diese beiden [verkleinert
das Bild wieder auf Originalgröße], alle hier – außer mir [lacht] – sind?
Oder, nimm mal an, du würdest diese Leute hier zufällig, in Europa,
was weiß ich, treffen. Was glaubtest du, von wo die sind? Wo in der
Welt würdest du sie hinordnen?

[Ich sehe mir die Gruppe lange an, überlege.] Schwer zu sagen. Aber
sie erinnern mich, vor allem die beiden Mädchen, an Hill Tribe People
aus Südostasien. Thailand, Vietnam, … aber es sind doch sicher
Indigene von hier?

Genau! Exakt, *Irini.* Genau das ist es. Darum geht's. Dieses Bild ist aus der Aldeia der Aikewara. Haben wir in einer Pow-wow-Pause gemacht. Damals, 2008. Und in diesem interessanten Buch wird ja die Hypothese aufgestellt, dass eine chinesische Flotte unter Beteiligung anderer süd- und südostasiatischer Teilnehmer über 70 Jahre vor Kolumbus in Südamerika ... In *Abya Yala* ankam. Und Menschen, auch Tiere und Pflanzen, zurückließ. Und an einer Stelle schreiben sie über genetische Abdrücke dieses präkolumbianischen Besuchs aus Übersee. Und im Zusammenhang mit Brasilien explizit von den Suruí, die in ihrem Erbgut südostasiatischen Menschen glichen. Und was du gar nicht erwähnt hast – schau dir mal meine Hautfarbe an und die der beiden Frauen. Das ist ja beinahe ein Schachbrettkontrast [lacht]!

Wir beginnen ein bisschen im Internet nachzuforschen. Was das 2002 erschienene Buch und die darin aufgestellte These von der engen Verwandtschaft der Suruí mit Südostasiaten betrifft.
Und es zeigt sich ein sehr kontroverser, die Polemik befeuernder *Bestseller.* Mit Verteidigern oder Befürwortern in vor allem chinesischen und US-amerikanischen wissenschaftlichen Kreisen. Und harschen, über das Inquisitorische hinausgehenden Kritikern, vor allem in der Wissenschaft Großbritanniens, Australiens, Neuseelands und Singapurs. Inklusive Bonmots wie diesen:
A tale about intellectual chutzpah and about a publishing industry that knows how to extract profit from a public which wants to thumb its nose at the dry though documented history taught at school;
The historical equivalent of stories about Elvis Presley in Tesco and close encounters with alien hamsters ...
Auch Sachlicheres finden wir zum Thema:
https://www.welt.de/wissenschaft/article144318339/Diese-Amerikaner-waren-mal-Asiaten.html

Ich muss unbedingt Englisch lernen, *Irini.* Auf jeden Fall! Nicht zur Radebrecherei, die ich eh draufhabe von den Treffen und Austäuschen mit Nordamerikanern und Europäern, ein paar Vokabel hinzufügen. Sondern *richtig* lernen. Das ist ein viel zu lange und kontraproduktiv aufgeschobenes Projekt von mir. Nichts von alldem, was du da aus dem Internet rausgeholt hast, gibt es auf Portugiesisch. Fast alles nur in Englisch ... Und die sogenannten

Übersetzungsdienste im Internet ... Egal welche Sprache du eingibst. Kommt immer nur Chinesisch raus dabei [lacht, ich mit]. So. Zurück zu unserer Eliane-Chronik ...

Von den Aikewara ging's dann halt sukzessive weiter, immer von Aldeia zu Aldeia, gen Nordwesten, bald in die Bundesstaaten Amazonas und Roraima. Ich war wieder Ayorea geworden. Als Nomadin in steter Bewegung *zu Hause* [lacht].

Verinha arbeitete an meiner Stelle in der Bäckerei und hütete die Wohnung. Alles gut eingefädelt. Und vielleicht wäre ich überhaupt nicht mehr zurück gekommen und heute irgendwo in Chiapas. Als Wissensumverteilerin im einzigen befreiten Gebiet, das wir in den sogenannten Amerikas haben ... Doch am 20. November, ich war gerade in Manaus und wartete auf ein Boot zur Weiterfahrt, bekam ich eine E-Mail von einem mir unbekannten Absender. Es war die Tochter Cidas. Cida war *nach langer Krankheit* gestorben. Das Begräbnis sei *morgen.* In Marília.

Ich hatte nichts von ihrer Krankheit gewusst, aber ich wusste, nur mit den Flügeln des Condors, oder mit den kriminellen Mitteln unserer Politiker, die für Geringeres, wie Spritztouren und Friseurbesuche, auf Steuergeldkosten Luftwaffenflugzeuge benützen, wäre sich das ausgegangen. Für *eine wie mich* blieb tiefe Trauer und die Gewissheit, dass Cidas Geist versteht. Ich hatte zum zweiten Mal eine Mutter verloren.

Wie mit Verinha abgemacht, kehrte ich also vor Jahresende zurück. Es war aber keine Rückkehr in geregelte Bahnen. Sondern eher ein Treffen zum Aufbruch. Die Zeit war gekommen, unser Zelt in São Paulo abzubrechen. Verinha hatte andere Pläne, als über den Job in der Bäckerei ihr Überleben Tag für Tag zu erkämpfen und ich kein Interesse mehr daran, mich dort erneut zu integrieren. Diese Art des Sich-Abkämpfens und holistischen Ermüdens, lediglich um weiteressen zu dürfen, war keine gangbare Option mehr. Jetzt, nach den Erfahrungen der letzten Monate mit meinen Verwandten im Norden, noch weniger.

Verinha war die Erste, die ging. Mit dem Ersparten, Geld von Cida lehnte sie rundweg ab, fuhr sie Mitte Jänner mit dem Bus nach Maranhão. In ihren Quilombo, zu ihren Eltern und Geschwistern. Vierzehn Jahre danach. Ein Entschluss, der seit ihren gemeinsamen Tagen mit Cida gereift war, wie sie mir sagte. Der *gänzlich unerwartete Effekt*, den ich zuvor erwähnt habe. Ich begleitete sie nach Tietê, an den Busbahnhof.

Dann folgten zwei Jahre, etwas mehr sogar, ohne Kontakt zwischen uns. Kein Telefonat, keine E-Mail.

Mein Freund und Partner, den ich ohnehin zuletzt kaum noch gesehen hatte, war mittlerweile nach Frankreich gegangen, und São Paulo, diese Millionen-Megalopolis, fühlte sich an wie eine immense Leere. Und ich mich wie ein übrig gebliebener Fisch am Trockenen. Der Körper war hier, das Herz war draußen, im Pluriversum der Aldeias, wo jeder Tropfen auf den heiß gehaltenen Fels benötigt war *und ist*, und das Hirn arbeitete im Akkord, beim letztendlich unmöglichen Versuch, diesen Dauerspagat zu konzilieren. Ich verbrachte Monate zwischen Büchern die ich zuhause fraß, und mit Freunden im ISA, und inskribierte mich – ein Selbstablenkungs- oder Selbst*verleugnungs*manöver? – in einen Fernkurs für Psychopädagogik. Vielleicht war es auch eine Art Schuldgefühl gegenüber Cida. Eine „Schuld", die ich mit diesem Studium der *anerkannten, institutionellen Art*, zu tilgen beabsichtigte. Das konnte nicht gut gehen. Jetzt, nach den Monaten der Hands-on-Praxis mit meinen Leuten, noch weniger.

Ich hab noch die Selbstwerbung dieser in Brasilien hochgelobten Uni aus dem Bundesstaat Paraná in grässlicher Erinnerung. Ungefähr so: „Wir machen die Ausblidung, die der Markt verlangt. Mit allem was du brauchst."

Also hörte ich über meinen Rechner, jeweils ein paar Dutzend Stunden lang, vorgefertigte Massenschablonenware, *die der Markt verlangt*. Mit dem Eingabetrichter ins Hirn gepropft. Videoaufnahmen ohne partizipative Möglichkeit. Fragen unerwünscht. Auch nicht vorgesehen. Eingabekanal Schleusen auf! Wissen, das der Markt verlangt, wird einphasig übermittelt. Unter respektgebietenden Titeln wie

Wissenschaftliche Methodik
Theorien des Lernens
Genetische Epistemologie
Grundlagen der Psychopädagogik
Psychoanalyse und Psychopädagogik

Da quälte ich mich einige Monate durch. Aus einem in Trauer um Cida erwachsenen irrationalen „Pflichtgefühl". Und sah doch stets mit meinem Herzen, jenseits der idolisierten Markttempelwände, die Índiomädchen, die gerade nach Französisch-Guayana oder Surinam zu den illegalen Goldsucherlagern zu Sexdiensten der dortigen, meist brasilianischen, „Abenteurer" geschafft werden. Die Ayorea-, Guarani-, Aché-Familien in Paraguay, die vom brasilianischen Agrobusiness auf Einladung der finanziell bedankten paraguayischen Obrigkeit, mit Gift aus der Luft verpestet und verseucht werden. Oder die Mapuchefamilien in Chile und Argentinien, die deshalb im Elend darben, oder, wenn sie an Widerstand denken, umgebracht werden, weil deren Land an Benetton und Holzkonzerne verkauft wird, zur *Marktentwicklung* ...

Aber wie jeder Alptraum hatte auch dieser selbstauferlegte sein Ende. Und zwar als das Modul *Educação Inclusiva*, Integrierende Bildung, an die Reihe kam. Da erzählte ein Videomensch Dinge, die ich längst, und zwar vielschichtig kulturadäquat und nicht –konträr weil schablonenhaft und also kontraproduktiv für die Menschen, *am Tun* gewesen war. Abgesehen davon, dass einem dort draußen Lehrer zu Dingen zur Verfügung stehen, von denen der Videolehrer noch nicht mal gehört hat!

Es war der Tropfen, der das Fass zum Überlaufen brachte und mich weckte. Der mich aus diesem Intermezzo von Verwirrung und Torheit wieder zurückholte. Das war der letzte Akt meiner Jagd nach einem Stück Papier das *diploma* genannt wird. Seit damals. Und hoffentlich für immer [lacht].

Nach diesem Abnabelungsschritt, besorgte ich mir sicherheitshalber einen Reisepass, ein monatelanges und kostspieliges Geduldsspiel, wie alles, was von unserem Staat abhängt. Sicherheitshalber sage ich, denn eigentlich hätte mein Personalausweis für Reisen in Mercosul-Länder genügt, aber was im Gesetz steht, spricht sich nicht bis zu fleißig bierkasseauffüllender Polizei im Hinterland herum. In Brasilien nicht, und in unseren Nachbarländern genausowenig. Zuletzt das matierelle Loslassen. Ich verschenkte was ich hatte, bis auf mein Notebook, ein paar Sachen zum Anziehen und einige ausgewählte Bücher, die ich einer Freundin vom ISA zur Aufbewahrung anvertraute. Dann gab ich meiner Vermieterin die Wohnungsschlüssel zurück, fuhr nach Tieté und stieg in den Bus nach Asunción, der Hauptstadt Paraguays, die ich nie zuvor betreten hatte.

Das war Anfang Mai 2009. Etwa zwei Wochen nach der historischen Wahl Fernando Lugos zum Präsidenten. Und trotz der Einwände von Paraguay kennenden Freunden vom ISA, die von einem Putsch, eventuell bürgerkriegsähnlichen Zuständen ausgingen. *Wegen Lugos Wahl.* Der jene Machtgruppe, „Partei", von der – präsidialen – Macht trennte, die das Land über Jahrzehnte – jetzt übrigens wieder – kontrollierte. Mit dem Diktator Stroessner und seinem Nachfolger und Schwiegersohn Rodriguez an der Spitze. Aber auch schon mal per „freier Wahlen". Wo die Landbevölkerung vom Militär mit Lastwagen zur Stimmabgabe für die ANR oder, wie sie allgemein bekannt ist, *los Colorados*, die Roten, abgeholt und zurechtgeschüchtert wurde.
Aber mir war nicht nach Verschieben auf irgendein „später". Politische Gewalt und Paraguay sind ja die längste Zeit schon Zwillinge gewesen. Und mit Lugo kam Hoffnung auf unter den Verbrauchsmenschen Paraguays. Vor allem den landlosen Bauern, aber auch bei den Índios. Die Lugo übrigens nicht erfüllte. Sich nicht zu erfüllen getraute. Denn dann hätten sie ihn sehr wahrscheinlich wirklich umgebracht. Und nicht erst 2012 das für die Machtelite falsche Ergebnis von 2008 korrigiert, indem sie ihn mit Hilfe des Parlaments hinausmanövrierten. Nach dem zu diesem Endzweck wohl durchgeführten Massaker von Curuguaty. Motto: zwei Fliegen auf einen Streich. Den selbstbewusster werdenden Bauern, die sich gegen das landfressende Agrobusiness aus Brasilien und den nationalen Großgrundbesitz zu organisieren begannen, per Kugelhagel zeigen, wer da nach wie vor im Staat das Sagen und Morden hat, und den verhassten „Präsidenten der Armen", obschon der ohnehin brav neoliberale Wirtschaftspolitik betrieb, aber ein Schmutzfleck-per-se für die Oligarchen blieb, absägen.
So. Und wir haben zwar vereinbart, dass diese Aufnahmesession durchgezogen wird, *aber* ... [lacht, zieht eine Grimasse] wenn ich jetzt noch eine weitere Sekunde zurückhalte, dann gibt's ein Unglück. [Springt auf und hastet laut lachend Richtung Klo. Im Nu ist sie – *que alívio!*, sehr erleichtert – mit zwei Gläsern Guavensaft zurück, stellt eines vor mich auf den Schreibtisch, setzt sich wieder und:] *Pronto, podemos seguir*, fertig, weiter geht's.

Ich kannte niemanden in Asunción. Kam mir trotzdem nur „fremd", falls es so etwas geben kann, auf „meiner" *Abya Yala*, vor, wenn es ans Sprechen ging. Denn Spanisch hören und lesen war eins. Völlig problemlos. Sowohl im Internet als auch im ISA hatte ich viele Publikationen auf Spanisch gelesen. Und Videos gesehen. Aber Sprechen war ein anderes Kapitel. Im Kopf hatte ich den jeweiligen Satz auf Spanisch sofort parat. Aber kaum ging er über die Zunge, verwandelte er sich in Portugiesisch [lacht]. Verrückt. Die Lösung? Guarani! Oder avañe'ẽ, was unser Wort für Sprache ist und wie wir unsere Sprache nennen. Neben Spanisch die offizielle Landessprache. Obschon dieses offizielle paraguayische *Guaraní* mit spanischen Wörtern durchsetzt ist. Egal. Je einfacher die Menschen, desto eher verstehen sie auch unvermischtes Guarani.(1) Da war also jemand im Busbahnhof von Asunción, die wie eine „archaische", oder sagen wir „waschechte" Guaraní sprach aber vom Äußeren her für eine Kambá gehalten wurde. Die Leute, die ich nach dem Weg ins Zentrum fragte, waren bestimmt sehr verwirrt [lacht.] Aber dazu, zu den Kambá Cuá, später.

Eliane, entschuldige, *Abya Yala*, was ist das, ein Wort für Südamerika?

Richtig!, sehr gut, dass du fragst. Also, das ist die Bezeichnung für unseren Kontinent, den ihm – eigentlich *ihr*, weil wir uns auf *Terra*, Erde, beziehen – das Volk der Kuna gegeben hat. Die leben dort, wo später die Invasorennachfahren den Grenzstrich zwischen Panama und Kolumbien erfunden haben. Etymologisch sieht das so aus: ihr Wort für *sangue*, Blut, ist Abe. Und das für *espaço*, Platz oder Land, im allumfassenden geographischen Sinn Ala. Aber Blut ist für uns Indigene selbstverständlich oft bildlich gemeint. Blut ist der Saft des Lebens, also ist es ein Synonym für Leben, Vitalität, ... etwas sehr Tiefgehendes, ich kenne da kein Wort in Portugiesisch oder Spanisch, das das alles erfassen könnte. Bedeutet es doch auch *ständige Jugend, bevorzugt, geliebt* ... Egal, ich hab mich jetzt ohnehin mehrere Tage lang verbogen, jedes Mal, wenn ich „Amerika" in den Mund genommen habe. Abya Yala ist unser Kontinent, unser Platz, unsere Erde. In einer unserer Sprachen.
Es gibt kein Amerika. Kolonialismus, den gibt es ... der lebt weiter.

(1) Da Eliane mit mir in portugiesischer Sprache spricht, verwende ich den Akzent über dem I der in der *spanischen* Rechtschreibung gilt nur dort, wo es klar um paraguayische Guaraní, oder paraguayisches Guaraní, die Sprache, geht.

Auch wenn Geschichtsbücher das Gegenteil lügen. Er lebt weiter, vernichtet weiter, erniedrigt und unterdrückt weiter. *Auch* sprachlich. Und wer soll das demontieren? Wenn nicht wir?

Amerigo Vespucci war noch nicht geboren, noch seine Eltern, Großeltern, Urgroßeltern, ... als unsere Völker hier bereits ihre Heimat hatten, und dank und mit Abya Yala lebten. Im Norden haben unsere Schwestern und Brüder ja die Bezeichnung Schildkröteninsel für die Morphologie dessen, was in der Sprache der Besetzer „Nordamerika" genannt ist. Abya Yala ist vor allem hier im Süden zur indigenen Bezeichnung des *gesamten* Kontinents geworden, nachdem Takir Mamani, oder, wie sie ihn auf Amtspapier des Kolonialismus bezeichnen, Constantino Lima Chávez, ein Cacique der Aymara aus Bolivien, 1975 auf dem Rückweg vom ersten Indigenen Weltkongress in Kanada in Panama Pause einlegte und dort mit den Kuna zusammentraf. Und von diesem Volk den Begriff des grenzenlosen *Landes der permanenten Vitalität* übernahm und zu verbreiten begann. Für seine Ideen und seine Arbeit wurde er verfolgt. Drei seiner Söhne wurden von bolivianischen Machthabern ermordet und sein Vater, um Mamanis „Widerspenstigkeit" zu brechen, vor ihm zu Tode gefoltert.

Später wurde Mamani des Landes verwiesen. Sachen eben, die die Zivilisierten, die den Kolonialismus nun intern weiter führen, unter der Flagge eines „unabhängigen Staates", so machen. Mit Unerziehbaren. Mit Menschen, die sich den „neuen" Fakten – Staat bleibt Staat – nicht beugen wollen. Egal, wie der Staat nun heissen mag – Brasilien, Bolivien, Chile, Kolumbien, Guatemala, Vereinigte Staaten von Amerika ... Nach Jahren im Exil kehrte er zurück und wurde zum ersten wirklich autochthonen Abgeordneten gewählt. Das war 1980. Dieser Takir Mamani war es auch der die Wiphala, die Fahne der Aymara, im Gegensatz zu der des bolivianischen Staates, ausdachte und zum Wehen brachte. Ein weiterer, nicht nur symbolhafter, Schritt genuiner Dekolonialisierung. Heute tragen sie fast alle indigenen Entsandten aus Bolivien zu allen Treffen, wo auch immer diese stattfinden mögen. Evo Morales, jenem *Evo-an-der-Macht* eines weiteren und *sehr wohl kolonialen* Konstruktes mit dem Namen Bolivien, das er nun verwaltet, und dessen proklamierten *Processo de Cambio*, Veränderungsprozess, steht Mamani übrigens skeptisch gegenüber. Noch ein Zeichen, dass er unnachgiebig ist, trotz seines hohen Alters und den vielen Wunden, die er davontragen musste. Weil er, als radikaler indigener Traditionalist, an den Werten und soziokulturellen Geweben, die vor dem Auftritt des Völkermörders Kolumbus auf unserer Abya Yala bereits gegolten haben, festhält. Das zu Abya Yala, *Irini.*

Und zum Unterschied zwischen „meinem" Guarani und der paraguayischen Umgangssprache Guaraní vielleicht auch noch ein paar Infos zum besseren Verstehen? [Ich nicke aufmunternd.]

Also, die heutige Landessprache Guaraní hat ja ein paar hundert Paralleljahre mit dem Spanischen auf dem Rücken. Und da war mit der Eroberung-Besetzung und dem Entstehen erst einer Kolonie, dann eines Staats nach europäischem Schnitt und mit indigener Matrix stets die Sprache der wirtschaftlich und politisch Dominanten die europäische. Also Spanisch die „Prestigesprache". Und die des gemeinen Volks die von der größten Indigenen Nation des unterworfenen Gebiets, der Guaraní. Es wurde also bestimmt von den Verlierern versucht, freiwillig oder nicht, ihre Sprache an jene der Oberen Zehntausend anzupassen. Vor allem grammatikalische Elemente wurden inkorporiert, um „Strukturlücken" – aus eurozentrischer Sicht – zu schließen. Partikeln also, Ausrufe, Klitika, Vor- und Bindewörter et cetera. Sehr oft geschieht das im paraguayischen Guaraní zum Satzanfang. Oder zur Verbindung von zwei Sätzen. Das sind Dinge, die ich, mit meinem „O-Guarani", freilich nicht draufhabe. Schon gar nicht auf Spanisch. Aber wie gesagt, es war kein großes Problem. Ich wurde verstanden. Ins Zentrum wollte ich, weil mir Freunde vom ISA erzählt hatten, dass dort, auf der Plaza de la Democracia, zwischen dem sogenannten Panteón Nacional de los Héroes [Ruhmeshalle der Nationalhelden] und dem Hotel Guaraní, jeden Tag Dutzende Guaranífrauen ihr Kunsthandwerk anbieten, um ihren Lebensunterhalt zu bestreiten. Ganz ähnlich, wie es laut Mutter damals in Porto Murtinho gewesen sein muss. Allerdings im Großformat [lacht]. Jedenfalls war das meine erste Anlaufstation in Paraguay. Dort wollte ich Kontakt knüpfen. Ich fuhr dann mit einem klapprigen Bus, gut möglich, dass es sich um ein in Brasilien gestohlenes Vehikel handelte [lacht, schüttelt den Kopf], ins Zentrum. Und fand mühelos meine Verwandten mit ihren bunten und schön gearbeiteten Arbeiten im Park der Plaza de la Democracia. Na, das war ein Tratsch, und ein Lachen! Das hatten meine Comadres auch noch nie erlebt. Eine Ayorea nicht aus dem Nordwesten Paraguays, sondern aus Brasilien! Aus der falschen Richtung. Die noch dazu perfekt traditionelles Guaraní sprach [lacht und klatscht in die Hände]. Ich glaube nicht, dass die Frauen sehr viel verkauften an diesem Vormittag. Alle kamen sie an, mich zu sehen, zu hören, zu bestaunen, zu befragen, mitzutratschen und mitzulachen. Wir tranken *Tereré* und vergaßen die Welt, die *paraguayische* Welt, um uns.

Indes dauerte es nicht lange und wir kamen, wie das so ist die letzten Jahrhunderte über, seit dem Beginn der Invasion, auf ernste, tieftraurige Themen. Die generelle Situation der Indigenen in Paraguay, die fortdauernde Vertreibung aus den letzten noch gehaltenen Landinseln, heute vor allem durch das brasilianische Agrobusiness, das obdachlose Darben ganzer Clans, von Neugeborenen bis zu Greisen, die extreme Armut, die Diskrimination, die grassierende Kinderprostitution, in allen größeren paraguayischen Städten, als letzte Möglichkeit, um zu Nahrung zu kommen. Ganz besonders schlimm, so erzählten sie mir, in Ciudad del Este, an der Grenze zu Brasilien, wo die Kunden gerne mal mit dem Taxi über die Brücke rüberkämen, um für ein paar Reais und eine Limo mit einem Indianerkind eine Stunde zu verbingen ... Dass sie Hilfe bräuchten. Ob ich nicht etwas bewegen könne ... Unser *ganz normaler Horror* eben. Seit Herr Kolumbus ankam. In den Heldenstatus verklärt wurde. Und diesen, als Geschichtsikone, weiterhin genießt. [Sieht mir jäh in die Augen.] Was hast du denn in der Schule über ihn gelernt?

Um ehrlich zu sein, ich kann mich nicht mehr erinnern, Eliane, ob er uns als *Held* präsentiert wurde. Aber bestimmt haben wir nichts vom Erleben, der Sichtweise der Verlierer erfahren, dem fortdauernden Leid.

Nun, unsere Schwestern und Brüder im Norden, auf der Schildkröteninsel, kämpfen seit Langem für die Abschaffung des dort gefeierten *Columbus Day*. Gib mal, wenn du Zeit findest, diese beiden Wörter in eine Online-Suchmaschine ein und schreib noch das Wort Genozid, auf Englisch, dazu. [Ich habe Elianes Rat zu einem späteren Zeitpunkt, während der langen Rückreise nach Landeck, befolgt. Und teile „gerne" einen der vielen links mit jenen Menschen, die – wie ich

– in ihren Geschichtsunterrichtsstunden vom *wirklichen Kolumbus* auch nichts erfahren haben: http://www.phillytrib.com/commentary/celebrating-columbus-day-is-celebrating-racist-genocide/article_87cab2f0-4ce7-5737-9547-009f04f791d6.html]

Ich habe dann die erste Nacht in La Chacarita, der Favela am Rio Paraguay, eigentlich an der Bahia de Asunción verbracht. In der Hütte einer Guaranífamilie. Elf Leute. Die Hängematten mussten übereinander hängen, um Platz für alle zu bieten. Die vier Erwachsenen und sieben Kinder überlebten ausschließlich vom Kunsthandwerk, das die Frau tagsüber an den Mann brachte. Elf Leute plus einem Gast und Millionen Moskitos [lacht]. Mit Schlafen war da nicht viel. Es war mir aber trotzdem weit lieber dort als in irgendeinem anonymen Gasthof. Um zur Hütte meiner Beherberger – das Dach Bruchstücke aus Eternit, darüber Plastikplanen, mit Steinen und Treibholz aus dem Fluss beschwert – zu gelangen, musstest du barfuß laufen. Über morsche Holzplanken, teilweise unter Wasser. Nicht unähnlich den Aldeias in Dourados … erinnerst du dich? Das Besondere an La Chacarita und seiner schreienden Armut ist dabei, dass einen Steinwurf „entfernt", also wirklich nur ein paar Schritte, in höherer und vor den natürlichen Überschwemmungen sicherer Lage Gebäude wie die Kathedrale, die Katholische Universität und das Parlament thronen. Die Abgeordneten, wenn sie nach Norden aus ihren Büros sehen, schauen La Chacarita in die löchrigen Dächer, in ihre Müllberge, ins Antlitz des Elends, das sie mitverwalten. Staatskulturentsprechend findest du dort auch viele vertriebene – und nun urbane – Indianer. Jeder an seinem Platz. Der Großgrundbesitz, das Militär, das Agrobusiness, die Drogenbosse/Abgeordneten – die sind in Parguay unmöglich auseinanderzuhalten – und das Wechselgeld in diesem Geschäft: die menschliche Verbrauchsware. Am nächsten Tag brachte mich eine der Frauen zu einer Gruppe eben erst aus dem Osten angekommener Guaraní. Die aus ihrer vom Agrobuisness umzingelten Aldeia rausmussten, weil diese regelmässig, von Flugzeugen aus, mit Pestiziden besprüht wurde, und weil der völligen Abholzung durch die Usurpatoren wegen nicht mehr genug Nahrung für alle da war. Um diese Gruppe zu treffen, fuhren meine Guaraní-Schwester und ich fast zwei Stunden lang mit den rostzerfressenen, stets hoffnungslos überfüllten Öffis nach Luque, eine der vielen Satellitenstädte Asuncións. In ihrem schlammigen Lager aus Zweigen und Plastikplanen, gleich neben einem offenen Kanal gelegen – ihrem Badezimmer und Trinkwasser – und schräg gegenüber des pharaonischen Sitzes der CONMEBOL, der Föderation der südamerikanischen Fussballverbände, und des ultramodernen Fussballmuseums und des damals noch in Rohbau befindlichen dazugehörigen Luxushotels, trafen wir den Cacique. Der für die Gruppe aus 35 Menschen aller Generationen, ein unterwegs, während des wochenlangen Exodus geborenes Baby, einbegriffen, sprach … Warte mal, zur CONMEBOL sollte auch noch was hinzugefügt werden. Deren gigantischer Prachtsitz auf der einen Straßenseite und die im Dreck vegetierenden Índios auf der anderen, das war ja mehr als „nur" ein paradigmatisches *Bild*. Die CONMEBOL stand nämlich damals unter dem Vorsitz des ehrenwerten Paraguayers Nicolás Leoz. Zu diesem Zeitpunkt bereits fast ein Vierteljahrhundert im höchsten Amt des wichtigsten „Religionsbusiness" am Kontinent: Fußball. Diese Figur – Nicolás Leoz – ist ein Archetyp unserer Kognone. Er hat alleine so viel gestohlen und veruntreut – ich habe überhaupt keine Zweifel, dass es sich um *hunderte* Millionen Reais, oder Dollars, egal, handelt –, dass taugliche Anwälte für alle Indigenen bezahlt werden könnten, deren Rechte und Leben tagtäglich verletzt und zertrampelt werden von sich über ihre eigenen Gesetze hinwegsetzenden Staaten oder von Firmen, die dazu von Staaten Rückendeckung erhalten. Anwälte, um vielleicht auf diese Weise, über nationale und internationale Gerichtshöfe, nach über einem halben Jahrtausend endlich den Genozid abschütteln zu können. Jene chronische sadistische Perfidie, die gleich gegenüber diesem Luxuskomplex eine Seitenbühne hatte. Auf der anderen Straßenseite. Eine surreale Obszönität. Chronisch kranke Kinder, die Kleinkinder oft nackt, und Frauen zusammengekauert. Verrotzt, dauerhustend, fiebrig, unterernährt. Eisige Kälte, doch nur wenige Kleidungsstücke oder Decken. Und alle in einem Zustand, wo sich Löcher und Stoffanteile die Waage hielten. Elend. Keine extreme Armut, wie in der Vornacht, in der Hütte meiner Gastgeber in La Chacarita. Pures, nacktes, stummes Elend. Lebenserwartung in solchen Bedingungen? Kurze. Oder gar keine, wie im Fall des Babys. Und dieser mit FIFA-Orden behangene Nicolás Leoz, er ist heute noch immer am guten, fast neunzigjährigen Leben…

414

Vor ein *paar Monaten* wären sie gekommen, so der Cacique. Und Politiker hätten schon Hilfe versprochen. Was davon angekommen sei? Nichts. Aber was können wir schon tun? Außer warten? Indianer, die kein Spanisch sprechen. Keine Papiere haben. Nicht wahlberechtigt sind. Du musst kein grosser Denker sein, um zu wissen, dass ihnen nie – von keiner Parteienseite – geholfen werden würde. *Einzelne gute Menschen*, die hin und wieder ihr Auto auf der Straße vorbei an den Fussballluxustempeln von Luque nach Asunción lenken und beim Überqueren der kleinen Brücke über den offenen Kanal Kinder in der eisigen Kloake entdecken. Die blieben manchmal stehen. Um sich dieses blanke Elend näher anzusehen. Und manche kämen zurück, mit Mate und anderen Lebensmitteln. *Ansonsten überleben wir durch unsere Kinder. Die den Tag an der nächsten Kreuzung verbringen, bei Rotlicht von den Autofahreren um ein paar Münzen bitten.* So der Cacique ... Kannst du dir schon vorstellen, *Irini*, an was mich das erinnerte?
Es war ein Déjà-vu dessen, was ich einst durchlebt habe. Am Straßenrand. Nach der Vertreibung aus unserem Tekoha am Rio Apa. Ich sah in die Augen der jungen Frauen, so alt wie ich damals, vielleicht ein bisschen älter, und wusste, hier lief das Gleiche ab mit ihnen. Mit vom System erzeugtem Treibmenschengut. Freiwild für die Herren. Es war und ist zum Aus-der-Hautfahren. Auch wegen der eigenen Ohnmächtigkeit. Angesichts dieser überall institutionalisierten Gewaltmaschine gegen jene, deren einzige „Schuld" es ist, hier zu sein. Seit tausenden von Jahren schon. Bevor die neuen Herren kamen. Und es sich auf unseren Körpern, in unserem Blut gemütlich machten. Und weiter machen.

Klar sind wir dann, meine Begleiterin und ich, zum nächsten Supermarkt marschiert, entlang der Straße, angehupt und obszön-rassistisch angeschrien oder zum Sex aufgefordert von einigen Autofahrern, ich sagte ja: *genauso* wie damals. Und ich habe alles, was ich tags zuvor am Busbahnhof gewechselt hatte, in Grundnahrungsmittel und Filzdecken „umgewandelt". Dann mussten wir noch ewig bitten, verhandeln, dass uns jemand vom Supermarkt behilflich sei, all das zum Limbuslager der geflohenen Guaraní zu bringen. Hätte eine weiße Kundin gebeten, ihre drei Parfumfläschchen zu ihr nach Hause in Villa Morra [Reichenviertel Asuncións] zu liefern, es wäre eine Selbstverständlichkeit für den Geschäftsführer gewesen. Nicht mal unser Geld zählt so viel wie das jener, die uns das Oben-Unten-, Arm-Reich-Schema gebracht haben. Und sich gleich „oben" installiert und perpetuiert haben ...

Ah, *Irini*, ich seh schon, ich muss abbrechen, sonst kommen wir nie mehr in diesem Leben ... oder Interview, damit's nicht ganz so dramatisch klingt [lächelt] ... zur Zukunftsperspektive.

Nur so viel: Nach fünf Tagen in Asunción und indigenen Kontakten die mir mit vielen Infos weiterhalfen, machte ich mich auf den Weg in den Chaco. In das traditionelle Gebiet auch der Ayoreos. Erst nach Filadelfia. Wo ich zwar auf einige Ayoreos traf, aber alle unter der Gehirnwaschfuchtel der Mennoniten. Des *Profitzweigs* der Mennoniten. Wo es einzig und allein um *Ordnung und Geschäft* geht. Und unsere Rolle in dieser Ordnung, wenn überhaupt eine, die des Lasttiers ist. Viele Índios siehst du nur betrunken vor den Läden. Die sehen längst keinen Ausweg mehr. Außer den erlösenden Tod. Keine Verwandten meines Clans. Niemand kannte den Namen von Mutter oder Vater. Wir waren ja auch viel weiter im Norden daheim gewesen. Dann, nach einer Übernachtung in einem der beiden sündteuren Mennonitenhotels, wo ich auch erst betteln und Geld und Papiere vorzeigen musste, um ein Zimmer zu erhalten, im Gegensatz zu anderen Ankommenden, bin ich weiter nach Mariscal Estigarribia. Mit einem Namen in der Tasche. Dem des sogenannten „Indianerbischofs" Lucio Alfert. Der hat mich völlig unbürokratisch, beim ersten Geratewohlversuch meinerseits, ihn zu treffen, in seinem Büro hinter der Santa Maria-Kathedrale empfangen und über eine Stunde mit mir geplaudert. Und *was* er sagte! Du würdest staunen, *Irini*. Ich weiß, viel von dem, was ich so einfließen lasse in den bisherigen Ablauf der Erzählung meines Lebens, die Kommentare, die Wertungen, erscheint dir radikal. Vielleicht sogar übertrieben, oder einseitig. Aber wie es wirklich ist, kannst du auch nicht verstehen. Du hast es nicht erlebt ... Entschuldige bitte [lacht, nimmt und drückt meine Hand], das ist kein persönlicher *Angriff*. Und ich glaube, du weißt das ohnehin selbst. Aber dieser Monseñor Alfert, *er hat es erlebt*. Erlebt es noch immer. Heute, mit seinen schon 75 Jahren. Und also sagt er es, jedem und überall, nicht nur in einem sicheren

Vieraugengespräch mir gegenüber, sondern auch den Mächtigen im Land, dem Gewebe aus Politik und Drogengeschäft, das Paraguay *ist*, ins Gesicht. Würdest du ihn hören, wären meine Aussagen gleich relativiert. Weniger radikal. Du verstehst ja auch Spanisch. Geh ins Internet, sieh nach! Ein Wunder, dass er noch am Leben ist. Der krasseste Gegensatz zu ... ich muss schon fast sagen *marodierenden* Polizisten, die mich in diesem unwirklich scheinenden Wüstenflecken behandelten, so wie es die Paraguayer eben gelernt haben. Wie den letzten unerwünschten Dreck. Und ich war heilfroh, unversehrt diesen Verbrechern im Verbrecherstaatsdienst zu entkommen. Indem ich mich als brasilianische Journalistin ausgab, die auf Einladung der Regierung und der katholischen Kirche gekommen sei, durch- und aus der Bresche schwindeln konnte. Gott sei Dank haben paraguayische Polizisten kein funktionelles Gehirn. Wahrscheinlich ist das ja auch eine Aufnahmebedingung.

Dank des Indianerbischofs ohne Anführungszeichen, der mir das einfädelte, konnte ich noch am selben Nachmittag mit mehreren Nivaclé- und Guaraní-Führern zusammentreffen. Aber kein Ayoreo. Keine Ayorea.

Vielleicht wäre es gelungen, wäre ich länger geblieben. Aber erstens wollte ich die Mittel, die mir dank Cida nun zur Verfügung standen, nicht für Privataktionen, oder sagen wir, ein Mischung aus Arbeit *und Privat* ausgeben, und zweitens fühlte ich mich, als offenbare Indianerin, noch dazu dunkle = schlechtestmögliche Indianerin und allein, permanent in meiner physischen Integrität gefährdet. Und das ist auch etwas, was ich bereits früh gelernt habe: Zu fühlen, zu bemerken, wenn Gefahr droht. Also bin ich nach zwei Nächten wieder zurück nach Asunción gefahren. Mit der Gewissheit, dass sich zwar auch hier die Staatsetikette – Redemokratisierung – geändert hat, aber nichts am Boden der Tatsachen die diesen Staat zumindest seit meiner Geburt, seit der Auslöschung meiner Gruppe, charakterisieren. Im Gegenteil, mit der massiven und *steuerbefreiten* Invasion des brasilianischen Agrobusiness, der Sojabarone, die mittlerweile 80 Prozent des fruchtbaren Ostens kontrollieren, und den Argentiniern und Uruguayern die indigenes „gesetzlich geschütztes" Land im Chaco aufkaufen, *weil es dort geht* und weit billiger ist als in ihren eigenen Ländern, haben wir Ureinwohner in Paraguay nun noch zusätzliche staatsmafiageförderte Todfeinde am Hals.

Gut. Bis hierher meine geduldige Schwester [lächelt]. Hier, in diesem Winter 2009, schloss sich ja eine Art geographischer Kreis meiner Lebenswege: Aus dem Chaco – in den Chaco.

Was nun die Jahre 2010 bis heute betrifft. Es ist das, was ich schon zuvor begonnen habe zu tun. Die Weiterführung. Der Versuch, Tropfen auf heiße Steine durch Wissensumverteilung und Empowermentarbeit zu verteilen. Der Versuch stärkend zu helfen. Mitzuhelfen. Der Versuch, sich nicht zu fügen und trotzdem am Leben und aufrecht zu bleiben.

Bis 2013 konnte ich noch von Cidas Abschiedsgeschenk essen und die Fahrkarten für die Lern- und Arbeitsreisen finanzieren. Dann war das Geschenk aufgebraucht und das relativ freie Ayorea-Nomadensein wieder zu Ende. Und ich blieb hier, bei meinen Leuten, den Guarani von Aracruz. Wo ich genau so wie die anderen versuche zu überleben, mittels dem was ich anbaue, oder herstelle. Ohrringe, Halsketten, was wir tauschen können. Freunde wie Marina vom ISA helfen manchmal aus. Wenn ich ein neues Paar Flipflops, oder ein neues Notebook brauche, weil das alte gestohlen wurde oder kaputt gegangen ist, bei einem der unzähligen Stromausfälle. Oder nehmen mich mit, wenn es zu einer Indigenen Konferenz, einem Pow-wow geht. Oder arrangieren mir Mitfahrmöglichkeiten, wenn jemand zu, oder wenigstens in die Nähe, von entfernten Aldeias fährt. An Arbeit und Einladungen dazu mangelt es auch nicht. Aber an den Mitteln, diese Einladungen wahrnehmen zu können ... Ah, das ist vielleicht auch noch „gut" erwähnt zu werden, Schwester: Meine letzte große Reise als unabhängige Tuxaua, mit dem letzten Rest von Cidas Geld, führte mich im April 2013 bis an den Rio Oiapoque [Grenzfluss zwischen dem brasilianischen Bundesstaat Amapá und Französisch-Guayana], wo ich bei den Galibi mit eigenen Augen sehen konnte, was euer europäischer Fortschritt bis heute – im 21. Jahrhundert eurer Zeitrechnung – in die indigene Realität übersetzt bedeutet: Der letzte Galibi, zumindest auf brasilianischer Seite, der noch seine Sprache beherrschte, lag im Sterben. Dafür konnten manche Junge nun neben Portugiesisch auch ein paar Brocken Französisch. Vor allem was das Vokabular für Gold, seltene Tiere, medizinale Pflanzen und junge Mädchen betrifft. Europäische „Entwicklungshilfe" von der anderen Seite des Flusses. Und die ausgedehnten Obstgärten – eine indigene

Pionierarbeit in der Region – die sie sich vor Jahrzehnten schon angelegt hatten, mit Zitrusfrüchten vor allem, sind alle abgestorben, tot. Denn jedes Mal, wenn ihr von Kourou eine Rakete für euren Fortschritt in den Himmel gejagt habt, regnete es wir wissen nicht welche Substanzen. Auch auf das Gebiet der Galibi. Und zerstörte Leben und Böden. Ohne dass ich davon je in irgendeinem Medium etwas lesen oder hören konnte. Andererseits werden die „erfolgreichen Abschüsse", die wissenschaftliche Bedeutung des Fortschritts ... gefeiert. Euer Erfolg – unser zertrampeltes Lebensrecht. 517 Jahre. Nonstop.

[Nach einer längeren Pause setzt Eliane fort.] Emiliano Zapata hat einmal gesagt: *Prefiero morir de pie que vivir arrodillado*, ich ziehe es vor, aufrecht zu sterben, als auf den Knien zu leben. Es hätte beiden, Mutter und Cida gefallen. Und das ist ein Leitsatz für das, was kommen mag. Mehr habe ich nicht. [Legt wieder eine Pause ein.] Es ist nicht einfach, unter so drückender Vergangenheit und Gegenwart in die Zukunft zu blicken. Welche Projekte sollen da entworfen werden? Gar persönliche. Private? Es ist ja nicht einmal Zeit dazu. Weil das Überleben in unserer Situation eine holistische Dauerbeschäftigung ist ...
Du hast keine Kinder, *Irini*. Ich auch nicht. Deine Motive kenne ich nicht. Meines ist klar: Was werden unsere Kinder einmal erben? Das Einzige, was wir ihnen hinterlassen können, ist der Kampf. Den Rest, den sie erhalten, das vorbestimmte Elend, die vorbestimmte Gewalt, all das Leid, ... das ist *systemisch* vorbestimmt. Von jenen, die das System der Vernichtung global verwalten, davon profitieren. Und jenen unzähligen Vogelsträußen und fügsam Mundtoten, die mitschuldig sind, weil sie nichts (mehr) machen. Die so tun, als gäbe es uns und all das Entsetzliche das jeden Tag geschehen *gemacht* wird, gar nicht. Als wäre all das rechtens, in Ordnung, und nicht wert, in Betracht gezogen zu werden. Egoisten beziehungsweise Untertanen der Angst ...

... die nicht glauben wollen, dass sie die Nächsten sein können [entfährt es mir in einem weiteren Moment bar jeder Neutralität]. Entschuldige Eliane, wir Österreicher haben, wenn es um Genozid

geht, ja auch so unsere nicht weit zurückliegende und verdrängte –
„schöngeschwiegene" – Erfahrung.

[Eliane übernimmt den thematischen Einwurf im Gedankenflug:]
Wollten *wir* einmal *unsere* Gedenkstätte der Märtyrer und Helden
Abya Yalas, es bedürfte eines enormen Platzes dazu. [Legt neuerlich
eine Sekundenpause ein.] So viel zu unserer „Zukunft"... Trotz der
befreiten Gebiete in Chiapas, meine Schwester.
Und so sehe ich „die Zukunft" als unmittelbaren Horizont: *den
nächsten Tag*. Unter dem Motto eines weiteren Satzes von Zapata: *Si
no hay justicia para el pueblo que no haya paz para el gobierno.*
Wenn dem Volk keine Gerechtigkeit widerfährt, soll die Regierung
keinen Frieden haben.

Samstag, 18. Februar 2017 (Abend)

Das Ventil, das emotionale Manna einer Nation: *Carnaval.* Schon Tage vor seinem kalendarischen Beginn regiert er die Städte Brasiliens. In Espírito Santo aber wird er diesmal nur ein Schatten seiner selbst sein. Viele *blocos,* Blöcke, haben angesichts der über die ohnehin angstgebietenden brasilianischen „Normal"verhältnisse hinausgehenden Gewalt der letzten Wochen ihre Teilnahme abgesagt. Andere überlegen noch. Allerdings ist es auch eine finanzielle Frage. Denn seitens der Hauptstadt hat der Stadtrat für Sicherheit bereits medial klar gestellt: *Keine Genehmigung, noch Unterstützung.* Ersteres sei *unerheblich,* wie mir Eliane erklärt. Aber Zweiteres schon. Da gehe es um *Geld und Sicherheitskräfte. Denn während der Regentschaft des Karnevals regiere die Gewalt untrennbar mit.*

Was heute *auch* durch die brasilianischen Medien ging, war die Entscheidung der Leitung der Zoll- und Steuerbehörde Perus, umgerechnet 248 Millionen Reais von acht in Peru tätigen brasilianischen Firmen zu beschlagnahmen. Über die Hälfte der Summe allein von Odebrecht.

Die mafiöse Kolonialisierung unsrer Nachbarn, wie Eliane es bezeichnet, komme durch die Operação Lava Jato – vor allem nach den ersten Zeugenaussagen gegen Strafverminderung im Dezember des Vorjahres – zum Vorschein. Und auch dort steckten, *genauso wie bei uns,* höchste Politiker bis zum Präsidenten mit drin. Im Übrigen handle es sich nicht „nur" um lateinamerikanische Länder, sondern auch um einige afrikanische. Die bei der Globalisierung der brasilianischen Kleptokratie dabei wären. Die würden die Medien jedoch nur bei ärgsten Hungersnöten und Gemetzel berücksichtigen. Korruption sei ohnehin zu einem *inoffiziellen Untertitel und moralischen Abhakezeichen – Verbrauchsrechtfertigung –* wider Afrika gemacht worden. *Als postkolonialistisches Abschiedsgeschenk sozusagen. Just jener Unrechts-Verwaltung, die Korruption und Krieg in Afrika erst flächendeckend gesät und institutionalisiert hat.*

Irini, da wir gerade auf Afrika gekommen sind ... ich schulde dir ja noch von heute Vormittag die Geschichte der Kamba Cuá. Erinnerst du dich? Ich sagte, dass die Leute in Asunción wahrscheinlich staunten über eine, die traditionelles avañe'ẽ spricht, aber so dunkelhäutig ist wie eine Kamba. Also ... willst du die kurze oder die lange Version [lacht]?

Am besten die, die uns hilft zu verstehen, Schwester.

Sehr gut. Somit die längere [lacht und klatscht in die Hände]. Also, Brasilien war zweifellos der sklavenhungrigste Staat von allen. Nachdem die Bandeirantes das Land von uns ausgedünnt hatten und kaum noch erreichbare autochthone *Ware* übrig war, driftete der Fokus des bereits damals globalisierten Verbrauchsmenschenhändlergewerbes zurück nach Afrika. Zum Zeitpunkt des Invasionsbeginns – 1500 – lebten ungefähr fünf Millionen Indigene und kein Europäer auf dem heutigem brasilianischen Staatsgebiet – diese und die folgenden Zahlen, die ich jetzt anführe, sind aus dem schon ein paar Mal erwähnten Buch Darcy Ribeiros [O Povo Brasileiro]. Um 1700, also zweihundert Jahre später, lebten bereits einhundertfünfzigtausend Kognone hier. Und etwa genauso viele afrikanische Sklaven. Trotzdem war die Gesamtbevölkerung gegenüber 1500 auf die Hälfte gesunken. Denn von den frei lebenden Indigenen waren nur noch 40 Prozent, also etwa zwei Millionen, übrig. Wieder hundert Jahre später, also gegen 1800, war die Gesamtbevölkerung zurück bei den ungefähr fünf Millionen von 1500. Nur die Verteilung war umgedreht. 80 Prozent der frei lebenden Índios waren ausgemerzt, etwa eine Million noch am Leben. Vor allem in den hintersten, noch nicht „erschlossenen" Regionen, wie dem küstenfernen Amazonas und dem heutigen Mato Grosso. Etwa eine halbe Million waren sogenannte „integrierte Indianer", im Klartext also Índiosklaven. Die Kognone waren auf zwei Millionen gewachsen. Und die fehlenden anderthalb Millionen waren afrikanische Sklaven. Deren Zahl sich innerhalb von einhundert Jahren verzehnfacht hatte.
Wie viele Töchter und Söhne Afrikas in der Tat geraubt, wie viele Kriege angezettelt, wie viele Landstriche entvölkert, Kulturen vernichtet wurden, um in Übersee Brasiliens Kognone und die portugiesische Krone zu bereichern, kann heute kein Mensch mit Sicherheit sagen. Da gibt's Historiker, die sprechen von vier Millionen.

Andere von 15 Millionen. Darcy übernimmt in seiner Arbeit die Berechnungen von [dem brasilianischen Ökonomen] Mircea Buescu. Er geht also davon aus, dass zwischen 1540 und 1860 fast 6,5 Millionen afrikanische Menschen in Ketten nach Brasilien geschafft wurden. In jedem Fall und unabhängig von den Berechnungen und Schätzungen: Brasilien importierte mehr als die anderen.

Das hatte viel mit den portugiesischen Monarchen zu tun. Den altgedientesten und erfahrensten Geschäftsführern in Sachen Raub & Handel mit afrikanischen Menschen. Lange bevor die Europäer nach Abya Yala gelangten, war die Algarve schon mehrheitlich von zwangsimportierten Afrikanern bewohnt. Weil dem Adel nach ihren Kriegen und Pestseuchen Leute fehlten, um für sie zu schuften, das System in Gang zu halten.

Und diese lusitanische Geschäftsnobilität gestattete nach ihrem größten Coup, der päpstlich abgesegneten Invasion und Beschlagnahme dessen was bis heute Brasilien genannt wird, jedem hier angesiedelten Zuckerrohranbauer den Eigenimport von bis zu 120 *peças*, Stück. Auf den Sklavenmärkten entlang der Küste freilich konnte jeder darüber hinaus *afrikanische Stück* kaufen so viel er wollte und konnte. Gewinne aus dem Zuckergeschäft wurden sogleich in die Aufstockung der Sklavenkontingente investiert, was wiederum die Zuckerproduktion und Gewinne daraus erhöhte und so weiter und so fort. Der Sklavenhandel zwischen Anfrika und der portugiesischen Kolonie Brasilien war der sicherste Geschäftszweig der Welt. Und die königlichen Konzessionen für den *tráfico negreiro* waren heiß begehrt. Dort wurzelt euer ... der europäische Reichtum. Das, und nichts anderes, hat Europa hoch gebracht. Andere Kulturregionen überholen lassen. Bis heute. Eure Überlegenheit in Skrupellosigkeit und militärischer Kraft. So.

Auch wenn also Brasilien der Hauptimporteur afrikanischer Verbrauchsmenschen auf dieser Seite des Atlantiks war, heißt das ja nicht, dass die Nachbarn nicht importiert hätten. Also auch im spanisch besetzten Abya Yala, und damit auch dort, wo Uruguay und Argentinien zu Staaten *verdichtet worden sind*. Gerade Buenos Aires und Montevideo waren *die* Erstankunfthäfen auf der südlichen Hälfte Abya Yalas.

In Argentinien, wo etwa fünf Prozent der Bevölkerung angeben, zumindest einen afrikanischen Vorfahren zu haben, gibt es aber keine flächendeckende afro-argentinische Gemeindestruktur wie unsere tausenden Quilombos mehr. Und das, obwohl noch im 18. Jahrhundert in einigen Provinzen wie Tucumán, Santiago del Estero, Córdoba, Salta, ... die afrikanischen Sklaven knapp über oder unter der Hälfte der Gesamtbevölkerung lagen.

Wie das den jeweiligen Mitstreitern um die Macht am La Plata gelang, sich ihrer Afrikanischstämmigen wieder zu entledigen, war per Säuberungsstrategie. Dunkelhäutige hatten ihren Platz in den ersten Reihen bei jeder „offiziellen" kriegerischen Handlung sicher. Genau so wie in allen anderen Gebieten, Staaten, Provinzen rundum. Und an Anlässen für Krieg – „Machteroberungen oder -erweiterungen" – mangelte es nie. Egal ob der Feind ein äußerer war, wie Portugiesen und Engländer, oder es intern um die Macht ging – Kriege unter Warlords: Für die Himmelfahrtseinsätze und die Front wurden zuerst die schwarzen Regimenter verbraucht. Und zwar so konsequent lange und effizient, bis im Falle Argentiniens nach dem Paraguaykrieg [1865-1870] und der kurz darauf folgenden Gelbfieberepidemie [1871] kaum noch Afroargentinier übrig waren.

Auch in Uruguay, in allen spanischen, vielleicht überhaupt allen Kolonien, gingen die Machthaber nach diesem transregionalen Schema vor. So.

Das, diese doch kurz gehaltene Aufwärmrunde, zum geschichtlichen und regionalen Kontext. Der das Grundverstehen düngen soll. Und jetzt – du gabst mir die Freiheit den „großen Bogen" zu machen [lacht] – kommen wir langsam aber sicher zu den paraguayischen Kamba Cuá.

Als nämlich 1810 in Buenos Aires die Revolution gegen Spanien losging, griff dies in kurzer Zeit auch auf jene drei Provinzen über, die später zu Uruguay werden sollten. Militärisch wichtigster Führer war General Artigas – der heutige uruguayische „Unabhängigkeitsheld". In diesem Kognone-Kriegshurra um Macht mit afrikanisch-indigenem Kanonenfutter mischten bald auch königliche portugiesische und protobrasilianische Truppen mit. Ganz egal unter welchem Vorwand in den Krieg gezogen wurde, und um welche „Differenzen" es ging, eines hatten sie doch alle gemeinsam: in den ersten Reihen marschierten die Dunkelhäutigen. Entweder zwangsrekrutiert oder mit großen Versprechungen, wie Freiheit und Land nach geleistetem Kriegsdienst, in Uniformen gesteckt. Versprechungen freilich, die selbst im Falle des

wenig wahrscheinlichen Überlebens eines dunkelhäutigen Soldaten kaum je gehalten wurden. Im Jänner 1820 wurde der Caudillo Artigas endgültig in der Schlacht von Tacuarembó besiegt. Was selbst unter seinen ehemaligen Verbündeten keine Traurigkeit auslöste. War Artigas doch allen mit um die Macht Pokernden und Kriegenden unlieb geworden. Vor allem weil er keinen von einem Monarchen geführten Zentralstaat für den Fall eines Sieges über die Spanier anstrebte, sondern einen föderativen Bundesstaat, nach dem jungen nordamerikanischen Beispiel. Das ist ein Fakt, der in Geschichtsbüchern nicht fehlt. *Aber* ... ich denke *auch*, weil sein wichtigster militärischer Ratgeber, Ansina, ein schwarzer Ex-Sklave – *sein* Ex-Sklave – war. Unmittelbare Folge der Niederlage Artigas' Privatarmee war die Einverleibung der Banda Oriental [das spätere Uruguay] durch Truppen des Vereinigten Königreiches Portugal, Brasilien und Algarve – was für ein pompöser Name! Der geschlagene Warlord hatte keinen Verbündeten mehr im protoargentinischen Raum, bei der portugiesischen Obrigkeit schon gar nicht, das heißt, das einzig mögliche Exil, buchstäblich einziger *Ausweg*, war das unabhängige Paraguay. Dorthin floh er. Und von seiner Truppe aus Índios aus ehemaligen jesuitischen Missionen und freien Schwarzen, als *Kamba* bekannt, gingen letztere mit ihm.
Wahrscheinlich, weil deren Alternativen wohl entweder Wiederversklavung durch die Portugiesen oder repetitive erste Kampfreihe bei den Argentiniern-in-spe gewesen wären. So brachte Artigas im Jahr 1820 Männer und Frauen die aus Afrika stammten, in das damals unter dem angewandten Utopisten Francia völlig abgeschottete Paraguay. Und da dieses ein Binnenland war und ist, waren afrikanische Sklaven dorthin erst später und in weit geringerer Zahl als in die küstenreichen Regionen Abya Yalas unter europäischen Herrschaften gelangt. [Selbst gegen Ende des 18.Jahrhunderts waren nur etwa 10% der Bevölkerung afrikanische oder afroparaguayische Sklaven.]
Francia, eine einmalige Figur unter Kognone-Alleinherrschern – sehr empfehlenswert dazu das literarische Meisterwerk „Yo el Supremo", *Irini*, von Augusto Roa Bastos – bastelte an einem Staat nach Vorbild von Rousseaus Gesellschaftsvertrag – oder seiner Auslegung davon – und wollte mit dem was „draußen" passierte nichts zu tun haben. Trotzdem gewährte er Artigas und den Kamba Asyl, gab Artigas ein

Haus, weit entfernt von der Hauptstadt Asunción, denn etwaige politische Einmischung stand für einen Total-Autokraten wie Francia nie zur Frage, sowie eine staatliche monatliche Pension. Für die Kamba gab es zwei große Landparzellen als Gemeinschaftsgeschenk und für jeden einzelnen einen Ochsen und Saatgut dazu. Diese Landparzellen wurden in der Folge zu Kamba Cuá – *chegamos!*, endlich am Ziel! [lacht] –, heute mittendrin im Großraum Asunción und arg zusammengestutzt vom Grundstückspekulationsgeschäft, und Kamba Kokue bei Paraguarí, ein Stück weiter südöstlich Asuncións, die Bundesstraße 1 entlang.

Eine der Thesen wie es zum Namen Kamba kam, ist, dass die Kamba ursprünglich vom gleichnamigen Bantu-Volk in Kenya abstammen. Und also die Namen ihrer neuen paraguayischen Gemeinden an ihre Herkunft anlehnten. Andere sehen im Namen ein Indiz für eine buchstäblich *von außen* zugeordnete Bezeichnung, die auf die Herkunft keine Rückschlüsse zulasse. Sie arbeiten da über unser avañe'ẽ. Kamba ist im paraguayischen Umgangsguaraní das Wort für schwarz. Kamba Cuá wäre somit die *Höhle der Schwarzen*. Und Kamba Kokue der *Bauernhof der Schwarzen*.

Das sind die beiden Hauptlager der sprachtheoretischen Streiter, was den Namen Kamba angeht. [Lacht.]

Was allerdings ein Fakt ist, ist, dass seit den 1940er-Jahren beiden von Artigas' Kämpfern abstammenden Kambagemeinden das von Francia einst geschenkte Land wieder Stück für Stück weggenommen wird.

Das bis heute stärkste kulturelle Lebenszeichen dieser vergessenen und durch die paraguayischen Jahrhunderte staatlich geleugneten Gemeinschaft ist der Ballet Kamba. Da findest du auch was auf YouTube von denen. So.

Und da kommt dann dazu – wir sind jetzt wieder zurück bei mir, *Irini* [lacht], Eliane in Asunción – dass die meisten Paraguayer im Ballungsraum Asunción noch nie Ayoreos gesehen haben. Und die Sprache der Kambas längst das Guaraní geworden ist. Also kommt – resümierend [lacht] – so eine Dunkle wie ich daher... [lacht, wird dabei vom Summen meines Handys unterbrochen], unterhält sich auf Guaraní, und schon ist sie in der Schublade Kamba ...

Antônio Carlos erkundigt sich nach unserem Wohlergehen, gratuliert zum Käsebeijufrühstück, vergisst keinen Brückenschlag zum Berufsumstand, dass nämlich *schon Hippokrates, berühmtester Antiker unserer Zunft*, Käse als Heilmittel verschrieben hätte. Er würde morgen, *zwischen sieben und acht in der Früh*, vom Spital kommen. *Dann unternehmen wir was*, er hätte bereits mit Verinha gesprochen. Sie käme *gegen 15 Uhr, nach Arbeitsschluss, mit an Bord deines letzten Tages hier bei uns*.
Was Antônio Carlos nicht weiß, ist, dass auch wir mit Verinha telefoniert hatten. Und wir sie jetzt, *gegen neun, halb zehn*, erwarten. Auf dass wir das Interview noch heute fortsetzen können. Dass sie weiters mit uns übernachten würde, um morgen direkt von hier zur Arbeit zu gelangen.

Eliane, bitte ... nochmal kurz zurück zu den Afro-Paraguayern. Trotz deiner *längeren Version* [jetzt beginne *ich* einmal mit dem Lachen], tut sich – mir – die Frage nach dem Schicksal der anderen auf. Also jener, die schon als Sklaven ins Land gekommen waren, bevor Artigas und die Kamba *nach*kamen. Sind die auch, wie im Fall der argentinischen, an der Front verbraucht worden?

Also, im Fall von Paraguay sind ja *fast alle* Männer, bis hin zu präadoleszenten Buben, die in keine Uniform passten und unterernährt wie sie waren, kaum eine Waffe halten konnten, an den Größenwahn Machtkranker verfüttert worden. Das ist keine Übertreibung, Irini.(1) Und zwar unabhängig von ihrer Herkunft und Hautfarbe.
Aber es gibt schon auch Nachfahren der wenigen vor den Artigaskämpfern schon im Land gewesenen Afrikaner. Die leben heute in Emboscada, im Nordosten von Asunción, an der Bundesstraße 3. Dieses Gebiet kam zu seinem Namen *emboscada*, Hinterhalt, weil sich zur Zeit des Vordringens der Spanier dort die Qom, oder Guaycurú, wie sie von Nicht-Qom meistens bezeichnet werden, im Krieg mit den Carios befanden. Kriege nicht nach europäischem Schlachtfeldmodell, sondern der indigenen Art. Mit Blitzüberfällen, Hit-and-run-Taktiken, Scharmützeln. Also „hinterhältig". Im ptolemäischen Eigenverständnis

(1) https://en.wikipedia.org/wiki/Paraguayan_War_casualties

... oder sagen wir *Kulturbild* der Europäer. Ein den Konquistadoren nicht geheueres Gebiet. Und was machte und macht man da? Man schickt Verbrauchsmenschen rein. Im konkreten Fall Ex-Sklaven..., also von „ihren Herren" freigelassene Schwarze, die dort zu Sicherheitszwecken für die Spanier gegen die autochthonen Nationen weiter instrumentalisiert und verbraucht werden sollten. Und Sträflinge. Denn ein Gefängnis – aber keine Schule – bekam Emboscada gleich mit. Wo dann in den Jahrzehnten der Stroessner-Diktatur politisch Andersdenkende und –handelnde gefoltert wurden.

Emboscada, Kamba Cuá und Kamba Kokue sind die heute einzigen drei Orte, wo die übriggebliebene afrikanischstämmige Bevölkerung in Paraguay noch lebt. Freilich mittlerweile stark vermischt mit Indigenen und Paraguayern, somit viele die heller als ich sind. Wir sprechen von ungefähr acht- bis zehntausend Personen.

*

Kurz vor 22:00 Uhr. Zum ersten Mal sitzen wir drei Regenbogenfrauen *zusammen* im Arbeitszimmer Toinhos. Auf ausdrücklichen Wunsch von Verinha. Dann nimmt sie den Faden ihres Lebenslaufes wieder auf.

Du hast also gesagt, wir waren Ende 2005, Anfang 2006 stehen geblieben. Ich hätte das schon wieder vergessen [lächelt, pausiert] ... Bin ja zurück im Universum des *geschäftlichen* Zählens [lächelt] ... Und dann hat Eliane weitererzählt, bis zum Jahresanfang 2009, dem Zeitpunkt meiner Abfahrt nach São Luiz. Okay.

Das war exakt ein Jahr nach dem Brand, nachdem ich zu Eliane in die Wohnung gezogen war, dass ich mich auf den Weg machte, meine Leute zu besuchen. Nach Hause ...

Ich gelangte von Mirinzal über *eine Straße* in meinen Quilombo. Und fand das Dorf elektrifiziert vor. Obschon einigen Haushalten die Stromzufuhr wieder abgeschnitten worden war, weil sie eine oder mehrere Rechnungen nicht mehr bezahlen konnten. Das Dorf war integriert worden. Es gab nun ein soziales Gefälle.

Mein Zuhause hatte ich in anderer Erinnerung. Auf einem alten Foto, eingerahmt in mir.

Wen traf ich? Den, auf den ich mich am meisten freute, meinen Vater, nicht. Er war 2003 gestorben. Nierenversagen stand in der Sterbeurkunde. Dass seine Zuckerkrankheit Jahre nicht entdeckt oder übermittelt worden war und somit unbehandelt blieb, nicht. Genau so, wie ihm Jahre zuvor, als die staatlichen Zuwendungen unter Lula monatlich einzutreffen begannen, niemand gesagt hatte, dass das Ersetzen von Wasser durch Limonaden zu ebensolchen Krankheiten wie Diabetes führen kann. Und Vater war nicht das einzige Diabetesopfer in den Dörfern. Dort, wo man bis vor wenigen Jahren nicht einmal von dieser Krankheit gewusst hatte, auch nicht von Cola. Meiner Mutter geht es gut. Sie hätte längst gewusst, was vorgefallen sei. Mein Onkelfreund hätte es reumütig eingestanden. *Was* er ihr erzählt hat, war jedoch eine andere Version dessen, das ich erlebt habe. Wir wären *uns nach dem Tod seiner Frau nähergekommen.* Was in so einer Lage – *seiner* Lage – *nur natürlich sei.* Und, dass ich aus Eifersucht, nachdem meine jüngere Schwester gekommen war, eine Arbeit bei ihm unbekannten Leuten annahm und fortzog. Sogar abgeholt wurde. Was meine arme kleine Schwester unserer Mutter gegenüber auch bestätigt habe.

Sie ist mit ihm verheiratet. Lebt weiter in Santa Inês. Zwei Kinder haben sie. Die sie mit 14 und 17 bekommen hat. Alles gut für Mutter. Selbst ihre Enttäuschung über die einzige Tochter, die sie je beschämt hat, wäre längst verflogen. Nun, nach ihrer Rückkehr. Um alles wieder ins Lot zu bringen ...

Von meinen anderen fünf Geschwistern waren nur mehr der Jüngste, den ich noch nicht kannte, er wurde ja geboren, als ich schon in Santa Inês war, da, und mein um fünf Jahre jüngerer Bruder N.

Die früheren Spielkameradinnen waren auch fortgezogen. Der Quilombo bestand in erster Linie aus kleinen Kindern und Alten, die die Kinder aufzogen, während die mittlere Generation in irgendeiner Großstadt, als Hausmädchen, fliegender Händler, Bauarbeiter, ihrem Glückstreffer nachjagte. Unser Mehlhaus war verfallen. Grundmauern waren noch zu sehen. Kein neues war gebaut worden. Tänze und Gesänge kamen nur mehr aus den Fernsehern und Stereoanlagen. Allerdings waren darunter keine von *unseren* Liedern und Tänzen. Es hatte in unserem Quilombo immer Alkohol gegeben. Aber nichts von dem, was ich nun sah, konnte ich auf dem Foto in mir finden. Junge Männer, alte Frauen, die sich hemmungslos betrinken, machmal bereits am Vormittag bewusstlos sind. Mein eigener Bruder N darunter. Tag für Tag erbettelte er sich Teile von Mutters staatlicher Witwenrente. Es waren während meiner vierzehnjährigen Abwesenheit Jahrhunderte über das Dorf hereingebrochen. Ein überfluteter Quilombo in designter Selbstauflösung. *Kulturmuster* adé [sieht mich an, lächelt, verzieht den Mund, schüttelt den Kopf]. Jetzt, mit der neuen Straße und Stromversorgung, sind ja auch die Grundstückspreise gleich was anderes ...

Ich hätte wirklich gerne meinem Vater zugehört. Ihm erzählt. Ich weiß, dass er ein großer Erzähler *und* Zuhörer war. Ihm hätte ich die Wahrheit anvertrauen können. Er hätte verstanden. Die ganze Geschichte. Die ich nun auch dir erzähle. Unsre kleine Wilde kennt sie ja bereits [Doppelgrinsen].

Und ich fand keinen Ersatz. Niemand, mit dem es sich lohnte, Geschichten und Ideen zu tauschen. Von den Alten waren viele nur mehr mit Fernsehkonsum beschäftigt, andere kämpften mit Erinnerungsschwund. Und die Jugendlichen wussten nichts von dem, was unser Quilombo war. Zumindest bis vor nicht mal 15 Jahren. Glaubt mir, ich dachte dort an Eliane und den Clube Maria Bonita. Wie wichtig es wäre, in unserem Quilombo so eine selbstbewusstseinsfördernde und kulturreanimierende Arbeit mit den vielen Kindern und Jugendlichen durchzuführen. Eine Kulturgenossenschaft zu gründen. Frei von Schule, Fernsehen, Internet, Kirche und sonstigen Machtausübe- und Einsagerinstitutionen. Verstehst du [an mich gewandt]? Ich stellte mir diese Frage einige Male. Ob ich das machen könnte. Wollte. Sollte. Ob ich Mitkämpferinnen finden würde.

Ein anderer Grund ließ mich diese Gedanken aber abhaken. Kamen doch einmal pro Jahr Onkel X und meine Schwester, seine Frau, mit ihren Kindern und blieben ein paar Tage. Wie hätte ich das managen sollen, ohne mir selbst und meiner Geschichte ins Gesicht zu spucken? Oder Familienkrieg auszulösen? Die Auflösung des Quilombo noch beschleunigen?

Ich blieb vier Wochen. Am 16. Februar, einem Montag, fuhr ich erst nach Governador Nunes Freire und von dort weiter nach Belém. Ich hatte keine Lust mit irgendjemanden über das zu sprechen, was weiter in mir arbeitete. Mit ungewissem Ausgang arbeitete, nach dieser kurzen – *entzaubernden* – „Rückkehr" an die Wiege und einen

Erinnerungsort, den es so – außerhalb meines Ichs – nicht mehr gibt. Aber ich wollte, wenigstens einmal in meinem Leben, den Amazonas sehen. Das tat ich. [Eliane lacht.] Ich fuhr sogar mit dem Linienboot von Belém nach Santana im Bundesstaat Amapá. Hin und zurück. Immer die ozeanabgewandte Küstenseite der Ilha do Marajó entlang. Inmitten des Amazonasdeltas. In grüner Schwüle und Dampf und Motorenlärm am Tag. Und in schwarzer Schwüle und Lautsprechergetöse bis Mitternacht. Die Stunden zwischen Mitternacht und dem Frühstück waren die besten. Da konntest du den gewaltigen Bann des Dschungels am besten fühlen. Und darunter ein Kribbeln aus Neugier, Dankbarkeit und ängstlichem Respekt.

Bald, wenige Tage nach meiner Rückkehr nach Belém, war ich erneut an einer altbekannten Kreuzung angelangt. Ich hatte noch genug Geld für weitere zwei, drei Wochen und für ein Ticket nach São Paulo. Aber hatte ich noch eine Unterkunft dort? Und sollte ich Eliane überhaupt wieder belästigen? Was kann sie denn für mein Leben?

Der Amazonas zog wie ein Magnet an meinem Herz, rief nach mir, aber in Kopf und Magen hallte auch die Furcht vor ihm mit, als etwas vielleicht allzu rasch Endgültigem, Abschließendem, In-den-Tod-führendem.

São Paulo rief auch – im Hirn – mit all seinem mir genügend Bekannten, und das erschien mir etwa so attraktiv wie der Knastschwester jenes Zuchthaus, aus dem sie eben erst fortgekommen ist.

Belém gefiel mir, auch der Umstand, hier niemanden zu kennen, noch bekannt zu sein. Und ich fand Arbeit in Ananindeua. In einem Shopping Center direkt an der BR 316. Jener BR 316! Etwa 500 Kilometer die Straße rauf, von Santa Inês. Ein Zimmer hatte ich auch schnell gefunden, in Ananindeua, in einem Seitengässchen, das bei jedem Regen – und der fällt häufig in Belém! zu einem rotbraunen Schlammsee wurde, Schuhe, Flipflops verschluckte. Von Anfang März 2009 bis Ende April 2010 blieb ich dort. Dann zog ich weiter. [Sieht mich jäh an, deutet mit ihrem rechten Daumen auf Eliane, und lächelt.] Nicht nur unsre kleine Wilde ist damals wieder in die Wanderschuhe gestiegen. Ich auch. [Klatschen mit der flachen Hand in jene entgegengestreckte der anderen, lachen.]

Nun war mein Ziel der Jalapão in Tocantins. Ich hatte eine Reportage im Fernsehen gesehen. War sofort fasziniert gewesen. Angezogen.

Ähnlich der Lockung des Amazonas. Aber kein Unterton einer Angst dabei. Ich fuhr also mit Bussen über Marabá – gar nicht weit von Imperatriz – und ich spielte wirklich mit dem Gedanken, dorthin abzuweigen, um zu sehen, ob es das Motel noch gebe. Um diesen Jahren einer Vergangenheit, die weiterlebt als Humus- oder Giftpartikel des Jetzt noch einmal gegenüberzutreten, allerdings *als Siegerin*, aber ich unterließ es dann doch. Also über Marabá, São Geraldo do Araguaia und Palmas gelangte ich in den Jalapão. Eine Weltreise, vor allem das letzte Stück. Auf Sandpisten. Aber ein Gebiet, wie gemeißelt und bepflanzt aus einem Traum – *meinem* Traum. Ich versuch euch das erst gar nicht in Worte zu packen. Seht es euch selbst an. Im Internet gibt's einiges dazu. Heute. Viel mehr als damals, vor wenigen Jahren noch.

Ich wollte länger bleiben, suchte nach Arbeit, fand aber nichts. Außer vielen netten einheimischen Leuten, die zwar hilfsbereit waren, aber selbst nicht viel hatten. Schon gar nicht Jobs. Mit der Hilfe einer besonders warmherzigen und anständigen Frau – einer *Schwester*, so wie ihr halt, oder meine Favelagenossin, die ihr bei mir kennengelernt habt – die so wie ich eine gebürtige Quilombola ist, ein paar Jahre älter als ich, bekam ich Arbeit wenigstens in der Nähe. In Natividade, etwas südwestlich vom Jalapão. Dort arbeitete ich in einem Hotel ab Juni, bekam ein Kabinett in ebenjenem Hotel nur für mich, und hatte jedes zweite Wochenende ab Freitag Mittag frei und konnte zurück in den Jalapão. Um dort Kommendes, das nicht zu erwarten, sondern zu gestalten war, vorzubereiten. Mit der uneigenützigen Beratung und Hilfe dieser Schwester vor Ort ... nennen wir sie „L". Und von dieser L will ich dir ein bisschen ausführlicher erzählen. Den Hauptfaden aus *ihrem* Leben. Denn ihres ist genauso ein Beispiel für *das brasilianische Frauen„schicksal"*, wenn du „unten" reingeboren wurdest, und es trotzdem wagst, das nicht unterwürfig und als gottgegeben akzeptieren zu wollen. Und sie ist auch in diesem Sinn eine Ausnahme, wie wir beide hier. Weil sie trotz ihrer konstruktiven Weigerung ihr „Lebenslos" als *Stück Verbrauchsfleisch im Dreck* zu akzeptieren, noch immer, aufrecht und kämpfend, am Leben ist.

L war mit 15 verheiratet, mit einem Cousin zweiten Grades. Kaum 16, hatte sie das erste Kind. Und sie beschlossen, aus dem Quilombo fortzugehen, um bezahlte Arbeit zu finden. Um sich ein besseres

Leben aufzubauen, als Familie. Sie arbeiteten auf Fazendas, bis sie bald wieder schwanger war. Verdient hatten sie nichts in einem Jahr des Malochens und Sklavendaseins, gerade mal das Essen hatten sie sich finanzieren können von dem Lohn. Eine Geschichte unter vielen ähnlichen, meine Schwester. Das alte, ich meine *wirklich alte*, Lied. Sie gingen dann nach Natividade, in die Stadt. „Stadt", ein Flecken mit ein paar tausend Leuten halt. In Natividade leben viele, die aus den umliegenden Quilombos zugewandert sind. Sie hatten also auch ihre Leute dort.

L und ihr erstes Kind blieben, untergebracht bei Verwandten, und sie brachte das zweite zur Welt. Mit 17. Ihr Mann musste zurück in die Sklaverei der Großgrundbesitzer. Alles, was er hatte, waren seine schwarze Haut und seine starken Arme. Damit war sein Platz in der streng geordneten Gesellschaft im Reich der Großgrundbesitzer vorgegeben. Seit Jahrhunderten. Es folgten drei Jahre, in denen sie sich nur zu Weihnachten sahen, wenn er für eine Woche freibekam. Und eine Mitfahrgelegenheit fand. Denn wäre er die 300 Kilometer mit den Öffis gefahren, *wenn* sie überhaupt fuhren, wäre das Ersparte, das er mitbringen wollte, schon nach der Hinfahrt aufgebraucht gewesen. Dann, im vierten Jahr, kam er nicht mehr. Nachdem er sich einem spontanen Streik, *Banditentum* nennen die Großgrundbesitzer und ihre Brüder in Politik und Medien das, angeschlossen hatte, um menschenwürdige Unterbringung und Verpflegung zu erreichen, kamen alle, die teilnahmen, *auf die Liste*. Wer auf die Liste kommt, ist fortan *marcado*. Vorgemerkt. Mit dem Mal des Todes. Er und die anderen mussten abhauen. Nur einen haben sie erwischt. Und erschossen. Die anderen, wahrscheinlich alle papierlos, werden sich vermutlich nach Bahia abgesetzt haben. Und nun von den dortigen Großgrundbesitzern, im Westen Bahias, genau so misshandelt und ausgebeutet werden wie zuvor in Tocantins. Früher, vor Jahrhunderten, hat sich Flüchten noch lohnen können. Der Krebs war noch nicht überall. Aber heute gibt es kein Entkommen mehr.

Sie haben sich nie wieder gesehen. L weiß nicht, ob der Vater ihrer zwei Söhne lebt oder nicht mehr.

Ihre Verwandten, wo sie wohnen durfte, waren wie fast alle in Natividade arm wie Kirchenmäuse. Hatten kaum genug, um für sich selbst das Nötigste – Essen vor allem – zu besorgen. L brauchte Arbeit, fand sie in dem Hotel. Als Putzfrau und Frühstücksköchin zum halben Mindestlohn. Dazu bekam sie eine Kammer mit einem Bett für sich und ihre beiden Söhne.

Als alleinerziehende Mutter in ihren Zwanzigern ist sie, die Putzfrau aus dem Hotel, am Nachmittag gemeinsam mit ihren beiden Buben zur Schule gegangen. Mit im Klassenzimmer gesessen. Wurde dank einer verständnisvollen Lehrerin inoffiziell mitalphabetisiert. Und wenn die Buben abends im Bett in der Kammer schliefen, ging ihre Mutter die Wäsche bessergestellter Leute holen, die sie dann bis tief in die Nacht händisch wusch und im Innenhof des Hotels zum Trocknen abhing. Für ein paar Münzen mehr. Danach legte sie sich für vier, fünf Stunden zur Ruhe. *Neben* das Bett. Auf einer über den Steinfußboden ausgebreiteten Decke. Mutter, doppelte Lohnarbeiterin und doch weit jenseits des Mindestlohns, Schülerin und eiserne Sparerin. Centavo für Centavo.

Denn sie hatte sich ein Ziel gesetzt. Mutter sein und Lernen sind lebenslange Aufgaben. Aber nicht die Lohnarbeit! Gegen Ende ihres zweiten Jahres im Hotel kaufte sie eine Grundstücksparzelle am Rande von Mateiros, fast noch im Busch, wo es nur ein Butterbrot, für sie allerdings trotzdem ein Eckhaus, kostete. An der Straße zu ihrem Quilombo. Im fünften Jahr in diesem Takt begann sie – eigentlich ein Onkel und ein Bruder aus ihrem Quilombo –, das über drei Jahre Stück um Stück zusammengehäufte Baumaterial in ein Häuschen mit Strom- und Wasseranschluss umzuwandeln. Es wurde in wenigen Wochen fertig, ihr Bruder zog ein. Und vermietete es fortan, wann immer möglich. An durchkommende Touristen oder Marktfahrer. L war zu einer zusätzlichen Einnahmequelle gelangt. Und Mateiros war gewachsen. Ihr Häuschen stand nicht mehr im Busch, es waren bereits Nachbarhäuschen da.

Gegen Ende des dreizehnten Jahres ohne ihren Gefährten schlossen L und ihre Söhne gemeinsam den *primeiro grau*, 1.Grad, [entspricht etwa Volks- und Hauptschule] ab. Sie packten sich zusammen, fuhren erst nach Gurupi zum großen Einkaufen und dann mit allen möglichen Haushaltsdingen, bis hin zum Bett und Sofá in einem Frachterlastwagen zum *eigenen* Heim in Mateiros, wo der Bruder wartete. Ihre Kindheit hatte sie, wie ich, in einem mit Palmenblättern gedeckten Lehmziegelhaus, verbracht. Nun hatte sie ihr gemauertes Häuschen mit einem Zimmer und einem Bett nur für sich selbst, die

Buben hatten ihres und ihr Bruder das seine. Nebenan hatte der Bruder, wann immer Mietgeld hereingekommen war, Schaufel für Schaufel, Ziegel für Ziegel, einen Kiosk gebaut. *Meu negócio*, mein Geschäft, wie L es immer mit Nachdruck auf *meu* nannte. Einerseits ein Laden mit all dem Kram, den du in einer „Stadt" mit nicht mal zweitausend Leuten so verkaufen kannst, wo andererseits aber auch für Touris aufgekocht werden kann. Das passierte zwar anfangs kaum einmal, aber wenn es denn passierte, konnte wieder etwas zur Seite gelegt werden.

Kaum begann sich die Doppelstrategie einigermaßen zu rentieren, kamen die Grundstückbetrüger an, mit einem Haufen Papiere. Sagten, sie wären die Anwälte des rechtmäßigen Besitzers. L wäre beim Kauf Jahre zuvor leider einem Betrüger aufgesessen. Aber angesichts ihrer beiden Kinder würden sie ihr einen Monat geben. Bis zur vollständigen Räumung. Sonst drohten Kommissar, Gericht und Gefängnis.

L, eine allerziehende schwarze Frau vom Hinterland, war und ist erstes Ziel jedes Ganoven weit und breit. Vom Hinterhof-Hühnerdieb bis zum Bürgermeister und zum Landbaron. Allzuoft ohnehin in einer Person vereinigt. Aber die Laufburschen des Hintermannes hatten nicht mit einer Schwester gerechnet, die lesen und schreiben konnte und nachdachte und handelte. Und zwar besser als die beiden „Anwälte" zusammen [lacht herzlich ihr sonores Lachen]. Hat sie gleich eingeladen mit ihr und ihrem Bruder – *na hora*, jetzt sofort – aufs Gemeindeamt zu gehen, wo ihr Grundstück schließlich registriert worden war, damals, gleich nach dem Kauf. Eine Ausnahme unter den Armen, weil die meistens gar nichts von dieser amtlichen Grundbucheintragung wissen, und wenn doch, oft das Geld für die Gebühren nicht haben. Wie gewünscht in diesem Land ... Da sind sie wieder abgezogen, die beiden Mistkerle. Und jetzt wissen erstmal alle dort im Jalapão: *Die hat Zähne.*

Am besten gefiel mir dabei, dass sie das auch ihren Buben weitergab. Mit ihnen über das Vorgefallene sprach. Die beiden auch immer wieder an ihren Vater erinnerte, der einst auch aufgestanden, entgegengetreten sei und sein Leben aufs Spiel setzte für die richtige Sache. *Für unser Recht.* Eine großartige Guerreira ist sie, keine 08/15-Frau, verstehst du?

Obwohl du auch dann, ich meine, wenn du eine fantastische Kämpferin bist, keine Garantie auf Erfolg hast. In unserem System, das denen, die von unten losziehen, von ganz unten, als Frau!, ein Stück weiter nach oben wollen, nicht unter die Arme greift, sondern Knüppel in den Weg schmeißt. Oder ihn dir gleich über den Kopf zieht. Für deine Anmaßung deinem Verbrauchsfrauen„schicksal" eine Änderung geben zu wollen. Auszuscheren aus der Ordnung Brasiliens. Heute ... ich meine *jetzt*, Februar 2017, hat L wieder mit so einem Knüppel zu schaffen. Ihr älterer Sohn, jetzt schon über zwanzig, ist im freien Fall der Drogenabhängigkeit. Schon früh, gleich nach ihrer Übersiedlung nach Mateiros, begann er als Gelegenheitsguide zum Familieneinkommen beizutragen. Kannte die Gegend bald wie seine Handflächen, lotste Touris, die mit ihren Allradfahrzeugen oder Enduromotorrädern gern im Jalapão auftauchen, durch die Sanddünen, zu Wasserfällen, Goldgrasprärien, Felsbergen. Und auf Wunsch auch in die Quilombos, seine Kulturwurzelwelt, oder gleich zu Mutter ins Gelegenheitsrestaurant. Das war gut für ihn, gut für die Touris und gut für die Familie. Wann er da freilich zum ersten Mal mit Drogen in Kontakt gekommen ist, weiß ich nicht. Vielleicht nicht mal L selbst. Aber dass es dazu kam, mit Touris, steht fest. Und schnell wurde dieser Kontakt zu einer festen Beziehung. Geld wurde zum Problem. Früher reichten die Touris, die ihn als Guide wollten, um genug zusammenzubekommen, um zum Haushalt beizutragen, die Familie zu unterstützen. Die stolzerfüllende Hauptaufgabe eines traditionellen Quilombola-Mannes, egal wie jung oder alt, eben. Aber schnell reichte das Verdiente nicht mal mehr, um seinen Bedarf zu decken. Der stieg, gegenläufig zum Verdienst, der nun zu sinken begann. Als L es schließlich rausbekam, die Ursache für die Veränderung, war der Bub kaum noch erreichbar. Nicht mal für sie. Das letzte Mal, als wir miteinander telefonierten, erzählte sie mir, dass er nach Palmas abgehauen sei. Sich dort auf den Handel eingelassen hätte. *Auf der Schnellspur einer Sackgasse* dahinrase ... Sie ihren Bruder, seinen Onkel, nach Palmas geschickt habe, um ihn zu suchen und zur Rückkehr zu bewegen. Bevor's zu spät ist. Sie würde selbst ihr Haus und den Laden aufgeben, zurück auf null, um ihn zu retten ... Geschichten aus dem Verbrauchsmenschen-Brasilien. Eines unter Millionen von Beispielen *der Sisyphosaufgabe* – so nennt es Toinho – eben. Die Brasiliens Status quo in allen möglichen, und an die jeweilige Epoche adaptierbaren, Varianten für unsereinen parat hält.

Okay, zurück zu Verinha. Ins Jahr 2011 jetzt. Die letzten Monate in Natividade beziehungsweise im Jalapão, hatten mir drei Gewissheiten beschert. A) Ich könnte hier zwar weiter überleben, im Hotel arbeitend und wohnend, aber es nicht zu Ersparnissen für eigene Projekte bringen. Wenigstens nicht schnell genug, *bevor* ich alt wäre [lacht]. B) Der Jalapão ist sowohl kulturell als auch in seinen natürlichen Eigenschaften ein mir sehr stimmiger Platz. Ich fühle mich wohl dort. C) Ungleich der Chapada Diamantina im Herzen Bahias ist der Jalapão touristisch noch unerschlossen. Trotz seiner Schönheiten, trotz seines Potenzials, liegt er zu weit „vom Schuss". Aber aspahltierte Straßen werden irgendwann einmal kommen. Das steht fest. Denn Straßenbau, vor allem im Hinterland, ist prima für Politgangster. Solange gebaut wird, rieselt Geld. Da kann immer gut und gerne die Hälfte aufs eigene Konto umgeleitet werden. Und somit Machtvorsorge getroffen werden. Bauverzögerungen sind also mit ein Sinn der Sache. Wer das verinnerlicht hat, versteht, warum Hundertkilometerstücke vieler Jahre und Regierungen bedürfen. Im Normalfall. Denn manchmal genügen den Politgangstern 50 Prozent nicht und die Straße wird überhaupt nur auf dem Papier und in Wahlwerbungsmärchenfilmen gebaut, während auf dem Boden der Realität ein paar Schilder zum Bauvorhaben und zur Baustellenauszeichnung in die Pampa gekarrt werden. Und die Eroison der kommenden Jahre, oder von Großgrundbesitzern gelegte Bränd, diese Zeichen brasilianischen Umgangs mit öffentlichen Geldern wieder fressen.
Zusammengefasst: Ich hatte eine Idee, einen Wunsch, es fehlte an Geld, das es zu organisieren galt, und die Zeit drängte nicht.

Im Jänner 2011 rief ich bei der Frau aus Espírito Santo an, die ich im Vorjahr im Hotel kennen gelernt hatte. Sie, ihren Mann, die zwei jugendlichen Kinder auf Urlaubsfahrt. Zuerst waren sie nach Brasília geflogen, den Kindern die Bundeshauptstadt, *das Kunstwerk Niemeyers*, zeigen. Und von dort mit einem Leihwagen nach Alto Paraíso de Goiás, das Tor zum Nationalpark Chapada dos Veadeiros, gefahren, wo eine Woche für Trekking und Fischen vorgesehen war. Nun, *manchmal* trifft die normale Absurdität des Handelns unserer Gesellschaft auch die Reichen [lächelt]. Als sie dort eintrafen, war der Nationalpark gesperrt. Über 50 Prozent des Nationalparks bereits in

Asche. Und auf dem kleineren, noch nicht völlig vernichteten Teil noch immer 90 Brandherde am Wüten. Weil irgendein Auto- oder Lkw-Fahrer, so wie das eben üblich ist, den Job des Staates selbst in die Hand genommen hatte. Es sind ja dort, in der Cerrado-Vegetation keine Straßenschilder oder Kurven einzusehen, weil an den Straßensäumen alles zuwuchert. Das Geld für die Trupps zur Instandhaltung stecken Stadträte, Bürgermeister, Governeure, Minister lieber selber ein. Denn irgendwer tut schon den Job. Wenn's gar nicht mehr geht. Das sind dann die, die routinemäßig den Busch am Straßenrand anzünden. Bei Trockenheit. Logisch. Dass dann oft riesige Landstriche, ausgedürrter papiergeschützter Wald in Gluthitze zum Beispiel besonders gut, mitbrennen, ist nicht Sache des handelnden Bürgers. Seine Sache ist bessere Sicht nach vorn, wenn er hier morgen wieder vorbeikommt. Hinter ihm die apokalyptischen Feuer. Ich betone, *Irini*: *oft!*, keine fünf Jahre später haben sie denselben Nationalpark ja wieder komplett abgefackelt, die Intervalle zwischen den Bränden werden immer kürzer, nur eine Frage der Zeit, bis die Resilienz da einfach nicht mehr mitkann, die nächste brasilienmenschengemachte Wüste entsteht. Und wenn es nicht die sichtbesorgten Verkehrsteilnehmer sind, machen es die Großgrundbesitzer, denen Nationalparks genauso „lieb" sind, wie Indigene Reservate.(1)

Die Frau meinte, einerseits sei das auch „positiv" gewesen, das Zwangsrumhängen im verrauchten Hotel unter aschgrauem Himmel. Es wäre ein bleibender Eindruck für die Kinder gewesen. Den Umgang unseres Volkes mit der Natur einmal live zu erleben. Und darüber nachzudenken. Aber nach drei Tagen entschieden sie sich doch, mit der Hotelleitung zu einer amikalen Lösung zu schreiten. Statt ihr Geld zurückzubekommen, wurde es an eine der freiwilligen Feuerwehrtruppen weitergegeben. Für deren Verpflegung, Stiefel, Handschuhe. Und sie fuhren weiter, in den Jalapão. *Die Armen*

(1) Als ich am 28. Oktober in Landeck gerade dabei war, dieses Kapitel ins Deutsche zu übersetzen, wurde in den 6:30-Uhr-Nachrichten von Ö1 die Nachrichtenagenturmeldung verlautbart: *Großbrand im Park Chapada dos Veadeiros im brasilianischen Bundesstaat Goiás.* Zur Ursache freilich kein Wort. Die stille und falsche Übermittlung einer *natürlichen Fatalität.* Die überhaupt keine ist. Wie ich dank unserer beiden genuinen Brasilienkennerinnen und -korrespondentinnen – die aber in keinem Medium zu Wort kommen – weiß.

[lächelt]. Geradewegs vom Feuer in die Kohle. Denn bei uns, also im Jalapão, hatte es den Monat zuvor gebrannt, im August. Und zumindest sechzigtausend Hektar in Kohle und Asche verwandelt. Wahrscheinlichste Ursache: Brandrodung oder Brandfeldbau. Papierverboten, klar. Aber was heißt das schon, in der Realität. Die Täter werden sowieso nie gefasst. Nicht mal gesucht, wenn davon auszugehen ist, dass es durch Großgrundbesitzer gestartet wurde, die, ich hab's gerade erwähnt, eine Aversion gegen Schutzgebiete und deren Wirtschaftlichkeit per Tourismus hegen. Als eigenexpansionsbehindernden Faktor. Und wer etwas weiß, gesehen hat, der hält penibel den Mund. Weiterleben ist schließlich das unmittelbarste Ziel.

Ich hab die Familie dann in ihrer Urlaubsnot im Flammenmeer zu L nach Mateiros geschickt. Und deren damals noch cleaner Sohnemann 1 hat sie in den folgenden Tagen in unverbrannte Oasen in all ihrer natürlichen Schönheit gelotst, laut L *das Geld für zwei Monate in drei Tagen rein gewirtschaftet*.

Als die Tourifamilie schlussendlich nach Luís Eduardo Magalhães aufbrach, um dort den Leihwagen zurückzugeben und mit dem Flugzeug via Salvador nach Hause zu kommen, machte sie extra einen 160-Kilometer-Umweg nach Natividade. Die Frau wollte sich persönlich bei mir bedanken. Verdonnerte auch gleich ihren Mann und ihre Kinder dazu [lacht, schüttelt den Kopf], aus dem Auto auszusteigen und artig „Dankeschön, Verinha" zu sagen. Dann schüttelten wir uns nochmal die Hand und sie sagte, *also, du hast ja meine Karte, ruf mich an, schreib eine Mail, wenn du wieder Lust auf Großstadt bekommen solltest. Einen Job brauchst. Zu jeder Tages- oder Nachtzeit. Deus te abençoe. Gott segne dich.*

Na ja, und diese Frau rief ich dann an, im Jänner 2011, etwa vier Monate nach ihrem Besuch. Erklärte ihr, dass ich vorhatte, *auf ein paar Jahre* wieder In die Stadt zu gehen. Zu arbeiten, als Kassiererin. Sie würde mich zurückrufen, am selben Abend noch, es wäre jetzt gerade kein guter Zeitpunkt für sie zu sprechen. Ich dachte, hab's ja gleich gewusst, aus den Augen aus dem Sinn, für solche Leute existiert doch so eine wie ich überhaupt nicht. Scheiß auf Hilfe, ich kann's auch alleine. Und hatte das Telefonat und die Frau bereits abgehakt. Aus Lang- und Kurzzeitgedächtnis gestrichen, zack [lacht].

439

Ich war abends schon in meinem Hotelkabinett, beim Fernsehen im Bett, als die Besitzerin nach mir rief. Die *Capixaba*, Frau aus Espíritu Santo, war am Apparat. Strafte mein Vorurteil Lügen [rollt mit den Augen]. Im Moment hätte sie keine für mich passende Stelle. Aber das könne sich jederzeit ändern. In ihren Supermärkten, Plural, wäre es nur eine Frage der Zeit, bis eine Frau durch Schwangerschaft oder *Heirat mit einem Falschen* ausfalle. Ich solle geduldig sein, mich bereithalten. Sie würde wieder anrufen. Hat mich dann auch noch zweimal angerufen. Zu Geduld mahnend, *den Job hast du, die Frage ist noch, ab wann*. Der dritte Anruf kam am 9. März. Am Aschermittwoch! Natividade war gerade in Ohnmacht gefallen, ins Post-Karneval-Koma. Übrigens ein angenehmer, wohltuender Karneval, noch richtig urtümlich. Fast ausschließlich Einheimische. Kein in Konsumkraftklassen unterteiltes Massenabzockhappening. Die einheimischen Blocos ziehen die Foliões durch die Kolonialhausgässchen hinter sich her, spielen unaufhörlich ihre *marchinhas,* Märsche, viele Trommeln, viele Blechbläser, treffen sich vor der Igreja do Rosário dos Pretos, Rosenkranz-der-Schwarzen-Kirche, und musizieren dort um die Wette. Wirklich schön. Noch einiges vom traditionellen Quilombofeierstil mit dabei ...
Aber egal, ich weiß schon, die Zeit ist knapp ... [Eliane und Verinha lachen, ich schmunzle], weiter also im Lebenstext Verinhas.
Am Samstag, den 12. März 2011, nahm ich den Bus nach Barreiras in Bahia. Von dort weiter nach Ibotirama. Am Ufer des *Velho Chico*, Alter Franzl, der der Populärname der Hauptschlagader der Nordostregion, des San-Franzisko Flusses, ist. An dem ich auch schon früher mal dran war. Allerdings viel weiter im Nordosten, knapp vor seiner Mündung. Damals, nach den Malocher- und Kängurumonaten [grinst] im Zuckerrohrschnitt. In der Aldeia der Kariri-Xocó-Índios. Aber wie eine Hauptschlagader sah er nicht aus, der Velho Chico. Eher wie ein in den Versandungstod siechendes Rinnsal. Statt mächtigen Dampfschiffen, wie bis vor wenigen Jahrzehnten, konnten da nur mehr Zillen, mit einem Fischer an Bord, raus. Aber der brasilianische Volkssport des Abfackelns, auch von Quellen, darf nicht ruhen. Bis der letzte Fluss im Arsch ist.
Und weiter oben [im Norden], so unglaublich dir das vorkommen mag, schmeißen sie seit weiß der Teufel wie vielen Jahren wie viele Milliarden in ein hunderte Kilometer langes Abzweigesystem. Unsere

obersten Politiker. Lula, Dilma, Temer, alle bauen sie eifrig daran, *den armen Menschen im Sertão Wasser zukommen zu lassen*. Bloß ist da kaum noch Wasser im Fluss. Auch so schon, ohne Umleitungssysteme. Und im Übrigen gilt für diese Permanentbaustelle dasselbe wie für den Straßen„bau". Je länger er geht, vulgo *nicht* geht, desto lukrativer. Zahlen tun's wir. Dieselben Banditen wiederwählen auch.

Die Stunden des Wartens auf einen Anschlussbus nach Bom Jesus da Lapa und weiter über Brumado nach Vitória da Conquista, wollte ich am Fluss verbringen. Aber du kamst gar nie bis zum Wasser. Nur Schlamm, Müll und Sand und feststeckende Boote. Gestank, Geier und Myriaden von Fliegen. Statt dem Kick der naturerbaulichen Art, bekam die Seele Prügel. Wie lange würde der Velho Chico, der Amazonas, der Jalapão, ... dieser gesamtbrasilianischen Stoßrichtung gegen *jeden* Flecken noch intakter Natur noch standhalten können? Ich ging zurück zur Rodoviária, wartete lieber dort, im Gestank ratternder Dieselmotoren. Die unsere Fahrer, scheint's, nie abdrehen. Auch wenn das Anhalten in der Station eine halbe Stunde übersteigt.

Als ich in Vitória da Conquista ankam, war ich über 50 Stunden unterwegs gewesen. In Bussen, die zur Sklavenarbeit passen. Sklaventransporter. Die Firmen, ich hab das fotografiert, Emtram und Novo Horizonte. Busse, die angeblich aus der Garage kamen und an denen doch bereits alles verdreckt war. Die Klos, so sie überhaupt vorhanden waren, ohne Tür und angeschissen. Bei Regen badest du mit. Die Mehrzahl der Seitenschiebefenster lässt sich entweder nicht öffnen oder nicht schließen. Und wie oft wir im Busch standen, weil wieder irgendwas nicht funktionierte ... Dieselben Firmen, die auf anderen Strecken, also nicht im Hinterland des Nordostens, Luxus-Cruiser einsetzen, um konkurrieren zu können, nützen hier, unter den schwarzen Verbrauchsmenschen Bahias ihre Streckenmonopole und zwingen die Menschen, so zu reisen, als handelte es sich um Vlehtransporte. Im 21. Jahrhundert! Im reichsten ... oder *einem der reichsten* Länder der Welt!

In der Rodoviária in Conquista hieß es, wieder Stunden mit Warten verbringen. Ich schmälerte die Reisekasse beträchtlich damit, mir ein Taxi zu einem nicht weit gelegenen Billighotel zu nehmen, um dort – *zu duschen*. In Ruhe und Sauberkeit. Auf jeden Fall verglichen mit dem, was dir in der Regel in den Rodoviárias so angeboten wird.

Jetzt fehlten noch zwei weitere Busse. Einer der erwähnten Alptraumart, im Dreck, bis Itabuna. Und dann, in einem einwandfreiem Fern- und Nachtbus, bis nach Vitória.
Vier Tage für zweitausend Kilometer. In einem Land, in dem, laut offiziellem Papier, ununterbrochen Straßen gebaut, saniert, modernisiert werden. Wo das Land eigentlich schon gänzlich unter Beton und Asphalt stecken müsste. Und du in Wahrheit, fern der Papiermärchen, in einem ganz anderen bist. Straßen, wo die Anteile von Oberfläche und Löchern etwa gleichauf liegen. Busse, die in anderen Weltteilen nicht einmal zum Viehtransport benützt werden dürften. Politiker „wissen das nicht". Erleben es ja nie. Zahlen wir ihnen doch für ihre Dienstreisen in Mafiaangelegenheiten und Spritztouren stets das Flugzeug. So wie auch die meisten Touris nichts wissen davon, was abseits des Luftraums und der Haupttourirouten so läuft, für die einheimische Verbrauchsmenschenware. Und die dann, wieder zu Hause, schwärmen: funktioniert ja eh alles ganz gut in Brasilien, selbst der Notarzt war gleich parat, neben dem VIP-Warteraum am Flughafen soundso, als mir mal kurz übel war ... Heilige Scheiße, *Irini*! [Dreierlachen.]

Die Frau meinte, ich solle in ein Taxi steigen und zur angegebenen Adresse kommen, die Kosten für das Taxi übernähme sie. Ich hatte erst ein paar Stunden in der Rodoviária von Vitória herumgesessen, war ja schon kurz nach vier angekommen. „Schon". Und traute mich erst nach acht bei der Frau anrufen. Ab hier ging's wenigstens wieder. Mit *nicht* stressigem Telefonieren. Das Handynetz funktionierte. Im krassen Gegensatz zum Hinterland Tocantins', wo's nie, und dem von Bahia, wo's nur alle heiligen Zeiten funktioniert. Außer in ausgesuchten Tourighettos, dort funktioniert meist alles und stetig. Nun, *die Frau*, wie ihr euch wahrscheinlich schon vorgestellt habt, ist die Besitzerin von dem Supermarkt, wo ich seit 21. März 2011 bis jetzt arbeite. Hier in Vila Velha. Und zwar als *Supervisorin* – wow! [Dreiergelächter, Handflächen, die gegeneinander klatschen.]

Gerne hätte ich noch weitergemacht. Aber Verinhas Abschluss-Wow war tatsächlich ein Schlusspunkt. Den nur sie setzen sollte. Eliane und ich mussten ja morgen nicht wieder im Supermarkt als Troubleshooter herumlaufen. Verinha ruhte also ihrem Arbeitssonntag entgegen und

Eliane, die morgen auch wieder an ihren derzeitigen Platz und ihre derzeitige Arbeit in den Aldeias bei Aracruz zurückkehren will, legte sich auch bald schlafen.

Es war halb zwölf. In einer halben Stunde würde mein letzter Tag mit den drei Freunden beginnen. Den *Schwestern*. Und dem Bruder. Unter *vielen* neu kennengelernten Schwestern und Brüdern in Brasilien. Und eins geht ins andere, aus Berührungen werden Verzweigungen, die wachsen.

Schon gestern, in der Nacht von Freitag auf Samstag, nach der Fahrt durch den Norden Espírito Santos und den Treffen mit Dona Raimunda und den Tupiniquim Xica und Jaborandi, hatte ich mein Zusammensein mit indigenen Menschen mithilfe eines Spielfilms verlängert: Chris Eyres „Skins" (2002). Dieser Film ist zwar im Norden, auf der Schildkröteninsel, angesiedelt, rief aber dennoch immer wieder von dem in Erinnerung, was ich die letzte Woche über hören und lernen durfte. Vor allem was die unverklärte sozio-kulturelle Situation in den Aldeias nach einem halben Jahrtausend Zwangskontakt mit *uns Kognone* betrifft.

Und jetzt, ohne Müdigkeit nach einem zweistündigen Spätnachmittagsschlaf zwischen den Interviews mit Eliane und Verinha, stieß ich im Internet auf den mir unbekannten John Trudell. Er ist vor kurzem verstorben. Aber viele seiner Reden, seine Poesie und Musik, leben weiter. Und auch in den Gedanken und Botschaften Trudells liegt eine beinah unheimliche Kongruenz zu dem von meinen beiden Schwestern explizit oder implizit Gesagten. Ich kann es – oder ihn – nur empfehlen:

https://www.youtube.com/watch?v=q2WEVdNQAxE&t=52s

Ich dachte gerade – als unmittelbare Folge der Worte Trudells, aber auch der Essenz der Erzählungen von Eliane und Verinha und in diesen inhärenten, bisweilen „versteckten" Analysen und Aussagen und „Kampfansagen" – an die zwei Bücher von Vandana Shiva, der indischen Mutter Courage, die ich vor Jahren gelesen habe. Und obwohl es nicht viel ist, woran ich mich klar erinnere, spürte ich trotzdem auch hier eine dichte Grundkongruenz zwischen dem von ihr Ge- und Beschriebenem und den Lebensuniversen von und um Eliane und Verinha – *Eine* Welt ...?

Da zuckte ich gehörig zusammen. In der Stille der Nacht waren Schüsse gefallen. Vier, fünf oder sechs, ganz knapp hintereinander. Ich lauschte erstarrt, aber es schien vorbei. Es war wieder still wie in einer Paznauner Winternacht. War ich eingenickt, hatte ich einen Sekundentraum gehabt? Aus welcher Realität waren diese Schüsse gekommen? Einer jener, mit denen es gelingt, im Traum in Kontakt zu treten, oder doch einer der handfesten, hausmachtgemachten, aus den dunklen Straßen Vila Velhas, drei Stock tiefer?

Halb eins, Sonntag schon, und ich war wieder hellwach. Also weiterschauen.

Der Extended Cut von Terrence Malicks „The New World" (2008 bzw. 2005), führte mich zurück in jene Tage, als das Unheil für die Natur und die Indigenen Völker Abya Yalas begann. Ganz besonders auffallend und eindringlich war gleich der erste – gezeigte, nicht gesprochene – Satz in diesem Werk. Denn er erinnert sofort an die vielen eingeflochtenen Hinweise von Verinha, Eliane und Antônio Carlos, was eine weit verbreitete aber unangebrachte Selbstüberzeugtheit, Überheblichkeit seitens (Brasilien-) Besuchern – von Kurz- und Langzeit-Touristen bis zu „Experten" wie Korrespondenten – aus Europa betrifft:

How much they err,
that think every one which has been at Virginia
understands or knows what Virginia is.

444

Sonntag, 19. Februar 2017 (Vormittag)

Um dreiviertel Sechs kam ich nach nur zweieinhalb Stunden Schlaf natürlich zurück. Auf die Realitätsseite die allgemein als *die Realität* schlechthin bezeichnet wird. Ordnete erst Dinge in mir, schrieb Notizen und öffnete meinen Trichter dem Informationsstrom, der für uns vorgesehen ist:
Der am 4. Februar begonnene Streik der Militärpolizei von Espírito Santo geht weiter. Hat sich teilweise auf den Nachbarstaat Rio ausgedehnt.

In heimischen Medien finde ich, nach der vorschnellen Meldung seines Endes vor Tagen schon, weiterhin keine Berichtigung. Wer sich für ein Land interessiert, ohne über vielschichtige Vor-Ort-Quellen und lokale Sprachenkenntnisse zu verfügen, bleibt un- oder falsch informiert.

Nicht nur jene die hier aufgezeichnet wurden, sondern alle meine Gesprächspartner seit meiner Ankunft in São Paulo, haben mir auf die eine oder andere Weise die Augen geöffnet, zu verstehen gegeben, dass ich von ihrem Land, ihren Kulturen, ihren Realitäten im Grunde gar nichts weiß. Denn das bisschen, das ich zu wissen vermeinte, war entweder mit europäischen Brillen (v)erkannter Folklorekitsch, oder eben solche Dinge wie: Der Streik ist aus – obwohl das Gegenteil der wahre Fall ist.
Gekommen war ich als Forschungs- und Informationsarbeiterin. Geworden bin ich zur Glaneuse, die Verstehensbrösel klaubt und brockt. Ich jage nicht einer Sensationsnotiz, möglichst bluttriefend, dem großen Bild- und Krone-tauglichen Tier hinterher. Ich gehe bedächtig vor, als Sammlerin. Und beginne all das Gesammelte, diese vielen empirischen Informationen und Kommentare lebenslang Brasilien-Betroffener in Verbindung zu setzen. Zuhören ist the order of the day – *jeden* Tag. Aus gutem Nichteinmischungsgrund. Und langsam erwächst ein erstes Grundverständnis der heterogenen Formen und Realitäten irdischen Lebens in *diesem* Teil der Welt.

Verinha ist gerade los zur Arbeit, Antônio Carlos bereits auf dem Weg hierher. Ich trinke den dritten Milchkaffee. Starthilfen nach einer erholungskurzen Nacht?

Eliane gesellt sich zu mir, in die Küche, Antônio Carlos kommt nach Hause und legt sich sofort ins Bett – *ein epischer Nachtdienst,* war der einzige, lapidare Hinweis auf die Ursache seiner Eile zur Ruhe.

Eliane leiht sich meinen Laptop und liest. Ernst. Ohne Anflug eines Lächelns. Sie beginnt, mir Bruchstücke aus einem *Posting aus einem indigenen Blog* laut vorzulesen.

Da ist einer gerade aus dem Norden, Amazonien, zurückgekommen, *Irini.* Ein Índio, ein Tuxaua:
... vier Tage durch den Norden von Mato Grosso gefahren, ohne ein Stück Wald zu sehen ...
... selbst Índios, die Pareci im äußersten Westen von Mato Grosso, die ihr Land für den Sojaanbau roden ...
... *wer* soll ihnen *was* vorwerfen!?... [Eliane nickt dazu, fast unmerklich. Denkt sie an Kulturdiffusion der schlechten, imperialen Art?]
... bloß noch Viehweiden und Eukalyptusplantagen, das gesamte Grenzgebiet zwischen den Bundesstaaten Rondônia und Amazonas ...
... das, der Landraub-zu-Großgrundbesitz, zusätzlich zu der Holzmafia und zum Landraub der Spekulanten im Umfeld jener Straße, die ein einziger endloser Índioschlachthof ist(1), den enormen Eingriffen in die Natur durch Großkraftwerke wie Jirau und Santo Antônio und deren Staudämme, an denen nichts mehr vorbeikommt, wo der Weiße Mann über einen Knopfdruck entscheidet, wer hunderte Kilometer flussabwärts noch verdurstet oder überschwemmt wird, der Zunahme von Revolvermännern, zur Índiojagd angeheuert, die als Arbeiter getarnt aus ganz Brasilien geholt werden, den Wildjägern, die, weil sie außerhalb unserer Gebiete nichts mehr am Leben gelassen haben, uns das Essen wegschießen, den lokalen Regierungen, Militär, Polizei und Richter, die lieber die Opfer wegsperren, als gegen die Täter ermitteln – wie im Fall der Tenharin, die sich mittlerweile nirgendwo mehr alleine, nur in Gruppen bewegen können, den Indigenen Gesundheitsposten und Transportmittel, die wie unlängst in Humaitá in Brand gesetzt werden, dem gespannten Klima, wo mit jedem in

(1) Gemeint ist die BR 230, die sogenannte Transamazônica - https://www.journal21.ch/der-vergessene-genozid

Umlauf gebrachten Gerücht eines Überfalles oder Mordes *seitens der Índios* Gemetzel gegen uns ausgelöst werden können ...
... eine Hochspannungsleitung, die gebaut werden soll, mitten durch das Indigene Territorium der Waimiri in Roraima ...

Kennst du die? Weißt du, was mit den Waimiri passiert ist während der Diktatur? Ein wochenlanger militärischer Überfall. Mit chemischen Waffen und der Luftwaffe gegen Aldeias. Dörfer. Alte, Kinder, alle. Ziel: Ausrottung. Da gibt's ein Buch dazu. Vor kurzem erst rausgekommen ... Und auf meiner Liste – laaaangen Liste [lächelt]. Mein Gott, wie heißt das noch? Egal, auf der CIMI-Seite findest du die Buchvorstellung(1). Und falls du das Buch kaufen solltest [lacht], und du es ausgelesen hast, kannst du es mir gerne schicken. [Wir lachen im Duett. Gerne werde ich das tun. Für uns beide. Eliane kehrt zum Indigenen Blog zurück.]

... und zwar exakt dort [sollen die Hochspannungsfreileitungen errichtet werden], wohin sich eine Gruppe, die keinen Kontakt zu *os civilizados*, den Zivilisierten, mehr will, zurückgezogen hat ... Verständlich, nachdem sie, ihre Eltern und Großeltern überlebt hatten, wie sich machtzivilisierte Kognone so vorstellen. Wenn sie zu uns kommen. Und zu Millionen anderen. Durch die Jahrhunderte. [Sie schiebt den Laptop wieder rüber zu mir, bleibt schweigsam und lächellos.]

Bei uns in Europa findet man immer mal eine Pressenotiz, die vom *Rückgang* der Abholzung in Brasilien informiert.

[Eliane nickt, sieht über mich hinweg, oder durch mich hindurch, ich kann es nicht sagen. Sie grübelt. Verdaut nach.] *Informieren ...* Ja. Bei uns auch.
Sowieso. Und unsre Regierungslügen werden, so stell ich mir's halt vor, von euren Nachrichtenagenturen übernommen. Wenig Aufwand. „Information"/Cash unter Dach. Und was glaubst du, wie clever unsere Vernichtungsmafias sind! Da geht's nicht mehr allein darum, ein paar Medienangestellte in den Sack zu stecken ... Das geht *alles*

(1) http://www.cimi.org.br/site/pt-br/?system=news&conteudo_id=7908&action=read

nicht mehr *nur* im alten Stil. Umweltzertifikate fälschen. Beamte kaufen, vom Forstwächter über die Bundesstraßenpolizei bis rauf zum Minister. So überhaupt nötig. *Letzteren.* Statistiken frisieren oder „frei" erfinden ... Heute geht unser ganz normales Betrügen auch über Satellitenmanipulation. Kein Spaß, *Irini.* [Diese Unterstreichung war Folge meines für eine – mehr schwesterliche denn professionelle – Grimassensekunde veräußerlichten Erstaunens.]

Seit spätestens 2007, als einige wenige Medien darüber zum ersten Mal berichteten, wissen wir, dass ein neues Schema bei der groß angelegten Vernichtung von Wald und seinen Bewohnern existiert. Schutzgebiete und Indigene Territorien werden invadiert und die Rodungstrupps werden geleitet von Technikern die vorgeben, welche der Bäume mit der höchstgewachsenen und breitesten Krone stehen bleiben. Während darunter alles vernichtet, der Wald also zur Attrappe wird, aber für das Auge des Satelliten weiter intakt ist. Sie hacken auch das Monitoring-System der Schutzbehörden. Wo geschützte Gebiete „verschoben" werden. Und somit, trotz bisweilen für Satellitenaugen offenbarer Vernichtung, nichts passiert, weil *in den Computern der Behörden* nichts Geschütztes angetastet wurde. Weil doch alles *in Ordnung* ist ... Die Behörden haben weniger *problemas,* einen ruhigeren Beruf, Medienleute in fernen Städten berichten, dass *immer weniger* zerstört wird, im Gegenteil, alles *besser* wird unter der jeweiligen Regierung ... Das Mordsgeschäft läuft reibungslos.
Und jene Handvoll Menschenopfer am ratzekahlen und versteppenden Boden der Tatsachen, die es wagen, diese Verbrechen anzeigen zu wollen, machen sich – so sie es lebend zu irgendeinem in weiter Ferne befindlichen Rechtsbeistand schaffen – viel Mühe und Gefahren für fast nichts. Denn niemand nimmt sie ernst. Niemand von uns ist präsent auf der von Medien präsentierten Haupt- und Monobühne des Weltgeschehens. Für die „interessierte Öffentlichkeit". Bei uns – ich spreche jetzt von Brasilien – ist das naheliegend. Logisch. Systemisch logisch, meine ich. Die, die an der Zerstörung kapitales Interesse haben, sind die, die bei uns *Politik machen/verhindern*. Die, die das Entscheidungsmonopol besitzen und nützen und unsere Demokratie Tag für Tag ein Trugbild strafen.
Bei euch hingegen *könnte* sich etwas rühren. Gegen den Genozid, den wir seit 517 Jahren erleiden. Gegen die totale Zerstörung dessen, was

noch nicht zerstört wurde, dank *uns*. Und das also darüber entscheiden kann, ob nicht nur die Kinder und Enkel von uns Indigenen im südlichen Abya Yala in nahender Zukunft noch eine Mutter haben werden, die uns weiter selbstlos ernährt. Lebenslang. Oder eine Mutter, deren alle umsorgende Arme abgetrennt und von einigen Wenigen im Mehr-Rausch aufgefressen wurden, und die uns folglich nicht mehr ernähren kann. Oder will. Aber jene, die da unten, an der Front, der kranken-Kognone-gemachten Hölle, stehen und kämpfen, um dieser Ermordung von Leben, *dem gesamten irdischen Prinzip Leben*, ihr eigenes entgegenzusetzen, die können bei euch nicht gehört werden. Denn bei euren Medien kommen die genauso nicht zum Zug des Zeugnisgebens wie bei unseren. Zumindest was die großen, die Mainstream-Medien, betrifft. Oder? [Lächelt.] Du hast jedenfalls diesen Eindruck gesät. Nein, nicht nur, *Irini*. Auch im Internet lese und sehe ich ja – wenn ich gerade in einer Stadt bin, wo es funktioniert! – genug. Auf Portugiesisch und Spanisch. Hin und wieder versuche ich mich an einem Artikel in Englisch. Oder Italienisch. Worum's geht, auch den Sinn, die Aussage, bekomm ich meistens mit. Und dann gibt's ja auch die Berichte auf Portugiesisch von BBC und anderen. Du hast zwar Verinha gegenüber schon mal ein negatives Beispiel für die BBC-Berichterstattung in Bezug auf Brasilien gebracht, aber ich kann dir sagen, was wir dort lesen können, oder in der portugiesischsprachigen Ausgabe von El País, kannst du in der Regel in der brasilianischen Medienmonotonie nicht finden. Über das, was *bei uns* vorgeht! Aber egal.

Traurig stimmender Fakt bleibt: Wir versuchen unsere Welt zu retten, während wir dafür nicht nur sterben, sondern unser Sterben nicht einmal ans Licht, ins Weltbewusstsein gebracht wird. Da lernt ihr lieber über General Custer in der Schule. Über Blut, das aus demselben Vorherrschafts- und Unrechtsprinzlp, demselben Mehr-Wahn vergossen wurde, vertrocknet und wieder zu Erde geworden ist. Während ihr die vielen Custer-Generäle, die jetzt gerade mit ihrem Abschlachtwerk an uns und unser aller Mutter Erde beschäftigt sind, euren Gesellschaften vorentschweigt. Dabei bluten wir heute noch. *Eben jetzt*. Dabei brauchen wir, die wir für euch die Frontarbeit leisten, unter anderem auch für euer Klima, auch für eure Luft, für euer Wasser und eure Ernährung, und mehr als genug gelitten haben, exakt das: eure Aufmerksamkeit, eure Unterstützung, und sei es nur per Stimmerhebung. Damit wir endlich sichtbar werden. Nicht nur die Gefallenen des Genozids. Sondern vor allem die, die noch immer dagegen halten. Die vielleicht nicht fallen müssten, würdet ihr endlich einmal herschauen. Die dadurch viel Empathie bekommen könnten. Gute Energie. Gutes Handeln. Und *zusammen* Handeln ist gleich *starkes* Handeln!

Was – entschuldige bitte –, was wäre denn ein wirksames transatlantisches oder globales Beispiel für gemeinsames starkes Handeln in deinem Sinne?

Nun, da gibt's viele. Unendlich viele. Mikroprojekte, aber lebenswichtige, könnten solidarisch geteilt werden. Ein Beispiel dazu: Ich kenne mehrere Aldeias, wo Großgrundbesitzer oder das Agrobusiness uns Indigenen das Wasser absaugen. Uns ausdursten und aushungern wollen. Für ihren ungestörten Profit. Und wo mit ein bisschen Know-how und relativ geringem finanziellen Aufwand die Wasserversorgung für die betroffenen Aldeias, am besten kooperativ, also mit Freiwilligen Helfern aus allern Kulturen, wieder hergestellt werden könnte. Und nebenbei die Thematik, die Existenz eines vielschichtigen „Problems" – eines schleichenden, auf viele Arten und Weisen gefahrenen Völkermordes – informativ weiterverbreitet, raus in die Welt getragen würde. Als zusätzlicher Schutz und Stärkung. Denn Kriminelle haben keine Freude mit Scheinwerferlicht.
Im Großen ginge das auch. Ein Beispiel dazu: Brasilien ist eines der Unterzeichnerländer der „Erklärung der Vereinten Nationen über die Rechte der indigenen Völker" aus dem Jahr 2007. Und dort steht mehr oder weniger all das als *Recht* festgeschrieben drin, was hier mit Füßen getreten, mit Kugeln beseitigt und mit Bulldozern vernichtet wird. Von 1500 bis 2007. Und eben auch danach, ab der Unterzeichnung im Jahr 2007 bis heute. Der ISA hat eine Seite dazu: https://pib.socioambiental.org/pt/c/direitos/internacional/declaracao-da-onu-sobre-direitos-dos-povos-indigenas.
Oder du gehst gleich bei der UNO rein, da kannst du's auch auf Deutsch lesen: http://www.un.org/esa/socdev/unpfii/documents/Declaration(German).pdf.

Hätten wir ein bewegliches juristisches Partner-Team – gute Anwälte und gute Jus-Studierende –, das nicht von monetären und nationalen oder regionalen sondern von ethischen und universellen Prioritäten geleitet ist, könnte Druck auf einer Ebene ausgeübt werden, auf der bis jetzt, nach 517 Jahren des konsequenzlosen Mordens und Vernichtens, nichts passiert ist: *der Internationalen Gerichtsbarkeit.* Und wenn das nichts nützt, könnten mit so einem fundierten und engagierten Team Tribunale, in denen *die Guten* interkulturell und interdisziplinär zusammenarbeiten, veranstaltet werden. Sich den Schlechten und ihren schlechten Instanzen verweigern, und gleichzeitig alternative Strukturen schaffen. Der Welt jedenfalls zeigen, wie faul es gerade dort zugeht, von wo die Vorschriften und Direktiven, das in sein Gegenteil verkehrte „Recht", ausgehen. Anhand unseres andauernden Konkretbeispieles.

So ein gemeinsames Handeln jedenfalls, das von unten kommt, gespeist und gestaltet wird. Nicht von NGO-Büros oder gar Schaufenstermenschen aus der Sport- und Schauspielwelt als Haupt(selbst)darstellern. Von unten, aus dem Schoß der unmittelbar Betroffenen. Und zwar unabhängig von Herkunft, Sprache und Kultur. Da zögen wir Grenzen durch gemeinsames Handeln gegen das Schlechte, das Ungerechte, das Zerstörende, Werkzeuge inklusive, gleich neu. Nicht mehr zwischen hier und dort, Staat A oder Staat B, nicht mehr zwischen „mein" und „dein". Sondern zwischen dem, was gut, und dem, was schlecht ist. Für unseren Planeten. Unsere Gegenwart und die Zukunft derer, die nach uns kommen. Und in jedem Fall, bei jedwelchem Ausgang einer Verhandlung des andauernden Genozids in Den Haag oder sonstwo, wäre uns – unserem Leid und Widerstand – Präsenz in den Massenmedien sicher. Wenn brasilianische und andere (Ex-) Präsidenten, Militärs, Agro- und Bergbauunternehmer auf einer Anklagebank säßen. Wir bekämen mehr Aufmerksamkeit. Und mehr Gute könnten sich anschließen.

Also, dass man nichts tun könnte, ist einfach nicht richtig. Das weiß ich. Aus eigenster Erfahrung, in der eigenen Haut. Und von jenen Schwestern und Brüdern die ihr Leben geben und schon gegeben haben und deren Namen, im absurden Gegensatz zu jenen der medienhofierten und also –verstärkten Verbrecher, niemand kennt. Zu behaupten, dass man nichts tun könne ist ein Euphemismus für das bequeme Eingeständnis, die Lügen der Schlechten zu akzeptieren. Als scheinbaren Weg des geringeren Widerstands. Der trotzdem der selbe Weg ins Verderben ist.

Wir haben ja Macht. Jeder Einzelne. Wir müssen uns nur trauen, daran zu glauben. Und uns von den von Geburt an eingeträufelten Angst- und Zweifelzuständen befreien. Um das zu erkennen. *Wieder*zuerkennen. „We have the power!", das ist ganz und gar nicht nur ein Slogan verwelkter Bewegungen. Es stimmt! Auch heute. Aber solange wir so gehirngewaschen sind, dass wir an das Gegenteil *glauben* ...

So ein starkes Zusammenarbeiten von unten, mit großem Vermehrungspotential, ist freilich keine anstrebenswerte Vision für die *andere* Seite. Das Bündnis aus armen wahnsinnigen unersättlichen Kannibalen, deren einziger Reichtum und Sinn das Geld darstellt. Und die Pachamama als „ewige" Lebensspenderin-für-alle mittlerweile in die Intensivstation gebracht haben. Ihnen die Milliarden kleiner bunter Papierstreifen, Goldbarren, Aktienbündel und was weiß ich was noch für Unfug; uns die Pocken, Kugeln und vergiftete Böden und Gewässer, den Schwestern und Brüdern im Pazifik das Überfluten, das Auslöschen ihrer Inseln ...
Die einzigen wirksamen Antibiotika, die ich kenne, sind Vernunft und Mut. Aber dazu braucht es Wissen. Und hiezu Information. Wirkliche Verbindungen und horizontale Informationsflüsse, an den jeweiligen gesellschaftlichen Graswurzeln. Bis in die Kapillarspitzen der letzten Favela, der hintersten Aldeia. Ähnlich dem, wie das, was *wir* vorhaben. Du und der Verlag – ja, ich glaube ganz fest daran: Du wirst einen finden, se Deus quiser – übernehmt den Wahrheits*transport*. Wir, Verinha und ich, liefern die „Ware", die Wahrheit, die direkt, unverfälscht an Interessierte, aber bislang Geprellte kommt. Informationen, die die Kraft haben, Vernunft und Mut zu wecken, zum Resonieren bringen. Ohne Inhalts- noch Zwischenfilter seitens Firmen oder Behörden. Ob das den Kannibalen und ihren Vollzugsbehörden verlockend erscheint ...?
Apropos *Behörden* ... Zurück zur Weltraumpremiere des Jeitinho Brasileiro, dem „Betrügen von Satelliten". Da waren wir ja wohl gerade vorher noch, oder, meine Schwester [lacht]?

452

Also ... egal, wie sie es machen, *Irini*, ihre Verbrechen zu maskieren. Egal, ob es klappt, oder auffliegt. Die Straffreiheit von Umweltverbrechern ist im gegenwärtigen System garantiert. Solange es sich um die Großen handelt. Deren Lobby, die nun auch dir schon bekannte Bancada Ruralista, sorgt dafür. Im „schlimmsten" Fall – eine extrem unwahrscheinliche Kette unbestechlicher Staatsanwälte und Richter bis hin zur letzten Instanz – ändern die Gangster eben die Gesetze. Auf dass rückwirkend gar kein Verbrechen begangen worden sei. [Eliane steht auf, deutet mir mit ihrer Handfläche „einen Moment".]

Ich erinnere mich an einen jungen, sehr lustigen Bohemien von vor etwa einem Vierteljahrhundert. Aus einem *ganz exotischen* Land: Brasilien. Der auch in Freiburg studierte. Einer meiner nachhaltigsten Freunde wurde. Trotz der sehr okkasionellen Trefffrequenz. Vielleicht auch *deshalb*. Und vor wenigen Sekunden erinnerte ich mich, reaktiv zu Elianes Gedankenweg, an mit *meinem ganz exotischen Land* nicht so recht vereinbare Lapidar-Gleichnis-Merksätze, die der junge Bohemien damals zu seiner Heimat für uns Lateinamerika-Illusionäre vortrug: *Wir sind das Land, wo der Nachschlüssel zum Tresor schon fertig ist, bevor der Tresor selbst überhaupt in Auftrag gegeben wurde. Wo Studenten bereits die Prüfungsfragen gekauft haben, bevor die Professoren sie ausgearbeitet haben.*
Jeitinho Brasileiro. Ich beginne zu verstehen. Jahrzehnte später. Gegen Ende eines intensiven Einblick- und also Korrekturkurses.

[Eliane kommt von der Waschmaschine zurück.] Dauert noch ein paar Minuten. Falls ich Toinhos Supermaschine richtig verstanden habe [lacht, setzt sich wieder mir gegenüber].
Das, was ich dir vorher aus dem Indigenen Blog vorgelesen habe, *Irini*, erinnert mich an einen Índio, der sich seit Jahren vor allem den Macro-Jê-Nationen im Nordosten widmet. Unermüdlich von Aldeia zu Aldeia mit seinem *Cavalo de Ferro*, Eisenpferd, einem alten Cross-Motorrad, fährt. Über tausende Kilometer [lacht]. Auch dieser Bruder arbeitet viel mit Empoderamento. Hat damit lange vor mir begonnen, auf eigene Intuition und Faust. Tut das über Selbstvertrauensarbeit, Selbstwertgefühlsteigerung ... auf der individuellen wie auch der kulturellen Gruppen-Basis. Er hat auch so eine Art ... so eine indigene

und variable Variante der Psychopädagogik kreiert. Etwas auf diese Art halt [lacht]. Unter keinen leichten Bedingungen macht dieser Mann das. Denn Bezahlung gibt's für so eine Arbeit ja keine. Außer Bleikugeln, wenn du Pech hast. Vor allem im Wilden Nordosten. Der gewalttätigsten Region Brasiliens.

Er spricht viel über indigene Werte und was diese für das Leben, der Menschen und unserer Mutter Erde, bewirken. Und stellt diese – autochthone Werte und Wirkungen – jenen des Makro-Wirtschaftssystems gegenüber. Hilft den jungen Índios so, der über TV-Medien verbreiteten, in ihrer nicht an Lüge gewöhnten Vorstellung „wahr" gewordenen Welt eines strahlenden freudigen unbeschwerten Konsumismus, eine neue, kritischere Betrachtung zu geben. Auf das zu achten, was nicht gezeigt wird. Und zum selben Zeitpunkt, positiv invertiert, gilt das auch für ihren eigenen Kontext. Denn dem Verständnis, *Índio zu sein*, widerfährt durch den direkten Vergleich der Werte und Wirkungen reziprok eine Aufwertung. Er stärkt sie durch die Stärkung ihrer selbstbejahenden indigenen Identität und Praxis. Er hilft ihnen dabei, sich nicht mehr im Fernsehen oder im Internet wiedererkennen zu wollen. Sondern sich in Resonanz zur Tradition selbst zu zeichnen. Zu entwerfen. Zu entwickeln. Um dann, *wenn sie sie selbst geworden sind*, Geräte wie Computer und Fernsehapparate gut zu benützen. Logisch macht er das exakt bei den Jungen und den Lehrern. Die ja eher – also *die Jungen*, wir haben viel darüber gesprochen – per Fernsehen getrimmt sind in die Gegenrichtung, jener der Selbst*ablehnung*, unterwegs zu sein.

Viel *História,* Geschichte, gibt's auch bei ihm. Aber es sind die Geschichten *indigener* Kulturen. Die in unserem Land, und wohl auch weltweit, verniedlicht, kulturzentrisch domestiziert, gänzlich verschwiegen, verunstaltet werden. Oder, wie er sagt, *auf Inkas, Mayas und Azteken schulreduziert werden. Weil sich die Invasoren aus dem feudalen Europa in diesen ...* warte mal, wie nennt er das ... *mondäne Reichtümer für wenige produzierenden und Gewalt gegen viele ausübenden, Klassen- und Massengesellschaften am ehesten selbst oder ihr eigenes Wunschbild wiedererkannten. Während tausende horizontal und herrschaftslos organisierte indigene Gesellschaften, die riesige Mehrheit auf Abya Yala, von den Yakut bis zu den Selknam, es nie in ein Schulbuch autoritärer Gesellschaften schafften. Weil ebendort, in disziplinierender und einordnender*

Schule, der Krieg gegen freie Kulturen und Menschen beginne. Da hat er schon bisweilen einstecken müssen. Missbilligung und Quertreiberei durch solche Lehrer erfahren, die im Bundesstaatssold stehen.

Brasilianische. Brasilianische Lehrer, keine Indigenen, oder?

Doch *Irini*, Indigene. In Brasilien ausgebildete Indigene. Die leider bisweilen dort nicht nur diplomiert, sondern auch kolonialisiert wurden. Und nach ihrer Rückkehr begonnen haben, unseren Gesellschaften eine zweite von draußen eingebrachte Vorherrschaft, nach der politischen über Korrumpierung von traditionellen Führungskräften, zu implantieren. Du solltest die auf Versammlungen reden hören. Die drücken sich so aus, dass es bestimmt keiner versteht. Sie selbst ja auch nicht. Und halten die Aldeias mehr auf, als etwas voranzubringen. Und diskriminieren die traditionellen Lehrer. Die ohne Diplompapier. Nicht *alle* sind so, um Gottes Willen! Aber genug, um das in vielen größeren Aldeias, ganz unabhängig vom Volk, zu sehen, zu hören und zu spüren.
Er ... ich bin jetzt zurück bei unserem Einzelkämpfer mit dem Eisenpferd ... also, er spricht die Teilnehmer seiner Wissenswerkstätten auch ganz offen und direkt auf die jeweiligen Problemsituationen vor Ort – in der *Aldeia* – an. *Provoziert* Reaktionen, über die er die Leute *zu involvieren* versucht. Er erzählt von tatsächlichen oder „erfundenen" Índioschicksalen, jungen Índios, die aus der Aldeia völlig unvorbereitet fort sind. Und verbraucht wurden. Im Nu. Von der Halbwelt der Sklavenarbeit. Oder der Drogen. Oder der Prostitution. Und so weiter. Es ist schwierig, seine Arbeit zu erklären. Er hat seinen eigenen Mix. Der nie starr, immer flexibel ist. Er passt ihn, von Aldeia zu Aldeia, an die örtliche Realität an. Egal. Jedenfalls bin ich schon in drei verschiedenen Aldeias, bei drei verschiedenen Völkern, in drei verschiedenen Bundesstaaten [lacht], auf ein für uns Indigene perfekt verinnerlichbares Gleichnis von ihm gestoßen. So ungefähr hab ich's drauf. Nebensächliche Änderungen sind erlaubt, wir leben unsre kulturelle Matrix, die orale, *lebendige*, Weitergabe noch [lacht]:

"Wenn sich eine Ameise einem Jaguar in den Weg stellt ... oh je, die arme!

Wenn diese Ameise jetzt auch noch im selben Moment von anderen Ameisen angegriffen wird … Stellt euch das vor!
Wenn jedoch viele, tausende Ameisen*, zusammen und verbrüdert beschlössen, den Jaguar zu vertreiben,
Ihn am ganzen Körper mit allem was sie haben, zur gleichen Zeit beißen …
Den Jaguar möchte ich sehn, der dem standhält."

* [Hier schob Eliane wie folgt ein: *und an dieser Stelle erwähnt er die Namen des Volkes/der Aldeia wo er sich gerade befindet, dann jene der benachbarten Völker und Aldeias und so weiter und so fort, also…*]

Sehr gut, evaluiert ein kurz geruhter, frisch geduschter und die Küche betretender Antônio Carlos. *Dieses Sinnbild resoniert durchaus auch in mir.*

Wer weiß, Toinho, eine wirksame Hinterlassenschaft deiner Kariri-Urgrossmutter … [Diese in die Schnittzone von Humor, Wahrheit und Ironie gesetzte Bemerkung Elianes lässt uns – Antônio Carlos, der zur Kaffeemaschine steuert, inklusive – in herzliches Lachen ausbrechen.]

Aber eines wollte ich noch sagen, zu diesem Índio, für den es besser ist, wenn wir seinen Namen nicht auch zu denen tragen, die Schlimmes im Schilde führen und es sich leisten können, dies auch umzusetzen … er war es auch, der mich vor ein paar Wochen erst, mit der Initiative Magia da Terra, einer kunsthandwerklichen Zusammenarbeit zwischen Índiofrauen und Quilombolafrauen aus Alagoas zusammenbrachte. Mit der wunderbaren Medzinfrau Koram von den Xukuru-Kariri. Die auch bei Magia da Terra mit voller Kraft dabei ist. Jedes Dorf, jede Frau stellt ihre Spezialität her und vertrieben wird das dann gemeinsam. Fährt Koram oder eine andere Índia in die nächste Stadt, auf einen Kongress, oder ein Pow-wow, nimmt sie nicht nur ihre, sondern auch eine Auswahl vieler diverser Produkte mit. Und Fotos von allen im Handy gespeichert. Nächstes Mal ist es eine Delegation von Quilombolafrauen, die zu einem Treffen nach Maceió, São Paulo, Salvador oder Brasília muss. Da nehmen *die* alles mit. Ich drück ihnen ganz fest die Daumen. Dass sie es schaffen.

So ganz ohne Hilfe und geringste Mittel, in der Kampfarena der Geldökonomie. Dass sie auf ihrer langen Mission Zugang finden. Zu den bunten Papieren, ohne die in dieser in die Geldzwangsjacke gesteckte Welt zur Zeit gar nichts mehr geht.

Kurz nach halb drei kommt Verinha aus dem Supermarkt und steigt vorne in Antônio Carlos' Wagen. Wir fahren alle zusammen zur Praia Putiry. Kaum draußen aus der Stadt, läuft (und springt) das Aufnahmegerät.

Verinha, Eliane, zuallererst möchte ich euch ganz herzlich danken. Für eure Zeit. Euren Lebensmut. Eure Kraft. All das, was ihr mit der Welt zu teilen bereit seid. Wirklich. Von ganzem Herzen.
Und danke auch dafür, dass ihr, wenn das Aufnahmegerät denn einmal ruhte, euch auch stets für „meine" Kultur und mich interessiert habt. Danke, meine Schwestern.

Die beiden lächeln – vier Reihen weißer Zähne strahlen im Halbdunkel des Autos. Eliane umarmt mich. Verinha dreht sich zu mir nach hinten und streckt mir ihre rechte Handfläche entgegen. Als ich mit meiner daraufklatsche, hält ihre Hand die meine blitzschnell fest. Drückt sie, schüttelt sie sacht.

Beleza irmã, alles prima Schwester. *Wir* danken *dir* ... [und nach kurzem Innehalten:] Es ist ein guter Tausch. [Sieht mir fröhlich in die Augen, zwinkert mit dem rechten, lacht ihr sonores Lachen, unsere Hände trennen sich, und Verinha dreht sich wieder halb nach vorne.] Meine Zukunft ... Du willst, dass ich sage, was ich vorhabe, nicht wahr?

Und was du erwartest. [*E o que você espera*. Das portugiesische Verb esperar bedeutet erwarten und warten gleichermaßen.]

Esperar ... Mit dem Warten hab ich's nicht so, Schwester [grinst]. Ich *mach* es lieber. In unserer Lebensrealität – nicht nur wenn's um Ausbruchsmöglichkeiten geht – bekommst du „normalerweise" keine zweite Chance. Wir verinnerlichen früh, dass wir den Luxus des Abwartens und Abwägens nicht haben.

Nun ... ich habe bereits eine Entscheidung für meine Zukunft getroffen. Es wird eine Richtungsänderung sein. Nicht mal Eliane weiß davon. Zumindest nicht von mir, vielleicht hat sie ja schamanische Kanäle und spioniert uns aus ... [beide prusten los, und ein knallgelber VW mit vier ausgelassenen Personen erreicht bei Manguinhos wieder den Atlantik]. Und diesen Kurswandel bin ich dabei, in mein Leben ... in meine *auch physische* Realität zu übersetzen. Es fehlt nicht mehr viel. Ein bisschen vom Buntpapier vor allem noch [lacht, entdeckt, wieder nach vorne, zur Windschutzscheibe, gedreht, die See, macht eine Sprechpause, begrüßt Iemanjá].

Das muss genügen dazu. Mehr sag ich nicht. Ich bin da durchaus abergläubisch. Denke, dass laufende Projekte, die hinausposaunt werden, eher scheitern. Verstehst du?

Es geht ja um einiges. Für mich. Bei dieser Richtungsänderung. Auf dass die vielen Verinhas in mir, ziemlich gebeutelte Figuren teils [lächelt], den gemeinsamen Boden finden, der sie zusammenwachsen lässt. Heilt. Ausgleicht. Um auch mal zufrieden und in Frieden zu sein. In freien, konstruktiven Bahnen. Wenigstens freier *als jetzt* [lacht]. Und von dieser *meiner anderen* Schwester hier [deutet auf die schräg hinter ihr sitzende Eliane], will ich mir auch was mitnehmen, für die Zeit der Selbsterneuerung: Das *Mitmachen ganz unten*. An den Graswurzeln. Nicht sich besserwisserisch einmischen, aber von innen solidarisch einbringen. Das gefällt mir. Und ich weiß, dass mit demselben Schlüssel nicht nur Aldeias in ihrer kulturellen Identität gestärkt werden können, sondern auch Quilombos. Alle, die momentan oder schon seit Langem nach unten gedrückt werden. Ich werde also mehr Zeit für mich *und* auch mehr Zeit für das Graswurzelumfeld haben, das mich ..., das *jeden* mit den Menschen und Mutter Erde verbindet. *Axé!*

Wie das gehen soll?

Sag ich nicht, ich hab meinen Plan, aber der bleibt „geheim". Bis er in Tatsache rübergesetzt ist. Sorry, Schwester [Dreierlachen].

Nun ja, und wenn das mal erreicht sein wird, *oxalá*, dann hoffe ich, dass mir noch ein paar Jährchen bleiben. Um Freiheit und Freude, vor allem die gestalterische Freude, die das Leben eigentlich ständig begleiten sollten, auszukosten ... besser spät als nie. Und um etwas zu setzen ... oder wenigstens zu säen. Etwas, das weiterwächst, wenn ich selbst schon wieder weg bin.

Okay, das zu *meinem* Morgen. In Kürze!

Was nun das Land betrifft, wünschte ich mir, dass allgemein verstanden würde, dass die wichtigste Arbeit nicht die des Präsidenten, noch des Bischofs oder Anwalts ... oder der Supervisorin [lacht] ist, sondern die, die sich mit den Kindern beschäftigt. Immer. Jede Mutter, jeder Vater, jede Oma, jeder Opa, jede gute Freundin, jeder gute Freund, alle Pädagogen sollten die wahren beschützenden Begleiter und also Vorgestalter der unmittelbaren Zukunft sein. Jenen sollte Gesellschaft zuallererst dienen. Mit Respekt, Aufmerksamkeit und Engagement. Statt Zwischenhändlern zu folgen, oder gar sie anzubeten. Sogenannte Repräsentanten. Die hier fast alle Banditen sind. Oder den medialen Großhändlern glauben und sie ehren. Die vom System der Banditen profitieren, ausschließlich ihren Wohlstand verfolgen. Nicht zuletzt *wegen* ihrer enormen modellierenden Kraft über Kinder. [Sieht zu mir zurück.]

Ich sehe viel fern, *Irini*. Und benütze seit ein paar Jahren auch das Internet. Ich *weiß,* wovon ich spreche [grinst]: *Prüfet alles, und das Gute behaltet!*

Da gibt es sicher noch einige andere, die das auch so verstehen. Und sogar schon entsprechend *etwas machen.* Und so ein Selbermacher-Graswurzelnetzwerk, einmal stark genug, sehe ich als die einzige Chance, unsere Kinder zurückzugewinnen.

Schau, *Irini,* wenn die Lebensfeinde es schaffen, jeden Trieb eines Bäumchens zu knicken, wo immer einer unerwünscht auftaucht, vielleicht können sie das mit einem weitläufigen Mycel nicht. Auf dass die Kinder von heute und morgen, später, als Erwachsene, es vermögen, dieses Scheißsystem ... pardon, ich streng mich eh an, nicht zu Verinha-kräftig, sondern *educadamente* zu sprechen [sonorer Selbstpersiflagelacher, unterstützt von Eliane und Antônio Carlos], also dieses *schädliche* System endlich abzuschalten. Erst an einzelnen Punkten, allmählich global. Um dann ohne unmittelbare Gefahr von Tod oder Freiheits- und Rechteverlust – so wie das heute ist, mit anderen Strukturen experimentieren zu können. Um wieder in ein Gleichgewicht mit sich und der Natur zu kommen. Was dann wiederum mehr lebensbejahende denn ausbeuterische-lebensbedrohende Ideenböden nährte. Eine Art gesellschaftlich-positiver Rückkoppelung. Per Kinderbefreiung. Per Schutz vor der großen Angsteinträufelmaschine.

Schule, das wozu sie gemacht worden ist, müsste zuerst angegangen werden. Zurückerobert werden. Vielfältigkeit, denn zentristische Normen. Die noch dazu aus Verbrecherhirnen kommen ...

Es ist eigentlich ganz klar: Genauso, wie du den Boden durch Monokulturen schwächst und zerstörst, schwächst und zerstörst du Kinder durch Monoinhalte und -methoden. Das Saatgut soll vielfältig sein und zur jeweiligen Erde und zum jeweiligen Klima passen und umgekehrt. Und die Überbetonung der Konkurrenz muss durch pädagogisches Arbeiten in solidarischer Kompetenz aufgelöst werden. In jedweder edukativen Aktivität. In Afrika ... Kenya war das Land, ja ich erinnere mich ... gibt es Kulturen, wo die sogenannten Behinderten vom Dorfrat zusammen ein Feld zur Bestellung bekommen. Dort ist es für Blinde, Gelähmte, geistig Behinderte Alltagskultur zusammenzuarbeiten, die jeweiligen Fähigkeiten zum Ganzen, zum Gelingen, beizutragen. Aktiver Zusammenhalt, Selbstachtung und Achtung der anderen, kein Oben, kein Unten, kein Draußen. *Das* ist deren Ersatz für Lebensversicherung, Spital, Medikament, Arzt, Therapeut, Krankenpfleger und alle Verwaltung in einem! Und warum soll so ein Modell, ganz außerhalb der Institutionen, nicht auch in ganz unterschiedlichen Gegenden Wurzeln schlagen können? *Wieder* Wurzeln schlagen, eigentlich.

Nimm die Milliarden an *gente de cupim*, Termitenmenschen, in ihren urbanen Termitenbauten, her. Viele darunter, die ohnehin am Morgen aufwachen, ohne die Gewissheit, etwas zu essen zu bekommen. Was könnte dort nicht alles über solidarisches gemeinsames Handeln erreicht werden. Ohne die, ich hab's gerade gesagt, *Zwischenhändler*. Ohne Funktion im für die anderen nützlichen Bereich.

Ja. Oh ja! Nicht mehr allzu lange, *oxalá*, und Dona Vera wird bei Dämmerung Maniok, Sterne und Milchstraßen zählen. Statt Kassenboni [sie und Eliane lachen, Antônio Carlos und ich fallen ein].

Kurz nach vier Uhr kommen wir an die Praia Putyri bei Santa Cruz, auf traditionellem, aber nie zurückerstatteten Gebiet der Tupiniquim. Den über die Sehkraft hinausreichend langen Sandstrand teilen wir uns mit den letzten, beim Zusammenpacken oder Austrinken befindlichen, Sonntagsausflüglern. Regenwolken nehmen zu, hin und wieder fallen sehr kurze Schauer, die die Schwüle aber nicht zu mindern vermögen. Für die Indigenen und Quilombolas, die sich ein Stück weiter landeinwärts, umstellt von der Grünen Wüste, drängen müssen, auf dem Flecken, den ihnen das Partnerunternehmen aus Kapital- und Staatsmächten rückerstattet hat, ist es eine offene Wunde. Ein Stück geraubter und besetzter Erde.

Was diese Praia Putyri noch auszeichnet, ist die sanfte Ruhe des Meeres – obschon Antônio Carlos vor starken Unterströmungen, *die einen auf's Meer rausziehen können*, vorwarnt – und die vielen Schatten spendenden oder vor Regen schützenden *Castanheiras*, Kastanienbäume. Dabei handelt es sich aber weder um unsere Kastanie oder Marone noch um die *Castanha-do-Pará*, den Paránussbaum. Sondern um die *Amendoeira-da-praia*, den wahrscheinlich aus dem Raum Papua-Neuguinea stammenden Seemandelbaum. Aus dessen widerstandsfähigem roten Holz vielleicht schon jene Kanus geschnitzt wurden, die die Besiedelung Polynesiens erst ermöglichten. Die Nussfrüchte sind essbar, aber entweder sehr bitter oder sauer. Je nachdem, mit wem man spricht. Großer Geschmacksbeliebtheit erfreuen sie sich jedenfalls unter den Fledermäusen, was seine weite Verbreitung in Brasilien erklärt. Rinde und Blätter werden vom Amazonas bis nach Ostasien wegen ihrer medizinischen Eigenschaften geschätzt und von traditionellen Heilern weiter verwendet. Selbst in der Fischzucht und für Aquarienfreunde spielen die Blätter der Amendoeira-da-praia eine gesundheitsfördernde Rolle.

Das Wochenende über hatten sie offenbar vor allem den Wochenendstrandtrinkern als Sonnenschutz gedient. Einwegflaschen, Zigarettenpackungen, Fischgräten, Krabbenscheren, Servietten und Hügel von Plastikbechern und –besteck im Kernschattenbereich jener Seemandelbäume, die den Strandbars von Santa Cruz am nächsten liegen, geben Zeugnis. Doch es genügt, fünf Minuten in eine Richtung zu laufen. Und man fühlt sich wieder in einem *unbeflecktem* Paradies. Antônio Carlos, dieser rücksichtsvolle, empathische *Bruder*, fachsimpelt erst mit einem Fischerfreund über das Verschwinden der Fische und joggt dann los Richtung Süden. *Nur bis zur Praia dos Padres und zurück*, wie er uns winkend zuruft. Wir drei Frauen haben noch etwa eine gemeinsame Stunde, denn um sechs will Eliane zurück bei *ihren Leuten* sein. In der Guarani-Aldeia, wo sie seit nunmehr vier Jahren lebt. Zu Seßhaftigkeit und Vor-Ort-Prekarität verurteilt, mit De-facto-Berufsverbot belegt, nach dem Versiegen der von Cida zur Verfügung gestellten Mittel. Es ist ein Reflex eines Gesellschaftssystems, in welchem eine emanzipatorische Graswurzel-Arbeit wie ihre unerwünscht, nicht als solche anerkannt und zu verhindern getrachtet wird. Antônio Carlos wird sie in die nur eine halbe Autostunde (über eine schlaglöcherübersäte Landstraße) entfernt liegende Aldeia fahren. Bis dahin lässt er uns drei alleine. Stören, oder auch nur *selbst* den Verdacht schöpfen, störend sein *zu können*, will er nicht.

Das Aufnahmegerät ist, versteckt, im Auto geblieben. Diese letzte Stunde eines genauso unwahrscheinlichen, wie vielschichtig intensiven und tiefen Treffens – während dessen Leben vorüberliefen (...) – wird nicht dem Imperativ der *beruflichen* Leistung untergeordnet. Sondern der schwesterlich zwischenmenschlichen. Tiefenschärfen.

Es ist bereits viertel zehn, als wir wieder den Großraum Vitória erreichen. Wir sind die Fahrt über nicht sehr gesprächig gewesen. Ein salzverkrusteter Antônio Carlos versorgte uns mit guter Musik, Mestre Ambrósio, Steel Pulse, Yamandú Costa und jetzt John Lennon. Es drückt uns das Fehlen eines unersetzbaren Teils unseres Teams: Eliane. Die nun wieder dort ist, an der *Menschenverbraucherfront*, wo sie ihren Platz ein-, ihre Aufgabe angenommen hat. Ihr per se verblüffendes Über-Leben in die erste Reihe des Dienstes an Menschenrecht und Gerechtigkeit stellt. Deshalb jederzeit eleminiert werden kann. In diesem Staat. (Aber nicht „nur" in diesem.)

Kurz vor der Auffahrt zur Segunda Ponte über die Baía de Vitória, irgendwo zwischen der Kathedrale und Vila Rubim, möchte Verinha, dass ich noch *einen abschließenden Satz* aufnehme:

Wenn du morgen oder übermorgen in den Flieger steigst, *Irini*, und dann bei dir zu Hause an die Arbeit gehst, mit unsrem Rohmaterial, dann vergiss bitte eines auf keinen Fall: Wir, ich und Eliane, sind keine *bemitleidenswerten* Frauen. Im brasilianischen Gesellschaftskontext.

Wir sind, im Gegenteil, zwei Ausnahmeerscheinungen. Weil wir einen Absprung aus dem 500-jährigen Endlosdrehbuch gewagt und geschafft haben. Und weiter am Leben und Kämpfen und der Selbstgestaltung *unseres Lebensweges* sind. Weil wir bislang Glück hatten. Und in entscheidenden Momenten Führer, Richtungsanzeiger, sowohl von dieser Welt, wie auch aus anderen. Und diese uns mit ihrem Axé durch gefährliche Tiefen und Härten geholfen haben. Und weiter helfen werden. Oxalá. Wer Empathie und aktiver solidarischer Unterstützung bedarf sind Millionen *andere Verbrauchsmenschen in diesem Land*! [Und, nach einer Pause, lächelnd zu mir:] Das war's schon, Schwester.

Antônio Carlos hatte die Musik gestoppt. Ohne dass ich es gemerkt hätte.

Kommt ihr beiden, hört euch das an! Unglaublich [lacht]. Als wär's bestellt! Während ihr beide noch aufgenommen habt, hat *das zu eurer Arbeit passendste Lied der Welt* angefangen. Ich hab unterbrochen, damit wir uns das gemeinsam anhören. Passt auf [drückt auf einen Knopf].

Und John Lennon singt „Woman is the Nigger of the World". Antônio Carlos übersetzt simultansingend für Verinha. Als das Lied zu Ende ist, hatten wir schon an Verinhas Ecke gehalten. Verinha umarmt Toinho, *bis zum nächsten Mal, Doc*, dann drücken wir uns noch für einige Sekunden beide Hände und Verinha steigt aus, schließt die Beifahrertür, geht los. Wenige Schritte darauf hält sie inne, dreht sich noch einmal zum knallgelben Gol hin um und ruft:

Hey! Da hat er recht, der John Lennon. Bei uns auf jeden Fall. In unserem Tropenparadies [lacht].

*

463

Verinha lebt seit Anfang September in ihrem eigenen Häuschen im Jalapão im Osten des Bundesstaates Tocantins. In diesem quilomboreichen Gebiet voller Naturwunder arbeitet sie daran, ihren eigenen Kantinenladen selfmade-fertig zu bekommen. *Spätestens zu Weihnachten* soll es losgehn. Name? *Irgendwas mit África und Abya Yala – hast eine Idee?*

Eliane hat zuletzt am 4. September gemailt. Sie sei mit Hu teh Xãm Tyxteh bis in die Nähe von Puerto Maldonado, im peruanischen Amazonas gelangt. Und wollten weiter bis Cajamarca, um dort *Máxima Acuña,* eines ihrer größten gemeinsamen Vorbilder zu treffen.
Elianes Bücher sind weiter in São Paulo bei der Freundin vom ISA.

Antônio „Toinho" Carlos hat Espírito Santo verlassen und die Wohnung vermietet. Er weile in einem der unzugänglichsten Winkel des Bundesstaates Pará und helfe dort seiner neuen Freundin, einer kubanischen Ärztin. *Eine der vielen Kubanerinnen, die dorthin gingen, wo sich meine lieben brasilianischen Kollegen weigern, hinzugehen. Wann kommst du uns besuchen, Irene?*

*

Diese drei und alle anderen vorkommenden Personen sind frei erfunden. Wer's glaubt.